LA LOI NATURELLE, embrasse L'EQUITÉ; LA SCIENCE la découvre, & la VERITÉ l'éclaire, pendant que le GENIE de CUMBERLAND terrasse L'ERREUR, & le GENIE de HOBBES.

LES
LOIX DE LA NATURE,

EXPLIQUÉES

par le Docteur

RICHARD CUMBERLAND,

D E P U I S

EVÊQUE DE PETERBOROUGH.

OU L'ON RECHERCHE ET L'ON ÉTABLIT, PAR LA NATURE
des Chofes, la forme de ces Loix, leurs principaux Chefs, leur Ordre,
leur Publication & leur Obligation: on y refute auffi les Elémens
de la Morale & de la Politique de THOMAS HOBBES.

TRADUITS DU *LATIN*,

PAR MONSIEUR BARBEYRAC,

Docteur en Droit, & Profeffeur en la même Faculté dans l'Univerfité de GRONINGUE.

AVEC DES NOTES DU TRADUCTEUR,

qui y a joint celles de la Traduction Angloife.

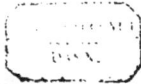

A L E I D E,

Chez THEODORE HAAK,

M D C C L V I I.

PREFACE

DU

TRADUCTEUR.

L'OUVRAGE, dont je donne aujourdhui la Traduction, méritoit bien de paroître en nôtre Langue, & d'être mis à côté de ceux de GROTIUS & de PUFENDORF, avec lesquels il peut faire un Corps de Piéces bien assorties, qui suppléant l'une à l'autre, & se prêtant du jour réciproquement, fournissent dequoi s'instruire à fond des vrais principes du DROIT NATUREL & de la MORALE. Ce *Traité Philosophique* du Docteur CUMBERLAND, fut publié précisément dans la (1) même année, que le grand Ouvrage de PUFENDORF *Du Droit de la Nature & des Gens.* Quand le Jurisconsulte Allemand eût vû le Livre du Théologien Anglois, (2) il le jugea également docte, ingénieux & solide: il se félicita, de ce que l'Auteur s'étoit proposé, comme lui, de refuter l'hypothése de THOMAS HOBBES, & d'en établir une autre directement opposée, qui approchoit fort des dogmes des anciens STOÏCIENS. Cela s'entend, mis à part les fausses idées que ces Philosophes y mêloient, & en approfondissant les choses d'une toute autre maniére; de sorte que, comme nôtre Auteur s'en félicite lui-même, son Systême se réduit à *l'Amour de Dieu & du Prochain*, (3) ou aux *deux Tables* de la *Loi Divine* de MOÏSE & de l'EVANGILE, démontrées philosophiquement. Pour s'en convaincre,

&

(1) En 1672. Cette prémiére Edition de l'Ouvrage de PUFENDORF fut imprimée à *Lunden* en *Suéde*, où l'Auteur étoit alors Professeur.
(2) *Quantum tamen mibi constat, ipsius* [HOBBESII] *bypothesin inter Anglos solidissimè destruxit* RICHARDUS CUMBERLANDUS, *libro erudito & ingenioso de Legibus Naturae; simulque adversam bypothesin, quae ad Stoicorum placita pro-* *ximè accedit, firmissimè adstruxit, quorum utrumque & mibi propositum fuit.* Specim. Controversiar. circa Jus Naturale SAM. PUFENDORFIO *nuper motar.* &c. Cap. I. § 6. Ouvrage publié en 1677. & inseré depuis dans la Collection intitulée *Eris Scandica* &c. Francof. 1686.
(3) Voiez ce qu'il dit, par exemple, dans le *Disc. Prélim.* § 15. & *Chap.* I. § 10. *Chap.* IX. § 1. &c.
※

& pour être d'abord au fait de la matiére & de la méthode de ce Livre, on n'a qu'à lire le *Discours Préliminaire*, qui me dispense de rien ajoûter à ce que l'Auteur y dit.

Il y a grande apparence, que ce qui lui donna occasion de travailler sur un si noble & si utile sujet, ce fut le désir de prévenir & d'arrêter les mauvaises impressions que faisoient les principes d'*Hobbes*. Quelque faux & horribles qu'ils soient, à les considerer attentivement & sans prévention; bien des gens, sur-tout de ceux qui étoient disposez d'une maniére à souhaiter qu'ils fussent vrais, se laissoient éblouïr, ou s'affermissoient, par la confiance avec laquelle l'Auteur les propose, & par l'air de démonstration qu'il leur donne. Nôtre Docteur charitable voulut dissiper les illusions. Il commença par établir directement & fortement une hypothése toute contraire, & aména ensuite, comme par occasion, la réfutation des principes d'*Hobbes*, à mesure qu'il traitoit chaque point particulier. Il ne lui manquoit rien de ce qui étoit nécessaire pour réussir dans un tel dessein. Esprit profond, grand Théologien, Philosophe & Mathématicien, il a pû mettre en usage toute sorte d'armes pour combattre l'Erreur, & faire triompher la Vérité. Aussi y réussit-il très-bien. Et de tant d'Auteurs qui ont écrit en *Angleterre* sur cette matiére, comme il est un des prémiers, il a été & est peut-être jusqu'ici celui qui l'a le mieux traitée. On trouve dans son Livre bien des pensées & des remarques, qui auront encore pour bien des gens toute la grace de la nouveauté.

En effet, quelque excellent que cet Ouvrage soit en son genre, il n'a pas été aussi connu ni aussi lû, qu'il le méritoit. La maniére dont il est écrit ne pouvoit que rebutter bien des Lecteurs. Le style en est dur & contraint, plein de négligences & d'impropriétez, de périodes longues & embarrassées, de liaisons mal marquées, de fréquentes parenthéses &c. L'Auteur étoit du nombre de ces Savans, qui, contens de s'attacher aux choses, négligent le soin des expressions. Pleins de leur matiére, & s'entendant bien eux-mêmes, ils s'imaginent que tout le monde doit les entendre, & pénetrer leurs pensées, avec quelque obscurité & quelque embarras qu'ils les expriment. Par surcroît, la Copie fournie aux Imprimeurs, avoit été faite par un Jeune Homme ignorant; & ceux qui eurent soin de la Correction des Epreuves, en l'ab-

(1) Voiez la Vie, écrite par ce Chapelain, que j'ai traduite de l'Anglois, & qui suit cette *Préface*.

(2) Cette Traduction, faite par Mr. JEAN MAXWELL, Prébendaire de *Connor*, & Chapelain de S. E. Mylord *Carteret*,

l'abfence de l'Auteur , s'en aquitterent très-mal. Ainfi il fe glifTa un très-grand nombre de fautes ou du Copifte, ou des Impri-meurs, dont un *Errata*, affez long, n'indique qu'une petite par-tie. En vain l'Auteur fut follicité depuis à revoir fon Ouvrage, pour le publier plus correct, & le rendre plus intelligible & plus agréable à lire. Il ne put fe refoudre à reprendre un travail, qu'il avoit aban-donné depuis long tems. Il fe contenta de communiquer à fon Chape-lain un Exemplaire, (1) relié avec du papier blanc entre les feuilles, où il avoit écrit par-ci par-là quelques additions; avec permiffion d'en faire tel ufage qu'il jugeroit à propos. Mais cela n'eut point d'effet; & l'Ouvrage jufqu'ici en eft demeuré à la prémiére Edition en *Angle-terre*. Les Editions d'*Allemagne* n'ont fait qu'en multiplier les fau-tes. Par-là ce Livre étoit prefque tombé entiérement dans l'oubli, jufqu'à ce qu'on s'avifa enfin de le traduire en (2) Anglois.

Pour le rendre plus commun, il falloit qu'il parût auffi en Fran-çois; Langue, à qui on ne difputera pas l'honneur d'être beaucoup plus connuë par-tout, que l'Angloife, & qui d'ailleurs eft plus pro-pre à exprimer nettement les penfées d'un Auteur, quand un Tra-ducteur capable fe donne autant de peine qu'il faut. Un (3) Jour-nalifte d'*Angleterre*, m'avoit fait l'honneur, quelques années aupa-ravant, de me nommer, comme celui à qui il croiot convenir d'en-treprendre ce travail, & il m'y invitoit d'une manière obligeante. J'y fus d'ailleurs follicité fortement, & je me réfolus enfin à l'entrepren-dre, il y a environ dix-fept ans. Mais, après avoir traduit le tiers de l'Ouvrage, d'autres occupations me le firent difcontinuer, de for-te que je ne favois pas fi j'aurois jamais le loifir ou le courage de le re-prendre. Ce ne fut qu'en 1739. que je m'y remis, pour ne pas laiffer inutile ce qu'il y avoit de fait; & pouffé d'ailleurs par les mêmes folli-citations qui m'avoient déterminé à entreprendre l'ouvrage, pour la continuation duquel il fallut rappeller de loin mes idées, & relire tout avec attention depuis le commencement, comme fi j'euffe feulement commencé à travailler.

J'y fus encouragé d'ailleurs par une chofe qu'on me faifoit efperer, & qui auroit rendu le retardement fort utile, fi elle fe fût trouvée auffi confidérable qu'on donnoit lieu de croire qu'elle l'étoit. J'avois penfé, qu'il feroit bon de favoir ce qu'étoit devenu l'Exemplaire, dont
j'ai

ret, alors Vice-Roi d'*Irlande*, fut impri-mée à *Londres* au commencement de 1727. *in quarto*.

(3) Mr. DE LA ROCHE, dans fes *Mémoires Littéraires de la Grande Breta-gne*. Tom. IV. *pag.* 248.
* 2

j'ai parlé ci-deſſus, que l'Auteur avoit remis à ſon Chapelain; & de
chercher à en avoir communication. L'occaſion ſe préſenta d'elle-même en 1734. Un (1) Libraire *Irlandois*, établi à *Amſterdam*, reçut alors une Lettre du (2) Secrétaire de Mr. le Chevalier *R. El-*
lys, par laquelle il lui offroit, de la part de Mr. *Cumberland*, (3) Petit-Fils de l'Evêque, la Copie d'une nouvelle Edition du Livre *De Le-*
gibus Naturalibus, s'il vouloit le rimprimer magnifiquement, & lui
en donner quelques Exemplaires. Cette Copie étoit l'Exemplaire
même dont il s'agit, corrigé & augmenté par l'Auteur, revû d'ailleurs
d'un bout à l'autre par Mr. le Docteur (4) *Bentley*, qui devoit y mettre une Préface. Le Libraire étoit juſtement celui qui comptoit que
je lui donnerois ma Traduction à imprimer. Par cette raiſon, il re-
fuſa les offres auſſi poliment qu'il pût, & pria Mr. le Chevalier *Ellys*
d'agir auprès de Mr. *Cumberland*, pour obtenir de lui communication
de l'Exemplaire, afin qu'on en fît uſage dans la Traduction. Mais
toutes les inſtances du Chevalier furent inutiles: Mr. *Cumberland* re-
fuſa à ſon tour la demande, comme nuiſible au deſſein qu'il avoit de
faire rimprimer l'Original. Deux ans après, un Libraire (5) de *Cam-*
bridge écrivit à celui d'*Amſterdam*, qu'il étoit convenu avec Mr. le
D. *Bentley* pour l'impreſſion de *Manilius*, & en même tems du Livre
de *Cumberland:* mais cela n'eut point d'effet; & le Libraire de *Cam-*
bridge n'aiant pû s'accommoder avec le D. *Bentley* pour l'impreſſion
du *Manilius*, abandonna le deſſein de l'une & l'autre Edition. Aucun autre Libraire ne ſe préſenta; & comme il y avoit apparence
que Mr. *Cumberland* ne verroit plus de jour à en trouver pour une
nouvelle Edition Latine, on réſolut de faire de nouvelles tentatives.
On ſavoit que l'affaire dépendoit beaucoup du Docteur *Bentley*, &
qu'il ne pouvoit rien refuſer à Mr. l'Evêque de *Lincoln*. Cet Evêque,
ſollicité par Mylord *Carteret*, & par Mr. *Caſpar Wetſtein*, Chapelain de
S. A. R. Mr. le Prince de *Galles*, fit tant que le D. *Bentley* promit ce que
l'on ſouhaittoit; & après quelques retardemens, cauſez par diverſes
circonſtances, on remit enfin l'exemplaire de l'Auteur à Mr. *Wet-*
ſtein, avec permiſſion, non de l'envoier en *Hollande*, mais d'en tranſ-
crire ce qu'il jugeroit à propos. Cette Collation fut reçuë le 6. Juin
1739. Voici en quoi conſiſte le ſecours, qu'on a pû en tirer.

II

(1) *Guillaume Smith*, homme d'étude, qui s'étoit jetté dans le commerce
de la Librairie.
(2) Mr. *Mitchel.*
(3) Quelcun m'a dit, que ce Petit-
Fils eſt Eccléſiaſtique: mais je n'en ſuis
pas aſſûré; n'aiant trouvé perſonne qui
fût bien inſtruit de l'état des Deſcendans
de l'Evêque.

Il y a très-peu de Corrections de l'Auteur. Du caractère, dont nous avons vû qu'il étoit, on ne doit pas s'étonner qu'il ait laissé passer bien des fautes, dont la plûpart même gâtent le sens, comme il paroîtra par des exemples que j'en indique dans mes Notes. Les Additions ne sont pas non plus en fort grand nombre, ni longues, à la reserve de quelques-unes; & sur-tout de celle par où l'Ouvrage finit maintenant. Elle étoit écrite à la fin du Livre, en deux pages & demi, sans aucune indication de l'endroit où elle devoit être placée. Mais il m'a paru d'abord, & chacun en conviendra aisément, que c'est une suite des réflexions, que nôtre Auteur fait dans le dernier Chapitre, sur l'absurdité des pernicieux principes de son Adversaire, & qu'ainsi cela détermine clairement la place de l'Addition; à cause dequoi il ne jugea pas fort nécessaire de la désigner autrement. Il n'en est pas de même de cette autre, écrite au commencement du Livre, sur une feuille à part, sans renvoi. *Certus valor bonorum contingenter secuturorum è nostra boni publici cura hinc (inter alia) investigandus est. Quòd fructus boni sperati è rebus vel actibus vitâve nostrâ quae nos huic curae impendimus, & commutamus pro bonis è publica salute speratis, sunt similiter contingentes. fieri enim potest, ut si nihil horum publico bono impenderemus, aut nihil aut parum commodi, idque contingenter, & ad tempus incertum, inde nobis consequeremur.* Quoi qu'il soit parlé en divers endroits, de l'estimation des avantages qui peuvent revenir des effets ou des actes contingens, je n'ai sû où convenoit précisément cette Addition, au devant de laquelle on lit: *Addenda, & suis locis opportunè inferenda.* Voilà qui donne lieu de croire, que l'Auteur avoit alors quelque dessein de revoir son Ouvrage, & d'écrire sur ce feuillet separé les pensées qui lui viendroient dans l'esprit, pour en faire usage dans les endroits où il jugeroit qu'elles pouvoient être placées. Cependant on n'y voit plus rien. L'Auteur se lassa bien-tôt apparemment.

Pour ce qui est du Docteur *Bentley*, il avoit changé par-tout la ponctuation, & l'orthographe, selon qu'il le jugeoit à propos, mis des Lettres majuscules, où il en falloit, soûligné les noms propres, pour être imprimez en caractère Italique; & fait quelques autres menuës corrections de cette nature, dont nous n'avions pas besoin. Aussi

Mr.

(4) Dont une Fille est mariée avec le Fils de Mr. *Cumberland.* Ce grand Critique est mort au mois de Juin de l'année 1742. Je remarque cela, parce que, comme je n'en ai rien sû que depuis quelques mois, je crois que bien d'autres sont dans le même cas, ou ignorent encore cette mort, dont nos Gazettes, ni les Journaux, n'ont rien dit.

(5) *Guil. Thurlbourn.*

*3

Mr. *Wetſtein*, ſans s'en embarraſſer, ſe contenta-t'il de copier exactement toutes les corrections des mots dont la plûpart ne regardent que
les Anglicifmes, ou autres fautes contre la pureté de la Langue Latine, qui ne nuiſent point à l'intelligence du ſens. Il s'en faut même beaucoup que Mr. *Bentley* eût corrigé toutes celles de ce genre.
Du reſte, je n'en ai vû aucune de réelle, que je n'euſſe déja corrigée; & le Reviſeur n'en a point apperçu bon nombre de conſidérables, comme il paroîtra par mes Notes. Il ſemble que la ſagacité
ordinaire de ce grand Critique l'eût abandonné alors; & lui, qui a
corrigé hardiment dans les Auteurs Anciens & Modernes, tant d'endroits qui n'en avoient pas beſoin, a laiſſé paſſer ici bien des fautes qui,
ſi l'on y fait un peu attention, gâtent, altérent, ou obſcurciſſent le
ſens. Ainſi je n'ai nullement tiré de ſa reviſion le ſecours que je m'en
promettois, & elle ne m'a proprement ſervi de rien.

Mais j'ai fait uſage, dans ma Traduction, des Additions de l'Auteur, qui lui donneront quelque avantage ſur l'Original imprimé;
quoi qu'elles ne ſoient pas auſſi conſidérables, que je l'avois eſpéré.
J'ai indiqué les principales, ſur les endroits auxquels elles ſe rapportent.

Mon plus grand ſoin a été de tourner & exprimer les penſées de
l'Auteur d'une maniére à rendre la Traduction auſſi claire, & auſſi
coulante, qu'il étoit poſſible, ſans quitter le perſonnage de Traducteur, & ſuivant de près mon Original, autant que la clarté & le
génie de nôtre Langue le permettoient. C'eſt aux Lecteurs à juger,
ſi j'ai réuſſi. Je puis dire, au moins, qu'aucune des Traductions que
j'ai publiées, ne m'a coûté autant de tems & de peine, que celle-ci.

Je l'ai accompagnée de quelques Notes, ſelon ma méthode ordinaire, & autant que le demandoit ou le comportoit la nature de
l'Ouvrage. J'y ai joint celles de la Traduction Angloiſe, dont quelques-unes ſont fort longues. On les diſtinguera toutes des miennes
d'un coup d'œil, non ſeulement par le nom de l'Auteur, qu'on voit
à la fin de chacune, mais encore par des guillemets mis par-tout en
marge. J'ai quelquefois mis au bas de ces Notes, les réflexions que
je jugeois à propos d'y faire, & que l'on diſcernera auſſi aiſément.

J'ai traduit auſſi & placé à la tête du Livre, la *Vie* de l'Auteur,
écrite

(1) En voici le titre: *A brief Account
of the Life, Character, and Writings of the
right Reverend Father in God* R I C H A R D
C U M B E R L A N D, *D. D. late Lord Biſ-
bop of* Peterborough. *Which may ſerve as
a Preface to his Lordſhip Book now in the
Preſs, entituled,* S A N C H O N I A T O's Phe-
nician *Hiſtory* &c.

écrite en Anglois par Mr. PAYNE, fon Chapelain, *Recteur* (ou Curé)
de *Barnack*, dans la Province de *Northampton*. Il l'avoit publiée
peu de tems après la mort de l'Auteur, premiérement à (1) part, &
puis en forme de *Préface* fur l'Edition qu'il donna d'un Ouvrage (2)
pofthume de fon Maître, écrit en Anglois. Cette Vie pouvoit & auroit dû être beaucoup plus circonftanciée qu'elle n'eft; & il eft furprenant que l'Auteur, à qui il étoit fi aifé de nous apprendre ce que
l'on fouhaitteroit de favoir, l'aît négligé. Il ne dit pas, par exemple,
la moindre chofe, d'où l'on puiffe inferer que Mr. *Cumberland* a eû
Femme & Enfans, on diroit qu'il s'agit d'un Prélat de cette Eglife
qui interdit le Mariage aux Eccléfiaftiques; & j'aurois été en doute fur
cet article, fi ce que je fûs de l'Exemplaire qui eft entre les mains d'un
Petit-fils de l'Evêque, ne m'avoit appris qu'il reftoit de fa poftérité.
J'ai joint à ma Traduction quelques Notes, en partie pour fuppléer,
autant que j'ai pû, à ce défaut; car je n'ai pas eû occafion d'en apprendre davantage.

A Groningue, ce 13 Août 1743.

(2) *L'Hiftoire Phénicienne de* SANCHO-
NIATON, traduite en Anglois, avec
des Remarques & un Commentaire étendu de l'Auteur. Ce Livre parut la même
année 1720.

VIE

V I E

D E

L' A U T E U R:

Ecrite en Anglois *par Mr.* (1) PAYNE, *qui avoit été son Chapelain.*

RICHARD CUMBERLAND, Fils d'un Bourgeois de *Londres* fort eftimé de tous ceux qui le connoiffoient, nâquit dans cette Ville, en l'année 1632. Il fit là fes prémiéres Etudes, dans l'Ecôle de *St. Paul;* d'où il paffa au Collége de la *Magdelaine* à *Cambridge.* Ce Collége a produit bon nombre de Savans, à proportion de fon étenduë. Il y avoit alors deux Maîtres, l'un & l'autre fort diftinguez, qui en étoient un grand ornement; le Docteur *Raimbow*, Evêque de *Carlifle*, & le Docteur *Duport*, Doien de *Peterborough.* Mais cette petite Société, non plus qu'aucun autre de nos Colléges, ne nourrit jamais dans fon fein tout à la fois, des Hommes plus favans & plus vertueux, que trois qui en furent faits Membres à peu près en même tems, je veux dire, le Docteur *Cumberland*, le Docteur *Ezéchias Burton*, & le (2) Docteur *Hollings.*

LE dernier étoit Médecin. Il s'établit à *Shrewsbury*, où il eft mort dans un âge fort avancé, après y avoir vécu généralement eftimé, & reçû dans les Familles qui avoient le bonheur de le connoître, non feulement fur le pié d'Ami & de Médecin, mais encore comme un beau génie. La diftance où il fe trouvoit des lieux où Mr. *Cumber-*
land

---

(1) S. PAYNE, Maître ès Arts, *Recteur* (ou Curé) de *Barnack*, dans la Province de *Northampton.*
(2) Mr. *Cumberland* parle lui-même de ce Docteur *Hollings*, comme d'un Ami particulier, & de qui même il avoit appris bien des chofes concernant l'Ana-

tomie. Voiez le *Chap.* II. § 23. de l'Ouvrage qui paroît ici traduit en François; & le *Difcours Préliminaire*, tout à la fin, où l'Auteur fait auffi mention honorable de l'autre Ami, le Docteur *Burton.*

land fit fa réfidence, ne diminua rien de l'amitié fincére qui s'étoit formée entr'eux, & elle dura autant que leur vie.

L'AUTRE digne Ami le Docteur *Burton,* mourut jeune: & ce fut une grande perte pour fa Famille, pour les perfonnes de fa connoif-fance, & pour tout le monde. Je dis, *pour tout le monde:* car, à mon avis, il n'y avoit guéres d'homme qui eût porté à un plus haut point l'efprit du Chriftianifme, l'amour du Prochain, la bienveillan-ce, & un défir ardent de faire du bien aux autres. J'en ai des preuves particuliéres dans quelques-unes de fes Lettres à mon Pére, qui avoit été fous fa direction; car quoi qu'elles euffent été écrites fort à la hâte & négligemment, elles font d'un tel caractére, qu'on ne peut les lire fans en être touché. DIEU, qui avoit rempli de fi bons fentimens le cœur de cet excellent Perfonnage, ne lui laiffa pas affez de vie pour effectuer fes défirs, comme il l'auroit pû. Sa grande modeftie fut caufe qu'il ne publia rien, de toute fa vie, qu'un court (1) *Avertiffement aux Lecteurs,* qui eft à la tête du *Traité des Loix Naturelles* que fon Ami *Cumberland* avoit compofé, comme on le verra plus bas.

OUTRE ces deux Amis intimes, dont je viens de parler, Mr. *Cumberland* avoit des liaifons particuliéres avec d'autres Membres du *Collége de la Magdelaine,* qui étoient d'un génie & d'un favoir émi-nent. Comme il aimoit le mérite, il le refpectoit par-tout où il le trouvoit: & fa douceur naturelle, jointe à fes autres belles qualitez, lui attiroit l'amitié de ceux qu'il témoignoit juger dignes d'être recher-chez pour cette raifon. Tels furent, le Chevalier (2) *Morland,* grand Mathématicien; & Mr. *Pepys,* qui a été Secrétaire de l'Amirauté pendant plufieurs années. Le dernier étoit fort verfé dans toute for-te de belle Littérature: & en reconnoiffance de l'éducation qu'il a-voit reçuë dans le Collége de *la Magdelaine,* il légua à cette Société fa Bibliothéque, qui étoit très-belle; laiffant à fes Exécuteurs Tefta-mentaires le plein & entier accompliffement de cette donation ma-gnifique.

UN autre perfonnage confidérable qui avoit étudié avec Mr. *Cum-berland* dans ce même Collége, c'eft le Chevalier *Orlando Bridgeman,* au-

---

(1) *Alloquium ad Lectorem ;* à la fin duquel il mit *H. B.* qui font les deux prémiéres lettres de fon nom, en An-glois. C'eft un éloge magnifique de l'Ou-vrage, dont l'Auteur avoit confié à fes foins le Manufcrit; & la Piéce eft écrite avec beaucoup de feu.

(2) *Samuel Moreland.* Ce Chevalier eft fort connu, fous le nom de *Morland,* par la *Trompette parlante,* dont on lui attribuë l'invention. Voiez GEORGII PASCHII *Inventa Nov-Antiqua,* Cap. VII. § 21. pag. 606, *& feqq.*

**

auquel il dédia son Traité *Des Loix Naturelles;* comme depuis, en publiant son *Essai sur les Poids & les Mesures des Anciens Juifs,* il fit le même honneur au Secrétaire *Pepys.*

LE Chevalier *Bridgeman* lui fournit occasion d'être connu dans le monde, autrement que par ses Ecrits. Le Docteur *Cumberland,* & le Docteur *Burton,* ces deux grands Amis, furent aussi ses Chapelains, dans le tems (1) qu'il étoit Garde du Grand Seau d'*Angleterre,* & il les pourvût de Bénéfices l'un & l'autre. La connoissance qu'il avoit faite avec eux dans le Collége de *la Magdelaine,* l'engagea à disposer en leur faveur des Places vacantes. Mais il n'auroit pû trouver par-tout ailleurs des Ecclésiastiques qui les méritassent mieux.

PENDANT que Mr. *Cumberland* fut Membre du Collége où ils a-voient été ensemble, il s'y distingua par ses Exercices Académiques. Il fut fait Bachelier en Théologie, dans une de ces (a) Solennitez où l'on prend en public les Degrez de l'Université. Et quoi qu'il fût très-rare de voir la même personne passer deux fois par ces grandes Epreuves, on avoit une si haute opinion de sa capacité, qu'on le sollicita depuis à faire son aulique dans une pareille Solennité, pour recevoir le Bonnet de Docteur.

LE prémier Bénéfice qu'il eut, après être sorti de l'Université, fut la Cure de *Brampton,* dans la Province de *Northampton.* Le Chevalier *Jean Norwich,* qui en avoit la nomination, se proposoit uniquement de la remplir d'un bon sujet, & il ne fut point trompé. Le Curé choisi répondit à tous égards aux plus hautes espérances que le Patron en avoit conçuës; & ils vécurent ensemble dans la plus parfaite union.

COMME nôtre Docteur desservit long tems cette Cure, qui est dans le Diocése de *Peterborough,* il en fut d'autant plus propre à exercer l'Episcopat de ce Diocése, où nous le verrons élevé dans la suite. Si le Clergé eût conservé l'ancien droit qu'il avoit d'élire son Evêque, il n'en auroit pas certainement choisi d'autre. On ne voioit alors aucun Ecclésiastique, plus généralement aimé & estimé. Si quelques personnes témoignoient à son égard d'autres sentimens, ce n'étoient

que

(1) *Public Commencement.*

---

(1) Il fut élevé à la Dignité de *Garde du Grand Seau* par le Roi CHARLES II. en 1667. & il s'en démit l'année 1672; c'est-à-dire, peu de tems après que Mr. *Cumberland* lui eût dédié son Livre, puis que cet Ouvrage parut en la même année, & que le Chevalier y est qualifié *Garde du Grand Seau,* dans le titre de l'Epître Dédicatoire. D'où il paroît, que c'est dans cet intervalle de cinq ans que Mr. *Cumberland* fut Chapelain de ce Seigneur, & qu'il passa ensuite de la Cure de *Brampton* à celle de *Stamford.* On sera sans doute surpris, que l'Auteur de cette

que des gens dominez & enflammez par un efprit de Parti. Il y en
avoit peu qui fuffent prévenus contre la perfonne même: la plûpart
ne voioient de mauvais œil, que la promotion du Docteur *Cumberland*. L'Envie & la Malignité en veulent toûjours à ceux qui fe diftinguent d'une maniére éclattante: & s'il ne fe trouve perfonne qui
ne juge qu'un homme ne vaut pas la peine qu'on le traverfe, ou
qu'on ouvre la bouche contre lui, il faut que cet homme foit bien peu
confidéré dans le monde.

Tant que Mr. *Cumberland* vécut retiré dans fa Cure, il ne
penfa guéres à autre chofe, qu'à remplir exactement fes fonctions,
& à cultiver fes études. Son unique divertiffement étoit prefque de
faire de tems en tems quelques courfes à *Cambridge*, pour y entretenir les liaifons qu'il avoit formées avec les Savans de fa connoiffance.

Selon toutes les apparences, l'exercice de fes talens devoit être
borné à une petite Paroiffe de la Campagne; car il n'eut jamais la
moindre penfée de chercher quelque avancement. Il étoit tout-à-fait
exemt de cette ambition, de cette avidité de Bénéfices lucratifs, qui
eft l'opprobre des Théologiens; la tentation, j'ai prefque dit le fcan-
dale & la honte de nôtre Sainte profeffion.

Mais il plut à Dieu de fournir à ce digne Eccléfiaftique un plus
vafte champ; & le Chevalier *Bridgeman* fut l'inftrument dont fa Providence fe fervit. Ce Seigneur avoit été élevé à la haute Charge de
Garde du Grand Seau. Il appella en Ville, & reçut dans fa Maifon, cet ancien Ami & compagnon d'Etudes. Bien tôt après, il
obtint pour lui la Cure (2) d'*Allbalows* à *Stamford*; Bénéfice, qui
alors fe trouvoit par tour à la nomination du Roi.

Voila comment nôtre Docteur fut transferé à *Stamford*; Ville, dont les Habitans, fi je ne fuis pas prévenu en leur faveur, font
plus fenfez & plus polis, que ne le font ordinairement d'autres de
même rang & de même condition. Ils connurent bien tôt ce que
valloit Mr. *Cumberland*; & de quelque ordre qu'ils fuffent, ils jugé-
rent tous, qu'il étoit de leur avantage commun d'avoir un tel Perfonnage établi chez eux.

Le

cette *Vie*, qui pouvoit fi bien favoir les dattes, n'en marque d'autres, que l'année où nôtre Docteur nâquit, & celle où il fe diftingua à *Cambridge* par un Acte
Public.

(2) *Allbalows* fignifie *de tous les Saints*.

C'eft fans doute le nom de la Paroiffe de *Stamford*, où Mr. *Cumberland* fut établi Curé. Il y a plufieurs Eglifes Paroiffia-
les dans cette Ville, qui eft ancienne, & dans le Comté de *Lincoln*.

LE poſte qu'il occupoit, étoit extrémement pénible. Car, outre les fonctions indiſpenſables de Paſteur, nôtre Curé ſe char-
gea des Sermons ſur ſemaine, & ainſi il prêchoit trois fois d'un
Dimanche à l'autre. Il remplit conſtamment cette grande tâche,
avec beaucoup d'aſſiduité. Elle auroit été ſeule un peſant fardeau
pour un homme du commun: mais il avoit tant de facilité à s'en
aquitter, qu'en même tems il formoit de grands projets par rapport
à ſes Etudes de Philoſophie, de Mathématiques, & de Philologie.

N'ETANT ainſi que ſimple Curé, il s'aquit une ſi haute réputation, que l'Univerſité de *Cambridge*, & autres perſonnes de ſa connoiſſance, le priérent inſtamment de vouloir bien ſe charger du pénible Exercice de ſoûtenir des Théſes, dans une Solennité pour les
Promotions publiques aux Degrez. Sans les ſollicitations preſſantes de
ſes Amis, exemt qu'il étoit non ſeulement d'ambition, mais encore
de tout déſir d'applaudiſſemens, il ne ſe ſeroit jamais réſolu à paroître
ſur un ſi grand Théatre. Il le fit, en l'année 1680. (1) Les Théſes, qu'il défendit alors, furent ces deux-ci: SAINT PIERRE *n'a
reçû aucune Autorité ſur les autres Apôtres.* LA *Séparation d'avec
l'Egliſe Anglicane,* (2) *eſt Schiſmatique.* Cet Acte d'éclat fit beaucoup d'honneur au Docteur *Cumberland*, & la mémoire en étoit encore de mon tems toute fraiche parmi les Membres de l'Univerſité,
lors que j'y étudiois pluſieurs années après.

NÔTRE Curé s'appercevoit, depuis aſſez long tems, des meſures que l'on prenoit tout ouvertement en faveur du *Papiſme*. Comme il avoit fort à cœur les intérêts de la *Religion Proteſtante*, il prenoit ſur-tout à tâche, dans ſes Sermons, de fortifier ſes Auditeurs
contre les erreurs, la corruption, & les ſuperſtitions de cette Egliſe
Idolatre. Il ne déteſtoit rien tant, que le Papiſme; & ſa défiance
ſur

(1) Celui qui donna un Extrait de cette *Vie*, dans les ACTA ERUDITORUM
de *Leipſig*, (Ann. 1722. pag. 533.) entend ceci de la Diſpute publique, que
Mr. *Cumberland* ſoûtint pour prendre le
Degré de Docteur en Théologie. Mais
nôtre Chapelain a déja parlé ci-deſſus de
cette promotion: &, de la maniére qu'il
s'exprime ici, on a tout lieu de croire
que c'étoit quelque Acte extraordinaire,
qui ne ſe faiſoit pas pour lui, & où l'U-
niverſité, qui l'en pria, ſouhaittoit que
celui qu'elle en chargeoit, ſe diſtinguât.
C'eſt ainſi que paroît l'avoir entendu un

autre Journaliſte, qui connoît bien l'*Angleterre*; je veux dire, Mr. DE LA RO-
CHE, dans ſes *Mémoires Littéraires de la
GRANDE BRETAGNE*, *Tom.* IV. pag.
240, 241. Ce qu'il y a de certain, c'eſt
qu'en 1672, Mr. *Cumberland* n'étoit encore que *Bachelier en Théologie;* puis que,
ſur le titre de ſon Livre *De Legibus Naturæ* &c. imprimé la même année, on
voit, après ſon nom, S. T. B. *apud Can-
tabrigienſes.*
(2) SANCTO PETRO *nulla data eſt
Juriſdictio i. caeteros Apoſtolos.* SEPA-
RATIO ab Eccleſia Anglicana *eſt Schiſ-
ma-*

fur tout ce qu'il foupçonnoit de tendre à le favorifer, alloit prefque jufqu'à l'excès.

La Bigoterie de cette Religion, l'Ignorance & l'Efclavage qu'elle introduit par-tout où elle domine, ne peuvent qu'infpirer les idées les plus affreufes, quand on a l'efprit libre de prévention, & l'ame élevée. J'ai ouï dire à de vieilles gens, qui avoient entendu prêcher Mr. *Cumberland* dans ces tems fâcheux, que lui, qui en toute autre chofe étoit du plus grand fang froid, s'échauffoit ordinairement, & fe laiffoit emporter à l'ardeur de fon zéle, quand il venoit à parler en Chaire des Superftitions de l'*Eglife Romaine*. Cette corruption du Chriftianifme occupoit beaucoup fes penfées. Pour découvrir, dès la prémiére origine, comment la Religion avoit dégéneré en Idolatrie, il s'engagea à de grandes recherches, qui produifirent l'Ouvrage (3) qu'il a laiffé en manufcrit, fur l'*Hiftoire Phénicienne* de SANCHONIATON.

Quand le Roi JAQUES II. fut monté fur le Trône, le trifte état des affaires, qui allérent en empirant fous fon Régne, allarma beaucoup tous ceux qui s'intéreffoient à la conftitution de nôtre Eglife & de nôtre Gouvernement. Mais perfonne n'en fut plus vivement frappé, que cet excellent Perfonnage: & cela ne contribua pas peu à lui caufer une Fiévre dangereufe des plus rudes dont jamais homme foit réchappé.

Mais enfin, après une nuit fombre & ténébreufe, la Révolution ramena le jour. Quand on ne connoît que par ouï dire, les dangers que des Voiageurs malheureux ont couru fur mer, ou fur terre, & dont ils ont été délivrez par un effet merveilleux de la Providence; on en écoute froidement le récit, & l'on n'en eft pas fort touché. Mais ceux qui en ont été témoins de leurs propres yeux, &

beau-

---

matica. Je ne mettrois pas ici ces Théfes en original, s'il n'étoit bon d'avertir, que, dans l'Extrait cité ci-deffus, des *Acta Eruditorum*, on a conçu la derniére Théfe d'une maniére à lui donner un fens tout contraire: *Poftquam, nec Sancto Petro ullam in reliquos Apoftolos jurisdictionem conceffam fuiffe*, NEC *feparationem ab Ecclefia Anglicana effe Schifimaticam defendiffet* (CUMBERLANDUS) &c. Pour ce qui eft de la Théfe en elle-même il faudroit favoir, ce que nôtre Docteur entendoit par le mot de *Séparation*; & s'il donnoit à fa décifion toute la gé-

néralité qu'elle femble avoir. On fait, que les Théfes Académiques font fouvent tournées de telle maniére, que le Défendant, pour fournir matiére à la Difpute, donne lieu à des Objections, qu'il fe referve de diffiper en expliquant les termes & y faifant quelques diftinctions. Cela pourroit au moins avoir lieu ici; de forte que la Théfe feroit vraie ou fauffe, felon que l'état de la queftion feroit clairement pofé & déterminé.

(3) On parlera plus bas de cet Ouvrage, qui a été imprimé.

** 3

beaucoup plus encore ceux qui ont été eux-mêmes·expofez à ces périls, fentent leurs cœurs émûs, toutes les fois qu'ils rappellent le fouvenir de leurs allarmes, & de la maniére dont ils ont été con-fervez. Il en fut de même, après l'heureux événement dont je parle. Ceux qui ignoroient les dangers dont nous étions menacez de la part du Papiſme & du Pouvoir Arbitraire, ou qui n'y pre-noient aucun intérêt; pouvoient apprendre avec indifférence les nou-velles de l'état prefent des chofes. Mais d'autres, qui voioient bien clai-rement le péril que nous avions couru, & qui, felon toutes les apparen-ces, devoient être les victimes de l'exécution des deffeins tramez con-tre nous; favoient connoître tout le prix de cette grande Délivrance.

UN tel changement des affaires, ne put que donner occafion à quelques mouvemens; & il falloit alors toute la prudence humaine, pour rétablir la tranquillité. Heureufement le Prince jugea, que les voies de la douceur étoient celles qui convenoient le mieux au génie & à l'humeur des *Anglois.* Il eut égard au mérite, par deſſus toutes chofes, dans la diftribution des Emplois & Civils, & Eccléfiaftiques. Tout autre motif, qui, fous les Régnes précédens, avoit fait difpofer des Evêchez en faveur de tels ou tels fujets, n'eut plus de force pour déterminer le choix. On ne jettoit pas les yeux fur les Eccléfiaftiques qui favoient le mieux faire leur cour, mais fur ceux qui paroiffoient les plus dignes de l'Epifcopat. Il n'y eut que des hommes fort dif-tinguez par leur favoir, par une vie exemplaire, & par un zéle con-ftant pour le bien de la Religion Proteftante, qui fuffent alors élevez à ce haut pofte.

PENDANT qu'on ne faifoit attention qu'à de telles qualitez, un Eccléfiaftique du caractére dont étoit le Docteur *Cumberland*, ne pouvoit guéres être oublié, quoi que perfonne ne cherchât, moins que lui, de pareil avancement. On dit au Roi, que c'étoit l'homme le plus propre qu'il pût nommer, pour remplir l'Evêché vacant de *Peter-borough.* Il n'en fallut pas davantage. Un fimple Curé, fans aller à la Cour (lieu, qu'il ne connoiffoit guére, & qu'il n'avoit vû que rarement) fans s'intriguer auprès des Grands, fans faire la moindre démarche qui fentît la brigue; fut choifi pour un fi haut Emploi, par cette feule raifon qu'il étoit le plus capable de l'exercer. (1) Un jour de pofte, qu'il étoit allé au Caffé felon fa coûtume, il lut dans la Gazette, que le Doc-

---

(1) Ce fut en l'Année 1690. comme je le vois par les *Mémoires Hiftoriques* du célèbre BURNET, Evêque de *Salif-* *bury,* Tom. IV. *pag.* 153. de la Traduc-tion Françoife, imprimée à *La Hale* en 1735. *in duodecimo.* On voit là nommez plu-

Docteur *Cumberland*, de *Stamford*, avoit été nommé à l'Evêché de *Peterborough*. Cela le furprit extrémement, & plus que tout autre qui eût appris la nouvelle.

UNE promotion comme celle-là, fit beaucoup d'honneur à ceux qui en étoient les auteurs. Le choix fut généralement approuvé; quoi que, dans le trouble où étoit alors la Nation, il n'y ait pas lieu de croire que perfonne ne fût d'un autre avis. Il y avoit un Parti, qui ne pouvoit que desapprouver les principes dont le nouvel Evêque avoit toûjours fait profeffion, & les maximes fur lefquelles il avoit réglé fa conduite. Mais ceux même qui ne l'aimoient pas par cette raifon, étoient contraints d'avouer, qu'un Théologien du plus grand mérite, & d'une vie entiérement irréprochable, avoit été mis fur le Siége de *Peterborough*.

NÔTRE Prélat tourna d'abord tous fes foins à remplir les devoirs de l'Episcopat. Ceux qui aiment l'Etude, comme il faifoit, contractent d'ordinaire une habitude, qui les rend peu empreffez & peu ardens à agir. Les Spéculations les occupent tout entiers. La tranquillité naturelle de Mr. *Cumberland* ajoûtoit encore quelque chofe à cette difpofition. Cependant jamais homme ne fut plus exact à s'aquitter des devoirs particuliers de fon Emploi. Il ne fe difpenfa d'aucun, pour chercher fes aifes, ou pour s'épargner de la peine: & il avoit un défir très-fort & très-fincére, que tous ceux qui dépendoient de lui fiffent auffi leur devoir.

LES Difcours qu'il faifoit au Clergé dans les Vifites de fon Diocéfe, & les Exhortations qu'il adreffoit aux Catéchuménes qui devoient être confirmez, n'avoient aucun ornement de Rhétorique, & paroîtroient peu de chofe, fi on les expofoit au grand jour de l'Impreffion. Mais c'étoient les expreffions vives du défir ardent dont il étoit pénétré, de faire tout le bien dont il étoit capable, & de porter les autres à fe laiffer toucher par fes rémontrances. C'étoient les pieux élans d'une ame pleine de candeur & de probité.

IL avoit de grands égards pour fon Clergé, & il le traitoit avec beaucoup d'indulgence dans toutes les occafions. On l'a fouvent entendu dire: *J'aime à rendre mon Clergé content de moi.* C'étoit la maxime qu'il pratiquoit envers tous fes Eccléfiaftiques, qui venoient lui faire la cour; & s'il péchoit, c'étoit toûjours de ce côté-là.

JA-

---

plufieurs autres Evêques, à la promotion defquels *la Faveur, les Cabales, les Sollicitations d'Amis*, n'eurent aucune part. On alla, dit l'Hiftorien, *déterrer les Gens de Mérite dans leurs Retraites; & la plûpart d'entr'eux en furent tirez contre leur gré.*

JAMAIS il ne s'épargna, lors qu'il s'agiſſoit d'exercer les fonctions
de l'Epiſcopat. Dans les derniers mois de ſa vie, on ne put le diſ-
ſuader d'entreprendre des travaux, que tous ceux qui étoient auprès
de lui craignoient qu'ils ne fuſſent au deſſus de ſes forces. Toutes leurs
priéres furent inutiles: il répondit, avec une grande réſolution; *Je
veux faire mon devoir, auſſi long tems que je le pourrai.* Il avoit ſuivi conſtamment la même régle dans la vigueur de ſon âge. Ses Amis
avoient beau lui repréſenter, que ſes études & ſes travaux nuiſoient à ſa
ſanté: la réponſe qu'il leur faiſoit d'ordinaire, conſiſtoit en cette ſentence: *Il vaut mieux qu'un homme s'uſe, que s'il ſe rouilloit.*

LA derniére fois qu'il viſita ſon Diocéſe, il avoit déja quatre-vints
ans. Comme j'étois obligé de l'y accompagner, j'appréhendois fort
qu'il ne pût pas en ſupporter la fatigue. Mais, graces à DIEU, il
n'en fut point incommodé. La bonne Providence ſoûtient ſans doute ceux qui s'aquittent de leur devoir. Trois ans après, & par conſéquent dans la quatre-vint-troiſiéme année de nôtre Evêque, on
eut toutes les peines du monde à obtenir de lui qu'il n'entreprît pas
une nouvelle Viſite: & s'il s'en diſpenſa, ce fut à contre-cœur, y
étant forcé en quelque maniére. Convoquer une Aſſemblée de ſon
Clergé avant le terme ordinaire de dix ans, c'eſt dequoi il ne vouloit
point entendre parler. Il ne fut jamais d'humeur de ſe décharger
d'un fardeau, pour le mettre ſur les épaules d'autrui.

QUAND je lis l'éloge (1) que l'Ecriture Sainte donne à MOÏSE,
d'être *l'homme le plus doux qu'il y eût ſur la terre;* & ce que Nôtre
Seigneur JESUS-CHRIST diſoit de (2) *Nathanaël, Voici un véritable* Iſraëlite, *dans lequel il n'y a point de fraude:* je ne ſaurois m'empêcher d'appliquer ces beaux portraits à nôtre Prélat. Car, à mon
avis, après ces deux hommes, il n'y en eut jamais d'autre à qui ils con-
vinſſent mieux, qu'à un Perſonnage auſſi extraordinaire.

C'ETOIT un homme de l'humeur la plus douce, la plus gaie, la
plus humble, la plus éloignée de toute ombre de malice. Sa candeur envers tout le monde, étoit ſans pareille: il prenoit tout du bon
côté. On peut dire ſans hyperbole, que pour l'humilité, la douceur, la bonté de cœur, l'innocence de la vie, aucun homme mortel n'étoit au deſſus de lui. Il n'avoit point de fiel, & il étoit ſi fort exemt
de toute teinture de ruſe, d'ambition, ou de malveillance, qu'on eût dit
qu'à ces égards il n'étoit point né ſujet à la corruption de nôtre nature.

Il

(1) C'eſt au Livre des NOMBRES,   (2) Evangile de St. JEAN, Chap. I.
Chap. XII. verſ. 3.   verſ. 48.

Il parvint à sa quatre-vint-septiéme année, & les péchez de commission où il peut être tombé pendant toute sa vie, sont, à mon avis, en plus petit nombre, que ceux de toute autre personne qui ait jamais été aussi âgée que lui. Son ame étoit heureusement libre de toute Passion déréglée.

La vaine gloire ne se mêloit jamais dans ses actions. Jamais il ne fit rien pour chercher l'applaudissement des Hommes, ou s'attirer leurs louanges. Jamais il n'usa de déguisement: sa langue étoit toûjours d'accord avec son cœur. S'il avoit quelque défaut, c'étoit celui d'être trop humble: extrémité, vers laquelle le plus sûr est pour tout Chrétien de pancher. Il a vêcu avec la simplicité d'un Evêque de la Primitive Eglise; conversant & agissant en homme privé, ne pouvant se résoudre qu'avec peine à soûtenir, comme on parle, la dignité de son caractére. Il n'étoit pas de ceux qui (3) *aiment la prééminence*, & il n'eut dispute avec personne pour le rang.

Il (4) *exerçoit l'hospitalité sans murmure*. Jamais Maison ne fut plus ouverte aux Amis du Maître, que la sienne. La maniére obligeante avec laquelle il les recevoit toûjours, avoit quelque chose qui lui étoit particulier. Les Pauvres trouvoient à sa porte une assistance réelle: ses Voisins, & les autres gens de sa connoissance, étoient toûjours bien venus à sa table, & traitez à son ordinaire, avec bonne chére & sans façon. Il avoit chez lui tout ce qu'il falloit pour un regal d'ami; rien qui servît au luxe & à la magnificence.

Son désir étoit toûjours de faire plaisir à chacun, & d'exercer la bénéficence envers tout le monde. Il subvenoit largement aux besoins d'autrui, mais il se contentoit lui-même de peu. Le bien qu'il faisoit à ses Parens, & aux personnes de sa connoissance, les sommes d'argent qu'il distribuoit aux nécessiteux, sont de bonnes œuvres qu'il n'est pas à propos de publier en détail. La moitié des sommes qu'il emploioit à un tel usage, lui auroit attiré une grande réputation de libéralité & de générosité, s'il les eût données avec ostentation, comme font ceux qui cherchent la gloire des Hommes. En ces cas-là il observoit exactement le précepte de Nôtre Seigneur Jésus-Christ, (5) *De faire l'aumône secrétement, & sans que la main gauche sache ce que fait la droite.*

Tous ceux qui avoient affaire avec lui, ou qui étoient dans sa dé-

(3) Voiez la *III. Epître* de St. Jean, *verf.* 9.
verf. 9. que l'on a ici en vûë.
(4) *I. Ep.* de St. Pierre, Chap. IV.
(5) Matthieu, *Chap.* VI. *verf.* 3,4

***

dépendance, ont éprouvé les effets de fa bonté & de fa douceur. Il avoit un Patrimoine, confiftant en Terres, qu'il admodioit. Jamais il n'en hauffa les rentes, & il ne changea de Fermier que rarement. Ses Fermiers vieilliffoient dans leurs Fermes, & en laiffoient la Succeffion à leurs Enfans.

IL en ufoit de même à l'égard de ceux qui en tenoient de lui, comme Evêque; & j'oferois prefque dire, qu'il étoit doux envers eux jufqu'à l'excès. Ils pouvoient être affûrez, que le bon Prélat ne les inquiéteroit point: jamais il ne penfoit qu'à maintenir les juftes droits de fon Siége. S'il en venoit à impofer quelque amende aux Fermiers, lors que la Raifon & l'Equité le demandoient, c'étoit toûjours avec beaucoup de peine, & jamais de fon bon gré. Il donna de grands exemples de douceur & de compaffion, dans le renouvellement de quelques-uns de ces Baux. Je fouhaitte que ceux qui ont éprouvé de tels effets, foient affez fenfibles à l'obligation qu'ils lui en ont. Car, à dire vrai, les Fermiers des Evêques font ordinairement des gens fort ingrats. Ils ne regardent pas les biens qu'ils tiennent, comme appartenans à autrui, mais comme leurs biens propres, & ils ne lâchent qu'avec beaucoup de peine tout ce qui en fort, comme s'ils fe faifoient du tort à eux-mêmes.

L'HUMILITE', & la Douceur, étoient celles des Vertus Chrétiennes en quoi nôtre Evêque excelloit; & d'ailleurs il s'étoit fait l'habitude d'une vie fédentaire & ftudieufe. On ne doit pas s'attendre de trouver dans une perfonne de ce caractére, un grand degré d'ardeur & d'activité. DIEU ne rend aucun Homme parfait dans cette Vie. Ceux qui peuvent être le plus utiles au monde par la vivacité de leur tempérament, font fouvent d'une humeur turbulente; ils fe trompent fréquemment, ils font fort fujets à faire paffer leurs vûës & leurs paffions particuliéres fous le nom du Bien Public, & à fe laiffer emporter trop loin par leur zéle.

CEUX qui fe diftinguent dans une certaine forte de chofes, ne font pas fans défauts en matiére d'autres. On peut expliquer ce phénoméne, en le regardant comme un indice par où DIEU donne à connoître qu'il veut que les Hommes foient à cet égard égaux en quelque

ma-

(1) Epître aux ROMAINS, Chap. XII. verf. 3.

(2) ———— Si vis amari
Languida regnes manu ————

C'eft ainfi que Mr. PAVST rapporte la Sentence, fans nommer le Poëte d'où il l'a prife, & comme fi elle étoit contenuë dans deux demi-vers. Mais fa mémoire l'a trompé : car les paroles, un peu différentes, quoi qu'elles reviennent au même pour le fens,

for-

maniére, & tenir ainſi dans l'humilité ceux qui ont de grands talens, afin qu'*ils* (1) *ne conçoivent pas d'eux-mêmes une trop haute opinion, mais qu'ils aient des ſentimens modeſtes.*

Nôtre Prélat étoit d'un tempérament ſi calme, qu'il ne pouvoit ſe mettre en colére. Il témoignoit ſimplement qu'une choſe ne lui plaiſoit pas: ſon chagrin n'alloit pas plus loin. Il ne ſe laiſſoit jamais aller à donner la moindre marque indécente d'émotion, jamais il ne lui échappoit d'expreſſion peu meſurée. Mais, d'autre côté, il n'avoit pas aſſez de vigueur pour exercer la Diſcipline. Je crus qu'il étoit de mon devoir d'y ſuppléer, dans le poſte où j'ai eû l'honneur de le ſervir pendant pluſieurs années. Mais j'éprouvai les inconvéniens auxquels on s'expoſe en voulant faire une Réforme, & combien il eſt dangereux d'éplucher de près la conduite de ceux qui en ont beſoin.

CET excellent Perſonnage avoit tant de charité, qu'il ne pouvoit ſe réſoudre à croire que le monde fût auſſi corrompu qu'il l'eſt. Il ne concevoit mauvaiſe opinion de perſonne, à moins qu'il n'y fût forcé par des preuves de la derniére évidence. Il avoit de l'horreur pour les ſoupçons, & il étoit toûjours diſpoſé à juger que les autres hommes n'avoient pas moins de droiture & de probité, que lui. Et certainement ſi les autres lui euſſent un peu reſſemblé, il n'auroit pas été beſoin de ſévérité. Cette maxime d'un Poëte; (2) *Qui veut être aimé, doit régner avec indulgence;* auroit été alors de ſaiſon. C'eſt dommage que le bon Prélat n'aît pas eû autant d'activité, que d'innocence de mœurs: il auroit atteint le plus haut point de Vertu, où la Nature Humaine peut s'élever.

SON Eſprit n'étoit pas naturellement vif, mais ſolide, & qui retenoit bien ce qu'il avoit une fois conçu. Quelque ſujet qu'il étudiât, il s'en rendoit maître. Tout ce qu'il avoit lû, lui étoit préſent. Les idées de la plûpart des Hommes ne ſont que comme des impreſſions faites ſur la cire, peu claires & diſtinctes, & qui s'effacent bien tôt: les ſiennes étoient comme gravées ſur l'acier; il falloit quelque tems pour les former, mais elles étoient nettes & durables.

Les

forment un vers entier, que voici:

Qui vult amari, languida regnet manu.

Il ſe trouve dans la Tragédie de SE-NEQUE, intitulée les *Phéniciennes* (ou la *Thébaïde*, ſelon la plûpart des Editions) tout près de la fin de ce qui nous en reſte, *verſ.* 659.

*** 2

Les occupations littéraires qu'il eut le plus à cœur pendant toute sa vie, étoient, la recherche des plus anciens tems, l'étude des Mathématiques dans toutes leurs parties, & celle de l'Ecriture Sainte dans les Langues Originales. Mais de tems en tems, & par maniére de divertissement, il tournoit son esprit à presque toute autre sorte d'Etudes. Il entendoit très-bien toutes les parties de la Philosophie: il avoit de grandes lumiéres sur la Physique: il savoit ce qu'il y a de plus curieux en Anatomie: les Auteurs Classiques lui étoient familiers. En un mot, aucune partie de l'Erudition ne lui étoit étrangére; & quelque matiére qu'il eut occasion de traiter, il la possedoit, comme s'il y eût rapporté principalement ses études. Il étoit parfaitement versé dans tout ce que l'Ecriture Sainte renferme, & en avoit fait un bon trésor dans son ame. Quelque difficile que fût un Passage qui se présentoit par occasion, ou dans ses lectures, il pouvoit l'expliquer sur le champ, & en rapporter les diverses interprétations, sans consulter aucun Livre. Il avoit eû quelque pensée de composer un Commentaire sur les *Epîtres aux* ROMAINS & aux GALATES. C'est grand dommage que le désir d'acquérir de la gloire, aiguillon si nécessaire pour porter les Hommes à agir, n'aît eû aucun pouvoir sur lui. S'il eût exécuté ce projet, il auroit, à mon avis, éclairci la Dispute sur la *Justification*, avec toutes ses dépendances, mieux qu'on n'a encore fait. Il m'a souvent expliqué en conversation, ce qu'il jugeoit être la clé des Passages les plus difficiles de ces Epîtres; Clé si aisée, que je ne puis que la regarder comme la seule véritable. S'il avoit bien rencontré, les Théologiens Polémiques n'ont point entendu ST. PAUL; & tout ce qu'ils ont écrit sur la Justification, est très-peu fondé.

LES Savans aiment souvent le silence, & affectent de le garder dans la conversation. Mais Mr. *Cumberland* étoit si humble, qu'il ne jugeoit personne assez peu considérable, pour qu'on s'abbaissât en conversant avec lui; & il avoit d'ailleurs tant de bonté, qu'il se faisoit un plaisir de communiquer ses lumiéres à quiconque l'approchoit. C'étoit le plus docte Personnage que j'aie connu, &

en

(1) Cela doit s'entendre de l'état ordinaire de la santé de Mr. *Cumberland:* car on verra dans le *Discours Préliminaire* sur l'Ouvrage que je publie maintenant en nôtre Langue, qu'entr'autres raisons qu'il allégue pour excuser la négligence de son Style, il dit, que dans le tems qu'il travailloit à cet Ouvrage, sa santé avoit été souvent chancelante, *saepiusculè vaccillans corporis valetudo*, § 29. Et Mr. *Payne* a lui même parlé ci-dessus d'une maladie dangereuse dont nôtre Auteur fut attaqué au commencement du régne de JAQUES II.

(2)

en même tems le plus communicatif. Aucune converfation ne lui plaifoit tant, que celles qui rouloient fur quelque point de Science.

LA prémiére expérience que j'en fis, ce fut lors que je n'avois pas encore pris les degrez de l'Univerfité, & peu de tems après qu'il eût été élevé à l'Epifcopat. J'étudiois alors quelques parties des Mathématiques. Il me fit l'honneur de s'entretenir avec moi fur ce fujet. Je fus ravi d'étonnement, de voir tant de condefcendance, tant d'affection à inftruire un Jeune Homme, dans une perfonne de ce favoir, de cet âge, & de ce rang. Les années, que j'ai depuis paffées auprès de lui avec plus de liberté, font celles que je regarde comme les plus heureufes de ma vie, & je ne faurois jamais affez eftimer un tel avantage. C'étoit mon Oracle, que je confultois fur quelque Auteur que je luffe, & fur quel fujet que ce fût. Il n'y avoit point de difficulté, dont je ne fuffe affûré qu'il me donneroit la folution. Je ne lui fis jamais aucune queftion, fur quoi il n'eût dequoi répondre, en matiére même de chofes peu confidérables, & d'Auteurs d'un bas étage, qu'on auroit pû croire qu'un homme comme lui, occupé à tant de Spéculations beaucoup plus relevées, jugeoit entiérement indignes de fon attention.

PENDANT toute fa vie, il jouït conftamment d'une tranquillité d'ame, qui ne fut guéres troublée par aucun mouvement de paffion. Ainfi vivant d'une maniére fort réglée & avec beaucoup de fobriété, il parvint à une grande vieilleffe, parfaitement fain de corps & d'efprit. Il n'étoit fujet à aucune maladie, ni à aucune incommodité: (1) jamais il ne fe plaignit de fe porter mal, ou d'être indifpofé: il fortoit toûjours de fa chambre, le matin, avec un air riant.

LES *Vieillards*, felon le portrait qu'un Poëte fait de leurs mœurs, *ne cherchent* (2) d'ordinaire *qu'à amaffer de l'argent, pour ne s'en point fervir & n'y pas toucher: ils font chagrins, plaintifs, de mauvaife humeur: cenfeurs févéres, & fur-tout grands donneurs d'avis aux Jeunes Gens.* Nôtre Evêque a paffé l'âge (3) qu'Horace entend là par la *Vieilleffe:* mais jamais il n'y eut perfonne

à

---

(2) *Quaerit* [Senex] & *inventis mifer abftinet* —
Difficilis, querulus,
— *cenfor caftigatorque minorum.*
Art. Poëtic. verf. 170, & feqq.
(3) Il eft difficile de favoir, à quelle année ce Poëte mettoit en général la fin

de la *Vieilleffe.* Les *Romains*, non plus que les autres Anciens, n'étoient pas d'accord là-deffus, ni fur le commencement de cet âge. On peut voir les Interprêtes fur ce que dit CICÉRON, que, de tous les Ages de l'Homme, la Vieilleffe eft le feul qui n'a

*** 3

à qui ces caractéres convinffent moins , qu'à lui ; c'étoit juftement le rebours, à tous égards.   Vouloit-on éviter tout ce qui fent
la cenfure, les plaintes, la gêne, la mauvaife humeur? il ne falloit
qu'aller auprès de lui.   Sa douceur, & fa complaifance, étoient au
deffus de toute expreffion: il n'y a que ceux qui ont eû occafion de
converfer avec lui, qui puiffent s'en former une jufte idée.   Cette
heureufe & charmante difpofition, dont il s'étoit fait une habitude,
dura jufqu'au dernier jour de fa vie.

La vigueur de fes fens, & la bonté de fon tempérament, fe main-
tinrent mieux qu'on n'auroit pû l'attendre, dans un homme dont la
vie avoit été fi fédentaire, & fi adonnée à l'Etude.   Je crois néanmoins, pour avoir converfé avec lui tous les jours, que les Facultez
de fon Ame étoient encore moins affoiblies, que celles de fon Corps.
Il poffeda toûjours toutes les Sciences, qu'il aveit étudiées dans fa jeu-
neffe.   Il aima toûjours à lire les Auteurs Claffiques ; & dans la derniére année de fa vie, il en citoit des paffages fur le champ, & à
propos.

Le Docteur *Wilkins* (1) aiant publié un *Nouveau Teftament*
en Langue *Coptique*, lui en envoia un exemplaire.   Nôtre Prélat,
âgé alors de plus de quatre-vint-trois ans, fe mit à étudier cette Langue.   Il l'apprit, & à mefure qu'il lifoit la Verfion de ce Livre , il me
communiqua d'excellentes remarques qu'il y faifoit.

La derniére fois que j'eus le bonheur de joüir de fa converfation,
il venoit de lire dans une Gazette, que l'Empereur (2) avoit conferé au Chevalier *George Bing* l'Ordre de la *Toifon d'or*.   Cela lui fit
plaifir : & là-deffus il me dit, *Qu'un tel Ordre de Chevalerie étoit
ce qui convenoit le mieux à un Amiral.   L'Expédition des* Ar-
gonautes, ajoûta-t-il, *eft la prémiére entreprife confidérable que
les anciens* Grecs *aient faite par mer ; c'étoit, je penfe, environ
quatre-vints ans avant la Guerre de* Troie.   Oui, *Mylord*,
lui répondis-je.   Vous *voiez*, repliqua-t-il, *que je m'en fouviens
enco-*

n'a point de terme fixe : *Omnium aeta-
tum certus eft terminus: Senectutis autem
nullus certus eft terminus.*   De Senect.
Cap. 20.
(1) Ce Livre fut imprimé à *Oxford*
en 1716. *in* 4.
(2) En l'année 1718. le Roi d'*Angleterre* George I. envoia au fecours de
l'Empereur Charles VI. une Flotte

commandée par l'Amiral *Bing*, qui rem-
porta une victoire complette fur celle
des *Efpagnols*.   C'eft fans doute en reconnoiffance des fervices de cet Amiral, que l'Empereur l'honora de l'Ordre
de la *Toifon d'or*.
(3) Il fut *emporté en un jour ou deux,
dans l'année* 1719. felon le P. Niceron, *Mémoires*, Tom. V. pag. 332. &
il

*encore. Apportez-moi les Annales d'*USHER*, & les Tables Chro-nologiques de* MARSHALL*; j'ai quelque envie d'examiner ces cho-fes.*

Le lendemain de ce même jour, je trouvai nôtre Evêque attaqué d'une Paralyſie, qui lui avoit ôté tout d'un coup le ſentiment dans une partie de ſon corps, & l'uſage de la langue; ſans qu'il eût eû le moindre preſſentiment de cet accident funeſte. Il s'étoit même levé, ce matin-là, en meilleure ſanté qu'à l'ordinaire. Mais en un mo-ment il fut frappé d'un coup, dont il ne put revenir. (3) C'eſt ainſi que finit ſon heureuſe vieilleſſe, & il fut *recueilli parmi ſes peuples dans une pleine maturité d'âge.*

Les Ouvrages, qu'il avoit publiez, ſe réduiſent à deux. Le pré-mier (4) eſt un *Traité Philoſophique des Loix Naturelles,* écrit en Latin. Il y traite la Morale d'une maniére démonſtrative, & je puis bien ajoûter, de la maniére la plus parfaite: car, à mon avis, tous les bons Juges conviennent que c'eſt une véritable Démonſtra-tion. Comme l'Auteur (5) étoit loin du lieu où l'Ouvrage s'impri-moit, il s'y gliſſa quantité de fautes. Cela peut avoir contribué à empêcher qu'on ne le lût: mais la difficulté du ſujet, & la préciſion des raiſonnemens, ont encore plus rebutté bien des Lecteurs. Il n'y a guéres juſqu'ici que des Savans du prémier ordre, qui aient étudié cette matiére. J'avois témoigné quelquefois à nôtre Evêque, com-bien il ſeroit à ſouhaitter qu'il revît ſon Ouvrage, pour le rendre plus intelligible & plus agréable à lire. Mais il ne put ſe réſoudre à re-prendre un travail, qu'il avoit abandonné depuis ſi long tems. Il me permit ſeulement de me charger moi-même, ſi je le jugeois à pro-pos, d'entreprendre quelque choſe de ſemblable; & tout le ſecours qu'il me fournit, ce fut ſon (6) exemplaire, relié avec du papier blanc entre les feuilles, où il y avoit par-ci par-là quelques Additions, écrites de ſa propre main. Je lûs alors & relus avec ſoin tout le Livre, dans cette vuë: mais je n'y trouvai rien où je puſſe changer, retran-cher,

il étoit alors dans ſa 87. année. Ce fut au commencement de l'année qu'il mou-rut, comme le diſent les Journaliſtes de *Leipſig*, *ubi ſupr.* pag. 534. Il n'auroit pas beaucoup coûté à Mr. *Payne*, de nous marquer le mois & le jour, qu'il ſavoit ſi bien: mais il n'indique pas mê-me l'année.

(4) Imprimé à *Londres*, en 1672. *in*

quarto.

(5) Il étoit alors à ſa Cure de *Stam-ford*, dans le Comté de *Lincoln*, comme on l'a dit ci-deſſus.

(6) C'eſt le même, d'où ſont tirées les Corrections & Additions qui m'ont été communiquées. Voicez ce que je dis là-deſſus dans ma *Préface.*

cher, ni ajoûter quelque chose de mon chef. Tout ce que je crus pouvoir faire, pour en rendre la lecture un peu plus utile au commun des Lecteurs, ce fut d'avoir soin que le Livre fût rimprimé correctement, de donner une analyse des raisonnemens, de diviser les Paragraphes en un plus grand nombre d'articles, & d'y joindre des Sommaires de chacun. Peut-être (1) trouverai-je quelque jour le loisir d'exécuter ce projet.

L'AUTRE Ouvrage, que Mr. *Cumberland* fit imprimer, est écrit en Anglois, & fort estimé. C'est (2) un *Essai sur les Poids & les Mesures des anciens* JUIFS. Le (3) Docteur BERNARD jugea à propos d'en critiquer quelques endroits, sans nommer celui qu'il réfutoit, dans un Traité qu'il publia (4) depuis sur les *Poids* & les *Mesures* de l'Antiquité en général. Nôtre Auteur mit d'abord la main à la plume pour justifier ses calculs: mais comme il avoit beaucoup d'aversion pour tout ce qui sentoit la Dispute, il supprima l'Ecrit qu'il avoit fait là-dessus, & laissa son Livre se défendre lui-même.

Son attachement à cette sorte d'Etude se rallentit d'autant plus, qu'il s'étoit d'ailleurs imposé une grande tâche de toute autre nature.

Il

---

(1) Mr. PAYNE n'a jamais apparemment trouvé ce loisir, ou bien quelque autre chose l'a empêché d'exécuter son dessein. L'Edition Originale est jusqu'ici la seule imprimée en *Angleterre*. Il y en a pour le moins deux d'*Allemagne in octavo;* car j'en ai une de 1694. imprimée à *Lubeck* & à *Francfort*, sur le titre de laquelle on lit *Editio tertia*. C'est apparemment de celles-là que le Traducteur Anglois veut parler, quand il dit dans sa *Préface*, que les fautes d'impression, qui s'étoient glissées dans l'Edition publiée par l'Auteur, bien loin d'avoir été corrigées dans les *Editions suivantes*, ont été fort augmentées dans la derniére. Mais il auroit dû s'exprimer plus distinctement, & ne pas donner lieu de croire que ces *Editions suivantes* ont aussi été faites à *Londres*.

(2) L'Auteur y traite aussi des *Monnoies* des anciens JUIFS: *An Essay towards the Recovery of the Jewish Measures, and Weights, comprehending their Monies* &c. L'Ouvrage fut imprimé à *Londres* en 1686. *in octavo*. On en peut voir un Extrait assez étendu dans la

BIBLIOTHE'QUE UNIVERSELLE, Tom. V. pag. 149, & suiv. Mr. LE CLERC, qui est l'Auteur de cet Extrait, dit, dans un autre de ses Journaux, (*Biblioth. Anc. & Mod.* Tom. XXIII. p. 208.) que cela fut causé qu'on fit peu de tems aprés en France une *Version Françoise* de l'Original. Le P. NICERON ne parle point du tout d'une telle Version, dans l'article de CUMBERLAND, *Mémoires* &c. Tom. V. pag. 332.

(3) EDOUARD BERNARD. Il étoit alors Professeur en Théologie à *Oxford*.

(4) *De Mensuris & Ponderibus Antiquis*, Libri tres. Imprimé à *Oxford* en 1688. in octavo. C'est une Seconde Edition, augmentée du double. La prémiére avoit paru en 1685. *in fol.* jointe au Commentaire Anglois d'EDOUARD POCOCK sur le Prophéte OSE'E.

(5) Il y a long tems que divers Savans ont soûtenu, & cela sur des raisons fort plausibles, que l'*Histoire Phénicienne* du prétendu SANCHONIATON, dont ce Fragment fait partie, & que PHILON de *Byblos* publia en Grec comme une Version fidéle de l'Original

Il étoit plus vivement frappé que bien d'autres, & allarmé au dernier point des progrès que le *Papisme* faisoit parmi nous. Cela lui fit tourner ses pensées à rechercher, par quels degrez, & de quelle manière l'Idolatrie s'étoit introduite dans le monde. Il crut en avoir découvert le plus ancien monument, dans le Fragment qui nous reste (5) de SANCHONIATON, conservé par EUSEBE, au I. Livre de sa *Préparation Evangélique.* Nôtre Evêque trouva, que c'étoit une Apologie formelle de l'Idolatrie, & qu'en même tems l'Auteur, très-ancien, y avoüe tout ouvertement une chose dont les autres Ecrivains du Paganisme cherchoient soigneusement à dérober la connoissance, c'est que leurs Dieux avoient été des Hommes mortels. Il n'étudia d'abord ce morceau d'Histoire, qu'en vüe de remonter à la prémiére origine de l'Idolatrie. Mais, après avoir médité là-dessus quelque tems, il y apperçut des vestiges de l'Histoire du Monde avant le Déluge. La prémiére ouverture lui en vint dans l'esprit à l'occasion de ce passage du Fragment: (6) ISIRIS, *Frere de* CHNAA *le prémier Phénicien.* Ce CHNAA, *prémier Phénicien,* est sans contredit *Canaan,* dont la postérité peupla le païs qui portoit son nom.

NÔ-

nal Phénicien; est un Roman forgé par ce Grammairien, qui vivoit dans le Second Siécle. Voiez la *Bibliothéque Grecque* de Mr. FABRICIUS, Tom. I. Lib. I. Cap. 28. Un Savant Anglois, le célébre DODWELL, s'attacha sur-tout à prouver cette supposition, dans une Dissertation Angloise, qu'il joignit à ses deux Lettres sur la *Réception des Ordres Sacrez,* & sur la *manière d'étudier la Théologie:* Livre dont la Seconde Edition parut en 1681. *in 8.* à Londres. On en peut voir un Extrait dans les ACTA ERUDITORUM de Leipsig, Supplem. Tom. II. pag. 512, & *seqq.* Plusieurs depuis se sont rangez à cette opinion, comme Mr. LE CLERC, en divers endroits de ses Ouvrages, par exemple, BIBLIOTHE'QUE CHOISIE, Tom. IX. pag, 242, & *suiv.* Mr. DUPIN, *Diss. Prélim. sur la Bible,* Tom. II. tout à la fin: VAN DALE, dans une Dissertation *De Sanchoniatone,* publiée en 1705. avec celles sur ARISTÉE, & sur le *Batême:* Mr. Mosheim, dans ses Notes sur sa Version Latine du *Systême Intellectuel* de CUDWORTH, pag. 27.

Not. 7. &c. Cependant Mr. *Cumberland,* qui ne pouvoit ignorer au moins la Dissertation de son Compatriôte, bien loin d'examiner & de réfuter ses raisons, n'en dit pas un mot, & il suppose, comme incontestable, l'authenticité du prétendu Ecrivain de *Phénicie,* antérieur à la Guerre de *Troie;* sans penser, que, tout son Systême étant fondé là-dessus, tombe par terre, du moment que le fondement en sera jugé peu solide avec une grande probabilité. On a beau dire, comme fait Mr. *Payne* à la fin de sa *Préface,* que ce que *Dodwell* a écrit là-dessus *prouve seulement le panchant qu'il avoit à rejetter l'Ouvrage* qui passe sous le nom de *Sanchoniaton:* cela ne fait que donner lieu à une rétorsion, faite avec autant de droit que le reproche, tant qu'on en demeure là.

(6) Ὧν εἷς ἦν Ἴσιρις ... ἀδελφὸς Χνᾶ τῦ πρώτῃ μετονομασθέντος Φοίνικος. Apud EUSEB. *Praep. Evangel.* Lib. I. Cap. 10. pag. 39. D. Edit. Colon. (seu *Lips.*) 1688.

＊＊＊＊

Nôtre Auteur crut voir enfuite *Adam* & *Eve*, dans les deux prémiers Mortels de *Sanchoniaton*, qui les appelle (1) *Protogone* &
Aeon. Pouffant ainfi de plus en plus fes conjectures, il forma une
fuite de l'Hiftoire Profane, conforme à l'Ecriture Sainte, depuis le
prémier Homme jufqu'à la *prémiére Olympiade*.

Il avoit fini cet Ouvrage, environ le tems de la Révolution, &
il fe réfolut alors à le donner au Public. Mais fon Libraire ne jugea
pas à propos d'en hazarder la dépenfe. Nôtre Auteur, rebuté par
ce refus, ne penfa plus à l'impreffion. Cependant la matiére lui plaifoit beaucoup, & il ne pouvoit guéres l'abandonner. Après avoir
donc fait une découverte, qui lui paroiffoit fort confidérable, il
pouffa plus loin fes recherches des anciens tems, pour fa propre fatisfaction, plûtôt que dans aucune vuë de les communiquer au Public.

Ainsi il travailla à une Seconde Partie, qu'il intitula, les *Origines les plus anciennes des Nations*, & il compofa là-deffus diverfes Differtations détachées. Mais il difcontinua ce travail en 1702. & je
n'ai rien trouvé qu'il eût écrit depuis.

Lors que j'eus le bonheur d'entrer dans fa Maifon, j'étois fort
curieux de voir ce Manufcrit. Il me le communiqua avec fa bonté
ordinaire. Je vis bien tôt, qu'il ne l'avoit point mis en ordre, ni
travaillé avec foin. Ce qu'il écrivoit fur de tels fujets, groffiffoit
continuellement fous fa main. Après avoir jetté fur le papier fes
prémiéres penfées, il y faifoit, à mefure qu'il travailloit, tant de
ratures, de renvois, & d'additions, que perfonne n'auroit pû dé-
brouiller tout cela fans fon fecours. J'entrepris de mettre au net le
Manufcrit, & j'en vins à bout, par la commodité que j'avois de
confulter l'Auteur, toutes les fois que je me trouvois embar-
raffé. Je pus ainfi conferver une Copie de cet Ouvrage
rem-

(1) Il les fait naître du Vent *Colpia*,
& de *Baau* fa Femme : Εἶτά Φησι γεγε-
νῆσθαι ἐκ τῦ Κολπία ἀνέμυ, καὶ γυναι-
κὸς αὐτῦ Βάαυ ... Ἀιῶνα καὶ Πρωτόγο-
νον θνητὸς ἄνδρας, ὕτω καλυμένυς &c.
Ibid. pag. 34. B. C.

(2) Voici le titre de cet Ouvrage, que
l'Editeur publia en 1720. Sanchio-
niato 's Phoenician *Hiftory* trans-
lated from the firft Book of Euserius
de Praeparatione Evangelica. *With a
Continuation of* Sanchoniato *'s Hiftory*

by Eratosthenes Cyrenaeus *'s Ca-
nou, which* Dicaearchus *connects
with the firft Olympiad. Thefe Authors
are illuftrated with many Hiftorical and
Chronological Remarks, proving them to
contain a Series of* Phoenician *and* Egyp-
tian *Chronology, from the firft Man to the
firft Olympiad, agreeable to the Scripture
Accounts* &c. In octavo à *Londres.*

(3) Ce Second Volume, qui parut
en 1724, eft intitulé : Origines
Gentium Antiquissimae; Or,
At-

rempli d'érudition , qui autrement auroit été perdu fans ref-source.

J'aurois fort fouhaitté que nôtre Evêque eût voulu le pu-blier lui-même, & je lui en parlai fouvent. Il me difoit alors, que je pouvois en faire ce qu'il me plairoit, mais que, pour lui, il étoit trop tard de penfer à s'embarraffer de ce foin.

Il s'étoit donné le tems de tourner & retourner dans fon efprit fes penfées, pour les examiner avec beaucoup de tranquillité. Ja-mais homme ne fut moins fujet à fe laiffer entraîner par une Imagi-nation échauffée. Il n'étoit pas d'humeur d'inventer une hypothéfe, & de chercher enfuite des preuves pour la foûtenir à quelque prix que ce fût. Il avoit fait plufieurs découvertes fur l'Hiftoire des plus anciens tems, & répandu par-là de grandes lumiéres fur la Chronologie. Ces fortes de recherches paroiffent pour l'ordinaire fort incertaines. Mais il avoit long tems ruminé les fiennes, & à force de lecture & de méditation, il s'étoit affûré de la juftefle de fes idées. Quand il venoit à m'en parler, il me difoit, que, *plus il y penfoit, & plus il étoit convaincu de la vérité de fes découvertes.*

Il reconnut lui-même, qu'en traitant ces matiéres, qui font de telle nature, qu'il n'y a même parmi les Savans, que peu de per-fonnes affez curieufes pour fe donner la peine d'examiner les nou-velles découvertes qu'on propofe, il avoit eû tort d'écrire en An-glois; & il eut quelque penfée de traduire fon Ouvrage en Latin. Il avoit même commencé à exécuter ce deffein. Mais il ne trouva jamais le loifir d'achever.

Maitre de tous fes Manufcrits, j'ai réfolu de les publier en deux Volumes, à peu près de même groffeur. Le prémier, qui roule (2) fur l'*Hiftoire Phénicienne* de *Sanchoniaton;* & l'autre, qui contient les (3) *Origines Antiquiffimae.* Il y a dans celui-ci deux (4) Traitez
écrits

Attempts for difcovering the Times of the firft Planting of Nations. In Several Tracts &c.

(4) Ce font les deux derniers, de neuf, dont le Recueil eft compofé. Mais, outre cela, le VII. dans le-quel l'Auteur tâche de concilier les Antiquitez des *Grecs* & des *Romains,* avec celles des plus anciennes Monar-chies de l'*Afie* & de l'*Egypte,* eft en Anglois au commencement; en Latin vers le milieu; & puis encore en An-glois, jufqu'à la fin. Mr. Le Clerc donna un Extrait de ce Second Volu-me, en y mêlant quelques Remarques Critiques, dans la Bibliothe'que Ancienne et Moderne, Tom. XXIII. pag. 209, & fuiv. Il n'avoit jamais vû le prémier Volume. On en trouvera l'Extrait dans les Acta E-ruditorum de *Leipfig,* Ann. 1722. pag. 525, & feqq. & de l'autre, au Tom. IX. des *Supplémens,* pag. 329, & feqq.

**** 2

écrits en Latin; l'un, fur les *Cabires;* & l'autre, fur les *Loix Patriarchales.* J'aurois trouvé dans les papiers de l'Auteur, dequoi groffir le Second Volume: mais je n'ai voulu publier que les morceaux les plus finis. Pour ce qui eft du Prémier Volume, je le donne tout tel qu'il l'avoit écrit il y a environ trente ans.

ON trouvera, dans l'un & dans l'autre, matiére à critique, & pour l'ordre des raifonnemens, & pour le ftyle : défauts, dont le dernier peut être excufé, fi l'on confidére que l'Auteur, uniquement occupé à penfer aux chofes, ne fe mettoit point en peine des expreffions. J'ai été moi-même tenté quelquefois de prendre la liberté de faire fur tout cela mes obfervations & mes corrections. Mais enfin j'ai jugé, que le plus grand mérite d'un Copifte eft la fidélité, & j'ai donné à imprimer ma Copie mot-à-mot, fans y rien changer.

T A-

TABLE

DES

CHAPITRES.

Contenus dans le TRAITÉ PHILOSOPHIQUE
DES LOIX NATURELLES.

TABLE DES CHAPITRES.

DIS.

DISCOURS

PRÉLIMINAIRE

DE

L'AUTEUR.

§. I. I L eſt également de vôtre intérêt & du mien, Ami Lecteur, que vous ſoyiez inſtruit dès l'entrée, en peu de mots, du *but* & de la *méthode* de cet Ouvrage. Vous verrez par là d'abord, ce que j'ai fait, ou du moins tâché de faire : & vous comprendrez, que, pour le reſte, vous devez ou le ſuppléer par vôtre méditation, ou le chercher dans les Ecrits d'autres Auteurs.

Il y a deux manières différentes de découvrir les *Loix Naturelles.*

Les Loix Naturelles ſont le fondement de toute la *Morale*, & de toute la *Politique* ; ainſi que nous le ferons voir dans la ſuite. Or ces Loix, de même que toutes les autres Véritez qui peuvent être connuës naturellement, & déduites de certains principes, ſe découvrent en deux manières : ou par les *effets*, qui en proviennent ; ou par les *cauſes*, d'où elles naiſſent. C'eſt la dernière méthode, que nous nous propoſons de ſuivre.

Hugues Grotius, Guillaume (1), ſon Frère, & nôtre (2) Sharrock,

§. I. (1) C'eſt un Ouvrage poſthume, & que l'Auteur avoit laiſſé imparfait. Pour le rendre complet en quelque manière, les Editeurs y ajoûtérent un Chapitre. Voici le titre du Livre, qui parut pour la prémiére fois à *La Haie*, en 1667. *in* 4. Gulielmi Grotii *De Principiis Juris Naturalis Enchiridion.* Ce n'eſt preſque qu'un Abrégé de l'Ouvrage célèbre du grand Hugues Grotius, *Du Droit de la Guerre & de la Paix.* Mais il paroît aſſez par là, & par d'autres Ouvrages de *Guillaume*, qu'il ne reſſembloit pas beaucoup à ſon Frère, ni pour le goût & la juſteſſe d'eſprit, ni pour l'érudition, ni pour le ſtyle. Un Profeſſeur de *Jéna*, nommé George Goezius, voulant prendre cet Abrégé pour texte de ſes Leçons de Droit Naturel, le fit réimprimer dans la même Ville, en 1669. *in duodecimo.* Et il a été commenté depuis par deux autres Allemands, Jean George Simon, & Jean Jaques Muller.

(2) En voici le titre : Ὑπόθεσις Ἠθική, *De finibus & officiis ſecundum Naturæ Jus, unde Caſus Conſcientiæ, quatenus Notiones à Natura ſuppetunt, dijudicari poterunt. Juriſconſultorum item Veterum aliorumque Doctorum, tam ex Paganorum, quàm ex Chriſtianorum Scholis, conſenſus oſtenditur. Principia item & Rationes Novatorum omnium in Philoſophia ad Ethicam & Politicam ſpectantes, quatenus huic Hypotheſi contradicere videantur, in examen veniunt &c. Auctore* Roberto Sharrock &c. Le Livre parut à *Londres*, *in octavo*, en 1658. J'en ai une ſeconde Edition de 1682. que l'on donne pour être *augmentée du double.* L'Auteur ne paroît pas avoir été d'un génie propre à bien traiter la matière ; & le titre ſeul de ſon Ouvrage montre que ce n'eſt preſque

A   qu'u-

ROCK, se sont attachez à la prémiére, en prouvant l'exiftence & l'obligation des Loix Naturelles par des (3) témoignages de divers Auteurs, qui,
quoi que de différentes Nations, & vivant en différens Siécles, ont penfé de
meme fur ce fujet ; & par la conformité qu'on remarque auffi à cet égard entre les Coûtumes & les Loix, finon de tous les Peuples, du moins des Peuples civilifez. Il faut rapporter encore ici le Traité de SELDEN, *Du Droit
de la Nature & des Gens, felon les maximes des anciens Juifs*. Tous ces Auteurs,
à mon avis, ont rendu de bons fervices au Genre Humain : & l'Ouvrage fur-
tout de *Grotius*, le prémier en ce genre qu'on aît vû, me paroît digne de fon
Auteur, & de l'immortalité. Car tout Lecteur équitable pardonnera aifément
à ce Grand Homme quelque peu de méprifes où il eft tombé, & cela fur des
matiéres à l'égard defquelles il femble avoir été féduit par une prévention (4)
en faveur de fa Patrie.

Objeétions
contre la pré-
miére métho-
de. §. II. On fait quelques Objeétions contre cette maniére de prouver les
Loix Naturelles, mais qui ne font pas affez confidérables pour nous convaincre que la méthode en elle-même foit entiérement trompeufe, ou inutile. J'a-
voüé néanmoins, que ces Objeétions peuvent frapper des perfonnes judicieu-
fes & éclairées, jufqu'à leur perfuader qu'il feroit bon, & que c'eft même le
plus fûr, de découvrir une autre fource de preuves, plus féconde & plus é-
vidente, par la recherche des Caufes, qui font capables d'imprimer dans les
efprits des Hommes la connoiffance des Loix Naturelles. Pour le mieux faire fentir, nous allons propofer en gros, les Objeétions, avec les Réponfes.

On objeéte donc *prémiérement* (1), Que l'induétion, en vertu de laquelle
on

---

qu'une Compilation. Il publia un autre Ouvrage de Morale fur les diverfes efpéces d'Incontinence, *Judicia, feu Legum Cenfura De
variis Incontinentiæ fpeciebus* &c. qui fut rimprimé à *Tubingue* en 1668. *in duodecimo*. On
peut voir le jugement que feu Mr. THOMA-
SIUS portoit de ces deux Livres, dans fa
Paulo plenior Hiftoria Juris Naturalis, Cap.
VI. §. 9. pag. 83. Au refte, on feroit fur-
pris que nôtre Docteur CUMBERLAND, a-
près avoir parlé de l'Ouvrage de fon Compatriôte, n'eût fait aucune mention de celui de
PUFENDORF *De Jure Naturæ & Gentium*,
fi je n'avertiffois que le dernier parut précifément dans la même année que le *Traité des
Loix Naturelles*, dont je donne aujourdhui la
Traduétion en François. Il eft vrai que l'Il-
luftre Allemand avoit auparavant publié une
ébauche de fon Ouvrage, qui fut imprimée à
La Haie en 1660. & où il réfutoit auffi HOB-
BES, dont il empruntoit d'ailleurs quelques
penfées, reétifiées, & ramenées à de bons
principes. Mais il y a grande apparence que
nôtre Auteur n'avoit point vû ce Livre, qui
eft intitulé : *Elementa Jurifprudentiæ Univer-
falis.*

(3) Quoi que GROTIUS cite un grand

nombre de Paffages de diverfes fortes d'Auteurs, ce n'eft pas néanmoins fur ces témoignages qu'il fonde uniquement l'exiftence &
l'obligation des Loix Naturelles. Il y joint
des raifons, tirées de la nature même des
chofes : & s'il n'a pas approfondi les principes généraux, il les a au moins indiquez à fa
maniére. On peut voir ce qu'il dit là-deffus
dans fes *Prolégoménes* (ou *Difcours Préliminaire*) §. 6, & fuiv. Liv. I. Chap. I. §. 12. &c.
Il déclare même pofitivement, *Proleg.* §. 46.
(47. de ma Traduétion) que ce n'eft qu'en
*quelque maniére que le Droit Naturel fe prouve
par les jugemens de diverfes perfonnes, fur tout
s'ils font uniformes. Mais (ajoûte-t-il) pour ce
qui eft du Droit des Gens, il n'y a pas d'autre
moien de l'établir*. Or ce *Droit des Gens*, felon l'idée qu'il en avoit, n'eft qu'un Droit
Pofitif, ou arbitraire; par conféquent diftinét
du *Droit Naturel*. Les chofes, où il y rapporte,
font auffi celles fur quoi il fait le plus d'ufage
des Autoritez, anciennes & modernes.

(4) *In quibus* (rebus) *Patriæ fua mores vi-
rum fummum tranfverfum rapuiffe videntur*. Il
feroit à fouhaitter que nôtre Auteur eût indiqué ici les erreurs qu'il trouvoit dans le
Traité *Du Droit de la Guerre & de la Paix*,
pour

on infére une opinion générale de tous les Hommes, de ce que difent ou pratiquent communément quelque peu d'Hommes ou de Nations, eft foible &
infuffifante. Car, dit-on, il n'y a peut-être perfonne, qui foit parfaitement
inftruit de toutes les Loix & de toutes les Coûtumes d'un feul Païs; beaucoup
moins encore qui puiffe connoître celles de tous les Etats du Monde. Cela
même ne fuffiroit pas. Il faudroit auffi, ce qui eft entiérement impoffible,
favoir les penfées fecrétes de chaque Particulier, pour les comparer enfemble,
& tirer de là le réfultat de ce en quoi les Hommes conviennent tous.

A cela on répond, que chacun peut aifément, fans une connoiffance profonde des Loix de chaque Païs, obferver les Jugemens de divers Peuples fur
quelque chofe qu'il y a tous les jours occafion de pratiquer, telle qu'eft la *Religion*, ou le Culte de quelque Divinité, en général; & une forte d'*Humanité*,
qui aille du moins jufqu'à interdire l'*Homicide*, le *Larcin*, & l'*Adultére*. Or de
tels Jugemens montrent affez le confentement de ces Nations fur les Loix Naturelles. Et dès-là qu'on voit que plufieurs Peuples s'accordent à regarder une
chofe comme *bonne naturellement*, il y a lieu de préfumer que les autres la re-
connoiffent auffi telle, à caufe de la reffemblance de la Nature Humaine, qui
leur eft commune. D'autant plus que nos Adverfaires ne fauroient alleguer
un feul exemple inconteftable, d'où il paroiffe certainement que quelque Nation ait là-deffus d'autres idées. Pour moi, je regarde comme douteufes, ou
plutôt comme entiérement fauffes, les Rélations au fujet (2) de quelques Peuples Barbares d'*Amérique*, & des Habitans de la Baye (3) de *Soldanie*, que
l'on nous dit qui ne foient aucune Divinité. Car une Négative comme cel-
le-

pour que nous puffions juger, fi GROTIUS
y a été entraîné par un tel motif. Bien loin
que ce foit là, comme on l'infinuë, l'unique
fource des principes peu folides qu'il a fou-
tenus fur quelques matiéres, je crois pouvoir
affûrer, après avoir lû avec beaucoup d'attention fon Ouvrage, pour le traduire, que fi la
prévention en faveur de fa Patrie a eû quelque
influence fur fes erreurs, c'eft bien rarement.
§. II. (1) On peut conférer ici PUFEN-
DORF, *Droit de la Nature & des Gens*, Liv.
II. Chap. III. §. 7, 8. & ce que j'ai dit dans ma
Préface fur ce grand Ouvrage, §. 4.
(2) Quelques années après la publication
du Livre de nôtre Auteur, JEAN LOUÏS
FABRICIUS, Profeffeur à *Heidelberg*, fit
imprimer trois Differtations fur ce fujet, in-
titulées: *Apologeticus pro Genere Humano, contra
Atheifmi calumniam*. On les trouve jointes depuis au Recueil des Oeuvres de ce Théologien, imprimé à *Zurich* en 1698. *in quarto.*
(pag. 119, & feqq.) D'autres, au refte, ne
font pas ici d'une incrédulité fi décifive. Pour
ne rien dire de Mr. BAYLE, dont le jugement eft fort fufpeçt fur de telles matiéres;
un grand Philofophe, de la même Nation que
nôtre Auteur, le célèbre Mr. LOCKE, a té-

moigné faire affez de fonds fur les mêmes
Rélations, dont nôtre Auteur rejette l'autorité, & fur d'autres publiées depuis. Voiez
l'*Effai Philofophique fur l'Entendement Humain*,
Liv. I. Chap. III. §. 8. Nôtre Auteur devoit
d'autant plus fufpendre fon jugement, qu'il
témoigne plus bas n'être point du fentiment
des Théologiens ou Philofophes, qui fuppofent certaines *Idées innées*. Car, dès-là qu'on
n'en reconnoît point de telles, il ne doit
nullement paroître impoffible, que des Peuples groffiers, dont l'Efprit eft vifiblement
abruti à tous égards, n'aient aucune idée
de Divinité, ni de Vertu. Au fond, le ca-
raétère & le petit nombre d'Hommes, qui
paroiffent être dans une telle ignorance, en
comparaifon de ceux qui, de tout tems, ont
fait profeffion de reconnoître une Religion,
& des Régles de Morale; eft fi peu confidérable, qu'il laiffe fubfifter la preuve tirée du
Confentement général, autant qu'elle peut
valoir; ce qui va à un affez haut point. Voiez la *Réplique* de Mr. LOCKE à l'Evêque
STILLINGFLEET, vers la fin de cette Piè-
ce, qui fe trouve à la fin du I. Tome des Oeuvres du Philofophe Anglois.
(3) Mr. LOCKE, dans l'endroit de fon *Ef.*

le-là , ne peut guéres fe prouver par des Témoignages. Ainfi c'eft témérairement que (4) JOSEPH ACOSTA , & autres, nous donnent pour Athées, des Nations dont ils n'ont pû bien connoître , en fi peu de tems , les penfées & les mœurs. Les *Juifs* même , & les *Chrétiens* , quoi que leur Religion fût manifeftement plus fainte que celle des autres Peuples, n'ont pas été à couvert des traits de la calomnie , & bien des gens les ont quelquefois accufez des plus grandes impiétez. Quoi qu'il en foit , il eft clair , que les Véritez de Pratique , dont il s'agit , font d'une évidence affez grande pour pouvoir être apperçues de tous les Hommes, puis que la plûpart les ont aifément reconnuës , & qu'il ne fe trouve que quelque peu de gens qui les aient ou négligées ou contredites. On fentira mieux encore, combien cette obfervation eft folide & utile, quand on fe fera convaincu par d'autres preuves, indépendantes de l'Opinion & de la Coûtume de plus ou moins d'Hommes , que ces Propofitions pratiques nous enfeignent les vrais Moiens de parvenir à la plus excellente Fin ; & que tous les Hommes font indifpenfablement obligez de rechercher cette grande Fin , en fe fervant de tels Moiens. Or c'eft ce qu'on ne fauroit découvrir plus aifément & plus fûrement, que par la confidération des Caufes , qui découvrent à nos efprits ces Maximes de la Raifon.

Autre Objection. §. III. ON objecte , *en fecond lieu* , qu'il ne fuffit pas que certaines Maximes de la Raifon foient de telle nature , que nous les trouvions & conformes aux lumiéres de nôtre Efprit , & approuvées par les Coûtumes de bon nombre de Peüples : il faut encore , dit-on , l'Autorité d'un Légiſlateur , pour leur donner force de Loi parmi tous les Hommes. Autrement quiconque voudra les négliger , pourra rejetter le Jugement de tous les autres , avec le même droit qu'ils condamnent fon fentiment par leurs difcours, ou par leurs actions. C'eft à quoi fe réduit l'objection que font , outre quelques Anciens , deux Auteurs Modernes, (1) HOBBES , & (2) SELDEN : mais ceux-ci la propofent dans des vûes bien différentes. Car, comme nous (3) le ferons voir dans le Corps de nôtre Ouvrage, le but d'*Hobbes* eft de prouver, que perfonne ne peut fe croire obligé par les Maximes de la Raifon, à régler fes actions d'une certaine manière, avant qu'il y ait un Magiftrat Civil : mais que ce Magiftrat étant une fois établi , tout ce qu'il prefcrit doit être regardé comme autant de Maximes de la Droite Raifon, qui alors impofent une obligation indifpenfable.

Et

---

fai *fur l'Entend. Humain* , que j'ai indiqué , cite les garans de ce fait. On trouvera bon nombre d'autres exemples , ramaffez par Mr. BAYLE, dans fes *Penfées fur la Comète* , & dans leur *Continuation*, où il n'avance rien non plus , fans alléguer exactement fes Auteurs , dont on pourra ainfi examiner les témoignages, pour favoir de quel poids ils font.
(4) C'eft dans fon *Hiftoire Naturelle & Morale des Indes*, compofée en Efpagnol , & traduite depuis en Italien. Il dit , en parlant de la *Nouvelle Efpagne* , que les anciens Habitans de ce païs ne connoiffoient & n'adoroient aucune Divinité, & n'avoient aucune

forte de Culte Religieux. Lib. VII. Cap. II.
§. III. (1) Volez fon Traité *Du Citoien*, Chap. II. §. 1.
(2) Dans l'Ouvrage indiqué ci-deffus , *De Jure Naturali & Gentium juxta difciplinam Ebræorum*, Lib. I. Cap. 6.
(3) Volez fur-tout ce que nôtre Auteur dira au Chap. V. §. 50, & fuiv.
(4) *His intellectis , apparet primùm , Leges Naturales , quamquam in libris Philofophorum defcriptæ fuerint , non effe ob eam rem vocandas Leges Scriptas ; neque Scripta Jurifprudentum effe Leges , ob defectum auctoritatis fummæ* &c. De Cive, Cap. XIV. §. 15.

(5) Volez

Et c'eft auffi à quoi fe rapportent les paroles fuivantes du même Auteur : (4) *Encore*, dit-il, *que les Loix Naturelles fe trouvent enfeignées dans les Livres des Philofophes, on ne doit pas pour cela les appeller* Loix Ecrites : *Et les Ecrits des Jurifconfultes ne font pas non plus des Loix, parce que ces Auteurs n'ont pas un Pouvoir Souverain.* Ici *Hobbes* n'a pas voulu ôter à ces Régles le nom de *Loix*, qu'il avoit daigné leur donner, quoi qu'improprement, (5) comme il s'en explique ailleurs : mais il infinuë, qu'elles ne (6) font pas publiées par une Autorité fuffifante, quoi que les Philofophes, qui les propofent dans leurs Livres, les euffent apprifes par des réflexions fur la nature même des chofes. Cependant il eft clair, que, fi les Loix prefcrites par l'Auteur de la Nature font de véritables Loix, elles n'ont pas befoin d'une nouvelle Autorité, qui faffe qu'elles deviennent des Loix, quand elles font écrites, qui que ce foit qui les propofe par écrit.

SELDEN, au contraire, en difant que les (7) Maximes de la Raifon, confidérées en elles-mêmes, n'ont pas une Autorité fuffifante pour nous obliger à les fuivre ; veut par là montrer la néceffité de recourir au *Pouvoir Légiflatif* de DIEU ; & il foûtient que ces Maximes n'aquiérent proprement force de Loi, que parce que toute la connoiffance qu'on en a, vient de DIEU, qui, en les faifant connoître aux Hommes, les leur donne ainfi pour Loix fuffifamment publiées. En quoi, à mon avis, cet Auteur redreffe fagement les *Philofophes Moraux*, qui envifagent & propofent d'ordinaire comme autant de Loix, toutes les Régles que leur Raifon leur dicte, fans donner de bonnes preuves qu'elles aient la forme effentielle d'une véritable Loi, ou qu'elles foient établies de DIEU fur ce pié-là. Mais, lors qu'il vient enfuite (a) à expliquer de quelle maniére DIEU notifie fes Loix au Genre Humain, voici les deux qu'il allégue. *Prémiérement*, dit-il, DIEU donna ces Loix de fa propre bouche à *Adam* & à *Noé*, leur en prefcrivant l'obfervation perpétuelle; & de là les *Préceptes des Enfans de* NOÉ ont paffé par une fimple tradition à tous leurs Defcendans. *En fecond lieu*, DIEU a doué les Ames Raifonnables d'une faculté, qui, à la faveur des lumiéres de l'*Entendement Pratique*, peut nous faire connoître ces Loix, & nous les faire diftinguer de toute *Loi Pofitive*.

(a) *De Jure Nat. & Gent. juxta difciplinam Ebraeorum*, Lib. I. Cap. 7, 8, 9.

Le Savant Auteur fe contente d'indiquer en paffant, & d'une maniére fort générale, cette derniére fource de connoiffance ; quoi qu'à mon avis, elle de-

(5) Voïez le dernier paragraphe du *Chap.* III. de ce même Traité *De Cive.* L'original en fera cité dans le Corps de l'Ouvrage.
(6) Dans ce paffage, (*De Cive,* Cap. XIV. §. 15. cité *Not.* 4.) l'Auteur, comme il paroit par le paragraphe qui précéde, parle des *Loix Naturelles*, entant qu'elles font partie des *Loix Civiles.* Ce qu'il dit, pourroit recevoir un très-bon fens : car l'effet des *Loix Civiles*, comme telles, confifte à rendre puniffables devant les Tribunaux Humains les chofes qu'elles défendent; & il y a bien des chofes contraires à la Loi Naturelle, qui n'étant défendues par aucune Loi Civile, peuvent ê-

tre commifes *impunément*, eû égard à ces fortes de Loix, dont l'Autorité néanmoins n'eft jamais affez grande pour difpenfer de l'Obligation des Loix immuables de la Nature dans le Tribunal de la Confcience. Mais le mal eft, qu'HOBBES détruit d'ailleurs l'Autorité des *Loix Naturelles*, & celle de l'*Ecriture Sainte*, qui les confirme; comme nôtre Auteur le fait voir en divers endroits, (par exemple, au *Chap.* I. §. 11. *Chap.* IX. §. 19.) & comme PUFENDORF l'avoit auffi montré, *Droit de la Nature & des Gens,* Liv. II. Chap. III. §. 20 Liv. VIII. Chap. I. §. 1, & fuiv.
(7) On peut voir ce que j'ai dit là-deffus,

A 3 dans

demande de grandes explications , & beaucoup de preuves. Il s'attache entiérement à la prémiére , & il s'efforce de prouver , par les *Traditions* de quelques *Docteurs Juifs*, que D i e u donna aux *Enfans de* N o e' *Sept Préceptes*, d'où dépendoit l'obfervation de toutes les Régles de la *Juftice* entre les Hommes. A la vérité il paroît certain , par ce qu'il établit au long dans fon gros Ouvrage , que les *Juifs* ont cru que toutes les Nations du Monde, encore qu'elles ne reçuffent point les *Loix de* M o ï s e, étoient néanmoins tenuës d'obferver quelques Loix de D i e u, dont ils prétendoient que les principaux chefs étoient contenus dans ces *Sept Préceptes*. Mais tout ce qui s'enfuit de là, c'eft que , felon le témoignage de la Nation *Judaïque*, qui n'étoit ni peu nombreufe , ni ignorante, tout le Genre Humain eft foûmis à des Loix qui n'ont été faites par aucune Puiffance Civile. Il faut avouer encore , que c'étoit là le principal deffein de *Selden* , & qu'il l'a heureufement exécuté : par où d'ailleurs il a donné des lumiéres qui font d'une utilité affez confidérable dans la *Théologie Chrétienne*. Cependant il n'a pas bien réfolu la difficulté, que nous avons vû qu'il s'étoit lui-même propofée. Car , quoi que ces Traditions Judaïques fuffent parfaitement connuës (8) des *Juifs*, & que peut-être même ils y euffent une entiére créance , elles n'étoient pas également connuës de tout le Genre Humain : & il y a bien des gens, qui fe moquent de ce que les *Juifs* débitent comme les plus grands Myftères de Religion. Pour moi, il me femble de la dernière évidence , qu'une *Tradition non - écrite* de Docteurs d'un feul Peuple , n'eft pas une publication fuffifante de la Loi Naturelle, que tous les Peuples font tenus d'obferver.

Seconde mé-thode, fuivie par l'Auteur. §. IV. P o u r établir donc plus clairement & plus fortement, qu'il y a une *Autorité*, & une *Autorité Divine*, qui rend les Maximes de la Raifon, en matiére de Morale, autant de *Loix*, proprement ainfi nommées; j'ai jugé à propos d'en rechercher philofophiquement les *Caufes*, tant *internes*, qu'*externes*, *prochaines* ou *éloignées*. Car la fuite & l'enchaînûre de ces Caufes nous ménera enfin à la *Caufe efficiente*, ou au prémier Auteur des Maximes de la Raifon, c'eft-à-dire, D i e u; dont les perfections effentielles, & la *Sanction* (1) *intrinfèque*, par laquelle il a manifeftement attaché certaines Peines & certaines Récompenfes naturelles à la violation ou l'obfervation de ces Maximes, font, comme nous le ferons voir, la fource & le fondement de toute leur Autorité.

Là

---

dans mes *Réflexions fur le Jugement d'un Ano-nyme* (ou de feu Mr. L e i b n i t z) jointes aux derniéres Editions du Traité de P u f e n-d o r f, *Des Devoirs de l'Homme & du Citoien*, §. 15, & fuiv.

(8) L'Original porte : *Quamquam enim tra-ditiones hæ Judæorum* i p s i *& penitus notæ fue-rint, & animitus fortaffe creditæ* &c. ce que le Traducteur Anglois n exactement fuivi : *Al-tho' thefe Jewifh Traditions were thorowly known, and perhaps firmly believed by* h i m &c. de forte que cela fe rapporteroit à *Selden*, & non aux *Juifs*. Mais il eft clair, qu'une lettre omife par le Copifte, ou par les Impri-

meurs, a gâté ici le fens, & qu'au lieu d'*ipfi*, l'Auteur avoit écrit i p s i s. Toute la fuite du difcours le montre ; & la juftelle du raifonnement le demande : car la connoiffance qu'un Savant Moderne auroit des Loix dont il s'agit, & la foi qu'il y ajoûteroit, pourroit-elle, avec la moindre apparence , être oppofée à une notification faite au refte du Genre Humain ? Cependant une faute fi manifefte ne fe trouve ni marquée dans l'*Errata*, ni corrigée fur l'exemplaire où il y a des Cor-rections & des Additions de fa propre main : & felon la collation qui m'en a été communi-quée , je ne vois non plus ici aucune correc-tion

La plûpart des Ecrivains se sont contentez de dire en général, Que la Nature nous enseigne ces Maximes, ou les Actions qui y sont conformes. Mais je crois nécessaire, du moins dans le Siécle où nous vivons, d'approfondir la maniére dont les choses qu'il y a & en nous, & hors de nous, concourent, par leurs qualitez propres, à imprimer dans nos Esprits les Véritez de Morale, & à nous les faire regarder comme des Loix. Nôtre Chancelier (a) BACON a remarqué, qu'il nous manquoit quelque chose de semblable: & si cela est une fois démontré solidement, rien ne peut être plus utile. Car on verra par là, d'un côté, comment nôtre Esprit aquiert naturellement la connoissance de la *Volonté de* DIEU, ou de ses *Loix*, en sorte qu'il ne sauroit être sans quelques mouvemens de *Conscience;* de l'autre, quelle est la Régle, par laquelle on doit juger des *Loix* de chaque *Etat*, pour savoir si elles sont *droites & justes*, ou comment le Souverain peut les *corriger*, lorsqu'elles s'éloignent de la plus grande & la plus excellente Fin, à laquelle tout doit tendre. De là il paroîtra encore, qu'il y a dans la *Nature* même de DIEU, dans nôtre propre Nature, & dans celle des autres *Hommes*, quelque chose, qui, lorsque nous faisons de *Bonnes Actions*, nous fournit des *Consolations* & des *Joies présentes*, accompagnées d'un pressentiment bien fondé de *Récompenses à venir:* comme, au contraire, il y a des Causes Naturelles qui produisent, lorsqu'on a commis quelque *Mauvaise Action*, une très-vive *Douleur* & une très-grande *Crainte*, à cause de quoi on a raison de regarder le Jugement de la *Conscience* comme armé de (2) Fouets, pour châtier incessamment la Méchanceté. Et de tout cela on conclura, que les Préceptes de la Morale ne sont nullement une invention des *Ecclésiastiques*, ou des *Politiques*, qui aient voulu s'en servir à tromper le Genre Humain.

§. V. LES *Platoniciens* se débarrassent plus aisément de la difficulté alléguée ci-dessus, en supposant certaines *Idées innées* des Loix Naturelles, & des Choses qui s'y rapportent. Mais j'avouë que je n'ai pas été assez heureux pour arriver par un chemin si court à la connoissance des Loix Naturelles. Je n'ai pas non plus jugé à propos de fonder toute la *Religion Naturelle* & toute la *Morale*, sur une hypothése, que la plûpart des *Philosophes*, & *Paiens* & *Chrétiens*, (1) ont rejettée; & qui ne sauroit jamais être approuvée des *Epicuriens*, contre qui principalement nous avons à disputer. Cependant j'ai résolu de ne point at-

Marginal notes:
(a) *De augmento Scientiar.* Lib. VIII. Cap. 3. Tom. I. Opp. pag. 518, *& seqq.* Ed. Amst. 1730.

Supposition d'*Idées innées,* laissée à quartier.

---

tion de Mr. le Docteur BENTLEY, qui avoit revû cet exemplaire d'un bout à l'autre. Mais il y a assez d'autres endroits, où & l'Auteur, & le Reviseur, n'ont pas pris garde à des fautes, qui quelquefois altérent le sens.
§. IV. (1) Voiez PUFENDORF, *Droit de la Nat. & des Gens*, Liv. I. Chap. VI. §. 14, & suiv. Liv. II. Chap. III. §. 21. Cette *Sanction* est qualifiée *intrinséque*, pour la distinguer de celle des *Loix Positives*, dans lesquelles la détermination des Peines & des Récompenses est purement arbitraire, & ne suit point de la nature même des choses en quoi on péche contre ces Loix.

(2) Allusion à ces beaux vers de JUVENAL:

——————— *Cur tamen hos tu*
Evasisse putes, quos diri conscia facti
Mens habet attonitos, & surdo verbere cædit,
Occultum quatiente animo tortore flagellum?
Satir. XIII. vers. 193, *& seqq.*

§. V. (1) PUFENDORF a aussi rejetté ces *Idées innées, Droit de la Nat. & des Gens*, Liv. II. Chap. III. §. 13. Et l'on sait que, depuis nos deux Auteurs, Mr. LOCKE a pris à tâche d'en détruire de fond en comble la réali-

attaquer cette opinion, parce que je souhaitte de tout mon cœur, que tout ce qui est favorable à la Piété & aux Bonnes Mœurs, vaille autant qu'il peut valoir : & je crois que c'est dans cette vûe que nos *Platoniciens* soûtiennent leurs Idées innées. D'ailleurs, il n'est pas impossible (2) que ces Idées naissent avec nous, & que néanmoins elles nous viennent encore après cela d'une impression du dehors.

§. VI. Au reste, les mêmes raisons, qui m'ont empêché de supposer en aucune maniére que les Loix Naturelles soient gravées dans nos Esprits dès le moment de nôtre existence, ne m'ont pas non plus permis de supposer, sans preuve, qu'elles aient existé de (1) toute éternité dans l'Entendement Divin. Mais il m'a paru nécessaire de commencer par les choses que les Sens & l'Expérience de tous les jours nous font connoître, pour inférer ensuite de là, Qu'il y a des Propositions d'une vérité immuable, sur ce qui regarde le soin d'avancer le *Bien* ou la *Félicité* de tous les Etres Raisonnables, considérez ensemble ; lesquelles Propositions sont nécessairement imprimées dans nos Esprits par la *nature même des Choses*, qui est perpétuellement réglée & entretenuë par la *Cause Prémiére* : & que les termes de ces Propositions renferment par eux-mêmes une déclaration des Récompenses, que la Cause Prémiére, au moment qu'elle produisit & constitua la nature des Choses, attacha inséparablement à l'observation de ces Maximes ; comme aussi des peines très-considérables qu'elle attacha en même tems à leur violation. D'où il paroît clairement, que ce sont de véritables *Loix* ; puis que toute *Loi* n'est autre chose qu'une Proposition Pratique, publiée par une Autorité Légitime, & accompagnée de Punitions & de Récompenses. Quand on aura ensuite prouvé par là, que la connoissance de ces Loix, & leur observation, est la *perfection naturelle*, ou l'état le plus heureux de nôtre Nature Raisonnable, il s'ensuivra, qu'une perfection,

Aussi bien que celle de l'existence éternelle des Idées dans l'Entendement Divin.

---

réalité dans le I. Livre de son *Essai sur l'Entendement Humain*. Les plus grands efforts qu'on ait faits pour les réhabiliter, n'ont abouti qu'à prouver, qu'il y a une proportion naturelle entre les idées d'une *Divinité* & de la *Vertu*, & la constitution de nôtre Entendement ; en sorte qu'on acquiesce aisément à ces Idées, & qu'on y trouve de la convenance, de la beauté, de la dignité, ou distinctement, ou confusément, soit qu'on les découvre par sa propre méditation, ou que d'autres nous le proposent. Or c'est ce que reconnoissent très-volontiers ceux qui rejettent les *Idées innées*, proprement ainsi appellées. Un Illustre Auteur Anglois, qui avoit été Disciple de Mr. Locke, je veux dire, feu Mylord Comte de Shaftsbury, plein d'un zéle très-louable pour le maintien de la *Moralité Naturelle*, crut devoir rejetter l'opinion de son Maître, sans le nommer, dans ses *Charatteristicks*, Tom. III, *pag*. 214, & *suiv*. & il le fit tout ouvertement, dans quelques *Lettres*, publiées après sa mort : comme je le vois par l'Extrait qu'en donna Mr. Bernard,

Nouv. de la Républ. des Lettres, Nov. & Dec. 1716. *pag*. 765. Il prétend là, que Mr. Locke joue misérablement sur le terme d'*Inné*. Le vrai mot, qu'on devroit, selon ce Seigneur, employer dans cette occasion, c'est celui de *Connaturel*. *Il ne s'agit point ici* (ajoûte-t-il) *du tems auquel ces Idées sont entrées dans l'Esprit. La question est de savoir, si la constitution de l'Homme est telle, qu'étant adulte, & parvenu à tel ou tel âge, (plus tôt, ou plus tard (n'importe à quel tems précisément) l'idée & le sentiment d'Ordre, d'Administration, & d'une Divinité, ne naîtront point en lui infailliblement & nécessairement*. Cela ne fait rien pour les *Idées Innées*, telles que Mr. Locke les rejette. La question demeure toûjours, de savoir, si tous les Hommes qui sont adultes, font *actuellement* attention aux Idées par le moïen desquelles on découvre les principes de la Religion & de la Morale, jusqu'à parvenir par là à quelque connoissance de ces principes. C'est un fait : il faut le prouver ; & ce n'est point par des Raisonnemens, que les Faits se prouvent. L'Expérience ne nous même

section, qui ait quelque analogie avec celle-là, mais d'un ordre infiniment supérieur, doit se trouver nécessairement dans la Cause Prémiére, de laquelle vient & toute la perfection que nous pouvons aquérir, & la très-sage disposition, dont nos yeux sont frappez incessamment, des Effets produits hors de nous, pour la conservation & la perfection commune de tout le Système de l'Univers. Car je suis persuadé, qu'une des Véritez les plus certaines est, Que nous devons nécessairement savoir ce que c'est que *Justice*, (2) & par conséquent les Régles dans l'observation desquelles elle consiste, avant que nous puissions connoître distinctement qu'il faut attribuer à DIEU la *Justice*, & la prendre pour modéle de la nôtre. En effet, nous ne connoissons pas DIEU par une vuë intuitive & immédiate de ses Perfections, mais par leurs (3) effets, que les Sens & l'Expérience nous découvrent prémiérement: & il n'est pas sûr, de nous figurer en lui des Attributs, dont il n'y a rien d'ailleurs qui nous donne une suffisante intelligence.

§ VII. APRES avoir exposé la différence de ma méthode, d'avec celle que d'autres ont suivie, je vais maintenant indiquer en peu de mots les principaux *Chefs des matiéres* qui sont traitées au long & répandues dans tout cet Ouvrage Comme je ne me suis proposé que de donner des Préceptes de Philosophie Morale, déduits à la vérité de la contemplation de la Nature, mais sans en supposer une connoissance profonde, dont il n'est pas besoin ici: j'ai aussi supposé suffisamment prouvées les Véritez, que les Physiciens démontrent, surtout ceux qui fondent la Physique sur des Principes Mathématiques. La principale de ces suppositions est, Que tous les effets des mouvemens corporels, qui se font par une nécessité naturelle, & sans que la Liberté de l'Homme y ait aucune part, sont produits par la Volonté de la Cause Prémiére. Ce qui ne signifie autre chose, si ce n'est que les Mouvemens de tous les Corps viennent originairement de la Force que le Prémier Moteur leur a imprimée; & qu'ils sont perpétuellement déterminez, selon certaines Loix, par cette impression

Véritez de Physique que l'on suppose dans cet Ouvrage.

---

méne pas plus loin ici, qu'à nous convaincre de la facilité avec laquel ni les Hommes ou approuvent, ou découvrent d'eux-mêmes les Véritez Fondamentales de la Religion & de la Morale. On ne sauroit même nier, que l'Instruction ne soit du moins la voie la plus commune, par où ces Véritez s'insinuent dans les Esprits des Hommes.

(2) J'avoue, que je ne vois point cette possibilité. Il me paroît contradictoire, qu'une Idée *naisse avec nous*, & que néanmoins elle nous *vienne ensuite du dehors*; à moins qu'on n'entende le prémier de la *faculté* de former ou de comprendre cette Idée: or autre chose est la *faculté*, autre chose l'*objet actuel* de cette faculté. Que si l'on disoit, que l'Idée, après être née, a été depuis corrompuë ou effacée; cela détruiroit toute la force de la preuve qu'on veut tirer de là, en faveur de la Religion & de la Morale; comme le montre Mr. LOCKE, dans son *Essai sur l'Enten-*

dement Humain, Liv. I. Chap. II. § 20.

§ VI. (1) Voïez ci-dessous, § 28.

(2) Conferez ici PUFENDORF, *Droit de la Nature & des Gens*, Liv. II. Chap. III. § 5. avec les Notes.

(3) Il y a dans l'Original, & *ex effectis* IL-LIUS &c. & le Traducteur Anglois dit de même, *from HIS effects* &c. Quelque dur que soit le stile de nôtre Auteur, j'ai peine à croire, qu'il ait dit, *les effets de* DIEU; sur-tout s'agissant ici de la connoissance des *Perfections de* DIEU. Il y a apparence, que le Copiste, ou les Imprimeurs, ont mis ici *illius*, pour *illarum*; quoique l'Auteur, comme en bien d'autres endroits, ne se soit pas apperçu depuis de la faute. En tout cas, il vaudroit toûjours mieux, sans rien ôter à ses pensées, le faire parler plus exactement dans une Traduction, où la clarté demande que le Traducteur soit souvent maître du tour.

B

preffion conftamment continuée. Or il étoit, ce me femble, fuperflu, de m'arrêter à établir une chofe comme celle-là, que plufieurs Phyficiens ont déja prouvée, & qui d'ailleurs eft ouvertement reconnuë d'Hobbes même, dont j'examine les principes. Car, après avoir rapporté l'origine des fentimens de Religion qu'on remarque dans les Hommes, à l'inquiétude où ils font pour l'Avenir (penfée, dans laquelle, s'il y a, ou non, un venin caché, j'en laiffe à d'autres le jugement) voici ce qu'il ajoûte: (1) *La connoiffance d'un* Dieu *Unique, Eternel, Infini, Tout-puiffant, pouvoit fe déduire plus aifément de la recherche qu'on fait des Caufes, des qualitez & des opérations des Corps Naturels, que de l'inquiétude pour l'avenir. Car quiconque remonteroit de chaque Effet, qu'il voit, à fa Caufe prochaine, & à la Caufe prochaine de celle-ci, & s'enfonceroit ainfi de fuite profondément dans l'ordre des Caufes, trouveroit enfin, avec les plus judicieux des anciens Philofophes, qu'il y a un Prémier Moteur, c'eft-à-dire, une Caufe unique & éternelle de toutes chofes, qui eft ce que tous les Hommes appellent* Dieu. En accordant, comme fait ici Hobbes, que chaque Effet Naturel nous méne à reconnoître Dieu pour fa Caufe, on ne fauroit nier, que tous ces Effets ne foient déterminez par la Volonté de Dieu; à moins qu'on ne fût affez infenfé pour prétendre que Die à la vérité en eft la Caufe, mais qu'il n'agit pas volontairement.

Que les *Idées* & les *Jugemens* de nôtre Efprit, qui ont leur fondement dans les *Effets Naturels*, viennent originairement d'une détermination de la *Volonté de Dieu.*

§ VIII. Tout Mouvement, qui frappe (1) les Organes de nos Sens, & par lequel nôtre Efprit eft porté à concevoir les chofes, & à en juger, eft un Effet entiérement Naturel, & par conféquent il doit être originairement rapporté à la Caufe Prémiére, comme produit par l'Intervention des Caufes Secondes, qui y font toutes fubordonnées. D'où il s'enfuit, que Dieu, par le moien de ces Mouvemens, comme par autant de Pinceaux, peint, pour ainfi dire, dans nos Ames, les idées ou les images de toute forte de chofes, principalement des Caufes & de leurs Effets: & qu'après nous avoir donné d'abord, fur une feule & même chofe, des notions un peu différentes, qui ne la repréfentent qu'imparfaitement, il nous excite à les comparer & les joindre les unes avec les autres & par-là nous détermine à former enfin des Propofitions véritables fur les chofes que nous avons bien comprifes. Ainfi, chaque Chofe fe préfentant quelquefois à nos yeux toute entiére, & quelquefois étant envifagée plus diftinctement dans toutes fes parties; nôtre Efprit s'apperçoit alors, que l'idée du *Tout* repréfente précifément la même chofe, que les idées de toutes les *Parties* prifes enfemble: par où il eft porté à former une Propofition

---

§ VII. (1) *Agnitio vero Unici, Aeterni, Infiniti, Omnipotentis Dei, ab inveftigatione Caufarum, virtutum operationumque Corporum Naturalium, quàm à Curâ futuri temporis, facilius derivari pôtuit. Nam qui ob Effectu quocumque, quem viderit, ad Caufam ejus proximam ratiocinaretur, & in le ad illius Caufæ Caufam proximam procederet, & in Caufarum deinceps ordinem profundé fe immergeret, inveniret tandem (cum Veterum Philofophorum fanioribus) unicum effe Primum Motorem, id eft, unicam & æternam rerum omnium Caufam, quam appel-* lant omnes Deum &c. Leviathan, Cap. XII. pag. 55, 56.

§ VIII. (1) Ces fortes de mouvemens (ajoûte ici nôtre Auteur en forme de parenthefe) font appellez par les Peripateticiens, *Species fenfibiles.*

(2) *Nec ipfe* Cicero *eam meliùs defcribere potuit, quàm nomine adultæ Rationis.* Voilà comment s'exprime nôtre Auteur, fans aucune indication de l'Ouvrage où Cicéron qualifie ainfi ces perfections de la Nature Divine. Mais dans le Corps de l'Ouvrage, où

ii

tion touchant l'identité du Tout & de toutes fes Parties, ou à affirmer, *que les Caufes, qui confervent le Tout, confervent auffi toutes fes Parties effentielles.*

§ IX. AIANT enfuite examiné avec foin les Propofiti... ... méritent d'être mifes au rang des Loix générales de la Nature, j'ai ... , qu'elles peuvent toutes être réduites à une feule, très-univerfelle, q... ...ien expliquée, fournit toutes les limitations & les exceptions néceffa... ... entendre chaque Loi en particulier, & par fon évidence propre éclaircit toutes ces Loix, qui en découlent. Voici comment on peut exprimer cette Propofition fondamentale. *Le foin d'avancer, autant qu'il eft en nôtre pouvoir, le Bien commun de tout le Syftême des Agens Raifonnables, fert à procurer, autant qu'il dépend de nous, le Bien de chacune de fes Parties, dans lequel eft renfermée nôtre propre Félicité, puis que chacun de nous eft une de ces Parties: D'où il s'enfuit, Que les Actions contraires à ce défir, produifent des effets oppofez, & par conféquent entrainent nôtre miftre, auffi bien que celle des autres.*

Propofition unique, à laquelle on réduit toutes les Loix Naturelles.

Mon Ouvrage doit donc rouler fur ces trois chefs principaux. 1. La *matière* de la Propofition, que je viens d'indiquer, c'eft-à-dire, la connoiffance des *termes*, que nous ferons voir être puifée de la nature même des Chofes. 2. La *forme*, ou la *liaifon* qu'il y a entre ces *termes* dans une Propofition Pratique, & une Propofition comme celle-ci, qui mérite le nom de *Loi*, à caufe des Peines & des Récompenfes que l'Auteur de la Nature y a attachées. 3. Enfin, la *déduction* & la *limitation* des autres *Loix Naturelles*, tirée du rapport qu'ont ces Loix au *Bien Commun*, ou à l'état le plus heureux de tout le Corps des Agens Raifonnables.

§ X. A L'EGARD du prémier chef, ou de la connoiffance des *termes*, il faut y rapporter tout ce que nous dirons en général de la *Nature des Chofes*, & furtout de la *Nature Humaine*; comme auffi du *Bien Commun*. Ici je prie le Lecteur de ne pas fe fcandalizer de ce que j'attribue à DIEU la *Raifon*, & que je le mets au rang des *Etres Raifonnables*; ni de ce que je dis quelquefois que nous avons de la *Bienveillance* envers DIEU, entendant par-là, que nous fouhaittons quelque chofe de conforme à fa nature, c'eft-à-dire, quelque chofe de *Bon*. Je déclare, que je me fers alors de ces expreffions dans un fens impropre, & non pas dans celui qu'elles ont quand on parle des Hommes. Car je conçois en DIEU une Connoiffance & une Sageffe infinies, qui ne fauroient être mieux exprimées que de la manière que les définit (1) CICERON; *Une Raifon dans toute fa vigueur.* Et je n'ai garde de m'imaginer, qu'en témoignant à cet Etre

Explication des termes de cette Propofition.

Su

il rapporte encore cette penfée (*Chap.* I. § 4.) il cite le I. Livre du Traité *Des Loix.* Voici le paffage, qu'il a eû dans l'efprit. CICERON y dit, qu'il n'y a rien au monde de plus divin, que la *Raifon*; & que cette Raifon, lorfqu'elle eft parvenuë à fa maturité & à fa perfection, s'appelle *Sageffe*: Que n'y aiant rien de meilleur que la Raifon, qui fe trouve en DIEU, auffi bien que dans les Hommes; la prémière Société que les Hommes ont, eft avec DIEU, à caufe de cette communauté de Droite Raifon, d'où naît une Loi, qui leur

eft commune; de forte que l'Univers eft comme un grand Corps d'Etat, compofé des Dieux & des Hommes. *Quid eft autem, non dicam in Homine, fed in omni Cœlo atque Terra,* RATIONE *divinius? quæ, quum adolevit atque perfecta eft, nominatur rite* SAPIENTIA? *Eft igitur (quoniam nihil eft Ratione melius, eaque & in Homine, & in Deo) prima Homini cum Deo Rationis Societas. Inter quos autem Ratio, inter eofdem etiam Recta Ratio communis eft. Quæ quum fit lex, lege quoque conciliati homines cum Diis putandi fumus .... ut jam univerfus hic*

B 2 Mu-

Suprême les sentimens de nôtre Cœur, nous puissions ajoûter la moindre chose à ses Perfeçtio₶, qui sont de toute éternité infinies.   Mais on ne sauroit
douter, que l'o█████ce à sa *Volonté* dans nos Actions, & l'imitation du soin
qu'il prend de ████é Publique du Genre Humain, qui est conservé continuellement par ██████ence; ne soient plus agréables & plus conformes à sa
nature, (2) qu█████qbéïssance à sa Volonté, & l'indifférence pour le Bien
Public.   Il est aussi certain, que l'Honneur, & le Culte que nous lui rendons,
l'Amour que nous lui témoignons par nos Paroles, par nos Pensées, & par
les mouvemens de nôtre Ame, sont plus convenables à sa Nature bienfaisante,
(1) Θεομαχία. que si on le méprise, si on le hait, ou (a) si on l'attaque ouvertement   Car,
quand on compare ensemble deux Etres Raisonnables, en faisant abstraction de
la différence qu'il y a d'ailleurs entr'eux, on ne peut que reconnoître, qu'il y a
plus de convenance entr'eux, quand l'un est de même sentiment que l'autre &
coopére avec lui, que s'ils ne sont pas d'accord, & que l'un agisse contre la fin
que l'autre se propose.   Et je ne vois pas pourquoi on ne diroit pas la même
chose, en supposant que DIEU est un de ces Etres Raisonnables, ainsi comparez; & l'autre, l'*Homme*.   Comme donc les Sens nous apprennent, *Qu'il n'y
a point d'Homme, qui n'aime mieux être aimé & honoré, que haï & méprisé:* de
même, nôtre Raison est convaincuë par une analogie manifeste, *Qu'il est plus
agréable à l'Etre souverainement Raisonnable, ou à celui que nous appellons* DIEU,
d'être aimé & honoré des Hommes par leur obéïssance, que d'en être haï ou méprisé.
Car il est certain, qu'il n'y a aucune imperfection dans le désir que les Hommes ont d'être aimez, à considerer ce désir en lui-même.   Et bien loin qu'en
DIEU un tel désir donne aucune atteinte à sa Perfection, c'est au contraire
une marque de sa Bonté, parce qu'en l'aimant les Hommes se perfectionnent
eux-mêmes & lui deviennent en quelque façon semblables.   Cela étant donc
connu & par la Raison, & par l'Expérience, on peut en inferer avec certitude, que DIEU a attaché inséparablement à l'Amour qu'on a pour lui, la plus
grande des Récompenses; ce qu'il n'auroit jamais fait, s'il ne vouloit pas
qu'on l'aimât (3).

(b) Les trois   Au reste, on comprendra par la lecture des (b) trois Chapitres, dont j'ai
premiers du   indiqué le titre, qu'en expliquant les *termes* (comme on parle dans l'Ecole)
Livre.   de ma Proposition générale, je ne m'attache pas simplement à expliquer le
sens des paroles, mais à developper les idées qui y sont attachées & la nature
des choses d'où elles se forment, autant que le sujet le requiert. On verra aussi,
que j'y découvre directement & immédiatement la vertu propre & l'effet nécessaire des Actions Humaines, qui contribuent ou à la Félicité commune de
tous les Hommes, ou au Bonheur particulier de chacun. (4) C'est ce que de-
man-

Minûus una Civitas communis Deorum atque Ho-
minum extistimandus. De Legib. Lib. I. Cap. 7.
Voilà des idées, qui, détachées de ce qu'il y
avoit de mauvais dans les principes de la Philosophie *Stoïcienne*, d'où elles sont prises, ont
beaucoup de rapport avec ceux de nôtre Auteur, qui d'ailleurs les explique & les appro-
fondit d'une tout autre maniére.

(2) J'ai suppléé ces mots, que l'opposition
demande. Ceux qui devoient l'exprimer dans
l'Original, avoient été apparemment sautez
par les Imprimeurs, ou peut être l'Auteur les
avoit lui-même omis par inadvertence. On
n'a qu'à considerer toute la suite du discours,
pour en convenir.

(3) ,, Si la Divinité est Bonne, elle doit
,, dé-

mandoit le deſſein & le but de mon Ouvrage. Car les termes, dont eſt compoſée la Propoſition générale qui renferme toute *Loi Naturelle*, ſont des idées
qui repréſentent l'efficace naturelle des Actions Huma... ceſſairement réquiſes, ſelon le Syſtême préſent des choſes, pour proc... n tant Public,
que Particulier, qui manque à l'Homme. Et les Pa... nt ici néceſſaires, que comme des Signes connus, propres à rappelle... a mémoire ces
idées, qui pourroient y revenir, quand même nous ne ferions aucun uſage de
tels ſignes. Car la nature des choſes, & des Actions Humaines, ſuffit pour
produire, pour imprimer, pour perpétuer, & pour rappeller dans nôtre eſprit, ces ſortes d'idées, fût-on muet & ſourd, & par conſéquent hors d'état
de connoître l'uſage des Signes, dans leſquels conſiſte la Parole. J'ai néanmoins jugé à propos de m'exprimer en termes ſi généraux, qu'ils peuvent,
dans un très-bon ſens, être appliquez à la Majeſté Divine. Et j'en ai uſé
ainſi, afin qu'à la faveur de l'analogie, ſagement ménagée, on pût comprendre par·là non ſeulement l'obligation où nous ſommes de nous attacher à la
Piété, mais encore la nature de la *Juſtice Divine*, & de *l'Empire de* DIEU.

§ XI. POUR ce qui regarde la *forme* de ma Propoſition Fondamentale, il
eſt clair, que c'eſt une *Propoſition Pratique*, puiſqu'elle enſeigne, quel eſt l'*effet*
des *Actions Humaines*. Sur quoi il faut remarquer, qu'encore que j'aie dit que
le ſoin d'avancer le Bien Commun SERT *à avancer le Bien de chacun en particulier* &c.
m'exprimant ainſi en terme de préſent, parce que cet effet réſulte actuellement
de choſes préſentes: cependant la Propoſition n'eſt pas limitée au *tems préſent*,
elle en fait plutôt abſtraction. Sa vérité dépendant principalement de l'*identité*
qu'il y a entre le *Tout* & les *Parties*, elle eſt auſſi évidente par rapport à l'*avenir*, qu'à l'égard du *préſent*; comme nous le prouverons en ſon lieu par d'autres raiſons. C'eſt même eû égard à l'Avenir, que nous la poſons toûjours.
  De plus, cette Propoſition générale eſt d'autant plus propre à mon but,
qu'elle n'eſt fondée ſur aucune Hypothéſe particuliére. Car elle ne ſuppoſe
les Hommes ni nez dans un Etat Civil, ni nez hors de toute Société Civile.
Elle ne ſuppoſe point de Parenté Naturelle entre tous les Hommes, comme
tous deſcendus des mêmes Prémiers Parens, ſelon ce que nous apprenons de
l'Hiſtoire Sacrée. Car il s'agit de démontrer l'exiſtence & l'obligation des
Loix Naturelles, à des gens qui ne reçoivent pas l'*Ecriture Sainte*. Elle ne
ſuppoſe pas non plus avec (a) HOBBES, qu'une Multitude d'Hommes faits
ſoient tout d'un coup ſortis de la Terre, à la maniére des Champignons. Ma
Propoſition, & toutes les conſéquences que j'en tire, ſont de telle nature,
que nos Prémiers Parens auroient pû les comprendre & les approuver, en ſe
conſidérant comme étant ſeuls au monde, avec DIEU, & dans l'eſpérance
d'une

Marginal notes:
Forme de la Propoſition, ou liaiſon qu'il y a entre les termes.
(a) *De Cive, Cap. VIII. § 1.*

,, déſirer le Bonheur de ſes Créatures. Au-
,, cun Etre Raiſonnable ne peut être heureux,
,, ſans des ſentimens d'Affection; & il n'y a
,, nulle apparence que quelcun ait de tels ſen-
,, timens envers toute autre ſorte d'Agens
,, (*toward indifferent Agents* lors qu'il n'en
,, témoigne point envers ſes Bienfaiteurs, &
,, ſur-tout envers la Divinité. Donc, ſi la

,, Divinité aime ſes Créatures, elle doit auſſi
,, déſirer que ſes Créatures l'aiment; puiſque,
,, ſans l'aimer, elles ne ſauroient être heureu-
,, ſes." MAXWELL.
  (4) Il y a ici une Addition manuſcrite de
l'Auteur, depuis: *C'eſt ce que demandoit* &c.
juſqu'à; *J'ai neanmoint* &c.

d'une Postérité possible. Tous les Peuples, qui n'ont jamais entendu parler de l'Histoire de la Création, rapportée par Moïse, peuvent aussi aisément comprendre cette ⬛osition, & tout ce qui s'en déduit.

Utilité de la méthode de l'Auteur pour découvrir les Moiens de par- venir à la der- nière & meil- leure Fin.

§ XII. Il ⬛ ⬛ inutile de remarquer encore ici, touchant le sens de nôtre Proposit⬛ ⬛amentale, que les mêmes paroles, par lesquelles j'y désigne la Cau⬛ ⬛us grand & du meilleur des Effets indiquent aussi en gros les *Moiens* d'arriver à la *dernière & meilleure Fin.* Car l'Effet des Facultez d'un Agent Raisonnable, lors qu'il l'a conçu dans son Esprit, & qu'il a résolu de travailler à le produire, est ce que l'on appelle une *Fin;* & les Actions, ou les Causes, par l'intervention desquelles il tâche d'y parvenir, sont appellées des *Moiens.* C'est ainsi que dans la *Géométrie Pratique*, on pose pour Causes des Opérations, les Lign⬛ tirer: que si l'on considère une telle Opération comme un Problême, dont ⬛ ⬛ cherche la solution, ou comme une Fin que l'on se propose, alors les termes de l'Opération fourniffent au Géométre les Moiens propres d'arriver à cette Fin. De là je tire une méthode de réduire tout ce que les Philosophes Moraux ont dit sur les Moiens d'obtenir la plus excellen- te Fin, en autant de Théorêmes touchant la vertu qu'ont les Actions Humai- nes de produire certains Effets proposez. De sorte qu'on peut ainsi examiner plus facilement ces Théorêmes, &, s'ils sont vrais, les démontrer plus évi- demment. Par cette même méthode, on verra combien aisément toute véri- table Connoissance, qui a pour objet la vertu des Causes dont nous pouvons tirer le moindre usage, nous fournit le Moien de parvenir à la Fin connuë, & peut par conséquent être appliquée à la Pratique en chaque occasion qui se présente Enfin, il paroîtra de là, que la Proposition générale, dont nous trai- tons, tient de la nature d'une *Loi*, du moins en ce qu'elle propose une Fin véri- tablement (1) digne de la *Loi*, savoir, le Bien Commun de tous les Etres Raisonna- bles, ou l'*Honneur de* Dieu joint avec la *Félicité commune de tout le Genre Humain.*

Comment on y découvre l'Auteur des Loix Naturel- les:

§ XIII. Peut-etre ne verra-t-on pas du prémier coup d'œil dans nôtre Proposition Fondamentale, les deux choses absolument nécessaires pour donner de la force à une *Loi*, je veux dire, un *Auteur compétent*, & une *Sanction* suf- fisante, qui renferme des Peines & des Récompenses convenables. Mais si on l'examine avec un peu d'attention, on se convaincra, que, par cela seul que la Nature même des Choses l'imprime dans nos Esprits, elle nous montre évidemment son Auteur, c'est-à-dire, la Cause Prémiére de toutes Choses, & par conséquent de toutes les Véritez qui émanent de la Nature des Choses. Or, entre ces Véritez, une des principales est certainement la Proposition, que

§ XII. (1) Il est digne certainement d'un Etre Sage & Bon, de ne faire aucune *Loi* qui ne soit en quelque façon *utile* à tous en géné- ral, & à chacun en particulier de ceux à qui il l'impose. Sans la vuë de quelque Bien qui résulte de l'observation des Loix, ou de quel- que Mal qu'on puisse éviter par-là, il n'y a pas lieu d'espérer que des Agens Raisonna- bles, qui s'aiment eux-mêmes, puissent être portez à obéïr aux Loix, d'une manière assez efficace pour qu'un grand nombre s'y déter-

minent actuellement. Et il n'appartient qu'à un Maître chagrin, capricieux, vain ou en- vieux, de se plaire à gêner sans nécessité la liberté naturelle de ceux qui dépendent de lui.

§ XIV. (1) Par exemple, dans ce passage, où l'on voit que *Sanctio*, & *Poena*, sont sy- nonymes: *Nisi Legum* Sanctionem Poe- namque *recitassem*, &c. In Vetr. *Lib.* IV. *Cap.* 66.

(2) Voici le fragment de ce Jurisconsulte:

que nous pofons pour Loi Fondamentale de la Nature. Et perfonne ne fauroit exiger raifonnablement, qu'on prouve que DIEU en eſt l'Auteur, avec plus d'évidence qu'on n'a prouvé qu'il eſt l'Auteur de la Nature des chofes, d'où naît la vérité de cette Propofition. L'Auteur de la Loi ••• donc connu, il reſte feulement à faire voir qu'il y a joint une *Sanction* ••••••, & que cette Sanction eſt fuffifamment indiqué dans nôtre Propofition.

§ XIV. JE n'ignore pas, que (1) CICERON, & le Jurifconfulte (2) PA-PINIEN, entendent feulement par la *Sanction*, cette partie d'une Loi dans laquelle le Légiflateur menace d'une certaine peine ceux qui n'obéïront pas à ce qu'elle ordonne. Mais j'ai jugé à propos de prendre ce mot dans un fens plus étendu, en forte qu'il renferme auffi les Récompenfes que la Loi promet à ceux qui lui obéïront. Car ces Récompenfes fervent, auffi bien que les Peines, à *empêcher qu'on ne viole les Loix*, & par-là elles peuvent être appellées *Sacrées*, felon la définition générale du *Sacré*, que donnent deux autres Jurifconfultes, (3) MARCIEN & (4) ULPIEN. Cependant, fi quelcun ne veut pas s'éloigner de la fignification étroite du terme de *Sanction*, à lui permis: nous n'avons garde de difputer fur les mots, pourvû qu'on tombe d'accord de la chofe même. C'eſt pourquoi, en faveur de ceux qui pourroient être fi pointilleux, nous avons ajoûté cette autre Propofition, *Que les Actions contraires au défir du Bien Commun*, c'eſt-à-dire, par lesquelles on néglige ou l'on viole ce qui tend à cette Fin, *caufent quelque Mal à chaque Partie du Syſtême des Etres Raifonnables, & les plus grands Maux à ceux-là mêmes qui les commettent.* Voilà qui exprime affez clairement une *Peine*, diſtinguée de la *Récompenfe*. Mais nous nous fommes prefque uniquement attachez à prouver la prémiére Propofition, qui concerne les *Récompenfes* renfermées dans l'idée du *Bonheur*, parce que la derniére eſt par-là très-clairement démontrée: outre que le *Mal*, en quoi confiſte la nature des *Peines*, eſt une (5) *privation des Biens* que nous fouhaittons naturellement & néceffairement, pour devenir heureux; or cette *privation* ne peut être conçuë, fi l'on ne conçoit auparavant les *Biens* auxquels elle eſt oppofée. Enfin, la Nature des Chofes, dont nous devons fuivre les traces dans cet Ouvrage avec tout le foin poffible, ne fait prefque que préfenter à nos Efprits des idées pofitives des Caufes & de leurs Effets, par les Sens extérieurs, fur lefquels les *Privations* ou les *Négations* ne font aucune impreffion: & quand les objets excitent en nous quelque mouvement de Paffion, c'eſt plutôt par l'amour d'un Bien préfent ou par l'efpérance d'un Bien à venir, que par la haine ou la crainte du Mal. Car, fi l'on aime la *Vie*, la

San-

Et une *Sanction fuffifante, de ces Loix.*

SANCTIO *Legum, quæ noviffine certam poenam irrogat ūs, qui præceptis Legis non obtemperaverint* &c. DIGEST. Lib. XLVIII. Tit. XIX. *De Poenis*, Leg. 41.

(3) *Sanctum eſt, quod ab injuria hominum defenfum atque munitum eſt.* DIGEST. Lib. I. Tit. VIII. *De divif. rer.* Leg. 8.

(4) *Propriè dicimus* SANCTA, *que ... Sanctione quadam confirmata: ut Leges Sanctæ funt; Sanctione enim quadam funt fubnixæ.* Ibid. Leg. IX. § 3. Le fens du mot *Sanctus* répond à ce que nous appellons *Sacré*, ou inviolable, en nôtre Langue, & *Saint*, au contraire, répond au fens du mot *Sacer*: quoi que ces deux mots viennent vifiblement du Latin.

(5) Mr. MAXWELL renvoie ici à ce qu'il dira fur le Chap. V. § 40. où il examine le principe que nôtre Auteur tâche ici d'établir. On peut voir auffi là-deffus PUFENDORF, *Droit de la Nat. & des Gens*, Liv. I. Ch. VI. § 14.

Santé, les mouvemens agréables qui s'excitent dans nos Nerfs & dans nos Efprits Animaux, ou les *Plaifirs corporels*, comme on les appelle, & fi l'on fouhaitte les Caufes capables de les procurer; ce n'eft point pour éviter la *Mort*, les *Maladies*, les Douleurs, qui y font contraires, mais à caufe de leur *Bonté intrinféque*, ou de la convenance pofitive, pour parler avec l'Ecôle, que ces Biens ont avec la nature de nôtre Corps. De même quand on fouhaitte les *Perfections de l'Ame*, je veux dire d'un côté, une *Connoiffance* plus étenduë & plus diftinéte des Objets les plus nobles, & qui aît à tous égards une parfaite harmonie ; de l'autre, les fentimens très-agréables de *Bienveillance*, d'*Efpérance* folide, & de *Joie* produite par la vuë de l'état heureux du Corps des Etres Raifonnables: ce n'eft pas feulement pour fe mettre à couvert des chagrins qui accompagnent l'*Ignorance*, la *Haine*, l'*Envie*, & la *Pitié*, mais à caufe de la douceur extrême que nous favons par expérience qu'on goûte dans ces fortes d'Aétions & d'Habitudes; car c'eft ce qui fait véritablement qu'on trouve très-défagréable d'en être privé, & que les Caufes d'une telle Privation paroiffent fâcheufes. D'où il eft aifé de voir, qu'à bien prendre la chofe 'les *Loix Civiles* même, dont la *Sanétion* confifte en Peines, de *Mort*, par exemple, ou de *Confifcation de Biens*, portent les Hommes à obéïr par l'*amour* de leur propre *Vie*, ou de leurs *Richeffes*, entant qu'elles fuppofent qu'ils pourront les conferver par cette obéïffance. En effet, la fuite de la *Mort* & de la *Pauvreté*, n'eft autre chofe que l'amour de la *Vie* & des *Richeffes*. Qui dit, par deux Négatives, qu'il *ne veut pas être privé de la Vie*, dit la même chofe que s'il s'exprimoit ainfi : *Je veux continuer à jouïr de la Vie*. Ajoûtons que les *Loix Civiles* me paroiffent être plus efficacement foûtenuës par le but que fe propofent & les *Sages Légiflateurs*, & les *Bons Citoiens*, favoir le Bien Public de l'Etat, d'où réfulte une Félicité dont chaque Bon Citoien reffent quelque partie, qui eft pour lui une Récompenfe naturelle de fon obéïffance; que par les Peines dénoncées, dont la crainte ne touche que peu de gens, & même les plus vicieux.

Que toutes les *Loix particulières*, & leur *Sanétion*, font par-là fuffifamment notifiées.   § XV. FAISONS voir maintenant, en peu de mots, que nôtre Propofition Fondamentale concernant le foin d'avancer le Bien Commun; & l'autre, qui en eft une conféquence néceffaire, touchant les difpofitions & les aétions oppofées; contiennent l'Abrégé de tous les Préceptes de la Loi Naturelle, & en même tems de la *Sanétion* qui y eft jointe. Le *Sujet* de la Propofition, pour m'exprimer en termes de l'Ecôle, eft le *défir & le foin de contribuer, de toutes nos forces, au Bien Commun* de tout le Syftême des Agens Raifonnables. Cela renferme l'*Amour de* DIEU, & l'*Amour de tous les Hommes*, comme étant des Parties de ce grand Corps. DIEU à la vérité en eft la *principale Partie*, & les *Hommes* n'en font que des *Parties fubordonnées*. La *Bienveillance* néanmoins peut & doit être exercée (1) envers DIEU, & envers les *Hommes*, chacun à fa manière: d'où naiffent la *Piété*, & (2) l'*Humanité*, c'eft-à-dire, les *Deux Tables* de la *Loi Naturelle*.

L'At-

§ XV. (1) J'ai ajouté ici quelques mots, qui m'ont paru néceffaires pour la liaifon, & d'ailleurs très-conformes aux Idées de l'Auteur.

(2) Par le mot d'*Humanité*, nôtre Auteur entend ici l'*Amour du Prochain*, qui renferme tous les Devoirs de l'Homme par rapport aux au-

L'*Attribut* de la Proposition est, que ce soin d'avancer le Bien Commun *contribuë à procurer, autant qu'il dépend de nous, le Bien de chacune des Parties, dans lequel est renfermé nôtre propre Bonheur, entant que chacun de nous est une de ces Parties.* Les Biens, que nous pouvons procurer à tous, sont ici proposez comme autant d'Effets du désir, & du soin dont il s'agit: & l'assemblage de tous les Biens, dans lequel consiste nôtre Bonheur, y est par conséquent indiqué: Bonheur, qui constituë la plus haute Récompense de l'Obéïssance, comme l'état de Misére, dans lequel on se met par des Actions contraires, est la plus grande Punition de la Desobéïssance, ou de la Méchanceté.

La *liaison* naturelle du *Sujet* avec l'*Attribut*, est en même tems le fondement de la vérité de ma Proposition, & une preuve de la liaison naturelle qu'il y a entre l'Obéïssance & les Récompenses, comme aussi entre la Violation de cette Loi générale. & les Punitions.

De tout cela le Lecteur conclura aisément, quelle est la vraie raison pourquoi cette Proposition Pratique, & toutes les autres qui s'en déduisent, obligent les Etres Raisonnables, du moment qu'ils les comprennent; pendant que les autres Véritez, par exemple, celles de la *Géométrie*, quoi qu'également imprimées dans nos Esprits par la Nature, & ainsi par l'Auteur même de la Nature, qui est DIEU, ne nous imposent aucune *obligation* de les suivre dans la pratique; mais peuvent être impunément négligées par la plûpart des Hommes auxquels la Pratique de la Géométrie n'est point nécessaire. La différence vient uniquement de la nature des *Effets* différens, qui naissent de l'une ou de l'autre de ces Pratiques. Les Effets des Opérations Géométriques sont tels, que la plûpart des Hommes peuvent s'en passer, sans qu'il leur en revienne aucun préjudice: ou (3) peuvent du moins, sans une grande incommodité, les attendre de l'industrie d'autrui. Au lieu que les Effets des Actions qui tendent au Bien Commun, intéressent de si près tout le Corps des Agens Raisonnables, dont nous faisons partie, & de la volonté desquels dépend en quelque manière la Félicité de chacun, que personne ne sauroit renoncer à ce soin, sans courir risque de perdre son propre Bonheur, ou l'espérance d'y parvenir. DIEU nous faisant connoître cela par la nature même des Choses, il a ainsi suffisamment déclaré, que c'est lui qui a établi la liaison des Peines & des Récompenses avec la qualité morale de nos Actions. De sorte qu'on a tout lieu de regarder nôtre Proposition Fondamentale, & toutes celles qui y sont renfermées, comme aiant force de Loi en vertu de son Autorité Suprême.

§ XVI. IL paroît encore par les termes mêmes de nôtre Proposition, que l'*Effet* plein & immédiat de la *Pratique* qu'elle prescrit en qualité de *Loi*, est ce qui est *agréable* à DIEU, & *avantageux à tous les Hommes* généralement; en quoi consiste le Bien Naturel de toutes les Parties du Système des Agens Raisonnables, & même le plus grand de tous les Biens qu'on peut leur procurer, puis qu'il est plus grand que tout autre Bien semblable de chaque Partie du Corps. Par-là j'insinuë aussi suffisamment que la Félicité de chaque Homme en

Que les Actions conformes à la Loi Naturelle, sont Bonnes, Droites, Belles, Honnêtes, Bienfaÿtes, Aimables.

par-

autres *Hommes*; ou la *Charité*, comme il l'appelle plus bas.

(3) J'ai ajoûté ici ces mots, *ou peuvent du*

moins &c. jusqu'à la fin de la période, en suivant ce que l'Auteur avoit écrit à la marge de son exemplaire.

particulier, dont la jouïffance ou la privation, propofées dans la *Sanction*, en font toute la matiére; vient du meilleur état de tout le Syftême : de même que la Nourriture de tous les Membres du Corps Animal, dépend de celle de toute la maffe du Sang répanduë par tout le Corps.

D'où il eft clair, que cet Effet général, le meilleur de tous, & non pas une de fes petites parties, telle qu'eft le Bonheur particulier de quelque Homme que ce foit; eft la Fin principale que le Légiflateur fe propofe, & que doivent fe propofer tous ceux qui veulent lui obéïr véritablement. Par la même raifon, il s'enfuit, que les Actions Humaines, qui ont une vertu naturelle de contribuer au Bien Commun, peuvent être dites *naturellement Bonnes*, & meilleures que celles qui fervent feulement au Bien Particulier de quelque Homme que ce foit, dans la mê-me proportion que le Bien Commun eft plus confidérable que le Bien Particulier.

Il fuit encore de là, que les *Actions*, qui tendent à cet Effet, comme à leur Fin, par la voie la plus courte, font *naturellement Droites*, à caufe d'une reffemblance naturelle avec la *Ligne Droite*, qui eft la plus courte entre deux Points. Mais les mêmes Actions étant comparées avec la *Loi*, foit *Naturelle*, ou *Pofitive*, qui eft la Régle des Mœurs, fi elles s'y trouvent conformes, font dites *moralement Bonnes*, ou *Droites*, c'eft-à-dire, réglées felon la Loi: Et la Régle elle-même eft appellée *droite*, parce qu'elle enfeigne le chemin le plus court pour arriver où l'on fe propofe.

L'état où l'on conçoit tous les Hommes, s'ils étoient tous en-tiérement ornez de tous les Biens naturels de l'Ame & du Corps, dans une jufte proportion & entr'eux, & par rapport à la plus excellente Fin, eft naturelle-ment très-beau, comme tout-à-fait conforme à la (1) définition de la *Beauté*, qui fe tire de la figure & de la fymmétrie des Parties du Tout auquel on l'attribuë. Ainfi il eft clair, que les *Actions*, qui tendent par une vertu propre & intrin-féque à former ou à conferver un tel état, font auffi avec raifon appellées *(a)* Τὸ Καλόν. *Belles*, ou *Bienféantes*. Et par-là on peut expliquer cette *(a) Beauté*, cette *(b)* *(b)* Τὸ Πρέπον. *Bienféance*, dont les Philofophes parlent tant, & avec tant d'éloges, en trai-tant des actes de *Vertu*, dans lefquels elle les frappe.

Enfin, après avoir vû ce que je montre au long dans le Chapitre *Du Bien*, Que l'on peut concevoir diftinctement & aimer le Bien fans aucun rapport à nous-mêmes; le Lecteur ne pourra plus douter qu'il ne faille reconnoître, qu'un Bien, qui renferme en foi tous les autres Biens, eft *aimable par lui-même*; & par conféquent qu'il ne fauroit être raifonnablement fubordonné au Bonheur d'un feul Homme, qui n'eft qu'une petite partie d'un fi grand Bien.

Par la même raifon, il eft clair, que, les Actions convenables à cette Fin étant très-bonnes & très-belles, font *aimables* de leur nature, & fouveraine-ment dignes d'être louées de tous les Etres Raifonnables: & qu'ainfi on a rai-fon de les qualifier *Honnêtes* par elles-mêmes, puis que leur nature bienfaifante à l'égard de tous, les rend dignes d'un très-grand *honneur*.

J'ai cru devoir faire ces remarques avec d'autant plus de foin, qu'il falloit em-pêcher qu'on ne s'imaginât fauffement que je n'ai pas affez reconnu les perfec-tions propres & intrinféques, qui rendent la *Piété*, & la *Charité*, dignes de nôtre

atta-

§ XVI. (1) On peut voir là-deffus le Trai-   X. de la Seconde Edition.
té *Du Beau*, de Mr. DE CROUSAZ, Chap.   § XVII. (1) Conférez ici ce que dit PU-
                                              FLE-

attachement, fous prétexte que j'ai tiré la *Sanction* des Loix Naturelles, qui en preferivent la pratique, de la vüe du Bonheur ou du Malheur de chacun, comme fuivant l'Obéïffance ou la Defobéïffance à ces Loix. Dans les Loix même Civiles, la *Sanction* eft manifestement diftinguée du but & de l'effet plein & entier de chaque Loi, je veux dire, du Bien Public: cependant l'infliction des Peines dénoncées, & la diftribution des Récompenfes promifes, par lef-quelles on fe propofe de porter plus efficacement à obferver la Loi, font partie fans contredit de l'effet de la Loi même.

§ XVII. La liaifon naturelle des Récompenfes & des Peines avec les Actions qui fervent ou qui nuifent au Bien Public, eft à la vérité un peu obfcurcie par la confidération des *Maux* qu'on voit arriver aux *Gens-de-bien*, & des *Biens* dont jouïffent les *Méchans*. C'eft pourquoi j'ai jugé néceffaire pour mon deffein, de m'attacher avec foin à montrer, que nonobftant tout cela, cette liaifon eft affez conftante, & affez manifeftement déduite de la confidération de la Nature Humaine, pour qu'on puiffe en inferer certainement une *Sanction* de la Loi Naturelle, qui défend certaines Actions, & en ordonne d'autres.

Réponfe à la difficulté tirée des *Maux* qui arrivent aux *Gens de probi-té*, & des *Biens*, dont les *Méchans* jouïffent.

Je fuppofe ici d'abord, que, pour former une vraie *Sanction*, il fuffit (1) que la Peine, ou la Récompenfe, foit telle, que, tout bien compté, fa va-leur excède le profit qu'on pourroit tirer des Actions contraires à la Loi. Je fuppofe enfuite, que, dans la comparaifon des Effets qui accompagnent les Actions Bonnes ou Mauvaifes, on ne doit pas mettre en ligne de compte les Biens ou les Maux que toute nôtre attention & toute nôtre induftrie ne fauroit procurer, ou éviter. Tels font ceux qui viennent d'une Néceffité Naturelle, & ceux qui arrivent par un pur hazard, lequel dépend de Caufes externes: car les Gens-de-bien & les Méchans les peuvent éprouver & les éprouvent d'ordi-naire également. Je ne fais état ici, que de ceux que la Raifon Humaine peut prévoir, comme dépendans en quelque maniére de nos Actions.

Sur ce pié-là, après avoir propofé une Preuve générale, tirée de ce que chaque Particulier, qui travaille à avancer le Bien Commun, ou qui agit d'une maniére oppofée, eft une Partie du Tout, qui eft par-là ou entretenu en bon état, ou endommagé; & qu'ainfi il reçoit lui-même néceffairement une portion de l'a-vantage ou du defavantage qui en revient: je paffe à des Preuves particuliéres, que je fonde en partie fur les *Caufes* de ces *Actions*, dont je traite dans le Chapitre *De la Nature Humaine*; en partie fur leurs *Effets* ou leurs *Suites*, qui font ex-pofées au long dans le Chapitre *De l'Obligation*. Mais le dernier de ces Cha-pitres eft plus étendu & moins clair, que les autres, parce que pour réfuter mon Adverfaire par fes propres aveus, j'ai été fouvent obligé de le fuivre dans les efpaces imaginaires de l'Etat plein de (2) confufion, qu'il fuppofe. Il a fallu d'ailleurs réfoudre plufieurs objections, non feulement de cét Auteur, mais encore d'autres, dont la Philofophie eft beaucoup meilleure. Ainfi il eft bon d'expofer ici en peu de mots, & le but que je me fuis propofé là, & la maniére dont tout ce que je dis s'y rapporte; de peur qu'on ne croie que je me fuis égaré dans une route femée d'une fi grande diverfité de matiéres.

Preuve géné-rale de la véri-té & de la for-ce de la *Sanc-tion* des Loix Naturelles.

§ XVIII.

PENDORF, dans fon grand Ouvrage du *Droit de la Nature & des Gens*, Liv. II. Chap. III. § 21.

(2) *L'Etat de Nature*, qui eft, felon Hob-bes, un Etat de Guerre de tous contre tous,

§ XVIII. Les *Caufes* des *Actions Humaines*, font les *Facultez* de l'*Ame* & du *Corps* de l'*Homme*. Après avoir obfervé, qu'un état de *Félicité*, en quoi confif-te la plus grande Récompenfe, eft manifeftement & effentiellement joint avec l'exercice le plus parfait & le plus conftant de toutes nos Facultez, par rapport aux *Objets* & aux *Effets* les plus grands & les meilleurs, qui ont avec elles une exacte proportion; j'ai conclu de là, que les Hommes douez de ces Facultez, font naturellement tenus, fous peine de per-dre leur propre Bonheur, de les exercer envers les Objets les plus nobles de la Nature, favoir, Dieu, & les *Hommes* en général, qui font l'image de Dieu. Et on ne fauroit douter long tems, fi l'exercice de ces Facul-tez nous rend plus heureux, en entretenant ou amitié ou inimitié avec de tels Etres, en aiant paix ou guerre avec eux. Il eft certain d'ailleurs, qu'il n'y a pas moien de garder ici une efpéce de neutralité, en forte que, fans aimer Dieu & les *Hommes*, on puiffe ne les point haïr ou irriter, c'eft-à-dire, que l'on fafle des chofes qui ne foient ni agréables ni defagréables au prémier, ou aux derniers, fur-tout dans l'ufage des chofes qui font hors de nous. Car ou l'on évitera avec foin de dépouiller les autres des chofes qui leur font néceffai-res pour le Bonheur qu'ils recherchent, ce qui ne peut fe faire fans quelque *Bienveillance*; ou bien on leur enlévera de telles chofes de propos déliberé, ce qui eft une marque certaine de *Mauvaife volonté*. Mais fi l'on convient, qu'il eft manifeftement de toute néceffité, pour devenir heureux, d'entretenir l'Ami-tié & avec Dieu, & avec les *Hommes*, on ne fauroit fe difpenfer de reconnoître auffitôt la *Sanction* de cette Loi générale de la Nature, que nous nous propo-fons uniquement d'établir ici. Car elle feule renferme toute la *Religion Natu-relle*, & en même tems tout ce qui eft néceffaire pour le *Bonheur du Genre Humain*.

On peut réduire à trois chefs, outre la *Piété*, ce que demande le Bonheur du Genre Humain. 1. Un *Commerce* paifible entre les différens *Peuples*; à quoi fe rapporte le *Droit des Gens*. 2. L'établiffement ou la confervation des *So-ciétez Civiles*; à quoi tendent les *Loix de chaque Etat*. 3. L'entretien des *Liai-fons Domeftiques*, & des *Liaifons particuliéres d'Amitié*; fur quoi il y a & des Ré-gles générales, les mêmes qui fervent à tenir en paix les Nations, & des Ré-gles particuliéres de (1) *Morale Oeconomique*. Nous avons donc ramaffé, dans le Chapitre *De la Nature Humaine*, quantité de chofes qu'on remarque dans l'Homme, par lefquelles chacun devient en quelque façon capable d'une fi vafte Société, & aquiert du moins une difpofition éloignée à l'entretenir. (2) Mais, comme les Caufes Naturelles, tant internes, qui difpofent les Hommes à for-mer & entretenir cette Société Univerfelle, qu'externes, qui les y follicitent; agiffent conjointement: & que c'eft par les forces réunies de toutes ces Cau-fes que la Société eft actuellement établie & confervée: je dois prier les Lec-teurs, qui chercheront la caufe entiére ou la raifon complette de cet effet,

d'en-

---

§ XVIII (1) Expreffion tirée de la divi-fion de l'Ecole en *Morale Monaftique*, qui con-fidére l'*Homme* en général, ou chacun par ab-ftraction comme s'il étoit feul; *Morale Ecɔno-* *mique*, qui l'envifage comme *Pére de Famille*; & *Morale Politique*, qui le regarde comme vivant dans une Société Civile.

(2) Tout ce qui fuit ici, jufqu'à la fin du

d'envifager toutes les Caufes partiales, que j'ai détaillées, comme unies enfemble, & chacune en fon rang; par où il verra, qu'il réfulte de cette maniére de les confiderer, un argument, qui feul fuffit pour prouver la Sanction de la Loi la plus générale de la Nature.

§ XIX. Voici maintenant de quelle maniére je démontre par les *Effets* qu'ont les Actions Humaines pour l'avancement du Bien Commun des Etres Raifonnables, qu'elles font accompagnées de Récompenfes, & de Peines, qui forment une véritable *Sanction*. Il eft clair, que le foin d'avancer le Bien Commun demande principalement que l'on aime & que l'on honore DIEU, comme étant Tout-Sage, & fouverainement Bienfaifant envers tous les autres Etres Raifonnables. Dans la même vuë on travaille enfuite de tout fon pouvoir à mettre en fûreté la Vie & les Biens des Hommes de chaque Nation. On eft porté à confentir aifément d'établir, s'il le faut, un Gouvernement Civil: &, lors qu'il eft une fois établi, on fait de bon cœur tout ce qui eft néceffaire pour le maintenir. On accorde à chacun, & par conféquent on fe procure auffi à foi-même, les avantages que demande le Bien du Tout: on ne fait envers aucun, la moindre chofe d'incompatible avec ce Bien. Nous ne concevons en l'Homme rien qui foit capable de produire de fi grands effets, qu'une difpofition à avancer le Bien de tous généralement, dirigée par la prudence d'un Entendement éclairé: & du moment qu'on s'eft mis dans cette difpofition, il n'y a rien de néceffaire pour une telle fin, que l'on ne faffe volontiers, autant qu'il dépend de nous. Comme donc on peut prévoir certainement que ces Effets naîtront du foin d'avancer le Bien Commun, perfonne ne fauroit ignorer qu'ils renferment, comme autant de Récompenfes qui y font attachées, les Confolations & les Joies préfentes de la Religion, jointes par tout Païs à l'efpérance d'une heureufe Immortalité: de plus, grand nombre d'avantages qui reviennent d'un Commerce paifible avec les Etrangers, & tous ceux que l'on trouve dans le Gouvernement Civil, dans le Gouvernement Domeftique, & dans les liaifons d'Amitié; avantages, qu'on ne peut aquérir par aucun autre moien qui foit en nôtre pouvoir. De forte que, négliger le foin du Bien Commun, c'eft véritablement rejetter les Caufes de fon propre Bonheur, & embraffer celles d'une Mifére ou d'une Punition prochaine.

Pour dire la chofe en peu de mots, puis que, d'un côté, nous voions manifeftement par la confidération de la nature des chofes, que le plus grand Bonheur que nous fommes capables de nous procurer, vient de l'attachement à la Piété, & du foin qu'on a en même tems d'entretenir la Paix avec les autres Hommes, le Commerce réciproque des Nations, l'ordre du Gouvernement Civil & du Gouvernement Domeftique; & les liaifons d'Amitié; de l'autre que toutes ces vuës différentes ne fauroient être réunies & accordées enfemble que dans l'efprit d'une perfonne qui fe propofe d'avancer le Bien Commun de tous les Etres Raifonnables: il s'enfuit, que la plus grande Récompenfe que l'Homme peut recevoir,

Autres preuves tirées des Effets des Actions Humaines.

---

paragraphe, eft un changement, fait par l'Auteur fur fon exemplaire, à commencer, dans l'Original, depuis *Atque hic Lectorem rogamus &c.* Car, quoi qu'il n'eût effacé

que depuis *quod homines neceffario excidunt &c.* il eft clair que c'étoit par inadvertence, & que le changement fe rapporte auffi à ce qui précéde.

voir, est naturellement jointe à l'effet de cette disposition; & sa privation ou la Peine, attachée par conséquent aux Actions opposées. J'ai prouvé le prémier point, ou la réalité des Causes du Bonheur, que chacun aquiert ou peut aquérir, par des Effets que l'Expérience nous montre. Et pour l'autre, je veux dire, que la *Piété*, & une *Bienveillance générale* envers tous les *Hommes*, soient renfermées dans le soin d'avancer le *Bien Commun*, je l'ai fait voir par la définition même & les parties de ce soin, dans le Chapitre (1) *Des Conséquences*. Or la Conclusion tirée de telles Prémisses, est certainement connuë par les Lumiéres Naturelles.

§ XX. JE reconnois néanmoins, que ces Effets ne sont pas tous uniquement en nôtre puissance, & qu'il y en a plusieurs qui dépendent de la Bienveillance réciproque des autres Etres Raisonnables. Mais comme la ressemblance, ou l'analogie qu'il y a entre leur Nature & la nôtre, nous apprend que le Bien Commun est la meilleure & la plus grande Fin qu'ils puissent se proposer, & que leur Perfection Naturelle demande non seulement qu'ils agissent en vuë de quelque Fin, mais encore pour celle-ci, plûtôt que pour toute autre moins bonne: & la même Expérience nous faisant voir d'ailleurs, que, par nos Actions, nous pouvons la plûpart du tems obtenir des autres ces Effets d'une Bienveillance universelle: il est raisonnable de mettre cela même au nombre des Etats ou des Suites, qui du moins pour l'ordinaire, résultent de nos Actions. Car on est censé pouvoir faire, ce dont on peut venir à bout par le moien de ses Amis. La Récompense entiére, qui est attachée aux Bonnes Actions par un effet de la constitution naturelle de l'Univers, ressemble en quelque maniére aux *Revenus* du *Domaine Public*, qui ne consistent pas seulement en certaines Contributions fixes, mais encore en plusieurs Profits casuels qui surviennent de tems en tems, & qui montent fort haut, quoi qu'on ne puisse pas les évaluer au juste, comme les Péages des Ports, des Chemins, des Ponts publics: droits néanmoins, que l'on afferme souvent à un certain prix. En faisant donc l'estimation de la Récompense dont il s'agit, on doit mettre en ligne de compte non seulement les parties de cette Récompense qui sont infailliblement attachées aux Bonnes Actions, telles que sont celles en quoi consiste la *Béatitude* formelle, comme on parle, savoir, la Connoissance & l'Amour de DIEU, (& peut-être encore des Hommes qui ont des sentimens conformes à ceux de DIEU); un pouvoir absolu sur ses propres Passions. Une harmonie très-agréable entre tous les principes de nos Actions & chaque partie de nôtre Conduite; la faveur de la Divinité, & l'espérance raisonnable d'une Immortalité bienheureuse: mais il faut encore rapporter ici les autres avantages qui se trouvent joints à ceux-là par un effet (1) *contingent*, c'est-à-dire, ceux qui nous reviennent & de la Piété des autres Hommes, & de la Société ou Civile, ou entre plusieurs Nations, ou entre Amis; Sociétez, que nous entretenons, entant qu'en nous est, par les Actions conformes à la Loi Fondamentale de la Nature. En raisonnant sur le pié d'une semblable estimation, nous

Il n'importe que ces Effets soient de nature à n'arriver pas toujours infaillible-ment.

§ XIX. (1) *In Confectariis*, dit l'Auteur. C'est le titre du dernier Chapitre. Mais, quoi qu'il y ait là quelque chose sur cet article, la plus grande partie du Chapitre est occupée à réfuter les fausses idées d'*Hobbes*. C'est dans les trois précedens, qu'on trouve exposées au

nous pouvons comprendre aisément, de quelles parties est composée la Peine entière, qui accompagne les Actions contraires au Bien Commun: car c'est dans toutes les suites opposées à celles que nous venons d'indiquer que consiste proprement la *Sanction* de la Loi, qui défend de telles Actions.

§ XXI. Les nécessitez mêmes de l'état dans lequel nous naissons & nous vivons tous, nous apprennent à estimer les *Biens Contingens*, c'est-à-dire les Effets des Causes, d'où nous pouvons attendre quelque utilité, quoi que non infailliblement; & cette espérance, toute incertaine qu'elle est, suffit pour nous porter à agir. L'*Air*, que nous cherchons à respirer par un mouvement naturel, n'est pas toûjours bon pour nôtre Sang & nos Esprits Animaux, mais il se trouve quelquefois pestiféré. Les *Viandes*, les *Boissons*, l'*Exercice*, ne contribuent pas toujours à la conservation de nôtre Vie; au contraire, il en naît souvent des Maladies. L'*Agriculture* apporte quelquefois du dommage aux Hommes, au lieu du profit qu'ils attendoient de leurs travaux. Nous ne laissons pas pour cela d'être portez naturellement à faire usage de ces sortes de choses, dans l'espérance probable du bien qui pourra en revenir. De même une semblable espérance nous porte naturellement à tâcher d'avancer le Bien Commun; quoi qu'elle ne soit ni le seul, ni le principal motif, & qu'elle concoure seulement avec la vuë des autres Récompenses que nous avons dit être essentiellement & invariablement attachées aux Actions qui tendent à cette fin.

Pour se bien convaincre de la grande probabilité qu'il y a à attendre des autres Hommes, considerez tous ensemble, quelque chose qui nous récompense des soins que nous prenons pour contribuer au Bien Commun; il ne faut que considerer ce que l'Expérience du tems présent, & l'Histoire des Siècles passez, nous apprennent, de la pratique de toutes les Nations qui nous sont connuës, en matiére de choses qui se rapportent à cette fin. On voit par-tout un Culte Public de quelque Divinité, à laquelle les Hommes témoignent du moins assez de respect, pour faire conscience de se parjurer après l'avoir prise à témoin de la foi donnée: par-tout il y a des Commerces, très-avantageux de part & d'autre, entre les Nations qui se connoissent, lesquels ne sont interrompus que par des Guerres faites en forme: par-tout on maintient le Gouvernement Civil, & la distinction des Domaines, qui fait partie de l'ordre établi: par-tout les liaisons des Familles, & celles de l'Amitié, sont d'ordinaire entretenuës. Or le Culte de la Divinité, l'entretien du Commerce & de la Paix entre les Nations, l'observation de ce que demande le Gouvernement Civil & le Gouvernement Domestique, la pratique des devoirs de l'Amitié; tout cela n'est autre chose, que les Parties, prises ensemble, du soin d'avancer le Bien Commun. Il est donc clair, que la disposition à un tel soin se trouve en quelque manière parmi tous les Hommes; d'où il arrive nécessairement que chacun retire plusieurs des avantages que la Paix & les Secours mutuels apportent naturellement.

Bien

---

au long & détaillées les différentes parties du soin d'avancer le Bien Commun.

§ XX. (1) C'est-à-dire, qui peut arriver, ou ne pas arriver. Terme de Philosophe, comme on sait.

Bien plus: il me paroît de la derniére évidence, que chaque perfonne qui
eft parvenuë en âge d'homme fait, eft redevable de toutes fes années paffées
aux foins d'autrui qui tendent par eux-mêmes au Bien Commun, beaucoup plus
qu'à fes propres foins, qui ne font prefque rien dans l'âge tendre. Nous dépendons alors tout-à-fait de l'attachement que d'autres ont à obferver les Loix
du Gouvernement Economique, celles du Gouvernement Civil, & celles de
la Religion, qui toutes découlent du foin d'avancer le Bien Commun. De
forte que fi après ce tems-là nous expofons & nous facrifions même actuellement nôtre Vie pour le Bien Public, nous perdons alors moins en fa confidération, que nous n'en avons reçû. Car nous perdons feulement une efpérance
incertaine de Joies à venir, fuppofé que nous euffions vêcu plus long tems;
ou plûtôt il eft certain, que perfonne ne peut guéres avoir d'efpérance à cet
égard, lors qu'il foule aux pieds le Bien Public: au lieu que la pratique des
chofes qui tendent à cette fin, nous a déja procuré réellement la confervation
de nôtre Vie, & la jouïffance de toutes les Perfections dont nous étions ornez. Mis (1) à part même l'obligation de la Reconnoiffance, cela prouve
la Sanction de la Loi la plus générale de la Nature, puis que l'on peut prévoir,
que, d'une vie conftamment réglée fur ce que demande le Bien Public, il re-
viendra plus d'avantage, que fi l'on fuit les fuggeftions d'un Amour propre
fans bornes.

Je ne doute pas non plus, que les plus grands avantages que nous éprouvons dans la Société Civile, par un effet des fecours réciproques de ceux qui
la compofent, n'euffent pû être prévus de nos Prémiers Parens, par la feule
confidération de la Nature Humaine, fuppofé qu'ils euffent délibéré entr'eux,
fi en exhortant leurs Enfans à exercer la Piété envers DIEU, à avoir de l'a-
mour & du refpect pour leurs Pére & Mére, à fe vouloir du bien les uns aux
autres, comme Fréres; maximes qui contiennent l'abrégé de la *Religion*, du
Droit des Gens, & du *Droit Civil*; les Familles étant la prémiére ébauche d'un
Etat: fi, dis-je, en donnant de tels Préceptes à leurs Enfans, ils travailleroient
plus efficacement à leur bien, qu'en les élevant dans les myftères de l'Athéïfme, en leur recommandant de s'attribuer chacun un droit à toutes chofes, &
en vertu de cette prétenfion, de courir inceffamment les uns fur les autres,
pour fe piller ou s'égorger. Or, dès-là que les fuites bonnes ou mauvaifes
des Actions Humaines peuvent être prévuës par la confidération de la Nature,
& que DIEU les montre ainfi d'avance aux Hommes qui délibérent fur la maniére dont ils doivent agir, pour les porter aux unes & les détourner des
autres; il n'en faut pas davantage pour faire regarder ces fuites comme
aiant la qualité parfaite de Récompenfes & de Peines propofées par la *Sanction*
d'une Loi.

§ XXII. CES réflexions me paroiffent d'autant plus inconteftables, qu'elles établiffent une méthode, qui reffemble fort à celle par où tous
les

§ XXI. (1) Tout ceci, jufqu'à *l'a linea* fuivant, eft une addition manufcrite de l'Auteur.
Mais il avoit mal indiqué l'endroit où elle devoit être, puifqu'il la plaçoit entre les mots,
que nous n'en avons reçû; & Car nous perdons
feulement &c. De forte que la raifon qu'il
rend de ce qu'il vient de dire, fe trouveroit
renvoiée à la fuite d'un nouveau raifonnement

les Animaux font naturellement inftruits de la maniére dont ils doivent conferver le bon état & la force de tous les Membres de leur Corps. La Nature
leur dicte, qu'ils doivent prendre pour cet effet des Alimens, & refpirer
l'Air: ce qui pour l'ordinaire entretient par lui-même la jufte température du
Sang, qui circule par tout le Corps, quoi que des Maladies internes, ou des
accidens extérieurs, comme une Contufion, une Bleffure, une Fracture puiffent
quelquefois empêcher que les Membres ne reçoivent la force qu'on fe propofoit
de leur donner par l'ufage des Alimens. C'eft ainfi précifément que la Nature
nous enfeigne, que, de la pratique des Actions, qui contribuent par elles-mêmes au Bien Commun, on doit attendre qu'il réfultera pour l'ordinaire diverfes
Perfections de chaque Homme en particulier, comme Membre du Corps des
Etres Raifonnables; ces Perfections découlant de là aufli naturellement, que
la force de nos Mains vient du bon état de la maffe de nôtre Sang. J'avoue,
qu'il peut arriver bien des chofes qui foient caufe que le foin général de contribuer au Bien du Tout ne procure pas toûjours aux Particuliers une jouïffance pure du Bonheur qu'ils recherchent: de même que l'ufage de l'Air & des
Alimens, quelque néceffaires qu'ils foient à tout le Corps, ne met point à couvert de toute Maladie & de tout Accident. Une conduite fort irréguliére de
nos Concitoiens qui eft comme une maladie des Inteftins, ou bien une Guerre à laquelle on fe voit tout d'un coup expofé de la part d'Ennemis étrangers;
priveront quelquefois les Gens-de-bien de quelques-unes des Récompenfes duës
à leurs Bonnes Actions, & leur feront fouffrir des Maux extérieurs. Mais
on eft fouvent garanti de ces fortes de Maux par la concorde des Sujets & par
les forces du Gouvernement Civil, qui toujours viennent originairement du
foin d'avancer le Bien Commun: fouvent aufli, après avoir un peu fouffert,
on éloigne ces Maux ou par fes propres forces, ou avec le fecours du Magiftrat, qui font le même effet que les Crifes falutaires d'une Maladie: fouvent
enfin on en eft dédommagé par de plus grands Biens, tels que font les avantages qu'on retire des Vertus d'autrui, mais fur-tout ceux qui reviennent ordinairement de la conftitution même du Gouvernement Civil, & des Alliances faites
avec les autres Nations. D'où il arrive, que le Genre Humain ne s'éteint jamais,
& que la plûpart des Etats fubfiftent plus long tems que les Hommes & les
autres Animaux, dont la Vie eft la plus longue.

Si l'on fait bien attention à tout cela, on verra clairement, que ni les défirs
déréglez & habituels de quelques Hommes, ni les mouvemens des Paffions
auxquels tous les Hommes fe laiffent quelquefois entraîner, quoi que contraires les uns & les autres au Bien Commun, ne doivent pas plus nous empêcher
de reconnoître dans tout le Genre Humain, confidéré en gros, des panchans
plus forts à ce que nous voions qu'ils produifent & qu'ils caufent actuellement
tous les jours, je veux dire, la confervation du Tout, & l'avancement de
fa perfection; que les Maladies, qui arrivent quelquefois aux Membres du
Corps Animal, ne nous empêchent de reconnoître que toute la ftructure du

Corps

ment, avec lequel elle ne peut s'ajufter, & formeroit ainfi un galimatias. Au lieu que le nouveau raifonnement, mis après la preu- ve du précedent, fe lie avec le commence-ment de l'à linea qui fuit: *Je ne doute pas non plus* &c.

D

Corps Humain, & les fonctions naturelles de ses Membres, sont destinées & proportionnées à la conservation de nôtre Vie, à la propagation de l'Espéce, & à entretenir la vigueur de chaque Membre, pendant le tems auquel la durée ordinaire en est bornée. De là vient que non seulement on a de bonne heure établi des *Sociétez Civiles*, introduit l'usage des *Ambassades*, fait des *Alliances* avec les Etrangers; mais encore ceux qui viennent à violer les engagemens où ils étoient entrez envers une Nation, ont aussi tôt recours à la bonne foi d'autres Nations, avec qui ils font de nouveaux Traitez, de sorte qu'ils se condamnent ainsi eux-mêmes. Si une Religion est abolie dans un Etat, on y en substituë incessamment une autre, par laquelle on cherche à se rendre la Divinité favorable. Si le Gouvernement Civil se dissout quelque part, en conséquence d'une Sédition, ou d'une Guerre, il se forme aussi-tôt un nouveau Gouvernement, ou bien l'Etat, qui est alors détruit, sert à étendre les limites d'un autre, avec lequel il est incorporé. De toutes ces réflexions on a lieu d'inferer, que le Systême entier des Etres Raisonnables est autant, ou plûtôt mieux adapté à sa conservation prémiérement, & puis à celle de ses Membres, que le Systême de tous les Corps ne l'est à la sienne, par les vicissitudes qui font que la corruption de l'un est la génération de l'autre, & dans la génération des Animaux en particulier, par les organes dont chacun est pourvû, à la faveur desquels il peut se conserver lui-même quelque tems, & propager son espéce.

Confirmation de la méthode & des principes de cet Ouvrage par le consentement des Hommes.

§ XXIII. VOILA un abrégé de la méthode dont je me suis servi pour découvrir la *Sanction* des Loix Naturelles, dans laquelle j'ai consideré le Bonheur qui suit naturellement des Bonnes Actions, comme une Récompense que l'Auteur même de la Nature y a attachée; & la perte de ce Bonheur, comme une Peine jointe aussi naturellement aux Actions Mauvaises. Car tout Bien, & tout Mal, qui a quelque liaison avec les Actions Humaines, est nécessairement renfermé dans les Propositions Pratiques qui expriment véritablement les suites de ces Actions. Et DIEU doit être censé proposer lui-même de telles Maximes, que la nature de nos Actions, & de celle des autres Etres Raisonnables, imprime nécessairement dans nos Esprits, & cela avec une vraie prédiction des Effets qui suivront de ces Actions. Or les Biens & les Maux, que DIEU nous représente, par des Maximes qu'il nous dicte, comme attachez aux Actions

§ XXIII. (1) Comme les Philosophes Stoiciens, dont l'opinion est représentée dans ce vers d'un Poëte Latin:

Ipsa quidem Virtut sibimet pulcherrima merces,

SILIUS ITALIC. Punic. Lib. XIII vers. 663. Voicz les passages qu'ont recueillis là dessus JUSTE LIPSE, *Manuduct. ad Philosoph. Stoic.* Lib. II. Dissert. XX. THOMAS GATAKER, sur divers endroits des Reflexions de MARC ANTONIN, par exemple, *Lib.* IX. §. 42. CASPAR BARTHIUS, dans son Commentaire sur le 1. vers du Poëme de CLAUDIEN, *In Consulat. Flav. Mall. Theol.* Ipsa quidem Vir-

tus pretium sibi &c.

(2) Les *Péripatéticiens*, au moins pour ce qui regarde les Biens de cette Vie. Voyez encore ici JUSTE LIPSE, *Manud. ad Philos. Stoic.* Lib. II. Dissert. XXI. & STOBE'E, *Eclog. Ethic.* Tit. VI.

(3) "On peut objecter contre cette pensée "de nôtre Auteur, que les Actions qu'on "fait par un motif de *Reconnoissance*, ne sau- "roient être dites venir de l'*Amour de soi- "même*, ou du désir du Bien Particulier de "l'Agent; puis que, dans un acte de Re- "connoissance, l'intention de l'Agent n'est "pas d'obtenir pour lui-même quelque au- "tre avantage particulier. Or c'est unique- "ment

tions Humaines, pour nous avertir de pratiquer les unes, & de nous abstenir des autres ; renferment tout ce qu'il faut pour une déclaration de Récompenses & de Peines, en quoi consiste la *Sanction* de toute *Loi*.

En cela je suis d'accord, & avec ceux qui disent, que la (1) *Vertu* renferme
en elle-même le *Bonheur*, & *porte avec soi sa récompense* ; & avec ceux (2) qui
y joignent d'autres *Biens*, de l'*Ame* ou du *Corps*, que l'on doit attendre de
DIEU, de sa propre Conscience, de sa Famille ou de ses Amis, de l'Etat
dont on est Membre, ou des Nations Etrangéres, soit qu'on jouïsse de ces
Biens pendant cette Vie, ou qu'on espére raisonnablement d'en jouïr dans
une Vie future. Ce qui sert encore beaucoup à confirmer la bonté de ma méthode, c'est que, quelque différence de sentimens qu'il y ait entre les Hommes sur les idées de Morale, ils s'accordent tous à reconnoître, que les Bonnes Actions doivent nécessairement être honorées de quelque Récompense
convenable, & le sont actuellement ; les Mauvaises au contraire, condam-
nées, & réprimées par des Peines. Les Philosophes, d'ailleurs si divisez entr'eux, les Fondateurs de toutes les Religions, les Législateurs, sont tous d'accord sur cet article.

Bien plus : ceux qui veulent paroître ne tenir aucun compte des Récompenses, & qui posent la *Reconnoissance* pour fondement de toutes les Vertus,
sont néanmoins obligez de convenir, que ce qui produit la Reconnoissance,
c'est le souvenir des Bienfaits reçus. Or il y a autant d'*Amour de soi-même* (3)
à être porté à de Bonnes Actions par la vuë des Bienfaits déja reçus, qu'à s'y
déterminer dans l'espérance de semblables Bienfaits. Il semble même que,
dans le dernier cas, on témoigne des sentimens un peu plus généreux, parce
qu'un Bien, qui n'est qu'en espérance, a toujours quelque incertitude ; au lieu
qu'on jouït certainement de ceux pour lesquels on témoigne sa reconnoissance.
D'ailleurs, le souvenir des Bienfaits passez remplit l'Ame d'une certaine douceur, qui fait partie de la Félicité, & est par conséquent une espéce de Récompense, que nous reconnoissons volontiers être un bon motif pour nous porter
à bien faire. Après tout, il ne seroit pas possible, à mon avis, que les Hommes s'accordassent tant sur ce point, si la Nature qui leur est commune à tous,
ou la Raison naturelle, ne leur apprenoit aussi à tous, qu'il n'y a que la vuë
des Récompenses & des Peines, qui soit capable d'empêcher qu'on ne fasse
quelque

„ ment cette vuë d'un Bien particulier qu'on
„ espére, qui fait qu'une Action est appellée
„ *intéressée*. Mais ce n'est pas en quoi con-
„ siste la nature de la vraie *Reconnoissance* ;
„ quoi qu'il se trouve dans quelques préten-
„ dus services que l'on rend au Bienfaiteur,
„ L'erreur, où tombent plusieurs Ecrivains
„ sur cet article, vient de l'ambiguité des
„ prépositions, *Per, Propter, Ob*, ou de cel-
„ les qui y répondent dans nôtre Langue.
„ Car tantôt elles signifient, que l'on *agit
„ en vuë d'obtenir un avantage* ; & alors l'Ac-
„ tion vient de l'*Amour de nous-mêmes* : tan-
„ tôt elles emportent seulement, que le sou-

„ venir des Bienfaits excite dans le cœur de
„ celui qui les a reçûs, de l'amour pour le
„ Bienfaiteur, & un désir de lui plaire, sans
„ qu'il se propose de recevoir de lui aucun au-
„ tre avantage particulier ; & ici l'Amour de
„ soi-même n'entre pour rien. Nous voïons,
„ que l'on conçoit de semblables sentimens,
„ quoique peut-être un peu plus foibles, en-
„ vers ceux qui ont fait du bien à une tierce
„ personne. Voilà la difficulté. Nous don-
„ nerons la vraie & pleine réponse qu'on peut
„ y faire, dans une *Note* sur le *Chap.* V. § 45.
„ MAXWELL.
On trouvera là aussi cette Note traduite.

D 2

quelque chofe de contraire au Bien Commun de tous, qui eft leur derniére Fin; & que c'eft pour cela qu'il y a par-tout des Récompenfes & des Peines, deftinées à le mettre en fûreté.

Combien il eft utile, de réduire toutes les Loix Naturelles à une feule.

§ XXIV. Au reste, la méthode de réduire toutes les Maximes de la Loi Naturelle à une feule, me paroît utile, en ce qu'il eft plus court & plus facile de prouver cette Propofition que plufieurs, comme celles que les Philofophes avancent ordinairement: outre que par-là on foulage la mémoire, qui peut aifément nous rappeller à tout moment une penfée fimple & unique. Mais, ce qui eft beaucoup plus confidérable, la nature même du Bien Commun, à la recherche duquel cette Propofition nous engage, fournit au Jugement de toute perfonne fage une Régle ou une Mefure certaine, pour régler fes Défirs & fes Actions; en quoi confifte la *Vertu*. Aristote, (1) dans la définition qu'il donne de la *Vertu*, afligne bien cette tâche au *Jugement d'un Homme Prudent*; mais il ne nous indique aucune Régle, felon laquelle cet Homme Prudent doive juger. La Régle fe trouve dans ma Propofition, c'eft, comme je l'ai dit, la nature de la plus grande & la meilleure Fin, confidérée eû égard à toutes les Parties du Corps des Etres Raifonnables, ou de ce vafte Gouvernement, dont le *Chef* eft Dieu, & les *Membres*, tous les *Sujets* de Dieu. Par-là nous ferons dirigez à exercer envers Dieu des actes de *Piété*, qui foient parfaitement d'accord avec la Paix & le Commerce que les Nations doivent entretenir enfemble; avec la conftitution du Gouvernement Civil, & l'obéïffance qui lui eft duë; comme aufli avec le foin du Bonheur particulier de chacun. Nous apprendrons par-là encore à exercer des actes de l'*Humanité* la plus étenduë, exactement fubordonnez à la véritable *Piété*: & en général, à mettre dans chacune de nos Affections & de nos Actions la même proportion & entr'elles, & avec le total de nos forces, que le Bien qui revient de chacune d'elles nous paroît avoir avec la plus grande partie du Bien Commun que nous foyions capables de procurer dans tout le cours de nôtre Vie. Ainfi nous nous garderons bien d'être empreffez pour des chofes peu importantes, & négligens dans celles d'une grande conféquence; d'être mofs en ce qui concerne le Bien Public, & ardens à chercher nôtre intérêt particulier: mais la mefure de nos efforts fera le plus ou le moins de dignité des chofes auxquelles nous nous attacherons.

Enfin, c'eft de cette fource qu'on doit tirer l'*ordre* qu'il y a entre les *Loix Particuliéres de la Nature*, felon lequel celle qui tient le prémier (2) rang limite en quelque façon les autres d'un rang inférieur; comme l'a très-bien expliqué le Docte Sharrock, Jurifconfulte, dans fon Traité *Des Devoirs*, furtout au *Chapitre* X. où il dit entr'autres chofes: *Qu'il faut s'abftenir d'attenter fur ce qui appartient à autrui plûtôt que de vouloir accomplir une Promeffe: que l'obligation de garder la foi donnée l'emporte fur le devoir de la Reconnoiffance* &c. La raifon de ces maximes, & autres femblables, fe déduit de nôtre principe fonda-

---

§ XXIV. (1) C'eft dans la définition de la *Vertu Morale*, qu'il diftingue de l'Intellectuelle. Voici cette définition: Ἐϛὶ ἄρα ἡ Ἀρετὴ [ἠθικὴ] ἕξις προαιρετικὴ ἐν μεσότητι οὖσα τῇ πρὸς ἡμᾶς, ὡρισμένῃ λόγῳ, καὶ ὡς ἂν ὁ φρόνιμος ὁ-

rifeur. „ La *Vertu Morale* eft une habitude „ d'agir avec choix; laquelle confifte dans „ un certain Milieu par rapport à nous, dé- „ terminé par la Raifon, & par le jugement „ d'une perfonne prudente". *Ethk. Nicomach.* Lib.

damental. Car il eſt plus avantageux pour le Bien Commun, de ne pas violer, en prenant ce qui appartient à autrui, la principale des Loix Particuliéres de la Nature, qui veut qu'on maintienne le partage des Biens, qu'elle a ordonné de faire; que d'exécuter ce que l'on a promis, quand on ne peut tenir ſa parole ſans préjudice des droits de quelque Propriétaire. Il en eſt de même dans la comparaiſon des autres Loix, que j'ai détaillées, & rangées ſelon leur ordre, dans mon Ouvrage. Si l'on ſouhaitte quelque choſe de plus étendu ſur cet article, on n'a qu'à lire l'Auteur, que je viens de citer. Pour moi, il me ſuffit d'avoir montré en général, que la raiſon de l'ordre qu'il y a entre les Loix Naturelles, ſe tire manifeſtement de mon grand principe.

Peut-être néanmoins ſera-t-il bon d'ajoûter ici une réflexion, afin que perſonne ne trouve étrange ce que nous avons dit, qu'on ne ſauroit expliquer ſuffiſamment aucune ſorte de *Droit*, aucune *Vertu*, ſans avoir égard à l'état de tous les Etres Raiſonnables, ou de tout le *Monde Intellectuel*. Nous voions de même dans la *Phyſique*, qu'il n'eſt pas non plus poſſible, ſi l'on ne fait attention à tout le Syſtême du *Monde Corporel*, & à la néceſſité d'y entretenir le Mouvement, de bien expliquer les accidens des Corps qui frappent tous les jours nos Sens, comme la *Communication du Mouvement*, la *Peſanteur*, l'action de la *Lumiére* & de la *Chaleur*, la *Solidité* & la *Fluidité*, la *Raréfaction* & la *Condenſation* &c. Dans les *Méchaniques* auſſi, il eſt clair qu'on ne ſauroit découvrir exactement l'effet d'aucun Mouvement lié avec d'autres, & ſubordonné dans une ſuite continuée, ſi l'on ne calcule & ſi l'on ne compare enſemble tous ces Mouvemens, & dans l'ordre ſelon lequel ils dépendent les uns des autres.

De cet ordre des Loix Naturelles, en vertu duquel toutes les Loix Particuliéres ſont ſubordonnées à la Générale, & entre celles-là les Inférieures aux Supérieures, on peut encore inferer très-évidemment, que Dieu n'a jamais *diſpenſé* d'aucune, mais que, dans les cas où la Loi Inférieure ſemble ceſſer d'obliger, la (3) matiére eſt changée, en ſorte qu' n'y a lieu alors qu'à l'obſervation de la Loi Supérieure. Quand Dieu permet, par exemple, aux *Iſraëlites*, de s'emparer du Païs des *Cananéens*, qui avoient offenſé ſa Majeſté Souveraine, il n'y a point de diſpenſe de Loi qui établit la diſtinction des Domaines, & qui défend d'envahir les ſſeſſions d'autrui. Car cette même Loi emporte, qu'il eſt néceſſaire pour e Bien Commun, qu'on attribuë à Dieu un *Domaine éminent* ſur tous & toutes choſes; en vertu duquel il peut, toutes les fois qu'il le juge à proj s pour cette Fin Suprême, ôter à quelle Créature que ce ſoit le droit qu' a ſur ſa propre Vie & ſur ſes Biens, pour le tranſporter à un autre. Il faut eulement qu'il donne alors à connoître ſa volonté par des ſignes ſuffiſans; nous en voions de tels dans l'exemple allegué. Ainſi les *Iſraëlites* n'envahiſſ nt nullement le bien d'autrui, ils ne faiſoient que ſe mettre en poſſeſſion ce qui
leur

Lib. II. Cap. 6. *init.*

(2) Voïez Pufendorf, *Droit de la Nature & des Gens*, Liv. V. Chap. XII. § 23. & ce que j'ai dit ſur *Liv. II. Chap. III. § 15. Note* 5. de la 5. Edition.

(3) Conſultez ici Grotius, *Dr de la Guerre & de la Paix*, Liv. I. Chap. I § 10. *num.* 5. & Pufendorf, *Droit de la   & des Gens*, Liv. II. Chap. III. § 5.

leur appartenoit. De même, quoi que le Bien Commun demande qu'on ne
falſe aucun mal à des Innocens, ce n'eſt pas une Diſpenſe de cette Loi, ſi dans
des circonſtances où cette fin même le requiert, on ordonne à un Innocent de
s'expoſer à ſouffrir quelque mal, & la mort même; ſur-tout ſi Dieu déclare là-
deſſus ſa volonté aſſez clairement. Car alors on rend à Dieu, Roi & Maître
de l'Univers, l'honneur qui lui eſt dû; & on le fait de la manière la plus convenable, puis que c'eſt ſelon ſon jugement infaillible qu'on agit conformément
à la grande & dernière Fin des Etres Intelligens. Ainſi, en ce cas-là, le ſoin
de la conſervation d'une Perſonne n'eſt pas une partie ni une cauſe du Bien
Commun; on ſuppoſe au contraire que le mal qu'elle ſouffrira, ou auquel elle
s'expoſera, eſt un moien néceſſaire en vuë de cette fin.

Pour mieux comprendre cela, il faut remarquer, qu'il eſt bien vrai que *la
Cauſe qui conſerve, autant qu'elle peut, le Tout, conſerve auſſi, autant qu'elle peut,
chacune de ſes Parties:* mais la vérité de cette Propoſition ne change jamais,
encore qu'il arrive, dans quelque cas particulier, qu'une Main, par exemple,
qui eſt l'une, s'expoſant au danger pour la défenſe de la Tete, ſoit retranché
par l'effet d'une violence externe. Car, comme nous l'avons fait voir ci-deſſus,
l'obligation perpétuelle des Loix Naturelles eſt fondée ſur la vérité de quelque
Propoſition Pratique, qui dépend de cette Propoſition générale, & qui par conſéquent ne change non plus en aucun cas.

*Des Conſé-
quences qu'on
peut tirer de
nôtre Loi
Fondamen-
tale.*

§ XXV. Je ne dirai rien ici des *Conſéquences*, que j'ai déduites de ma Propoſition générale, à la fin de cet Ouvrage; parce que je ne vois pas comment
je pourrois les exprimer plus ſuccinctement ou plus clairement. Je me contente de remarquer que je n'ai pas indiqué toutes les Véritez utiles qui découlent naturellement de mes principes, & il ne me feroit pas même poſſible de
les marquer toutes en détail. Car ces principes renferment les Régles les plus
générales de l'*Equité*, applicables à une infinité de nouveaux cas qui arrivent
tous les jours: application qui peut ſe faire alors par les *Magiſtrats*, ou par
les *Particuliers*.

Les *Magiſtrats* verront par-là, quelles des *Loix Civiles* ſont juſtes, & par
conſéquent dignes d'être conſervées; quelles au contraire ont beſoin d'etre re-
dreſſées, ſelon les régles de l'*Equité*. Ils en tireront auſſi les lumiéres néceſſaires pour connoître la juſtice ou l'injuſtice des *conditions* ſous leſquelles on fait
des *Traitez Publics*, & des *Alliances*; auſſi bien que les *Cauſes*, juſtes ou injuſtes, des *Guerres* qu'on entreprend contre les Etrangers.

Les *Particuliers* apprendront de là, d'un côté, à obéïr toûjours & aux *Loix
Divines*, & aux *Loix Civiles*, qui en tirent leur Autorité; de l'autre, qu'en
matière des cas où les Loix Civiles leur laiſſent la liberté d'agir comme ils voudront, ils doivent toûjours diriger leur conduite à la plus excellente Fin, &
ne chercher leur Bonheur particulier par aucun Moien illicite.

Les uns & les autres comprendront, qu'ils ſont obligez de faire tous les jours
des progrès dans la Vertu, ſelon la même proportion que l'uſage rend leurs lumiéres & leurs forces plus capables de contribuer au Bien Public, & autant
que la Félicité Publique eſt ſuſceptible de quelque augmentation.

*Origine & fon-
dement des
Sociétez Civi-
les.*

§ XXVI. Pour ce qui eſt de l'origine des *Sociétez Civiles*, je l'ai tirée de
deux Loix Naturelles, qui doivent pour cet effet être conſiderées conjointement

ment. La prémiére eſt celle qui ordonne d'établir des *Domaines* diſtinĉts, ou des droits particuliers de *Propriété* & ſur les *Choſes*, & ſur le *Service des Perſonnes*, là où il ne s'en trouve point encore d'établis; & de maintenir inviolablement ceux qui le ſont déja; comme un moien des plus néceſſaires pour procurer le Bien Commun. L'autre eſt, celle qui preſcrit une Bienveillance particuliére des *Péres* & *Méres* envers leurs *Enfans:* car cette Bienveillance demandoit néceſſairement, que les Prémiers Péres de famille, après avoir, en vertu de la prémiére Loi, acquis un plein droit ſur certaines choſes & certaines Perſonnes, en fiſſent part à leurs Enfans venus en âge, en leur aſſignant un Patrimoine qui leur appartînt de même, & leur laiſſant un Pouvoir Paternel ſur leurs Deſcendans. De là il a pû aiſément arriver, que, le nombre des Familles venant à s'augmenter, quelques Péres partageaſſent leurs Biens & leurs Droits entre leurs Enfans, ou par une *Donation entre vifs*, ou par un *Teſtament* fait lors qu'ils ſe croioient ſur le point de mourir, & donnaſſent à chacun d'eux un Pouvoir abſolu ſur ſa Famille, ou bien à un ſeul ſur pluſieurs Familles; ce qui produiſoit pluſieurs petites *Monarchies*. (1) D'autres Péres de famille établirent peut-être en certains endroits une eſpéce d'*Ariſtocratie*, en d'autres, une eſpéce de *Démocratie*. Le tout ſans préjudice de l'obligation, qui ſubſiſtoit toûjours entre toutes ces différentes Souverainetez, de travailler à l'avancement du Bien Commun, & de pratiquer les Maximes qui ſuivent de là néceſſairement, ſur l'établiſſement ou le maintien des Domaines diſtinĉts; ſur l'abſtinence de ce qui appartient à autrui: ſur l'obſervation religieuſe de la *foi donnée;* ſur les Devoirs de la *Reconnoiſſance;* ſur le ſoin de *ſe conſerver ſoi-même*, avec les reſtriĉtions réquiſes; ſur celui qu'on doit prendre de ſa *lignée;* ſur les aĉtes d'*Humanité* qu'on doit exercer envers tous les Hommes: Préceptes, auxquels ſe réduit le *Droit des Gens*.

Ce n'eſt-là, je l'avoué, qu'un Syſtême poſſible de la génération des différentes Sociétez Civiles; lequel néanmoins eſt conforme à leur conſtitution légitime, & fournit toutes les propriétez générales, qui ſont communes à toutes ces ſortes de Corps. La véritable Philoſophie ſe contente de pareilles hypothéſes. Mais pour ce qui regarde la formation aĉtuelle des Sociétez Civiles, comme c'eſt une choſe de fait, qui dépend de la détermination d'Agens Libres, elle n'eſt pas de nature à être démontrée par la Raiſon. Les Preuves conſiſtent ici uniquement en *Témoignages;* & ces Témoignages ſe rendent de *vive voix*, par des gens qui certifient ce qui s'eſt paſſé de leur tems: mais, quand il s'agit de faits un peu anciens, il faut ou quelque *Tradition orale*, dont nous n'avons aucune digne de foi ſur le ſujet dont il s'agit; ou des *Ecrits*, compoſez tout exprès pour conſerver la mémoire des choſes paſſées, tels que ſont les *Monumens* & les *Hiſtoires*, que l'on garde dans les *Archives* d'un Etat.

Comme donc la prémiére origine de tous les Etats que nous connoiſſons, eſt certainement d'une ancienneté à ne pouvoir être prouvée par le témoignage de perſonnes vivantes qui les aient vûs naître; il ne reſte d'autre moien de ſavoir leur établiſſement & leur conſtitution, que par les Anciennes Loix, & les autres Monumens conſervez & approuvez publiquement dans chaque Etat.

Ou

§ XXVI. (1) Voiez ce que l'on dira ſur le Chapitre IX, ou dernier, § 6.

Ou fi l'on veut remonter plus haut, il faut avoir recours aux Hiftoires les plus anciennes, & les plus dignes de foi.

De toutes ces *Hiftoires* nous n'en trouvons aucune qui foit d'une antiquité & d'une certitude égale à celle de l'*Hiftoire de* Moïse, qui ne reconnoît, au def-fous de Dieu, d'autre Pouvoir fur les Chofes & fur les Perfonnes, plus ancien que celui des *Péres de famille*, fur leurs *Femmes* & leurs *Enfans*; & après eux de l'*Aîné* de (a) la Famille. On n'y voit nulle part, qu'*Adam* & *Eve* euffent un droit fur toutes chofes, en vertu duquel il leur fût permis, fuppofé que par erreur ils l'euffent jugé utile pour leur propre confervation, de faire la guerre à Dieu, ou de fe la faire l'un à l'autre, lors même qu'ils vivoient encore dans l'état d'Innocence; & en conféquence d'une telle prétenfion, de s'arracher l'un à l'autre ce dont ils avoient befoin pour la Nourriture, ou d'attenter fur la Vie l'un de l'autre. L'Hiftorien Sacré infinuë, au contraire, que tout ce qui étoit néceffaire pour le Bien Commun du *Roiaume de* Dieu encore naiffant, leur étoit dès-lors connu. Car *Moïfe* nous repréfente la diftinction des *Domai- nes* établie, d'un côté, en ce que Dieu exerce d'abord fon Empire Suprême par des Loix qu'il preferit aux Prémiers Parens du Genre Humain; de l'autre, en ce qu'il leur donne un droit fubordonné fur toutes les chofes de ce Monde, d'où naît le *Domaine Humain*. Nos Prémiers Parens n'auroient pû, fans contre-venir au but de cette Donation Divine, s'ôter l'un à l'autre les chofes nécef-faires à la Vie, moins encore la Vie même. Et bien loin qu'ils fe regardaffent & fe traitaffent en Ennemis, nous lifons qu'une Amitié réciproque fe forma entr'eux dès la prémiére vuë: Amitié, qui ne pouvoit être fans une Fidélité & une Reconnoiffance, par où l'Amour propre de chacun étoit reftreint. Après quoi fuivit inceffamment un défir réciproque de la propagation de l'Efpéce, d'où il provint un tendre foin de conferver les Enfans venus au monde. Or, pofé cette Amitié & cette liaifon particuliére entre *Adam* & *Eve*, comme Ma-ri & Femme, avec les fentimens, qui l'accompagnoient, d'une tendreffe parti-culiére pour les Enfans qui devoient naître de leur union; puis que, felon l'Hiftoire de Moïse, ils ne pouvoient penfer à d'autres Membres du Genre Hu-main, qu'à leurs Enfans, il eft clair, que cela renfermoit des fentimens natu-rels d'Humanité envers tous les Hommes, de la même maniére que le Plus contient le Moins. Ainfi nôtre maniére de philofopher ici, eft parfaitement d'accord avec la narration de l'Hiftoire Sainte.

Difputes Théo-logiques, mifes ici à quartier. § XXVII. Cependant j'ai jugé à propos dans tout cet Ouvrage, de n'al-ler jamais au delà des bornes de la Philofophie. Et c'eft pour cela que je me fuis abftenu de toucher en aucune maniére les *Queftions Théologiques*, touchant le droit que Dieu a, comme Maître Suprême, en ce qui concerne la *Prédef-tination*, ou la *Satisfaction de* Jesus-Christ. Je n'ai pas non plus voulu examiner, jufqu'où les Facultez des Hommes, tels qu'ils font aujourdhui, ont été affoiblies par le *Péché* d'Adam & d'Eve; de quoi il faut juger par ce qu'en dit l'Ecriture Sainte. Je me fuis uniquement attaché à prouver la Loi Natu-relle par les lumiéres de la Raifon, telles que nous les trouvons en nous au-jourdhui, & par ce que l'Expérience nous apprend. Je fuis néanmoins affûré, que

(a) Touchant ces droits de *Primogéniture*, tels que Moïse nous repréfente qu'ils étoient éta-

que DIEU ne peut jamais nous reveler rien, qui foit contradictoire aux Véritez que la Raifon nous enfeigne. Bien loin de là: ce qui me perfuade, que l'Ecriture Sainte vient de DIEU, ou de l'Auteur de la Nature, c'eft que les Loix Naturelles y font par-tout éclaircies, confirmées, & portées au plus haut point de perfection.

Cette réfolution de laiffer à part les Controverfes Théologiques, eft auffi caufe que je n'ai pas voulu difputer avec HOBBES fur le fens des *Paffages de l'Ecriture*, qu'il allégue. La chofe étoit d'ailleurs d'autant plus inutile, que je ne faurois me perfuader qu'il faffe fond férieufement fur l'Autorité de ce Saint Livre, puifqu'il la fait dépendre entiérement de la volonté de chaque Souverain: d'où il s'enfuit, comme il l'enfeigne lui-même, que cette Autorité varie au gré des Puiffances, de forte qu'en un lieu elle eft valable, en d'autres elle n'a aucune force.

§ XXVIII. JE n'ai prefque rien dit de *l'éternité des Loix Naturelles*. Cependant je l'ai en effet établie par-tout avec le dernier foin, dès-là que j'ai tâché de démontrer la vérité immuable des Propofitions, en quoi confiftent ces Loix, par la liaifon naturelle qu'il y a entre leurs termes. Car c'eft uniquement de la *vérité néceffaire* d'une Propofition, qu'on peut inferer fon *éternité*. On ne fauroit douter, que les Propofitions néceffairement vraies, en quel tems qu'on ait pû y penfer, ne fe foient toûjours trouvées telles: & il n'eft pas moins clair, que de toute éternité, l'*Entendement Divin* a connu la vérité de ces fortes de Propofitions. Perfonne même, que je fache, ne refufe une telle éternité aux Propofitions Mathématiques, fans en excepter celles qui ont été tout nouvellement découvertes parmi les Hommes.

La feule chofe donc, que je juge à propos de faire remarquer ici, c'eft que la *liaifon* qu'il y a entre les *Actions Humaines*, quoi que *Libres* par elles-mêmes, & les *Effets* qui en réfultent, lors qu'elles font actuellement produites, n'eft pas moins *néceffaire*, que celle qu'il y a entre l'Action ou le Mouvement des fimples Corps; & les Effets qu'on démontre en provenir. Qu'un Homme, qui peut tirer ou ne pas tirer trois Lignes Droites, fe foit une fois déterminé à les tracer felon la régle du *prémier Livre* des *Elémens* d'EUCLIDE; elles ne feront pas moins alors un *Triangle*, que fi elles avoient été ainfi tracées & placées par quelque Caufe entiérement Néceffaire. De même, quoi que ce foit très-librement que l'on aime DIEU, & tous les *Hommes*, du moment que quelcun agit par un principe de cet amour, il devient par-là néceffairement très heureux, autant qu'il eft en fon pouvoir de fe rendre tel, felon que nous l'avons expliqué au long. Il eft certain auffi que l'établiffement d'un Partage des Biens & du fervice des Perfonnes; le maintien de cette Propriété une fois établie, par l'Innocence, la Fidélité, la Reconnoiffance, l'Amour bien réglé de nous-mêmes & de nos Enfans; & une Humanité exercée généralement envers tous les Hommes; font autant de Parties de cet Amour univerfel, & contribuent ainfi chacune à propor-

Quelle eft l'éternité des Loix Naturelles.

établis du tems des Patriarches, on peut voir le Commentaire de Mr. LE CLERC fur la GENESE, *Cap.* XXV. verf. 31.

portion au Bien de tous en général, & de chacun en particulier: tout de même même qu'il eſt clair, que les *Quarts de Cercle*, & les autres *Arcs* ou *Secteurs* moindres, ſont des *Parties* du *Cercle*. L'éternité de ces deux ſortes de Propo- ſitions, eſt donc égale.

§ XXIX. Voila ce que j'ai cru devoir dire dans cette Préface, ſur le ſujet même de mon Ouvrage. J'ajoûterai ſeulement, en peu de mots, quelques avis, ſur ma manière d'écrire, & de traiter les matières. Il y a bien des cho- ſes dans mon Style, qui ont beſoin de l'indulgence des Lecteurs, & qui la de- mandent. J'ai eû beaucoup d'attention aux choſes mêmes, mais peu de ſoin des expreſſions. L'Ouvrage a été compoſé à la hâte & par intervalles, ſelon que me le permettoit une ſanté ſouvent chancellante, & l'emploi fort pénible de (1) mon Miniſtère.

Pour ce qui eſt de la tractation des matières, je les ai ſouvent illuſtrées par des Comparaiſons tirées des *Mathématiques*, parce que ceux contre qui je diſpu- te, rejettent preſque toutes les autres Sciences. Il m'a ſemblé bon d'ailleurs de faire voir, que les *Mathématiques*, & une *Phyſique* fondée ſur les princi- pes de ces Sciences, ne détruiſent point les fondemens de la *Piété* & de la *Morale*, comme quelques-uns voudroient le perſuader, mais plûtôt ſervent à les confirmer; & qu'ainſi ces Phyſiciens, qui tâchent de renverſer par les régles de la *Méchanique* les Préceptes de *Morale*, peuvent être attaquez & vain- cus par leurs propres armes.

J'ai évité tout exprès d'emploier aucune Hypothéſe de Phyſique ſur le Syſtè- me du Monde; par cette raiſon principale, entre pluſieurs autres, que, ſans préjudice du but que je me ſuis propoſé, les Lecteurs peuvent choiſir telle Hy- pothèſe qu'ils voudront, pourvû que ce ſoit une de celles qui, de l'ordre qu'il y a entre les Cauſes des Phénoménes naturels, nous ménent à une Prémière Cauſe. Cependant, ſauf le droit d'autres nouvelles Hypothéſes que l'on peut inventer & qu'on doit même chercher, ſelon les Loix de la Méchanique, ſi les Phénoménes le requiérent; j'ai ſuppoſé quelquefois celle de l'ingénieux Descartes, qui nous conduit par un chemin très-court au *Prémier Moteur*, & que la plûpart de nos Adverſaires admettent.

Je prie encore le Lecteur de ne pas critiquer rigoureuſement cet Ouvra- ge, avant que de l'avoir lû tout entier, & d'en avoir bien comparé enſemble toutes les parties. Car il eſt certain, que, ſi cette production de mon Eſprit a quelque ſolidité, ou quelque beauté, elles réſultent de la forte liaiſon de tou- tes ſes parties, & de la juſte proportion que chacune a, eû égard à ce que demande la Fin particulière de chacun, & en même tems la Fin commune de tous. On n'y verra nulle part ni fleurs de Rhétorique, ni brillans, ni jeux, ni autres traits d'un Eſprit leger. Tout y reſpire l'étude de la Philoſophie Na- turelle, la gravité des Mœurs la ſimplicité & la ſévérité des Sciences ſolides.

C'eſt

C'eſt comme un Enfant, qui a, en venant au monde, toute la maturité d'un Vieillard.

§ XXX. Enfin, mon principal but a été, de rendre ſervice au Public, en proposant avec clarté les Régles générales de la Vertu & de la Société Humaine, & faiſant voir de quelle maniére la Nature même de toutes les Choſes imprime ces Régles dans nos Eſprits. Car je n'ai pas jugé à propos d'emploier tout mon Livre, ou la plus grande partie à examiner les erreurs d'Hobbes; quoi que j'aie pris à tâche de réfuter avec ſoin celles, qui ont gâté tant de gens. Pour cet effet, il m'a paru ſuffiſant, de renverſer de fond en comble les fondemens de ſa doctrine, tels qu'il les propoſe dans ſon Traité Du Citoïen, & dans ſon Léviathan, & de montrer avec la derniére évidence, qu'ils ſont diamétralement oppoſez non ſeulement à la Religion, mais encore à toute Société Civile. ⟨Conclusion.⟩

Cela étant une fois exécuté, tous les Dogmes pernicieux, qu'Hobbes a bâti ſur de tels principes, tombent d'eux-mêmes. C'eſt au Lecteur à juger, comment je m'en ſuis aquitté. Je ne me mets pas beaucoup en peine du jugement, que l'on portera de cette Réfutation: le Lecteur peut exercer là-deſſus ſa critique la plus rigoureuſe; je ne demande point de grace. Mais pour ce qui regarde les preuves de mon propre ſentiment, comme je ſuis perſuadé que je ne comprends pas diſtinctement tout ce que la Nature des Choſes peut fournir à nos Eſprits, qui ſoit propre en quelque maniére à établir les idées de la Vertu; & que je n'ai pas pu d'ailleurs rappeller à propos dans ma mémoire toutes les penſées diſtinctes que j'ai eû quelquefois ſur ce ſujet: il faut que je prie les Lecteurs, de ne pas s'en tenir à l'examen de ce que j'ai dit dans mon Ouvrage, mais d'approfondir eux-mêmes, autant qu'ils pourront, la Nature de Dieu, & celle des Hommes, & de conſulter leur propre Cœur: cela leur fera remarquer tous les jours une infinité de choſes, qui les conduiront de plus en plus au même but par les ſentiers de la Vertu.

Je dois ajoûter encore, que, ſi je ne ſuis pas du ſentiment de quelques Perſonnes très-doctes, ſur les Cauſes qui produiſent dans nos Eſprits les idées des Loix Naturelles, il eſt juſte néanmoins que nous nous aimions les uns les autres, & qu'ainſi nous pratiquions une Loi, que nous reconnoiſſons les uns & les autres, écrite dans nos Cœurs de la main de Dieu. Pour moi, je n'aurois jamais mis par écrit, & moins encore publié mes penſées ſur ce ſujet, ſi je n'y avois été forcé par les ſollicitations de quelques-uns de mes Amis de Cambridge, avec qui je m'entretiens volontiers de telles matiéres dans de fréquentes converſations. Ceux qui les prémiers, & plus que tous autres, m'y ont fait reſoudre, ſont Mrs. (1) Ezechias Burton, & Jean Hollings, deux excellens Amis, d'une probité & d'une érudition peu commune, avec leſquels j'ai cultivé, depuis vingt ans, une amitié auſſi agréable & auſſi utile, qu'intime.

ſa Maiſon, *quia in tua quaſi naſcitur domo.* Voïez la *Vie*, écrite par Mr. Payne, que j'ai traduite, & miſe à la tête de ma Traduction.

§ XXX. (1) Il eſt parlé de ces deux intimes Amis de nôtre Auteur dans ſa *Vie*, que l'on peut maintenant lire en François.

me. J'ai tant de déférence pour leur jugement, & tant d'obligation à leur amitié, que j'ai cru qu'il ne m'étoit pas permis de réfifter plus long tems à leurs inftances. Je finis, AMI LECTEUR, en vous fuppliant d'ufer pour le bien des autres, & de jouïr pour le vôtre, des Effais, que je vous offre.

TRAITÉ
PHILOSOPHIQUE
DES
LOIX NATURELLES.

Où l'on réfute en même tems les Elémens de la Morale & de la
Politique d'Hobbes.

✻✻✻✻✻✻✻✻✻✻✻✻✻✻✻✻✻✻✻✻✻✻✻✻✻✻✻✻

CHAPITRE I.

De la Nature des Choses en général.

§ I—X. *Etat de la question. Toutes les* Loix Naturelles *réduites à celle-ci*,
Qu'on doit avoir de la Bienveillance envers tous les Etres Raisonnables.
*Idée générale de la Sanction de cette Loi, déduite des Effets que l'Auteur de la
Nature a attachez à son observation. Comparaison de la méthode, dont nous nous ser-
vons, pour établir les Maximes de la Raison au sujet de cette Bienveillance Universelle, & des Actions qui en font partie, avec des Propositions de Mathématique Universelle, qui contiennent le résultat d'un Calcul Mathématique. Que c'est
de la même manière qu'on connoît la vérité de ces deux sortes de Propositions, &
qu'elles sont les unes & les autres imprimées dans nos Esprits par la Cause Prémière de tous les Effets nécessaires. XI. XII. Que les principes d'*Hobbes *sont
contraires à ces Veritez, & qu'il se contredit lui-même, en sorte qu'il se jette dans
l'Athéïsme, & qu'il ne reconnoît aucunes Loix Divines, proprement ainsi nommées, qui puissent être ou découvertes par la considération de la Nature des choses,
ou apprises par la Révélation de l'Ecriture Sainte. XIII—XV. Phénomènes communément reconnus par-tout, qui découvrent clairement la vérité de nôtre Proposition générale: XVI. Et en conséquence desquels *Hobbes *doit tomber d'accord de
cette vérité, s'il s'accorde avec lui-même. XVII—XIX Qu'une recherche Philosophique des Causes Naturelles qui produisent certains Effets, ou qui les entretiennent, par une vertu propre, nous fournit des Idées distinctes des Biens, qui sont
utiles, non à un seul Etre, mais à plusieurs; & des Maux, au contraire, qui
sont nuisibles à plusieurs. XX. Que, selon les principes mêmes de la Philosophie
d'*Hobbes, *tous les Mouvemens des Corps ont la vertu de produire de tels Biens, &
de tels Maux. XXI—XXIII. Que la connoissance des Créatures, entant qu'elles*

E 3

font toutes d'une condition bornée, *nous méne à reconnoître la nécessité de borner l'usage de toute sorte de Chofes, & de tout Service des Hommes, à certaines Perfonnes, & à certains tems: D'où l'on tire, en paffant, l'origine des droits de Domaine ou de Propriété. XXIV. XXV. Principaux chefs des Loix Naturelles; leur ordre, & la manière dont ils peuvent être tous déduits de la prémiére & fondamentale Loi. XXVI. Que c'eft par un effet de la Volonté de la Caufe Prémiére, qu'il y a des Récompenfes & des Peines attachées à la pratique ou à la violation de ces Loix, en conféquence de la Conftitution & du Gouvernement de l'Univers. Qu'Hobbes tantôt reconnoît cela, & tantôt le nie, pour établir un prétendu droit de tous à toutes chofes, qui eft le fondement de fa Politique, & de fa Morale. XXVII—XXXV. Ample réfutation de ce principe.*

Définition des Loix Naturelles: & plan de tout l'Ouvrage.

§. I. **Q**UOIQUE les SCEPTIQUES & les ÉPICURIENS, Anciens & Modernes, nient l'exiftence des LOIX NATURELLES, ils conviennent pourtant avec nous de ce que fignifient ces termes. Car nous entendons par là les uns & les autres, certaines Propofitions d'une vérité immuable, qui fervent à diriger les Actes Volontaires de nôtre Ame dans la recherche des Biens, ou dans la fuite des Maux, & qui nous impofent l'Obligation de régler nos Actions exter-

§ I. (1) C'eft bien ainfi qu'il faut pofer l'état de la queftion: mais ce n'eft pas tout-à-fait de cette manière que le pofent tous ceux qui ont combattu l'exiftence des *Loix Naturelles.* Il me femble, au contraire, que la plûpart renferment dans l'idée des *Loix Naturelles,* deux caractéres effentiels, qu'ils prétendent qu'on devroit y trouver, s'il y en avoit de telles. L'un eft, que tous les Hommes fans exception les connoiffent actuellement, & cela par un pur effet de la Nature, fans aucune Inftruction ni aucune méditation. L'autre, qu'ils foient auffi tous actuellement & infailliblement portez à les pratiquer, par un inftinct femblable à celui des Bêtes, qui les porte, par exemple, à avoir foin de leur lignée. Le prémier caractére fuppofe des *Idées innées,* que nôtre Auteur a ci-deffus rejettées, dans fon *Difcours Préliminaire,* § 5. L'autre fuppofe de plus, dans les Hommes, une efpéce de mouvement machinal & invariable, qui eft incompatible avec l'idée d'une Loi, accompagnée de *Peines* & de *Récompenfes,* & par conféquent propofée à des *Êtres Libres.* Que les Adverfaires, Anciens ou Modernes, raifonnent, du moins implicitement, fur ces deux fuppofitions, cela paroit par leur grand argument, qui fe réduit à faire un étalage pompeux de la diverfité d'Opinions & de Pratiques qu'on remarque entre les Hommes, au fujet de l'*Honnête* ou du *Déshonnête,* du *Jufte* ou de l'*Injufte.* On peut voir, par exemple,

SEXTUS EMPIRICUS, *Pyrrhon. Hypotypof.* Lib. III Cap. XXIV. & les Fragmens d'un Ancien Philofophe Grec, qui fe trouvent dans la Collection de THOMAS GALE, Intitulée, *Opufcula Mythologica, Phyfica, & Ethica,* pag. 704, & feqq. Edit. Amft. 1688. Le prémier dit en plufieurs endroits, que, s'il y avoit quelque chofe de Bon ou de Mauvais en foi, de Jufte ou d'Injufte, il n'y auroit pas des Difputes là-deffus entre les Philofophes mêmes; & l'un ne trouveroit pas Bon, ce que l'autre trouve Mauvais &c. Voiez, par exemple, le Chapitre, que je viens d'indiquer, § 196. Edit. Fabric. & le Chap. XXI. du même Livre, § 175. Parmi les Modernes, voici ce que dit MONTAGNE: ,, Ils font plaifans, quand pour ,, donner quelque certitude aux Loix, ils di- ,, fent qu'il y en a aucunes fermes, perpé- ,, tuelles & immuables, qu'ils nomment na- ,, turelles, qui font empreintes en l'humain ,, genre par la condition de leur propre effen- ,, ce: & de celles-là qui en fait le nombre de ,, trois, qui de quatre, qui plus, qui moins: ,, figne, que c'eft une marque auffi douteu- ,, fe que le refte. Or ils font fi défortunée ,, (car comment puis-je nommer cela, finon ,, défortune, que d'un nombre de Loix fi in- ,, finy, il ne s'en rencontre au moins une que ,, la fortune & temerité du fort fait permis ,, eftre univerfellement receuë par le confen- ,, tement de toutes les Nations?) Ils font, ,, dis-je, fi miférables, que de ces trois ou ,, qui-

ternes d'une certaine maniére, indépendamment de toute *Loi Civile*, & mis à part
les *Conventions*, par lesquelles le *Gouvernement* est établi. Qu'il y ait quelques Véritez de ce genre, (1) qui font néceffairement fuggerées à nos Esprits par la
confidération de la *Nature des Chofes* en général, & de la *Nature Humaine*
en particulier, comprifes enfuite de nôtre *Entendement*, & rappellées dans
nôtre *Mémoire*, tant que nos Facultez font en bon état, & qu'ainfi ces Véritez exiftent-là réellement; c'eft ce que nous foûtenons, & que nos Adverfaires nient d'un ton auffi ferme.

Pour mieux connoître l'effence & la forme de ces fortes de Propofitions, il
faut d'abord examiner ici la *Nature* des *Chofes* en général, puis celle des *Hommes*,
& enfin celle du *Bien*, autant que tout cela a du rapport à notre Queftion. Après
quoi nous ferons voir, quelles font les Propofitions qui dirigent la *Conduite des
Hommes*, & qui ont naturellement force de *Loix*, ou emportent par elles-mêmes
l'*Obligation* d'agir d'une certaine maniére, entant qu'elles nous montrent ce que
l'on doit faire néceffairement, pour parvenir à une *Fin*, que l'on recherche auffi
néceffairement. D'où il fera aifé d'inferer l'*exiftence* de ces *Loix*, qui paroîtra
clairement par l'exiftence & l'influence des *Caufes* qui les produifent.

§ II. PERSONNE ne doit trouver étrange, que, felon mon plan, je traite
ici en général de la NATURE DES CHOSES, qui forment l'affemblage de
l'*Univers*. (1) Car il n'y a pas moien fans cela de bien comprendre toute l'étendue

Combien il eft néceffaire d'examiner d'abord la Nature des Chofes en général.

" quatre Loix chofies, il n'en y a une feule,
" qui ne foit contredite & defadvouée, non
" par une Nation, mais par plufieurs. Or
" c'eft la feule enfeigne vray-femblable, par
" laquelle ils puiffentargumenter aucunes Loix
" Naturelles, que l'univerfité de l'approba-
" tion: car ce que nature nous auroit vérita-
" blement ordonné, nous l'enfuyvrions fans
" doute d'un commun confentement: & non
" feulement toute Nation, mais tout homme
" particulier, reffentiroit la force & la vio-
" lence, que luy feroit celuy, qui le voudroit
" pouffer au contraire de cette Loy. Qu'ils
" m'en montrent pour voir, une de cette condition". *Effais*, Liv. II. Chap. XII. Tom.
II. pag. 542, 543. Ed. de la Haie 1727. On
peut voir ce que j'ai dit là-deffus dans ma Préface fur PUFENDORF, *Droit de la Nature &
des Gens*, § 3, & 4.

§ II. (1) Les *Stoiciens* ont reconnu la néceffité de cette méthode. Voici comment CI-
CE'RON exprime leurs idées, après avoir parlé de l'ufage de la *Logique*: PHYSICÆ quoque non fine caufâ tributus idem eft honos: propterea quòd, qui convenienter naturæ victurus fit,
ei & proficifcendum eft ab omni mundo, & ab ejus
procuratione, nec vero poteft quifquam de bonis
& malis verè judicare, nifi omni cognitâ ratione
naturæ, & vitæ etiam Deorum, & utrum con-
veniat, necne, natura hominis cum univerfâ.
Quæque fint vetera præcepta Sapientium, qui ju-
bent tempori parere, & fequi Deum, & fe

nofcere, & nihil nimis; hæc fine phyficis quam
vim habeant (& habent maximam) videre nemo poteft. Atque etiam ad Juftitiam colendam,
ad tuendas Amicitias & reliquas caritates, quid
natura valeat, hæc una cognitio poteft tradere.
Nec vero Pietas adverfus Deos, nec quanta fit
gratia debeatur, fine explicatione naturæ intelligi poteft. " Ce n'eft pas fans raifon qu'on a
" fait le même honneur à la *Phyfique*: car ce-
" lui qui veut vivre conformément à la Natu-
" re, doit commencer par l'étude du Monde
" entier, & de fon Gouvernement. D'ail-
" leurs, perfonne ne peut juger fainement des
" Biens & des Maux, à moins qu'il ne connoiffe
" toute la conftitution de la Nature, comme
" auffi ce qui regarde la vie des Dieux; & qu'il ne
" fache fi la nature de l'Homme a quelque con-
" venance, ou non, avec celle de l'Univers. S'ac-
" commoder au tems; fe conformer à DIEU; fe con-
" noître foi-même; Ne faire rien de trop; voilà des
" anciens Préceptes des Sages, dont on ne fau-
" roit connoître toute la force, qui eft très-
" grande, fans les lumières de la Phyfique.
" C'eft auffi la feule Science qui peut nous
" enfeigner, de quel pouvoir eft la Nature
" pour le maintien de la Juftice, & pour l'en-
" tretien de l'Amitié & des autres liaifons de
" la Vie. La Piété même envers les Dieux,
" & la reconnoiffance qu'on leur doit, ne
" peuvent être connues comme il faut, fi la
" Nature n'eft comme dévoilée à nos yeux".
De Finibus Bon. & Malor. Lib. III. Cap. 21.
(ou

duë des *Facultez de l'Homme*, qui ont befoin d'un grand nombre de Chofes, & qui peuvent être excitées par toutes à exercer leurs opérations. Comment connoître ce qui *convient* le plus à nos *Efprits* ou à nos *Corps*, & ce qui leur eft le plus *nuifible*, fi l'on n'a auparavant confideré, autant (2) qu'il eft poffible, toutes les *Caufes*, prochaines & éloignées, de la prémiére *formation* & de la con*fervation* préfente de l'*Homme*, auffi bien que celles qui font capables de le conferver plus long tems, ou de le détruire? On ne fauroit même bien déterminer, quel eft le meilleur parti à prendre dans tel ou tel cas propofé, fans avoir prévû & comparé enfemble les *Effets*, tant éloignez que prochains, qui peuvent en réfulter, dans toute la variété des Circonftances dont il eft fufceptible.

Une confidération attentive des Caufes, dont les Hommes dépendent, & des Effets, que leurs propres Facultez, concourant en quelque maniere avec ces Caufes, font capables de produire; nous ménera néceffairement à penfer aux *autres Hommes*, en quelque lieu du Monde qu'ils fe trouvent répandus, & à nous regarder nous-mêmes comme une très-petite partie du Genre Humain. De là on s'élévera enfuite à contempler tout l'affemblage des *Parties de l'Univers*, & à reconnoître DIEU, comme en étant le prémier Auteur, & comme le Roi Suprême de tous les Etres. Cela étant une fois examiné, autant que nous en fommes capables, on pourra découvrir certaines Maximes génerales de la Raifon par lefquelles on déterminera, quelles Actions de l'Homme font les plus propres à avancer le *Bien Commun* de tous les Etres, fur-tout des Etres Raifonnables; Bien, qui renferme le *Bonheur particulier* de chacun. Or c'eft de telles Maximes, fi elles font vraies & d'une vérité néceffaire, que fe forme la *Loi Naturelle*, comme nous le ferons voir dans la fuite de cet Ouvrage.

§ III.

(ou 22. *Ed. Davis.*) J'avois efperé d'abord, que la Traduction de l'Abbé REGNIER pourroit m'épargner la peine de traduire ce paffage, qu'il me paroiffoit bon de citer ici. Qu'il me foit permis, pour me dédommager de l'néceffité où je me fuis vû de rejetter ce fecours, & en même tems pour donner un exemple remarquable, qui montre qu'on ne do t pas fe fier aveuglément à des Traducteurs renommez; d'indiquer ici quelques groffes fautes, que j'ai d'abord apperçuës, & qui étoient de mauvais augure pour tout le refte. C'eft au commencement du paffage, dans ces mots: EI & PROFICISCENDUM *eft ab omni* MUNDO, & *ab ejus* PROCURATIONE. Voici comment cela eft traduit: *Il faut qu'il fe fépare de tout le refte du monde, & qu'il renonce à toute forte d'adminiftration.* Le Traducteur ne pouvoit plus mal exprimer le fens des termes, & la penfée de l'Auteur. Car 1. *Proficifci ab aliquâ re*, eft une expreffion très-commune dans les bons Auteurs, fur-tout dans CICERON même, pour dire, *commencer par examiner ou traiter un fujet.* Et c'eft le feul fens qui convient ici, quand même celui de *fe féparer*, ne rendroit pas l'expreffion barbare. 2.

Nôtre Abbé entend par *proficifci ab omni mundo*, fe féparer *de tout le refte du monde*, c'eft-à-dire, des *Hommes*. Ainfi il attribuë au Maître de l'Eloquence Latine un pur Gallicifme. Et comment n'a-t'il pas pris garde, que les mots *emuls mierdur* fignifient ici non feulement la même chofe que *natura univerfa*, qu'on voit dans la période fuivante? 3. Cette bevuë l'a engagé à en faire une autre auffi lourde: car il explique *ejus procuratione*, où *ejus* fe rapporte manifeftement à *mundus*, comme fi cela fignifioit *toute forte d'adminiftration*, à laquelle, dit-il, celui qui veut vivre conformément à la nature, doit renoncer. Au lieu que, felon Ciceron, un tel Homme doit s'attacher d'abord à connoître le *Monde entier*, ou l'*Univers*, & fon *Gouvernement*, c'eft-à-dire la *Providence Divine*, que *Ciceron* exprime ailleurs par le même mot de *procuratio*. Voyez *De Nat. Deor.* Lib. I. Cap. 2. init. & Lib. II. Cap. 16. in fin. 4. L'abfurdité eft d'autant plus grande dans la maniére dont on traduit les derniéres paroles que ceux d'entre les anciens Philofophes, qui renonçoient à toute forte d'adminiftration, n'étoient pas les STOICIENS, dont Ciceron repréfente ici les dogmes, mais les Epicu-

§ III. MON deſſein ne demande pourtant pas que j'entre dans un détail Que toute complet de toutes les différentes ſortes de Choſes Naturelles. Graces au génie la *Philoſophie* & aux lumiéres de nôtre Siécle, la connoiſſance de la *Partie Intellectuelle du* *Morale* eſt fon- *Monde* a été beaucoup étendüe par des Démonſtrations plus claires de l'*Exiſten-* dée ſur des *ce de* DIEU, & de l'*Immortalité des Ames*, à meſure que la connoiſſance des Etres *Phénoménes* d'une nature inférieure s'accroiſſoit de jour en jour. Nous devons auſſi nous fé- *naturels.* liciter, & féliciter nôtre Poſtérité, de ce que l'on a enfin commencé d'expli- quer ce qui regarde la *Partie Corporelle* de l'Univers, par une meilleure *Phyſique*, fondée ſur des Principes de *Mathématique*. C'eſt certainement une grande en- trepriſe, de réduire tout ce Monde Viſible à des Principes très-ſimples, tels que ſont, la *Matiére* diverſement *figurée*, & le *Mouvement*, compoſé en diffé- rentes maniéres; &, après avoir recherché, par un Calcul Géométrique, les Propriétez de ces *Figures* & de ces *Mouvemens*, de tirer des Phénoménes bien obſervez, une Hiſtoire de toute la Nature des Corps, parfaitement d'accord avec les Loix du Mouvement, & les Régles des Figures. Mais ce n'eſt pas l'ouvrage, ni d'un ſeul Homme, ni d'un ſeul Siécle. Le déſir de l'avancer eſt bien digne de l'application infatigable avec laquelle les grands Génies, dont nôtre SOCIETE' ROIALE eſt compoſée, y travaillent de concert: il n'eſt pas moins digne de Sa Majeſté, (1) CHARLES II. Fondateur, Protecteur & Modéle de cette Illuſtre Société. Nous pouvons ſûrement nous repoſer du ſoin d'une affaire ſi importante, ſur des mains ſi habiles & ſi fidéles.

Il me ſuffit donc d'avertir les Lecteurs, à l'entrée de cet Ouvrage, que toute la *Philoſophie Morale*, & toute la Science des *Loix Naturelles*, ſe réduiſent ori- ginairement à des Obſervations Phyſiques, connuës par l'Expérience de tous les Hommes, ou à des Concluſions, que la vraie Phyſique reconnoît & établit.

Je

CURIENS. *Le Sage ne ſe méle point de l'adminiſ- tration des affaires publiques:* c'eſt une maxime connuë d'EPICURE: Οὐδὲ πολιτεύεσθαι [ἐ- πᾶσθι]. DIOGEN. LAERT. Lib. X. § 119. Ci- céron même attribuë ce ſentiment aux *Epicu- riens*, comme une ſuite de ce qu'ils faiſoient conſiſter le Souverain Bien dans la *Volupté*, dont le déſir demandoit une vie tranquille, & libre de ſoins pénibles: *Eoſdemque* [Philoſo- phos, qui dicuntur præter ceteros eſſe aucto- res & laudatores voluptatis] *præclare dicere ale- bat, Sapientes omnia ſuâ cauſâ facere, Rempu- blicam capeſſere hominem bene ſanum non opor- te: nihil eſſe præſtabilius otioſa vita &c.* Orat. pro P. Seſtio, Cap. 10. Les Stoïciens, au con- traire, ſoûtenoient, que le Sage, pour vivre conformément à la Nature, devoit être diſpo- ſé à entrer ſans répugnance dans l'adminiſ- tration des affaires de l'Etat: *Cùm autem ad tuendos conſervandeſque homines hominem natum eſſe videamus, conſentaneum huic naturæ, ut Sapiens velit gerere & adminiſtrare Rempubli- cam* &c. C'eſt encore Cicéron, qui le dit, & cela dans le Chapitre qui précéde immédiate- ment celui où ſe trouve le paſſage dont il s'a-

git. Croiroit-on que le Traducteur François eût oublié cela à ſi peu de diſtance? Ici mê- me il avoit mal exprimé le ſens. Car il dit: *Il eſt de l'ordre de la nature que le Sage par con- ſéquent ait l'adminiſtration de la République:* au lieu que l'Original porte, *qu'il veuille ſe charger d'une telle adminiſtration: Sapiens* VELIT *ge- rere* &c. Et la queſtion agitée entre les anciens Philoſophes n'étoit pas, ſi l'on devoit con- fier l'adminiſtration des affaires publiques aux Sages: mais, ſi les Sages, comme tels, de- voient s'en méler?

(2) „ Et cela ſuffit, pour découvrir l'Obli- „ gation que l'on eſt d'obéïr aux Loix Naturel- „ les, comme il paroîtra par la ſuite de ce „ Traité". MAXWELL.

§ III. (1) Ce Prince autoriſa la *Société*, qui prit de lui le nom de *Roïale*, par des Paten- tes, données en M. DC. LX. douze ans avant que vôtre Auteur publiât ſon Ouvrage. Voïez la *Bibliotéque Angloiſe* de Mr. DE LA CHA- PELLE, Tom. XI. *pag.* 31. & *ſuiv.* où il rapporte cet établiſſement dans l'Extrait de l'*Hiſtoire* de cette Société, écrite en Anglois par le Docteur THOMAS SPRAT.

F

Je prends ici la *Phyſique* dans un ſens fort étendu, qui renferme non ſeulement tous les *Phénoménes* des *Corps Naturels*, que nous connoiſſons par l'*Expérience*; mais encore la recherche de la Nature de nos *Ames*, par des Obſervations faites ſur leurs Opérations & leurs Perfections propres, d'où les Hommes peuvent enfin parvenir, en ſuivant l'Ordre des Cauſes Naturelles, à la connoiſſance d'un *Prémier Moteur*, & le reconnoître pour *Cauſe* de tous les *Effets Nécéſſaires*. C'eſt de la Nature, tant des *Créatures*, que du *Créateur*, que nous viennent toutes ces idées, & par conſéquent la *matiére* des *Loix Naturelles*, conſiderées comme autant de Véritez Pratiques. Mais la connoiſſance du *Créateur* eſt ce qui leur donne une pleine & entiére *autorité*. Eclairciſſons tout cela un peu au long.

Loi générale de la Nature, à laquelle toutes les autres ſe réduiſent.

§ IV. ENTRE une infinité d'idées, que la contemplation de l'Univers peut nous fournir, pour former la *matiére* des *Maximes Particuliéres* qui ſervent à régler les *Mœurs*; j'ai jugé à propos d'en choiſir ſeulement un petit nombre, & des plus générales, qui ſuffiſent pour expliquer en quelque maniére la deſcription des Loix Naturelles, que j'ai propoſée en gros au commencement de ce Chapitre, & qui ſont contenuës un peu plus clairement dans une ſeule Maxime, d'où naiſſent toutes les Loix Naturelles. Voici cette Maxime Fondamentale: *La plus grande* (1) *Bienveillance, que chaque Agent Raiſonnable témoigne envers tous, conſtituë l'état le plus heureux de tous en général & de chacun en particulier autant qu'il eſt en leur pouvoir de ſe le procurer; & elle eſt abſolument néceſſaire pour parvenir à l'état le plus heureux, auquel ils peuvent aſpirer. Par conſéquent le Bien Commun* (2) *de tous eſt la Souveraine Loi.*

Pour établir la vérité de cette Propoſition, il faut 1. En bien expliquer le ſens. 2. Faire voir, comment la *Nature* même des *Choſes* nous l'*enſeigne*. 3. Enfin, prouver qu'elle a *force de Loi*, & que tous les Préceptes particuliers de la Nature en découlent; ce qui, comme je l'eſpére, paroîtra évidemment par la ſuite de cet Ouvrage.

Le Lecteur doit donc ſavoir, que, par le mot de BIENVEILLANCE, je n'entens jamais ces ſentimens d'une volonté foible & languiſſante, qui n'effectuent rien de ce que l'on eſt dit *vouloir*, mais ſeulement ceux qui nous portent à exécuter, auſſi tôt que nous le pouvons & autant qu'il eſt en nôtre pouvoir, ce que nous voulons de tout nôtre cœur. Qu'il me ſoit permis néanmoins de renfermer auſſi ſous ce terme le ſentiment par lequel on eſt diſpoſé à vouloir des choſes agréables à ſes Supérieurs, & qui s'appelle en particulier *Piété*, envers DIEU; *Amour* de (3) la *Patrie*; & *Reſpect affectueux pour nos Pére & Mére.*

Je me ſuis ſervi du terme de *Bienveillance*, plutôt que de (4) celui d'*Amour*, parce que le ſens des termes, dont il eſt compoſé, donne à entendre un acte de nôtre *Volonté*, joint avec ſon objet le plus général, qui eſt le *Bien*; & que d'ailleurs il ne ſe prend jamais dans un mauvais ſens, comme fait quelquefois le mot d'*Amour*.

J'ai

---

§ IV. (1) Mr. MAXWELL renvoie ici à une de ſes Notes, que l'on verra ſur le § 8. avec les réflexions que j'y ai jointes.

(2) Comme, dans une Société Civile, le Salut du Peuple eſt la ſouveraine Loi, ſelon la maxime connuë: *Salus Populi, ſuprema lex eſto.*

(3) Nôtre Auteur met ici pour objets de la Piété (*Pietas*) la *Patrie*, & les *Parens*, auſſi bien que DIEU. Mais cela n'eſt bon qu'en

La

J'ai dit *la plus grande Bienveillance*, pour indiquer la *Cause entière & suffisante du plus grand Bonheur*. Nous ferons voir en son lieu, que les difficultez qu'on forme là-deſſus, peuvent être aiſément levées.

J'ajoûte, que cette *Bienveillance* s'exerce *envers tous*. Par où j'entens le Corps entier de tous les *Etres Raiſonnables*, conſiderez enſemble, par rapport à une ſeule *Fin*, que j'appelle l'*état le plus heureux*.

Ici je demande permiſſion de comprendre ſous le nom d'*Etres Raiſonnables*, DIEU, auſſi bien que les *Hommes*. J'en uſe ainſi après CICERON, qui, à mon a-vis, en fait d'expreſſions Latines, peut être pris ſûrement pour guide. Car, dans ſon I. Livre *Des Loix*, il parle de (5) la *Raiſon*, comme étant commune à *Dieu* & aux *Hommes*; & il dit, que la *Sageſſe*, que tout le monde attribuë à DIEU, n'eſt autre choſe qu'*une Raiſon dans toute ſa vigueur*.

J'ai dit enſuite, que la *Bienveillance*, dont il s'agit, *conſtituë l'état le plus heureux*, pour inſinuer, qu'elle eſt la *Cauſe interne du Bonheur préſent*, & la *Cauſe efficiente du Bonheur à venir*; & qu'elle eſt abſolument néceſſaire pour l'un & pour l'autre.

J'ai ajoûté, *autant qu'il eſt en leur pouvoir* [c'eſt-à-dire, des *Etres Raiſonnables*] pour donner à entendre, que ſouvent l'aſſiſtance des *Choſes Extérieures* n'eſt pas en nôtre pouvoir, quelque néceſſaires qu'elles ſoient pour le Bonheur de la *Vie Animale*: & qu'il ne faut attendre des *Loix* de la Nature & de la Philoſophie Morale, d'autres ſecours pour vivre heureux, que des *Préceptes* ſur nos *Actions*, & touchant les *Objets* de nos Actions, qui ſont en nôtre puiſſance. De ſorte que, bien qu'actuellement diverſes Perſonnes, ſelon les différens degrez des Facultez de leurs Ames & de leurs Corps, & la même Perſonne en diverſes circonſtances, contribuent plus ou moins au Bien Commun; la Loi Naturelle néanmoins eſt ſuffiſamment obſervée, & ſon but aſſez atteint, ſi chacun fait tout ce qu'il peut, ſelon l'exigence du cas préſent. Ceci ſera expliqué dans la ſuite plus au long.

§ V. VOIONS maintenant, comment les *idées* renfermées dans ces termes, entrent néceſſairement dans l'*Eſprit des Hommes*, & lors qu'elles s'y trouvent, y ont entr'elles une *liaiſon néceſſaire*, c'eſt-à-dire, rendent *vraie* la *Propoſition*, que nous montrerons plus bas être une *Propoſition Pratique*, & avoir même force de *Loi*.

Comment on vient à connoître les termes de cette Propoſition.

Il eſt très-connu, par l'Expérience de tous les Hommes, que les *Idées*, ou les Penſées qu'on appelle en Logique *Simples Perceptions*, (1) ſe forment dans l'Eſprit de l'Homme en deux manières. 1. Par la *préſence immédiate* de l'*Objet*, & par l'impreſſion qu'il fait ſur nôtre Eſprit. C'eſt ainſi qu'on s'apperçoit des *Opérations internes* de nôtre *Ame*, comme auſſi des mouvemens de nôtre *Imagination*, ou des Objets qu'elle nous préſente: & là-deſſus on juge enſuite par analogie, de ce qui ſe paſſe de ſemblable dans l'Ame des autres Etres Raiſonnables, ſavoir

Latin. Il a fallu, pour parler François, prendre un autre tour.

(4) C'eſt-à-dire, ordinairement. Car nôtre Auteur ſe ſert auſſi de cette expreſſion, *Amour univerſel*.

(5) Voïez la *Note* 1. ſur le § 10. du *Diſcours*

Préliminaire, où j'ai eû occaſion de rapporter tout du long le paſſage.

§ V. (1) On peut voir ſur ceci, l'*Eſſai Philoſophique* de Mr. LOCKE, *touchant l'Entendement Humain*, Liv. II.

voir, de DIEU, & des *Hommes*. 2. Par l'entremife des *Sens extérieurs*, des *Nerfs*, des *Membranes*: & de cette manière nous appercevons les autres *Hommes*, & le refte du *Monde Vifible*. Cela pofé, il eft clair, que les *termes* de ma *Propofition générale* viennent à être connus, en partie par une *fenfation interne*, & en partie par une *fenfation externe*. Mais c'eft en refléchiffant fur foi-même, que l'on comprend ce que c'eft que *Bienveillance*, quels en font les *degrez*, & par conféquent quelle eft *la plus grande Bienveillance* de chacun: il n'eft pas befoin d'autre fecours. Car telle eft la conftitution de l'Ame, qu'elle ne peut que fentir fes actes & fes mouvemens propres, qui font intimement unis avec elle. J'avouë néanmoins, que nous fommes redevables aux Sens externes, de la connoiffance que nous avons des Biens extérieurs, que la Bienveillance répand fur tous; de quoi nous traiterons ailleurs.

Nous connoiffons encore la nature de la *Raifon* par un fentiment intérieur; & nous favons ainfi par conféquent quels font les *Agens Raifonnables*, dont il eft fait mention dans le *fujet* de nôtre *Propofition générale*. Mais qu'il y ait actuellement d'autres Etres Raifonnables, que nous-mêmes, nous l'inférons de certains indices que les *Sens externes* nous en donnent.

Pour ce qui eft des *Caufes* qui *conftituent* chaque chofe, (2) ou *intérieurement*, ou par une *vertu efficiente*, nous venons d'ordinaire à les connoître par le miniftére des *Sens Extérieurs*, & par un *Raifonnement* fondé fur des *Phénoménes*.

A l'égard de la *nature interne de nôtre Ame*, & du pouvoir qu'elle a de déterminer efficacement les *Mouvemens Volontaires* de nôtre *Corps* à la recherche du *Bien* qui lui paroît tel; elle apperçoit tout cela, en partie par *refléxion* fur elle-même, en partie à la faveur des *Sens*, qui lui font remarquer les *Effets* produits en conféquence de l'Ordre de nôtre *Volonté*.

Enfin, nous apprenons ce que c'eft que l'*état des Hommes*, & leur *Bonheur*, de la même manière que nous avons infinué qu'on vient à connoître la *nature* des *Hommes*, & les *Biens*, dans la jouïffance defquels leur Bonheur confifte. Car l'*état des Chofes* n'ajoûte autre chofe à leur nature, que l'idée de quelque durée, ou d'une fituation permanente. Et un *état heureux* eft ainfi appellé, à caufe du concours d'un grand nombre de Biens, & de très-grands Biens, qui le rendent tel.

Et leur liaifon, ou la vérité de la Propofition.

§ VI. LA *liaifon* des *termes*, dans laquelle confifte la *vérité néceffaire* de nôtre Propofition, me paroît très-évidente. Car voici à quoi elle fe réduit. La *Bienveillance*, ou cet acte de nôtre Volonté, par lequel nous recherchons tous les Biens qui dépendent de nous, étant ce qu'il y a de plus efficace, pour procurer & à nous-mêmes, & aux autres Etres Raifonnables, la jouïffance de ces Biens; eft par-conféquent ce que les Hommes peuvent faire de plus confidérable; pour qu'eux-mêmes & les autres en jouïffent avec le plus de contentement. Ou, pour dire la chofe en d'autres termes, les Hommes n'ont pas de plus grand Pouvoir, pour fe procurer & pour procurer aux autres l'affemblage de tous les Biens

---

(2) C'eft-à-dire, celles en quoi confifte la nature même de la chofe: au lieu que les *Caufes Efficientes* font celles qui la produifent. § VI. (1) Qu'il me foit permis, ici & ailleurs, d'ufer de la liberté qu'on doit avoir dans des Traitez Philofophiques, d'emploier quelques termes ou qui ont vieilli, ou qui ont dans l'ufage ordinaire un fens un peu différe-

Biens, qu'une volonté conftante de chercher en même tems leur propre Bonheur, & celui des autres.

De là il paroît, prémiérement, que *le plus grand Pouvoir* qu'il y aît dans les
Hommes, de faire quoi que ce foit, confifte dans une *volonté déterminée à agir
de toutes fes forces.*

De plus, on voit clairement, que le *Bonheur* de chacun en particulier, de *So-
crate*, par exemple, de *Platon*, & de tout autre *Individu*, dont il s'agit dans
l'*attribut* de nôtre Propofition générale; ne fauroit être feparé & regardé comme diftinct du *Bonheur de tous*, dont la Caufe eft contenuë dans le *fujet* de cette
même Propofition.   Car le *Tout* ne différe point des *Parties* prifes enfemble.
Et nôtre Propofition touchant la *Bienveillance univerfelle* doit être regardée
comme tenant de la nature des Loix, en ce qu'elle indique, non ce qu'un ou
peu d'Etres Raifonnables font pour avancer leur propre Bonheur, indépendamment de celui des autres, mais ce que tous en général peuvent faire pour être
heureux, & ce que chacun en particulier, fans aucune difcordance entr'eux,
incompatible avec la Raifon, dont ils font tous participans, peut faire pour
procurer le Bonheur commun de tous, dans lequel eft renfermé le plus grand
Bonheur poffible de chacun, qui par-là eft avancé le plus efficacement.   Ce
que tous enfemble peuvent ou ne peuvent pas faire d'utile pour la Fin commune qu'ils fe propofent, fe déduifant des Attributs communs & effentiels de la
Nature Humaine, eft à caufe de cela connu plûtôt & plus diftinctement en
général, que ce qui eft poffible à un Particulier en certaines circonftances; car
ces circonftances font infinies, & ainfi perfonne ne peut les connoître toutes.
C'eft ainfi que, quand il y a plufieurs Armées en campagne, on fait mieux qu'elles ne peuvent être toutes victorieufes, qu'on ne fait quelle de ces Armées rem-
portera la Victoire.

Enfin, fi un ou quelque peu d'Individus, cherchent à fe rendre heureux en
agiffant contre le Bonheur de tous les autres Etres Raifonnables, ou fans en tenir
aucun compte; bien loin de pouvoir parvenir à leur but, ils négligent par-là
le foin de leur Bonheur préfent, & n'ont aucune efpérance raifonnable de fe
le procurer pour l'avenir.   En effet, dans la difpofition d'Efprit où ils font a-
lors, il leur manque une partie effentielle de leur *perfection*, je veux dire, cette paix intérieure, qui vient d'une Sageffe uniforme & toûjours d'accord avec
elle-même: car ils fe contredifent en ce qu'ils jugent qu'il leur eft permis d'a-
gir d'une maniére différente, felon qu'il eft queftion d'eux-mêmes, ou d'autres, qui font néanmoins de même nature, qu'eux.   Ils fe privent par-là encore de cette grande *joie* que le fentiment du Bonheur d'autrui produit dans un
Cœur plein de *Bienveillance*.   Pour ne rien dire de l'*Envie*, de l'*Orgueil*, & de
tous les autres *Vices*, qui affiégent en foule le (1) *Malveillant*, & le rendent in-
faillibement miférable, comme étant les Maladies de l'Ame les plus fâcheufes.
D'ailleurs perfonne ne fauroit raifonnablement efperer de pouvoir être heureux, en négligeant, & à plus forte raifon en irritant contre lui, les autres
Etres

fèrent de celui qu'on leur donne; tel que ce-   nôtre Auteur exprime par le mot de *Bienveil-*
lui-ci, *Malveillant*, auquel il faut attacher l'Idée   *lance.*
d'une difpofition toute oppofée à celle que

Etres Raisonnables, qui font autant de Caufes Externes de fon Bonheur, je veux dire, D I E U & les *Hommes*, de l'affiftance defquels dépend néceffairement l'attente de ce Bonheur. En un mot, il n'y a point d'autre voie, par laquelle chacun puiffe parvenir à fon propre Bonheur, que celle qui méne au Bonheur commun de tous.

Je ne fais qu'indiquer ici ces réflexions, que je pouflerai ailleurs. Ce que j'ai dit, eft fuffifant, pour montrer d'avance comme je me le fuis propofé, que la vérité de ma Propofition Fondamentale eft très-clairement fondée fur des Obfervations, que l'Expérience la plus commune fournit.

Que les Véritez Morales peuvent être connuës auffi certainement, que les Véritez Mathématiques, avant même qu'on les réduife en pratique.

§ VII. J E reconnois cependant, que cette *Propofition* ne fauroit avoir une *efficace actuelle* pour régler les Mœurs de qui que ce foit, jufqu'à ce qu'on fe propofe fincérement pour *Fin*, l'Effet, dont elle parle, favoir, *nôtre propre Bonheur*, joint avec le *Bonheur des autres*, & que l'on emploie, comme autant de *Moiens* néceffaires pour y parvenir, les diverfes *Actions*, que l'exercice de cette *Bienveillance* renferme. Mais cela n'empêche pas qu'on ne puiffe connoître, avant même que de s'être mis dans cette difpofition, la vérité néceffaire de ma Propofition générale, & de toutes celles qui s'en déduifent par de juftes conféquences; comme, les Propofitions particuliéres touchant les effets de la *Fidélité*, de la *Reconnoiffance*, de l'*Affection naturelle*, & d'autres Vertus qui contribuent à l'avancement de quelque partie de la Félicité Humaine. Car la vérité & de la Propofition générale, & de toutes celles qui en découlent, eft uniquement fondée fur l'efficace naturelle des actes de ces Vertus, confidérez comme autant de Caufes propres à produire de tels Effets; en faifant abftraction de l'exiftence des Actes mêmes, qui depend de *Caufes Libres*. Et pour regarder ces Propofitions comme véritables, il fuffit, qu'en quel tems que les Caufes

dont

---

§ VII. (1) On peut voir ce que j'ai dit dans ma longue *Préface* fur P U F E N D O R F, *Droit de la Nat. & des Gens*, § 2. où j'ai rapporté auffi un grand paffage de Mr. L O C K E, fur la certitude des Sciences Morales comparée à celle des *Mathématiques*, & fur la poffibilité de démontrer les Véritez des prémiéres, auffi évidemment qu'on démontre les Véritez des derniéres.

§ VIII. (1) ,, L'Auteur entend par B I E N-,, V E I L L A N C E I. *Le défir du Bien & Parti-,, culier, & Public*; comme il fait ici. En ce ,, fens, fa Propofition générale, contenuë dans ,, le § 4. fe réduit à celle-ci, & pas plus, c'eft, ,, Que, fi tous les Hommes mettoient en ufage ,, tous les moiens qui font en léur pouvoir, ,, pour procurer le plus grand Bonheur du Gen-,, re Humain, le Genre Humain jouïroit du plus ,, grand Bonheur auquel il lui eft poffible de ,, parvenir. Cette Propofition eft à la vérité ,, évidente par elle-même: mais il faut, pour ,, qu'elle foit concluante, un autre argument, ,, dont j'aurai occafion de parler dans une No-,, te fuivante. Car, de ce qu'une certaine ma-,, niére d'agir fuivie par quelque Individu que

,, ce foit contribuë le plus, tout bien comp-,, té, au total de la Félicité du Genre Hu-,, main, il ne s'enfuit point, qu'elle contri-,, buë le plus au Bonheur de cet Individu. ,, Moins encore peut-on dire, en raifonnant ,, jufte: Une telle maniére d'agir, fuivie par ,, quelque Individu que ce foit, contribuë le ,, plus, tout bien compté, au total de la Fé-,, licité du Genre Humain: Donc elle contri-,, buë le plus au Bonheur de tel ou tel Indi-,, vidu, foit que les autres concourent, ou ,, non. 2. Par le mot de *Bienveillance*, nôtre ,, Auteur femble quelquefois entendre feule-,, ment cet Inftinct naturel qui nous porte à ,, aimer les autres, & les Actions qui en pro-,, viennent. Mais, à mon avis, il ne faut pas ,, le prendre en ce fens-là dans cette Loi gé-,, nérale de la Nature. Car fi l'inftinct ou ,, les fentimens naturels de Bienveillance é-,, toient beaucoup plus grands, qu'ils ne le ,, font d'ordinaire, Je ne crois pas que le ,, Genre Humain fût auffi heureux, qu'il l'eft ,, préfentement; parce qu'on ne penferoit pas ,, affez à fon intérêt particulier, & que cela ,, rendroit pareffeux, & décourageroit l'In-

,, duf-

dont il s'agit exiſtent, les Effets en naiſſent infailliblement. C'eſt de quoi l'on tombe d'accord, dans la ſolution de toute ſorte de *Problêmes Mathématiques;* ſur quoi perſonne ne doute qu'il n'y aît des Démonſtrations inconteſtables. (1) Tout le monde ſait, que tirer des Lignes, & les comparer enſemble dans un Calcul Géométrique, ſont des Opérations produites par le Libre Arbitre des Hommes. C'eſt librement qu'on ſait une *Addition,* une *Souſtraction* &c. & c'eſt néanmoins néceſſairement que quiconque ſuit les Régles, trouve la vraie Somme, égale à toutes les Parties ajoûtées enſemble. Il faut dire la même choſe du *Reſtant,* dans la Souſtraction; du *Produit,* dans la *Multiplication;* du *Quotient,* dans la *Diviſion;* des *Racines,* dans l'*Extraction:* & en général de toutes les Queſtions, qu'il eſt poſſible de réſoudre par certaines (a) *Demandes;* car, en ſaiſant bien l'Opération, on trouve infailliblement ce que l'on cherchoit. Il y a une liaiſon néceſſaire entre l'Effet propoſé, & ſes Cauſes, que cette Science nous découvre. Voilà le modéle, ſur lequel on doit ſe régler dans toutes les autres *Sciences Pratiques;* & c'eſt ce que nous avons tâché de faire, dans l'explication des Principes de la *Morale,* en réduiſant à un terme général, ou à celui de *Bienveillance,* tous les Actes Volontaires, que la Philoſophie Morale dirige; en cherchant ſes différentes eſpéces; & en faiſant voir la liaiſon de tel ou tel Acte avec l'Effet déſiré.

(a) Date.

§ VIII. Il n'y a que les *Actes Volontaires,* qui puiſſent être dirigez par la Raiſon Humaine; & l'on ne conſidére, dans la *Morale,* que ceux qui s'exercent envers des *Etres Intelligens.* Or l'objet de la *Volonté,* de laquelle ces Actes proviennent, c'eſt le *Bien:* car le *Mal* eſt regardé comme une privation de quelque *Bien.* Ainſi on ne ſauroit former d'idée plus générale de ces ſortes d'Actes, que celle qu'emporte le mot de *Bienveillance* (1); puis qu'elle renferme le

Que la Bienveillance renferme tous les Actes Humains, qui font l'objet de la Morale.

déſir

,, duſtrie. Nous avons même aujourdhui quelques exemples des mauvais effets d'une Bienveillance exceſſive, ſur-tout dans le Séxe le plus foible. En vain diroit-on, que ces fâcheuſes ſuites ne ſeroient point à craindre, ſi les lumiéres de nos Eſprits croiſſoient à proportion de nôtre Bienveillance. Car Il eſt toûjours pénible & déſagréable de retenir un Inſtinct violent. De tout cela je conclus, que l'Auteur de la Nature, qui a tout fait pour nôtre plus grand avantage, nous a donné une meſure de Bienveillance la plus exactement conforme à nos Entendemens, & à la maniére dont nous dépendons les uns des autres. Il eſt vrai néanmoins, que, par un effet de l'*Habitude,* nous manquons plus pour l'ordinaire de Bienveillance, que de Lumiéres; & que les plus grands efforts qu'un Homme d'une pénétration d'Eſprit paſſable fera pour augmenter ſa Bienveillance, ne ſeront pas capables de la porter au delà des juſtes bornes. Si nôtre Auteur avoit employé Ici en ce ſens le terme de *Bienveillance,* Il auroit pû dire avec autant de raiſon, *Que la plus grande Intelligence, ou*

,, le plus haut degré de *Connoiſſance,* que chacun a, en matière de choſes qui regardent ſon avantage particulier, forme l'état le plus heureux; & qu'ainſi le *Bien Particulier eſt la Souveraine Loi.* Car en tout & par tout, ce qui eſt le plus avantageux à chacun en particulier, eſt le plus avantageux au Public; comme réciproquement ce qui eſt le plus avantageux au Public, l'eſt le plus à chaque Particulier. Au reſte, je ſuis bien aiſe d'avertir, que je n'ai pas deſſein, en faiſant cette Remarque, de renverſer le Syſtême de nôtre Auteur, mais ſeulement de le rendre plus intelligible, & d'empêcher que les Lecteurs ne tombent dans quelques mépriſes, où ils pourroient être jettez par la confuſion de ſa méthode, & par quelques contrariétez apparentes. Dans les autres Notes, qu'on verra enſuite, & où il ſemblera que je ne ſuis pas d'accord avec nôtre Auteur, je me propoſe, en partie de l'éclaircir, en partie de faire quelques petites Additions, qui, à mon avis, ſerviront à rendre ſon plan plus parfait. MAXWELL.

Cette *Note ſuivante,* à laquelle Mr. MAXWELL

défir de toute forte de Biéns, & par conféquent la fuite de toute forte de Maux.
De plus la vertu de cette *Bienveillance* s'étend & à tous les Actes libres de
nôtre *Entendement*, par lefquels nous confidérons & nous comparons entr'eux
les divers Biens, ou nous cherchons les Moiens de les obtenir ; & à ceux de
nos *Facultez Corporelles*, que nous déterminons, par un ordre de nôtre *Volonté*,
à fe mouvoir autant qu'il faut pour nous procurer ces Biens.   Or il eft généralement vrai que le mouvement d'un *Point* ne produit pas plus certainement une
Ligne, ou l'*Addition* de plufieurs *Nombres*, une *Somme* ; que la *Bienveillance* ne
produit, par rapport à la Perfonne à qui l'on veut du bien, un bon Effet,
proportionné au degré de l'affection de l'Agent, & à fon pouvoir, en tel ou
tel cas propofé. Il eft encore certain, que la pratique des Devoirs de la *Fidélité*,
de la *Reconnoiffance*, de l'*Affection Naturelle* &c. font des Parties de la *Bienveillance* la plus efficace envers tous, ou des maniéres de l'exercer accommodées
à certaines circonftances ; & qu'elles produifent très-certainement leur bon
effet : autant qu'il eft certain, que l'*Addition*, la *Souftraction*, la *Multiplication*,
& la *Divifion*, font des parties ou des maniéres de Calcul, & que la *Ligne
Droite*, le *Cercle*, la *Parabole*, & les autres *Courbes*, expriment divers Effets,
que la *Géométrie* produit par le mouvement d'un *Point*.

En fuivant donc la même méthode, par laquelle les *Théorêmes* généraux de
Mathématique, qui fervent à la conftruction des *Problêmes*, font mis à l'abri de
l'incertitude qu'il y a à prevoir des *Futurs Contingens*, parce que les Mathématiciens font abftraction de toute affirmation fur l'exiftence future de ces Conftructions, & fe contentent de démontrer leurs Propriétez & leurs Effets, qui s'en-
fuivront, fi jamais elles exiftent actuellement : felon cette méthode, dis-je,
j'ai jugé à propos d'établir d'abord certains Principes clairs, touchant les
effets propres, les parties, & les diverfes vuës d'un Amour univerfel,
fans prononcer rien fur leur exiftence actuelle : bien perfuadé néanmoins,
qu'en fuppofant feulement cet Amour poffible, on peut en déduire bien
des

WELL renvoie, comme devant y propofer
un *autre argument*, qui *marque*, pour rendre
la *Propofition* de nôtre Auteur concluante,
eft apparemment celle qu'on verra tout à la
fin du Chapitre.   Je ne fai pourquoi il l'indique d'une maniére fi vague : *dans une Note
fuivante*, dit-il. Mais il me femble, qu'il forme ici des difficultez qui ne font pas bien fondées. 1.Il fuppofe, que nôtre Auteur n'a point
établi la vérité de cette conféquence : La *Bienveillance Univerfelle* eft ce qui contribuë le plus
au plus grand Bonheur poffible du Genre Humain; Donc elle contribuë le plus au plus
grand Bonheur poffible de tel ou tel Individu.   Mais on verra, qu'une grande partie de
l'Ouvrage eft emploïée à faire voir, par des
raifons fondées fur la Nature des Chofes, &
fur la confidération de la Nature Humaine en
particulier, & par des Obfervations tirées de
l'Expérience, Que le Bonheur de chaque Individu eft infeparable du Bonheur Commun; &
que plus chacun s'attache à procurer, autant
qu'il dépend de lui, le Bien Commun par des
actes de Bienveillance, plus il travaille efficacement à fe rendre heureux lui-même, autant qu'il eft poffible. Tout ce que Mr. *Maxwell* dit dans fa *Note*, à laquelle il renvoie,
comme indiquant l'*argument* qui rend la Propofition concluante, fe réduit à donner divers
exemples, dont la plûpart même ont été déjà
alleguez par nôtre Auteur, & chofes qui montrent que *le Bonheur Public & le Bonheur Particulier font liez enfemble, & que le Bien Public
a, dans le plus grand nombre de cas, une liaifon
particuliére avec l'intérêt particulier de chacun.*
II. Pour ce qui eft de l'autre conféquence, que
le Traducteur Anglois trouve encore moins
jufte, il fuppofe auffi mal à propos, que, felon nôtre Auteur, le *concours des autres* eft
ici indifférent : *foit que les autres*, dit-il, concourent ou non.   Tout ce que Mr. *Cumberland* dit & ici, & ailleurs, c'eft que, lors même

des Véritez, qui fervent à nous diriger dans la pratique de la Morale, avec autant d'influence qu'en ont les *Théorêmes* fur la pratique des *Mathématiques*, dans la Conftruction poffible des *Problêmes*.

§ IX. J'avoue qu'il peut arriver, avec quelque ardeur & quelque prudence qu'on tâche de faire certaines chofes, qui demandent le concours d'autres perfonnes, que le fuccès ne réponde pas à nos vœux. Mais cela ne diminuë rien de la vérité des Régles. Tout ce qu'il y a, c'eft qu'on trouve alors par l'expérience, que l'Effet n'étoit pas en nôtre pouvoir, ou, comme on parle en *Mathématiques*, que le *Problême* propofé ne pouvoit pas être réfolu, ou entiérement déterminé, par (a) les *Demandes*. Comme les Mathématiciens fe contentent d'une telle découverte; les Sages ont grand' raifon, en pareil cas, de n'en avoir pas l'efprit moins en repos. Il eft toûjours fûr, que l'Expérience du paffé, & l'obfervation de nos propres Forces, nous mettront bien-tôt en état de juger, dans la plûpart des cas, fi un Effet propofé, quel qu'il foit, nous eft poffible, ou non, en telles ou telles circonftances; & cela le plus fouvent fans que nous ayions la peine de l'expérimenter. C'eft au difcernement de cette poffibilité, que la *Raifon* veut qu'on s'attache avec foin: car on ne fauroit guéres éviter le reproche de folie, lors qu'on s'empreffe beaucoup à rechercher une Fin, fans favoir fi on peut l'obtenir par fes propres forces, jointes à tous les fecours qu'on a lieu d'attendre d'ailleurs; ou du moins fans être bien affûré, que l'efpérance probable de parvenir à la Fin que l'on fe propofe, eft plus confidérable, que tout Effet qu'on pourroit certainement procurer en même tems par fes efforts. Car nous (1) montrerons dans la fuite, qu'on peut établir quelques Propofitions d'une vérité immuable, fur la valeur des *Biens contingens*.

Bien plus: à fuivre l'ordre des Connoiffances diftinctes, la Nature des Chofes nous enfeigne quel eft le meilleur Effet qui foit en nôtre pouvoir, avant que de nous indiquer la derniére & principale Fin que nous devons nous propofer. Car la réponfe à la prémiére Queftion, confifte en termes plus fimples,
&

Marginal notes (right):

Que le défaut de fuccès en certaines occafions, ne diminuë rien de la vérité des Régles; non plus que le manque d'application à les obferver.

(a) E dat's.

Footnotes:

me que, fans qu'il y ait de nôtre faute, le concours des autres vient à manquer, pourvû que l'on ait fait ce que l'on a pû pour le procurer, on a fuffifamment obfervé la Loi de la Bienveillance Univerfelle. Du refte, il établit auffi, en divers endroits, que le plus fouvent on a lieu d'attendre ce concours, & que les *Biens Contingens*, au nombre defquels on doit le mettre, ont une certaine eftimation, fur laquelle il faut fe régler, pour agir felon les régles de la Prudence. III. Je ne fai comment Mr. *Maxwell* a pû mettre ici en queftion, fi par la *Bienveillance*, dont parle la Propofition générale, il faut entendre cet *Inftinct qui nous porte à aimer les autres*. Il eft clair comme le jour, par tout le difcours de nôtre Auteur, que le défir efficace, ou le foin de procurer le Bien Commun, en quoi il fait confifter la *Bienveillance Univerfelle*, eft un acte libre de nôtre Volonté, produit avec connoiffance & avec délibération. S'il parle quel-

quefois de la *Bienveillance* comme d'un mouvement ou d'un fentiment naturel, c'eft uniquement pour faire voir, qu'il y a dans la Nature Humaine des difpofitions qui rendent les Hommes capables de pratiquer les Devoirs de la Bienveillance prefcrite par la Loi Naturelle, & pour tirer de là un Indice, que Dieu veut qu'ils cultivent ces difpofitions, fujettes à être étouffées ou affoiblies par les Paffions: bien entendu d'ailleurs, qu'ils les dirigent toûjours felon les lumiéres de la Raifon, qui en marque les juftes bornes, déduites de ce que demande le Bien Commun. Cela étant, toutes les réflexions que le Traducteur Anglois fait fur cet article, font ici hors d'œuvre; pour ne rien dire du faux raifonnement qu'il fait à la fin.

§ IX. (1) Voïez ci-deffous, *Chap.* V. § 18, 43, 58. & ce que l'Auteur a dit dans fon *Difcours Préliminaire*, § 20, & fuiv.

& par conféquent d'une fignification plus certaine. Au lieu que la réponfe à l'autre Queftion, doit renfermer tout ce qu'il y a dans la prémiére, & marque de plus, que l'Agent Raifonnable a réfolu de produire cet Effet, en fe fervant des Moiens convenables.

Or, y aiant du moins un grand nombre d'Effets propres à avancer le Bien Commun, qui font en nôtre pouvoir, & que la Volonté de la Caufe Prémiére a rendus néceffaires pour l'aquifition de nôtre Félicité; de là naît & l'*Obligation* de fe propofer la production de tels Effets, & l'*intention actuelle*, toutes les fois qu'elle fe trouve dans la Volonté des Hommes. Il faut donc de toute néceffité pofer pour fondement des Loix Naturelles, les Obfervations très-évidentes que nous pourrons faire fur les Forces Humaines, par l'ufage defquelles, duement réglé, les Hommes font capables de fe rendre heureux les uns les autres, & fe rendront très-certainement heureux. Or toutes ces Loix fe réduifent à la *Bienveillance univerfelle*, ou l'*Amour de tous les Etres Raifonnables*.

J'ai remarqué, que les *Mathématiciens*, en expliquant les Principes de leur Science, ne difent jamais rien de la Fin à quoi tendent les Véritez qu'ils établiffent; bien que les plus diftinguez d'entr'eux cherchent avec beaucoup de foin une Fin très-noble. Car ils fe propofent de trouver les Proportions de toute forte de Corps & de Mouvemens, d'où naiffent tous les Phénoménes de la Nature que nous admirons, & les Effets les plus utiles dans la Vie. Cependant la *Mathématique Univerfelle*, telle que l'enfeigne DESCARTES dans fa *Géométrie*, & après lui fes Commentateurs; fe contente d'indiquer d'abord en peu de mots, pour établir la vérité de fes *Théorêmes*, que toutes fortes de Proportions peuvent être trouvées par le moien des *Lignes Droites* qu'on tirera; & que celles mêmes qui font inconnuës, fe découvrent fans beaucoup de peine par le *Calcul Géométrique*, à la faveur de quelques autres, connuës plus aifément. Elle nous apprend en particulier, que, pour fraier le chemin à la connoiffance des Lignes qu'on cherche, il ne faut faire autre chofe, qu'en *ajoûter* quelques-unes enfemble, ou les *fouftraire*, ou les *multiplier*, ou les *divifer*; & que l'*Extraction des Racines*, qui eft ici principalement d'ufage, doit être tenuë pour une efpéce de *Divifion*. Mais ceux qui traitent cette Science, n'emploient point de longues exhortations, pour nous porter à tâcher d'aquérir une connoiffance exacte de toute forte de chofes, par la comparaifon des Proportions qu'il y a entr'elles, quoi que ce foit le principal but de tout ce qu'ils difent: ils fuppofent, que cette connnoiffance eft défirable par elle-même, & qu'elle peut beaucoup fervir pour les Ufages les plus excellens de la Vie. Ils croient s'être affez bien aquittez de leur devoir, en donnant de courtes Régles, pour enfeigner comment on doit appliquer ces fortes d'Opérations à la folution de toute forte de *Problêmes*. Et ils ne trouvent pas leur Science moins vraie, ni moins noble, parce que la plûpart des gens, par ignorance ou par pareffe, la négligent, ou s'en moquent. Il en eft de même à l'égard de la *Morale*, qui eft renfermée dans les *Loix de la Nature*. Elle fe réduit toute à faire une jufte eftimation des *Proportions* qu'ont entr'elles les *Forces Humaines* qui font capables de contribuer quelque chofe au *Bien Commun des Etres Raifonnables*: Proportions qui varient felon toute

§ X. (1) C'eft-à-dire, dans les Chapitres VI. VII. VIII. & le commencement du IX, ou derte la diverſité des *cas poſſibles*. Ainſi on peut dire avec raiſon, qu'en traitant cette Science on a fait ce qu'il faut, ſi l'on établit d'abord, que toutes ces Proportions ſont compriſes dans une *Bienveillance univerſelle*: & qu'enſuite on montre en détail comment cette Bienveillance renferme le *Partage des Choſes* & des *Services*, la *Fidélité*, la *Reconnoiſſance*, le *ſoin de ſoi-même* & de ſes *Enfans* &c. en quels cas on doit pratiquer tout cela; & comment la *Vertu*, la *Religion*, la *Société*, & les autres choſes qui ſervent à rendre la Vie heureuſe, naiſſent de là néceſſairement. Voilà en quoi conſiſte la ſolution de ce Problême ſouverainement utile que la Philoſophie Morale nous enſeigne à chercher. Si bien des gens ne veulent point ſuivre ſes Préceptes, ou les combattent même, elle ne perd rien pour cela de ſa vérité, ni de ſon autorité: tout ce qu'il y a, c'eſt que de telles gens s'expoſent ainſi à perdre leur Bonheur, & entraînent peut-être en quelque façon d'autres perſonnes dans la même Miſére où ils ſe ſont précipitez. Il n'eſt pourtant pas inutile de s'attacher à prouver évidemment, qu'un auſſi excellent Effet, que le vrai Bonheur, peut être certainement produit par des Actions, qui ſont en nôtre pouvoir. Car il n'y a point de doute qu'alors on ne perſuade plus aiſément aux Hommes de ſe propoſer pour but cet Effet, autant qu'il leur eſt poſſible, & d'exercer, comme autant de Moiens néceſſaires, les Actions d'où il dépend, comme de ſes Cauſes. De même, que les Hommes ſe portent à tâcher de faire des *Miroirs Paraboliques*, ou des *Téleſcopes Hyperboliques*, à cauſe des Effets que les *Mathématiciens* leur ont démontré devoir ſuivre de l'uſage de ces Inſtrumens.

§ X. J'AJOUTERAI ſeulement ici, que cette Vérité, comme toutes les autres d'une égale évidence, & ſur-tout celles qui en découlent néceſſairement, viennent de DIEU même: qu'il y a une Récompenſe attachée à leur obſervation, & une Peine à leur violation: & qu'elles ſont propres de leur nature à régler nos Mœurs. Cela étant, je ne vois pas ce qui leur manque, pour avoir force de *Loi*.

Que DIEU eſt *l'Auteur* de cette *Vérité Fondamentale*, & de toutes les autres qui en découlent.

Mais à la fin de cet Ouvrage, je (1) prouverai encore, qu'elles renferment la *Piété*, envers DIEU, & la *Charité*, envers les *Hommes*, c'eſt-à-dire, les *Deux Tables* de la *Loi Divine* de MOÏSE, & l'Abrégé de la *Loi Evangélique*. Je ferai voir en même tems, qu'on peut tirer de là toutes les *Vertus* preſcrites par la *Philoſophie Morale*; & les Régles du *Droit des Gens*, tant celles qui regardent la *Paix*, que celles qui ſe rapportent à la *Guerre*.

Or, que DIEU ſoit l'Auteur d'une Vérité ſi évidente, & qu'il l'imprime dans nos Eſprits, il eſt aiſé de le démontrer en peu de mots, par les principes de la bonne *Phyſique*, qui nous enſeigne, que toutes les impreſſions des Objets ſur nos Sens ſe font ſelon les *Loix Naturelles du Mouvement*, comme on parle: & que c'eſt DIEU qui dès le commencement a imprimé le Mouvement à la Matiétière dont le Syſtême des Corps eſt compoſé, & qui l'y conſerve depuis invariablement. En ſuivant cette méthode, qui me paroît très-certaine, & toute fondée ſur des Démonſtrations, tous les *Effets néceſſaires* ſont bien-tôt ramenez au *Prémier Moteur*, comme à leur *Cauſe*.

L'impreſſion des *termes* de nôtre Propoſition générale, du moins entant qu'elle

dernier; dans leſquels l'Auteur traite de tout ce qu'il indique ici en un mot.

le provient du Mouvement de la Matiére, eft un Effet Naturel: & la perception de l'*identité* ou de la *liaifon* de ces termes, entant qu'ils font dans nôtre
Imagination, n'eft autre chofe que l'acte d'apercevoir que les deux *termes* font
une impreffion faite fur nous par la même Caufe. Or la perception, par laquelle nôtre Ame comprend les termes, lors qu'ils fe préfentent à fon Imagination,
& par laquelle elle voit en même tems leur liaifon, & elle fent fes propres forces & fes actions; fuit fi naturellement & fi néceffairement de la préfence de
ces termes dans fon Imagination, & du panchant intérieur, naturel & innocent, qui la porte à obferver ce qui fe préfente à elle, que tout cela ne peut
qu'être attribué à la *Caufe Efficiente* de l'*Ame*, fi l'on reconnoît un DIEU, Créateur de toutes Chofes, ou Prémier Moteur.

Toutes les autres Méthodes d'expliquer la Nature, quelque différentes qu'elles foient de celle-ci, ou entr'elles, conviennent en ce qu'elles fuppofent que
DIEU eft la Caufe Prémiére de ces fortes d'Effets Néceffaires. Mais plufieurs
de ceux qui fuivent de telles Méthodes, femblent n'avoir pas affez pris garde
à ceci, que la perception des *Termes fimples*, & celle de leur *compofition*, lors
qu'il y a entr'eux une *identité* manifefte, d'où fe forme une *Propofition Néceffaire;* doivent être mifes au nombre des *Effets Néceffaires*, c'eft-à-dire, de ceux
qui ne peuvent qu'être produits, pofé les impreffions naturelles des Mouvemens, & une Nature Intelligente fur laquelle ces impreffions fe faffent clairement & diftinctement. Cette remarque eft néanmoins de très-grande importance pour nôtre fujet, puis que, DIEU étant reconnu l'Auteur des Véritez néceffaires de Pratique, qui indiquent des Actions abfolument néceffaires pour
parvenir à une Fin auffi néceffaire, il réfulte de là que ces Véritez ont force
de *Loi.*

Examen des Idées d'Hob-
bes fur cette matiére; & prémiére-
ment à l'égard de l'Exiftence de DIEU, & de l'Autorité des Loix Naturelles.

§ XI. Si l'on veut maintenant favoir le fentiment d'HOBBES touchant l'origine de ces fortes d'Effets néceffaires, rapportée à DIEU comme à leur Caufe
Prémiére, & leur donnant ainfi toute l'autorité de véritables Loix; on ne trouvera rien, d'où l'on puiffe fûrement conclure ce qu'il penfe là-deffus. Car,
en quelques endroits de fes Ecrits, il femble reconnoître ces Véritez: & cependant

dant il débite ailleurs bien des choses qui combattent & l'*Exiſtence de* DIEU, dont ces raiſonnemens mêmes nous fourniſſent une preuve, & l'*Autorité* des *Loix Naturelles*, qu'ils établiſſent auſſi.

Pour ce qui eſt du prémier point, il eſt certain que voici un Syllogiſme d'Athée parfait. *Tout ce qui n'eſt ni Corps, ni Accident d'un Corps, n'exiſte point: Or* DIEU *n'eſt ni Corps, ni Accident d'un Corps: Donc* DIEU *n'exiſte point.* HOBBES s'attache avec beaucoup de ſoin, en un grand nombre d'endroits, à enſeigner les deux *Prémiſſes.* Cependant il nie la *Concluſion* abominable qui en ſuit, & il ſoûtient que (1) ceux qui l'affirment, ou qui vomiſſent quelque autre injure contre la Divinité, commettent un *Péché*, mais qui, ſelon lui, n'eſt qu'un Péché *d'imprudence.* Le ſens de la *Majeure* ſe trouve, par exemple, bien clairement, dans un endroit de ſon *Léviathan*, où il dit, (2) *que ces deux mots joints enſemble*, Subſtance Incorporelle, *ne ſignifient rien*, & *que c'eſt comme ſi l'on diſoit*, Un Corps incorporel; *n'y aiant aucune partie réelle de l'Univers, qui ne ſoit Corps.* Et dans le Traité *Du Corps*, il prétend, (3) *que c'eſt parler en l'air, de dire, Que quelque choſe eſt mûë ou produite par une Subſtance Incorporelle.* Pour ce qui eſt de la *Mineure*, ſavoir, que DIEU n'eſt pas un Corps; HOBBES ſemble l'avancer aſſez ouvertement dans ſon Traité (4) *Du Citoïen*, lors qu'il refuſe à DIEU toutes les Propriétez des Corps, la *Figure*, le *Lieu*, le *Mouvement*, le *Repos.* Cependant, dans l'*Appendice* qu'il a depuis peu ajoûtée à ſon *Léviathan*, il affirme (5) expreſſément, que DIEU eſt un Corps, & il tâche de le prouver. Mais il oublie, qu'au Chap. I. de cette même *Appendice*, (6) il avoit promis de ne pas nier l'Article I. de la *Confeſſion de l'Egliſe Anglicane*, qui porte formellement, que DIEU n'a ni Corps, ni Parties. Que ſi cette Autorité, pour la défenſe de laquelle il veut paroître ſi zélé, n'eſt pas au fond de grand poids dans ſon eſprit, qu'il écoute ce qu'il a dit lui-même, (7) dans le Traité *Du Citoïen*, où il enſeigne, Que les *Philoſophes*, qui ont prétendu que DIEU étoit le *Monde*, ou l'*Ame du Monde*, ont parlé de lui indignement; car, ajoûte-t'il, ſur ce pié-là, ils n'attribuent rien à DIEU, mais ils nient abſolument qu'il exiſte. Or HOBBES, en ſoûtenant que DIEU eſt un *Corps*, ne dit-il pas,

que

Cap. III. pag. 365. Il ſe munit là-deſſus de l'autorité de TERTULLIEN; & allègue d'autres pauvres raiſons.

(6) Il dit à la vérité, qu'on ne doit pas nier l'Immatérialité de DIEU, décidée dans les XXXIX. Articles: & cela ſelon ſa maxime, Que le Souverain a plein pouvoir de régler ce qui doit être cru & enſeigné publiquement. Mais il oppoſe auſſi-tôt à cet Article de la *Confeſſion de Foi Anglicane*, un autre où il eſt dit, que l'Egliſe ne doit rien preſcrire, comme devant être cru, qui ne puiſſe être prouvé par l'Ecriture: or, ſelon lui, on n'a point encore prouvé par l'Ecriture, qu'il y ait des *Eſprits*, qui ne ſoient pas *Corps*; & par conſéquent, que DIEU ſoit ſans Corps. B. *Voces illæ* [Subſtantia incorporea, vel immaterialis] *in Scriptura Sacra non ſunt. Cæterum in primo*

ex 39 *Articulis Religionis e litis ab Eccleſia Anglicana*, *Anno Domini* 1562. *expreſſe dicitur Deum eſſe ſine corpore & ſine partibus. Itaque negandum non eſt. Poena etiam in negantes conſtituitur excommunicatio.* A. *Non negabitur. In Articulo tamen viceſimo dicitur, quod nihil ab Eccleſia credendum injungi debet, quod non à Scripturis Sacris deduci poſſit. Sed utinam deductum fuiſſet* &c. Ibid. Cap. I. pag. 315.

(7) *Deinde Philoſophos, qui ipſum Mundum, vel Mundi Animam* (id eſt partem) *dixerunt eſſe Deum, indigne de Deo locutos eſſe: non enim quicquam ei attribuunt, ſed omnino eſſe negant: nam per nomen illud, Deus, intelligitur Mundi cauſa; dicentes autem, Mundum eſſe Deum, dicunt, nullam eſſe ejus cauſam, hoc eſt, Deum non eſſe. De Cive, Cap. XV. § 14.*

G 3

que DIEU eſt ou une *Partie du Monde*, ou le *Monde entier?* Car il a ſoûtenu ailleurs très-poſitivement, (8) *Que l'Univers étant l'aſſèmblage de tous les Corps, n'a aucune Partie, qui ne ſoit Corps; & qu'on n'appelle pas proprement* Corps, *ce qui n'eſt point une Partie de l'Univers.* Or, pour ſe convaincre que le *Monde*, & l'*Univers*, ſont, chez HOBBES, des termes ſynonymes, il ne faut que lire cet autre paſſage de ſon Traité *Du Corps*, où il parle de l'*Univers* & des *Etoiles:* (9) *Tout Objet eſt ou une Partie du* MONDE *entier, ou un aſſèmblage de ſes Parties.* En vérité je crains bien que nôtre Philoſophe ne ſoit convaincu par ſa propre ſentence, de nier l'Exiſtence de DIEU. Mais mon ſujet ne demande pas, que j'inſiſte plus long tems là-deſſus. Du reſte, je ſuis aſſûré, qu'il y a, au jugement de preſque tous les Philoſophes Modernes, & d'*Hobbes* même, une incompatibilité ſi manifeſte entre la Nature Divine & les *Attributs* des *Corps*, tels que ſont ceux-ci, de pouvoir être *meſurez*, & *diviſez* en parties, d'être ſujets à tous les divers changemens de *Génération* & de *Corruption*, d'exclure chacun tous les autres du *Lieu* qu'ils occupent; qu'on perſuaderoit plûtôt l'Atheiſme à la plûpart des gens, que de leur perſuader que DIEU eſt corporel.

Je ſuis néanmoins fort aiſe, qu'HOBBES ſe contrediſant lui-même après avoir avancé des *Prémiſſes*, d'où il s'enſuivroit qu'il n'y a point de DIEU, ſe déclare ouvertement pour ſon Exiſtence, & reconnoiſſe même la force de l'argument dont nous nous ſervons pour établir ce grand principe. Car il accorde, qu'il (10) y a néceſſairement une Cauſe Unique, Prémiére, & Eternelle, de toutes Choſes. Mais pour ce qui eſt de l'*Autorité* des *Maximes de la Raiſon*, qui ſuit de ce que, bien que la Raiſon nous les découvre immédiatement, elles viennent néanmoins de DIEU, qui, par le moien de la Raiſon, nous détermine, d'une néceſſité naturelle, à les reconnoître; HOBBES n'eſt ici d'accord ni avec lui-même, ni avec la Vérité. Dans l'Etat de pure Nature (dit-il en un endroit de ſon *Léviathan*) (11) *les Loix Naturelles, qui conſiſtent dans l'Equité, la Juſtice, la Reconnoiſſance &c. ne ſont pas proprement des Loix, mais de ſimples Qualitez,* qui diſpoſent les Hommes à la Paix, & à l'Obéiſſance. La raiſon, qu'il en rend ailleurs, c'eſt (12) *que la* LOI, *à parler proprement & exactement, eſt un diſcours de celui qui commande, en vertu du droit qu'il en a, de faire ou de ne pas faire quelque choſe:* d'où il infère, *que les Loix Naturelles ne ſont pas des Loix*, entant qu'elles viennent de la Nature. Comme ſi l'on ne pouvoit pas, en un ſens propre, renfermer DIEU ſous le nom de la *Nature:* ou comme ſi on ne devoit

pas

---

(8) Dans l'endroit du *Léviathan* cité ci-deſſus, *Note* 2. où il ajoute: *Neque dicitur proprié* Corpus, *quod non ſit totius Univerſi aliqua pars.*

(9) *Objectum autem omne, univerſi Mundi vel pars eſt, vel partium aggregatum.* De Corpore, *Part.* IV. Cap. XXVI. § 1.

(10) Le paſſage a été cité, ſur le *Diſcours Prèliminaire*, § 7.

(11) *Lex enim Naturalis omnis, virtus moralis eſt, ut Aequitas, Juſtitia, Gratitudo*, quae (ut dictum eſt in fine Cap. 15.) *Leges proprié dictae non ſunt, ſed Qualitates.* Leviath. *Cap.* XXVI. pag. 130.

(12) *Lex autem, proprié atque accurate lo-*

quendo, fit oratio ejus, qui aliquid fieri vel non fieri aliis jure imperat: non ſunt illae [Leges Naturae] *proprié loquendo leges, quatenus à natura procedunt.* De Cive, *Cap.* III. § 33.

(13) Or il peut donner à connoître cette volonté auſſi clairement d'une maniére tacite. Conferez ici PUFENDORF, *Droit de la Nat. & des Gens.* Liv. I. Chap. VI. § 4. Liv. II. Chap. III. § 20.

(14) *Quatenus tamen eaedem à Deo in Scripturis Sacris latae ſunt, ut videbimus Cap. ſequente, Legum nomine propriiſſimé adpellantur.* De Cive, *ubi ſup.*

(15) Notre Auteur cite encore ici l'Edition An-

pas tenir pour un indice fuffifant de la Volonté Divine, une Propofition que la Raifon Humaine forme par une néceffité de la Nature qu'elle a reçuë de DIEU, & qui confifte effentiellement à nous déclarer ce qu'il faut faire ou ne pas faire, fous peine d'être punis, ou dans l'efpérance d'être recompenfez, par l'éloignement ou l'avancement de nôtre Bonheur! Il n'eft pas plus raifonnable de prétendre, qu'une telle Propofition ne puiffe pas être qualifiée affez exactement un *difcours* de celui qui a droit de commander. Car, quand un Supérieur donne, de bouche ou par écrit, quelque ordre clair; que fait-il autre chofe, fi ce n'eft de notifier d'une manière très-certaine (13) à ceux qui dépendent de lui, qu'en vertu de l'Autorité qu'il a fur eux, il a pris cette réfolution fur ce qui les regarde, que, s'ils faifoient telle ou telle chofe, ils feroient punis, & s'ils agiffoient autrement, ils feroient recompenfez? HOBBES dit, au même endroit, (14) que les *Loix Naturelles* ne font des *Loix Divines*, qu'entant qu'elles font publiées dans l'Ecriture Sainte. Mais, fi on lui demande, comment on fait que l'*Ecriture Sainte* a DIEU pour Auteur, ou qu'il y ait jamais eu de véritable *Prophéte*, qui ait reçu de DIEU cette Ecriture, ou quelque autre Révélation, voici comment il répond à la queftion, qu'il fe propofe lui-même, dans fon *Léviathan*. Il dit tout net, (15) qu'il eft évidemment impoffible que perfonne foit affuré d'une Révélation faite à quelque autre, pas même par des Miracles; à moins que cela ne lui foit revelé à lui-même en particulier. Il venoit pourtant de remarquer, qu'il eft de (16) l'effence de la *Loi*, que celui à qui l'obligation en doit être impofée, foit affuré de l'Autorité de celui qui l'annonce. Voilà qui réduit à rien ce qu'il dit dans (17) le paffage, que nous venons de voir, du Traité *du Citoien*, & dans (18) un autre endroit du *Léviathan*. Si donc nous voulons l'en croire, en joignant enfemble ces divers paffages, il faudra nier que les *Loix Naturelles* foient de véritables Loix, & entant qu'elles viennent de la *Nature*, & lors même qu'elles font revelées dans l'*Ecriture Sainte*, puis qu'on ne fauroit être affuré qu'elles foient véritablement revélées. Ou plûtôt un Homme, qui fe contredit ainfi, ne mérite aucune créance. Car le même Auteur, comme s'il avoit voulu de propos deliberé faire conjecturer à fes Lecteurs, qu'il avoit avancé une partie de la contradiction pour ne pas choquer les Magiftrats Chrétiens, & que l'autre étoit fon propre fentiment; dit, au Chapitre qui fuit immédiatement après, dans le Traité
Du

Angloife, que je n'ai point. Voici comment HOBBES s'exprime dans la Latine, qui eft poftérieure: *Quid Deus aliis dicat, fcire non poffumus naturaliter; neque fine Revelatione Divinâ nobis conceffâ, fupernaturaliter. Quamquam enim à Deo Revelatum effe alicui aliquid credere inducatur aliquis, vel propter Miracula, quae ab eo facta effe viderit, vel propter egregiam Sanctitatem, vel egregiam Sapientiam, vel propter egregiam felicitatem, quae omnia gratiae divinae figna funt fatis magna, certitudinem tamen non efficiunt ... Miracula narrantibus credere non teligamur. Etiam ipfa Miracula non omnibus miracula funt.* Cap. XXVI. pag. 136.

(16) *Sed quia de effentiâ Legis eft, ut neminem obliget, qui Praedicantis Auctoritatem, quòd à Deo fit, fcire non poteft, unde oritur obediendi obligatio?* Ibid. pag. 135, 136.
(17) Voiez ci deffus, Note 14.
(18) Nôtre Auteur cite le *Chap.* XV. § dernier. Je ne vois rien là, dans le Latin, touchant la force d'obliger qu'acquièrent les Loix Naturelles en ce qu'elles font publiées dans l'Ecriture Sainte. Il femble feulement fuppofer cela un peu plus haut, où il dit, que l'Ecriture Sainte a réduit toutes les Loix Naturelles à cette courte & claire maxime, *De faire aux autres tout ce qu'on voudroit qu'ils fiffent à nôtre égard.*

Du Citoien: (19) *Ce que l'on appelle* Loi Naturelle *&* Loi Morale, *eſt auſſi qualifié communément* Loi Divine; *& cela avec aſſez de fondement: tant parce que la Raiſon, qui eſt elle-même la Loi de Nature, a été donnée de* Dieu *à chacun pour régle de ſes Actions; qu'à cauſe que les Préceptes de bien vivre, qui en découlent, ſont les mêmes que la Majeſté Divine a publiez, comme autant de* Loix du Régne Céleſte, *par Nôtre Seigneur* Jesus-Christ, *par les Saints* Prophétes, *& par les* Apôtres. Ici on voit, que nôtre Auteur, pour faire ſentir peut-être aux Lecteurs, combien il peut s'accommoder aux idées & aux maximes reçuës dans le païs où il vit, reconnoît que ce n'eſt pas ſans fondement qu'on donne ordinairement le nom de *Loix* aux régles de la Raiſon, qu'il venoit de dire ne pouvoir être *proprement & exactement* appellées *Loix:* comme ſi ce n'étoit pas proprement *commander de faire ou de ne pas faire certaines choſes,* ou impoſer des *Loix,* lors qu'un Supérieur, qui eſt tel de droit, preſcrit immédiatement à ceux qui dépendent de lui la Régle de leurs Actions, en y attachant des Peines & des Récompenſes!

Mais je ne veux pas m'arrêter plus long tems à montrer les contradictions où *Hobbes* tombe ſur ce ſujet. Je ne ferai plus qu'une remarque, qui ſervira à mettre les Lecteurs en état de mieux pénetrer par tout les vrais ſentimens de nôtre Philoſophe. Ce qui donne lieu de croire, que le dernier Paſſage, favorable aux Régles de la Morale, a été écrit par la crainte de s'attirer des affaires, c'eſt qu'il n'y joint pas la moindre preuve de ce qu'il accorde en apparence, Que Dieu a donné aux Hommes la *Raiſon* pour *Régle* de leurs *Actions,* & qu'il a publié les *Loix Naturelles* par la *Révélation.* Au lieu qu'ailleurs, où, comme nous l'avons vû, il tâche de détruire tout cela à ſa maniére, il ne manque pas d'y ajoûter une raiſon telle quelle, tirée de ſa définition de la *Loi.* Par où il ſait aſſez connoître, qu'il parle ſelon ſa véritable penſée, quand il dit, Que les *Maximes de la Raiſon,* qui nous enſeignent les Régles de l'*Equité,* de la *Modeſtie,* & des autres Vertus, ne ſont pas des *Loix,* proprement ainſi nommées, comme on ſe l'imagine communément. En un mot, il ſemble imiter ici la conduite qu'il attribuë lui-même à quelques Philoſophes ſages & aviſez, ſur un autre point qui ſe rapporte à la Religion, c'eſt qu'ils (20) s'exprimoient, en parlant de Dieu, conformément aux opinions d'autrui, *pieuſement,* & non *dogmatiquement.* En voilà aſſez, ſur ce qui regarde *Hobbes.*

Que Dieu eſt l'Auteur des Loix Naturelles. § XII. Pour moi, ce que je me propoſe ici uniquement d'établir, c'eſt, que l'*Autorité* des *Loix Naturelles,* ou la force pleine & entiére d'*obliger,* qu'elles tiennent de leur Auteur, peut être reconnuë par la contemplation de l'*Univers,* qui nous fait découvrir la *Cauſe Prémiére* de toutes Choſes. Mais je poſe en même tems, que les Loix Naturelles portent avec elles une preuve interne & eſſentielle de l'obligation qu'elles impoſent. Cette preuve ſe tire, en partie des *Récompenſes* qui ſont attachées à leur obſervation, c'eſt-à-dire de l'accroiſſement de *Bonheur* qui accompagne, par une influence naturelle, les actes de

Bien-

---

(19) *Quae* Naturalis, *&* Moralis, *eadem & Divina* Lex *adpellari ſolet. Nec immerito: tum quia* Ratio, *quae eſt ipſa* Lex Naturae, *immediaté à Deo unicuique pro ſuarum actionum Regula tradita eſt: tum quia vivendi praecepta,* *quae inde derivantur, eadem ſunt quae à Divina Majeſtate pro Legibus Regni Caeleſtis, per Dominum noſtrum Jeſum Chriſtum, & per Sanctos Prophetas, & Apoſtolos, promulgata ſunt.* De Cive, *Cap.* IV. § 1.

Bienveillance Univerfelle, & la conduite d'un Homme, qui s'attache avec beau-coup de foin à pratiquer les *Loix Naturelles;* en partie, des *Peines*, ou des dif-férens degrez de *Mifére*, que s'attirent, foit qu'ils le veuillent ou non, ceux qui n'obéïffent pas à ces Préceptes de la Droite Raifon, ou qui s'y oppofent. La liaifon de ces Récompenfes, & de ces Peines, avec la *Bienveillance*, qui eft l'abrégé des Loix Naturelles, eft clairement exprimée dans ma Propofition générale, par l'*état le plus heureux* de tous les *Agens Raifonnables:* ce qui infi-nuë affez, qu'une difpofition contraire, par laquelle chacun veut du mal à tous, prive de ce Bonheur, & met dans un état de Mifére tout oppofé.

§ XIII. Voilà ce que j'ai trouvé bon de dire d'avance en peu de mots, touchant Dieu, confidéré comme Auteur des *Effets Naturels*, & par-là auffi des *Loix Naturelles:* en fuppofant, comme je l'ai infinué, que, dans l'état où fe trouvent les Hommes, les idées de ces Loix entrent néceffairement dans leurs efprits, du moins lors qu'ils font parvenus à l'âge de maturité. Venons maintenant à diftinguer & à expliquer la génération néceffaire tant des *idées fimples*, dont eft compofée nôtre Propofition Fondamentale, & celles qui s'en déduifent; que de la *Vérité compléxe*, qui réfulte de la compofition de ces *ter-mes.*

> Idées renfer-mées dans les termes de nô-tre Propofition générale, com-ment viennent à être con-nuës.

Le *fujet de la Propofition*, eft la *Bienveillance la plus grande envers tous les Etres Raifonnables*. Cette *Bienveillance* confifte donc manifeftement dans une conftan-te volonté de procurer à tous les plus grands Biens, autant que le permet la con-ftitution de nôtre propre Nature, & celle des autres Chofes.

Ici il faut, à mon avis, examiner, comment, avec la connoiffance du *Mon-de Vifible*, dont nôtre *Corps* eft une Partie, nos Sens & nos Efprits aquiérent en même tems la connoiffance 1. Des *Biens* en général. 2. De Biens *communs* à plufieurs. 3. De Biens tels, que l'un eft fouvent *plus grand* que l'autre; & que celui-là eft *le plus grand*, après lequel, autant que nous pouvons le comprendre, il n'y a point de plus haut degré. 4. De Biens, dont nous voions aifément que les uns font tous les jours en nôtre pouvoir, & par conféquent peuvent être actuellement procurez; les autres furpaffent, en certaines circonftances pro-pofées les bornes étroites de nos Facultez.

Il y a deux *maniéres*, dont on vient à connoître la Nature de ces chofes: l'une *confufe*, par l'Expérience commune & journaliére; l'autre *diftincte*, par la mé-ditation, & par des *raifonnemens Philofophiques*, fondez fur des Expériences faites avec beaucoup de précaution, & comparées entr'elles avec grand foin. La connoiffance des Loix Naturelles entre dans nos Efprits de l'une & de l'autre maniére. D'où vient qu'elles font connuës du Vulgaire, mais confufément & imparfaitement, à proportion des lumiéres que ceux de cet ordre ont fur la Nature des Chofes. Au lieu que les Philofophes obfervent ou doivent au moins obferver avec plus d'exactitude la liaifon des idées les plus générales, dont ces Loix font compofées, avec les Caufes & les Principes univerfels des Chofes; de

---

(20) Il parle de ceux qui ont appellé Dieu, un *Efprit fans corps: Sed Deum effe Spiritum in-corporeum dixerunt fortaffe non dogmaticé, ut Naturam Divinam per ea comprehenderent, fed* *ex intentione pii Deum attributo aliquo honoran-di, quod Corporum vifibilium craffitudinem omnem à Deo removeret.* Leviath. Cap. XII. pag. 56.

II

de plus, la fuite des Conféquences, par lefquelles on tire des Préceptes particuliers de la fource générale de tous; comme aufli l'affinité qu'il y a entr'eux,
& l'ordre de leur dignité, felon lequel l'un doit ceder à l'autre, quand il n'y
a pas moien d'en pratiquer plufieurs dans un feul & même cas..

Je n'ai pas jugé à propos de négliger tout-à-fait la prémiére maniére de connoître
les Loix Naturelles, parce que c'eſt celle dont la plûpart des gens les apprennent.
Outre qu'y aiant bien des difputes fur les Principes, auxquels il faut remonter
dans un examen Philofophique de la Nature, il feroit à craindre, que, fi je
donnois une Morale uniquement fondée fur les Principes de Phyfique qui font
de mon goût, cela ne fuffît pour la faire rejetter de bien des gens, qui ne feroient pas d'accord là-deſſus avec moi. Je vais donc rappeller dans la mémoire des Lecteurs les Phénoménes communs fur lefquels il n'y a prefque perfonne
qui foit d'un autre avis; & faire voir en peu de mots, dans ce Chapitre, que
de ces Phénoménes on peut tirer la connoiſſance des *termes* de ma *Propoſition
générale*, auſſi bien que de leur *liaifon*, par laquelle ils forment une Propofition
véritable.

Obſervations, fondées fur l'Expérience commune.

§ XIV. CHACUN voit tous les jours, que l'ufage & la jouïſſance d'un grand
nombre de Chofes, qui naiſſent fur la Terre, comprifes fous le nom de *Nourriture*, *Vétemens*, & *Couvert*, comme aufli les fervices que les Hommes fe rendent les uns aux autres, ont naturellement la vertu de contribuer à ce que
l'Homme vive, fe conferve quelque tems, fe fortifie, fe réjouïſſe, & ait l'Efprit tranquille. Nous concevons de tels Effets fous une idée commune, comme
convenables à la Nature de l'Etre en faveur duquel ils font produits, c'eſt-à-
dire, que nous les tenons pour *Bons*. Et voilà pourquoi la difpofition interne de
l'Homme, d'où proviennent les Actions extérieures, par lefquelles ces Effets font produits, eſt exprimée par le mot de *Bienveillance*.

Tout le monde fent auffi, qu'en exerçant cette Bienveillance, on peut être
utile non feulement à foi-même, ou à peu d'autres, mais encore à un grand
nombre; en partie par fes Confeils, en partie par fes propres Forces & fon
Induſtrie. On voit d'ailleurs, que les autres Hommes nous reſſemblent parfaitement: là-deſſus on ne peut que penfer, qu'ils font capables de nous rendre
la pareille, & que, par une aſſiſtance réciproque, chacun peut être comblé de
Biens, dont tous manqueroient autrement, & au lieu defquels ils n'auroient à
attendre que mille dangers, & une grande difette, fi chacun penfant à foi uniquement, vouloit toûjours du mal à autrui. L'idée de ces fortes de Services,
avantageux à plufieurs Etres Raifonnables, forme néceſſairement dans nôtre
Efprit celle d'un *Bien Commun*, & celle d'une Caufe qui le produit: idées, qui,
à caufe de la reſſemblance que chacun apperçoit entre les Etres Raifonnables
qu'il connoît, font très-aifément regardées comme convenant à tous ceux qu'on
aura jamais occafion de connoître.

Ajoûterai-je encore, qu'il eſt très-connu par une expérience perpétuelle,
que

§ XIV. (1) On ne voit pas d'abord ce que
font ici les *Etres Inanimez*, & pourquoi l'Auteur compare le pouvoir des Hommes par rapport à eux, avec celui qu'ils ont par rapport

aux autres Hommes, ou aux autres Animaux.
Cela eſt fondé fur l'idée qu'il attache au *Bien
Naturel*, dont il s'agit, & qui eſt fi générale,
qu'il en fît l'application aux Etres même Ini-
ni-

que nous pouvons faire plus de chofes pour nous fecourir mutuellement, que pour affifter les autres Animaux; pour ne rien dire des (1) Etres Inanimez. Car la Nature Humaine, & par conféquent les chofes qui lui font *Bonnes* ou *Mauvaifes*, nous font plus connuës, à caufe de la connoiffance que nous avons & que nous ne pouvons qu'avoir de nous-mêmes. Nôtre Nature eft auffi & fufceptible de la joüiffance d'un plus grand nombre de Biens, dans la recherche defquels nous pouvons nous aider les uns les autres; & fujette à de plus fâcheux accidens, contre lesquels nous trouvons dequoi nous précautionner très-utilement dans l'ufage de nos Forces & de nos Facultez. Outre que, par nôtre Prudence, & par nos Confeils communiquez d'une maniére convenable, nous nous procurons réciproquement une infinité d'avantages, dont les autres Animaux ne font nullement capables de joüir. Bien plus: à caufe de la reffemblance qu'il y a entre la Nature des autres Etres Raifonnables, & la nôtre, la Raifon ne peut que nous faire juger, qu'il eft plus conforme aux principes internes de nos actions, quels qu'ils foient, de vouloir pour ces Etres des chofes pareilles à celles que nous défirons pour nous-mêmes par un mouvement naturel, que de vouloir des chofes femblables pour des Etres fort différens. D'autre côté, comme nous fentons que nous rendons plus volontiers fervice à nos femblables, nous avons lieu d'efperer que ceux-ci, quand nous leur faifons du bien, y feront fenfibles, & nous rendront la pareille, ou au delà même du Bienfait, pour nous obliger à leur tour.

Enfin, il eft certain par l'Expérience de tous les Hommes, qu'il n'y a point pour eux, fur la Terre, de Poffeffion plus riche, de plus bel Ornement, ni de plus fûre Défenfe, qu'une *Bienveillance* fincére de chacun envers tous; car tout le refte peut nous être aifément enlevé, avec la Vie, par des Hommes, qui nous veuillent du mal. Cette Bienveillance générale s'accorde très-bien avec des liaifons d'une Amitié particuliére entre un petit nombre de gens, qu'il eft libre à chacun de fe choifir. Et il n'y a pas de moien plus efficace pour fe procurer l'une ou l'autre, que fi chacun témoigne dans fes Actions les mêmes fentimens pour les autres, qu'il fouhaitte que les autres aient envers lui, c'eft-à-dire, fait connoître, dans l'occafion, qu'il veut du bien à tous, mais avec un empreffement particulier pour quelques Amis choifis.

Que fi, comme il le faut, & comme c'eft par tout païs la pratique du Vulgaire même, nous implorons l'affiftance de la Caufe *Prémiére* pour l'établiffement de nôtre Félicité, nous ne trouverons en nous rien de plus divin, & qui foit plus capable de nous rendre agréables à la Divinité, que cet Amour fincére & univerfel, dont j'ai parlé jufqu'ici, qui embraffe DIEU même, comme le Chef & le Pére des Etres Raifonnables, & qui regarde ceux-ci comme fes Enfans, femblables à lui beaucoup plus que les autres Créatures, & par-là les objets de fa plus grande affection. *Nous* (2) *fommes la Race de* DIEU; c'eft une fentence

nimez: ainfi qu'on le verra au *Chap.* V. § 1.
(2) Τȣ ƔΡ [Διȣ] κỳ γίνϖ irμḥ. ARA-
TUS, *Phaenomen.* verf. 5. cité par *St. Paul* aux *Athéniens,* ACTES, XVII, 28. Voiez

le *Syftéme Intellectuel* de CUDWORTH, Cap IV. § 31. avec les Notes du Traducteur Latin, Mr. MOSHEIM, pag. 562, & feqq.

H 2

ce d'Aratus, Poëte Cilicien, approuvée, comme on fait, des *Athéniens* encore alors croupiffans dans le Paganifme. Je pourrois aifément citer là-deffus un grand (3) nombre d'Autoritez : mais ce feroit s'arrêter inutilement à prouver une chofe plus claire, que le jour.

Evidence de ces Obferva-tions, égale à celle des Vé-ritez Mathé-matiques.

§ XV. Les obfervations que je viens d'expofer, touchant la Félicité Humaine, fe découvrent fi clairement par l'Expérience commune, ou par des Raifonnemens aifez à faire, que je ne fâche rien de plus évident, en matiére de ce qui regarde la Nature Humaine. Elles ont le même rapport à la Pratique de la Morale, que les *Demandes* des *Géomètres* à la conftruction des *Problèmes :* telles que font, par exemple, celles-ci pour les Problèmes fur les *Plans ; On peut tirer d'un Point quelconque une Ligne Droite à tout autre Point quelconque ; Décrire un Cercle de tout Centre & de tout Intervalle quelconque ;* & autres opérations plus difficiles, pour la conftruction des Problèmes touchant les *Solides* & les *Lignes.* En tout cela on fuppofe des Actions dépendantes de Facultez Libres de l'Homme, fans que la *Géométrie* devienne incertaine par aucune Difpute qu'il y ait fur l'explication du *Libre Arbitre.* On peut dire la même chofe des *Opérations Arithmétiques.* Il fuffit, pour la vérité de ces Sciences, qu'il y ait une liaifon indiffoluble entre les chofes qu'elles fuppofent qu'on peut faire, & que l'on trouve effectivement être en nôtre pouvoir, quand on vient à la pratique de la *Géométrie ;* & les Effets qu'on fe propofe dans la conftruction des Problèmes. Du refte, il y a ici d'affez puiffans attraits pour nous inviter à de telles recherches, foit par le plaifir attaché à la méditation de ces objets, foit par le grand nombre d'ufages différens qui en reviennent à la Vie Humaine. Tout de même, la vérité de la *Science des Mœurs* eft fondée fur la liaifon immuable qu'il y a entre le plus grand Bonheur que les Hommes font capables de fe procurer par leurs propres forces, & les Actes de *Bienveillance Univerfelle,* ou de l'*Amour* de Dieu & des *Hommes,* à quoi fe réduifent toutes les *Vertus Morales.* Cependant on fuppofe toûjours ici, & que les Hommes cherchent effectivement le plus grand Bonheur dont ils font capables ; & qu'ils puiffent, quand ils le veulent, exercer cet Amour non feulement envers eux-mêmes, mais encore envers. Dieu, & envers les autres *Hommes,* participans, comme eux, de la même Nature Raifonnable,

J'a-

(3) Outre les Commentateurs fur le paffa-ge des Actes, que je viens d'indiquer, on peut voir les Notes de Conrad Rittershusius fur Oppien, *Halieutic.* Lib. V. verf. 7. & la *Bibliothéque Gréque* de Mr. Fabricius, Lib. III. Cap. XVIII. § 2. Tom. II. pag. 453, 454.

§ XV. (1) „ Comme la *Bienveillance* gé-„ nérale de tous envers tous, eft utile „ au Genre Humain, confidéré entant qu'il „ forme un feul Corps ; de même les diver-„ fes efpéces de Bienveillance font utiles aux „ Sociétez particuliéres, où elles fe trou-„ vent. De forte que les Membres de ces So-„ ciétez fubordonnées dépendant l'un de l'au-„ tre en différentes maniéres, & y aiant en-

„ tr'eux une dépendance plus étroite & plus „ néceffaire, que celle où ils font comme „ Membres de la Société univerfelle du Gen-„ re Humain : chaque forte de Bienveillance, „ ainfi partagée entre ces moindres Sociétez, „ eft auffi plus grande que la Bienveillance „ commune ; & l'Auteur de la Nature a plus „ exactement proportionné la mefure de la „ Bienveillance entre les Membres de cha-„ que Société particuliére, au degré de la „ dépendance où ils font l'un de l'autre. Il „ n'y a pas de plus néceffaire & de plus ab-„ folue dépendance, entre les Hommes, que „ celle d'un *Enfant* en bas âge, par rapport „ à fon *Père,* ou à fa *Mère :* c'eft pourquoi „ la Nature a eû foin d'infpirer ici la plus for-

te

J'ajoûterai feulement, (1) que la même Expérience, par laquelle nous apprenons qu'une *Bienveillance* de chacun envers tous eſt la Cauſe la plus efficace du Bonheur de tous, ainſi ſuppoſez dans la même diſpoſition; nous enſeigne auſſi, par une parité de raiſon, que l'Amour de quel nombre de gens que ce ſoit envers tout autre nombre, a néceſſairement un effet proportionné: comme, au contraire, une diſpoſition oppoſée de vouloir du mal à tous, attire enfin à chacun une ruïne certaine, avec quelque ardeur qu'il s'aime ſoi-même. Car ce qui éloigne les Cauſes néceſſaires pour être heureux, & qui ouvre, à leur place, une ſource de toute ſorte d'infortunes, ne menace pas moins, que d'une Miſére extrême.

§ XVI. La juſteſſe de cette derniére conſéquence eſt ſi ſenſible, qu'Hobbes lui-même la reconnoît par-tout. Car, ſuppoſant que chacun ne penſe qu'à conſerver ſa propre Vie, & s'attribuë un droit ſur tous & à toutes choſes; il en infére, qu'il y a naturellement une Guerre de tous contre tous, & il ne ceſſe d'inculquer, que chacun eſt ainſi, à tout moment, expoſé à toute ſorte de Miſéres, & à la Mort même. Il ſuppoſe auſſi, que tous les Hommes comprennent fort bien ces inconvéniens, avant qu'ils ſoient entrez par des Conventions, dans quelque Société Civile. Choſe étrange! Cet Auteur a des yeux de Lynx, pour pénétrer les Cauſes du Mal, & les ſujets de Crainte: mais s'agit-il des Cauſes du Bien, & de l'eſpérance du Bonheur, le voilà aveugle. Les derniéres Cauſes ſont néanmoins auſſi aiſées à appercevoir, & même elles ſe préſentent avant les autres dans l'ordre des Connoiſſances diſtinctes; puiſque l'on découvre plûtôt les Cauſes qui conſtituent la Nature des Choſes, & qui les conſervent, c'eſt-à-dire, ce que l'on appelle *Biens;* que les Cauſes capables de corrompre ou de détruire les Choſes, ou ce que l'on appelle des *Maux.* Il me ſemble donc indubitable, qu'*Hobbes* voit lui-même que le ſoin d'avancer le *Bien Commun*, ſagement ménagé par les conſeils de la Raiſon, a autant d'influence ſur la Sûreté & la Félicité de tous les Hommes, que le mépris de ce Bien en a pour cauſer la ruïne de tous, lors que chacun ne cherche que ſon intérêt particulier. Mais, quelle que ſoit la penſée de nôtre Philoſophe, il eſt certain, que tout Homme qui eſt en âge de diſcrétion & en ſon bon-ſens, vient à apprendre très-aiſément cette vérité, par la ſeule connoiſſance de lui-même.

Hobbes reconnoît les mauvaiſes ſuites d'une diſpoſition contraire à la Bienveillance.

„ te Bienveillance: qui eſt non ſeulement „ d'une néceſſité abſoluë pour la conſervation „ d'un Enfant deſtitué par lui-même de tout „ ſecours, mais produit encore un retour „ agréable de ſoins & d'aſſiſtance ſemblables „ dans la vieilleſſe & l'infirmité des Parens. „ Il y a diverſes autres choſes, qui naturelle„ ment ajoûtent auſſi quelque degré à la Bien„ veillance générale: & tels ſont principale„ ment, les Bienfaits reçûs; la conformité „ d'attachemens dans la Jeuneſſe, & de ma„ niére de vivre fixe dans le Moïen Age; le „ commerce familier que l'on contracte en„ ſemble; l'union d'intérêts; le Voiſinage &c. „ Si l'on examine bien toutes ces circonſtan„ ces, & en elles mêmes, & dans leurs différens

„ degrez, & qu'on les applique aux différentes „ rélations qu'il y a entre les Hommes; on trou„ vera, Qu'elles produiſent naturellement la „ plus grande Bienveillance, où elle eſt d'un „ plus grand uſage, c'eſt-à-dire, dans les Socié„ tez où il y a la plus étroite dépendance, & „ dont les Membres ont le plus ſouvent beſoin „ de l'aſſiſtance l'un de l'autre. Il faut être de „ la derniére ſtupidité, pour n'être pas tou„ ché d'amour & ſaiſi d'étonnement, aux „ moindres lueurs de ces exemples merveil„ leux tant de la Sageſſe, que de la Bienveil„ lance de cet Etre, dont *la Bonté eſt par deſ„ ſus toutes ſes autres.*" Maxwell.

Les derniéres paroles ſont du Pseaume CXLV. verſ. 9.

H 3

même. Chacun fait par expérience, & que la volonté fincére & efficace qu'il a de procurer quelque *Bien*, fuffit, dans l'occafion, pour faire quelque chofe qui ferve à fon avantage, ou à celui des autres, & qu'elle eft abfolument néceffaire pour cette fin. De là il ne peut qu'inferer, qu'une femblable *Bienveillance*, dans les autres Hommes, n'eft ni moins utile, ni moins néceffaire, pour la même fin.

Je me laffe d'inculquer une chofe fi évidente. Il ne falloit pourtant pas négliger d'établir d'entrée ces principes, parce que ce font autant de *Demandes*, pour parler en Mathématicien, desquelles nous avons à déduire tout ce qui fuit.

Mais comme la méthode de tirer les Loix Particuliéres de la Nature, d'une feule Propofition générale, comme celle que j'établis, appartient aux Recherches Philofophiques, & par conféquent à la feconde manière dont j'ai dit qu'on vient à connoître ces Loix ; il eft bon de propofer auparavant quelques Confidérations Phyfiques, d'où il paroîtra, qu'une contemplation Philofophique de la Nature aide beaucoup les Efprits des Hommes à fe former une idée plus diftincte de la Loi générale & fondamentale.

§ XVII. Et *prémiérement*, il faut remarquer ici, que ces Notions les plus univerfelles, qu'on appelle dans l'Ecôle (1) *Tranfcendentales*, & dont l'ufage eft très-fréquent dans l'explication de toutes les Loix Naturelles, fe découvrent aufli dans les Chofes Corporelles, & qu'elles peuvent par conféquent entrer dans nos Efprits par la voie même des Sens. Telles font les idées générales de *Caufe* & d'*Effet*, & de la liaifon qu'il y a entre l'une & l'autre ; l'idée du *Nombre*, formé par des *Unitez*; celle d'une *Somme*, d'où naît toute *Idée Collective*; celle des *Différences* &c. celle de l'*Ordre*, celle de la *Durée* &c. Cette obfervation eft d'une très-grande importance pour nôtre fujet, puifque les Loix Naturelles font compofées de telles idées, comme d'autant de parties effentielles. Mais comme la chofe eft d'une évidence à fe faire fentir à tout le monde, & qu'il n'y a point de difpute là-deffus entre nos Adverfaires & nous, je ne veux pas m'y arrêter plus long tems.

En fecond lieu, la *Phyfique* nous enfeigne à concevoir très-diftinctement, quelles font les *Chofes*, ou les *Qualitez actives* & les *Mouvemens* des Chofes, d'où il revient du *Bien* ou du *Mal* aux autres ; & cela *néceffairement & invariablement*. Car cette Science a pour but principal, de rechercher les Caufes de la *Génération*, de la *Durée*, & de la *Corruption*; phénoménes, que nous remarquons tous les jours dans la plûpart des Corps, principalement dans ceux des Hommes: & de démontrer la liaifon néceffaire de ces Effets avec leurs Caufes. Or il eft certain, que les Caufes, par exemple, de la génération & de la confervation de l'*Homme*, qui font qu'il dure quelque tems, & qu'il jouït agréablement des Facultez de fon Corps & de fon Ame, augmentées par la culture, & déterminées à leurs fonctions propres ; font appellées *Bonnes*, par rapport à lui: comme, au contraire, les Caufes qui tendent à le détruire, & qui lui font fentir de la Douleur ou des Chagrins, lui font naturellement *Mauvaifes*. De là il s'enfuit évidemment, que la Phyfique explique ce qui eft naturellement

Marginal note: Idées de Métaphyfique & de Phyfique, qui fervent à la connoiffance des Loix Naturelles.

§ XVII. (1) Terme de Métaphyfique, qui doit fon origine aux idées d'Aristote.

ment Bon ou Mauvais à l'Homme, & démontre que l'un & l'autre eft tel néceffairement.

Je regarde comme une partie de la Phyfique, la connoiffance de tout ce que la Nature produit, qui eft de quelque utilité pour la *Nourriture*, le *Vêtement*, l'*Habitation*, & la *Médécine*. Qu'il me foit permis de rapporter encore à cette Science, la connoiffance de toutes les *Opérations Humaines*, & des Effets qu'elles produifent par rapport aux ufages de la Vie. Car, quoique les Actes Volontaires de l'Homme qui aboutiffent à quelque chofe d'extérieur, n'aient pas le même principe, que les Mouvemens purement Naturels qui naiffent de l'impulfion d'autres Corps, mais foient déterminez par la Raifon & par une Volonté Libre: cependant (2) les véritables mouvemens, qui fuivent de ces Actes Libres, étant proportionnez aux forces de nôtre Corps, qui font de même nature que les Forces des autres Corps Naturels, du moment qu'ils exiftent, ils produifent leurs Effets, felon les Loix du Mouvement, avec la même néceffité, & de la même manière précifément, que tout autre Mouvement Naturel. Cela paroît très-clairement dans les opérations des Machines Simples, comme, le *Levier*, la *Poulie*, & le *Coin*, auxquelles toutes les autres fe réduifent: car, comme chacun fait, il en réfulte les mêmes Effets, quand elles font pouffées par les Forces Humaines, que lorfqu'on y applique pour Puiffance ou Force mouvante le poids de quelques Corps inanimez.

§ XVIII. C'est auffi une chofe connuë de tout le monde, que l'Induftrie Humaine, à la faveur des Mouvemens de nôtre Corps, qu'un Philofophe raménera aifément aux principes de la Méchanique, peut fervir & fert ordinairement à nôtre confervation & à celle d'autrui, en procurant & entretenant des Alimens, des Médicamens, des Habits, des Domiciles, des Vaiffeaux. Ces Effets font le but de tout l'ufage que les Hommes font de leurs Facultez, dans l'*Agriculture*, l'*Architecture*, la *Marine*, le *Négoce*, la *Charpenterie*, les *Manufactures*, & autres *Arts Méchaniques*. Bien plus: la *Propagation de l'Efpéce*, le foin d'*allaitter* & de *nourrir* les *Enfans*, fe réduifent aux mêmes principes, de l'aveu d'HOBBES, que je n'ai garde de contredire en cela.

Comment l'idée du Bien fe réduit aux Loix du Mouvement; & par conféquent l'Idée du Mal, qui lui eft oppofée.

Les Loix du Mouvement entrent auffi de cette manière pour quelque chofe dans les *Arts Libéraux*, par lefquels, à l'aide de *Signes fenfibles*, de *Sons articulez*, de *Lettres*, ou de *Nombres*, l'Efprit Humain eft enrichi de diverfes Sciences, ou dirigé dans diverfes Opérations. C'eft par une vertu naturelle que nos *Mains*, & nôtre *Bouche*, nous fervent d'Inftrumens, pour *écrire*, ou pour *parler*, pour faire des *Contracts*, pour *diftribuer*, *tranfporter*, ou *conferver* nos *Droits*; en quoi confifte prefque toute la *Juftice*, qui eft le principal Effet de la *Morale* & de la *Politique*. Car pour ne rien dire de l'*Action de l'Orateur*, les *Paroles* & les *Lettres* feules n'ont pas peu de force, pour éclairer les Efprits, & pour exciter ou régler les Paffions, par les impreffions faites immédiatement fur les Organes du Corps; quoi que la première inftitution de la fignification des Mots, auffi bien que le choix & la compofition qu'on en fait, foient uniquement l'ouvrage de l'Efprit qui dirige l'Imagination & la Langue; & que d'ailleurs, après avoir

(2) C'eft-à-dire, les mouvemens des Organes & des Facultez de nôtre Corps, & ceux qui naiffent de là hors de nous.

voir entendu un Difcours Public, ou lû les Loix, on ait toujours fon Libre Arbitre, pour fe déterminer à agir, ou non, felon ce que l'Orateur, ou le Légiflateur, nous recommandent.

Confidérons, par exemple, de quelle manière opérent les *Loix* ou *écrites*, ou données *de vive voix* par le Souverain. Tout le pouvoir qu'elles ont fur l'Efprit des Sujets, s'exerce en partie par leur *publication*, en partie par la crainte de leur *exécution*, qu'on prévoit, & qui confifte à diftribuer les *Peines* & les *Récompenfes*, felon la teneur des Menaces & des Promeffes contenuës dans chaque Loi. Or l'une & l'autre eft connuë des Hommes par les Sens, qui font alors frappez de certains Mouvemens Corporels, dont l'effet propre eft produit d'une maniére très-néceffaire. Cette remarque eft ici fort à propos. Car la publication & l'exécution des *Loix Naturelles* étant des *Biens*, ou contribuant, comme Caufes Efficientes & Auxiliaires, au Bonheur de tous les Etres Raifonnables; il s'enfuit de là, qu'elles font telles naturellement & néceffairement. Et on a pû le favoir, avant même que les Hommes fe fuffent avifez de faire aucune Loi.

En un mot, tous ces fortes de *Signes extérieurs* contribuent à régler les Mœurs des Hommes, de la même façon que le mouvement de l'*Etoile Polaire*, & des autres Aftres, la *Bouffole*, les *Cartes Marines*, & autres *Inftrumens de Mathématique*, fervent à la confervation des *Vaiffeaux*, c'eft-à-dire, lors qu'on ufe de ces fecours; & on peut ne pas le faire par négligence. La détermination de nôtre Ame, & fon concours avec les Forces de nôtre Corps propres à produire ces Effets Moraux, font comme le travail du *Pilote*, qui tient le *Gouvernail*, & comme celui du *Marchand*, qui étant dans le Vaiffeau, calcule le *prix* & le *profit* de la *Cargaifon*. Tout ce que fait l'un & l'autre, eft inutile, s'ils n'ont un bon Interprête, & des Signes convenables; fi les Vents ne font pas favorables, & s'il n'y a pas de Ports commodes où le Vaiffeau puiffe aborder; fi le Vaiffeau n'eft pas bien calfaté, & fourni des Cordages & des Voiles néceffaires; fi encore les Païs, où l'on va négocier, ne produifent pas dequoi fe pourvoir de Marchandifes, qui manquent ailleurs, & s'ils ont fuffifamment de celles qu'on y apporte : toutes chofes que chacun reconnoît dépendre de Caufes Néceffaires.

(1) Il eft vrai, qu'on ne doit pas s'imaginer que les Arts, dont nous venons de parler, aient eû, avant l'établiffement des Sociétez Civiles, la perfection où nous les voions aujourdhui; & que même il n'étoit pas poffible alors de prévoir diftinctement leurs progrès, & leur point de maturité. Mais il faut pourtant de toute néceffité, & que tous les Hommes aient prévû, que leur affiftance mutuelle leur feroit ici fort utile, & qu'ils aient pû fe communiquer fuffifamment leurs deffeins par certains Signes. C'eft ce qu'HOBBES lui-même doit reconnoître, puis qu'il fonde l'origine de la *Société* fur des Conventions faites dans cette vuë.

Par la raifon des contraires, il faut regarder comme naturellement & néceffai-

§ XVIII. (1) Dans l'Original, le paragraphe XIX. commence ici : mais j'ai fuivi la Verfion Angloife, où l'on a eû raifon, ce me femble, d'en détacher ces deux à *lineas*, qui font mieux placez à la fin de ce paragraphe. J'ai moi même, en d'autres endroits, fait la même

fairement *Mauvais*, tous les Actes & tous les Mouvemens oppofez à ceux dont nous venons de parler; c'eft-à-dire, non feulement ceux qui tendent à détruire le Corps Humain, ou en lui ôtant les chofes néceffaires pour la Vie & la Force, pour la Nourriture, pour le Vêtement, pour l'Habitation, ou en mettant à la place de celles-là, d'autres qui lui font nuifibles: mais encore ceux, par lefquels on empêche que la Connoiffance & la Vertu n'entrent dans l'Ame des Hommes, ou bien on leur infpire des Erreurs & des Paffions déréglées, contraires au foin du Bien Commun.

§ XIX. Au reste, quand nous parlons du *Bien* ou du *Mal*, en matière de *Loix Naturelles*, nous n'avons pas égard au Corps ou à l'Ame de chaque Homme en particulier, ou de quelque peu d'Hommes (car le Bien Public demande quelquefois qu'on en retranche quelques-uns de cette Vie, ou qu'on les puniffe d'une autre manière): mais nous confidérons feulement le Corps entier du Genre Humain, & cela comme étant fous le Gouvernement de Dieu, ou formant un vafte Roiaume Naturel, dont Dieu eft le Souverain; ainfi que je l'expliquerai dans la fuite. Le Bien de ce Corps n'eft pourtant autre chofe, que le plus grand Bien qui revient à tous, ou à la plus grande partie.

Par là on fe forme auffi l'Idée d'un *Bien Commun*, ou général.

Dans ce que nous avons dit jufqu'ici de l'efficace naturelle d'un grand nombre d'Actions Humaines, par rapport à la confervation ou à l'affiftance des autres Hommes, nous avons eû uniquement en vuë de faire par-là connoître plus diftinctement, que les Hommes, en confidérant les Facultez & les Actions de leurs femblables, peuvent naturellement aquérir des idées de *Biens Naturels*, de Biens même confidérables & néceffaires; & ainfi procurer actuellement, à autrui, autant qu'il dépend d'eux, ceux qui font utiles & au Corps, & à l'Ame. Il ne fera pas maintenant difficile de montrer, que la vertu naturelle de ces Facultez & de ces Actions n'eft pas bornée à l'utilité d'un feul Homme, mais qu'elle fe répand fur un grand nombre. Tout Homme, qui eft habile dans un Art ou une Science, qui a de l'Adreffe ou de l'Induftrie, de la Bienveillance, de la Fidélité, de la Reconnoiffance; rend lui feul par-là fervice à une infinité de gens. Et de cela même que ces Biens fe communiquent ainfi à plufieurs, ceux qui y font attention fe forment naturellement l'idée d'un *Bien Commun* ou général. D'ailleurs, à la faveur de l'union de l'*Ame* avec le *Corps*, le pouvoir des Hommes s'étend plus loin, & eft capable de faire des chofes plus confidérables, que les autres Animaux, qui ont une force de Corps beaucoup plus grande. Car c'eft la Raifon Humaine, qui a inventé l'Art de la *Navigation*: c'eft elle qui a appris à faire des *Conventions* avec des gens de Païs fort éloignez, & à les tenir religieufement: c'eft elle qui, par le moien des *Lettres* & des *Nombres*, a pouffé le *Commerce* jufqu'aux *Indes* & en *Amérique*, & qui met en état de faire avec ces Peuples, tantôt des Traitez de Paix, tantôt la Guerre. Or cela produit néceffairement une détermination d'une infinité de Mouvemens Naturels.

Mais on voit auffi affez communément, dans les autres Caufes purement Mécha-

méme chofe; ou, au contraire, joint au paragraphe fuivant, que'que morceau, qui me paroiffoit y mieux figurer. Les Lecteurs, qui y prendront garde, pourront aifément, comprendre la raifon de ces petits changemens.

I

chaniques, une efficace par laquelle elles font manifeſtement avantageuſes ou nuiſibles à pluſieurs en même tems. La *Philoſophie Péripatéticienne* a reconnu, & l'Expérience Commune ſuffit pour le faire appercevoir, que les *Raions du Soleil*, fourniſſent par toute la Terre, à une infinité de *Végétables*, un *Suc vital*; & à tous les *Animaux*, une Chaleur ſalutaire, pour tenir leur Sang dans un mouvement convenable. La Phyſique Moderne, plus exacte, démontre, ſur diverſes ſortes de ſujets, que tout mouvement de chaque petite Partie du Corps étend ſa force bien loin; & par conſéquent concourt néceſſairement en quelque manière, pour ſi foible qu'il ſoit, avec quantité de Cauſes, à un grand nombre d'Effets. Il ſeroit facile de le prouver; & cela ne ſeroit rien moins qu'étranger à la matiére dont je traite. Mais comme la preuve en dépend de Principes, en partie Phyſiques, & en partie Mathématiques, qui paroîtroient à bien des gens trop éloignez des Sciences Morales; & que d'ailleurs ceux contre qui je diſpute, tomberont aiſément d'accord de la choſe: j'ai jugé à propos d'omettre ce que j'avois de tout prêt ſur cette matiére.

§ XX. Je remarquerai ſeulement ici qu'Hobbes m'accorde là-deſſus de reſte, puis qu'il dit formellement, dans ſon Traité *Du Corps*, (1) *Que*, *dans un Milieu plein, il ne ſauroit y avoir de Mouvement, ſans que la Partie voiſine de ce Milieu céde, & les autres prochaines de ſuite, à l'infini:* de ſorte, ajoûte-t'il, *que chaque Mouvement de chaque Choſe contribue néceſſairement à tout Effet, quel qu'il ſoit.* Mais malheureuſement pour lui, il ne voit pas, qu'on peut tirer de là cette conſéquence, qu'une Action Humaine contribuë de ſa nature à l'Effet, dont il s'agit, je veux dire, à la conſervation ou à la perfection de pluſieurs Hommes, quoi que ceux-ci ne ſe le propoſent point, c'eſt-à-dire, que cette Action eſt naturellement *Bonne* par rapport à pluſieurs. Autrement il ne diroit pas auſſi crûment qu'il fait, *Que* (2) *le Bien n'eſt tel que pour celui qui le ſouhaitte & le recherche:* & il n'en inféreroit pas, *Que* (3) *la nature du Bien & du Mal varie ſelon le goût de chacun, dans l'Etat de Nature; & au gré des Princes, dans chaque Gouvernement Civil:* qui ſont les Dogmes Fondamentaux de la Morale & de la Politique d'*Hobbes*, comme je le montrerai dans le Chapitre *Du Bien*.

Mais il eſt clair (& c'eſt ce que je me contente de faire obſerver ici) que certains Mouvemens, certaines Facultez, & certaines Actions, de toute ſorte de Choſes, & par conſéquent auſſi des Hommes, produiſent naturellement dans nos Eſprits l'idée d'un Bien Commun à pluſieurs. Par-là nous nous appercevons, que telle ou telle choſe ſe fait pour la conſervation ou pour un état plus avantageux d'autrui. Et comme la conſtitution naturelle des Choſes ne nous permet pas de juger que toute ſorte de Mouvemens & d'Actions ſoient également propres à produire cet effet; la Nature nous enſeigne ainſi aſſez clairement, qu'il y a quelque différence entre les *Biens* & les *Maux*, ſoit qu'on les regarde comme tels pour pluſieurs, ou pour un ſeul Individu. De plus, la Génération, la Conſervation, & la Perfection pleine & entiére des Corps Naturels, de ceux des *Hommes* par exemple, comme auſſi leur Corruption & leur

Deſ-

§ XX. (1) In medio enim pleno motus exiſtere nullus [poteſt], quin cedat pars medii proxima, & deinceps proxima ſine fine; adeo ut, ad quemcumque effectum conferant neceſſario aliquid etiam ſinguli motus rerum ſinguli. De Corpore, Cap. XXX ſea ult. § 15. pag. 261. Tom. I. Op.

Deſtruction, n'étant autre choſe que certains Mouvemens de leurs petites Parties, diverſement compoſez; & tous ces Mouvemens étant produits par certaines Cauſes, ſelon certains Théorèmes géométriquement démontrez : il eſt clair, que tout s'engendre, ſe conſerve, & ſe perfectionne, par la vertu de quelques Cauſes, auſſi néceſſairement, que les Démonſtrations Géométriques ſont vraies. Or les Cauſes qui conſtituent, qui conſervent, ou qui perfectionnent une Choſe, ou un Homme, ſont ce que nous appellons des *Biens*; & les contraires, des *Maux*; ſoit que leur efficace ſe borne à un ſeul Individu, ſoit qu'elle s'étende à pluſieurs, ou à tous généralement. Suppoſé donc l'exiſtence actuelle de tels Mouvemens & de telles Actions des Hommes les uns par rapport aux autres, comme celles que nous voions contribuer quelque choſe à la conſervation d'autrui; l'effet en réſulte auſſi néceſſairement, que les Théorèmes Géométriques ſur ces Mouvemens & ces Actions ſont certains. Et par conſéquent il y a là une *Bonté Naturelle*, en faiſant même abſtraction de toute *Loi* qui les commande.

La *mutabilité* qu'Hobbes ſe figure dans la Nature du *Bien* & du *Mal*, eſt donc très-mal liée avec ce qu'il reconnoît par-tout des Cauſes néceſſaires & immuables de la conſtitution & de la conſervation des Hommes. Il ſe ſauve, en diſant & rediſant, Qu'il n'y a point ici de Meſure fixe, avant la détermination des Loix Civiles. Mais c'eſt-là une vaine échappatoire. Car la Meſure du Bien & du Mal, eſt la même que la Meſure du Vrai & du Faux, dans les Propoſitions qui déterminent l'efficace des Mouvemens propres à conſerver ou à corrompre les autres Choſes. En un mot, la Nature même des Choſes, & toute Propoſition qui montre la véritable Cauſe de la Conſervation de pluſieurs, montre en même tems le vrai *Bien*, & un Bien commun à pluſieurs.

§ XXI. En voilà aſſez pour faire voir, comment la Nature des Choſes nous fournit des idées du *Bien* & du *Mal*, même d'un Bien & d'un Mal *Commun*, auſſi certaines & auſſi invariables, que celles qui nous indiquent les Cauſes de la Génération & de la Corruption des Choſes Je paſſe à une autre réflexion, c'eſt que la *Matière* & le *Mouvement*, en quoi conſiſtent les Forces du Corps Humain, auſſi bien que des autres Parties du Monde Viſible, ont une *quantité finie*, & certaines bornes au delà deſquelles leur vertu ne ſauroit s'étendre. De là ſuivent ces Maximes ſi connuës, au ſujet de tous les *Corps Naturels*, *Qu'ils ne peuvent être en pluſieurs Lieux, à la fois; Que le même Corps ne ſauroit ſe mouvoir en même tems vers pluſieurs Lieux, ſur-tout ſituez à l'oppoſite l'un de l'autre, en ſorte qu'il s'accommode aux volontez oppoſées de pluſieurs Hommes, mais que ſon mouvement eſt néceſſairement déterminé par la volonté d'un ſeul Homme, à moins que pluſieurs ne s'accordent à produire un ſeul & même Effet, & une ſeule & même Utilité.* Et cela n'eſt point particulier aux Corps: il doit être également appliqué aux *Ames* des *Hommes*, & à toutes les *Créatures*, comme étant toutes des Etres bornez.

De là je veux tirer deux conſéquences, qui ſont de très-grande importance pour mon ſujet. 1. La *première* eſt, que la connoiſſance de la Nature, ſur-tout de la Nature Humaine, nous mène à reconnoître & à entendre cette diſtinction

Combien il eſt utile de conſidérer les *Bornes des Facultés Naturelles de toutes les Créatures.*

(2) *Sunt ergo* Borum & Malum *Appetentibus & Fugientibus correlata.* De Homine, Cap. XI. § 4.   (3) Voïez-ci-deſſous, Chap. III. § 2.

I 2

tion célébre des STOÏCIENS, qui difoient, Qu'il y a des (1) *Chofes qui dépen-*
dent de nous, & d'autres *qui n'en dépendent pas.* Les prémiéres font les *Actes de*
nôtre Ame, & certains *Mouvemens Corporels*, qui font foûmis à nôtre *Volonté.*
L'Expérience nous l'apprend tous les jours à l'égard des uns & des autres, par
les Effets: & de là nous inferons aifément, par une parité de raifon, ce que
nous ferons capables de faire à l'avenir.   Les chofes qui ne dépendent pas de
nous, font une infinité de Mouvemens, & des plus grands, que nous voions
tous les jours fe faire dans l'Univers, & auxquels nous, qui ne fommes que
de petits Animaux, ne fuurions réfifter: Mouvemens, par la force defquels tout
eft dans un flux & reflux perpétuel, & il y a même parmi les Hommes une
viciffitude continuelle d'Adverfité & de Profpérité, de Naiffance, de Maturité, & de Mort.

Rien n'eft plus utile, pour former les Mœurs & régler les Paffions, que d'a-
voir toûjours attention à bien diftinguer ces deux différentes fortes de chofes.
Car nous apprendrons par-là à ne chercher pour récompenfe de nos travaux,
d'autre Bonheur, que celui qui naît d'une fage direction de nos Facultez, &
des fecours que nous favons que la Providence Divine nous fournira dans l'exercice du Gouvernement de cet Univers.   Ainfi nous éviterons les vains & pénibles efforts, auxquels bien des gens fe laiffent entraîner par de fauffes efpérances; & nous ne nous inquiéterons jamais des maux qui nous font arrivez,
ou qui peuvent déformais nous arriver, fans qu'il y ait de nôtre faute: par où
nous nous épargnerons une grande partie des Chagrins, dont la Douleur, la
Colére, & la Crainte, Paffions qui ne laiffent aucun repos, font pour l'ordinaire accompagnées. Et cela ne fervira pas feulement à nous garantir des Maux:
il nous montrera auffi le chemin le plus court, pour parvenir peu-à-peu à la
jouïffance des plus grands Biens, que nous pouvons obtenir, je veux dire, la
culture de nôtre Ame, & l'empire fur nos Paffions.   Mais je n'ai pas deffein
de m'étendre ici fur cette matiére.

Je ferai feulement une remarque, qui vient à propos. Il eft très-connu par
l'Expérience de tout le monde, que les Forces de chaque Homme en particulier, comparées avec ce qu'il y a hors de lui qui contribuë à l'aquifition du Bonheur dont il eft capable, font fi petites, que l'affiftance d'un grand nombre de Chofes & de Perfonnes lui eft néceffaire, pour vivre heureufement: & néanmoins
chacun peut faire, pour l'avantage des autres, bien des chofes dont il n'a lui-
même aucun befoin, & par conféquent qui ne lui ferviront de rien à lui-même.
Puis donc que la connoiffance des bornes étroites de nos Forces nous convainc,
que nous ne faurions contraindre tous les autres Etres Raifonnables, de l'aide
defquels nous avons befoin, je veux dire, DIEU & les *Hommes*, à cooperer
avec nous pour l'avancement de nôtre Félicité; il ne nous refte pour cet effet
d'autre reffource, que de les y engager, en leur offrant tout ce qui eft en nôtre pouvoir, & nous en aquittant comme il faut. Or cette *Bienveillance*, la
plus univerfelle & la plus grande, qui fait la matiére de nôtre Propofition Fondamentale, confifte dans une volonté fincére, conftante, & très-étenduë, d'a-
gir d'une telle maniére, & par conféquent lors même que nous n'attendons au-

cun-

§ XXI. (1) C'eft par-là qu'EPICTÈTE   commence fon *Manuel:* Τῶν ὄντων τὰ μὲ ἐςν
ἐφ'

enn retour, cas qui arrive affez fouvent; & quoi qu'en général nous fachions que nous ferons fouvent fruſtrez de l'efperance d'un amour réciproque de la part de ceux à qui nous aurons témoigné la nôtre. Ce qui n'empêche pourtant pas, que nous ne puiſſions entretenir principalement l'amitié avec ceux de la part defquels la Raiſon nous fait efperer des fruits agréables d'une Bienveillan-ce réciproque.

§ XXII. 2. De cette prémiére Conféquence que je viens de tirer de la con- *Néceſſité de*
fidération des bornes dans lefquelles eſt renfermée la Nature de toutes les Cho- *borner l'uſage*
fes créées, fur-tout la nôtre, naît l'autre Conféquence que j'ai dit que je vou- *des Choſes, ou*
lois propoſer.   C'eſt que tout ce en quoi les Hommes, ou les autres Choſes, *le Service des*
contribuent naturellement & néceſſairement à nôtre utilité, eſt borné à certai- *Perſonnes, à*
nes Perſonnes, dans un certain lieu & un certain tems.   Ainſi, fuppofé que *un certain*
la Raiſon ordonne de rendre utile à tous les Hommes l'*Uſage des Choſes*, ou le *nombre de*
Service des Perſonnes, elle veut auſſi néceſſairement, que cet Uſage & ce Ser- *gens, & pour*
vice foient limitez à certaines Perſonnes, en tel tems ou en tel lieu. La confé- *un tems limité.*
quence eſt manifeſte. Car tout Précepte conforme à la Droite Raiſon doit être
tel, qu'il n'oblige qu'à ce que la nature des Choſes permet de faire. La Propofition même, contenuë dans la Conféquence, tend à prouver, qu'il eſt néceſ-
faire pour l'avantage de tous les Hommes, de faire entre tous un partage des
Choſes & des Services Humains, du moins pour le tems que chacun en a befoin. Cette limitation néceſſaire de l'uſage d'une Choſe à un feul Homme, pour
le tems qu'elle lui fert, eſt certainement un Partage naturel, ou une féparation
par laquelle toute autre Perſonne eſt privée pendant ce tems-là de l'uſage de la
même Choſe.

Quand je dis *une Choſe*, il eſt clair que je parle de celles qui n'ont qu'un feul
uſage, auquel elles font tout entières emploiées en un feul tems. Car il y en
a d'autres, qui, quoi qu'appellées *unes*, peuvent fervir en même tems à plufieurs, comme *une Ile*, *une Forêt* &c. du partage defquelles nous ne difons rien
encore.

Celui, dont il s'agit, qui eſt, comme je viens de le dire, un partage naturel de l'uſage des Choſes, étant néceſſaire pour la conſervation de tous les
Hommes, nous montre l'origine de ce *droit* primitif du *Prémier Occupant*, dont
parlent fi fouvent les Philoſophes & les Juriſconfultes, & qu'ils difent avoir
lieu, en fuppofant une Communauté de toutes choſes. Le *Droit* eſt *un pouvoir
de faire certaines choſes, accordé par quelque Loi*. Or, dans un état de Communauté, tel qu'ils fuppofent, il n'y a point d'autre *Loi*, que les *Maximes de
la Droite Raiſon*, touchant les Actions néceſſaires pour le *Bien Commun*; Loix
Divines, & que Dieu publie tacitement par les lumiéres de cette même Raifon. De forte que, par cela même que la Droite Raiſon aſſigne à chacun pour
un tems, comme néceſſaire pour le Bien Commun, l'uſage de quelle Choſe &
de quel Service Humain que ce foit, autant qu'il en a befoin; elle lui donne
auſſi *droit*, pour tout ce tems-là, à l'uſage de cette Choſe & de ce Service.
Une Volonté, ou une *Bienveillance*, par laquelle on fe conforme à cette Maxime

ἐφ' ἡμῖν, τὰ ἐὶ ἂκ ἐφ' ἡμῖν. Cap. I. Conferez   Gens, Liv. II. Chap. IV. § 7, 8.
ici Pufendorf, *Droit de la Nat. & des*

I 3

me, eſt une diſpoſition de *Juſtice*, tout de même que celle qui rend à chacun le ſien, depuis l'établiſſement des Droits de la Société Civile. La même Bien-veillance, entant qu'elle laiſſe à chacun la jouïſſance de ces ſortes de Droits, & qu'elle réprime les Paſſions qui portent à des Actions contraires, eſt une *Innocence* louable.

Il eſt très-évident, que perſonne ne ſauroit contribuer en aucune maniére au Bien Commun, s'il ne conſerve ſa *Vie*, ſa *Santé*, & ſes Forces; & il ne peut les conſerver ſans l'uſage des Choſes de ce monde, & du ſervice des Per-ſonnes. Ainſi, autant qu'un tel uſage lui eſt néceſſaire pour cette fin, autant le droit du Prémier Occupant eſt-il un Moien abſolument néceſſaire. En effet, la conſervation d'un *Tout*, compoſé de *Parties ſéparées* les unes des autres, tel qu'eſt le Genre Humain, dépend de la conſervation de ces Parties; pour ne rien dire à préſent de l'ordre qui doit être maintenu entr'elles. Or la conſerva-tion de chaque Homme, qui eſt une telle Partie du Genre Humain, demande quelque partage de l'uſage des Choſes & du Service des Perſonnes. Donc cela eſt néceſſaire pour la conſervation du Tout ou du Genre Humain. Ce partage, quand chacun s'eſt actuellement emparé de certaines Choſes par droit de Pré-mier Occupant, & les fait ſervir à ſes véritables beſoins, eſt une eſpéce de *Propriété*; qui s'accorde très-bien avec quelque ſorte de *Communauté*, ſemblable à celle qu'on voit dans un *Feſtin*, (1) & dans un *Théatre*. Pluſieurs des anciens Philoſophes ont ſuppoſé une telle Communauté: en quoi s'ils ne ſont pas d'ac-cord avec l'Hiſtoire Sainte, ils n'avancent rien néanmoins de contraire à la Rai-ſon. Cette hypothéſe eſt directement oppoſée au prétendu *droit de tous ſur toutes Choſes*, qu'Hobbes a imaginé en vuë d'établir, qu'avant l'établiſſemant des Sociétez Civiles il y a néceſſairement & légitimement une *Guerre de tous contre tous*, & une pleine licence de faire tout ce qu'on veut contre tout autre.

De tout ce que je viens de dire, on peut inferer en paſſant, d'où vient le droit que chacun a de conſerver ſa Vie & ſes Membres. C'eſt que ce ſont-là des Moiens très-ſûrs pour être en état de ſervir Dieu, & de rendre ſervice aux Hommes; en quoi, comme je l'ai ſi ſouvent dit, conſiſte le *Bien Commun*. De là il paroit encore, quelles ſont les bornes dans leſquelles l'uſage de ce droit eſt renfermé; c'eſt, d'un côté, que, ſi la Religion, ou la Sûreté commune des Hommes, le demandent, nous devons être prets à répandre même nôtre ſang: de l'autre, qu'on ne doit jamais faire du mal à un Innocent, pour ſe procurer à ſoi-même quelque avantage.

Cela ſuit, avec la derniére évidence, des principes que je viens d'indiquer

en

§ XXII. (1) On trouve ces deux comparai-ſons, dans les Diſcours d'Epictete, recueil-lis par Arrien. C'eſt en traitant du droit par-ticulier, que chaque Mari a ſur ſa propre Fem-me. Mais tous les raiſonnemens de ce Chpi-tre, & du précédent, ſont donnez pour être du fameux Philoſophe Cynique *Diogene*; dont les principes ſur les droits du Mariage ſont repréſentez tout autrement par l'Hiſtorien de même nom Diogene Laerce, Lib. VI. § 72. Quoi qu'il en ſoit, voici le paſſage:

,, Les Femmes, dites-vous, ſont naturelle-,, ment communes, ſoit. Un Cochon, qu'on ,, ſert à table, eſt auſſi commun à ceux qui ſont ,, invitez; mais lors qu'il eſt découpé, & que ,, les portions ſont diſtribuées, irez-vous pren-,, dre la part de vôtre Voiſin?... Le Théatre ,, eſt commun à tous les Citoiens: mais quand ,, ils y ont pris place, chaſſerez vous quelcun ,, d'eux de celle qu'il occupe? Τι δὲ; αὶ ἱ-τιν αὶ γυναῖκες κοιναὶ φύσει; κάγὼ λέγω. Καὶ ὁ ὸ χοιρίδιον κοινὸν τῶν κεκλημένων. ἀλλ' ὅταν μίρη γί-νεται,

en peu de mots, & renverfe en même tems tout le Syftème d'Hobbes fur les *Loix de la Nature*, & fur celles du *Gouvernement Civil*. Car il pofe d'abord, fans preuve & fans la moindre limitation, (a) le droit de conferver cette Vie mor- *(a) De Cive, Cap. I. § 7, & feit.* telle, pour fondement unique de toutes les Loix Naturelles, & de toute Socié- té: & tout ce qu'il dit enfuite, roule fur l'application de quelques Moiens, fou- vent fort étranges, à la recherche de cette fin.

Nous trouvons auffi, dans nos principes, la maniére dont on doit concevoir l'origine du *Mien* & du *Tien*, de la *Propriété* & du *Domaine*, en prenant ces mots dans un fens fort général, & en faifant abftraction de ce qui nous eft re- velé dans l'Hiftoire de Moïse, comme l'ont fait néceffairement les *anciens Phi- lofophes*, qui n'en avoient aucune connoiffance.   Or pofé cet exemple de l'in- troduction d'un Partage, que la Nature elle-même nous fournit, il eft égale- ment facile & conforme au génie de l'Efprit Humain, après avoir fait atten- tion aux inconvéniens de la Communauté de biens, que chacun fent par expé- rience, de penfer, fur le même fondement, à étendre plus loin le Partage des Chofes & des Services des Perfonnes, & de venir à introduire un droit de Propriété perpétuel en quelque maniére fur les unes & les autres, pour mieux pourvoir à l'avantage de tous les Hommes.

§ XXIII. Le Lecteur, je penfe, ne s'attend pas que j'entre ici dans le détail *Origine du* des maux très-fâcheux qui naîtroient d'une parfaite *Egalité* entre tous les Hom- *droit de Pro-* mes, ou de la *Communauté* de *Femmes*, d'*Enfans*, de *Biens*. C'eft un fujet épui- *priété.* fé par plufieurs Ecrivains: on n'a qu'à voir (a) Aristote, & fes Interprè- *(a) Politic.* tes.   Car ce que ce Philofophe dit par rapport à un Etat particulier, peut aifé- *Lib. II.* ment être accommodé à ce vafte & univerfel Corps d'Etat, compofé des *Hom- mes*, comme autant de *Sujets*, & de Dieu, comme *Souverain*. Il fuffit de con- fiderer ce qu'une Expérience perpétuelle nous enfeigne, & que Paul, Jurif- confulte Romain, a (1) remarqué, Que, quand une chofe eft laiffée en com- mun à plufieurs, cela donne lieu à une infinité de difputes, qui font qu'on en vient d'ordinaire à un partage. D'ailleurs, *c'eft un défaut naturel, de négliger ce que l'on poffède en commun. Celui qui n'a pas une chofe toute entiére, croit n'avoir rien;* ainfi que (2) le dit l'Empereur Theodose. Certainement les maux qu'il y auroit à craindre des conteftations, & la difette où l'on fe trouveroit, fi la culture de la Terre étoit négligée, fur-tout depuis la multiplication du Genre Humain, & l'accroiffement d'un grand nombre de Vices nez de l'Ignorance & du peu de Difcipline; mettroient les affaires humaines dans un tel état, que chacun verroit aifément qu'il eft auffi néceffaire pour le Bonheur de tous les

Hom-

νται, ἂν σοι φανῇ, ἀόρπατοι διελθεῖν τὸ τῶ παρα- κειμένω μέρ©, λάθρα κλίψον ...... Ἄγε, τὸ δὲ Σίαχρον ἆκ ἐςὶ κοινὰ τῶ πολιτῶν; ὅτι ἂν καθίσω- σιν, ἰλθὸν, ἄν σοι φάνῃ, ἰκβάλε τὸν αὐτῶν. Lib. II. Cap. IV. Cice'ron, *De Finib. bonor. & ma- ler.* Lib. III Cap. 20. & Seneque, *De Be- nefic.* Lib. VII. Cap. 12. fe font auffi fervis de la comparaifon du *Théatre.* Voiez ci-deffous, § XXX. *Note* 2. Au refte, pour ce qui eft de la chofe même, on peut confulter Pufen- dorf, *Droit de la Nat. & des Gens*, Liv. IV.

Chap. IV. avec les Notes.
§ XXIII. (1) *Itaque propter immenfas conten- tiones plerumque res ad divifionem pervenit.* Di- gest. Lib. VIII. Tit. II. *De Servitutib. Præd. Urban.* Leg. XXVI.
(2) *Naturale quippe vitium eft, negligi quod communiter poffidetur: utque fe nihil habere, qui non totum habeat, arbitretur &c.* Cod. Lib. X. Tit. XXXIV. *Quando & quibus quarta pars de- betur &c.* Leg. II. *Princip.*

Hommes de faire un Partage pour toûjours des Chofes à poffeder, & des Services que les Hommes doivent fe rendre les uns aux autres, que de laiffer chacun fe fervir pour un tems des chofes néceffaires à la Vie, dont il eft en poffeffion.

De là il s'enfuit, que, comme la Nature donne à chacun le droit de fe fervir de ce qui lui eft néceffaire pour le préfent, ainfi que je l'ai fait voir ci-deffus; elle lui donne auffi le droit d'avoir une portion congruë des Chofes & des
Services, dans un Partage fixe & durable; ce qui s'appelle *Domaine* ou *Propriété*, dans un fens plus direct & plus précis. Il eft très-évident, que la continuation de l'ufage des Chofes extérieures & des Services Humains, a le même rapport avec la confervation de la Vie & de la Santé de chacun pour l'avenir, que leur
jouïffance préfente a avec la confervation de la Vie & de la Santé pour le préfent; c'eft-à-dire, l'influence d'une *Caufe néceffaire*. Ainfi il en eft ici à peu-près
de même que dans les *Proportions Géométriques*, où, par trois *termes* donnez on
trouve le quatrième. Et l'on peut, en concevant les Hommes dans l'*Etat de
Nature* où HOBBES les fuppofe, leur prêter ce raifonnement, comme très-jufte: *Le droit que chacun a de vivre aujourdhui, prouve qu'il a droit aux Caufes néceffaires pour la confervation de fa Vie*, c'eft-à-dire, à un ufage particulier des Chofes
extérieures & des Services Humains, qu'il a pour l'heure fous fa main: *de même, le droit qu'il a de vivre demain, & plus long tems encore, prouve qu'il a droit
pour l'avenir à un pareil ufage*. Il n'eft pas befoin ici d'une longue & fcientifique
fuite de *Multiplications* & de *Divifions*, telles qu'il les faut dans les grands *Nombres*, pour trouver le quatrième. C'eft un raifonnement fimple, qui fe préfente à tout Homme de bon-fens, & que chacun fait tous les jours, fans y
prendre garde, & fans le mettre diftinctement en forme. La Nature même
nous donne les *deux prémiers termes*, comme je l'ai fait voir. Et pour le *troifiê-
me*, il eft clair qu'elle l'enfeigne auffi, parce qu'il ne contient rien qui ne foit
connu de tous les Hommes. Car ils penfent tous à l'avenir; & ils fuppofent,
comme une chofe probable, qu'eux, & les autres Hommes, leurs Defcendans
& ceux des autres, demeureront quelque tems, fur la Terre, & ainfi auront
droit de conferver leur Vie. C'eft même un des avantages (3) que l'Homme a
par deffus les autres Animaux, que de porter fes vuës fur un Avenir éloigné,
de s'en mettre beaucoup en peine, & de réfléchir fur les Caufes de ce qui
peut arriver, comme fi le cas étoit préfent. Il vient donc aifément à trouver
le *quatrième terme proportionnel*, dont il s'agit, favoir, les Caufes fixes & bor-
nées, qui fervent à conferver fa Vie pour l'avenir. Et il n'y en a pas d'autres, que le Partage des Chofes extérieures & des Services Humains, confirmé & fixé pour l'avenir d'un commun confentement, pour éviter les inconvéniens des Difputes, & pour prévenir la Difette, que l'Expérience, comme
nous l'avons dit, nous apprend être inévitable, quand on néglige de prendre
foin de ce qui eft néceffaire à la Vie. Ce raifonnement, tiré d'une exacte reffemblance de cas, eft fi folide, qu'il égale par fon évidence, & qu'il furpaffe
en

---

(3) CICE'RON l'a remarqué: *Sed inter hominem & beluam hoc maximè intereft, quòd haec
tantum, quantum fenfu movetur, ad id folum
quod adeft, quodque praefens eft, fe accommodat,*
*paullulum admodum fentiens praeteritum, aut fu-
turum. Homo autem, quòd rationis eft particeps,
per quam confequentia cernit, caufas rerum videt, earumque progreffus & quafi anteceffiones*
...

en facilité, la méthode Géométrique qu'Euclide donne, au VI. Livre de ses *Elémens, De trouver une quatriéme proportionnelle, en tirant une Ligne Paral lèle à une Ligne donnée*: méthode, dont personne ne niera qu'il ne résulte une Démonstration fondée sur la Raison Naturelle.

Au reste, de cet exemple de la Propriété pleine & entiére, dont nous venons d'expliquer l'origine, il paroît, comment le changement de circonstances entre les Hommes, ou la considération de certaines choses, qui n'étant pas essentielles à l'Homme, ne sont pas renfermées dans l'idée primitive & universelle du Genre Humain, a introduit la nécessité d'une nouvelle sorte d'Actions Humaines qui contribuent au Bien Public: & comment l'influence nécessaire qu'elles ont sur cet Effet donne droit de les exercer, avant tout établissement d'un Gouvernement Civil. En supposant de tels cas, personne n'a droit de faire que ce que la Droite Raison lui fera juger ou nécessaire pour le Bien Commun, & par conséquent *commandé*; ou du moins compatible avec cette fin, & ainsi *permis*. Nous expliquerons cela plus au long, dans le Chapitre *Des Loix Naturelles*.

Il faut seulement bien remarquer, que tout *Droit*, dans le sens que nous l'entendons ici, & que nous en cherchons l'origine, c'est-à-dire, distingué du simple pouvoir de s'emparer de ce qu'on veut; que tout *Droit*, dis-je, qu'on a de se servir même des choses véritablement nécessaires à la Conservation de chacun, est fondé sur un *Commandement*, ou du moins sur une *Permission* de la *Loi Naturelle*, c'est-à-dire, des Maximes de la Droite Raison, touchant ce qui est nécessaire pour le *Bien Commun*. Ainsi, pour savoir si quelcun a droit de se conserver lui-même, il faut savoir auparavant si cela est avantageux pour le Bien Commun, ou du moins n'a rien qui y répugne. Or posé un tel fondement du droit que nous avons à nôtre propre conservation, par-là l'usage légitime de nos Forces est nécessairement limité, de maniére que nous ne pouvons raisonnablement donner aucune atteinte au droit égal des autres, ni en venir à une *Guerre de tous contre tous*, qui seroit la ruïne de tous généralement.

En un mot, le *Droit*, distingué du simple *Pouvoir*, encore même qu'on veuille l'exercer en vuë de sa propre conservation, ne sauroit être conçû sans un rapport à la *permission* de la *Loi Naturelle*, qui pourvoit à la conservation de tous les Hommes en général. Et tout bon argument, en vertu duquel on s'attribue à soi-même quel Droit que ce soit, prouve en même tems, qu'il y a une telle Loi, & qu'elle est d'une égale force pour nous rendre attentifs à la conservation des autres. De plus, le droit d'exiger un Partage des Choses nécessaires à la Vie ne pouvant se déduire que du soin d'avancer le Bien Commun, il s'ensuit de là manifestement, & que le droit de Domaine Suprême que Dieu a sur toutes Choses est laissé ici en son entier, & qu'on ne sauroit non plus, en vertu de ce principe, donner à aucun Homme le moindre droit de Propriété par rapport à ses semblables, qui l'autorise à dépouiller un Innocent de ce qui lui est nécessaire: mais, au contraire, que, si quelcun aquiert un droit de commander à

d'au-

---

non ignorat, similitudines comparat, & rebus praesentibus adjungit atque adnectit futuras: facilé totius vitae cursum videt, ad eanque degendam praeparat res necessarias. De Offic. Lib. I. Cap. 4.

Voilà qui confirme en même tems la maniére dont nôtre Auteur montre que se forment les idées, par lesquelles on parvient à la connoissance des Loix Naturelles.

K

d'autres; il ne l'a que pour mettre les Droits de tous à l'abri des maux que produifent les Conteftations, & pour augmenter ces Droits, autant que le permet la nature des Chofes, aidée de l'Induftrie des Hommes.

Principaux chefs de la Loi Naturelle, déduits de ce que l'on vient d'établir. § XXIV. Il y a donc un *Droit*, que chacun peut s'attribuer avec raifon comme lui appartenant *en propre*, du moins par rapport aux *Chofes néceffaires*. Et cela fuit de la grande Loi Naturelle, qui ordonne le foin du *Bien Commun*; comme je viens de le prouver en peu de mots. En vertu de la même Loi, tous les autres font obligez de laiffer & d'accorder à chacun ce Droit, ainfi que le donne à entendre la définition (1) commune de la *Juftice*. Il faut maintenant montrer plus en détail, quelles Actions font naturellement propres à avancer la Félicité Publique: car il paroîtra de là, quelles Actions doivent être ou *permifes*, ou *commandées*, à chacun.

1. Il eft clair, qu'on doit, avant toutes chofes, *s'abftenir de caufer aucun dommage à des Perfonnes Innocentes*. Car le dommage que fouffre chaque Partie, tourne au détriment du Tout; à moins qu'on ne le faffe fouffrir pour quelque Faute commife contre le Bien Public.

D'où il s'enfuit, que tout *attentat fur ce qui appartient à autrui* eft défendu; & par conféquent tout ce en quoi on nuit à l'*Ame*, au *Corps*, aux *Biens*, ou à la *Réputation* de qui que ce foit. Car le Tout y perd toûjours quelque chofe.

Il s'enfuit encore, que la même Loi Naturelle ordonne néceffairement, en vûë du Bien Public, la *réparation du Dommage* caufé injuftement; puis que fans cela on ne rendroit pas à chacun le fien.

2. Il n'eft pas moins évident, que, pour parvenir à une fi grande & fi noble fin, il ne fuffit pas qu'on s'abftienne de faire du mal; mais il faut encore de toute néceffité, que chacun contribuë pour fa part au Bien Public, par un ufage convenable, fixe, & conftant, de fes Biens & de fes Forces; rapporté à cette fin. Autrement nous n'avancerions pas le Bonheur Public autant qu'il dépend de nous, & nous ne ferions pas non plus tout ce que demande nôtre Bonheur particulier.

De là il s'enfuit, que, toutes les fois que la nature même du Bien Public, qui doit être nôtre dernière Fin, demande (2) que nous tranfportions quelque Droit à autrui, ou par une *Donation préfente*, ou par une *Promeffe* ou une *Convention*, dont les engagemens fe rapportent à l'avenir, nous devons confirmer & exécuter de bonne foi ce tranfport, fans aucune fupercherie. Car il n'y a que la validité de ce tranfport de nos Biens ou de nos Services, qui puiffe le rendre utile à autrui, & contribuer par conféquent à l'effet qu'on fe propofe, ou qu'on doit fe propofer. De là naît l'Obligation & de *donner fa parole*, & de la *tenir*.

Pour

---

§ XXIV. (1) Justitia *eft conftans & perpetua voluntas fuum cuique tribuendi.* Digest. Lib. I. Tit. 1. *De Juftit. & Jure*, Leg. X. principe.

(2) *Ou permet.* C'eft ce qu'il auroit fallu ajoûter, & qui eft d'ailleurs conforme aux principes de l'Auteur.

(3) Il y a dans l'Original: *Caufis* Perceptivis *boni communis &c.* Je ne doute pas,

que ce ne foit une faute d'impreffion, & que l'Auteur n'eût écrit *caufis* Praecipuis &c. comme je l'ai exprimé dans ma Traduction. La fuite du difcours le demande; & le mot barbare *perceptivis* ne peut avoir aucun fens qui convienne ici. Le Traducteur Anglois a cru qu'il fignifioit *Agens Intelligens*: car il dit, *to the Intelligent Agents, who are caufes of the common Good.* Mais cela pofé, il faudroit, que ceux

Pour favoir enfuite la maniére de s'employer le plus fagement & le plus efficacement qu'il eft poffible, à l'avancement du Bien Commun de tous les Etres Raifonnables, voici l'ordre qu'il faut obferver dans fes Actions.

1. On doit, avant toutes chofes, faire ce qui eft agréable aux (3) *principales Caufes du Bien Commun*, & par conféquent du nôtre. C'eft-à-dire, qu'il faut que chacun tâche de fe rendre agréable à DIEU, à fes *Supérieurs*, au *Corps de l'Etat Civil* (fuppofé qu'il y en aît, de qui l'on dépende) à fes *Parens*, & à tous fes *Bienfaiteurs*, fur-tout aux *Médiateurs de la Paix*, ou aux *Ambaffadeurs*.

2. Après cela, il faut que chacun travaille à *fa propre confervation*, & à fa *perfection*; fauf toujours les Droits d'autrui, auxquels la prémiére Régle, propofée ci-deffus, défend de donner atteinte. Je rapporte à cette claffe, l'application à orner fon *Ame de Connoiffances utiles*, & de *Vertus*; comme auffi le foin de conferver fa *Vie*, fa *Santé*, & fa *Chafteté*.

3. Suit le foin qu'on doit avoir de fa *Famille*, & de fes *Enfans*, lefquels, (outre qu'ils font formez de la fubftance de leurs Pére & Mére, & d'une même efpéce, par où ils ont de juftes prétenfions aux Droits communs de la Nature Humaine); font auffi le foûtien de la Vieilleffe du préfent Siécle, & l'unique efpérance des fuivans. Je rapporte à ce foin de nôtre lignée, l'amour envers les perfonnes de nôtre *Parenté*, qui font les Enfans de nos Péres; & envers tous nos *Defcendans* propres.

4. Enfin chacun doit chercher à obliger *tous les autres* par des *Services réciproques*; & exercer, fans préjudice de perfonne, les actes de l'*Humanité commune*, tel qu'eft le bon office de montrer le chemin à quiconque le demande, de relever une perfonne tombée &c.

Il n'eft pas néceffaire de prouver plus au long la vérité de ces Régles. Je remarquerai feulement, que, pour conferver tout Corps, dont les Parties font en mouvement (tel qu'eft le Genre Humain) il faut néceffairement qu'on éloigne les chofes capables de le corrompre, fur-tout celles qui pénétrent jufqu'à l'intérieur: qu'il fe faffe une certaine communication de mouvement entre les Parties: que les Caufes qui confervent le Corps, & fes Parties effentielles, foient toutes entretenuës, non feulement les préfentes, mais encore celles qui peuvent être produites par un mouvement qui vient du fonds du Corps même: & que les Parties, & les Mouvemens, qui font moins confidérables par rapport au Tout, cédent aux autres plus confidérables. On ne fauroit guéres avancer rien de plus clair, que cette Propofition générale, qui fuit immédiatement des feules Définitions des *Caufes* (4) qui *confervent*, ou qui *corrompent*; du *Tout*, & de la *Partie*; de la *Caufe*, & de l'*Effet*. Or elle peut être, à tous égards,
exac-

---

ceux dont nôtre Auteur parle dans les chefs fuivants, ne fuffent ni des *Agens Intelligens*, ni des Caufes du Bonheur Commun, & du nôtre en particulier; ce qui eft très-faux, comme on voit. Cependant on ne voit ici aucune correction fur l'exemplaire de l'Auteur, ni de fa main, ni de celle du Docteur BENTLEY.

(4) Ici le Traducteur Anglois a fort bien corrigé le Texte, qui porte: *A definitionibus* CONTRARIORUM *feu corrumpentium*, pour à *definitionibus* CONSERVANTIUM *& corrumpentium*. La fuite du difcours montre inconteftablement, que c'eft ainfi que l'Auteur avoit écrit. Et néanmoins il n'y a non plus ici aucune correction fur fon exemplaire, ni de fa main, ni de celle du Docteur *Bentley*.

exactement appliquée à ce que nous avons dit ci-deſſus être néceſſaire pour la conſervation du Genre Humain.

§ XXV. MAIS, afin qu'il ne manquât rien de ce qui eſt capable de nous donner de telles idées, & de nous convaincre de leur liaiſon néceſſaire, la Nature nous en fournit bon nombre d'exemples en différentes ſortes de Choſes. Conſidérons la conſtitution de tout *Animal*, entant qu'il eſt un Corps compoſé de Parties fort différentes : nous trouverons qu'il ſe conſerve par les mêmes moiens, dont je viens de parler, pendant tout le tems que la Nature Univerſelle a aſſigné à ſa durée. Car 1. la Nature de l'Animal chaſſe, autant qu'elle peut, les choſes qui lui ſont *nuiſibles*, & elle les ſépare avec beaucoup de ſoin du Suc vital. 2. Elle produit une *Circulation* du *ſang*, & peut-être des autres *Liqueurs* utiles, comme de la *Lymphe*, de la *Bile*, & du *Suc nerveux*. 3. Elle *répare la diſ-ſipation des Parties* par une eſpéce de nouvelle génération de ſemblables qui leur ſuccédent. 4. Les Parties ſe rendent les unes aux autres de bons offices, ſelon les Loix générales du Mouvement : & cependant chacune ne laiſſe pas de pren-dre pour elle ce qu'il lui faut pour ſe nourrir & ſe fortifier.

Que ſi nous jettons enſuite les yeux ſur la manière dont les divers Animaux, d'une même eſpéce, agiſſent les uns envers les autres, nous voions clairement, que chacun a ſoin de la conſervation de ſon Eſpéce, par une ombre d'*Innocence*, de *Reconnoiſſance*, d'*Amour* propre limité, & de *tendreſſe pour ſa lignée*.

(1) *L'Animal le plus fier, qu'enfante la Nature,*
Dans un autre Animal reſpecte ſa figure,
De ſa rage avec lui modère les accès &c.

Enfin, ſi nous voulons, avec DESCARTES, & autres Philoſophes, con-templer ce Monde Viſible, comme une très-belle Machine, nous verrons, que le *Tourbillon*, où nous ſommes placez, ne ſe conſerve qu'en *réſiſtant* continuel-lement aux *Mouvemens contraires des Tourbillons voiſins* ; en *changeant ou éloi-gnant* les Corps qui ont des *Figures* ou des *Mouvemens peu convenables* ; en faiſant cir-culer toutes ſes *Parties* ; en perpétuant la *propagation* des différentes *Eſpéces* de Choſes, par les mêmes mouvemens qu'il a produit les *Individus* qui ſubſiſtent aujourdhui ; en faiſant que ſes Parties *cèdent* les unes aux autres, ſelon la pro-portion que leurs Dimenſions & leurs Mouvemens ont entr'eux & avec le Tout. Mais je ne veux pas m'arrêter à de ſemblables Hypothéſes : quoi que je ſâche bien, qu'on peut raiſonner même ſur de pures Suppoſitions, pourvû qu'on y obſerve exactement les Loix Naturelles du Mouvement ; c'eſt ce qu'on peut dire qu'a fait DESCARTES avec beaucoup de ſoin & de pénétration, dans la plûpart des chefs de ſon Syſtéme. Cependant, quelque hypothéſe qu'on choi-ſiſſe, pour expliquer, les Phénoménes de la Nature, il faut néceſſairement re-

con-

§ XXV. (1) ——— *Parcit*
Cognatis maculis ſimilis fera. Quando Leoni
Fortior eripuit vitam Leo? quo nemore tanquam
Exſpiravit Aper majoris dentibus Apri?
Indica Tigris agit rabidà cum Tigride pacem

Perpetuam: ſævis inter ſe convenit Urſis.
JUVENAL, Sat. XV. verſ. 159, & ſeqq.

J'ai emprunté l'imitation de BOILEAU, pour exprimer le ſens de ces vers du Poëte Latin, que

connoître certaines Loix du Mouvement, qui, malgré tous les changemens naturels, conſervent de la maniére que j'ai dit, l'état conſtant du Syſtême de l'Univers. Or cela étant, on a là un exemple très-ſenſible, par où l'on voit ce qui eſt néceſſaire pour la conſervation du Corps le plus grand & le plus beau. D'où l'on ne peut que venir à connoître certainement, que les Actions Humaines, qui y ont de la reſſemblance, ne ſont pas moins des Cauſes propres à conſerver & rendre heureux tout l'aſſemblage du Genre Humain. C'eſt pourquoi il n'eſt pas inutile pour cela, à mon avis, de conſiderer les Théorèmes particuliers ſur le Mouvement, ou les *Loix du Mouvement*, comme on les appelle, de l'obſervation deſquelles réſultent néceſſairement les Effets dont j'ai parlé. Mais, comme cela eſt trop éloigné de mon but principal, le Lecteur Philoſophe eſt prié d'en faire lui-même l'expérience, ou de lire ce qu'en ont écrit des Auteurs très-célébres, comme Galilee, Descartes, Wallis, Wren, & Huygens. Tout ſe réduit à cette ſuppoſition, Que le Mouvement, depuis qu'il a été imprimé dans la Matiére par la Cauſe Prémiére, ne périt point : & que, comme il ſe fait dans un Monde où il n'y a point de (2) Vuide, il faut de toute néceſſité qu'il ſe continuë perpétuellement, & qu'il ſe réfléchiſſe ſur lui-même. Tous les Théorèmes du Mouvement ſont conformes aux Obſervations qu'on peut faire dans la Nature par le moien des Sens: ce qui montre la vérité de la ſuppoſition. Pour moi, il me ſuffit ici, qu'en quelque état qu'on ſuppoſe les Hommes, il faut néceſſairement leur permettre de faire tout ce que j'ai indiqué ci-deſſus, ſi l'on veut que leur Corps, ou le Genre Humain, ſe conſerve, & que la diſpoſition à faire de telles choſes n'eſt pas moins néceſſaire pour le Bonheur actuel des Hommes: que c'eſt même à ces chefs que ſe réduit tout ce qui eſt néceſſaire pour une telle fin.

§ XXVI. Les réflexions, que j'ai faites juſqu'ici, ſur la liaiſon néceſſaire qu'il y a entre certaines Actions Humaines & le Bien Commun, tendent toutes à ce but, de déterminer, par le rapport qu'elles ont avec un tel effet, la nature immuable de ces Actions, dans leſquelles conſiſtent la *Piété*, la *Probité*, & toute ſorte de *Vertus*. Car rien n'eſt plus immuable, que le rapport qu'il y a entre des *Cauſes complétes*, c'eſt-à-dire, conſidérées dans toutes les circonſtances requiſes pour agir ; & l'*Effet* qui en réſulte. Dans quelque *Etat*, ſoit de *Communauté*, ſoit de *Propriété*, que l'on ſuppoſe les Hommes, agir envers tous de maniére qu'on n'offenſe perſonne par des Menſonges ou des Perfidies ; qu'on ne donne aucune atteinte à la Vie, à la Réputation, à la Chaſteté de qui que ce ſoit ; que l'on témoigne de la Réconnoiſſance à ſes Bienfaiteurs ; que l'on procure ſon propre avantage & celui de ſa Poſtérité, ſans nuire à d'autres &c. ç'a toûjours été, & ce ſeront toûjours autant de Cauſes propres à l'avancement du Bien Commun, & par conſéquent autant d'Actes de Vertu. Il faut ſeulement enviſager ici un Effet aſſez étendu, pour que le Tout y gagne quelque choſe, ou du moins n'y perde rien, lors qu'on veut procurer l'avantage de quelcune de ſes Parties: autrement ce que l'on fait, degénère en Vice.

Que, dans quelque Etat que les Hommes ſoient, Dieu veut qu'ils obſervent la Loi Naturelle.

Or,

que nôtre Auteur indique. Voiez la Satire VIII. du Poëte Moderne, vers 129, & ſuiv.

(2) Cette hypothéſe du *Plein*, excluant tout *Vuide*, eſt aujourdhui abandonnée de bien des Philoſophes, ſur tout en *Angleterre*. Voiez ci-deſſous, Chap. II. § 15. vers la fin, où nôtre Auteur raiſonne encore en la ſuppoſant vraie.

Or, dès-là que la Nature même des Chofes fait connoître aux Hommes; que, par de telles Actions, chacun peut avancer jufqu'au plus haut point poffible pour lui, le Bien Commun, dans lequel eft renfermée fa propre Félicité; & que les Actions contraires tendent auffi néceffairement à mettre les affaires humaines dans l'état le plus miférable; le tout en conféquence de la liaifon naturelle que la Volonté de la Caufe Prémiére a mife entre ces Actions & leurs Effets: il s'enfuit évidemment, que, par la même Volonté de la Caufe Prémiére, les Hommes font obligez à pratiquer la *Vertu*, & à fuïr le *Vice*, fous peine de perdre leur propre Bonheur, ou par l'efpérance de l'aquérir.

Pour dire quelque chofe de plus particulier fur le fait, il eft certain, que toute Action nuifible à autrui attire naturellement une infinité de Maux à celui qui la commet. Car, comme il contredit par-là les meilleurs Principes de Pratique, qu'il reconnoît tels, il fe condamne lui-même, & fe fait un Ennemi de fa propre Confcience. Lors qu'une fois il a abandonné les confeils de fa Raifon, pour fe livrer à fon Caprice ou à des Paffions aveugles, il s'y laiffe déformais entraîner plus aifément, & il marche ainfi à grands pas vers fa ruïne. Non feulement cela: il donne encore aux autres un mauvais exemple, qui par contre-coup peut tourner extrêmement à fon préjudice. Il fournit auffi aux autres contre lui de plus en plus des fujets de foupçon & de défiance, dont il éprouvera tôt ou tard les fâcheux inconvéniens. Toutes ces Punitions font même renfermées dans chaque Action Vicieufe, comme dans leur *Caufe impulfive* ou *méritoire*, dont la vuë porte tous les Etres Raifonnables, par l'amour naturel du Bien Public & de leur propre Bien, à punir quiconque fait du mal.

Or quoi que la force de cette *Caufe impulfive*, ou le motif de punition qui fe tire du fond même des Actions Humaines, n'agiffe que fur des Etres Raifonnables, comme D I E U, & les *Hommes*, cela ne laiffe pas d'être de grand poids, & ainfi mérite bien qu'on y penfe toûjours, avant que de fe déterminer à quelque Action; de peur que par-là on ne s'attire, même malgré foi, une entiére ruïne. Car toute nôtre efpérance dépend de D I E U & des *Hommes*, qui jugent du *mérite* ou du *démérite* de l'Action, par le rapport qu'elle a avec le Bien Commun.

Que D I E U connoiffe les Mauvaifes Actions, commifes le plus fecrétement, & qu'il les puniffe, ce feroit peut-être ennuïer les Lecteurs, que de s'amufer à le prouver après tout ce qu'en ont écrit tant de Philofophes, Anciens & Modernes, & tant de *Péres de l'Eglife*. D'autant plus que l'Auteur dont j'examine les opinions, n'a nulle part, que je fâche, nié cette vérité. Je ferai voir, comment on la découvre naturellement, dans l'endroit où j'établirai plus au long mon fentiment fur l'*Obligation des Loix Naturelles*.

Pour

§ XXVI. (1) Voici ce que dit là-deffus L u-c a e'c e, Poëte Epicurien:

Nec facile eft placidam ac pacatam degere vitam,
Qui violat factis communia foedera pacis.
Etfi fallit enim Divûm genus Humanumque,
Perpetuò tamen id fore clam diffidere debet:
Quippe ubi fe multi per fomnia faepe loquentes,

Aut morbo delirantes procedixe ferantur,
Et celata diu in medium peccata deliffe.
De Rerum Natura, *Lib.* V. verf. 1155, &
feqq.

(2) Dans le Tome III. de fa Philofophie d'E p i c u r e, pag. 1758, & feqq.

(3) Je fuis bien aife de joindre le fuffrage de nôtre Auteur à celui de G r o t i u s & de feu Mr. L o c k e, après lefquels j'ai foûtenu
que

Pour ce qui eſt des *Hommes*, qui tous en général ont intérêt à ce que *la plus grande Bienveillance* & la *Juſtice* s'exercent; quoi qu'ils n'aient pas une Intelligence infinie, ils peuvent néanmoins venir à connoître & punir les Crimes, quelque cachez qu'ils ſoient: de ſorte que quiconque en commet, ne ſauroit jamais être en pleine ſûreté de leur part. Les Crimes cachez ſe découvrent en mille maniéres, contre leſquelles perſonne ne ſauroit ſe précautionner. Il arrive ſouvent que le Coupable (1) ſe trahit lui-même, dans un Songe, dans un Délire, dans le Vin, ou par un mouvement de quelque Paſſion violente. C'eſt ce qu'EPICURE, & ſes Sectateurs, ont reconnu; comme on peut le voir dans les *Maximes* recueillies par (2) GASSENDI, avec ſes Notes. Ces anciens Philoſophes, après avoir fait de grands efforts pour bannir toute crainte d'une *Providence Divine*, ſoûtiennent conſtamment, qu'on ne ſauroit venir à bout de chaſſer de ſon Ame la *crainte des Hommes*.

J'ajoûterai ſeulement, qu'outre la Vengeance Divine, dont la vuë jette l'effroi dans la Conſcience de preſque tous ceux qui commettent les Crimes les plus ſecrets; il y a d'ordinaire parmi les Hommes, conſiderez même hors de tout Gouvernement Civil, un Juge tout prêt à punir les Forfaits, lors qu'ils ſont une fois découverts. Car, comme il eſt de l'intérêt de tous que les Crimes ſoient punis, quiconque a en main aſſez de forces, a droit (3) d'exercer cette punition, autant que le demande le Bien Public. N'y aiant alors ſelon la ſuppoſition, aucune inégalité entre les Hommes, on peut appliquer ici ce mot d'un Poëte: (4) *Je ſuis Homme, & comme tel, je me crois dans l'obligation de m'intéreſſer à tout ce qui regarde les Hommes.*

HOBBES même, qui donne à chacun, dans l'Etat de Nature, le droit de faire la Guerre à tous les autres, ne ſauroit raiſonnablement refuſer à chacun le *Glaive de la Juſtice*, pour la punition des Crimes. Je ne vois pas non plus de raiſon plauſible, en vertu de laquelle un Auteur, qui prétend que les *Loix Civiles* aquiérent *force d'obliger* par les Peines qui y ſont attachées, & par la crainte de leur exécution; pourroit ſe diſpenſer de reconnoître, que les *Loix Naturelles* impoſent quelque *Obligation*, même par rapport aux Actions externes, ſoit à cauſe des Peines que la Conſcience prévoit que DIEU infligera à ceux qui violent ces Loix, ſoit à cauſe de celles que chacun, dans l'Etat de Nature peut légitimement infliger à tout autre Homme. Tant de Mains Vengereſſes ne peuvent certainement que ſe faire craindre: & ce ſeroit grand' merveille, s'il ne ſe trouvoit quelcun qui eût aſſez de forces & de courage, pour être en état & pour former le deſſein de punir le mépris du Bien Commun.

Bien plus: HOBBES reconnoît (5) ailleurs formellement, qu'on peut remarquer

que le droit de punir a lieu dans l'Etat même de Nature. Voïez ce que j'ai dit ſur *Puſendorf, Droit de la Nature & des Gens*, Liv. VIII. Chap. III. § 4. *Note* 3. de la 5. Edition, où cette longue Note eſt fort revuë & augmentée.

(4) *Homo ſum: humani nihil à me alienum puto.* TERENT. *Heautont.* Act. I. Scen. I. verſ. 25.

(5) *Addam de Poenis Naturalibus hoc tan-*

tum, quòd peccata non conſtitutione conſequantur, ſed naturâ. Nulla ſere eſt humana Actio, quae initium non fit catenae cujuſdam conſequentiarum, adeo longae, ut ad finem ejus proſpicere providentia humana nulla poſſit. Concatenantur autem accidentia jucunda & moleſta adeo inſolubiliter, ut qui jucundum ſumit, moleſtum, quod adhaeret, quamquam improviſum, neceſſariò etiam accipiat. Quemadmodum vim inferentes punit vis ali-

quer de ces fortes de *Peines Naturelles*, *qui fuivent les Péchez*, *non par l'effet d'un établissement volontaire*, *mais naturellement*. *Il n'y a* (ajoûte-t'il) *presque aucune Action Humaine*, *qui ne foit le commencement d'une Chaîne de fuites*, *fi longue*, *qu'il n'y a point de Prévoiance Humaine qui puisse en découvrir le bout*. *Les Accidens agréables*, *& les fâcheux*, *font enchaînez d'une façon fi indiffoluble*, *que quiconque choifit l'Agréable*, *embrasse aussi nécessairement le Fâcheux qui y est joint*, *quoi qu'il ne le prévoie pas*. Dans l'Edition Angloife du *Léviathan*, il exprime la chofe plus clairement, & avec plus d'étenduë, en continuant ainfi : *Ces Douleurs*, *ou ces chagrins*, *font les Punitions naturelles des Actions qui entraînent après elles plus de Maux*, *que de Biens*. *C'est ainfi que l'Intempérance est naturellement punie par des Maladies*; *la Témérité*, *par des Défaftres*; *l'Injuftice*, *par les attaques des Ennemis*; *l'Orgueil*, *par la Ruïne*; *la Lâcheté*, *par l'Oppression*; *la négligence des Princes dans le Gouvernement*, *par la Rebellion*; *& la Rebellion*, *par les Carnages*. *Car*, *puis que les Peines font une fuite de la violation des Loix*, *les Peines Naturelles doivent être une fuite naturelle de la violation des Loix Naturelles*, *& par conféquent y être attachées comme leur effet naturel*, *& non comme un effet arbitraire*.

Cependant ce même Philofophe, qui veut que, dans l'Etat de Nature, il y aît une Guerre déclarée de chacun contre tous, ne dit jamais rien du fujet de Guerre que fournit le jufte foin de punir les attentats commis contre le Bien Public, & de le défendre contre ceux qui y donnent quelque atteinte : mais, au contrai-re, il met tous les (a) Hommes aux prifes les uns avec les autres & les autorife à s'enlever fans fcrupule ce qu'ils poffédent ou à quoi ils prétendent légitime-ment. L'effet propre & immédiat du droit de punir, par exemple, un Ag-greffeur, eft certainement de lui impofer l'obligation de s'abftenir du Crime qu'il veut commettre. HOBBES, en donnant à tous les Hommes un *Droit de Guerre*, reconnoît ainfi en tous la Caufe, ou le droit de punir : mais il ne veut point du tout voir l'Effet, c'eft-à-dire, l'Obligation qui en naît, ou plutôt qui fe découvre par-là. Il avouë, (b) que prefque toutes les *Vertus* font néceffai-res pour la *Paix* & la *Défenfe mutuelle*; que les Hommes conviennent, que cet état de Paix eft bon, au lieu que la *Guerre* (qui renferme le droit de punir les Cri-mes) a une liaifon naturelle avec le défaut des Vertus Morales : & cependant il ne voit pas, que, par la crainte de cette Guerre, comme d'une Punition, les Hommes font *obligez* à la pratique extérieure des Vertus, dont les actes inter-nes tout feuls ne peuvent jamais fuffire pour entretenir la Défenfe mutuelle, que la Nature nous confeille de chercher, de fon propre aveu.

§ XXVII. J'AI prouvé en peu de mots, par une confidération générale de la *Nature des Chofes*, Qu'il eft néceffaire pour le Bien Commun que tous les Etres Raifonnables veüillent conftamment, que l'ufage des Chofes extérieures & des Services des Hommes, foit partagé, du moins pour le tems que chacun en a

be-

(a) *De Cive*, Cap. 1. §. 11, 12.

(b) *Ibid*. Cap. III. §. 31. com-paré avec le 27.

Examen, du principe, d'HOBBES, *Que*, *dans l'E-tat de Nature*, *chacun a droit fur toutes chofes*.

aliena; *intemperantiam puniunt morbi* &c. *& ta-les funt*, *quas voco Poenas Naturales*. Leviath. Cap. XXXI. pag. 172. Nôtre Auteur ne rap-porte pas tout entier ce qu'il y a ici de plus dans l'Anglois, qui eft l'Edition Originale. Mais le Traducteur Anglois a copié tout du long le paffage, & c'eft là-deffus que je l'ai

traduit : n'aïant point le Livre même.

§ XXVII. (1) *Natura dedit unicuique jus in omnia*, (*Hoc est*, *in ftatu meré naturali*, *five antequam homines ullis pactis fefe invicem obftrin-xiffent*, *unicuique licebat facere quaecumque & in quofcumque libebat*, *& poffidere*, *uti frui omni-bus*, *quae volebat & poterat*).... *Sequitur*, *om-nia*

beſoin, c'eſt-à-dire, ſoit regardé comme appartenant en propre à chacun. J'ai montré enſuite, que cette Maxime de la Raiſon emporte des Récompenſes aſſûrées pour ceux qui l'obſerveront, & des Peines au contraire pour ceux qui la violeront: qu'elle eſt néceſſairement imprimée dans nos Eſprits, & par conſéquent qu'elle a pour Auteur & pour Vengeur DIEU même, qui eſt la Cauſe de tous les Effets Naturels: qu'ainſi elle eſt une vraie *Loi*, puis qu'elle a tout ce qu'il faut pour cela. Je vais préſentement examiner auſſi briévement le principe d'HOBBES, ſelon lequel il donne à *tous* les Hommes un *droit ſur tout*. Car, au lieu que mon opinion établit les fondemens de la *Juſtice Univerſelle*, & par conſéquent de toutes les *Vertus*; la ſienne, à mon avis, les renverſe de fond en comble, entant qu'en lui eſt.

Voici donc ce que dit HOBBES, au I. Chapitre de ſon Traité *Du Citoien*. (1) *Dans l'Etat Naturel* (c'eſt-à-dire, hors de tout Gouvernement Civil) *la Nature donne à chacun un droit à toutes choſes*. Il explique enſuite, en quoi conſiſte ce droit, c'eſt *qu'il eſt permis à chacun de faire tout ce qu'il veut & contre qui il lui plaît*, ou, comme il le dit un peu plus bas, *d'avoir tout & de tout faire*. Il tâche de prouver cette horrible licence, par ce qu'il venoit de dire dans les Articles précédens, y compris une Note jointe à celui-ci. Je ne crois pas néceſſaire de copier tout cela: mais je prie le Lecteur de le lire avec attention, pour voir ſi le ſens ne s'en réduit pas à ce Syllogiſme: *Dans l'Etat de Nature chacun a droit, ou il lui eſt permis, de s'emparer de tout, & de tout faire, contre tous, lors qu'il le juge lui-même néceſſaire pour ſa propre conſervation: Or chacun jugera, qu'il eſt néceſſaire pour ſa propre conſervation, de s'emparer de tout, & de tout faire, contre tous: Donc chacun en a droit, ou cela eſt permis à chacun.*

Comme néanmoins il pourroit arriver que quelques Lecteurs, n'aiant pas ſous leur main le Livre d'Hobbes, me ſoupçonnaſſent de n'avoir pas bien exprimé ſa penſée; il eſt bon de copier l'abrégé qu'il en donne lui-même, dans la Note indiquée ci-deſſus. (2) *Chacun* (dit-il) *a droit de ſe conſerver*, par l'Article 7. *Il a donc droit*, par l'Article 8. *d'uſer de tous les moiens néceſſaires pour cette fin. Ces moiens néceſſaires, ſont ceux qu'il juge lui-même tels*, par l'Article 9. *Il a donc droit de faire & de poſſéder tout ce qu'il jugera lui-même néceſſaire à ſa propre conſervation. Or ce qui ſe fait ſelon le jugement de celui qui le fait, ſe fait ou juſtement, ou injuſtement: donc cela ſe fait toûjours de plein droit. Il eſt donc vrai, que, dans un Etat purement Naturel, chacun a droit de faire tout ce qu'il veut, & contre qui il lui plaît, de s'emparer & de ſe ſervir de tout ce qu'il veut & qu'il peut.* Dans la dernière conſéquence: *Chacun a droit de faire & de poſſéder tout ce qu'il jugera néceſſaire pour ſa propre conſervation; Donc chacun a droit de tout poſſéder, & de tout faire contre tous;* il eſt clair, qu'il faut ſouſentendre cette Mineure: *Or chacun jugera, qu'il eſt néceſſaire pour ſa propre conſervation, de tout poſſéder, & de tout faire contre tous.* Autrement la Concluſion ne ſuivroit pas de la

---

nia babere & facere, *in ſtatu Naturae*, omnibus licere. De Cive, Cap. I. § 10.

(2) Unicuique jus eſt ſe conſervandi, per Artic. 7. Eidem ergo jus eſt, omnibus uti mediis ad eum finem neceſſariis, per Art. 8. Media autem neceſſaria ſunt, quae ipſe talia eſſe judicabit, per

Artic. 9. Eidem ergo jus eſt, omnia facere & poſſidere, quae ipſe ad ſui conſervationem neceſſaria eſſe judicabit. Ipſius ergo facientis judicio id quod ſit, jure ſit, vel injuriâ. itaque jure ſit. Verum ergo eſt, in ſtatu merè naturali &c. Voſez la Note précedente.

L.

la Majeure. Mais les deux Prémiſſes du Syllogiſme ſont fauſſes. La Mineure ſouſentenduë, l'eſt viſiblement. Et néanmoins HOBBES ſemble la ſuppoſer ſi évidente, qu'il ne l'exprime pas même, bien loin de la prouver. A moins qu'il ne croie l'avoir aſſez prouvée par ce qu'il dit (3) au § 7. *Que chacun ſe porte à rechercher ce qui lui eſt Bon, & cela par une néceſſité naturelle, auſſi grande que celle par laquelle une Pierre ſe porte en bas.* Mais je ne vois pas, en accordant même cette ſuppoſition, pourquoi chacun jugeroit que tout *Bien* lui eſt *néceſſaire.* HOBBES lui-même reconnoît un peu plus haut, que quelques-uns en jugent autrement: (4) *L'un*, dit-il, *faiſant attention à l'Egalité Naturelle des Hommes, permet aux autres les mêmes choſes qu'il ſe permet à lui-même; ce qui eſt d'un Homme Modeſte, & qui fait une juſte eſtimation de ſes forces.* Si celui qui permet aux autres tout ce qu'il ſe permet à lui-même, juge ſelon la Droite Raiſon; quiconque s'arroge tout à lui-même, comme cela étant néceſſaire pour ſa propre conſervation, ne peut certainement aquérir aucun *Droit*, par ce jugement déraiſonnable. Car le *Droit*, ſelon la définition qu'en donne HOBBES lui-même, (5) eſt *la liberté que chacun a de ſe ſervir de ſes Facultez Naturelles, ſelon les lumiéres de la Droite Raiſon.* Or il reconnoît, comme on vient de le voir, & que la Droite Raiſon enſeigne l'Egalité Naturelle de tous les Hommes, & que l'on donne atteinte à cette Egalité, *en ne permettant pas aux autres tout ce qu'on ſe permet à ſoi-même.*

De plus, ſi chacun jugeoit ſelon les lumiéres de la Droite Raiſon, en prétendant que la conſervation de chacun demande de toute néceſſité que tous aient en même tems une diſpoſition, un uſage, & une jouïſſance pleine & entiére, de toutes les Choſes & du Service de toutes les Perſonnes, ſelon les volontez de chacun, ſi différentes les unes des autres; il faudroit en conclure que cela eſt ainſi actuellement. Car les choſes ſont toujours comme la Droite Raiſon le dicte. Or la Nature de tous les Corps, & l'Expérience commune, nous apprennent au contraire, qu'il eſt impoſſible qu'aucun Corps, & moins encore tous, ſoient agitez en même tems de tant de Mouvemens oppoſez, que demanderoient les Volontez oppoſées des Hommes ſur l'uſage d'un ſeul & même Corps. Ainſi il eſt impoſſible que ce qu'*Hobbes* ſuppoſe que chacun jugera néceſſaire ſelon la Droite Raiſon, exiſte jamais dans la Nature.

§ XXVIII. LE Lecteur peut, je penſe, voir maintenant la raiſon pourquoi j'ai mis au nombre des Connoiſſances les plus néceſſaires pour découvrir les Loix Naturelles, cette Obſervation commune, Que les Forces & l'Uſage, tant des Choſes, que des Perſonnes, ont des bornes. Car cela ſert & à montrer l'Erreur fondamentale d'HOBBES, & à établir cette Vérité très-utile, Qu'il faut partager l'Uſage des Choſes, & les Services des Hommes, c'eſt-à-dire, les aſſigner à une ſeule Perſonne en même tems, ſi l'on veut qu'ils produiſent quelque effet, & par conſéquent ſi l'on veut qu'ils apportent quelque avantage au Public. D'où il s'enſuit, que, dans une égalité de droit, entre pluſieurs, à
jouïr

Fauſſe ſuppoſition, ſur laquelle il raiſonne.

___

(3) *Fertur enim unusquiſque ad appetitionem ejus quod ſibi bonum, & ad fugam ejus quod ſibi malum eſt ... idque neceſſitate quadam naturae non minore, quàm qua fertur lapis deorſum.* Ibid. § 7.

(4) *Alius enim, ſecundum aequalitatem naturalem, permittit caeteris eadem omnia, quae ſibi;*

quod modeſti hominis eſt, & vires ſuas rectè aeſtimantis &c. Ibid. § 4.

(5) *Neque enim Juris nomine aliud ſignificatur, quàm libertas, quam quiſque habet, facultatibus naturalibus ſecundùm rectam Rationem utendi.* Ibid. § 7.

joüir en commun de certaines Chofes, le Prémier Occupant doit toûjours avoir la préférence.

La *Mineure* du *Syllogifme*, que j'examine, étant donc contraire aux idées les plus générales fur lefquelles les *Loix* font fondées, comme je viens de le faire voir; cela fuffit pour en démontrer la fauffeté. A l'égard de la *Majeure*, Hobbes fe donne plus de mouvemens pour l'établir; & ainfi nous devons nous arrêter plus long tems à la combattre. Mais ce n'eft pas ici tout-à-fait le lieu de s'engager dans une telle difcuffion, parce qu'on ne fauroit bien entendre en quoi confifte le *droit de faire ce qui eft néceffaire pour nôtre confervation*, fans connoître auparavant la *Loi Naturelle*. C'eft pourquoi Hobbes femble pécher ici contre les régles de la Méthode; puis qu'ailleurs (1) il déclare formellement qu'il entend par le *Droit*, la *liberté que les Loix laiffent*: & cependant il fuppofe dans les Hommes cette *liberté*, & il lui donne une étenduë fans bornes, avant même que d'avoir expliqué les *Loix Naturelles*. Or le moien de favoir ce que c'eft que *Droit*, fi l'on ne fait quelles font les *Loix*, qui laiffent la *liberté*, en quoi il confifte? Dès le commencement de fon Livre, Hobbes a défini le Droit, *la* (2) *liberté de fe fervir de fes Facultez Naturelles, felon les lumiéres de la Droite Raifon*: or c'eft-là précifément, felon lui, la *Loi Naturelle*, dont il ne traite néanmoins que dans la fuite. Voilà ce qui a donné lieu aux Erreurs monftrueufes, où il eft tombé.

Cependant, comme l'occafion s'eft préfentée de parler ici du Syllogifme entier, il faut voir en peu de mots, comment il en prouve la Majeure; ce qui fervira à en faire mieux fentir la fauffeté. La preuve, réduite en forme fyllogiftique, fe réduit à ceci: *Tout ce qu'un Juge compétent prononcera être néceffaire pour la confervation de la Vie de chacun, chacun a droit de le poffeder ou de le faire, contre tous: Or tout ce que chacun croit être néceffaire pour fa propre confervation, il le déclare tel, comme Juge compétent; car chacun eft lui-même Juge compétent par l'Article 9. des moiens néceffaires pour fa propre confervation: Donc chacun a droit de poffeder & de faire tout ce qu'il juge lui-même être néceffaire pour la confervation de fa Vie.*

Le fens de la *Majeure* (3) de ce nouveau Syllogifme, fe trouve dans les paroles fuivantes, de l'*Article* 10. *Or de favoir, fi telle ou telle chofe contribuë véritablement, ou non, à la confervation de chacun, c'eft de quoi nous l'avons établi lui-même Juge, de forte qu'il faut tenir pour néceffaire à cette fin ce qu'il juge lui-même tel. Et felon l'Artic.* 7. *on fait & l'on poffede, en vertu du* Droit Naturel, *tout ce qui contribuë néceffairement à la Défenfe de nôtre Vie & de nos Membres.*

Mais je foûtiens, que cette *Majeure* eft fauffe. Car 1. Il faut quelquefois facrifier fa propre Vie, en vuë d'un plus grand Bien, comme du *Salut de l'Ame*, de la *Gloire de* Dieu, & de l'*Utilité commune* des Hommes, toutes chofes, qu'il n'eft pas permis de négliger, quand même cela feroit néceffaire pour la confer-

---

§ XXVIII. (1) *Eft autem* jus, *libertas naturalis, à legibus non conftituta, fed relicta.* De Cive, *Cap.* XIV. § 3.

(2) Voïez le paragraphe précédent, *Not.* 5. où le paffage eft rapporté en original.

(3) La Mineure s'y trouve auffi. Voici les paroles: *Judicem autem, an verè conducant, nec ne, praecedente articulo ipfum conftituimus, ita ut habenda fint pro neceffariis, quae ipfe tali judicat. Et per Artic.* 7. *jure naturae fiunt & habentur, quae neceffario conducunt ad tuitionem propriae vitae & membrorum.* Ibid. § 10.

L. 2

fervation de nôtre Vie. 2. Un *Juge*, dans l'Etat de Nature, peut fauffement prononcer qu'une chofe eft néceffaire, qui ne l'eft pas. Et on ne fauroit allé-guer aucune bonne raifon, pourquoi, dans cet Etat de Nature, la Sentence d'un Juge donneroit à quelcun le moindre droit, lors qu'elle n'eft pas conforme à la Régle qu'il doit fuivre en jugeant. Or ce qui fournit ici la Régle des Ju-gemens, ce font les *Loix Naturelles*, & la *Nature* même des *Chofes*, d'où elles fe déduifent; de forte que c'eft tout un, qu'on prenne pour régle celle-ci, ou celles-là. On ne fauroit concevoir d'état, dans lequel ou il n'y aît aucune Ré-gle des Jugemens Humains, ou il foit vrai de dire que les chofes deviennent telles qu'on les juge, du moment qu'on a décidé, quoi que fans raifon & par caprice, qu'elles font ceci ou cela. L'utilité des chofes qui fervent à la confer-vation de nôtre Vie, & à plus forte raifon leur néceffité pour cette fin, dépend de leurs qualitez naturelles, & ne peut être changée au gré des Hommes. Si, dans l'Etat de Nature, quelcun s'avifoit de prononcer, que l'*Aconit* eft une herbe utile, ou même néceffaire, pour nôtre nourriture, & que là-deffus il en prît une bonne dofe, elle ne deviendroit pas pour cela un Aliment fain, mais le Juge créveroit, en dépit de fa Sentence. L'efficace des Chofes, qui font bonnes ou mauvaifes à l'affemblage de tous les Hommes, n'eft pas moins déterminée en elle-même, foit par rapport aux *Actions Volontaires* des *Hommes*, fur lefquelles roulent les *Loix Naturelles*, ou la *Philofophie Morale*; foit à l'égard des qualitez naturelles des *Alimens* & des *Remédes*, dont la *Médecine* traite: tout cela ne change point, felon les décifions des Hommes, fuffent-ils Juges fans appel Ces Caufes Univerfelles, dont les effets font avantageux ou nuifibles à plufieurs enfemble, agiffent felon les mêmes Loix inviolables du Mou-vement, que chaque Caufe Particuliére, comme l'*Aconit*, qui ne tuë qu'une perfonne en même tems

Source de l'er-reur où *Hobbes* eft tombé ici; & diverfes re-marques fur le peu de folidité de fes princi-pes.

§ XXIX. C'EST donc en vain qu'HOBBES, fondé fur ce faux jugement, *Qu'un droit fur tous & à toutes chofes, eft néceffaire pour la confervation de chacun;* donne à chacun ce droit fi horriblement étendu. La fource de fon erreur eft la réflexion qu'il a faite fur ce qui fe paffe dans l'*Etat Civil*, où la Sentence d'un Juge Suprême eft valide par rapport aux Sujets, encore même qu'il aît jugé contre ce que demandoit la nature de la chofe. Mais cet ufage, fondé fur une pure préfomtion, a été introduit, du confentement des Parties intéreffées, pour mettre fin aux Procès. Du refte, la Sentence du Prince n'a jamais (1) affez de force, pour rendre néceffaires à la confervation de la Vie de quelcun, des chofes naturellement impoffibles, ou non-néceffaires. Tout ce qu'elle peut, c'eft de tranfporter de l'un à l'autre le *Domaine* ou la *Propriété* des Cho-fes: & en cela tous les Sujets font tenus de ne pas s'y oppofer, parce qu'ils re-connoiffent tous, quand il en eft befoin, le Juge Suprême, comme un Arbitre équitable, au Jugement duquel ils font cenfez s'être foûmis dans leurs différens. On préfume que ce Juge eft choifi entre les plus habiles Jurifconfultes, & qu'é-tant d'ailleurs lié par ferment, il a ainfi la capacité & la volonté de prononcer, dans

§ XXIX. (1) CICE'RON a foûtenu forte-ment, que les faux jugemens des Puiffances Civiles, qui ne confultent point la Raifon, ne fauroient changer la nature des chofes, & rendre bon ce qui de foi-même eft mauvais: *Quae fi tanta poteftas eft ftultorum* [*Populorum, Principum, Judicum*] *fententiis atque juffis, ut eorum fuffragiis rerum natura vertatur: cur non fa-*

dans chaque cas, selon les Loix connuës, & les preuves juridiques du fait dont il est question. Que si malgré toutes les précautions, le Juge prononce quelquefois des Sentences injustes, on pense qu'il est plus avantageux pour la Félicité Publique de l'Etat, que quelque peu de Particuliers souffrent alors le mal qui leur revient de là, que si les Procès n'avoient point de fin, ou ne se terminoient que par la Guerre. De sorte que l'on pose toûjours pour fondement de cette Prérogative accordée aux Souverains, la maxime, Que le soin du Bien Public doit l'emporter sur le soin de la Vie d'un Particulier. Et ainsi on ne (2) peut jamais présumer, que les Hommes aient accordé à aucun Juge Suprême le pouvoir de négliger les causes naturelles du Bien Public, ou d'y en substituer à sa fantaisie d'autres qui ne soient pas suffisantes.

Mais il est clair, que ce privilége ne peut avoir lieu dans l'*Etat de Nature*, qu'HOBBES suppose, & qu'il définit: La condition où les Hommes sont hors de toute Société Civile. Car là où chacun est Juge, on ne sauroit concevoir aucune *habileté*, ni aucune *probité*, en quoi le Juge doive être regardé comme surpassant les autres; nul pouvoir de citer des *Témoins*, & de faire les autres choses nécessaires pour juger avec connoissance de cause; comme tout cela se trouve dans les Tribunaux Civils. On ne peut supposer ici aucune Convention générale par laquelle chacun se soit soûmis, lui & tout ce qui lui est nécessaire, au jugement public & à la bonne foi de quelque Puissance. Et il n'y a absolument aucune raison de donner à chacun, dans l'Etat de Nature, quelque ignorant & méchant qu'il soit, ce haut privilége des Puissances Souveraines. Il est certain, au contraire, que, dans cet Etat de Nature, il ne peut y avoir d'autre moien de prononcer définitivement sur aucun cas douteux, que les Preuves qui se tirent ou de la nature même des choses, ou des Témoignages humains, accompagnées d'une évidence assez grande pour ôter tout scrupule, & pour être entiérement persuadé qu'on ne se trompe point. Il n'y a non plus ici d'autre moien de terminer une Dispute, que si une des Parties se range volontairement à l'opinion de l'autre, y étant portée ou par la force des raisons, ou par la haute idée qu'elle a des lumiéres & de la sincérité d'autrui. Car la nature même du *Jugement*, que chacun connoît par un sentiment intérieur, nous montre, que le *Doute* ne sauroit être levé par aucun pouvoir coactif, mais par la seule force des *Raisons*; & que ces Raisons se tirent toutes ou de la Nature même des Choses, ou de l'Autorité des Personnes, aux instructions de qui on ajoûte foi. La *Nature* reconnoît une différence réelle entre le *Vrai* & le *Faux*; entre une *Raison Droite*, & une *Raison corrompuë*: & c'est le privilége de la *Vérité* & de la *Droite Raison*, de donner naturellement à l'Homme le *droit* de faire tout ce qu'elles prescrivent. La définition même du *Droit*, qu'HOBBES donne, le suppose; puis que ce n'est autre chose que *la liberté de se servir de ses Facultez Naturelles, selon les lumiéres de la Droite Raison*. Or un faux jugement de l'Ame, en quoi consiste l'*Erreur*, soit qu'il se fasse sur les choses nécessaires à la conservation de nôtre Vie, ou sur quelque autre matiére de Pratique, vient
d'une

sanciunt, ut quae mala perniciesaque sunt, habeantur pro bonis ac salutaribus? aut cur, quum jus ex injuria Lex facere possit, bonum eadem non facere posset ex malo? De Legib. Lib. I. Cap. 16.
(2) Cette periode est une addition, que l'Auteur avoit écrite sur son exemplaire.

L 3

d'une Raifon qui n'eſt pas droite: ainſi il ne peut donner droit à perſonne de faire ce que l'on juge fauſſement être néceſſaire pour ſa propre conſervation. Il implique contradiction, de dire qu'*on ſe ſert de ſes Facultez ſelon les lumiéres de la Droite Raiſon*, ou qu'on *agit avec droit*, & que néanmoins on agit en conſéquence d'une *Erreur*, qui eſt toûjours contraire à la *Droite Raiſon*.

C'eſt donc par une erreur bien groſſiére qu'HOBBES prétend que, dans l'Etat de Nature, il faut tenir pour néceſſaire à la conſervation de chacun, tout ce que chacun juge lui-même néceſſaire pour cette fin: & par conſéquent que chacun a droit de faire tout ce qu'il veut & contre qui il veut. Il n'y a rien en quoi il ſoit plus honteux à cet Auteur de s'être trompé, que dans l'endroit & ſur le ſujet dont il s'agit. Car ce qui eſt un privilége de l'*Etat Civil*, il l'attribuë à chacun dans l'*Etat de Nature*, en même tems qu'il témoigne avoir deſſein d'enſeigner avec la derniére exactitude les différences de ces deux Etats. De plus, ce qui eſt naturellement impoſſible, je veux dire, que ſelon les volontez oppoſées de pluſieurs Perſonnes un même Corps ſe meuve vers des côtez diamétralement oppoſez, il le donne pour une choſe néceſſaire, & il ſe vante d'en avoir démontré la néceſſité: concluſion, qui ſeule ne peut que rendre ſuſpecte la vérité des prémiſſes. Enfin, tous les ſentimens particuliers, qu'il avance en matiére de Politique, ſont bâtis ſur ce fondement ruïneux, & par conſéquent tombent avec lui. Car *Hobbes* déduit tout de l'*Etat de Guerre*, qu'il confond avec l'*Etat de Nature*, (3) & il infére la liaiſon néceſſaire du prémier avec le dernier, de ce que, ſelon lui, chacun a plein droit, en vertu de ſon propre & arbitraire Jugement, d'attaquer tous les autres, qui par la même raiſon ont droit de lui réſiſter; d'où naît la *Guerre*. Mais il ſera plus à propos de réfuter tout cela en détail, lors que j'aurai expoſé plus au long de meilleurs Principes, d'où naiſſent véritablement les Loix Naturelles, & par leſquels la Liberté Naturelle eſt réduite à ſes juſtes bornes.

Il ſuffit de remarquer ici en paſſant, que, dans ce I. Chapitre du Livre d'HOBBES, que nous examinons, il propoſe une *Fin* extrémement bornée, ſavoir, la ſeule *conſervation de nôtre Vie & de nos Membres*. Car on peut être fort miſérable, quoi qu'on vive & qu'on aît ſes Membres en leur entier. Les *Moiens* (4) qu'HOBBES preſcrit pour cette Fin, ſont auſſi de fort petite étenduë, puis qu'il les réduit aux *Choſes néceſſaires*. Or l'Univers, dont nous naiſ

ſons

(3) *Si addas jam jus omnium in omnia, quo alter jure invadit, alter jure reſiſtit, atque ex quo oriuntur omnium adverſus omnes perpetuæ ſuſpiciones..... negari non poteſt, quin Status hominum naturalis, antequam in Societatem coiretur, Bellum fuerit; neque hoc ſimpliciter, ſed bellum omnium in omnes.* De Cive, Cap. I. § 12.

(4) *Itaque Juris Naturalis fundamentum primum eſt, ut quisque vitam & membra ſua, quantum poteſt, tueatur. Quoniam autem jus ad finem fruſtra habet, cui jus ad media neceſſaria denegatur, conſequens eſt, cùm unuſquiſque ſe conſervandi jus habeat, ut unusquiſque jus etiam habeat utendi omnibus mediis, & agendi omnem actionem, ſine qua conſervare ſe*

non poteſt. De Cive, Cap. I. § 7, 8.

(5) Nôtre Auteur fait ici alluſion à un mot, rapporté deux fois par CICERON, comme étant du Philoſophe *Chryſippe*; mais que d'autres attribuent à *Cléanthe*. *Cui quidem* [Sui], *ne putreſceret, animam ipſam pro ſale datam dicit eſſe* CHRYSIPPUS. De Natur. Deor. Lib. II. Cap. 64. De Finib. Bonor. & Mal. Lib. V. Cap. 13. Voiez, ſur le prémier paſſage, les Notes de feu Mr. DAVIES, & celles de Mr. le Préſident BOUHIER.

§ XXX. (1) HOBBES ne dit qu'un mot en paſſant de cette Communauté primitive de Biens, dans les paſſages du Traité *Du Citoien*, rapportez ci-deſſous, Not. 5, 6. Mais je trouve

fons Habitans, & qui doit être le prémier objet de nôtre attention, nous préfente une infinité de chofes, qui engagent nos Efprits à reconnoître & à honorer leur Caufe Prémiére; & fervent enfuite, quand nous nous confidérons nous-mêmes, à perfectionner nos Ames, & à conferver non feulement nos Corps, mais encore à les rendre fains, vigoureux, robuftes, agiles; à les orner & à leur donner de la beauté. Tout cela ne fournit pas moins, que les Chofes néceffaires à la Vie, une ample matiére & aux *Loix Naturelles*, qui en réglent l'ufage, & à un exercice de nôtre *Liberté*, conforme à la Droite Raifon. Il ne faut qu'une legère expérience, pour s'en convaincre: ainfi Hobbes n'a pû prétendre ici caufe d'ignorance. D'où il eft aifé de conjecturer, pourquoi il refferre le but du *Droit* & des *Loix de la Nature*, dans des bornes auffi étroites que la confervation de cette Vie périffable, comme fi l'Ame n'avoit été donnée aux Hommes, qu'en guife de fel, de même (5) qu'aux Pourceaux, pour empêcher le Corps de pourrir: & là-deffus, il permet tout à chacun, comme le grand moien abfolument néceffaire pour obtenir une Fin fi peu confidérable. C'eft pécher également dans l'excès, d'un côté; & dans le défaut, de l'autre. Et on ne peut jamais renoncer plus honteufement à la Droite Raifon, qu'en négligeant, comme fait nôtre Philofophe, la plus excellente Fin, & regardant l'impoffible comme un moien néceffaire.

§ XXX. En vain Hobbes veut-il trouver dequoi appuier fon principe fouverainement abfurde d'un *droit de tous à toutes chofes*, (1) dans l'ancienne & primitive *Communauté* de Biens, que certains Philofophes fuppofent, & dont auffi il eft parlé dans quelques Hiftoires. Car, outre que les *Domaines* particuliers font fondez fur (a) une Donation de Dieu, faite aux prémiers Hommes, & ont été fort en ufage dès le tems d'*Adam* même, comme l'a prouvé nôtre docte (b) Selden; il eft certain que les Philofophes, & les Hiftoriens, qu'on appelle en témoignage, ont cru les uns & les autres, que cette ancienne *Communauté* tenoit de la nature de la *Propriété*, en ce que, du moment que quelcun s'étoit faifi d'une chofe pour fon ufage particulier, perfonne autre ne pouvoit la lui ôter fans injuftice. (c) Cela paroît par la comparaifon que Ciceron emploie: (2) *Un Théatre*, dit-il, *eft commun; cependant chaque Place eft à celui qui l'occupe*. Jamais homme, avant Hobbes, n'avoit ofé dire, que chacun a fur toutes chofes un droit, qui, à ce qu'il prétend, renferme celui (3) de régner fur tous

Qu'on ne peut rien conclure, en faveur d'*Hobbes*, de la *Communauté* primitive de Biens.
(a) *Genéfe*, I, 28, 29.
(b) *Mare clauf.* Lib. I. Cap. 4.
(c) Voiez *Grotius*, Droit de la Guerre & de la Paix, *Liv. II. Chap.* II. § 2.

ve qu'il pofe en fait, au *Chap.* XVII. de fon *Léviathan*, pag. 83. que, felon les Hiftoires de l'ancienne *Gréce*, tant qu'il n'y eut d'autre Gouvernement que le Pouvoir Paternel, les Brigandages par mer & par terre étoient regardez non feulement comme licites, mais encore comme un métier honorable. En quoi *Hobbes* fuppofe fauffement, qu'il n'y avoit point alors dans la *Gréce* de Gouvernement Civil. Cela eft contraire à tous les Monumens de l'Antiquité. Et la fauffe opinion de ces anciens *Grecs* n'autorife pas plus une chofe fi contraire aux véritables principes de la Raifon & des Loix Naturelles, que celle de plufieurs

autres Nations, qui ont eû à peu près les mêmes idées & la même pratique, long tems après que les Gouvernemens Civils étoient établis chez elles. Voiez Pufendorf, *Droit de la Nat. & des Gens*, Liv. II. Chap. III. § 10.
(2) *Sed quemadmodum Theatrum, quum commune fit, rectè tamen dici poteft, ejus effe eum locum, quem quifque occuparit: fic in Urbe Mundove communi, nos adverfatur jus, quominus fuum quidque cujufque fit.* De Finib. Bonor. & Mal. Lib. III. Cap. 20.
(3) *Cùm enim per naturam jus effet omnibus in omnia, unicuique erat jus in omnes regnandi ipfi naturae coactum.* De Cive, Cap. XV. § 5.

tous, & eſt auſſi ancien que la Nature, c'eſt-à-dire, que chacun l'a dès l'enfance: & cependant HOBBES le fonde (4) ſur la *Puiſſance*. En vertu d'un tel droit, il n'y a rien qui appartienne à autrui: il eſt impoſſible de (5) s'emparer du bien d'autrui, & il eſt permis en même tems de s'approprier tout. Tout commerce charnel eſt permis avec qui l'on veut, (6) ſans en excepter les Femmes qui ſe ſont engagées par contract (7) à n'accorder leurs faveurs qu'à un ſeul Homme. Il eſt permis de faire la Guerre à tout le monde, de tuer par conſéquent qui on veut, quelque innocent qu'il ſoit. (8) Chacun peut juger de tout à ſa fantaiſie; & ainſi honorer, ou ne pas honorer, ſon propre Pére, comme il le trouvera bon lui-même. Ici HOBBES oublie, qu'il avoit dit (9) ailleurs, que *l'on ne ſauroit concevoir de Fils qui ſe trouve dans l'Etat de Nature*; & qu'ainſi les droits propres à cet Etat n'ont aucun lieu en faveur des *Fils*. Voici d'autres conſéquences auſſi abſurdes. (10) Il n'y a, dans l'Etat de Nature, aucuns *Jugemens Publics:* donc l'uſage des *Témoignages*, *vrais ou faux*, en eſt banni. Comme ſi un Juge particulier, que deux Parties ont choiſi d'un commun accord pour Arbitre de leur différent, n'avoit jamais beſoin d'ouïr des Témoins, pour prononcer ſa Sentence! Ou comme ſi le Faux-Témoignage n'étoit pas alors un Péché, entant qu'il répugne au Bien Commun, encore qu'il n'y aît point de Loix Civiles, au nombre deſquelles HOBBES met les Commandemens de la *Seconde Table* du

DE-

(4) Il eſt vrai qu'HOBBES fonde le droit de commander, ſur la *Puiſſance*, ou ſur la Loi du plus fort: *Iis igitur, quorum Potentiae reſiſti non poteſt, & per conſequeos Deo omnipotenti, jus dominandi ab ipſâ potentia derivatur.* Ibid. Mais c'eſt à cauſe de cela même qu'il prétend, contre l'explication que nôtre Auteur donne ici à ſa penſée, que perſonne n'a ce droit actuellement dès l'enfance. D'où vient qu'il a ſoûtenu au *Chap. IX. § 2.* qu'un Enfant en venant au monde, eſt ſous la domination du prémier qui s'en ſaiſit. Et il déclare là expreſſément, que tous les Hommes faits doivent être regardez comme égaux: *Omnes homines maturae aetatis inter ſe aequales habendi ſunt:* parce qu'il les ſuppoſe alors d'une égale force, comme il paroit par l'endroit même, que nôtre Auteur critique: *quia aequalitatem hominum inter ſe quoad vires & potentias naturales neceſſario conſequebatur bellum &c.* Et il ajoûte, que, ſi quelcun dans l'Etat de Nature, ſe trouvoit ſi fort ſupérieur en puiſſance, que tous les autres ne puſſent lui réſiſter, dès-là il ſeroit leur Maître. Les principes d'HOBBES ne laiſſent pas pour cela d'être très-mal fondez. Et PUFENDORF les avoit déja détruits, *Droit de la Nat. & des Gens,* Liv. I Chap. VI. § 9.
(5) *Uti primò* (*quia Natura omnia omnibus dedit*) *nihil alienum erat, & proinde alienum inuadere, impoſſibile.* De Cive, *Cap.* XIV. § 9.
(6) *Deinde, ubi omnia communia erant, quare etiam concubitus omnes liciti,* Ibid.

(7) C'eſt que, ſelon *Hobbes*, les Conventions, dans l'Etat de Nature, ne ſont d'aucune force, qu'entre ceux qui ont mutuellement renoncé au droit qu'ils avoient ſur tous & à toutes choſes. Voiez le *Chap.* II. § 4. du même Traité *De Cive.*
(8) *Tertio, ubi ſtatus belli erat, ideoque licitum occidere. Quarto, ubi omnia proprio cujusque judicio definita erant, ideoque honores etiam paterni.* De Cive, *Cap.* XIV. § 9.
(9) On lui objectoit: Si, dans l'Etat de Nature, un Fils tuë ſon propre Pére, ne lui ſera-t'il point de tort? A cela il répond, que le cas n'eſt pas poſſible; parce qu'un Enfant, auſſi-tôt qu'il eſt né, ſe trouve ſous puiſſance de toute perſonne à qui il doit ſa conſervation, c'eſt-à-dire, ou de ſa Mére, ou de ſon Pére, ou de quelque autre, qui le nourrit: *Objectum eſt à quibusdam: Si filius patrem interfecerit, utrum patri injuriam non fecerit. Reſpondi, Filium in ſtatu naturali intelligi non poſſe, ut qui, ſimul atque natus eſt, in poteſtate & ſub imperio eſt ejus, cui debet conſervationem ſui: ſcilicet Matris, vel Patris, vel ejus qui praebet ipſi alimenta; ut Capite nono demonſtratum eſt.* Ibid. *Cap.* I. § 10. *Not. in fin.* Cette Note, comme les autres qu'on voit dans le Traité *Du Citoien*, fut ajoûtée à la Seconde Edition. Ainſi on peut dire, que c'eſt ici qu'il oublia ce qu'il avoit dit dans le Texte, au *Chap.* XIV. dont voici les paroles: *Quarto, ubi omnia proprio cujusque judicio definita erant, ideoque honores etiam paterni.* Il eſt vrai, qu'ici même il con-

DECALOGUE. On peut remarquer encore, qu'il dit ailleurs formellement, que (11) *la violation de la Loi Naturelle confiste toute dans un faux raifonnement, ou dans la folie des Hommes, qui ne voient pas les Devoirs néceffaires pour leur propre confervation, auxquels ils font tenus envers les autres Hommes:* que n'ajoûtoit-il, & *qui n'obfervent pas ces Devoirs?* Il reconnoît auffi, (12) que *les Loix Naturelles,* dans l'Etat même de Nature, *obligent toûjours en Confcience:* donc elles obligent du moins à faire ce Jugement véritable, Qu'un droit à toutes chofes, & une domination fur tous, ne font nullement néceffaires pour la confervation de chacun. Que fi chacun eft tenu de juger ainfi, le jugement contraire de qui que ce foit, fera vain & de nulle valeur: fon erreur groffiére ne lui donnera jamais ce droit monftrueux. En un mot, puis que le Droit, comme nous avons vû qu'HOBBES lui-même le définit, eft *la liberté d'agir felon la Droite Raifon,* on ne fauroit avoir aucun droit d'agir contre la *Loi Naturelle,* ou contre les Maximes de la *Droite Raifon;* qui, comme je l'ai fait voir, nous enfeignent qu'il eft néceffaire d'en venir à un Partage des Chofes; & qui, de l'aveu d'HOBBES, (13) ne nous permettent pas de retenir un droit fur tout.

§ XXXI. PASSONS à d'autres argumens, dont nôtre Philofophe fe fert pour établir fon Dogme infenfé. Il foûtient, (1) *Que tout ce que chacun fait, dans l'Etat purement naturel, n'eft injufte envers aucun Homme; parce que l'Injuftice en-*

contredifoit ce qu'il avoit avancé au Chap. IX. qu'il indique encore dans la Note, dont il s'agit. Car il établit là, que, depuis même qu'un Fils a été émancipé, ou par fa Mére, à qui, felon lui, appartient originairement l'empire fur l'Enfant qu'elle met au monde, ou par fon Pére, lors que la Mére lui a cédé le droit qu'elle avoit fur l'Enfant; celui-ci doit honorer fon Pére & fa Mére, parce qu'ils font cenfez ne s'être dépouillez de leur autorité, que fous cette condition tacite, qu'il ne leur fût pas égal à tous égards, & qu'il s'engageât à leur rendre du moins toutes les marques extérieures d'Honneur, que les Inférieurs ont accoûtumé de rendre à leurs Supérieurs. D'où HOBBES conclut, Que le Précepte d'*honorer fes Parens,* eft de la Loi Naturelle, & fe rapporte non feulement à l'article de la *Reconnoiffance,* mais encore à celui des *Conventions:* NON *eft autem putandum,* .... *emancipatum, emancipatum, ita voluiffe fibi aequire, ut ne beneficii quidem reus effet, fed in omnibus fe gereret, tanquam aequalis fibi effet. Intelligendum igitur femper eft, eum qui liberatur fubjectione .... promittere faltem externa figna eorum, quibus fuperiores ab inferioribus folent honorari. Ex quo fequitur, praeceptum illud de parentibus honorandis, effe legis naturalis, non modo fub titulo gratitudinis, fed etiam Pactionis.* § 8. Faifons encore une remarque, pour mettre les Lecteurs au fait des principes d'HOBBES fur cette matiére. Comme il fonde fur la *Puiffance* tout droit de commander qu'on a fur

quelcun dans l'Etat de Nature: celui d'une Mére, ou d'un Pére, fur leur Enfant, s'évanoüiroit avec l'âge, qui le rend auffi fort qu'eux. Pour prévenir cet inconvénient, nôtre Philofophe fuppofe une Convention tacite, par laquelle l'Enfant s'eft engagé à obéïr à fon Pére, ou à fa Mére, lors même qu'il fera homme fait. Voiez le § 2. & fuiv. de ce même Chapitre.

(10) *Poftrema, ubi nulla Judicia publica erant, & proptereà nullus ufus teftimonii dicendi, neque veri, neque falfi.* Ibid. Cap. XIV. § 9.

(11) *Proptereà quòd in ratiocinatione faifſi, five in ftultitia bonitum, officii fua erga caeteros homines ad confervationem propriam neceffaria non tentatum, omnis confiftit Legum Naturalium violatio.* Ibid. Cap. II. § 1. in Not.

(12) *Itaque concludendum eft, Legem Naturae femper & ubique obligare in Foro interno, five confcientia &c.* Ibid. Cap. III. § 27.

(13) *Facit itaque contra rationes pacis, hoc eft, contra Legem Naturae, fi quis de jure fuo in omnia non decedat.* Ibid. Cap. II. § 3.

§ XXXI. (1) *Hoc ita intelligendum eft, quod quis fecerit in ftatu meré naturali, id injurium boniti quidem nemini effe. Non quòd in tali ftatu peccare in Deum, aut Leges Naturales violare, impoffibile fit. Non injuſtitia erga homines fuppoit Leges Humanas, quales in ftatu naturali nullae fuit.* Ibid. Cap. I. § 10. in Not. init. Confere ici PUFENDORF, *Droit de la Nat. & des Gens,* Liv. I. Chap. VII. § 13. Liv. VIII. Chap. I.

M

vers les *Hommes fuppofe des Loix Humaines*, *& il n'y en a point de telles dans cet Etat-là.* Il accorde néanmoins, qu'*on y peut pécher contre* D I E U, *ou violer les Loix Naturelles.* Mais il avance ici en vain & fans preuve un principe très-faux, c'eſt que toute *Injuſtice* envers les *Hommes*, fuppofe des *Loix Humaines.* Car, quoi que les Maximes de la Droite Raifon, ou les Loix Naturelles, foient des Loix de D I E U feul, elles fuffifent de refte pour donner à l'*Homme* un vrai *droit* de faire tout ce que la Raifon lui fait regarder comme permis de D I E U. Une perfonne innocente a droit, par exemple, à la confervation de fa Vie, à l'intégrité de fes Membres, aux Alimens néceſſaires; toutes chofes fans quoi il eſt très-évident qu'elle ne pourroit pas contribuer à l'avancement du Bien Commun. Ainſi on lui fait certainement du tort, quand on lui retranche quelque Membre, ou qu'on lui ôte la Vie, pour ufer du prétendu droit fur toutes chofes, felon les principes de nôtre Philofophe. Car toute atteinte donnée aux droits d'autrui, eſt une injuſtice, quelle que foit la Loi en vertu de laquelle on a aquis ces droits; & beaucoup plus encore, lors qu'ils font fondez fur une Loi Divine, que s'ils viennent de quelque Loi Humaine, ou de quelque Convention entre les Hommes. A la vérité H O B B E S prétend, que perfonne ne peut faire du tort à autrui, que quand il a renoncé en faveur de quelcun, par une Convention, au droit qu'il avoit de faire contre lui tout ce qu'il vouloit. Mais ce n'eſt-là qu'une pure fuppofition, fondée fur cette autre nullement prouvée, Que chacun a droit de faire tout ce qu'il juge à propos: droit, dont nous avons fait voir que l'ufage eſt impoſſible. C'eſt donc en vain qu'H O B B E S cherche à étaïer fon Dogme Fondamental par une Conféquence uniquement bâtie fur la fuppofition, que nous avons renverfée, d'un *droit de tous à toutes chofes.* Et quoi qu'il foûtienne encore ailleurs (2) bien nettement, qu'on *ne fauroit faire du tort qu'à ceux envers qui l'on eſt engagé par quelque Convention*; il s'exprime néanmoins en un autre endroit, d'une maniére beaucoup plus raifonnable, & il enfeigne très-clairement, comme il eſt vrai, (3) *Que tout ce qui fe fait contre la Droite Raifon, eſt fait injuſtement.* (4) *Tout le monde*, dit-il, *convient, que l'on fait avec droit ce qui n'a rien de contraire à la Droite Raifon: ainſi nous devons tenir pour fait injuſtement, ce qui répugne à la Droite Raifon.* En conféquence de quoi il reconnoît pour *Loi la Droite Raifon.* Il n'exige ici, pour conſtituer la nature de l'*Injuſtice*, aucun tranfport, aucune rénonciation à nôtre droit, en faveur d'autrui. Or, puifqu'il avouë que les *Maximes de la Droite Raifon* (5) font autant de Loix Divines, je voudrois bien qu'il nous dît qu'eſt-ce qui empêche que ces Loix ne donnent à chacun fur fa propre Vie un droit, qui ne puiſſe lui être ravi fans injuſtice? Ou comment

on

---

(2) *Ex his fequitur, injuriam nemini fieri poſſe, niſi ei quocum initur pactum, five cui aliquid dono datum eſt, vel cui pacto aliquid eſt promiſſum.* Ibid. Cap. III. § 4.

(3) *Quod autem injuriâ factum eſt, contra legem aliquam fieri dicitur.* Ibid. Cap. II. § 1.

(4) *Sed cùm concedant omnes, jure fieri, quod non fit contra rectam Rationem, injuriâ factum cenfere debemus, quod rectae Rationi repugnat....* *Eſt igitur lex quaedam recta Ratio, quae (cùm non minus pars fit naturae humanae, quàm quae-*

libet alia facultas vel affectus animi) naturalis quoque dicitur. Ibid.

(5) Car il appelle au même endroit la Loi Naturelle, *Dictamen rectae rationis, circa ea quae agenda vel omittenda funt* &c. Et ailleurs, dans ce même Traité *Du Citoien,* il dit, que les Loix de D I E U, par lefquelles il régne naturellement, font *tacita rectae Rationis dictamina,* Cap. XV. § 3. Mais nôtre Auteur a montré ci-deſſus l'embarras & la contradiction des principes de fon Adverfaire fur ce fujet, §

11,

on peut avoir droit de s'oppofer aux droits d'autrui, & de les fouler aux pieds? Car le droit de chacun confifte dans une liberté que la Droite Raifon lui accorde: or la Droite Raifon ne permettra jamais que ceux qui raifonnent ou qui agiffent felon fes Maximes, fe contredifent ou fe combattent les uns les autres. En vain HOBBES diroit-il, qu'on ne fait du tort qu'à DIEU, lors qu'on viole fes Loix feules: il devroit auparavant avoir prouvé, que ces Loix purement Divines ne fauroient donner aux Hommes un droit fur leur propre Vie, & fur les chofes néceffaires à fa confervation, ou que, pofé ce droit, elles ne défendent pas en même tems aux autres d'y donner aucune atteinte.

J'ajoûterai en paffant, que, fi l'*Injuftice* confiftoit uniquement à enfraindre les Conventions par lefquelles on a renoncé à fon droit, on ne pourroit, felon les principes d'HOBBES, faire rien d'injufte contre DIEU même, en commettant les Crimes les plus énormes, fans en excepter le *Blafphême*, quoi que par ces Crimes on viole les *Loix Naturelles* de DIEU, qui veulent, les unes, qu'on l'honore; les autres qu'on cherche la Paix entre les Hommes. Car nôtre Philofophe fuppofe, que les Hommes n'ont jamais traité avec DIEU, pour fe foumettre à fes Loix. (6) Il foûtient même fans détour, qu'*on ne fauroit faire aucun accord avec DIEU, hormis quand il juge à propos d'établir, par fes Saintes Ecritures, quelques Hommes, qui aient l'autorité d'examiner & d'accepter en fon nom ces Conventions.* Ainfi, felon HOBBES, l'état refpectif de DIEU & des *Hommes* eft tel naturellement, que, fans aucune injuftice, les Hommes, comme les *Géans* de la Fable, peuvent être Ennemis de DIEU, le haïr, & lui déclarer la Guerre. Tout ce qu'il y a, c'eft que DIEU, de fon côté, aura droit d'exterminer de telles gens, ce qu'il auroit pû faire auffi juftement, encore même qu'ils n'euffent point péché. Mais pour ceux qui fecouent tout refpect envers DIEU, jufqu'à ne reconnoître aucunes Loix qu'il impofe, ni aucunes menaces de fa part qu'ils aient à craindre; *Hobbes* les regarde, non comme *Sujets* de DIEU, mais comme fes *Ennemis*, (7) qui font hors des limites de fon Empire, & qu'il peut attaquer, comme tels, quand il lui plaît. Je foûtiens au contraire, que, la Loi Naturelle étant fuffifamment publiée, les *Athées*, & les *Epicuriens*, qui nient la Providence, ont beau ne pas reconnoître cette Loi, & n'en tenir aucun compte; ils n'en font pas moins dans l'obligation d'obéïr à DIEU, dont ils naiffent *Sujets*, fans qu'il foit befoin d'aucune Convention par laquelle ils fe foumettent à fon Empire; & qu'ainfi il peut les punir, comme autant de Sujets Rebelles, & non pas leur faire feulement la Guerre, comme à des gens nez hors de fa Jurifdiction. Mais, encore un coup, cela foit dit en paffant.

§ XXXII.

11. & fuiv.

(6) *Neque pacta inire quifquam cum Divina Majeftate poteft, neque illi voto obligari, nifi quatenus vifum illi eft per Scripturas Sacras fubftituere fibi aliquos homines, qui auctoritatem habeant vota & pacta ejufmodi expendendi & acceptandi, tamquam illius vicem gerentes.* Ibid. Cap. II. § 12.

(7) *Neque etiam Atheos [pro fubditis Dei habemus] quia Deum effe non credunt; neque*

eos, qui Deum effe credentes, eum tamen inferiora haec regere non credunt.... Soli igitur in Regno Dei cenfendi funt, qui ipfum & Rectorem omnium rerum effe, & praecepta hominibus dediffe, & poenas in transgreffores ftatuiffe agnofcunt. Caeteros non fubditos, fed hoftes Dei appellare debemus. Ibid. Cap. XV. § 2. Voiez PUFENDORF, *Droit de la Nat. & des Gens,* Liv. III. Chap. IV. § 4.

M 2

Que les Paſ-
ſions Humaines
ne produiſent
pas néceſſai-
rement une
Guerre de tous
contre tous.

(a) Cap. I. §.
10, 11, 12.

§ XXXII. EXAMINONS maintenant ce que le même Auteur dit dans ſon *Léviathan*, pour établir ſon prétendu *droit de tous à toutes choſes*: car il tâche là de prouver ſa théſe par d'autres principes. Ici je ne puis m'empêcher de remarquer d'abord, qu'HOBBES ſe contredit lui-même, autant qu'il contredit tous les autres Ecrivains, ſur ce Dogme fondamental de ſa Morale & de ſa Politique. Car, dans le Traité *Du Citoien*, il fonde la prétenduë *Guerre de tous contre tous* (a) ſur le *droit de tous à toutes choſes*, comme une Cauſe qui rend cette Guerre & licite, & néceſſaire. Au lieu que, dans le *Léviathan*, il poſe prémiérement, Que l'Etat de Nature eſt un Etat de Guerre: d'où il infére enſuite, Que tout eſt permis dans cet Etat-là. Pour s'en convaincre, on n'a qu'à lire le *Chapitre XIII*. & ſur-tout les paroles ſuivantes, comparées avec ce qui précéde: (1) *C'eſt*, dit-il, *une ſuite de la Guerre de tous contre tous, que rien ne doit être quali-fié injuſte. Les noms de* Juſte & d'Injuſte *n'ont point de lieu dans un tel état. La Force, & la Ruſe, ſont les Vertus Cardinales, dans la Guerre* &c. L'Auteur avoit dit, dans ſon Traité *Du Citoien*, que, comme l'un a droit d'attaquer, & l'autre de ſe défendre, il naît de là une Guerre juſte des deux côtez. Mais ici, ſans ſe mettre en peine du droit de faire la Guerre, il prétend, que la Guerre ne peut que naître de la nature même (2) des Paſſions Humaines; & cette Guerre ainſi poſée, il ſoûtient, quoi que ſans preuves, qu'il s'enſuit de là, qu'il n'y a rien d'*Injuſte*, qu'il n'y a ni *Mien*, ni *Tien* &c. Raiſonnement à la vérité plus populaire, que l'autre, mais au fond plus foible. Car tous les Ecrivains judicieux conviennent, que, pour déterminer de quelle maniére on peut légitimement agir contre un Ennemi, il faut prouver auparavant, que la Guerre eſt juſte. Et quelque juſte qu'elle ſoit, tout n'y eſt pas permis. Il faut donc connoître exactement la Loi Naturelle, pour pouvoir décider, ſelon ſes Préceptes, ſi la Guerre qu'on veut entreprendre eſt juſte, ou permiſe du moins par la Droite Raiſon, avant que d'en inferer que ce qui eſt néceſſaire dans une telle Guerre eſt permis. Cela eſt ſi clair, qu'HOB-BES lui-même, qui, ſur la fin du Chapitre dont il s'agit, veut que, dans l'Etat de Nature, il n'y aît point de différence entre le *Juſte* & l'*Injuſte*; tâche néanmoins de prouver un peu plus haut, que, dans cet Etat, on doit accorder à chacun le Droit de Guerre, (3) comme étant néceſſaire pour ſa propre conſervation: ce qui vaut autant, que s'il diſoit qu'une telle Guerre doit être juſte, ou permiſe. De ſorte que, dans un ſeul & même Chapitre, il ſe contredit groſſiérement. Car, dès-là qu'on veut prouver que telle ou telle choſe, comme la Guerre, eſt juſte & licite dans l'Etat de Nature, on ſuppoſe maniſeſtement qu'il y a, dans cet Etat-là, quelque différence entre le *Licite* & l'*Il-licite*; & en même tems qu'il y a une *Loi*, & une Loi *obligatoire*, dont la per-miſ-

---

§ XXXII. (1) *Praeterea Bello omnium con-tra omnes conſequens eſt, ut nihil dicendum ſit injuſtum. Nomina* Juſti & Injuſti *locum in hac conditione non habent. Vis & Dolus in Bello Vir-tutes Cardinales ſunt* &c. Cap. XIII. pag. 65.

(2) *Illis, qui haec non penſitaverunt, mirum fortaſſe videbitur, Naturam homines diſſociaviſ-ſe, & ad mutuam caedem aptos produxiſſe; & ta-*

men hoc perſpicuè illatum eſt ex naturâ Paſſionum, & praeterea Experientiae conſentaneum &c.... *Eidem conditioni hominum conſequens eſt, ut nul-lum ſit Dominium, nulla Proprietas, nullum Meum aut Tuum, ſed ut illud uniuscujuſque ſit, quod acquiſivit, & quamdiu conſervare poteſt.* Ibid. & pag. 66.

(3) *In tanto, & mutuo, hominum metu, ſe-cu-*

miffion du moins rend la Guerre licite. Or c'eft-là juftement le principal point que nous nous propofons d'établir, & ce qu'HOBBES nie d'ailleurs, comme nous l'avons vû, lorfqu'il dit pofitivement, Qu'il n'y a rien de Jufte ou d'Injufte, dans l'Etat de Nature.

Mais voions les raifons, dont il fe fert, pour prouver qu'une Guerre de tous contre tous eft néceffaire, & par conféquent permife. Il n'eft pas auffi facile de les démêler ici, que dans le Traité *du Citoien*; car le *Léviathan* n'eft pas é-crit avec cette méthode ferrée & exacte, que l'Auteur s'eft piqué de fuivre dans le prémier Ouvrage. Quoi qu'il en foit, il réduit à trois principales Caufes, ce qui trouble la Paix entre les Hommes, favoir, la *Concurrence de plufieurs à vouloir une même chofe*, la *Défenfe de foi-même*, & la *Gloire*. Ces Paffions, felon lui, produifent néceffairement la Guerre: la *Concurrence*, dans l'efpérance du gain; la *Défenfe*, par la crainte que les autres ne nous mettent fous le joug de leur domination; & la *Gloire*, en vûë de fe faire à foi-même un grand nom.

Je ne fuis pas d'humeur de copier tout ce qu'HOBBES dit là-deffus d'une maniére trop diffufe, pour inferer de l'influence de ces Paffions la néceffité d'une Guerre de tous contre tous. Ceux qui voudront le favoir pourront confulter le Livre même. Il me fuffit d'y faire une réponfe générale. Je dis donc, que l'Homme n'eft pas néceffairement pouffé & gouverné par les Paffions, dont on parle. Elles peuvent, comme toutes les autres, être moderées & dirigées par la Raifon. Il eft donc faux qu'elles entraînent les Hommes à cette Guerre univerfelle, par un mouvement naturel & invincible; & ainfi on ne fauroit en inférer qu'elle eft permife. A la vérité ce qu'il y a dans les Paffions humaines qui eft produit néceffairement par l'impreffion des Objets extérieurs, ne peut être défendu par aucune Loi Naturelle, parce que les Loix Naturelles ne réglent d'autres Actions que celles qui font en nôtre pouvoir. Mais ce n'eft pas de cela qu'il s'agit. Les Paffions, qui, felon *Hobbes*, rendent la Guerre néceffaire, & par conféquent licite, font de telle nature, que, portant leur vûë fur l'avenir, & fouvent fur un Avenir éloigné, elles dépendent de la Raifon, & de la Délibération des Hommes, qui font ainfi capables de les gouverner. HOBBES le reconnoît lui-même clairement dans fon Traité *Du Citoien*, (4) où il dit: *Les Hommes, qui ne pouvoient pas convenir entr'eux de ce qui regarde leur Bien préfent, conviennent de ce qui regarde leur Bien à venir: ce qui eft l'ouvrage de la Raifon. Car le Préfent eft l'objet des Sens; au lieu que l'Avenir n'eft connu que par la Raifon.* En conféquence de quoi *Hobbes* a-vouë, que les Hommes tombent d'accord de cette Loi Naturelle, qu'il donne pour l'abrégé de toutes les autres, favoir, *Que l'on doit chercher la Paix*. Comment accorder cela avec la Guerre de tous contre tous, qu'il fait regarder, dans fon *Léviathan*, comme une fuite néceffaire de quelques Paffions, qui dé-

curitatis viam meliorem habet nemo *Anticipatione*; nempe ut unusquifque vi & dolo caeteros omnes tamdiu fubjicere fibi conetur, quamdiu alios effe, à quibus fibi cavendum effe viderit. Neque hoc majus eft, quàm & confervatio fua poftulat, & ab omnibus concedi folet... Itaque Dominii acquifitio per vim unicuique, ut ad confervationem propriam

neceffaria, concedi debet. Pag. 64.
(4) Qui igitur de bono praefenti convenire non poterant, conveniunt de futuro; quod quidem opus Rationis eft. Nam praefentia fenfibus, futura nonnifi Ratione percipiuntur. De Cive, Cap. III. § 31.

dépendent d'une prévoiance de la Raifon, étenduë fur tout le cours de la Vie? De plus, à la fin du Chapitre même dont il s'agit, *Hobbes* (5) reconnoît dans les Hommes, certaines *Paſſions qui les portent à la Paix*, favoir, *la Crainte*, *fur-tout d'une Mort violente ; le Déſir des choſes néceſſaires pour vivre heureux, & l'Eſpérance de ſe les procurer par ſon induſtrie.* Ces Paſſions, fi on les examine bien, font certainement les mêmes que celles qu'il venoit de dire qui portent les Hommes à la Guerre. Car la *Crainte*, dont il parle, qu'eſt-elle autre choſe, que celle qui fait appréhender que les autres Hommes ne veuillent dominer fur nous à leur gré, & nous ôter par conféquent la Vie, quand il leur en prendra fantaiſie? Or c'eſt par une telle Crainte qu'il avoit foûtenu que les Hommes font portez à prévenir & attaquer les autres, pour fe mettre eux-mêmes en fûreté. On peut dire la même choſe du défir de la *Gloire*, que chacun pourra mettre au nombre des choſes néceſſaires à la Vie ; auſſi bien que de l'eſpérance du *Gain*. Ainſi, felon *Hobbes*, les mêmes choſes produiront la *Guerre* & la *Paix*. Certainement, fuppofé qu'il y eût dans ces fortes de Paſſions quelque choſe d'abfolument néceſſaire & invincible, il faudroit l'examiner avec foin des deux côtez, pour découvrir fi la Nature Humaine eſt par-là plus fortement portée à la *Paix*, ou à la *Guerre :* & c'eſt ce qu'*Hobbes* ne fait nulle part dans tous fes Ecrits. Cependant il eſt auſſi abfurde, d'affirmer quoi que ce foit fur l'état de l'Homme, & fur fon panchant naturel à certaines Actions à venir, en ne faifant attention qu'à ce qu'il y a en lui qui le porte à la Guerre, & laiſſant à quartier tout ce qui au contraire le follicite à la Paix ; qu'il feroit abfurde de déterminer d'avance le côté vers lequel une *Balance* panchera, fans connoître le poids que de ce qui eſt dans un des Baſſins. Pour moi, après avoir comparé, avec tout le foin dont je fuis capable, les Caufes des Effets, dont il s'agit, & leur force refpective, foit entant que ce font des Mouvemens Naturels produits par l'impreſſion d'Objets extérieurs, & dépendans en quelque maniére de la conſtitution du Corps Humain ; ou, ce qui eſt beaucoup plus confidérable, entant que ces Mouvemens font excitez & dirigez par la Raifon, qui porte fes vuës fur toute la durée de la Vie Humaine : ils me paroiſſent porter avec plus de force à une *Bienveillance univerſelle*, & à la *Paix*, qu'on a lieu de fe promettre de la pratique de cette Bienveillance ; qu'à la *Guerre de tous contre tous*, qui, de l'aveu d'*Hobbes*, eſt accompagnée d'un danger perpétuel de Mort violente, d'une Vie folitaire, pauvre, brute, & courte ; & par conféquent où il n'y a aucune efpérance raifonnable de Sûreté.

Que la recherche du Bien   § XXXIII. TOUT ce qui peut, avec quelque apparence, faire ici de la peine,

(5) *Paſſiones, quibus Homines ad Pacem perduci poſſunt, funt Metus, praeſertim vero Metus mortis violentae, & Cupiditas rerum ad bene vivendum neceſſariarum, & Spes per induſtriam illas obtinendi.* Leviath. Cap. XIII. pag. 66.

§ XXXIII. (1) C'eſt ce que porte une Sentence de PUBLIUS SYRUS:

Multis minatur, qui uni facit, injuriam.

Verf. 427. Edit. 1708.

(2) Je ne connois point ce Traité *de la Nature Humaine*. On n'en trouve aucun fous ce titre dans les deux Volumes des Oeuvres d'HOBBES, imprimez en *Hollande*. Le Traducteur Anglois ne nous donne ici aucune lumiére. Mais le P. NICERON parle d'un Ouvrage Anglois *De la nature de l'Homme*, qui fut imprimé à *Londres* in 12. en 1650. C'eſt fans doute celui que nôtre Auteur cite ici. Pour fuppléer au défaut de ce que je ne puis confulter ce Livre, je vais rapporter la maniére dont l'Auteur s'exprime fur le fujet dont il s'agit, dans fon Traité *De Homine*. La Compaſſion, dit-il, confiſte

ne, c'eſt qu'encore qu'on cherche le Bien Commun, & la Paix, par la pratique d'une *Bienveillance univerſelle*, on ne ſauroit être entiérement aſſûré de ſe procurer par-là à ſoi-même un Bonheur parfait, à cauſe des Paſſions déréglées de quelques autres Hommes, qui, par une témérité aveugle & inſenſée, ne ſe propoſeront pas la même fin. Mais la difficulté s'évanouïra, ſi l'on conſidére, que nous ne pouvons rien de plus, pour nous procurer une plus grande ſûreté de la part des Hommes, ou, ce qui revient à la même choſe, qu'il eſt abſolument impoſſible de ſe mettre dans un état de Sûreté entiére, contre tous les maux auxquels on eſt expoſé par un effet des Déſirs déréglez d'autrui ; & qu'ainſi il faut néceſſairement ſe contenter de faire, entre les choſes qui ſont en nôtre pouvoir, celles qui ſont les plus propres à obtenir cette fin. Or il n'y a rien ici de plus efficace, qu'un ſoin conſtant de travailler à l'avancement du Bonheur de tous les Hommes, en les engageant, autant qu'il dépend de nous, prémierement à quelque ſorte d'*Amitié*, enſuite à quelque *Société Civile*, ou *Religieuſe* ; & après les y avoir amenez, en tâchant de les y entretenir par une continuation de la même Bienveillance. Tout ce en quoi ou l'on néglige ce ſoin, ou l'on agit d'une maniére qui y répugne, c'eſt autant de choſes qui manquent ou qui ſont des obſtacles aux plus grands efforts qu'on peut & qu'on doit faire, pour avancer en même tems ſon propre Bonheur & le Bonheur Commun des autres, par les moiens les plus convenables que la Lumiére Naturelle nous découvre. En nous propoſant le Bien Commun, dans lequel eſt renfermé celui de tous les Etres Raiſonnables, nous faiſons ce qu'il faut pour les porter à nous ſécourir & à nous défendre. Ainſi nous avons lieu d'eſperer qu'ils concourront avec nous à la même fin, à moins qu'ils ne ſoient aveuglez par quelque Paſſion, & qu'ils ne dépouillent à cet égard leur Nature Raiſonnable. Au lieu que, ſi nous ne ſommes pas conſtans à rechercher cette fin, ou ſi nous y donnons la moindre atteinte, en faiſant du mal, par exemple, à une ſeule Perſonne innocente; nous négligeons manifeſtement l'intérêt de tous, & nous les inſultons tous en quelque maniére. Car chacun (1) craindra avec raiſon de nôtre part le même mal que nous avons cauſé à un Innocent. *Hobbes* reconnoît lui-même ce ſujet de crainte, en expliquant à ſa maniére la *Compaſſion*, dans ſon Traité (2) *De la Nature Humaine.*

En un mot, la force de la *Crainte*, de l'*Eſpérance*, & autres Paſſions, qui peuvent également porter à la Paix & à la Guerre, doit être regardée comme proportionnée à la force des Cauſes qui les produiſent dans les Hommes. Ces Cauſes ſont les Biens ou les Maux, que nôtre Raiſon juge poſſibles, ou devoir provenir des Actions des autres Etres Raiſonnables : ainſi on ne peut connoître leur

te en ce qu'on s'imagine que le mal qui arrive aux autres peut nous arriver à nous-mêmes; & de là vient qu'elle eſt plus ou moins grande, à proportion du plus ou moins d'expérience qu'on a de ces maux, parce que, ſelon cela, on les craint plus ou moins. On a auſſi moins de compaſſion de ceux qui ſont punis pour leurs Crimes, parce qu'on hait ceux qui font du mal &c. *Dolere ob malum alienum, id eſt, condolere ſive compati, id eſt, ma-*

lum alienum ſibi accidere poſſe imaginari, Miſericordia *dicitur. Itaque qui ſimilibus malis aſſueti ſunt, magis ſunt* Miſericordes *; & contra. Nam malum, quod quis minùs expertus eſt, minùs metuit ſibi. Item eorum, qui criminum pœnas dant, minùs miſereſcimus, quia aut odimus malefactores* &c. De Homine, *Cap.* XII. §. 10. Tom. I. *Opp.* pag. 72. Voilà qui renferme la penſée, que nôtre Auteur dit qui ſe trouve dans le Traité d'*Hobbes* qu'il indique.

leur influence, que par l'examen de la nature de ces Agens. Voici donc à quoi fe réduit la queſtion, Quelle eſt la Régle que la Nature nous preſcrit ici pour diriger nos Actions? c'eſt de favoir, ſi, mis à part la conſidération du Gouvernement Civil, les Hommes ne peuvent pas voir clairement par ce qu'ils connoiſſent aiſément de la Nature de DIEU & de celle des autres *Hommes*, qu'ils travailleront plus efficacement à la Félicité & à la Sûreté de tous, & en particulier à la leur propre, par une Bienveillance univerſelle, qui renferme le foin de ne faire du mal à perſonne, la Fidélité, la Reconnoiſſance, & les autres Vertus; que par cet acharnement à prévenir les autres, qu'*Hobbes* conſeille & explique dans le Chapitre cité ci-deſſus, (3) où il enſeigne, que, *ſur une ſimple préſomtion de la volonté qu'ont les autres de nous faire du mal, chacun peut, comme n'aiant pas de meilleur moien de ſe mettre en ſûreté, tâcher, par ruſe ou par force, de s'aſſujettir tous les autres tant qu'il en verra, de qui il croira avoir quelque choſe à craindre.* Pour moi, je ſoûtiens au contraire, que le meilleur moien de pourvoir à ſon propre Bonheur, & en même tems à celui des autres, c'eſt de travailler à prévenir, à reprimer & calmer toutes les Paſſions qui ſont capables de cauſer des troubles ſans néceſſité, comme les vaines Eſpérances, les fauſſes Craintes &c. Il n'eſt pas moins évident, que les principales Cauſes de ce Bonheur dépendent des Agens Raiſonnables; & par conſéquent qu'on ne ſauroit prendre des meſures plus efficaces pour y parvenir, que de faire ce qui eſt le plus propre à gagner l'affection de tels Agens. Or c'eſt ce qu'on fait, en s'accommodant aux principes les plus puiſſans de leurs Actions qu'il y a dans leur nature, je veux dire, au pouvoir & à la volonté qu'ils ont d'agir ſelon les lumiéres de la Raiſon, par une conduite envers eux, où l'on ne cherche pour ſoi-même de Bonheur, qu'autant qu'il eſt joint avec la Félicité de tous les autres, & en contribuant très-volontiers à l'avancer. Car il arrive de là, que les autres peuvent en toute ſûreté, & ſans préjudice du déſir raiſonnable de leur propre Bonheur, s'accorder avec nous, & concourir à la même fin. Or on ne ſauroit raiſonnablement déſirer ou ſe promettre de la part des Cauſes extérieures un plus haut degré de Bonheur, que celui que les autres Etres Raiſonnables, entre leſquels & lui il y a une mutuelle dépendance, ſont naturellement capables de lui procurer; & par conſéquent qui s'accorde avec le Bonheur de tous, que chacun d'eux déſire naturellement. Il eſt clair auſſi, que ce Bien Commun de tous eſt plus grand que le Bien d'un ſeul, ou de quelque peu, comme le Tout eſt plus grand que ſa Partie; & que tous les autres Etres Raiſonnables, où qu'ils ſoient, ſont portez à être dans les mêmes ſentimens, par un effet néceſſaire de la Nature des Choſes. D'où l'on a lieu d'attendre, que tous ceux qui auront cultivé leur Eſprit, en ſorte qu'ils ſoient venus à ſe convaincre pleinement que le Bien Commun eſt le plus grand des Biens, & que toutes les Cauſes qui contribuent à l'avancer produiront la plus grande Félicité, de chacun, qui ſoit poſſible ſelon la conſtitution de la Nature des Choſes; ſe propoſeront infailliblement la même fin que nous, & ainſi feront tout prêts à nous aſſiſter.

Et, certainement les Principes de l'Art de bien vivre ne ſont pas ſi difficiles à
con-

(3) J'ai cité le paſſage, ſur le paragraphe 32. *Not.* 3.

connoître, qu'on n'ait grande raison de préfumer que la plûpart des Etres Raifonnables les connoiſſent & les approuvent actuellement, ou du moins qu'on peut les leur perſuader par des inſtructions convenables; à moins qu'il ne paroiſſe par des indices très-certains, que tel ou tel s'eſt livré entiérement à des Paſſions déraiſonnables. Car ce ſont des Véritez équivalentes aux Maximes ſuivantes, qui me paroiſſent approcher de l'évidence des Axiomes Mathématiques: *Le Bien du Tout eſt plus grand, que le Bien de la Partie: Les Cauſes qui contribuent le plus à conferver ou perfectionner un Tout, ou un Corps, dont les Parties ont besoin du ſecours l'une de l'autre, contribuent auſſi le plus à conferver & perfectionner chacune de ces Parties.* Si quelques-uns nient ou ne reconnoiſſent pas ces prémiers Principes, il faut ou ne chercher de leur part aucune aſſiſtance, ou ſe la procurer, s'il en eſt beſoin, par le moien de ceux qui ont là-deſſus des lumiéres ſuffiſantes. En quoi il y a une grande différence entre nôtre hypothéſe, & celle d'Hobbes. Car, en inſpirant à chacun un déſir de prévenir les autres, il tâche de les forcer tous à faire des choſes abſolument impoſſibles, & qui ſont également au deſſus du pouvoir & contraires à la Volonté des Hommes. En effet, ſelon le principe d'Hobbes, chacun travaille à contraindre tous les autres de lui obéïr à lui ſeul, comme à leur Souverain. Or cette Souveraineté de chacun eſt diamétralement oppoſée à une Souveraineté toute ſemblable que tous les autres cherchent chacun pour ſoi ſur le même fondement.   Ainſi il eſt auſſi impoſſible, que pluſieurs de ces Souverainetez ſubſiſtent enſemble; qu'il l'eſt, qu'un même Corps ſe meuve en même tems vers mille côtez oppoſez. Et il eſt preſque auſſi abſurde de s'imaginer, que les Hommes veuillent tenter l'impoſſible, quand une fois ils le connoiſſent tel; que d'eſperer qu'ils puiſſent en venir à bout.

De tout ce que je viens de dire, fondé ſur la Nature même des Etres Raifonnables, & ſur des Principes Pratiques qu'un Jugement droit fournit à tous les Etres Raiſonnables, comme tels, je puis conclure, qu'une *Bienveillance Univerſelle* eſt plus utile, que le déſir de prévenir tous les autres, qui eſt le grand principe d'*Hobbes*.   Je renvoie au Chapitre ſuivant, où je traiterai en particulier *De la Nature Humaine*, pluſieurs réflexions, qui viendroient ici à propos.

Il ſuffit d'ajoûter, pour confirmer ce que j'ai dit, deux raiſons tirées de l'expérience fréquente de tous les Siécles.

1. Les Roiaumes, qui, de l'aveu d'*Hobbes*, ſont les uns par rapport aux autres dans l'Etat de Nature, jouïſſent d'une plus grande ſûreté, & éprouvent davantage les douceurs de la Paix à la faveur des Traitez conclus avec leurs Voiſins, quoi que ces Traitez n'aient d'autre ſoûtien que la Bonne Foi & quelque petit degré de Bienveillance réciproque; que ſi ces Peuples ſont en Guerre ouverte, de telle ſorte qu'ils cherchent les uns & les autres à ſe prévenir, par violence ou par artifice.

2. Dans le ſein même de la Société Civile, il arrive une infinité de cas, où l'Autorité & le Pouvoir coactif du Souverain ne peuvent s'exercer efficacement; & cependant on y voit très-ſouvent que les Citoiens ne laiſſent pas d'obſerver les uns envers les autres les Loix de l'*Innocence*, de la *Fidélité*, de la *Reconnoiſſance*, ou autres Vertus; & du reſte ſe croient beaucoup moins permis de nuire les uns aux autres, qu'il n'eſt permis dans une Guerre. La plus gran-

de affûrance que chacun puiffe avoir, de ne pas perdre fa Vie, ou fes Biens, par l'effet d'un Parjure, ou d'un Faux-Témoignage de quelcun de fes Conci-toiens, vient de la Bonne-foi des Hommes, dont le manque peut rarement être ou découvert, ou puni, par le Magiftrat.

§ XXXIV. En voilà affez, pour montrer la foibleffe des conféquences qu'Hobbes tire de la nature des Paffions Humaines, en vuë d'établir la nécef-lité & la permiffion d'une Guerre de tous contre tous. Paffons à un nouvel ar-gument, qu'il y joint, en ces termes: (1) *Les Paffions des Hommes ne font pas des Péchez, ni les Actions qui en proviennent, tant que ceux qui les font ne voient point de Puiffance, qui les défende: car on ne peut connoître une Loi, qui n'eft point établie; & elle ne peut être établie, tant qu'on ne s'eft pas foûmis par fon propre con-fentement au Légiflateur.*

Je réponds, que, la *Droite Raifon* étant une *Loi Naturelle*, qui a Dieu pour Auteur; les Actions, qu'elle défend, font par cela feul autant de *Péchez*, en-core même que les Hommes ne voient point ce Légiflateur, & ne fe foûmet-tent pas à fon Empire; pourvû qu'ils puiffent connoître affez clairement & qu'il a un Empire Souverain fur tous, & qu'il a établi ces Loix. *Hobbes* reconnoît lui-même, en plufieurs autres endroits, ces deux Véritez: comment donc peut-il dire ici, que les Hommes ne foient pas tenus d'obéïr à d'autres Loix, qu'à celles qu'ils fe font volontairement engagez d'obferver? Toute violation de quelque Loi eft certainement un *Péché*. Si donc il y a des Loix Naturelles, leur violation fera toûjours un vrai *Péché*, quand même quelcun de ceux qui les vio-lent ne fe feroit pas foûmis par fa propre volonté à l'Autorité de Dieu, qui a établi ces Loix. Or j'ai prouvé ci-deffus leur exiftence en peu de mots, & je la prouverai plus au long dans la fuite. Ainfi il n'eft pas néceffaire de s'arrêter da-vantage à réfuter l'argument dont il s'agit.

Je ne faurois pourtant me réfoudre à quitter l'endroit du Chapitre d'où il eft ti-ré, fans y faire remarquer un autre argument, dont l'Auteur a cru pouvoir fe fer-vir, pour confirmer fa théfe du prétendu *droit de faire la Guerre à tous, hors d'u-ne même Société Civile.* C'eft une addition qu'il fit, dans la derniére Edition de fon *Léviathan*: (2) *Mais,* dit-il, *à quoi bon prendre la peine de démontrer aux Sa-vans, ce que les Chiens mêmes n'ignorent pas, puis qu'ils aboient contre tous venans; de jour, contre les inconnus feuls; de nuit, contre tous, connus ou inconnus?* O le merveilleux raifonnement! Ce fera donc de l'exemple des Animaux deftituez de Raifon, ce fera des *Chiens*, que nous devrons apprendre à connoître les

Droits

§ XXXIV. (1) *Paffiones hominum peccata non funt, neque quae inde oriuntur Actiones, quam diu, quae illas prohibeat, poteftatem nullam, qui faciunt, vident: neque enim Lex cognofci poteft, quae non fit lata; neque ferri, quamdiu in Le-giflatorem confenfum non eft.* Leviath. Cap. XIII. pag. 65.

(2) *Sed quid hominibus doctis conamur demon-ftrare id, quod ne Canes quidem ignorant, qui accedentibus allatrant, interdiu quidem ignotis, noctu autem omnibus?* Ibid.

(3) *Neque funt Juftitia, & Injuftitia, Cor-*

poris aut Animae Facultates; nam fi effent, ho-mini ineffe poffent, qui in mundo folitarius effet & unicus. Qualitates quidem hominis funt, non autem quatenus Hominis, fed quatenus Civis. Ibid.

(4) Il n'y a nul doute, qu'*Hobbes* n'entende par *Citoien,* un homme qui eft membre de quelque Société Civile. Cependant, de la ma-niére que nôtre Auteur s'exprime, il fuppo-fe qu'un autre fens, il peut être vrai que la *Juftice & l'Injuftice* font des qualitez de l'Hom-me, non précifément *entant qu'Homme,* mais

en-

Droits de la Nature, ou le pouvoir que la *Droite Raifon* donne aux Hommes! Les *Chiens* aboient la nuit contre tous venans: Donc il eſt permis aux Hommes qui ne vivent pas enſemble dans une même Société Civile, de tuer en plein midi tous les autres Hommes, qu'ils rencontreront, quelque connus qu'ils leur ſoient. Que les Diſciples d'*Hobbes* apprennent plutôt des Chiens à avertir les autres, en aboiant ſans faire du mal, de prendre garde à eux; & non pas, comme le veut leur Maître, à prévenir ou de force ouverte, ou par embûches, ceux qui ne ſont pas ſur leurs gardes. Qu'ils apprennent de ces mêmes Bêtes à veiller & faire ſentinelle devant leur propre Maiſon, ſans chercher à s'emparer du bien d'autrui.

Voici quelque choſe de plus ſubtil, qu'*Hobbes* avance, comme une autre raiſon propre à appuier ſon ſentiment. (3) *La Juſtice & l'Injuſtice*, dit-il, *ne ſont pas des Facultez du Corps ou de l'Ame: car, ſi cela étoit, elles pourroient ſe trouver dans un Homme qui ſeroit ſeul & unique au monde. Ce ſont des qualitez de l'Homme, non entant qu'Homme, mais entant que Citoien* &c.

Mais ce que nôtre Philoſophe inſinue ici, eſt faux, ſi on (4) l'entend d'une Société établie par des Conventions Humaines. J'avouë, que les actes extérieurs de *Juſtice* ſe rapportent le plus ſouvent à *autrui*, mais non pas toûjours (car on peut auſſi être injuſte envers ſoi-même). Cependant le panchant, ou la *volonté de rendre à chacun le ſien*, en quoi conſiſte la nature de la *Juſtice*, peut & doit ſe trouver dans le cœur d'un Homme, qui ſeroit ſeul & unique au monde. Rien n'empêche qu'un tel Homme ne fût dans une diſpoſition d'accorder aux autres, qu'il ſauroit pouvoir être enſuite créez, les mêmes droits qu'il s'attribuë à lui-même. Et je ne vois aucune raiſon, pourquoi ce panchant ne devroit pas être appellé naturel, encore même qu'il ne pût avoir actuellément d'effet extérieur, juſqu'à ce qu'il exiſtât d'autres Hommes. *Hobbes* ne niera pas, je penſe, que le panchant qui porte l'Homme à la propagation de ſon eſpéce, ne lui ſoit naturel, entant qu'il eſt Animal, ſuppoſé même qu'il n'y aît qu'un ſeul Homme, comme étoit Adam avant la création d'*Eve*.

§ XXXV. ENFIN, il eſt à remarquer, que, tout le Syſtême d'HOBBES étant fondé ſur le principe d'un prétendu droit de faire la Guerre à tous, & de s'approprier tout; il s'apperçut lui-même, comme je crois, que ce droit ne s'accordoit pas bien avec la définition véritable du *Droit* qu'il avoit donnée dans ſon Traité *Du Citoien:* c'eſt pourquoi il définit enſuite autrement le *Droit Naturel*, dans ſon *Léviathan*, ſavoir (1) *la liberté que chacun a de ſe ſervir à ſon gré de ſes Facultez, pour la conſervation de ſa nature*. Il ne faut donc plus, ſelon lui,

Variation d'HOBBES, ſur la définition du *Droit Naturel*.

en-

---

entant que Citoien. Il veut parler apparemment de l'Homme conſidéré, ſelon l'idée qui régne dans tout cet Ouvrage, comme *Citoien du Monde*, ou de cette grande Société dont DIEU eſt le Chef Suprême, & tous les *Etres Raiſonnables* les *Sujets*. Car c'eſt de cette rélation que naiſſent tous les principes de la *Juſtice* & de l'*Injuſtice*. Or elle a lieu entre tous les Hommes, encore même qu'ils ne ſoient membres d'aucune Société particuliére. Mais comme l'autre raiſon d'*Hobbes*, tirée de ce que la *Juſ-*

tice & l'*Injuſtice* ſuppoſent l'exiſtence de plus d'un Homme, porte également contre l'une & l'autre manière d'enviſager l'Homme, nôtre Auteur y répond dans les paroles qui ſuivent. Il auroit dû exprimer ici ſes penſées plus clairement & plus diſtinctement.

§ XXXV. (1) Jus Naturale *eſt libertas, quam habet unuſquiſque, potentiâ ſuâ ad Naturae ſuae conſervationem ſuo arbitrio utendi, & (per conſequens) illa omnia, quae eô videbuntur tendere, faciendi.* Cap. XIV. *init.*

N 2

entendre par le *Droit*, la liberté d'agir felon la *Droite Raifon*, ou conformément à quelque *Loi Naturelle*, mais la liberté d'agir uniquement à fa fantaifie,
ou de faire tout ce qu'on veut.

Ce feroit là une prodigieufe contradiction. Je vais tâcher d'accorder *Hobbes*
avec lui-même. La vérité eft, que dans fon Livre même *Du Citoien*, il n'entendoit autre chofe par la *Droite Raifon*, que *l'opinion particuliére de chacun*, quelque abfurde qu'elle foit, & quoi que directement oppofée au jugement du même Homme en d'autres tems, aufli bien qu'au jugement de tous les autres; comme il paroît (2) par une *Note* fur le *Chap*. II. § 1. En ce fens, il faut avouer,
que la *Droite Raifon*, & le *Jugement arbitraire* de chacun, n'ont rien d'incompatible. Mais au fond, ni la *Droite Raifon*, ni le *Droit*, ne fauroient être variables felon la fantaifie de chacun: l'un & l'autre reffemble à cette *Ligne Droite*
& infléxible, qui forme l'équilibre dans la *Statique*. Car la *Droite Raifon*, comme nous le ferons voir plus au long dans la fuite, confifte dans une conformité conftante & invariable avec les Chofes mêmes, dont la Nature ne change
jamais: & le *Droit* ne s'étend pas au delà de ce que la *Droite Raifon* permet, ou
déclare compatible avec la Fin qu'elle propofe à tous les Etres Raifonnables.
C'eft vainement, & fans exemple, qu'on dit que quelcun peut avoir *droit de
faire* ce qui n'eft *permis* ni *autorifé* par aucune *Loi*. Perfonne ne doute, que
les Hommes n'aient un *Pouvoir Phyfique* de déterminer leur Volonté comme
il leur plaît, & de quel côté il leur plaît: mais ce n'eft pas de quoi il eft
queftion, quand on parle du *droit d'agir* actuellement. On veut favoir alors,
quelles des Actions poffibles, qui dépendent de nôtre Libre Arbitre, font
véritablement *permifes*. Or c'eft fe moquer, de prétendre répondre à cette
queftion, fans fuppofer un rapport à quelque *Loi*, du moins *Naturelle*. Il
eft au pouvoir de chacun, de tuer une Perfonne Innocente & de fe pendre
ou fe précipiter lui-même: on ne fauroit dire néanmoins, que quelcun aît *droit*
de faire de telles chofes; parce qu'elles font contraires à la vraie & bonne Fin
du *Droit*, & de la *Droite Raifon*, qui en eft la Régle, je veux dire, au Bonheur qu'il eft poffible d'aquérir fans préjudice des droits d'autrui, & que l'on
ne doit chercher que par des moiens convenables. Si le Jugement & la Volonté de l'Homme s'éloignent de ce but & de ces moiens; c'eft fans droit & fans
raifon.

Tous ceux qui, avant HOBBES, ont qualifié l'ufage de la *Liberté* un *Droit
Naturel*, ont entendu par-là une Liberté accordée & autorifée par les *Loix de
Nature*. Si HOBBES prétend qu'en vertu du privilége qu'ont les Philofophes
de reftreindre la fignification des termes à l'idée qu'ils y attachent en les définif-
fant à leur maniére, il lui foit permis à lui feul (car je ne crois pas qu'aucun
autre avant lui s'en foit avifé) d'appeller du nom de *Droit* la liberté de faire
tout ce qu'on veut pour fa propre confervation; il fuffira de lui répondre,

qu'en

---

(2) *Per Rectam Rationem, in ftatu hominum naturali intelligo, non, ut multi, Facul-
tem infallibilem, fed ratiocinandi actum, id eft,
Ratiocinationem uniuscujufque propriam.* Mais
il ajoûte là: *& veram, id eft, ex veris principiis recte compofitis concludentem* &c. avec; dont

nôtre Auteur s'eft prévalu ci deffus, § 30. où
j'ai cité, *Note* 11. la fuite de ces paroles.

(3) *Inter tot pericula igitur, quae quotidie à
cupiditate hominum naturali unicuique eorum in-
tenduntur, cavere fibi, adeo vituperandum non
eft, ut aliter velle facere non poffimus* &c. De
Ci-

qu'en lui paſſant même cette définition de ſa façon, que les autres ne ſont pas tenus de ſuivre, il lui reſte à prouver, qu'il y ait actuellement ou qu'il y ait jamais eû, dans l'Etat de Nature, une telle liberté de faire tout ce qu'on veut pour ſa propre conſervation; ou qu'il n'y a rien qui défende aux Hommes, & par conſéquent qui les empêche d'agir ainſi, mis à part toute conſidération des Loix Civiles. Pour moi, je ſoûtiens, que, dans cet Etat même, il y a certaines Maximes de la Droite Raiſon, que Dieu fait connoître aux Hommes par la Nature même des Choſes, & qui denoncent des Peines très-rigoureuſes auxquelles doivent s'attendre ceux qui feront, en vuë de leur propre conſervation, quelque choſe de contraire au Bien Commun. Ce n'eſt pas un principe avancé en l'air; nous le prouvons par des raiſons très-ſolides. Au lieu qu'Hobbes, après avoir érigé en *droit* la *liberté* ſans bornes qu'il poſe pour fondement, n'en donne d'autre preuve que l'impoſſibilité où (3) il prétend que nous ſommes de vouloir agir autrement; ce qui eſt manifeſtement contraire à l'Expérience de chacun. Je puis aſſûrer, que je ſens en moi le pouvoir de déterminer ma volonté à agir tout autrement; & je crois qu'il y a une infinité de gens qui ſe ſont volontairement expoſez à la mort pour le Bien Public. Ainſi rien n'eſt plus deſtitué de ſolidité, que ce principe fondamental de toute la Morale & de toute la Politique de nôtre nouveau Philoſophe. Du reſte, tout ce que j'ai dit, & que je dirai, pour établir la *Loi Naturelle*, comme regardant le Bien des autres, autant que le nôtre, prouvera auſſi, qu'il n'étoit permis à perſonne de ſe conſerver en la violant, avant même l'établiſſement de toute Société Civile. D'où il paroît encore que le droit illimité, qu'Hobbes ſuppoſe, eſt également vain & ridicule, puis que perſonne ne peut en faire uſage légitimement, que lors que ſon jugement ſe trouve conforme à la Loi; ce qui y met néceſſairement des bornes.

Mais pourquoi s'arrêter à prouver, combien ce prétendu droit de faire tout ce qu'on veut, & contre tous, eſt chimérique? *Hobbes* lui-même, par une manifeſte contradiction, en dit preſque autant. Car, dès le prémier Chapitre de ſon Traité *Du Citoien*, il avouë, qu'*un tel droit eſt inutile*. (4) Il venoit de conclure, dans l'Article qui précéde immédiatement, *Que la meſure du Droit, dans l'Etat de Nature, eſt l'Utilité.* Et néanmoins le voilà qui, après avoir bien ſué pour tâcher d'établir ſon *droit de tous à toutes choſes*, poſe en fait, qu'il eſt *inutile.* Bien plus: le terme de *Droit*, de la maniére qu'il l'a défini, & l'épithéte d'*inutile*, qu'il y joint en marge, ſont abſolument incompatibles. Car, dans les deux définitions qu'il a données du *Droit*, il renferme l'*uſage de la Liberté:* & au contraire le mot d'*inutile* emporte ici qu'il n'y a pas moien de faire aucun uſage de ſa Liberté ſur le ſujet dont il s'agit. Ce n'eſt pas certainement le caractére de la *Droite Raiſon*, d'aſſocier ainſi des idées contradictoires. Elle n'eſt pas non plus ſi peu prévoiante & ſi peu ſoigneuſe de l'Avenir, qu'elle nous repréſente comme néceſſaire à la conſervation de chacun, une Guerre, que chacun

cun

Cive, Cap. I. §. 7.

(4) *Ex quo etiam intelligitur, in ſtatu Naturae menſuram Juris eſſe utilitatem. Minimè ..... tem utile hominibus fuit, quòd hujuſmodi ...... QUI...... Nam eſſ...... ejus ......*

juris idem penè eſt, ac ſi nullum omnino jus exiſteret. Quamquam enim quis de re omni poterat dicere, hoc meum eſt: frui tamen eâ non poterat, ... vicinum, qui aequali jure & aequali vi ..... bat idem eſſe ſuum. Ibid. §. 10, 11.

&un verra aussi-tôt après être pernicieuse à tous. Concluons que la *Raison*, sur laquelle *Hobbes* tâche de fonder ses Dogmes, n'est rien moins qu'une *Raison Droite*. (5).

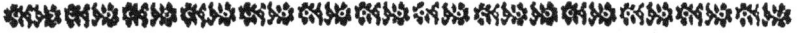

✻✽✻✽ ✻✽✻✽ ✻✽✻✽ ✻✽✻✽ ✻✽✻✽ ✻✽✻✽ ✻✽✻✽ ✻✽✻✽ ✻✽✻✽ ✻✽✻✽ ✻✽✻✽ ✻✽✻✽

CHAPITRE II.

De la NATURE HUMAINE, & de la DROITE RAISON.

§ I—III. *Définition de l'*Homme, *& explication des termes qu'elle renferme.* § IV. *Enumération distincte des Facultez de l'*Ame, *qui rendent l'Homme plus propre, que les autres Animaux, à former une Société avec* DIEU, *& avec tous les autres Hommes.* § V—X. *Ce que c'est que la* DROITE RAISON. § XI. *Usage des Idées & des* Propositions Universelles, *par rapport à cette fin;* § XII. *& des Opérations de l'Ame, par lesquelles on réflêchit sur soi-même.* § XIII—XVI. *Considération du* CORPS HUMAIN. *Motifs, qu'elle nous fournit, à chercher prémiérement le Bien Commun, & puis le nôtre, comme lui étant subordonné;* I. *Parce que nos Corps sont naturellement des Parties du Monde, qui dépend continuellement du Prémier Moteur; & dont toutes les Parties ont les Mouvemens nécessairement liez les uns avec les autres, & sont subordonnées les unes aux autres, pour la conservation du Tout.* § XVII. 2. *Parce que nos Corps ont une Nature Animale semblable à celle des autres Hommes, & par conséquent les mêmes désirs limitez de ce qui est nécessaire pour leur conservation, lesquels désirs s'accordent aisément avec la liberté laissée aux autres de même espèce de chercher à se conserver aussi eux-mêmes.* § XVIII. *Que la simple impression des Sens, ou de l'Imagination, qui nous représente les autres Hommes comme des Animaux*

(5) „ Nôtre Auteur, à mon avis, en ce „ qu'il dit dans tout ce Chapitre *De la Nature des Choses*, se tient beaucoup trop dans „ des généralitez. Il devoit avoir montré plus „ particuliérement, ou ici, ou au Chapitre „ suivant *De la Nature Humaine*, ou dans celui *Du Bien Naturel*, combien la plûpart „ des douceurs, dont nous jouïssons, sont „ générales ou étenduës dans leur usage: Que „ le *Bonheur Public*, & le *Bonheur Particulier*, sont si fort mêlez l'un avec l'autre, que „ les mêmes Actions qui contribuent à avancer l'intérêt particulier de quelque personne „ que ce soit, ont toûjours, ou du moins „ dans tous les cas ordinaires, une influence „ nécessaire sur le Bien Public: Que la jouïssance de toutes nos *Possessions*, de quelque „ nature qu'elles soient, de nos *Terres*, de nos „ *Maisons*, de nôtre *Argent*, se communique „ à plusieurs; & qu'il n'est pas possible de les „ borner entiérement à l'usage d'un seul. Les

Habits mêmes, que nous portons, sont, en „ quelque maniére, communs, à l'égard de „ leur usage. Bien plus: les *Alimens*, que „ chacun prend, ne sont pas utiles à lui seul; „ ils retournent à la Terre, qui les a pro- „ duits, & là ils contribuent à faire croître „ des *Végétaux*, qui serviront, peut-être, à „ nourrir les Habitans des Païs les plus éloi- „ gnez. Chaque particule d'*Air*, que nous „ respirons, ne nous appartient pas en parti- „ culier; elle rend le même office à des mil- „ liers de personnes. Le *travail* de nôtre *Corps* „ est aussi toûjours d'un usage commun. Nous „ ne saurions planter un *Arbre*, ou cultiver „ un *Champ*, sans que mille personnes recueil- „ lent le fruit de nos peines; & cependant, „ quelque étenduë que soit l'utilité qui re- „ vient aux autres de nôtre travail, nous som- „ mes entiérement incapables, sans l'assistan- „ ce d'autrui, de nous procurer nous-mêmes „ les choses les plus simples, qui sont néces- „ fai-

*maux de même espéce, nous difpofe à des fentimens d'affeétion envers eux, fem-
blables à ceux par lefquels nous fommes portez à nous conferver nous-mêmes. §
XIX. Que l'amour qu'un Animal a pour les autres de fon efpéce, eft même un fentiment agréable; & qu'ainfi l'exercice en eft parfaitement d'accord avec l'Amour
propre. § XX. XXI. Autre preuve, tirée du panchant naturel à procréer lignée,
& à l'élever. § XXII. Objeétions, qu'Hobbes fonde fur ce qu'on remarque
dans l'affociation des autres Animaux, réfutées, & retorquées contre lui. § XXIII.
—XXVII. Dernière preuve, tirée de ce qui eft particulier au Corps Humain, tels
que font 1. Certains fecours de l'Imagination, & de la Mémoire, qui aident à
la Prudence: le Cerveau plus grand, à proportion, que celui des autres Animaux: le Sang, & les Efprits Animaux, en plus grande abondance, plus purs,
& plus vigoureux: une Vie plus longue. 2. Certaines chofes, qui mettent les Hommes plus en état de gouverner leurs Paffions, comme, le Plexus des Nerfs, particulier au Corps Humain; ou qui leur rendent ce foin plus néceffaire, comme la
liaifon du Péricarde avec le Diaphragme, & autres caufes, qui font que, dans
les Paffions violentes, ils font expofez à de plus grands dangers, que les autres Animaux. § XXVIII. 3. Qu'on remarque dans les Hommes un plus fort panchant
à la propagation de l'efpéce, & à l'éducation de la lignée, que dans les autres
Animaux. § XXIX. Enfin, que les Membres du Corps Humain, fur-tout le
Vifage, & les Mains, font faits de manière qu'ils rendent l'Homme propre à la
Société; & que l'union naturelle de l'Ame avec le Corps, fur lequel elle a l'empire,
montre les avantages de la Société, d'une jufte Subordination, & par conféquent du
Gouvernement.*

§ I. PAR le mot d'Homme, j'entens un *Animal doué d'Intelligence*, ou qui Ce que c'eſt
a une (a) *Ame*. Hobbes lui-même, dans fon (b) Traité de la Nature que l'Homme.
Humaine, reconnoît, que l'*Ame* (c) eſt une des principales Parties de l'Homme. (a) *Mens*.
Les *Phyficiens*, tant Anciens, que Modernes, comme Descartes, (1) (b) Cap. I. § 3.
Morus, ont fuffifamment prouvé la diſtinétion de l'Ame d'avec le Corps, au- de cet Ouvra-
quel ge écrit en
Anglois.

„ faires à la Vie. Le plus ingénieux Artifan
„ ne fera peut-être pas affez habile, pour fe
„ fournir, par fon propre travail, d'un Ha-
„ bit commode. Quiconque fait réflexion,
„ par combien de mains un fimple Habit doit
„ paffer, avant que de devenir propre à l'u-
„ fage auquel il eft deftiné, & combien de
„ beaux Arts contribuent à le perfeétionner,
„ Arts dont on ne peut avoir une connoiffan-
„ ce fuffifante qu'après un apprentiffage de
„ quelques années; quiconque, dis-je, con-
„ fidérera tout cela avec la moindre atten-
„ tion, pourra-t-il douter de la *dépendance*, &
„ de la dépendance *néceffaire*, où nous fom-
„ mes les uns des autres. Je ne fais qu'ébau-
„ cher ces idées, qui font dignes de nôtre
„ plus férieufe méditation. Si elles étoient
„ mifes dans tout leur jour, nous aurions une
„ vuë plus claire & plus diftinéte des beautez
„ du *Monde Moral*, & nous ferions remplis

„ en même tems d'amour & d'admiration pour
„ fon Auteur. Voici à quoi fe réduit la force
„ du raifonnement fondé fur les obfervations
„ que je viens d'indiquer. Elles nous donnent
„ lieu de conclure, que le Bien Public a dans
„ le plus grand nombre de cas, une liaifon
„ très-évidente avec l'Intérêt particulier de
„ chacun. Ainfi nous avons raifon de croire,
„ à caufe de l'uniformité qui règne dans la
„ Nature, qu'il y a une femblable liaifon,
„ dans les autres cas, où nous ne pouvons
„ pas l'appercevoir auffi clairement, parce
„ que la foibleffe de nôtre vuë nous em-
„ pêche de découvrir les fuites de telle ou tel-
„ le Aétion. Maxwell.
Voïez la Note fur le § 8. ci-deffus, & ce
que j'ai dit à la fuite de cette autre Note du
Traducteur Anglois, à laquelle celle-ci fe rapporte.

(c) *Mind*.

§ I. (1) Ce *Morus* eft Henri More.
dont

(*d*) In T. Hobb. Philosophiam Exercit. Epistolic. §. 4.

(*e*) Pag. 36.

quel se rapportent toutes les Facultez Animales. Mr. SETH WARD (*d*) a même défendu précisément contre *Hobbes*, cette vérité importante. De sorte que, si je voulois ajoûter ici quelque chose, ce seroit s'attacher à prouver qu'il est jour en plein midi. Je remarquerai seulement, que, dès l'entrée du Traité *Du Citoien*, *Hobbes* bronche sur ce sujet: mauvais augure pour la suite. Car il réduit toutes les *Facultez de la Nature Humaine* (2) à ces quatre sortes, la *Force du Corps*, l'*Expérience*, la *Raison*, & les *Passions*. Or, outre que, selon lui, la prémiére, ou la *Force du Corps*, renferme toutes les autres, puis qu'il ne reconnoît d'autres Forces, que celles du Corps; c'est contre tout usage du terme qu'il met l'*Expérience* au nombre des Facultez de nôtre Nature. L'Expérience n'est, à proprement parler, que ce qui arrive, d'où il naît quelque impression sur nos *Sens*, tant internes, qu'externes. Elle produit quelquefois la *Mémoire*, mais elle n'est pas la *Mémoire* même, comme *Hobbes* la définit dans le Traité (*e*) *De la Nature Humaine*, dont je viens de parler. D'ailleurs, on sait assez, que ce que nous avons éprouvé, nous l'oublions quelquefois. Que si, par le mot d'*Expérience*, *Hobbes* entend une habitude aquise en conséquence de ce que l'on a expérimenté, il n'est pas mieux fondé à la mettre au rang des Facultez de l'Homme; & il devroit, sur ce pié-là, compter aussi pour telles la *Géométrie*, la *Jurisprudence*, & les autres Sciences Théorétiques ou Pratiques, dont la connoissance est certainement une habitude.

Mais ce sont-là des inexactitudes trop peu considérables, pour mériter qu'on s'y arrête. Il vaut mieux s'étendre un peu à developper la définition que nous avons donnée de l'*Homme*. J'ai dit, que c'est un *Animal*. J'entens par *Animal*, tout ce que nous savons qu'il y a aussi dans les Bêtes brutes, & dont tous les Philosophes conviennent, savoir, la *Faculté Nutritive*, celle de *se mouvoir*, celle de la *propagation de l'Espéce*. Je ne ferai pas difficulté d'y joindre la *Faculté Sensitive*, entant qu'on peut (à quoi je ne vois point d'inconvénient) donner le nom de *Sensation* (3) aux impressions de mouvement que les Objets font sur les *Organes*, & qui de là passent au Cerveau par les *Nerfs* destinez aux fonctions

dont on a divers Traitez Philosophiques, écrits en Anglois. J'en ai sous mes yeux un Recueil in *folio*, imprimé à *Londres* en 1669. On y trouve un long Traité de l'*Immortalité de l'Ame*, *autant qu'elle peut être démontrée par la* N A T U R E *& par les lumières de la* R A I-S O N. Là il ne pouvoit que s'attacher à prouver la distinction de l'*Ame* d'avec le Corps. Et il réfute ce qu'HOBBES a dit en divers endroits pour établir le contraire, jusqu'à soûtenir qu'il n'y a point de *Substances Immatérielles*. Au reste, nôtre Auteur joint ici, dans l'Original, DIGBY, à *Descartes* & à *More*. Mais j'ai supprimé ce nom, parce qu'il l'avoit effacé dans son exemplaire, selon la collation qui m'en a été communiquée. Je vois par le Dictionnaire de BAYLE, que ce Chevalier *Digby* connu principalement par son *Discours &c. touchant la guérison des playes par la Poudre de Sympathie* (imprimé à *Paris* en 1661.) avoit

aussi publié en 1651. un Traité *de l'Immortalité de l'Ame*; & c'est apparemment celui auquel nôtre Auteur renvoioit ici. Si j'avois ce Livre en main, je pourrois peut-être conjecturer, pourquoi il jugea à propos de ne plus l'indiquer à ses Lecteurs.

(2) *Naturae Humanae facultates ad quatuor genera reduci possunt, Vim corpoream, Experientiam, Rationem, Affectum.* Cap. I. §. 1.

(3) ,, Les *mouvemens*, qui font impression ,, sur les *Organes* des Sens, peuvent être ,, l'occasion des *Sensations*, mais nul *Mouve-* ,, *ment*, quel qu'il soit, n'est *Sensation*. Si ce- ,, la étoit, la Matière, qui est capable de tou- ,, te forte de mouvemens, seroit capable de ,, Sensation & de Pensée ". C'est ce que remarque ici Mr. MAXWELL, renvoiant, pour la preuve de ce principe, Que la Matière n'est point susceptible de pensée, à son *Appendix*, où il a exposé les raisonnemens du Docteur CLAR-

tions des Sens, quelquefois auſſi ſe communiquent aux *Muſcles*, qu'ils mettent en mouvement, ou au *Cœur*, ou aux *Poûmons*, & peut-être à d'autres Viſcéres, par le moien deſquels ils excitent diverſes Paſſions. Cependant je regarde toûjours comme une choſe qui appartient en propre à l'*Ame*, la faculté d'obſerver ou d'appercevoir diſtinctement tous ces mouvemens, en ſorte qu'elle contemple librement ce qu'il y a, par exemple, qui détermine la *Figure* de l'Objet, ſa ſituation différente de celle dans laquelle il s'imprime ſur la *Rétine* de l'Oeil, ſa *grandeur*, & ſon *mouvement*; ce qu'il y a dans ſa *ſurface*, ou dans le *milieu* où ſe fait la Réfraction, qui diverſifie ſi fort les mouvemens de la *Lumiére*, qu'il produit tous les phénoménes des *Couleurs*. Car je ne vois pas qu'il y ait rien dans la Subſtance corporelle du Cerveau, qui ſoit capable de ſéparer l'une de l'autre toutes ces choſes, dont l'impreſſion réunie frappe les yeux en même tems, & par la même impulſion des Raions de lumiére; de les comparer enſemble, & de les diſtinguer; ou d'empêcher qu'on ne les apperçoive toujours jointes enſemble, comme elles paroiſſent dans la (4) *Chambre obſcure*, ou au fond de l'Oeil d'un Animal, d'où elles vont en foule par une impétuoſité naturelle, fondre ſur le principe (*f*) des Nerfs Optiques, qui pénétrent la ſubſtance interne du Cerveau. Mais tout cela appartient à la *Phyſique*. Revenons à nôtre ſujet.

(*f*) *Thalami nervorum opticorum.*

Je conçois l'*Ame* comme aiant un *Entendement*, & une *Volonté*. L'Entendement renferme la *ſimple Perception*, l'acte de *comparer*, celui de *juger*, celui de *raiſonner*, celui de *ranger les idées méthodiquement*; enfin la *Mémoire*, qui rappelle toutes ces choſes, & leurs objets. Je rapporte à la *Volonté*, les actes ſimples de *vouloir* ou *ne pas vouloir*; & de plus, la violence de ceux qu'on remarque dans les *Paſſions*, outre les mouvemens corporels & ſenſibles.

La *Mémoire*, entant qu'elle rappelle le ſouvenir des Propoſitions Théorétiques, ou Pratiques, forme les *Habitudes*, (5) tant *Intellectuelles*, auxquelles on donne le nom de *Sciences*, que *Pratiques*, qui ſont appellées *Arts*. Celle, dont nous avons à traiter, c'eſt la MORALE, qui eſt l'*Art de bien vivre*, ou de di-

---

CLARKE là-deſſus. Mais, comme on voit, nôtre Auteur déclare enſuite, que la faculté d'obſerver ou d'appercevoir les impreſſions faites ſur les Organes des Sens, appartient en propre à l'Ame.

(4) „ La *Chambre obſcure* eſt une Chambre „ où l'on ne laiſſe d'autre jour, que celui d'u- „ ne petite ouverture à une Fenêtre; dans la- „ quelle ouverture ſi l'on met un ou pluſieurs „ Verres de certaines figures convenables, pla- „ cez ſelon les régles de l'Optique, en ſorte „ que la Lumiére, qui y paſſe, tombe ſur une „ Feuille de Papier blanc, ou autre choſe, „ à une diſtance proportionnée, les images „ des Objets extérieurs, que l'Oeil peut voir „ à travers de l'ouverture, ſe tracent très- „ diſtinctement ſur le Papier, avec leurs figu- „ res & leurs couleurs propres, ſur-tout ſi le „ Soleil éclaire alors les Objets, dont les „ mouvemens même s'y font auſſi appercevoir.

„ Si les raions de Lumiére paſſent là par un „ ſeul Verre, les Objets extérieurs paroiſſent „ renverſez: s'ils paſſent par deux, de figu- „ res convenables, & convenablement appli- „ quez, les Objets extérieurs paroiſſent droits". MAXWELL.

On attribue l'invention de cette *Chambre obſcure* à DANIEL BARBARO, Vénitien, & Patriarche d'*Aquilée*, qui en a écrit le prémier dans quelque Traité d'Optique. Il vivoit dans le Seiziéme Siécle, & il aſſiſta au Concile de *Trente*; comme on le voit par l'Hiſtoire de FRA PAOLO.

(5) C'eſt ce qu'un autre Savant Anglois, ISAC BARROW, a établi dans une Diſſertation, dont Mr. LE CLERC donna l'Extrait au X. Tome de la *Bibliothéque Univerſelle*, pag. 52, & ſuiv. ſentiment qu'il a lui même ſuivi dans ſa *Pneumatologie* Latine, Sect. I. Cap. 4.

O

diriger toutes les Actions Humaines en général à la fin la plus excellente.

§ II. A cette occasion il est bon de dire quelque chose des *mœurs différentes* de chaque *Nation* en général, & de la plûpart des *Hommes* en particulier. Car les diverses *Habitudes* se contractent en partie par un effet de la diversité de Naturel, ou du panchant qu'on a naturellement à telles ou telles mœurs; en partie par un effet du *Tempérament*, du *Climat*, du *Terroir*, de l'*Education*, de la *Religion*, de la *Fortune*, des *Occupations*. Ces Mœurs, ainsi produites, forment presque dans chacun une autre Nature; de sorte que ceux qui donnent des Loix, doivent y faire beaucoup d'attention. Et cela est si vrai, que les anciennes Loix, quoi que, considérées en elles-mêmes, elles ne soient pas fort bonnes à tous égards, doivent néanmoins être conservées, par cette seule raison que, les Hommes y étant accoûtumez, on ne peut guéres en mettre à leur place de meilleures, sans donner lieu à des troubles dans l'Etat, & ainsi sans exposer, à un grand péril toutes les Loix.

Une autre remarque, qui me paroît ici à propos, c'est que, dans la recherche que nous allons faire des Loix qui ont une liaison & une convenance nécessaire avec la *Nature Humaine*, nous supposons toûjours, avec tous les autres Philosophes, la Nature telle qu'elle est dans les Hommes déja faits, dont

l'Ame (a) *est saine dans un Corps sain*, autant du moins que le requiérent l'usage de la Raison, & l'exercice de la Vertu. Car ce n'est ni aux *Enfans*, ni aux *Insensez*, qu'on prescrit des *Loix*: on ne forme pas non plus des *Citoiens*, de telles personnes. Ainsi leurs désirs déreglez, & leurs actions, ne sont pas la régle par laquelle on doit juger des *droits* ou des *inclinations* de la *Nature Humaine*. Cependant tout ce qu'on remarque dans les (1) *Enfans*, qui se trouve ensuite, quand ils sont parvenus en âge de maturité, conforme à la Nature ou Animale, ou Raisonnable, on peut, à mon avis, le prendre pour une marque, que ce sont des actions très-naturelles à l'Homme. C'est ainsi que nous les voions s'attendre à la *Compassion* d'autrui, & avoir eux-mêmes une espéce de *Sympathie*, par laquelle ils se réjouïssent avec ceux qui sont en joie, & pleurent avec ceux qui pleurent; effet, dont nous expliquerons plus bas les causes.

C'est donc en vain, qu'Hobbes, après avoir soûtenu, contre l'opinion de la plûpart des Philosophes, (2) que l'*Homme* n'est pas un (3) *Animal naturellement propre à la Société*, en rend cette raison, que *les Sociétez sont des Confédérations*: or, ajoûte-t'il, *les Enfans, & les Idiots, ne sentent pas la force des engagemens qui les forment: les autres* (qu'il dit ensuite *être en fort grand nombre, & peut-être faire le plus considérable,*) *n'aiant pas expérimenté les inconvéniens fâcheux, auxquels on est exposé hors des Sociétez, ne conçoivent pas l'utilité de cet état.*

Ainsi

---

§ II. (1) Nôtre Auteur dit *in iis*, ce qui se rapporteroit & aux *Enfans*, & aux *Insensez*, au lieu qu'il est clair, par toute la suite du discours, que sa pensée ne convient qu'aux prémiers. Le Traducteur Anglois a néanmoins suivi cette inexactitude d'expression: *whatever we perceive in them.*

(2) *Eorum qui de Rebuspublicis aliquid conscripserunt, maxima pars vel supponunt, vel petunt, vel postulant, Hominem esse animal aptum natum ad Societatem ..... Societates ci*

tem civiles non sunt meri congressus, sed Foedera, quibus faciendis sides & pacta necessaria sunt. Horum, ab infantibus quidem & indoctis, Vis: ab iis autem qui damnorum à defectu Societatis inexperti sunt, Utilitas ignoratur: unde fit ut illi, quia quid sit Societas non intelligunt, eam inire non possint; hi, quia nesciunt quid prodest, non curent. Manifestum ergo est, omnes homines (cum sint nati infantes) ad societatem ineptos natos esse: pernultos etiam, fortasse plurimos, vel morbo animi, vel defectu disciplinae, per omnem

Ainſi les prémiers; ne ſâchant ce que c'eſt qu'une Société, ne peuvent y entrer par leur conſentement: les autres, en ignorant les avantages, ne ſe ſoucient point de ſe les procurer.... Cependant les uns & les autres, & Enfans & Adultes, ont ſans contredit une Nature Humaine. *Ce n'eſt donc pas la Nature, mais la Diſcipline, qui rend l'Homme propre à la Société.* Voilà en ſubſtance ce que dit *Hobbes*, dans une Note, que je ne rapporte pas tout du long, pour abréger. Je ne dirai rien ici de la fauſſe ſuppoſition qu'il y fait, que toute *Société* eſt une *Confédération*: & de ce qu'il oppoſe à la *Nature*, la *Diſcipline*, ou l'Inſtitution, qui s'accommode entiérement à la Nature, & ne fait que l'aider; car tout ce que nous apprenons des autres, ils l'ont eux-mêmes appris par la conſidération de leur propre Nature, & de celle de l'Univers. Je remarquerai ſeulement, que l'*Expérience* même, faute de laquelle *Hobbes* prétend que la plûpart des Hommes ne ſont point propres à la Société, ſe réduit à la Nature, qui enſeigne ſans contredit tout ce qui nous paroît vrai par l'Expérience. Ainſi, quoi que ce ſoit à la faveur des *paroles*, dont la ſignification eſt établie par une volonté arbitraire, que pluſieurs apprennent un grand nombre de choſes, c'eſt néanmoins de la Nature que procédent les *idées*, ou le ſens attaché aux termes, & la liaiſon de ces idées, en quoi conſiſtent toutes les Véritez qu'on affirme; d'où vient qu'elles ſont les mêmes par tout païs, malgré la différence des Langues. *Hobbes*, en oppoſant l'*Expérience* à la *Nature*, oublie encore ici, qu'il avoit mis la prémiére au rang des Facultez (4) de nôtre Nature. Au reſte, tous les Philoſophes, & tous ceux qui ont écrit ſur la Politique, n'ont pas ignoré, ni oublié, l'incapacité où ſont les Enfans, & les Adultes mêmes qui ont quelque maladie d'Eſprit, de faire des Confédérations, ou de s'aquitter des Devoirs & des Emplois de la Société: mais ils n'ont pas laiſſé de croire, que l'Homme eſt né propre aux choſes auxquelles la Nature le portera actuellement, quand il ſera en âge de maturité, à moins qu'il ne ſurvienne quelque obſtacle qui empêche l'effet du panchant naturel, telle qu'eſt une Maladie de l'Ame. On ſait le mot de Juvenal: *Il* (5) *n'arrive jamais, que la Nature nous dicte une choſe, & le Bon Sens une autre.* Aristote dit, (6) qu'il faut juger de la Nature par la fin, ou la perfection, à quoi elle tend. Inferer de ce que les Hommes naiſſent Enfans, qu'ils ne naiſſent pas prop..s à la Société; c'eſt en vérité un raiſonnement bien puérile; cela ſent le Grammairien, & non pas un Philoſophe qui traite la Morale. Il y a quelque choſe de ſemblable dans la maniére dont *Hobbes*, raiſonnant en Phyſicien, donne pour cauſe du bruit éclattant de la *Foudre*, une (7) *Glace briſée*, qu'il ſuppoſe ſuſpenduë en l'air, au milieu de l'Eté, en dépit de toutes

les

---

emnem vitam ineptos manere. Habent tamen illi, tam infantes quam adulti, naturam humanam. *Ad Societatem ergo homo aptus, non naturâ, ſed diſciplinâ factus eſt.* De Cive, Cap. I. § 2. & in Annot. ibid.

(3) C'eſt ainſi qu'il traduit Ζῶον πολιτικὸν, expreſſion d'Aristote, qui ſignifie, *naturellement propre à la Société Civile,* & non à la Société en général. Voiez Pufendorf, *Droit de la Nat. & des Gens,* Liv. VII. Chap. I. § 2.

(4) Voiez la Note 1. ſur le § prémier.
(5) *Numquam aliud Natura, aliud Sapientia dicit.* Sat. XIV. verſ. 321.
(6) Ἡ δὲ φύσις, τέλος ἐστὶν· οἷον ἑκάστου ἐστι, τῆς γενέσεως τελεσθείσης, ταύτην φαμὲν τὴν φύσιν εἶναι ἑκάστου, ὥσπερ ἀνθρώπου, ἵππου, οἰκίας. Ἔτι τὸ τῷ ἕνεκα τὸ τέλος, βέλτιστον &c. Politic. *Lib. I. Cap. 2.*
(7) C'eſt dans ſes *Problemata Phyſica,* Cap. VI. pag. 33, & ſeqq. Tom. II. Opp. Ed. Amſt.

les loix de la *Statique*. Le mot de *Nature*, felon l'étymologie Grammaticale, vient à la vérité de *naître* : mais chacun fait, qu'en parlant de la *Nature Humaine* on entend par la *Nature* ; cette force de la Raifon, dont il ne fe trouve que des ébauches & des femences dans les Enfans qui viennent de naître. C'eft ainfi que l'Homme eft naturellement propre à la *propagation de fon efpéce* : & cependant il ne fauroit y vaquer, pendant qu'il eft Enfant ; il ne peut même le faire avec fuccès, fi étant en âge, il devient ftérile par quelque accident, ou fi la Femme n'y concourt. Nous difons, que les *Plantes* & les *Fruits* ont quelque vertu naturelle de fervir à nôtre Nourriture, ou à des ufages de Médécine : ces qualitez néanmoins ne s'y trouvent pas dès le moment qu'une Semence a germé, ou que l'Arbre fleurit ; il faut que le Soleil & la Pluïe aient fait parvenir à maturité les Plantes & les Fruits, & que d'ailleurs les malignes influences de l'Air n'y apportent point d'obftacle. Après tout, *Hobbes* reconnoît (8) lui-même, que la *Raifon* eft une *Faculté* de nôtre *Nature* ; d'où il s'enfuit qu'elle nous eft naturelle. Bien plus : il dit ailleurs la même chofe de la *Droite Raifon* : voici fes propres paroles : (9) *La Droite Raifon eft une efpéce de Loi, qui n'étant pas moins une partie de la Nature Humaine, que toute autre Faculté ou Affection de l'Ame, eft auffi qualifiée naturelle.* Il eft vrai qu'il nie cela dans fon *Léviathan*, où il parle ainfi : (10) *La Raifon n'eft pas née avec nous, comme les Sens & la Mémoire ; & elle ne s'aquiert point par l'Expérience feule, comme la Prudence, mais par l'Induftrie* &c. C'eft à lui à voir, comment il fauvera la contradiction. Pour moi, je ne veux pas perdre du tems à prouver une chofe des plus évidentes ; fur-tout après avoir déclaré nettement, comme on l'a vû ci-deffus, que je confidére uniquement la Nature Humaine, telle qu'elle fe trouve dans un Homme, qui, avec l'âge de maturité, a aquis naturellement l'ufage de la Raifon, ainfi que cela arrive ordinairement.

§ III. Pour établir fur ce pié-là mon fentiment, il fuffit, à mon avis, de montrer, que la Nature Humaine nous dicte certaines *Régles de Vie*, de la même manière qu'elle nous apprend celles de l'*Arithmétique*. Tous les Hommes, auffi tôt qu'ils font venus à un certain âge, fans quelque maladie d'Efprit, favent d'eux-mêmes compter les chofes différentes, ajoûter les Nombres, les fouftraire les multiplier même & les divifer, fans aucune Régle de l'Art, fi les Nombres font petits. Tous les Peuples font de même opinion, & cela néceffairement, fur la fomme totale de deux Nombres trouvée par Addition, fur leur différence donnée par Souftraction, quoi que les noms & les marques des Nombres foient tout autres ; chaque Nation les inventant à fon gré. La Nature de même, felon mes principes, conduit tous les Hommes à reconnoître néceffairement, Que le Bien de tous les Etres Raifonnables en général, eft plus grand qu'un femblable Bien de quelle Partie que ce foit de ce vafte Corps ; c'eft-à-dire, que c'eft véritablement le plus grand Bien ; qu'il renferme de plus le Bien de chaque Partie, & qu'ainfi c'eft à le procurer que chacun doit faire confifter le fien propre : enfin que le Bien particulier de chacun demande un partage de l'ufage des Chofes extérieures & des Services des Agens Raifonnables ; de telle forte que par-là on fe rende agréable, prémiérement à Dieu,

en

La connoif-
fance des Ré-
gles de la Mo-
rale, eft auffi
naturelle, que
celle des Ré-
gles de l'A-
rithmétique.

(8) *De Cive*, Cap. 1. § 1. au même paffage qui a été cité fur le § 1. *Not.* 2.
    (9) *Eft igitur lex quaedam recta Ratio, quae*   (*cùm non minus fit pars naturae humanae, quàm quaelibet alia facultas vel affectus animi*) *natura-
lis quoque dicitur.* Ibid. Cap. II. § 1.

en lui rendant l'honneur qui lui eſt dû, & puis aux *Hommes*, en contribuant à la conſervation de la Vie, de la Santé, & des Forces de chacun. Ces Véritez, comme nous le verrons dans la ſuite, renferment les ſemences & le fondement de toutes les Loix Naturelles; il ne faut que de l'attention, pour les approfondir & les développer, comme, en matiére d'*Arithmétique*, l'induſtrie eſt d'un grand ſecours, par l'uſage des Caractéres artificiels & de leur arrangement. Mais tout cela même vient de la Nature, comme de ſa prémiére ſource: & l'on ne peut jamais en inferer, que les choſes qu'on ſait ſans art être véritables & néceſſaires pour les uſages de la Vie, ſoient fauſſes, ou doivent être rejettées comme inutiles. Quelque ſecours même qu'on aît tiré de l'Art, l'effet doit être tout entier attribué à la Nature, plûtôt qu'à l'Art: comme quand un Cuiſinier nous a préparé des Viandes propres à nôtre nourriture, ce n'eſt point ſon art qui nous nourrit, mais les qualitez naturelles des Alimens. Perſonne n'oſeroit ſoutenir le contraire. Et autrement il faudroit dire, que nôtre Vie auſſi ne nous eſt point naturelle.

Je poſe donc ici d'abord une *Demande*, que perſonne, à mon avis, ne doit trouver déraiſonnable, c'eſt, Que l'Ame de l'Homme, ou chacune de ſes Facultez, quelles qu'elles ſoient, ſur-tout les Facultez Intellectuelles, ont un panchant naturel à produire leurs actes propres, toutes les fois que l'occaſion & la matiére leur en ſont fournies du dehors, ou ſeulement de la part du Corps avec qui l'Ame eſt unie. Cela ſe confirme par une expérience perpétuelle. La *Lumiére*, ou les *Couleurs*, par exemple, les *Sons*, ne viennent jamais frapper l'Ame, à travers les Yeux ou les Oreilles, qu'elle ne ſe porte auſſi-tôt à obſerver ce qui ſe préſente ainſi. Il en eſt de même des impreſſions de *Douleur*, ou de *Plaiſir*, qui viennent du fond de l'état du Corps. Les *Simples Perceptions*, les comparaiſons les plus ſenſibles des Idées entr'elles, & certains *Jugemens*, ou certaines Propoſitions qu'on en forme, ſont en quelque façon néceſſaires. La liaiſon évidente qu'il y a entre les *Cauſes* & leurs *Effets*, conduit auſſi les Hommes à former des Propoſitions qui affirment cette liaiſon; & elles reviennent dans leur Eſprit à chaque occaſion, bon-gré mal-gré qu'ils en aient, par l'activité interne de la *Mémoire*. Le *Libre Arbitre* peut aider à tout cela, mais il ne ſauroit l'empêcher abſolument. Nous avons la force de nous exciter à rappeller des choſes que nous avions preſque oubliées, à conſiderer avec plus de ſoin & d'attention celles que les Sens nous font remarquer, à comparer les idées l'une avec l'autre plus exactement, à former de cette comparaiſon certaines Propoſitions, à faire de ces Propoſitions comparées enſemble des Syllogiſmes, & à tirer de là de nouvelles Concluſions. Chaque perſonne en âge mûr, ſelon que ſon Eſprit a plus de vigueur naturelle, ſe porte auſſi d'elle-même naturellement à exercer de telles opérations, avec le plus grand plaiſir, & en même tems avec le plus de néceſſité. C'eſt à ce mouvement naturel que je rapporterois originairement pluſieurs des *Maximes de la Raiſon*, que j'appelle *Naturelles*, ſavoir, celles qui ſe préſentent les prémiéres, & qui ſont évidentes par elles-mêmes; de plus les actes de Volonté, qui ont

pour

(10) *Apparet hinc, Rationem non eſſe, ſicut Senſus & Memoria, nobiſcum natam; neque ſo-* 14 (*ut Prudentia*) *Experientiâ acquiſitam, ſed induſtriâ &c. Cap. V. § 23. Edit. Amſt.*

O 3

pour objet ou le *Bonheur* en général, c'eft-à-dire, l'affemblage de tous les Biens poffibles (car il n'eft là befoin d'aucune comparaifon, par cela même que tous les Biens y font renfermez, felon la définition de (1) Ciceron) ou, entre les diverfes parties de nôtre Bonheur celles qui font défirables. par elles-mêmes, comme, la Sageffe, la Santé, la vûë d'une Lumiére qui ne foit pas trop forte, & les autres impreffions des Objets extérieurs, qui forment en nous des Senfations convenables.

(1) Pag. 69, 70. Ici, je crois, Hobbes ne nous contredira pas, lui qui eft le grand Défenfeur d'une *Néceffité* étenduë à toute forte de chofes. Il dit, dans fon (a) Traité Anglois *De la Nature Humaine,* que *toute Conception* (ou Idée) *n'eft autre chofe qu'un mouvement corporel qui s'excite dans l'intérieur de la Tête; & qui paffant de là au Cœur, s'il aide fon mouvement vital, s'appelle Plaifir, ou Amour; mais s'il l'empêche, alors il conftituë effentiellement le Chagrin ou la Haine: Et que ce mouvement nous porte naturellement ou à nous approcher de fa caufe, auquel cas c'eft un Défir, ou à nous en éloigner, & c'eft alors une Averfion.* Pour moi, je n'admets point de tel pouvoir du Monde matériel fur nos Ames, qui les détermine toûjours néceffairement felon les Loix de la Méchanique. Mais je reconnois, avec tous les Philofophes que je fâche, Qu'il y a une efpéce de néceffité, par laquelle nos Ames conçoivent les prémiéres Idées des chofes, & fe portent à rechercher le Bien en général, & à fuïr le Mal auffi en général. Car l'activité naturelle de la nature de cette partie de nous-mêmes qui a quelque chofe de divin, ne permet pas qu'elle demeure dans une entiére inaction: & elle ne peut agir d'une autre maniére, qu'en exerçant fon *Entendement,* ou fa *Volonté,* felon que les objets & l'occafion s'en préfentent, & en déterminant certains Mouvemens du Corps, pour fe procurer ce qu'elle veut, ou pour éloigner ce qu'elle ne veut pas.

L'Homme a des *Facultez* qui le rendent propre à la *Société* avec Dieu, & avec les autres *Hommes.* §. IV. Mais comme les *Loix Naturelles* ne prefcrivent que ce qui peut provenir des principes naturels de nos Actions; il faut examiner à fond l'état & les Facultez, tant de l'Ame, que du Corps, féparément & conjointement, pour favoir à quoi l'Homme eft propre par fa conftitution effentielle.

L'*Ame* a de beaucoup plus excellentes Facultez, & eft créée pour une bien plus noble fin, que de fervir uniquement à conferver la vie d'un chétif Animal. Cela paroît par des indices très-évidens, que nous allons expofer.

Ici fe préfente d'abord la *Nature* même de l'*Ame,* qui eft *Spirituelle, Incorporelle, & femblable à celle de* Dieu. Cette Nature demande fans contredit un emploi plus noble, que celui de l'Ame d'un Pourceau, laquelle n'eft que comme un Sel, (1) qui empêche la Chair de pourrir. On peut auffi, & l'on doit remarquer en général, que, pour la confervation de la Vie de l'Homme,

il

---

§ III. (1) Voici le paffage, que nôtre Auteur a en vûë: *Neque alia luce verbo, quum beatum dicimus, fubjecta notio eft, nifi, fecretis malis omnibus, cumulata bonorum complexio.* Tufcul, Difputat. *Lib,* V, *Cap.* 10.

§ IV. (1) Voilà encore cette allufion au mot d'un ancien Philofophe, que nôtre Auteur a déja emploïée dans fon *Difcours Prélimi-*

minaire, § 29. comme je l'ai remarqué là, *Not.* 5.

(2) Cette qualité de *Docteur* fe trouve effacée par Mr. Bentley, fur l'exemplaire de l'Auteur. Je ne fai pourquoi. Car *Seb Ward* avoit été reçu Docteur en Théologie, l'année 1654. & il publia l'Ouvrage, que nôtre Auteur cite, en 1656. Par conféquent il n'étoit en-

il ne faudroit pas, à beaucoup prés, d'auſſi grandes Facultez, que celles dont ſon Ame eſt douée; comme il paroît par l'exemple de quelques Bêtes, qui vivent long tems, & de certains Arbres même, comme le *Chêne* qui, ſans Ame, ni aucun Sentiment, ne laiſſent pas d'avoir une longue vie à leur maniére. Bien plus: la pénétration de nôtre Ame ne conſiſte pas à prévoir, quels Alimens, quels Remédes, quels Exercices &c. ſervent à prolonger le cours de cette Vie (car les Médecins même les plus habiles ſont ici fort aveugles) mais elle ſe déploie principalement en ce qui regarde la connoiſſance & le culte de la Divinité, & les régles de la Morale & de la Politique. Cette matiére a été excellemment bien traitée & défenduë contre les objections d'HOBBES, par le (2) Docteur WARD, (a) maintenant Evêque de *Salisbury*; pour ne rien dire de pluſieurs autres Philoſophes, Anciens & Modernes. Ainſi il n'eſt pas beſoin de s'y arrêter.

(a) *Exercit. Philoſoph. in* Hobb. *Philoſophiam.*

Mais je ne ſaurois me diſpenſer de mettre devant les yeux du Lecteur certaines Facultez & certains Actes de l'Ame, d'où il paroît qu'elle rend l'Homme naturellement propre à entrer dans une Société (3) fort étenduë, en ſorte que, s'il ne le fait, il néglige le principal uſage de cette partie de lui-même, & il perd les plus excellens fruits de ſa diſpoſition naturelle. Ce qu'on peut dire de lui avec plus de raiſon encore, que d'un Propriétaire qui laiſſe en friche ſes Terres, leſquelles, en produiſant d'elles-mêmes par-ci par-là des Epis de Blé, ou des Arbres fruitiers, ſont naturellement propres à exciter & récompenſer l'induſtrie de ceux qui les cultiveront; car le Terroir a auſſi ſa nature particuliére.

En faiſant donc attention à la diſpoſition naturelle des Facultez Humaines, par rapport à la Société, on voit 1. Que les Hommes peuvent & connoître, & pratiquer les Loix Naturelles: ce dont on doit, avant toutes choſes, être bien convaincu, puiſqu'autrement les exhortations d'autrui, & nos propres efforts, ſeroient inutiles. 2. Que l'obſervation de ces Loix eſt agréable par elle-même, & que les Préceptes qui dirigent les Actions en quoi elle conſiſte, par cela même qu'ils nous engagent à faire des choſes naturellement agréables, nous promettent une Récompenſe conſidérable, que l'on ne manque pas de trouver dans l'obéïſſance actuelle, je veux dire, ce plaiſir, ou cette partie de nôtre Félicité, qui eſt néceſſairement renfermée dans les actes naturels des Facultez particuliéres à l'Homme, qui tendent à la meilleure Fin de la Vie, par l'uſage des Moiens les plus propres à y parvenir. En effet, tout exercice de nos Facultez Naturelles, ſur-tout des plus excellentes, par lequel on agit ſans s'éloigner du vrai but, & ſans s'égarer du bon chemin, eſt naturellement agréable & l'on ne ſauroit concevoir d'autre (4) *Plaiſir en mouvement*, comme on l'ap-

encore alors que Docteur; puis qu'il ne devint Evêque qu'en 1662. Voiez les Mémoires du P. NICERON, Tom. XXIV. pag. 71, 74.

(3) Le Traducteur Anglois a ajoûté ici, en forme de parenthéſe: *Compoſée de tous les Etres Raiſonnables, ſous la dépendance de* DIEU, *comme leur Chef*. Il paroît aſſez d'ailleurs, que c'eſt la penſée de l'Auteur, qui la repéte

très-ſouvent dans tout l'Ouvrage.

(4) *Voluptas in motu.* Nôtre Auteur veut parler ici des anciens Philoſophes, qui diſtinguoient entre Ἡδονὴ ἐν κινήσει, & Ἡδονὴ καταστηματικὴ (DIOGEN. LAERT. *Lib.* X. §. 136.) ce que CICERON exprime par *Voluptas in motu*, ou *movens*; & *Voluptas ſtabilis*, ou *ſtans: De Finib. Bon. & Mal. Lib.* II. *Cap.*

10,

l'appelle, que celui qui vient de telles Actions. La délivrance de quelque Mal, & un certain repos, ou (5) peut-être même quelque impreſſion non-deſagréable, peuvent nous venir du dehors: mais du fond de nous-mêmes il ne ſauroit naître de ſentiment agréable, que celui qui provient ou immédiatement, ou médiatement, des Actes dont il s'agit. Or voilà l'unique Bonheur, que la Philoſophie Morale nous propoſe, & à l'aquiſition duquel elle nous conduit. Et certainement il eſt impoſſible que nous ſoyions dreſſez, par aucune inſtruction, à des choſes qui ne dépendent en aucune manière de nos Facultez & de nos Actions propres.

De là il s'enſuit, que plus il y a, dans les Facultez Humaines, de choſes qui diſpoſent à connoître ou à pratiquer les Loix Naturelles, & par conſéquent à l'exercice des Vertus; & plus à proportion les Récompenſes attachées à de tels actes de l'Ame ſont grandes, c'eſt-à-dire, qu'on aquiert une Félicité d'autant plus grande, & plus convenable à l'Homme, que l'on agit ſelon les régles de la Vertu: car chacune de nos Facultez eſt rendüe heureuſe par les Actions tendantes au Bien Public, que la Nature nous a mis en état de produire. Et je ferai voir ci-deſſous, que le Bonheur qui réſulte néceſſairement de telles Actions Humaines, eſt un indice naturel & très-évident, que la *Cauſe Prémiére* veut *obliger* les Hommes à les exercer, c'eſt-à-dire, qu'elle les leur preſcrit par ſa *Loi*.

Voici maintenant les Facultez de l'Homme, que j'ai choiſies, comme les plus propres à mon but. 1. Je mets au prémier rang, la *Droite Raiſon*, & la *régle* de cette *rectitude*.

2. Une autre Faculté, c'eſt celle de former des *Idées Abſtraites*, ou *Univerſelles*, par exemple, de la *Nature Humaine* en général; & enſuite de tirer de là des *Jugemens* touchant les Attributs qui conviennent ou ne conviennent pas à ces Idées; comme auſſi de concevoir des *déſirs généraux*, ou indéterminez, conformément & en conſéquence de ces Jugemens. Il faut rapporter encore ici la Faculté d'établir des *Signes Arbitraires*, comme, les *Sons*, & l'*Ecriture*, par leſquels on exprime commodément les Idées, les Jugemens, & les Volitions. Outre (6) que, le *Langage* aidant la Mémoire & la Raiſon, ſert plûtôt à la Vertu, qu'au Vice, & contribuë plus à l'entretien de la Société, qu'à la troubler. De là naît auſſi la Faculté de ſe faire des Régles générales de bien vivre, ou de diriger nos Actions, en comparant leurs idées, conſidérées en général, avec l'idée de la Nature Humaine, pour voir ſi elles y ſont conformes: Jugemens, que l'on rappelle plus aiſément dans la Mémoire, lors qu'ils ſont conçus en termes propres à les exprimer, & que la ſignification de ces termes eſt accommodée aux idées d'un grand nombre de gens, par le commun conſentement deſquels elle eſt établie. C'eſt ainſi que s'établiſſent les Régles d'une Communau-

---

10. 21. On entendoit par la *Volupté en mouvement*, un ſentiment vif, qui remuë, qui frappe agréablement. A quoi on oppoſoit la *Volupté ſtable*, ou celle qui conſiſte ſimplement dans un état de tranquillité, & d'exemtion de toute douleur. On peut voir là-deſſus GASSENDI, dans ſa *Morale d'Epicure*, Tom. III. pagg. 1338, 1778, & ſeqq.

(5) Il y a Ici dans l'Original: *aut aliqua* FACTA *perpeſſio non ingrata*. Que ſignifie ce *facta*? Il me paroît clair, que l'Auteur avoit écrit FORTE, & que l'autre mot s'eſt gliſſé par l'inadvertence ou de ſon Copiſte, ou des Imprimeurs. Je me laſſe de répéter, que tel-

munauté, ou les Loix Publiques, qui, felon que le demande l'état des chofes, peuvent être faites, ou abrogées, ou changées en quelque maniére: de
même qu'un Médecin prefcrit fagement à la même perfonne une Diéte tantôt
grande, tantôt petite, & des Remédes tantôt reftaurans, tantôt évacuans.

3. La troifiéme Faculté, qui rend l'Homme propre aux Actions dont il s'a-
git, c'eft la connoiffance des *Nombres*, des *Poids*, & des *Mefures*; connoiffance qui renferme celle de raffembler en un total plufiéurs chofes, par
exemple, plufieurs moindres Biens, & de les *comparer* enfemble, felon leurs
différences & leurs *proportions* refpectives. Par-là l'Homme peut fe former l'idée
du *Souverain Bien*, qui eft un affemblage de tous les Biens; & l'idée d'un Bien,
qui eft plus ou moins grand, étant comparé avec un autre: il peut fouftraire
les Biens particuliers les uns des autres, & eftimer la proportion qu'il y a entre ceux qui font égaux ou inégaux; opérations, qui étant appliquées à diriger les Actions Humaines, pour l'avancement de la meilleure Fin, font ce en
quoi confiftent toutes les Loix Naturelles.

4. Une Faculté approchante de celle-là, c'eft la connoiffance de l'*Ordre*,
par laquelle ou l'on obferve celui qui eft déja établi, ou l'on en établit un dans
ce que l'on veut faire, & l'on juge de quelle importance il eft de joindre les
forces de plufieurs pour produire un certain effet, fur-tout le Bien Commun;
ainfi que cela fe voit dans un Corps d'Armée, & dans un Etat formé. Il m'eft
venu dans l'efprit, en méditant fur ce fujet avec attention, que, pour comprendre bien diftinctement la nature & la vertu de l'Ordre, rien n'eft plus u-
tile que de le confidérer dans le fujet le plus fimple, où l'on en découvre auffi
l'effet le plus fimple.   Or je ne vois point de fujet plus fimple, ni d'effet plus
fimple, qu'on puiffe déduire démonftrativement de l'Ordre qui s'y remarque,
que l'Ordre Géométrique des *Lignes Droites*, & des *Mouvemens Compofez*, d'où
DESCARTES (b) a démontré que peuvent naître fes *Courbes* Géométriques. (b) *Géométr.*
Ce Philofophe a prouvé, par les principes de l'*Analyfe*, Que la nature & les Lib. II.
propriétez d'une Ligne décrite par des Mouvemens Compofez, n'eft pas fufceptible d'un Calcul exact, ou de démonftration, à moins que tous les autres
Mouvemens, fubordonnez les uns aux autres, ne foient réglez par un feul.
Cette obfervation fur une Ligne, qui eft certainement l'effet le plus fimple des
Mouvemens Compofez, eft également vraie en matiére de tous les Effets qui
dépendent du concours de plufieurs Caufes.   Il faut que, de ces Caufes, les
unes foient réglées par les autres dans un certain Ordre, & que toutes le foient
par un Pouvoir unique & fuprème: autrement il feroit incertain, quel Effet
réfulteroit de leur concours; & par conféquent ou leur fecours réuni ne tendroit à l'aquifition d'aucune Fin, ou il y tendroit par des Moiens, dont on ne
fauroit s'ils y font propres, ou non.   A la faveur de cette connoiffance, & en
confidérant la fuite des Caufes Subordonnées que les Sens nous font appercevoir,

telles fautes ne fe trouvent corrigées ni de
fa main, ni de celle de Mr. le Docteur
BENTLEY, fur l'exemplaire dont la collation
m'a été communiquée. Et déformais on
pourra l'inférer de mon filence feul, quand
j'indiquerai les corrections que j'ai faites.

(6) Il y a dans l'Original: *Sermo* ENIM &c.
Mais, dans l'*Errata*, qui eft à la fin du Livre,
l'Auteur avoit corrigé, comme il faut, *Sermo*
ETIAM &c. Cependant le Traducteur Anglois, faute d'y prendre garde, a confervé la
liaifon vicieufe: *For Speech* &c. dit-il.

P

voir, nôtre Esprit découvre très-distinctement une *Cause Prémiére*, qui est DIEU,
le Conducteur Souverain du Monde; & il peut prévoir ce qui arrivera par un
effet des Facultez de tous les Etres Raisonnables, rangez dans une subordination connuë: deux choses, qui engagent les Hommes à se reconnoître Membres subordonnez de cette grande Société, où tous les Etres Raisonnables sont
compris, comme étant dans le Roiaume de DIEU.

5. De là naît un excellent privilége, & qui est d'un grand secours pour former
& entretenir cette Société, je veux dire le pouvoir que nôtre Ame a d'*exciter*, de *retenir*, & de *moderer* les *Passions*, & de les diriger à la recherche de
plus grands Biens, & à la fuite de plus grands Maux, qu'aucun autre Animal
n'est capable d'en connoître. Car nous nous formons des idées & de plus
grands Biens, que les Bêtes n'en conçoivent, & de Biens universels, de leur
total, de leurs suites rangées en ordre: nous sentons aussi, que nous pouvons
détourner nôtre Ame des Pensées & des Passions, qui regardent uniquement
nôtre intérêt particulier, & les déterminer à procurer, entant qu'en nous est,
le Bien Public; en quoi paroît sur-tout l'usage de nôtre *Liberté*. Je n'entrerai
point dans les disputes sur la *Liberté*, que d'autres ont épuisées. Ce qu'il y a
ici, à mon avis, hors de toute contestation, c'est qu'en matiére d'Actions externes, tels que sont les *Contracts*, leur observation ou leur violation, l'Homme
est naturellement assez libre, pour n'être déterminé à rien, que par son propre Jugement; & que pour former ce Jugement, il peut appeller au secours
non seulement les *Sens*, mais encore la *Mémoire:* par où il est capable d'examiner, si telle ou telle chose, qu'il fera, s'accorde avec le Bien Public, ou a-
vec des motifs solides de Vertu? & si son Bonheur particulier dépend, ou
non, du maintien de ce Bien Public &c. J'ai remarqué, que le Systême Politique d'HOBBES même dans son Traité *du Citoien*, suppose, & avec raison, ce
principe, comme une *Demande* incontestable, (*c*) Que les Hommes peuvent
(*c*) *De Cive*, faire ensemble des Accords & des Conventions, pour transférer leurs Droits à
Cap. V. § 6. quelcun en vuë du Bien Commun. Il est vrai, qu'ailleurs il veut que chacun
d'eux ne puisse chercher que son avantage particulier. Mais, puisque les Hommes ont naturellement une Faculté si noble, si étenduë, qu'elle les rend capables de comprendre, & d'embrasser le plus grand assemblage de Biens, ou
le Bien Commun de tous les Etres Raisonnables; le Lecteur jugera aisément,
si ce n'est pas dans l'exercice vigoureux & perpétuel d'une telle Faculté, que
consiste la Souveraine Félicité de chacun en particulier. Je ne donne pas, au
reste, cette Liberté pour une Faculté distincte du pouvoir de l'*Entendement* &
de la *Volonté*: elle résulte de leur concours, & cela suffit. Chacun voit, qu'elle a une influence prochaine, pour disposer & mettre les Hommes en état de
résister à tous les mouvemens subits de Passion; de régler leurs Mœurs, prémiérement selon les *Loix Naturelles*, & puis sur les *Loix Civiles;* & par conséquent d'entretenir la plus vaste & la plus étroite de toutes les Sociétez.

Entre les Facultez, dont je viens de parler, il y en a deux, savoir, la *Droite
Raison*, & l'intelligence des *Idées Universelles*, sur quoi je juge à propos de m'é-
ten-

§ V. (1) Injuriâ *factum censere debemus, quod*   *collectae*) &c. De Cive, Cap. II. § 1.
rectae Rationi repugnat (hoc est, *quod contradicit*   (2) *Per rectam rationem, in Statu hominum
alicui veritati à veris principiis recte ratiocinando*   naturali, intelligo, non, ut multi, Facultatem
                                                            infal-

tendre un peu. Pour les autres, il fuffira d'en dire briévement quelque chofe.

§ V. Commençons par la Droite Raison. Il eft d'autant plus néceffaire d'en traiter avec foin, que ce qui eft *droit* fe fait en même tems connoître lui-même, & fon contraire; de forte qu'en matiére de *Morale*, il doit
être mis au même rang, que tient, dans la *Méddcine*, la *Santé*, dont la connoiffance précéde naturellement celle des *Maladies*. D'ailleurs, Hobbes convient en ceci avec les autres Philofophes, que la *Droite Raifon* eft la Régle des
Actions Humaines, avant même qu'il y ait aucune Loi Civile. Et s'il étoit
d'accord avec lui-même, il n'y auroit pas grande difpute entre lui & nous, fur
la définition de cette Faculté. Car, dans une parenthéfe où il femble vouloir
définir la *Droite Raifon*, il donne à entendre (1) qu'elle renferme *les Véritez
qui fe déduifent de vrais Principes, par un bon Raifonnement*. J'eftime, pour moi,
que, fur ce fujet, l'idée de *Droite Raifon* a un peu plus d'étenduë. Les *Principes*, ou les Véritez connuës par elles-mêmes, y font comprifes, auffi bien
que les *Conféquences* qui s'en déduifent; & elle marque l'effet du *Jugement*,
tant (a) *Simple*, que *Compofé*. L'étymologie du mot (b) Latin, d'où vient celui de *Raifon*, favorife cette explication: car il donne à entendre une penfée (c) certaine, fixe, conforme à la nature des chofes, foit qu'on la juge évidente par elle-même, ou en conféquence de bonnes preuves. Le fens du terme fe trouve auffi conforme à l'Ufage, qui eft le Maître des Langues: car,
quand on parle des Propofitions les plus évidentes par elles-mêmes, comme
celle-ci, *Il eft impoffible qu'une même chofe foit & ne foit pas*; tout le monde les
reconnoît pour autant de Maximes de la Raifon, auffi bien que celles qui ont
befoin de preuve. Hobbes ne fera peut-être pas difficulté d'admettre lui-
meme ce fens plus général, que nous donnons au mot de *Raifon*. Nous fommes, du refte, d'accord avec lui, fur ce qu'il dit, que, par la *Droite Raifon*
il ne faut pas entendre (2) *une Faculté infaillible; comme font plufieurs*, ajoûte-
t'il: je ne fai qui ils font. Il faut cependant entendre ici une Faculté, qui ne
fe trompe point dans les actes de Jugement dont il s'agit. Et elle n'eft pas
proprement l'*acte de raifonner*, comme le prétend Hobbes fans raifon; mais
l'effet du Jugement; c'eft-à-dire, qu'elle renferme toutes les Propofitions Vraies,
que l'on conferve dans fa mémoire, foit Prémiffes, ou Conclufions, dont quelques-unes, du nombre de celles qui font Pratiques, doivent être appellées
Loix. Car c'eft avec de telles Propofitions que l'on compare les *Actions Humaines*, pour examiner fi elles font *Bonnes*, & non pas avec les actes de Raifonnement, par le moien defquels on vient à les former. Je conviendrai néanmoins fans peine, que ces actes entrent dans l'idée complette de la *Droite Raifon*.

Mais rien n'eft plus faux, que ce qu'ajoûte nôtre Philofophe, pour juftifier
la maniére dont il explique fa définition de la *Droite Raifon*, en difant que, par
l'*acte de raifonner*, il entend le *raifonnement particulier de chacun*, (3) *parce que,
dans l'Etat de Nature, ou hors de toute Société Civile, perfonne ne pouvant diftinguer
la Droite Raifon d'avec la Fauffe, qu'en la comparant avec la fienne, la Raifon de
cha-*

infaillibilem, *fed ratiocinandi actum &c. Ibid. in
Annotat.*

(3) Il eft, *Ratiocinationem uniufcujufque*

*propriam..... Tamen extra Civitatem, ubi rec-
tam Rationem à falfa dignofcere, nifi compara-
tione facta cum jua nemo poteft, fua cujufque ratio
net*

chacun eſt non ſeulement la Régle de ſes propres Actions, qu'il fait à ſes riſques, mais encore doit être regardée comme la meſure des Actions d'autrui, en ce qui l'intéreſſe lui-même. Il eſt certain, au contraire, qu'on n'a nul beſoin, hors des Sociétez Civiles, de comparer la Raiſon des autres avec la ſienne propre, pour diſtinguer celle qui eſt Droite d'avec celle qui ne l'eſt pas; parce qu'il y a une Régle commune, par laquelle on doit juger & de ſa propre Raiſon, ou de ſon Opinion particuliére, & de celle de tout autre. Cette Régle, c'eſt la *Nature des Choſes,* qu'il faut bien conſidérer & examiner, avec le ſecours de toutes nos Facultez, autant qu'elle s'offre à nous. C'eſt avec elle qu'il faut comparer & les Prémiſſes, & les Concluſions, ſoit qu'on les aît formées ſoi-même, ou que ce ſoient les autres, fût-ce l'*Etat,* ou le Souverain, dans un Gouvernement Civil déja etabli. La *Vérité,* qui eſt la *Rectitude* même des Propoſitions formées touchant les Choſes & les Actions, ou actuellement exiſtentes, ou qui exiſteront quelque jour, conſiſte dans leur convenance avec les Choſes mêmes avec quoi on les forme. Car nos Penſées touchant les Choſes, ou les *Idées ſimples* que nous en avons, ſont autant d'Images des Choſes; or toute la vérité & la perfection d'une Image conſiſte à repréſenter exactement ſon Original. Et les Propoſitions Vraies ſont ou un aſſemblage d'Idées, qui frappent nôtre Eſprit dans une ſeule & même Choſe, fait par voie d'*Affirmation;* ou une Séparation d'Idées qui repréſentent des Choſes différentes, faites par voie de *Négation.* Il faut donc néceſſairement, que la *Vérité* ou la *Rectitude* de ces Propoſitions dépende toute entiére de leur conformité avec les Choſes mêmes; comme la Vérité des *Idées Simples* en dépend, de l'aveu de tout le monde.

Poſons donc pour maxime inconteſtable, qu'un Homme qui juge des Choſes autrement qu'elles ne ſont, ne juge pas ſelon la *Droite Raiſon,* ou n'uſe pas bien de ſon Jugement; mais que celui qui affirme ou nie conformément à ce que les Choſes ſont, juge ſelon la *Droite Raiſon.*

§ VI. ET il n'importe ici, que celui qui juge autrement des Choſes qu'elles ne ſont, ſoit Supérieur ou Inférieur, Souverain ou Sujet Car la Vérité ou la Rectitude d'une Propoſition ne dépend en aucune maniére de la Subordination établie entre les Hommes, mais uniquement de la convenance de ce que l'on affirme ou que l'on nie, avec la Nature des Choſes ſur quoi la Propoſition roule. En vain objecteroit-on, qu'il y a des Propoſitions Mathématiques, (1) ou autres ſemblables qu'on peut inventer, qui paſſent pour vraies,

Marginal note: Qu'il n'y a que les *Propoſitions* conformes à la Nature des Choſes, qui ſoient *Vraies.*

---

non modo pro actionum propriarum, quae ſuo periculo fiunt, regula, ſed etiam in ſuis rebus pro rationis alienae menſura cenſenda eſt. Ibid.

§ VI. (1) Telles (dit ici Mr. MAXWELL) que les Démonſtrations qu'on fait ſur des *Mondes imaginaires,* ou ſur des Syſtêmes qu'on invente.

(2) „ Ainſi, quoi qu'il n'y ait peut-être „ dans le Monde aucun Corps, qui ſoit ex- „ actement une *Sphére,* ou un *Cube,* comme „ les Démonſtrations Mathématiques ſur de „ tels ſujets les ſuppoſent; & quoi que les „ *Courbes,* ſur leſquelles les Planétes font „ leurs révolutions, ne ſoient pas de parfai-

„ tes *Ellipſes;* cependant les Sphéres, les „ Cubes &c. que nous rencontrons, différent „ ſi peu de ſemblables Figures qui ſeroient „ parfaitement telles, que la différence n'eſt „ d'aucune conſéquence pour l'uſage de la „ Vie Humaine, pour l'*Arpentage,* le *Jau-* „ *geage,* l'*Aſtronomie* &c. MAXWELL.

(3) *Aequivocé tantum.* Expreſſion de la Philoſophie *Péripatéticienne.* Car voici ce qu'ARISTOTE entendoit par Ὁμώνυμα, ou *Aequivoca,* comme traduiſent ſes Interprétes: ÆQUIVOCA *dicuntur, quorum ſolum nomen commune eſt, ſecundum nomen vero ſubſtantiae ratio diverſa, ut Animal, Homo, & quod pin-gitur:*

vraies, quoi qu'il n'exiſte rien à quoi elles ſoient conformes. Car, comme ce ſont de pures ſuppoſitions, où l'on ne décide rien ſur l'exiſtence de quelque choſe de réel hors de nôtre Eſprit, on ne doit non plus les comparer avec rien d'extérieur, mais il faut ſeulement chercher la convenance qu'il y a entre les termes dont elles ſont compoſées; & c'eſt uniquément en cela que conſiſte leur vérité. Auſſi ne ſont-elles d'aucun uſage dans la Vie Humaine, à moins qu'il ne ſe trouve, hors de nôtre penſée, (2) quelque choſe de fait, ou que nous puiſſions faire, qui ſoit tel, qu'il ne différe en rien de conſidérable, des idées que nous nous ſommes formées. Si le Sujet d'une Propoſition, ou quelque choſe de fort approchant, ne peut abſolument exiſter, c'eſt un jeu & un badinage; la Propoſition n'eſt appellée *Vraie*, que (3) par une ſimple conformité de nom. Car la Vérité Compléxe, qui conſiſte uniquement dans la convenance des termes d'une Propoſition, n'eſt pas de même nature, quand l'exiſtence des (4) termes eſt impoſſible, que lòrs qu'elle eſt du moins poſſible, encore que les termes n'exiſtent pas actuellement, & ne doivent point exiſter. Dans le prémier cas, ſi c'eſt une eſpéce de Vérité, elle eſt entiérement inutile. Quoi qu'il en ſoit, il eſt clair, que toute Propoſition, dont le Sujet ou exiſte, ou exiſtera, c'eſt-à-dire, dont le Sujet eſt conforme aux Choſes exiſtentes hors de nôtre Eſprit, qui ſont ou qui doivent être, demande auſſi un Attribut qui convienne à ces Choſes; & qu'ainſi la Propoſition entiére doit être conforme à la Nature particuliére de chaque Choſe exiſtente hors de nôtre Eſprit; ce qui eſt le principal point, ſur lequel nous inſiſtons à l'heure qu'il eſt.

Il eſt certain encore, que chaque Homme en particulier, & ſon droit ſur les Choſes ou les Perſonnes, quel qu'il ſoit, ne ſont pas de pures chiméres, mais des réalitez, que l'on doit conſiderer comme exiſtentes hors de nôtre penſée, puis que les Droits de chacun ſe rappotent à l'uſage des Choſes extérieures, & à certains Effets agréables aux Hommes, qui en réſultent; de ſorte que les Propoſitions, ou les Maximes de la Raiſon ſur ce Sujet, ſi elles ſont vraies, doivent néceſſairement être conformes à l'état des Choſes. Voilà ce que je veux principalement établir, en vüë de renverſer de fond en comble les principes d'*Hobbes*. Car il n'en faut pas davantage, pour conclure, Que des Propoſitions contradictoires touchant le droit de deux Hommes aux mêmes Choſes & ſur les mêmes Perſonnes, droit qui eſt le grand fondement du Syſtême de ce Philoſophe; ne ſauroient être des Maximes d'une Raiſon Droite.

§ VII.

gitur: *horum enim ſolum nomen commune eſt, ſecundum nomen vero ſubſtantiae ratio diverſa* &c. C'eſt ainſi que Boëce (*in Categorias* Aristotel. pag. 115. *Edit. Baſil.*) exprime le ſens de ce qui ſe trouve dans l'Original Grec du Philoſophe, *Categer.* Part. I. Cap. 1.

(4) ,, Si les termes *ne peuvent point exiſter*, ,, je ne vois pas, comment on peut rien dé-,, montrer là-deſſus. Que peut-on démontrer, ,, par exemple, au ſujet d'un *Cercle quarré?* ,, Maxwell.

Le Traducteur Anglois ſuppoſe ici, qu'il s'agit d'idées dont le *ſujet* & l'*attribut* ſoient manifeſtement contradictoires, comme un Cer-

cle quarré, une *Montagne ſans vallée* &c. Mais je ne ſaurois croire, qu'une telle penſée ſoit venüe dans l'eſprit de nôtre Auteur. Quand il dit, que l'*exiſtence des termes* d'une Propoſition *eſt impoſſible*, l'impoſſibilité regarde directement l'exiſtence du *ſujet*, d'où réſulte enſuite l'impoſſibilité de tout *attribut* qu'on pourroit imaginer qui y convînt, poſé qu'il pût exiſter. La queſtion ſe réduit donc à ſavoir, ſi l'on peut ſe faire quelque idée d'un *ſujet*, dont l'exiſtence eſt impoſſible, & auquel néanmoins on conçoive que tel ou tel *attribut* conviendroit, ſuppoſé qu'il exiſtât?

P 3

Application
de cela aux
Veritez de Pra-
tique.

§ VII. Il faut remarquer ici en paſſant, que, par les *Maximes Prati-*
ques de la Raiſon, j'entens ces ſortes de Propoſitions qui montrent ou une certaine fin qu'on ſe propoſe, ou les *Moiens* que chacun a en ſa puiſſance pour y
parvenir; car c'eſt à quoi ſe réduit toute Pratique. Et la *Raiſon* eſt alors appellée *Droite,* quand elle décide véritablement, c'eſt-à-dire, de la maniére que
la choſe eſt, dans les Propoſitions qui enſeignent, quelle eſt la meilleure & la
plus néceſſaire Fin de chacun, & quels ſont les Moiens les plus propres à y
conduire; ou, ce qui revient au même, quels effets de nôtre délibération &
de .. tre volonté nous rendront, nous & les autres, les plus heureux que nous
puiſſions être, & quelle eſt la maniére la plus ſûre de produire ces Effets. C'eſt
juſtement ainſi, qu'en *Géométrie* la *Raiſon Théorétique* eſt *Droite,* ſi une Quantité, qu'elle nous repréſente plus grande qu'une autre, eſt véritablement plus
grande de ſa nature: & une *Propoſition Pratique* de la même Science eſt *Droite,*
lors qu'elle nous enſeigne une maniére de conſtruire des *Problèmes,* telle que,
ſi on la ſuit, on produira réellement l'Effet propoſé. Une Décifion, ou une
Propoſition, qui a ce caractére, n'eſt pas plus vraie dans la penſée & dans la
bouche d'un Empereur, que dans celle d'un ſimple Particulier. Car, toute Raiſon Droite étant conforme aux Choſes dont on juge; & chaque choſe étant par
elle-même une ſeule choſe, toûjours ſemblable à elle-même : il s'enſuit, que la
Droite Raiſon ne peut dicter à aucun Homme ce qui eſt contradictoire, & qui
par conſéquent répugne à la Droite Raiſon, dans l'eſprit de tout autre Homme,
qui penſe à la même Choſe.

De ce principe il ſuit encore une Régle, qui peut & doit être généralement
établie, par rapport à tous les Hommes; c'eſt que *les Actions Humaines, dans*
tout le cours de la Vie de chacun, doivent être uniformes & d'accord entr'elles; de
ſorte qu'on ne ſauroit agir conſtamment ſelon la Droite Raiſon, ſi l'on imite
celui qu'un Poëte décrit ainſi: (1) *Je ne m'accorde point avec moi-même, je dis*
blanc & noir en même tems: je laiſſe là ce que je voulois avoir, & je redemande ce
que je viens de quitter: toute ma vie n'eſt qu'un haut & bas continuel. En effet, l'i-
dée d'une Propoſition Vraie, en matiére de Pratique, par exemple, emporte eſſentiellement, qu'elle s'accorde avec les autres Propoſitions Vraies qu'on
fait ſur un ſujet ſemblable, quoique le cas ſemblable arrive dans un autre tems,
ou à un autre Homme. Par conſéquent, quiconque juge bien là-deſſus, doit néceſſairement porter un Jugement uniforme. Si donc quelcun décide, que l'action
qu'il fait, quand il prend pour ſoi les choſes néceſſaires à la Vie, dont les autres
ne ſe ſont pas encore emparez, eſt néceſſaire pour le Bien Commun; il faut qu'en
jugeant d'une action ſemblable de tout autre qui eſt dans le même cas, il reconnoiſſe, que cette action tend à la même fin. D'où il s'enſuit, que l'idée d'un Jugement droit renferme ici eſſentiellement, qu'on juge que ce que l'on croit véritablement nous être permis à nous-mêmes, doit l'être aux autres en pareil cas.
Il en eſt de même des ſecours que quelcun croira véritablement pouvoir ou devoir

§ VII. (1) Ce Poëte, qu'on cite ici, c'eſt   *Aeſtuat, & vitae diſconvenit ordine toto?*
Horace, Lib. I. Epiſt. I. verſ. 97, & ſeqq.
J'ai ſuivi la Traduction du P. Tarteron.
      · · · Quid mea quum pugnat ſententia ſecum,   § VIII.(1) *Quoniam Verbum Dei per ſolam natu-*
      Quod petiit, ſpernit; repetit quod nuper omiſit;   *ram regnans is aliud non ſupponitur, praeter rectam*
                                                            Ra-

voir exiger des autres, selon la Droite Raison : car il est juste & raisonnable qu'il soit persuadé, que tout autre peut, ou doit, avec raison, exiger de lui les mêmes secours, dans de pareilles circonstances.

Hobbes n'a bronché si lourdement sur cette mâtiére, que faute de prendre garde qu'il y a une Régle commune à tous, savoir la Nature même des Choses, sur-tout celle de cette grande Fin, dont la recherche est nécessaire à tous les Etres Raisonnables, & des Moiens qui y conduisent naturellement : Régle par conséquent, avec laquelle il faut comparer la Raison de chacun d'eux, pour savoir si elle est Droite, ou non.

§ VIII. Remarquons encore en passant, combien *Hobbes* a des idées peu honorables à la Divinité, en qui il reconnoît néanmoins un Empire Naturel, conformément aux Maximes de la Raison. Dieu enseigne aux Hommes le Droit Naturel par les lumiéres d'une Raison Droite : mais en cela, selon nôtre Philosophe, il se contredit lui-même. Car, d'un côté, il leur dit, qu'ils doivent tous se battre l'un contre l'autre ; il les met tous aux mains, pour s'égorger *injustement* de part & d'autre, puis que chacun d'eux respectivement ne fait que maintenir ses droits. De l'autre, il défend ensuite la Guerre entr'eux, par la même Raison Droite, & il veut pour cet effet qu'on céde des choses, qu'il ne laisse pas après cela de regarder encore comme telles, que chacun y a droit, & peut ainsi légitimement conserver ses prétensions, ou en poursuivre la jouïssance par la voie des Armes. Il faut, de toute nécessité, qu'*Hobbes* attribuë à Dieu toutes ces contradictions qu'il met dans ce qu'il appelle la *Droite Raison* des Hommes, qui jugent contradictoirement des choses nécessaires à la Vie de chacun ; puis que c'est par cette même Raison qu'il (1) dit que Dieu régne, comme par une espéce de Loi. D'où il s'ensuit, que Dieu permet tout ce que cette Raison, prétenduë Droite, permet ; & qu'on peut faire, sans violer aucune Loi, tout ce que cette Raison a enseigné être conforme au Droit Naturel. Car, dans l'endroit même où nôtre Philosophe prend à tâche de définir (2) le *Droit*, il le borne à *la liberté que chacun a d'user de ses Facultez Naturelles selon la Droite Raison.*

Ainsi le Dieu d'*Hobbes* donne d'abord à chacun le droit d'envahir tout ce qui appartient aux autres. La *Droite Raison*, telle qu'il la conçoit ici, emporte la licence de commettre toute sorte de Crimes, & engage par-là tous les Hommes dans une Guerre funeste. Mais, après les avoir livrez à tous les Malheurs qui naissent des Crimes & de la Guerre, il prend une autre route, un peu meilleure, pour amener les misérables Mortels à la Justice, c'est-à-dire, à une Justice qui suffise pour leur faire éviter les Peines des Loix Civiles, & il tâche enfin d'établir entr'eux une sorte de Paix, telle que cette Justice peut procurer.

Les lumiéres & les Maximes de la *Raison*, que j'appelle *Droite*, sont bien différentes. Elle envisage en même tems toutes les parties de nôtre Bonheur, & de celui des autres : elle prévoit de loin les Causes de ce Bonheur qui dépendent

dent

Marginal note: Idées d'Hobbes, également fausses & injurieuses à la Divinité.

Rationem .... *manifestum est, leges Dei per solam naturam regnantis, solas esse Leges Naturales &c. De Cive, Cap. XV. § 8.*

(2) *Neque enim* Juris *nomine aliud significatur, quàm libertas, quam quisque habet, facultatibus naturalibus secundum rectam Rationem utendi. Ibid. Cap. I. § 7.*

dent de nous: & les voiant de leur nature fi fort liées enfemble, qu'un fage foin de nôtre propre Félicité ne fauroit être feparé du foin de celle des autres, c'eft-à-dire, de tous les Etres Raifonnables, confiderez comme formant une grande Société; elle nous enfeigne, qu'il faut obferver avec la derniére exactitude les Régles de la *Juftice*, & envers DIEU, & envers les *Hommes*, & elle nous fait efperer, que de là il naîtra une très-heureufe *Paix*. Par où elle nous montre auffi d'avance, que les Actions de ceux qui s'arrogent un droit fur tout, ou qui font quelque chofe d'approchant, tendent infailliblement à mettre partout le trouble & la confufion, à remplir le monde de Guerres, à caufer les plus grandes Calamitez; de forte qu'on n'a pas befoin, pour fe convaincre d'une vérité fi évidente, de s'expofer témérairement à en faire une trifte expérience. Ainfi, bien loin de donner jamais aucun droit de commettre de telles Actions, elle ordonne d'entretenir les Amitiez, d'établir des Gouvernemens Civils où il n'y en a point encore, & de maintenir ceux qui font déja établis; afin que non feulement on puiffe fe garantir des maux de la Guerre, que la folie de quelques Hommes eft capable de produire, mais encore on fe procure de puiffans fecours pour parvenir en même tems au plus haut point poffible de Vertu & de Bonheur. HOBBES (3) au contraire eft réduit à la néceffité d'affirmer généralement, que toutes les Maximes de la Droite Raifon, même fur les Effets des Caufes Naturelles, & fur les Propriétez des Nombres & des Figures, quelque vraies qu'elles foient, font bien des Maximes de la Droite Raifon dans un Etat où le Souverain les approuve, mais ne le font pas dans un autre Etat, où le Souverain, par un effet de *folie* ou d'*ignorance*, les rejette & les contredit.

C'eft, à mon avis, fur ce principe, que la Nature elle-même a pofé le fondement & la Pierre angulaire du Temple de la *Concorde*. Car de là naît une Loi Naturelle, qui unit tous les *Etres Raifonnables*, c'eft-à-dire, tous les Etres Sages (car la *Sageffe* n'eft autre chofe (4) qu'une Raifon dans toute fa vigueur) qui unit, dis-je, tous ces Etres & les uns avec les autres, & avec DIEU, comme l'Etre infiniment Sage. Cette Loi eft, *Que quiconque juge felon les lumiéres de la Droite Raifon, & régle fes défirs fur un tel Jugement, doit s'accorder là-deffus avec tous les autres, qui font le même ufage de la Droite Raifon fur tel ou tel fujet.* D'où il s'enfuit encore par fuppofition (ce que nous établirons dans la fuite plus au long, & fur fes principes propres) que, fi quelque Etre Raifonnable que ce foit, ou quelque Etre Sage, a conclu, en bien raifonnant, que tel ou tel eft le Devoir particulier de chacun par rapport au Bien Public, tous les autres, qui jugeront fainement, feront de même opinion.

§ IX. UN autre avis, que je crois devoir donner ici, c'eft que, pour maintenir

Moien d'éviter les *Faux Raifonnemens.*

---

(3) L'Original porte ici: *Hoc autem ideo fieri poffe cenfuit Hobbius (imò & neceffario fieri) quoniam non obfervavit eandem effe omnium Normam (rerum Naturam) ad quam exigenda eft omnium ratio, ut innotefcat utrùm recta fit necne.* Mais cet *Hoc autem*, que le Traducteur Anglois a fidélement exprimé, ne fauroit convenir ici. Car nôtre Auteur vient de parler des confeils de la *Droite Raifon*, bien entenduë, & des heureux effets qu'ils produifent, tout oppofez aux idées d'HOBBES. Ainfi il eft clair, que, fans y penfer, il s'étoit exprimé de manière à dire tout le contraire de ce qu'il avoit dans l'efprit. J'avois remédié à cette inexactitude, en traduifant comme fi l'Auteur avoit écrit: *Contrarium autem &c.* ainfi que le fens

tenir nôtre Raison Droite, il faut éviter non seulement les *Paralogismes*, ou les faux Raisonnemens, mais encorè se garder sur-tout des *Jugemens téméraires*, par lesquels on admet, comme vrai & évident de lui-même, quelque chose dont on n'a aucune preuve. Pour cet effet, on doit avoir grand soin que les *Idées simples*, qu'on se forme, soient & *claires*, par l'impression forte qu'une seule & même chose a fait sur nous en divers cas, à la faveur de divers Sens, & après diverses expériences; & *distinctes*, par les observations que nous aurons faites séparément sur chacune de ses parties; & enfin *complettes*, autant que nous pouvons les avoir, avec les secours de la *Mémoire* & de l'*Entendement*, joints au rapport de nos *Sens*. Il n'y a proprement & n'y peut avoir aucune fausseté dans ces impressions, qui viennent du dehors. A la vérité l'éloignement, la réfraction, ou la couleur que les Raions de Lumiére prennent dans les yeux, par exemple, d'une personne qui a la Jaunisse, lui donnent occasion, si elle n'est pas sur ses gardes, de porter un faux jugement. Mais on peut s'empêcher de tomber dans de telles erreurs, si, comme il le faut, avant que de juger, on examine tout ce qu'il y a dans le *Milieu*, qui est entre la *Faculté*, par laquelle on apperçoit, & les *Objets* apperçûs; Milieu, auquel on doit rapporter la disposition du *Sang*, des *Esprits Animaux* qui en découlent, & du *Cerveau*. C'est dans ce *Milieu* que se trouvent les choses qui causent en partie les impressions des Objets sensibles; & ainsi il faut nécessairement y faire attention, pour ne pas se tromper.

De plus, avant que de rien déterminer sur l'*identité* & la *liaison* des *Termes*, ou sur leur *diversité* & leur *opposition*, il faut les comparer très-exactement les uns avec les autres; & sur-tout prendre bien garde, quand il s'agit des *Prémiéres Véritez*, ou des *plus universelles*, de ne donner son consentement à aucune *Proposition*, sans y être forcé par une evidence à laquelle il ne soit pas possible de résister. Car la *Vérité* ne dépend nullement de nôtre volonté: mais elle consiste toute dans une vûe claire & nette de la *liaison* qu'il y a entre les *Choses*, & les *Idées distinctes* qu'elles excitent en nous; or ce que nous voions ainsi, nous le voions nécessairement, quand nôtre Faculté y fait attention: il est seulement en nôtre pouvoir, de rendre ou de ne pas rendre cette Faculté attentive. Voilà une Régle, qui sert à décider le principal point de nôtre Dispute. Car, toute la vérité des *Propositions Affirmatives* consistant dans la liaison des deux *Termes* dont elles sont composées; & ces *Termes* étant naturellement liez ensemble, à cause que l'un & l'autre est imprimé dans nôtre Esprit par une seule & même chose, qu'ils représentent sous différentes faces: il est clair, que les Véritez dépendent, non de la Volonté des Hommes, qui inventent des *Noms*, & qui les joignent ensemble à leur fantaisie, mais de la Nature même de chaque Chose, qui se peint, pour ainsi dire, dans nôtre Esprit. Or tous les mouvemens, que la Nature des Choses im-

---

sens le demande. Mais ma correction est devenuë superfluë, depuis que j'ai eû en main la collation de son Exemplaire, où il a effacé toute cette période, pour y substituer une pensée plus forte, & plus convenable à la suite du discours. Celle qui a été supprimée, n'étoit même, qu'une répétition, en autant de

termes, de ce que l'Auteur avoit dit à la fin du § 7.

(4) Définition de CICE'RON, que nôtre Auteur a déja alléguée dans son *Discours Préliminaire*, § X. où j'ai cité l'original, dans la *Note* I.

imprime au dedans de nous, font néceſſaires, & viennent du Prémier Moteur, Auteur de la Nature même. Ainſi toutes les Idées, qui, en conféquence d'un mouvement entiérement naturel, produit par les Choſes extérieures
dans nos Sens & dans nôtre Imagination, préſentent à nôtre Ame quelque *Vérité Pratique* touchant les Actions les plus propres à avancer le Bien Commun,
font autant de *Loix Naturelles*, comme nous le ferons voir plus bas, écrites dans
nos cœurs & publiées par cette impreſſion même; de ſorte qu'on peut dire
qu'elles viennent du Prémier Moteur, par l'intervention de la Nature des Choſes, de la même maniére que les *Axiomes Spéculatifs*, celui-ci, par exemple,
Que tous les Raïons d'un même Cercle font égaux; peuvent être dits néceſſairement
imprimez dans nos Eſprits par la Première Cauſe, à la faveur des Secondes. Le
Juriſconſulte (1) Marcien, décrivant les *Loix* en général, les appelle, a-
près (2) Démoſthène, *une invention & un préſent de la Divinité*: cela
convient très-bien à la *Loi Naturelle*, par deſſus toute autre. Ceux qui rejettent
la preuve de l'Exiſtence de Dieu, tirée de la néceſſité d'un *Prémier Moteur*
(argument, qu'Hobbes (3) même trouve bon) ſemblent, à mon avis, renverſer le plus ancien & le plus ſolide fondement de la Religion. Cependant,
s'ils inférent qu'il y a un Dieu, de l'ordre qu'on remarque entre les Choſes, de
leurs différens rapports, & de la beauté qui en réſulte, ou de ce qu'un grand
nombre des Choſes font deſtinées par la Nature à nôtre uſage, comme à une
Fin qu'elle ſe propoſe; ils ſeront par-là contraints d'avouer, que Dieu eſt médiatement l'auteur des impreſſions néceſſaires, de la maniére que nous l'expliquons ici.

§ X. Cette obſervation, touchant la vérité des *Idées ſimples*, ou de toutes les impreſſions naturelles, me paroît d'une ſi grande importance, que j'oſe
bien en inferer, Que ni la nature des Choſes qui ſont hors de nous, ni nôtre
propre nature, ne nous déterminent jamais néceſſairement & inévitablement à
porter un faux Jugement, ni par conſéquent à mal choiſir ou à mal faire; &
que cela vient toûjours de quelque incertitude ou de quelque erreur de nôtre
Entendement. Tout ce que nous jugeons, que nous déſirons, ou que nous
faiſons, contre la Nature de toutes les Choſes, ou contre les indices qu'elles
nous donnent, étant bien examinées, il faut l'attribuer uniquement à un uſage
téméraire & précipité de nôtre Libre Arbitre, qui ſe laiſſant ſéduire par les attraits d'une utilité préſente, nous porte ainſi à décider légérement de ce ſur
quoi nous n'avons pas aſſez de lumières. C'eſt, au contraire, à la Nature même des Choſes, & à la néceſſité de ſe rendre à l'évidence, que nous ſommes
redevables de toutes les Véritez certaines & immuables, en fait même de Morale. Nous ne ſaurions mettre ſur le compte de la Nature nos erreurs & nos
égaremens, ſans faire injure & à nos Facultez, dont aucune ne nous détermine
néceſſairement à embraſſer le Faux; & aux Choſes extérieures, dont les impreſſions naturelles ſont par elles-mêmes incapables de tromper; & à Dieu
lui-

Que l'abus de nôtre Liberté eſt l'unique cauſe des Faux Jugemens, des mauvaiſes diſpoſitions de la Volonté, & des Actions dérèglées.

§ IX. (1) *Nam & Demoſthenes Orator ſic definit* [Legem] Τὸ τὸ ἔςι νόμος..... ἔυρημα μὲν κὴ δῶρον Θεῶ &c. Digest. Lib. I. Tit. III. *De Legibus* &c. Leg. 2.
(2) C'eſt dans ſa Harangue contre *Ariſto-*

giton, pas loin du commencement, *pag.* 492. C. *Edit. Baſil.* 1572.
(3) C'eſt dans ſon *Leviathan: Nam qui ab Effectu quocumque quem viderit, ad Cauſam ejus proximam ratiocinaretur, & inde ad illius Cau-ſe*

lui-même, que l'on ne peut fuppofer fans contradiction vouloir nous en impofer.

Je pofe ce principe avec plus de fondement encore, que ne font les *Médecins*, lors qu'ils difent, en parlant des *Humeurs* du Corps Humain, qu'il n'y a en elles de *mouvemens naturels*, que ceux qui fervent à la confervation & à la fanté de l'Individu: tous les autres, qui tendent à produire des Maladies, ou à la deftruction de l'Homme, ils les qualifient *non-naturels*. En quoi ils ont raifon: car ils entendent par la *nature*, la conftitution particuliére du Corps Humain, dont la confervation eft le but de leur Art; & ils ne nient point d'ailleurs, que les altérations les plus dangereufes des Humeurs ne fe faffent felon les Loix générales de la Nature du Monde. Mais, dans l'Homme, l'erreur du Jugement, & la mauvaife difpofition de la Volonté, ne font ni convenables au panchant de fa nature particuliére, qui la porte à chercher fa véritable perfection, ni l'effet inévitable d'aucune impreffion de quelle chofe extérieure que ce foit: elles viennent uniquement d'inadvertence & de témérité, comme de leur prémiére fource; puis de la Coûtume ou de l'Exemple, de l'imitation de ce qu'on a déja fait, ou de ce que l'on voit faire aux autres. De forte que c'eft très-injuftement, qu'Hobbes vient nous étaler comme une grande découverte, & nous donner pour fondement de fa nouvelle Politique, inventée à force de méditations profondes fur la Nature Humaine, tout ce qu'il a remarqué dans les difcours & dans la conduite d'une Cabale de gens dépourvûs de jugement & de probité.

Je fuis perfuadé, que l'on peut trouver dans les prémiers Principes de la Morale, le même degré de néceffité naturelle, que dans les Axiômes Spéculatifs. Pour ce qui eft des Maximes, par lefquelles on doit déterminer ce qui concerne diverfes Actions particuliéres, revêtuës de leurs circonftances, il fuffit qu'on puiffe avoir là-deffus, quand il y a quelque néceffité preffante d'agir, des régles fondées fur des raifons vraifemblables, autant que le comporte la foibleffe de nos Efprits, qui ne leur permet pas d'examiner toutes les chofes préfentes, moins encore de prévoir toutes les fuites à venir. Ce qui réfulte d'un examen fait avec foin & avec précaution, de l'Expérience & du Témoignage fidéle de gens experts, telles que font les *Loix Civiles*, & les *Décifions des Tribunaux*; tout cela approche fort des Véritez qui font d'une néceffité naturelle. C'eft donc par-là qu'il faut juger des inclinations de la Nature Humaine, & non pas par les actions que les Hommes font à l'étourdie. La Délibération, l'Expérience, & tous les autres moiens qui aident à découvrir la Vérité, nous ménent toûjours plus près de cette fituation où nôtre Ame eft fi fortement frappée de l'impreffion naturelle des Chofes, qu'elle ne peut penfer autrement qu'elle ne penfe; ce qui arrive, quand elle juge fur l'évidence des Sens, ou fur des Démonftrations claires & palpables. De forte que, plus on eft porté à juger néceffairement & fans pouvoir s'en empêcher, & plus le Jugement doit être regardé

fa *Caufam proximam procederet, & in Caufarum deinceps ordinem profunde fe immergeret, inceniret tandem (cum veterum Philofophorum fanioribus) unicum effe primum Motorem, id eft,* unicam & aeternam Rerum omnium Caufam, quam appellant omnes Deum &c. Cap. XII. pag. 55, 56.

gardé comme naturel, ou comme approchant du naturel. Au lieu qu'*Hobbes* régle l'idée qu'il nous donne de la Nature Humaine, fur des Actions témérairement produites; en quoi il raifonne auffi mal, que fi l'on jugeoit de la nature d'un *Arbre*, par les *Champignons*, ou la *Mouffe*, qui croiffent quelquefois fur fon écorce.

De la Faculté de former des Idées Univer-felles, & de les exprimer par la Parole, ou par l'Ecriture.

§ XI. La *feconde Faculté* de nôtre Ame, dont je me fuis propofé de traiter, c'eft celle de former des I D E' E s U N I V E R S E L L E S, en faifant abftraction des qualitez accidentelles qui diftinguent chaque Chofe. C'eft-là un grand fecours pour aider à la *Mémoire*, & par conféquent à la *Prudence*, qui en dépend; de plus, à toute autre Vertu qui a quelque liaifon avec celle-là, comme auffi à toute Action & toute Habitude, qui contribuent à rendre la Vie Humaine plus uniforme, plus belle, & plus heureufe. En effet, quand une fois on connoît les Attributs qui conviennent à une feule ou à quelque peu de Natures particuliéres, confidérées en général, foit qu'ils regardent leur conftitution interne, ou leurs Caufes & leurs Effets; on peut les appliquer, prefque fans aucune peine, à une infinité d'Individus, & aux diverfes circonftances où ils fe trouvent. De là naiffent toutes les Sciences, comme étant toutes compofées d'Idées Univerfelles. C'eft à la faveur de ces fortes d'Idées, que l'on vient à fe faire des Abrégez d'*Hiftoire Naturelle*, & que l'on en retient aifément les principaux chefs; d'où (fans parler d'autres ufages) l'on apprend en très-peu de tems, quelles font les Chofes néceffaires pour la confervation & pour la perfection de nôtre propre Nature, & en même tems de celles des autres.

De même auffi les Préceptes des Arts étant généraux, nous inftruifent en a-brégé des moiens dont tous les Hommes fe font fervis, ou peuvent fe fervir, avec le fecours de leurs Facultez bien difpofées, pour arriver au but de chaque Art. La *Logique*, la *Médecine*, la *Morale*, l'Art de la *Navigation*, l'*Architecture*, n'enfeignent pas à un feul Homme en particulier, à *Ariftote*, par exemple, comment il doit conduire fa Raifon pour découvrir la Vérité fur tel ou tel fujet feulement; ni à *Hippocrate*, de quelle maniére il doit s'y prendre pour fe maintenir lui-même en bonne fanté, ou pour fe guérir, quand il vient à tomber

§ XI. (1) „ Il eft à remarquer, que les „ Peuples qui ont le plus beau teint, font „ ceux qui vivent près des Poles, & que gé-„ néralement parlant le teint devient plus „ brun, à mefure que les Habitans d'un Païs „ s'approchent plus de la Ligne Equinoctia-„ le. Les *Suédois*, les *Anglois*, les *François*, „ les *Efpagnols*, les natifs de *Barbarie*, ont „ par degrez la couleur plus bafanée les uns que „ les autres, à proportion de cette diftance; „ ce qui vient manifeftement du plus grand „ degré de chaleur de leurs Climats. Les „ natifs d'*Afrique*, qui habitent entre les Tro-„ piques font du brun le plus foncé, & plus „ que celui des natifs d'*Amérique* ou d'*Afie* à „ la même Latitude: de quoi il y a probable-„ ment une de ces deux caufes, ou l'une & „ l'autre enfemble. 1. Certaines exhalaifons

„ foûterraines, ou de Minéraux, ou d'autres „ chofes particuliéres à ces endroits d'*Afri-* „ *que*. 2. Un plus grand degré de chaleur, „ que dans les Païs d'*Afie* & d'*Afrique* à la „ même Latitude. Les Contrées de l'inté-„ rieur de l'*Afrique* font les plus mal arro-„ fées que nous connoiffions. Car les Va-„ peurs, qui, en forme de Rofée ou de „ Pluie &c. humectent la Terre, tombent la „ plôpart avant que de pouvoir arriver juf-„ qu'à ces endroits-là, qui font à une gran-„ de diftance de l'*Océan*, d'où elles s'exha-„ lent. Le Terroir auffi y eft généralement „ plus fablonneux, que dans les quartiers des „ autres Païs qui y répondent; ce qui y aug-„ mente beaucoup la réflexion de la Chaleur, „ réflexion, d'où le degré de chaleur que „ nous fentons vient plus qu'on ne s'imagi-

„ ne

bér malade; ni à *Palinuré*, ce qu'il doit faire pour arriver à un certain Port. Mais, dans tout Art, on confidére le but que fe propofent tous les Hommes dans ce qui en fait l'objet, & par conféquent le Bien qu'ils y cherchent : on choifit pour cet effet des Moiens généraux, & l'on en preferit l'ufage ; de forte que les Maîtres, & les Difciples, commencent les uns & les autres par faire attention à ces Principes généraux. D'où il paroît, pour le dire en paflaut, qu'en matiére de tout Art, les Hommes peuvent non feulement confidérer le Bien général avant leur avantage particulier, mais encore qu'ils le font ordinairement : quoi que rien n'empêche qu'un *Hippocrate*, par exemple, tournant l'ufage des Préceptes généraux à quelque vûë particuliére, ne s'en ferve à conferver fa fanté, aufli bien que celle des autres ; & qu'un *Vitruve* ne fafle bâtir une Maifon pour lui-même, après en avoir fait bâtir pour d'autres.

Un autre avantage qui revient de l'obfervation des *Idées Univerfelles*, & des Propofitions, Spéculatives ou Pratiques, que nôtre Ame forme naturellement, c'eft que de là on tire des *Régles invariables*, & en quelque façon *éternelles*, pour juger des Actions Humaines. J'indiquerai dans la fuite un bon nombre de ces fortes de Propofitions ou de Régles, dans lefquelles le Lecteur verra diftinctement comment elles font compofées de certaines Idées Générales ; combien ces Idées font naturelles à l'Entendement Humain ; & de quel grand ufage elles font par rapport à la *Piété*, au *Gouvernement Civil*, à la *Paix* & au *Commerce* des différentes *Nations*.

Mais il eft bon, avant que d'en venir là, de faire quelques remarques au fujet du pouvoir & du panchant que notre Ame a naturellement à établir des *Signes arbitraires*, principalement ceux de la *Parole*, foit de vive voix, ou par écrit, pour fe rappeller dans la mémoire, ou pour communiquer à autrui, fes propres Idées, tant univerfelles, que particuliéres. Cette Faculté, qui met une différence très-confidérable entre l'Homme & le refte des Animaux, fert beaucoup & à former, & à conferver les *Sociétez*. Et pour comprendre comment les Hommes fe font accordez généralement dans l'ufage de ces fortes de Signes, il ne faut que confidérer, comme nous le devons en qualité de *Chrétiens*, ce que nous apprenons de l'Hiftoire Sainte, que tout le Genre (1) Humain

,, ne communément, comme il paroît de ce ,, que la Neige demeure long tems à fe fon- ,, dre fur le Sommet des hautes Montagnes, ,, même fous la Ligne Equinoctiale, ou tout ,, auprès ; la chaleur directe du Soleil n'y é- ,, tant pas fouvent affez forte pour fondre la ,, Neige. C'eft pourquoi dans les endroits ,, d'*Afie* ou d'*Amérique* qui font entre les Tro- ,, piques, le Climat eft plus temperé, que ,, dans ceux d'*Afrique* à la même Latitude, ,, parce qu'il n'y a pas tant de Sables, & ,, qu'ils reçoivent plus de Pluie &c. aiant ,, d'ailleurs plus de Riviéres, dont l'*Améri- ,, que Méridionale* eft très-bien fournie. Outre ,, que la Ligne coupe l'*Afie* entre des Ifles, & ,, des Parties du Continent, qui étant près de ,, la Mer, font plus rafraîchies par les Vents de ,, ce côté-là. Par ces raifons, il me peroît

,, fort vraifemblable, que la Couleur des *Ne- ,, gres*, qui vient immédiatement d'une hu- ,, meur pituîteufe entre la peau intérieure & ,, extérieure, doit fa prémiére origine au ,, Climat qu'ils habitent, & que les Hommes ,, Blancs & Noirs defcendent tous d'une mê- ,, me tige." MAXWELL.

Il y a une Differtation Latine de feu Mr. J. ALBERT FABRICIUS, intitulée, *De Hominibus Orbis noſtri incolis, fpecie & ortu a- vito inter fe non differentibus.* Elle a été rimprimée dans le Recueil de fes *Opufcules*, qui parut en 1738. à *Hambourg* ; & l'on en trouve un Extrait dans la BIBLIOTHE'QUE RAI- SONNE'E, Tom. XXII. Part. II. Articl. 6. pag. 445, & fuiv. On y verra, que divers anciens Auteurs ont allégué la même raifon, que Mr. *Maxwell* donne ici de la couleur noi- te

Q 3

main eſt venu d'une ſeule tige. Ainſi *Eve* ne fit ſans doute aucuné difficulté de ſe ſervir des Mots qu'*Adam* avoit inventez, & pour la fin qu'il s'étoit pro- poſée dans leur établiſſement. Les Deſcendans de ce prémier Homme & de cette prémiére Femme, ſucérent enſuite avec le lait la ſignification des Mots qu'ils entendoient prononcer. En ſuppoſant même, s'il plaît ainſi à H o b b e s, que, dans l'Etat de Nature, il faille conſiderer les Hommes comme ſortis tout d'un coup de la Terre, à la maniére des Champignons, ſe trouvant dès-lors en âge de perſonnes faites, & n'étant liez par aucune obligation les uns envers les autres; la Raiſon, en ce cas-là, leur auroit conſeillé de s'accorder, tout autant qu'ils étoient qui pouvoient avoir occaſion de commercer les uns avec les autres, ſur l'uſage de certains Mots, ou autres Signes, par leſquels ils dé- ſignaſſent les mêmes choſes. Et il n'auroit été d'aucune importance, que tel, ou tel d'entr'eux fût le prémier, plûtôt qu'un autre, à emploier tel ou tel Si- gne pour marquer certaines Idées ou certaines Choſes: mais chacun avoit grand intérêt, que l'on convînt enſemble de quelque marque commune, à la faveur de laquelle ils puſſent tous exprimer chaque Choſe, & s'entrecommuni- quer leurs penſées. Car de cette maniére chacun, en faiſant part aux autres de ſes propres obſervations, pouvoit leur donner de plus grandes lumiéres, qu'ils n'en avoient. Ainſi, à l'aide de la Parole, l'expérience & la réfléxion des Hommes du Siécle préſent, peuvent montrer aux Siécles à venir un plus court chemin à la Prudence & au Bonheur, & leur faciliter la pratique de tou- te ſorte de Vertus. Les Hommes peuvent par-là délibérer entr'eux ſur les *Conventions* & les *Loix* qu'ils veulent faire; publier celles dont ils ſont conve- nus; examiner ſi elles ont été bien obſervées; produire & recevoir des Té- moignages; prononcer enfin ſelon les Preuves alléguées. Tout cela eſt parti- culier à la Nature Humaine, & rend l'Homme plus propre à la Société. *Hobbes* même n'oſera pas le nier.

Des *Actes re- fléchis de nôtre Ame; & de la Conſcience.*

§ XII. N e puis-je pas encore mettre ici au rang des Perfections de l'Enten- dement Humain, le pouvoir qu'il a de reflêchir ſur lui-même; d'examiner les Habitudes, ou les diſpoſitions de l'Ame, qui naiſſent de ſes actes précedens; conſerver le ſouveni les Véritez qu'il a une fois conçuës, les raſſembler, & les comparer avec les Actions ſur leſquelles il delibére; juger, de quel côté l'Ame panche; & la diriger à la recherche de ce qui paroît le meilleur à faire? Nôtre Ame a un ſentiment intérieur de tous ſes actes propres: elle peut re- marquer, & elle remarque ſouvent, par quels motifs & quels principes ils ſont produits: elle exerce naturellement envers ſoi l'office de Juge, & par-là elle ſe cauſe à elle-même ou de la tranquillité & de la joie, ou des inquiétudes & de la triſteſſe. C'eſt dans cette Faculté de nôtre Ame, & dans les actes qui en proviennent, que conſiſte toute la force de la *Conſcience*, qui fait que l'Hom- me enviſage les Loix, examine ſes Actions paſſées, & dirige celles auxquelles il veut ſe déterminer à l'avenir. On ne voit aucune trace d'une Faculté ſi no- ble

re des Hommes de certains Païs; à quoi Mr. *Fabricius*, qui l'approuve, ajoûte quelques autres cauſes, mais qui ſe rapportent toutes à   certaines qualitez particuliéres des Païs, ou de ce qui s'y trouve.

ble, dans tout le reste des Animaux. C'est un principe très-puissant & pour produire la Vertu, & pour l'augmenter: & il n'a pas moins d'influence sur la fondation & sur la conservation des Sociétez, tant entre ceux qui ne sont soûmis à aucun Gouvernement Civil, qu'entre les Membres d'un même Etat. Aussi le principal but de mon Ouvrage tend-il à montrer, comment ce pouvoir de nôtre Ame se déploie, ou de lui-même, ou excité par l'impression des Objets extérieurs, à former certaines Propositions Pratiques, Universelles, qui nous donnent une idée plus distincte du Bonheur possible de tous les Hommes, & des Actions par lesquelles ils peuvent le plus sûrement y parvenir, dans toute sorte de circonstances, quelque grande qu'en soit la variété. Car voilà les Régles des Actions Humaines, & en un mot les *Loix Naturelles*.

Je n'ajoûterai rien ici sur la connoissance des *Nombres*, de la *Mesure*, de l'*Ordre*, du *Libre Arbitre*, & autres choses particuliéres à l'Homme, qui sont beaucoup au sujet. J'en ai parlé suffisamment (a) ci-dessus.

§ XIII. Passons donc à la considération du *Corps Humain*; sur quoi il se présente quelques observations importantes, que ceux qui traitent ce sujet, négligent ordinairement, ou du moins omettent.

La *Vie*, la *Santé* du *Corps*, & l'*état le plus parfait* dont il est susceptible, posé que l'on ait soin en même tems de toutes les autres choses, autant que chacune le mérite; sont sans contredit partie du Bonheur, que la Droite Raison se propose. Le Corps a d'ailleurs diverses Facultez & plusieurs Usages, qui sont autant de moiens très-utiles à chaque Homme tout entier, tant pour perfectionner son Ame, que pour la recherche du Bien Commun. Ainsi une contemplation attentive du Corps Humain, ne peut que nous fournir dequoi mieux juger de la nature de cette grande Fin, & de l'usage des Moiens qui y conduisent: Véritez, en quoi consiste toute la *Loi Naturelle*, dont nous cherchons l'origine, & les principales parties.

Et d'abord, il faut, à mon avis, poser ici pour maxime générale, Que tout ce qu'il y a dans la construction de nôtre Corps, artistement formé par la Sagesse & la Puissance Divine, d'où l'on vient à connoître que le Bonheur possible des Hommes dépend de plusieurs Causes, & sur-tout des Agens Raisonnables, de telle sorte qu'on ne peut esperer d'être heureux qu'en pensant à la Félicité Publique en même tems qu'à la sienne propre; tout ce qui montre aussi, que chacun, à la faveur des Facultez de son Corps, peut faire quelque chose qui contribuë à l'aquisition de cette Fin, & se procurer les secours dont il a besoin de la part des autres Hommes, par où il travaille à se rendre heureux lui-même autant qu'il lui est possible: que tout cela, dis-je, prouve certainement, qu'on découvre dans la nature même du Corps Humain des indices suffisans de l'*Obligation* où est l'Homme de mettre en usage ces moiens; comme il paroîtra par ce que nous dirons dans la suite sur l'essence de la *Loi* & de l'*Obligation Naturelle*.

D'ailleurs, plus on a une idée claire & complette de la maniére & de l'ordre, selon lequel nous devons nécessairement, pour nous rendre heureux, concourir avec les autres à la Félicité Commune, plus on est convaincu que chacun a beaucoup de forces ou de panchant pour les Actions qui y contribuent; & plus on voit qu'il est aisé de s'aquitter de ce devoir envers le Public,

&

(a) § 4. Considération du *Corps Humain* 1. En ce qu'il a de commun avec tous les autres *Corps*.

& que l'on fe rendra extrêmement coupable, en péchant contre la Loi. D'où l'on tire certainement de plus évidens & de plus forts motifs à la pratique de ces fortes d'Actions.

Je vais donc propofer quelques indices d'*Obligation*, que la nature du Corps Humain nous préfente. D'autres pourront, par leurs obfervations & leur fagacité, y en ajoûter un plus grand nombre, ou mieux développer ceux fur quoi j'ai médité.

Il y a à confiderer dans le *Corps Humain* 1. Ce qui lui convient, entant que *Corps.* 2. Ce qu'il renferme, comme un *Corps animé*, & compofé d'*Organes de Sentiment*, à la maniére des autres Animaux. 3. Enfin, ce qu'il a de *tout-à-fait particulier.*

Ce que le *Corps Humain* a de commun avec tous les Corps de l'Univers, c'eft 1. Que tous fes mouvemens, & par conféquent auffi ceux d'où dépend la Vie, la Santé, & la Force, dont la confervation fait une bonne partie de la Fin où chaque Perfonne vife; que tous fes mouvemens, dis-je, viennent du Prémier Moteur, & qu'ils font nécеffairement mélez avec les mouvemens d'une infinité d'autres Corps du même Syftême, de forte qu'ils dépendent en quelque maniére de ces mouvemens étrangers, entre lefquels il faut fur-tout confiderer ici ceux des autres Hommes: car, comme ils font capables de régler les nôtres, & qu'ils font eux-mêmes dirigez par la (1) Raifon, il y a lieu d'efperer, qu'ils pourront être accordez avec la nôtre.

2. Le mouvement du Corps Humain ne périt point, non plus que celui des autres Corps, mais il fe communique au long & au large, & il concourt avec tous les autres Mouvemens, à perpétuer la Succeffion des Chofes, ou à la confervation du Tout. La prémiére conformité nous montre, que la Fin particuliére de chacun dépend des Forces communes: cette feconde nous fait voir, que les Forces de chacun ont une grande & très-étenduë influence fur le Bien Public. La première nous enfeigne que nous ne devons pas nous flatter de pouvoir feparer nôtre avantage particulier de celui de tous les autres Etres Intelligens, & par-là nous porte à chercher la Félicité Commune, comme la fource féconde de nôtre propre Bonheur: l'autre nous fait efperer, que nôtre attachement à procurer le Bien Commun ne fera pas fans fuccès, puis qu'il s'accorde avec les efforts de toutes les parties de l'Univers.

Dans ces deux Mouvemens liez enfemble, favoir & dans celui par lequel prefque toutes les chofes concourent en quelque maniére à conferver pendant quelque tems chaque Corps en particulier, & dans celui par lequel chaque Corps concourt avec les autres à la confervation de tout le Syftême; dans l'un & dans l'autre, dis-je, on remarque un certain ordre, felon lequel chaque Mouvement eft conftamment déterminé par d'autres Mouvemens dans une fuite continuelle, & tous en général font dirigez par le mouvement circulaire de tout le Syftême. Il n'eft pas même néceffaire que nous empruntions ici le

fe-

---

§ XIII. (1) „ Parce que la Droite Raifon „ eft la même dans tous les Etres Raifonna- „ bles, comme aiant une feule & même ré- „ gle invariable, favoir la Nature des Cho-

„ fes. Voiez ci-deffus, § 5. MAXWELL. (2) „ C'eft-à-dire, les Caufes qui concou- „ rent avec d'autres à produire plufieurs Ef- „ fets de différentes fortes, comme la *Gravi- ta-*

fecours d'aucune Hypothéfe particuliére fur le Syftême du Monde, pour prouver cet ordre conftant & invariable entre les Mouvemens liez les uns avec les
autres, non plus que pour établir les forces & les effets que nous leur attri-
buons: tout cela fe démontre par des Principes Géométriques, qui demeurent
inébranlables, quelque Hypothéfe qu'on fuive. Et quoi que de telles Spéculations femblent avoir peu de rapport avec la pratique, elles ne font pas inutiles dans ce qui concerne les affaires humaines: car elles nous font connoître
diftinctement, & par les principes les plus généraux, combien un certain Ordre eft néceffaire entre les Caufes qui agiffent par une Force Corporelle, pour
que plufieurs de ces Caufes concourent à produire quelque Effet que l'on prévoit & que l'on fe propofe. De plus, elles nous montrent la maniére dont on
peut juger certainement, quelle Caufe a plus ou moins contribué à l'Effet de-
firé. Et par-là, felon le pouvoir propre & naturel de chaque Caufe, on détermine l'ordre de dignité qu'elle a, eû égard à chaque Effet: de forte que la nature
même des Chofes nous enfeigne, & quelles Caufes font plus eftimables pour les
Effets qu'elles ont déja produits, & de quelles nous devons fur-tout rechercher
le fecours pour ce que nous fouhaittons encore. De cette maniére on apprend,
que les *Caufes* (2) appellées par les Philofophes *Univerfelles*, je veux dire le
mouvement de la Matiére Célefte &c. & leur Caufe Prémiére, favoir, DIEU,
font les principales fources du Bien Commun, dont nous jouïffons tous, ou
que nous efpérons tous de la nature des Chofes. Et par-là encore il paroît
clairement, (pour ne rien dire ici de ce fur quoi toutes les Forces Humaines
ne peuvent rien) qu'entre toutes les Chofes que les Hommes ont la force de
mouvoir le moins du monde, les Mouvemens qui partent d'un principe de
Bienveillance univerfelle de chaque Etre Raifonnable envers tout autre, font
les principales fources de leur Félicité Publique, d'où réfulte le Bonheur particulier de chacun. Car de là naiffent toutes les Actions par lefquelles on *s'abf-
tient de faire du mal à autrui*, ou l'on fe montre *fidéle*, ou l'on exerce l'*Humanité*, la *Reconnoiffance*, & toutes les Vertus qui fervent à laiffer chacun en poffeffion de *ce qui lui appartient*, & à entretenir quelque *Commerce* entre tous.
Ces Actions, dis-je, naiffent de là, tout de même que les Mouvemens particuliers des Corps font déterminez par le mouvement univerfel du Syftême du
Monde: ou comme, dans le *Corps des Animaux*, les fonctions des *Efprits*, des
Vifcéres, des *Vaiffeaux*, & des *Membres* viennent toutes des divers mouvemens
du Sang. Si une fois nous avons bien mis dans nôtre efprit ce principe, par
une méditation attentive fur la nature des Chofes, nous ferons infailliblement
difpofez à obferver, par l'amour du Bien Public, toutes les Loix Naturelles, & à
faire tout nôtre poffible pour y porter auffi les autres: de forte qu'il ne nous
manquera rien de ce qui dépend de nous, pour nous rendre heureux les uns & les
autres; qui eft la plus excellente Fin que la Raifon puiffe confeiller à quelcun
de fe propofer.

§ XIV.

,, tation univerfelle, la *Chaleur* du *Soleil* &c.   ,, la eft rejetté aujourd'hui, comme une Sub-
,, Pour ce qui eft du *Fluide Ethérien*, ou de   ,, ftance imaginaire, depuis que la Philofophie
,, la *Matiére fubtile* de DESCARTES, que   ,, de NEWTON s'eft introduite." MAX-
,, nôtre Auteur donne ici pour exemple, ce-   WELL.

R

Ce qui, entre les Hommes, supplée au défaut de la contiguité de leurs Corps , par rapport à la communication des Mouvemens.

§ XIV. Au reste, en faifant cette comparaifon de l'affemblage de tous les Hommes, entant qu'agiffans par une Force Corporelle, avec l'affemblage de tous les Corps Naturels, je n'ai pas ignoré une différence manifefte qu'il y a entr'eux, c'eft que les effets des Syftêmes purement Corporels font produits par une fuite de la contiguité des Corps mouvans, & de ceux qu'ils meuvent, & cela le plus fouvent fans aucun fentiment que ces Corps en aient, toûjours fans délibération & fans liberté: au lieu qu'entre les Hommes, il y a fouvent une grande diftance de leurs Corps, qui n'empêche pourtant pas qu'ils n'agiffent les uns fur les autres; & ils font auffi en cela un grand ufage de la Raifon & du Libre Arbitre.   Cependant il ne laiffe pas d'être également clair, & que la Force Corporelle de chaque Homme en particulier eft foûmife, dans le tems qu'elle s'exerce, aux mêmes Loix du Mouvement, que celle des autres Corps; & que, toutes les fois que plufieurs Hommes agiffent de concert pour produire quelque effet par rapport aux autres (ce qu'ils font tous les jours, plus que perfonne ne fauroit le prévoir) il y a une Subordination auffi efficace & auffi néceffaire entre les Mouvemens qui proviennent d'eux, qu'entre ceux de toute autre forte de Corps.   Or c'eft uniquement fur ce pié-là que nous les avons comparez enfemble; & ainfi la comparaifon eft jufte.

A cette occafion, je ne ferai pas difficulté de dire, que les Hommes aiant fouvent la commodité de fe raffembler en un même lieu, de maniére qu'ils peuvent ainfi fe faire réciproquement du bien ou du mal; & trouvant même moien, en diverfes maniéres, de fe nuire ou de fe rendre fervice les uns aux autres par des paroles ou par des actions, quoi qu'ils foient à une longue diftance, fur-tout quand on envifage ce qui refte du cours entier de la Vie Humaine, comme chacun le fait naturellement & perpétuellement, parce que chacun fouhaitte d'être heureux dans tout le tems à venir: le Genre Humain doit par-là être confideré comme un feul affemblage de Corps, en forte qu'aucun Homme ne peut rien faire de quelque conféquence, par rapport à la Vie, aux Biens, à la Poftérité de tout autre, qui n'influë en quelque maniére fur ce qui eft auffi cher à d'autres; de même que, dans le Syftême du Monde, le Mouvement d'un feul Corps fait quelque impreffion fur un grand nombre d'autres Corps, principalement s'ils font voifins.   Car l'effet de la contiguité néceffaire pour la communication des Mouvemens entre les Corps Inanimez, eft fuppléé, entre les Hommes, par le grand avantage d'une Connoiffance très-étenduë, qu'ils peuvent naturellement avoir. Ils font portez à fe mouvoir par les moindres *Signes*, naturels ou arbitraires, qui leur font comprendre en très-peu de tems ce que d'autres Hommes ont fait, ou doivent faire, dans des Lieux fort éloignez.   De plus, quand on a fait quelque chofe qui les intéreffe, eux ou les Perfonnes qui leur font chéres, ils en confervent le fouvenir, & font par-là pouffez à rendre la pareille, auffi-tôt que l'occafion s'en préfente. Ils ont auffi une prévoiance naturelle, qui leur fait conjecturer, de la maniére dont ils favent que quelcun en a agi envers les autres, qu'ils doivent s'attendre à la même chofe de fa part, pour eux-mêmes & pour ceux qu'ils aiment: ce qui les engage à prendre bien des mefures pour prévenir les maux dont ils font menacez, & pour rendre plus certaine l'efpérance des biens qu'ils voient de loin. Ce fouvenir du paffé, & cette prévoiance de l'avenir, font caufe que

des

des gens même éloignez les uns des autres, s'émeuvent par la connoiſſance de ce qu'on fait à autrui, plus que les Corps Inanimez ne ſont mis en mouvement par l'impulſion des Corps voiſins, qui ne ſauroient agir ſur eux, s'ils ne ſont préſens.   Car en rappellant le paſſé, & en portant ſes vûës ſur l'avenir, on tire de là auſſi-tôt un raiſonnement ſolide, par lequel on conclut de la reſſemblance de nature & de condition qu'il y a entre les autres Hommes & nous, par rapport à ce qui eſt néceſſaire, qu'on doit attendre d'eux de pareilles choſes.   Ainſi on ne peut que recevoir quelque impreſſion des actions de tout Homme envers quelque autre, qui produiſent naturellement cet effet, de ſorte que, ſi une même perſonne les fait ſouvent, ou ſi d'autres s'y portent à ſon exemple, il naît de là un changement conſidérable d'état ou en bien, ou en mal, dans les autres Hommes en général.

J'avouë, que tous les Hommes n'en ſont pas également frappez, & que les uns en reçoivent plus d'impreſſion, les autres moins, ſelon qu'ils ont plus ou moins de pénétration d'Eſprit, pour comprendre les Cauſes du Bien Commun, & celles qui y apportent quelque obſtacle.   Cependant la communication de l'influence des Actions qui ſe rapportent à l'état commun des Hommes, n'eſt pas pour cela moins naturelle entr'eux, que ne l'eſt, entre les Corps d'un même Syſtême inanimé, la communication des Mouvemens naturels, que l'on ſait être plus forte dans une Matiére ſubtile & legère, que dans une Matiére groſſiére & peſante.   Il ſuffit que la faculté qu'a l'Entendement de comprendre la reſſemblance de tous les Hommes dans leur nature & leur condition, par rapport aux choſes néceſſaires, & d'inferer de ce que l'on voit faire envers les autres, ce que l'on doit faire ſoi-même, ou eſperer, ou craindre; que cette faculté, dis-je, ſoit tout-à-fait naturelle, perpétuelle, & auſſi efficace pour agir ſur les Hommes, que l'eſt la contiguité des Corps mouvans & mûs pour la communication des Mouvemens, entre les différentes parties d'un Syſtême purement corporel.   Je ne veux, au reſte, conclure de là, que ce qui s'en déduit de ſoi-même, & qui eſt d'ailleurs évident, c'eſt que chacun en peut apprendre, que toute l'eſpérance qu'il a raiſonnablement d'être à couvert des maux qu'il craint, & d'obtenir les ſecours dont il a beſoin de la part d'autrui pour avancer ſon propre bonheur, dépend néceſſairement de l'aſſiſtance volontaire de pluſieurs perſonnes, qui, à leur tour, n'ont pas moins beſoin de celle de pluſieurs autres, pour être heureuſes; & par conſéquent que les Offices réciproques de tous les Hommes ſont utiles à tous: de même que les Corps inanimez d'un même Syſtême ne ſauroient bien ſe mouvoir, ſi les autres ne concourent avec eux, ou ne leur font place.

La néceſſité des Offices mutuels étant poſée, il s'enſuit, que quiconque veut ſe rendre heureux, autant qu'il lui eſt poſſible, ne doit rien négliger pour gagner la bienveillance & pour ſe procurer les ſecours de tous les autres.   Chacun peut connoître très-aiſément, qu'il eſt capable d'aſſiſter les autres, & de leur rendre ſervice, en une infinité de manières, & de concourir avec tout le Syſtême des Etres Raiſonnables à une même Fin, ou à un même mouvement vers le Bien Commun; mais qu'au contraire les Facultez & les Forces d'un ſeul ne ſuffiſent nullement, pour contraindre tant de Cauſes, dont chacune eſt à peu près auſſi forte que lui, à lui prêter leur ſecours, pendant qu'il néglige

ou

ou qu'il ceſſe de faire les efforts, dont il eſt naturellement capable, pour procurer ce qui leur eſt néceſſaire, auſſi bien qu'à lui.   Cela eſt auſſi impoſſible,
qu'il l'eſt que le poids d'une livre, dans une Balance juſte, faſſe monter un
poids de quelques mille livres.   En effet, tout conflict qu'il y a entre les Hommes, qui ſe fait par une force purement corporelle, (1) a toûjours ſon effet
ſelon les Loix du Mouvement, qui peuvent toutes ſe demontrer par une Balance, dont le fleau eſt ſuſpendu à un ou deux Centres; comme l'ont fait voir

(a) Philoſopbie. deux Auteurs célébres, Mr. (a) W R E N, & Mr. (b) H U Y G E N S.   Si un
Tranſact. num. Homme eſt plus adroit, ou plus ruſé, qu'un autre, cela n'a pourtant pas aſ-
43. pag. 867, ſez de force, pour faire que la Balance, qui panche d'un côté vers le Bien
868. Commun, par le poids des véritables néceſſitez, des facultez, & des deſſeins
(b) Ibid. num. formez d'un grand nombre de gens, vienne à pancher de l'autre côté, ou vers
46. pag. 927, l'avantage particulier d'une ſeule perſonne.   C'eſt pourquoi on ne peut que ſe
928. convaincre évidemment, par la conſidération de la nature des Forces Humaines priſes en général, que l'on a lieu de ſe promettre plus ſûrement leur ſecours, en s'attachant à procurer le Bien Commun, qu'en uſant de *violence*, ou
d'*artifice*, ou de *rapacité féroce;* moiens, auxquels H O B B E S veut que les Hon-
nêtes-Gens mêmes aient recours dans l'Etat de Nature, & où il ne trouve rien
de vicieux, à cauſe du droit naturel que chacun a de ſe conſerver; comme il
s'en explique nettement dans (2) l'*Epître Dédicatoire* de ſon Traité *Du Ci-*
toien.

Illuſtration de   § XV.   M O N opinion peut encore être éclaircie par les principes géné-
ce ſujet, par raux de la *Phyſique Méchanique,* qui ſont les ſeuls dont il ſemble qu'H O B B E S
les principes tombe d'accord avec nous.   Le principal fondement, ſur lequel cette Science
de la Phyſique nous preſcrit de bâtir comme abſolument néceſſaire dans quelle hypothéſe que ce
Méchanique. ſoit, c'eſt que le Mouvement du Monde Corporel, répandu dans chacune de
ſes parties, ſe conſerve par une communication réciproque, par une ſucceſ-
ſion, une augmentation, ou une diminution, des Mouvemens particuliers,
proportionnée aux forces & à l'impulſion de chaque Corps, ſelon un balance-
ment ou un calcul exact; en ſorte néanmoins que le Mouvement général de
tout le Syſtême, qui eſt compoſé des Mouvemens de chaque Corps ajoûtez
enſemble, demeure toûjours conſtamment le même autour d'un Centre commun, & détermine ou régle le choc de toutes ſes Parties.   Tous les Corps
continuent à ſe mouvoir avec la même force & la même néceſſité, chacun à
proportion de ſa grandeur, de ſa figure, & de ſa ſolidité: mais cette force,
dans chaque Corps, eſt toûjours ſubordonnée au Mouvement de tout le Syſtême; de ſorte qu'elle ſe conſerve, & le Tout en même tems, par ce Mouvement général, qui la détermine.   Ainſi, d'un côté, les Mouvemens particuliers de chaque Corps s'accordent avec le Mouvement général du Tout, &
con-

§ XIV. (1) „ L'Auteur établit ici, Que,   „ ainſi.   Tous ces conflicts ſe font ſelon les
„ dans tous les conflicts qu'il y a entre les   „ Loix du Mouvement, leſquelles s'obſervent
„ Hommes, qui ſe font par une force pure-   „ dans le choc de deux Corps qui ſe rencon-
„ ment corporelle, la plus grande Force doit   „ trent; Loix, que W R E N & H U Y G E N S
„ l'emporter auſſi infailliblement, que, dans   „ ont démontré pouvoir être véritablement
„ une Balance, le baſſin, où eſt le plus grand   „ repréſentées par une Balance, dont le fleau
„ poids, l'emporte ſur l'autre.   Il le prouve   „ eſt quelquefois ſuſpendu à un Centre, fa-
                                                „ voir

contribuent à sa conservation; de l'autre, le Mouvement général du Syftême conferve & dirige les forces de chaque Corps, autant que le permet la nature de toutes ces fortes de Chofes, qui confifte dans un mouvement ou un changement perpétuel. En un mot, tout cela eft réglé de telle manière, qu'il ne fe perd pas la moindre quantité ni de Matiére, ni de Mouvement; comme on le démontre par les Principes de la *Méchanique*, & comme il paroît d'ailleurs, non feulement par l'expérience de chacun, mais encore par des Hiftoires très-fidéles des Siécles paffez, qui nous apprennent, que les mêmes efpéces d'Animaux fe perpétuent conftamment, & croiffent plûtôt qu'elles ne diminuent, malgré les paffions féroces de quelque peu d'Animaux, qui s'efforcent de les détruire. C'eft de cette conferʃation de la Matiére, du Mouvement, & des différentes Efpéces de chofes, par une fucceffion continuelle d'Individus, que dépend la conferʃation du Monde Corporel, ou le bien naturel auquel il tend, en conféquence des Loix invariables du Mouvement. Et l'on n'alléguera jamais de raifon fuffifante, pourquoi la conferʃation du Genre Humain ne devroit pas être regardée comme fondée fur une force des Caufes qui la produifent, auffi naturelle & auffi fixe, que la fucceffion de toute autre forte d'Animaux, qui s'entretient uniquement par un effet de la nature invariable du Monde Corporel, & des Loix néceffaires du Mouvement; puis que les Corps des Hommes, & ceux du refte des Animaux, conviennent parfaitement pour ce qui eft effentiel à tout Animal. L'union d'une Ame avec le Corps Humain rend bien très-fouvent la condition de l'Homme meilleure, que celle des Bêtes: mais certainement elle ne la rend jamais pire. Pour s'en convaincre aifément, il ne faut que confiderer les grands fervices que le Corps Humain reçoit de la conduite de la Raifon, & qui le dédommagent abondamment de quelque préjudice que lui caufent les erreurs où l'Ame tombe. Bien plus: il eft très-certain, que, fi l'Ame fe trompe à l'égard des Alimens, du Plaifir, ou autres chofes qui intéreffent la conferʃation du Corps, cela vient de ce que, méprifant les confeils de la Raifon, elle fuit les Paffions corporelles, ou les inclinations animales.

Tout ce que nous venons de dire, touchant les Caufes néceffaires de la conferʃation du Monde Corporel, de celle des différentes efpéces d'Animaux, & du Genre Humain en particulier; laiffant à part les autres fortes de Chofes dont nous pourrions auffi parler; tout cela, dis-je, fournit à l'Efprit Humain des idées & des réflexions qui fervent beaucoup à nôtre fujet.

Nous apprenons de là d'abord, que la *conferʃation du Genre Humain*, ou le *Bien Commun des Hommes*, eft une chofe non feulement *poffible*, mais encore qui a tant de *Caufes* fi fixes & fi déterminées, que nous avons tout lieu de croire qu'elle *durera* certainement, bon-gré mal-gré qu'en ait quelque *Mifanthrope*.

De

„ voir, le Centre de gravité d'autrefois à „ deux Centres, dont chacun eft à une éga- „ le diftance du Centre de gravité." MAX-WELL.

Le Traducteur Anglois cople ici enfuite, ce qu'ont dit là-deffus les deux Ecrivains, que l'on cite. Je me contente, comme nôtre

Auteur, d'y renvoler, & d'indiquer en marge l'endroit où l'on pourra les confulter, fi l'on veut.

(2) *Hic* [In ftatu naturali] *propter malorum pravitatem, recurrendum etiam finis eft, fi fe tueri volunt, ad virtutes Bellicas, vim & dolum. id eft, ad ferinam rapacitatem.* Epift. Dedic. *pag.* 11

· De plus, nous voions par-là, que l'*effet* de ces Caufes eft *très-noble* de fa nature, & en même tems a une liaifon très-étroite avec la *confervatoin* & le *bon-
beur* poffible de chaque Individu.

· La matiére & le mouvement de chaque Corps, par conféquent auffi du Corps
de chaque Homme, contribuent en quelque maniére, par une néceffité naturelle,
foit qu'ils le veuillent ou non, à la confervation du Monde Corporel, qui renferme les Corps Humains, entant que chaque Corps eft déterminé, dans fes
propres mouvemens, par le Mouvement général de tout le Syftême, qui s'entretient lui-même par-là. Or n'eft-il pas vrai, que la nature des Chofes, & par
conféquent D I E U, qui en eft l'Auteur, nous follicitent puiffamment & nous
ordonnent de travailler à procurer le Bien commun du Genre Humain, en nous
montrant que ce Bien eft poffible, qu'il eft le plus grand, qu'il a pius de liaifon
avec le Bonheur particulier de chacun, que tout autre effet qui nous paroiffe poffible; & en faifant d'ailleurs, que, lors même que, fuivant nos Paffions brutales, nous
nous oppofons au Bien Commun, autant qu'en nous eft, nous ne laiffions pas
en quelque maniére de travailler néceffairement à l'avancer? N'eft-il pas évident, que, quand on fuit les prémiers efforts de la Nature Corporelle, & qu'on
les pouffe plus loin, en y joignant le fecours des forces de l'Ame, on agit d'u-
ne maniére très-convenable à la *Raifon Pratique*, ou aux idées naturelles que l'on
a des Caufes du Bien Public & Particulier?

· Cela paroît d'autant plus clair, & affez fenfible à tout le monde, que toute
l'affiftance néceffaire de la part de l'Ame, pour rendre parfait le Bien commun
du Genre Humain, peut fe déduire de ce que nous avons dit fur la maniére
dont le Monde Corporel fe conferve. Car elle confifte en deux chofes: l'une,
que les efforts de chacun pour fe conferver lui-même foient fubordonnez aux efforts, ou aux actions qu'il fait, qui font manifeftement néceffaires pour la confervation du Tout: l'autre, que les forces, dont chacun fe fert ainfi pour fe défendre contre la violence d'autrui, foient balancées de telle maniére, que perfonne ne puiffe être détruit par aucun autre, au péril ou au dommage du Tout.
On remarque quelque chofe de femblable dans les mouvemens du Monde Corporel, dont la formation eft une fuite (1) de ce qu'il n'y a point de Vuide, &
que les Corps fe touchent immédiatement les uns les autres, de forte que le
Syftême étend par-tout fon influence. C'eft l'ouvrage de l'Efprit & de la Raifon, d'obferver cela, que le Bonheur particulier de chacun dépend, d'u-
ne maniére plus noble, des actions des autres Agens Raifonnables, lors même
qu'ils font fort éloignez les uns des autres; & ainfi d'avoir foin que toutes les
Actions Humaines concourent au Bien Commun de tous les Etres Raifonnables, comme les mouvemens de tous les Corps concourent à la confervation
du Monde Corporel. Et c'eft ce qui arrivera, fi dans toutes les Actions volontaires qui ont quelque rapport à autrui, on fuit les deux régles que j'ai données.

· La nature des Chofes nous enfeigne donc ainfi, de quelle maniére il faut s'y
pren-

---

§ XV. (1) „Cette hypothéfe du *Plein*, qui „dans le tems que nôtre Auteur écrivoit cet
„exclut tout *Vuide* dans l'Univers, eft le „Ouvrage, où il l'adopte. Mais Mr. N E W-
„principe fondamental de la Philofophie de „T O N l'a depuis rejettée. Au fond qu'elle
„D E S C A R T E S, qui étoit fort en vogue „foit vraie ou fauffe, cela ne fait abfolu-
„ment

prendre pour avancer la Félicité commune, & en même tems la nôtre en particulier, comme y étant renfermée; ce qui se réduit à dire, (car c'eſt tout un) qu'elle nous enseigne, quelles ſont les *Actions* que la *Loi Naturelle* ordonne. Et certainement ce à quoi tous les Hommes ſages ſont naturellement attention, de quelque choſe qu'il s'agiſſe de délibérer; qui n'eſt point réglée par les Loix Civiles, ou à l'égard de laquelle elles laiſſent à chacun la liberté de ſe conduire comme il lui plaît; ce qu'ils tâchent de perſuader aux autres; ce ſur quoi ſeulement ils peuvent s'accorder; c'eſt ce qui tend au Bien commun des Parties conſultantes, & à balancer le pouvoir de chacune, en ſorte que toutes aient intérêt à ce qu'aucune ne puiſſe opprimer les autres. C'eſt ainſi qu'entre les Peuples voiſins, qui ne dépendent pas d'un même Gouvernement, on ſe propoſe, dans toutes les Ambaſſades, dans tous les Traitez, & dans toutes les Alliances, de balancer, par des ſecours mutuels, les forces de chaque Etat, en ſorte que l'un ne puiſſe pas aiſément engloutir l'autre, mais plûtôt que tous aient des moiens ſuffiſans pour ſe conſerver & pour s'enrichir en quelque manière; ce qui eſt le prémier but de l'établiſſement des Sociétez Civiles.

§ XVI. De même, pour ce qui regarde le dedans de chaque Etat, c'eſt par une ſuite de ſa conſtitution originaire, que les forces de tous les Ordres & de tous les Membres ſont balancées entr'elles avec beaucoup d'exactitude; tous étant ſoûmis à la Puiſſance Souveraine, en ſorte que par-là ils s'aident réciproquement, ſans pouvoir guéres ſe faire du mal les uns aux autres. Si l'Etat ſe maintient à l'abri, tant des invaſions du dehors, que des Séditions & autres maux inteſtins, ce n'eſt que par une continuation de cette balance de forces, & qui dépend de cauſes toutes ſemblables. Lors auſſi qu'il s'agit de faire de nouvelles Loix, ou de corriger les anciennes, ou de les expliquer ſelon les régles de l'Equité, tous les Sages ont toûjours eû recours aux principes dont je viens de parler. En un mot, toutes les fois que les Loix Civiles ſe taiſent, ou qu'elles ne peuvent pas venir au tems qu'il faut à nôtre ſecours, ou qu'elles laiſſent la liberté d'agir aux Perſonnes, tant Publiques, que Particuliéres, (cas, qui, de l'aveu (a) d'Hobbes, ſont preſque infinis); il n'y a point d'autre ſource, d'où l'on puiſſe tirer les Régles naturelles des Actions Humaines, que la vuë du Bien Commun, conſidéré comme une Fin, & l'utilité de maintenir pour cet effet l'équilibre de Forces, tel qu'il eſt ou établi par la Nature, ou fortifié par la conſtitution du Gouvernement Civil.

Il n'eſt pas même beſoin ici d'entendre les *Mathématiques*, & la *Phyſique Méchanique* du Syſtême de l'Univers, pour connoître cette vertu de l'Ordre & de la recherche d'une Fin commune, ni pour comprendre la néceſſité d'un Pouvoir borné & balancé dans toutes les parties de chaque Syſtême particulier, pour la conſervation du Tout. C'eſt ce que chacun peut remarquer, & remarque ordinairement, ſur-tout dans l'aſſemblage des Choſes Naturelles, ou Artificielles, qui ſe préſentent le plus fréquemment à ſes yeux: de même que l'on apprend bien des Véritez touchant les *Nombres* & la *Grandeur*, ſans autre *Arithmé-*

Application de ces principes à la conſtitution du Gouvernement Civil.

(a) *De Cive,* Cap. XIII. § 15.

„ ment rien contre les raiſonnemens de nô-
„ tre Auteur, qui ſont également ſolides,
„ dans l'une & dans l'autre ſuppoſition. Car,
„ quand il fait uſage de celle du *Plein*, ce

„ n'eſt jamais que pour illuſtrer ſa matière,
„ & non pour prouver quoi que ce ſoit.
„ L'hypothéſe contraire lui auroit ſervi tout
„ de même. " Maxwell.

métique, ou *Géométrie*, que celle de l'Expérience, & fans aucun Livre. Cependant, comme je me fuis engagé dans une recherche profonde des Caufes naturelles du Bien Commun, pour donner une connoiffance exacte de toute la matiére; j'ai jugé à propos d'indiquer quelquefois les principes de ces Sciences abftraites, qui nous repréfentent de telles idées d'une maniére très-diftincte, & fi générale, qu'on peut aifément les appliquer aux affaires humaines, & répandre ainfi beaucoup de jour fur ce qu'on en dit. C'eft ainfi qu'on a recours aux Régles de l'*Arithmétique* & de la *Géométrie*, lors que, cherchant le nombre ou la mefure de certaines chofes par la feule pénétration naturelle de nôtre Efprit, on a été arrêté par des difficultez épineufes, ou lors que l'on veut avoir une connoiffance plus parfaite de ces chofes. Que fi j'ai choifi pour exemple propre à éclaircir mon fujet, le Syftême du Monde Corporel, c'eft, d'un côté, parce que tous les Hommes ont toûjours dans l'Efprit une idée générale, quoi que confufe, de ce Syftême, laquelle les fait penfer tellement quellement à la grande Fin, ou au Bien Commun, & au total des Moiens néceffaires pour y parvenir, je veux dire, des fecours mutuels que les Parties fe prêtent; de l'autre, parce que, des Mouvemens généraux de la machine du Monde, dont il n'y a que les Savans qui aient une idée diftincte, fe déduifent, comme des Caufes les plus univerfelles, les forces, l'ordre, & les bornes de tous les moindres Mouvemens; de forte que, dans cette recherche de Caufes, il n'a pas été poffible de s'arrêter, jufqu'à ce que nous fuffions parvenus à celles qui font les prémiéres entre les Créatures, & qui d'abord nous ménent tout droit à DIEU. Mais il fuffit d'avoir touché cela en gros: il eft aifé d'en conclure, que des Forces, qui, confidérées & chacune à part, & jointes avec d'autres, font fort inégales; peuvent néanmoins, dans un même affemblage de Chofes, être affez balancées entr'elles, pour la confervation du Tout. A l'égard des Hypothéfes particuliéres fur le Syftême du Monde, j'ai jugé plus à propos de ne me fervir d'aucune, & parce que la reffemblance qu'il y a entre la maniére & les caufes de la confervation du Monde Corporel, & celles de la confervation du Genre Humain, ne s'étend pas à toutes les circonftances, ce qui n'eft pas non plus néceffaire pour nous mener à la connoiffance de quelque chofe qui foit utile au Public; & parce que ce que j'ai établi eft d'une fi grande évidence, qu'on doit le reconnoître pour vrai dans quelque Hypothéfe que ce foit. Après tout, il n'eft pas néceffaire d'en dire davantage pour ceux qui s'attachent à l'étude de la *Phyfique Mathématique*: & pour les autres, qui n'y font pas verfez, cela leur feroit fort inutile, & defagréable.

Confidération du *Corps Humain* 2. En tant qu'il eft *animé.* Prémier *indice de Bienveillance*, tiré de ce que demande fa confervation & fon bon état.

§ XVII. J'AI donc montré, par la nature générale de la *Matiére* & du *Mouvement*, que le pouvoir & la néceffité de fervir aux mouvemens d'une infinité d'autres Corps, fe trouvent dans chacun, pendant qu'il continuë à fe mouvoir. La même chofe a lieu dans les Corps Humains, de forte que chaque Perfonne femble être follicitée & portée à vouloir rendre fervice au Genre Humain. Mais fi nous ajoûtons à cela, ce qu'il y a de particulier dans la nature des *Animaux*, qui les diftingue des autres fortes de Corps; nous y trouverons de plus forts motifs, qui nous feront voir une raifon fuffifante, pourquoi nous devons être enclins principalement à affifter les Animaux de nôtre efpéce, fans nous mettre que peu en peine de ce qui regarde les autres fortes de Corps.

La différence qu'il y a entre les *Animaux*, & les *Corps Inanimez*, consiste en ce que les prémiers ont un certain arrangement de parties, & une certaine conformation d'organes, qui suffisent pour leur nourriture, pour la propagation de l'Espéce, pour les Sensations, pour l'Imagination, pour les Passions, & pour les Mouvemens Volontaires. Or tout le monde convient, que, par les Actions qui proviennent de là, les Animaux de toute Espéce travaillent naturellement à leur conservation, & à leur perfection, ou leur bonheur, pour tout le tems déterminé par les Causes (1) universelles du Monde. Et certainement il ne seroit pas difficile d'expliquer en quelque façon la vertu & les causes de cet effort, par ce que l'*Anatomie* & la *Médécine* nous apprennent de la *Circulation* du *Sang*, & d'autres *Sucs* utiles; de la disposition des *Nerfs*, répandus par tout le Corps de l'Animal; en joignant à cela l'usage que les *Physiciens* en font, pour découvrir les causes de la *Faim*, & du mouvement des *Muscles*. Mais il est inutile de s'arrêter à prouver des Véritez si généralement reconnuës: il vaut mieux les supposer, & en tirer des conféquences, qui fassent à nôtre sujet.

Ces conféquences fe réduifent à deux. La *prémiére* eft, que la même constitution intrinféque des Animaux, par laquelle ils font déterminez à faire des efforts pour fe conferver, nous montre clairement, qu'il eft nécessaire pour la conservation & l'état le plus heureux de chacun en particulier, d'agir envers les autres de même espéce, d'une maniére à ne leur caufer aucun mal, & à leur faire du bien. L'*autre* eft, que, par un effet du concours des mêmes Caufes internes, les Animaux ne peuvent que fentir, & retenir dans leur mémoire, les indices de cette liaifon nécessaire. La prémiére conféquence renferme en abrégé le *principe fondamental*, & la *Sanction* des *Loix Naturelles*. L'autre nous montre leur *publication*, ou la maniére dont on vient à les connoître. Il faut développer chacune de ces Véritez l'une après l'autre.

Je remarque d'abord, que l'étenduë du Corps de chaque Animal eft renfermée dans des bornes fort étroites, & le tems de fa durée fort court. D'où il paroît fuffifamment, que chacun n'a befoin que de peu de chofes pour être dans un bon état, ou que, s'il faut pour cela quelque concours de plufieurs chofes, elles n'agissent que d'une maniére qui les rend en même tems utiles à plufieurs autres Animaux. Par-là ils font naturellement portez à ne defirer que peu de chofes pour eux-mêmes en particulier, & à rechercher tous enfemble celles dont l'ufage eft commun à plufieurs, comme l'*Air*, la *Lumiére*. De plus, la furface de la *Peau*, qui, dans chaque Animal, borne le cours & la circulation du *Sang*, met par-là des bornes aux néceffitez naturelles qui peuvent le folliciter à chercher ce qu'il lui faut pour fa propre confervation. Toutes les néceffitez du Corps font renfermées dans la circonférence d'un Cercle décrit par le Sang de l'Animal: le peu de chofes qui fuffifent pour tenir en mouvement & pour reparer ce Fluide vital, fuffifent auffi pour entretenir la Vie, la Santé, & la Force naturelle. Le Suc, qui, en picottant l'Eftomac & le Gofier, excite la Faim & la Soif, eft en petite quantité; & ainfi il ne faut pas beaucoup de Viande & de Boiffon, pour en émouffer la force. Enfin, pour ce qui eft

§ XVII. (1) Voiez la Note 2. ci-deffus, fur le § 13. de ce Chapitre.

S

eſt des Vaiſſeaux où les Alimens ſe digérent & fermentent, de ceux qui portent le *Chyle*, des *Veines* & des *Artéres* qui le reçoivent ; leur capacité eſt ſi petite & ſi limitée, que jamais, à mon avis, aucun Animal brute n'eſt tombé
dans une erreur ſi groſſiére, que de s'imaginer, comme fait HOBBES, que
toutes choſes lui étoient néceſſaires pour ſe conſerver.

Il paroît donc de la conſtruction même des Parties intérieures des Animaux,
que leur conſervation demande ſeulement qu'ils uſent de peu de choſes pour
appaiſer leur Faim ou leur Soif, & pour ſe garantir des injures de l'Air ; &
qu'ainſi ils doivent laiſſer pour l'uſage des autres tout le reſte, que la Terre,
cette Mére feconde, produit en grande abondance. La limitation naturelle de
l'étenduë du Corps des Animaux, borne par elle-même leurs déſirs à l'aquiſition
de ce peu qui leur eſt néceſſaire : d'où il réſulte naturellement une eſpéce de
partage de Biens entre divers Animaux, dans lequel on trouve le fondement
de la concorde, & de cette Bienveillance mutuelle qui fait l'objet de nos recherches. Car, dès-là que l'Amour Propre, naturel à tous les Animaux, peut
ſe contenter des bornes où nous venons de faire voir qu'il eſt renfermé ; il n'y
a rien qui les tente de s'oppoſer à la conſervation des autres de même eſpéce,
ſoit en empêchant qu'ils ne jouïſſent librement de toutes les autres choſes, ſoit
en refuſant de travailler pour eux, lors qu'ils n'ont plus beſoin de leurs forces
pour eux-mêmes.   Au contraire, ils ſont portez par-là à ſecourir les autres,
tant par le plaiſir, quelque petit (a) qu'il ſoit, qu'ils trouvent dans leur Société, & par le bonheur préſent qui leur en revient ; que par l'eſpérance d'une
pareille aſſiſtance qu'ils peuvent en recevoir à leur tour.   Tous les Animaux,
à mon avis, ſentent (les Hommes au moins ne peuvent que le ſentir) que,
quand une fois ils ſe ſont pourvûs des choſes néceſſaires, le meilleur qui leur
reſte à rechercher, c'eſt de vivre tranquillement, & en Société avec les autres
Animaux de même eſpéce ; avantage, qu'ils ne ſauroient ſe procurer, ou conſerver, qu'en leur témoignant de la Bienveillance.

Second indice de Bienveillance, tiré des impreſſions des Sens, de l'Imagination, & de la Mémoire, par rapport aux autres Animaux de même eſpéce.

§ XVIII. UN *ſecond indice*, que nous fournit la conſtitution interne du Corps
des Animaux, ſe tire des effets que produiſent les *Sens*, l'*Imagination*, & la
Mémoire, lors que ces Facultez s'exercent par rapport aux autres Animaux de
même eſpéce.   Car les impreſſions faites ſur les Sens d'un Animal, lui montrent que les autres ont une nature fort ſemblable à la ſienne : & ces impreſſions paſſant enſuite dans ſon Cerveau, où elles prennent le nom d'*Imagination*, le
diſpoſent à concevoir envers eux des mouvemens d'affection, ſemblables à ceux
qu'il ſent pour lui-même, & cela par une ſuite de la conſtitution de ſa nature.
Je laiſſe ici à quartier les diſputes qu'il y a entre les Philoſophes, touchant la
Connoiſſance des Bêtes, pour ſavoir en quoi elle conſiſte. Je ne m'arrêterai pas
non

(a) „ Nôtre Auteur repréſente ici le plaiſir
„ que les Bêtes trouvent dans la ſociété avec
„ leurs ſemblables, comme n'étant pas fort
„ grand. En quoi, à mon avis, Il parle
„ ſeulement de ce petit degré de plaiſir par
„ comparaiſon avec les douceurs de la So-
„ ciété entre les Hommes. Car l'uniformi-
„ té qu'on remarque dans les Ouvrages de
„ la Nature que nous connoiſſons, nous don-

„ ne grand ſujet de croire, que, parmi les
„ Bêtes, auſſi bien qu'entre les Hommes,
„ les plaiſirs de la Bienveillance ſont les
„ plus grands & les plus exquis dont elles
„ jouïſſent. On objectera peut-être, Que
„ vraiſemblablement il y a divers degrez de
„ Bienveillance, à proportion de l'utilité de
„ la Société entre les Animaux ; & que cet-
„ te Société eſt beaucoup plus utile entre les
„ Hom-

non plus à examiner, de quelle maniére l'*Imagination* excite les *Paſſions*. Il me ſuffit de ſuppoſer le fait, comme inconteſtable; & ce qui en eſt une ſuite néceſ-ſaire, Qu'un ſemblable mouvement de l'Imagination, produit, comme tel, des Paſſions ſemblables. Après quoi, tout ce que je veux inferer de là, c'eſt qu'une reſſemblance de Nature, du moment qu'elle eſt connuë, contribue quelque choſe à faire naître des ſentimens de Bienveillance entre ceux qui ſe reſſemblent ainſi; à moins que la reſſemblance ne ſoit jointe avec quelque différence particuliére, qui ait plus de force pour produire de l'inimitié. De là vient, qu'un Animal ne peut, tant qu'il ſe ſouvient de lui-même, oublier entiérement les autres Ani-maux de ſon eſpéce. Car la même image, qui lui repréſente ſes ſemblables, comme tels, lui fait connoître néceſſairement, qu'ils ſont, de même que lui, ſujets à la Faim & à la Soif, & par conſéquent pouſſez par un même inſtinct naturel à chercher de quoi l'appaiſer; de ſorte que c'eſt leur faire plaiſir, que de leur laiſſer l'uſage libre des Alimens & de la Boiſſon, ou de les aider à en avoir. Et comme tous les Animaux ont conſtamment, avec de telles images de ceux de leur eſpéce, quelque panchant à une ſorte d'affection réciproque, qui naît de là néceſſairement, par un effet de la conſtitution de leur nature; il s'enſuit, que, toutes les fois qu'un Animal fait quelque choſe de contraire à ce panchant intérieur, ſoit par malignité, ſoit pour ſon plaiſir, ſoit par la violen-ce de quelque Déſir ou de quelque autre Paſſion, il agit contre ſa conſtitution naturelle: de même que, quand un *Chien* enragé mord tous les Chiens qu'il rencontre, perſonne ne doute que ce ne ſoit l'effet d'une maladie, ou d'une diſ-poſition déréglée. Je ne vois, pour moi, aucune raiſon, qui m'empêche de croi-re, que toute ſorte de Paſſions, qui troublent quelque Animal que ce ſoit, & le mettent hors de ſon aſſiette naturelle, juſqu'à le porter avec violence à des choſes pernicieuſes aux autres de ſon eſpéce, comme ſont les mouvemens de Malice, d'Envie, de Colére furieuſe &c. doivent être regardées comme une intempérie du Sang, & peut-être du Cerveau, laquelle a quelque rapport avec la rage d'un Chien. On voit dans ces Paſſions des Symptômes manifeſtes de *Maladie*, un *épanchement de Bile*, une *efferveſcence* dangereuſe du *Sang*, une cou-leur de *Jauniſſe*, des eſpéces de *convulſions*, & autres accidens aſſez connus des Médecins. La crainte exceſſive qu'un Animal vient à avoir des autres de même eſpéce, n'eſt pas moins contre le cours de la nature, ou contre la maniére or-dinaire dont ils agiſſent tous par l'effet d'une bonne diſpoſition naturelle; que la fureur qui en pouſſe quelqu'un à maltraiter ſon ſemblable. Cette crainte, com-me une vraie Maladie, eſt nuiſible à leur conſervation: elle les jette dans la triſteſſe, leur fait chercher la ſolitude, les contraint de veiller hors de ſaiſon, & produit en eux les autres Symptômes d'une Mélancholie dominante, qui a-bré-

„ Hommes, qu'entre les Bêtes. Mais on peut „ répondre, qu'à l'égard des *Abeilles*, des „ *Fourmis*, & de quelques autres ſortes d'A-„ nimaux, la Société leur eſt auſſi utile, à „ proportion des ſources de leur plaiſir, qu'el-„ le l'eſt au Genre Humain. Et elle eſt auſſi „ d'un grand uſage à la plûpart des autres eſ-„ péces de Bêtes. Une Note qu'on trouvera

„ dans la ſuite, ſur la maniére dont les Hom-„ mes doivent agir envers les Bêtes, montre-„ ra, comme je crois, que cela mérite d'en-„ trer en quelque conſidération". Maxwell.
Cette Note, dont le Traducteur Anglois n'indique point l'endroit, eſt une Remarque générale, que l'on trouvera à la fin du *Chap.* V.

S 2

brége le tems de leur Vie. Il n'y a ni bornes, ni fin, à de telles appréhenſions; lors qu'elles viennent d'une fauſſe imagination, qui fait concevoir tous les A-nimaux d'une même eſpéce, comme aiant par une néceſſité naturelle la volon-té de ſe nuire réciproquement, & d'entrer en guerre l'un contre l'autre.

Une diſpoſition comme celle-là, telle qu'Hobbes nous repréſente celle de tous les Hommes dans l'Etat de Nature, eſt tout-à-fait ſemblable à l'*Hydrophobie*. Ceux qui ſont attaquez de cette fàcheuſe maladie, ont horreur de l'Eau, & de toute ſorte de Liquides, dont l'uſage, quoi que nuiſible quelquefois par acci-dent, eſt de ſa nature abſolument néceſſaire à la Vie. Comme la fauſſe opi-nion, qui leur inſpire cette horreur, ne vient point de la nature même de l'Eau, mais d'une Imagination bleſſée, par un effet de la morſure d'un Chien enra-gé: c'eſt auſſi d'un déſordre de l'Imagination, & d'un dérangement du Cerveau, que naît la crainte chimérique qu'a un Animal de tous les autres de ſon eſpéce; n'y aiant rien de plus agréable que leur Société pour tous ceux dont le Cerveau eſt en bon état. C'eſt un fait trop connu pour avoir beſoin de preuve, que ſi, par quelque accident, les Animaux viennent à être ſeparez des autres de leur eſpéce, auſſi-tôt qu'ils ſe revoient, ils commencent, de loin même, à ſe ré-jouïr, ils le témoignent par des eſpéces de tranſports, ils courent pour ſe raſſembler au plus vîte, ils paroiſſent prendre plaiſir à manger, à boire, à jouer enſemble: rarement ſe battent-ils; & ſi quelquefois ils en viennent aux mains, après la victoire, gagnée le plus ſouvent ſans cauſer aucun dommage conſidé-rable, ils vivent en paix & agréablement les uns avec les autres. Il eſt clair, que ces cauſes de l'aſſociation paiſible des Bêtes venant du fond même de leur nature, ſont abſolument néceſſaires, & qu'elles ne ſont autre choſe que celles qui maintiennent dans un état de Santé leur Sang, leurs Eſprits Animaux, leur Cerveau, & leurs Nerfs. D'où il s'enſuit évidemment, que la conſervation de chaque Bête en particulier ne ſauroit être ſéparée d'un panchant à vivre en bon-ne amitié avec leurs ſemblables, mais qu'au contraire, avec ce panchant, el-les ont un moien très-aiſé & naturel de ſe conſerver. C'eſt la conſéquence que j'avois à établir, tirée du ſecond indice que nous fournit la conſtitution commu-ne à l'Homme avec tout le reſte des Animaux.

Troiſième in-dice de Bien-veillance, tiré du plaiſir que les Animaux trouvent dans les Paſſions qui ont pour objet quelque Bien commun à pluſieurs.

§ XIX. En voici un *troiſième* fort approchant, qui eſt pris du plaiſir & de la douceur que les Animaux trouvent dans ces ſortes de *Paſſions* qui ont pour objet quelque *Bien commun à pluſieurs*. J'ai dit, qu'il y a beaucoup de rapport en-tre cet indice & le précédent, parce que les *Paſſions* ont leur ſource dans l'I-*magination*, & que c'eſt d'elle que dépend toute leur force. Or les *Phyſiciens* ſa-vent très-bien, que l'*Amour*, le *Déſir*, l'*Eſpérance*, la *Joie*, lors ſur-tout qu'il s'agit d'un *grand Bien*, ſervent à entretenir le mouvement du *Sang*, & du *Cœur*, néceſſaire à la Vie de l'Animal; en ſorte qu'alors les *Artéres* & les *Veines* ſe rempliſſent d'un Suc plus doux & plus coulant, que les Eſprits Animaux, qui

ſe

§ XIX. (1) „ A ce que nôtre Auteur dit „ ici on peut ajoûter, que ceux qui parvien-„ nent à une Vieilleſſe accompagnée de bon-„ ne ſanté, ſe diſtinguent d'ordinaire par une „ diſpoſition gaie & douce. Du reſte, qu'u-„ ne Gaieté naturelle, lorſqu'elle n'eſt point „ gênée, ſoit toûjours accompagnée de Bien-

„ veillance, c'eſt de quoi, à mon avis, cha-„ cun peut ſe convaincre par ſa propre expé-„ rience". Maxwell.

(2) „ L'*Aneuriſme* eſt une tumeur, formée „ par la pellicule intérieure d'une Artére, qui „ eſt rompuë, & par la force du Sang, qui „ enfle la pellicule extérieure". Maxwell.

Le

fe forment, font plus agiles, & que la Circulation fe fait mieux, par conféquent aufli toutes les fonctions animales.

Il n'eft pas moins clair, qu'un *Bien*, que l'on fait fe répandre fur plufieurs,
parmi lefquels eft compris l'Animal même dont il s'agit, paroît par cette
raifon *très-grand*. Ainfi les mêmes Paffions, par lefquelles l'Animal caufe du
plaifir aux autres de fon efpéce, lui en procureront aufli néceffairement. Et
puis que naturellement il a au dedans de lui un vif fentiment de ce plaifir, il
fera par-là fortement porté aux mouvemens de ces fortes de Paffions, comme
lui étant fort utiles (1) pour fa propre confervation; de forte que voilà une
Récompenfe naturelle, manifeftement attachée aux Paffions qui ont pour objet un Bien commun à plufieurs.

Tout Animal, comme je viens de le dire, fent la douceur de telles Paffions.
Mais la maniére, dont elles produifent ce plaifir, eft inconnuë à la plûpart
des Hommes, qui ignorent la *Phyfique*, à plus forte raifon l'eft-elle aux Bêtes.
Cependant il fuffit, pour produire les panchans dont je parle, que les Bêtes,
aufli bien que les Hommes, fentent naturellement l'effet agréable de ces Paffions. La *Haine*, au contraire, l'*Envie*, la *Crainte*, la *Triftefſe*, arrêtent le
mouvement du *Sang*, & ferrent le *Cœur*, de manière qu'il a plus de peine à
laiffer échapper le Sang; d'où vient la pâleur fur le vifage, & une infinité de
fâcheux accidens, qui troublent toute l'économie du Corps, principalement à
l'égard des fonctions du *Cerveau* & des *Nerfs*, comme dans les Maladies qu'on
attribuë ordinairement à la *Rate*, & à la *Mélancholie*. Ceci appartient à la
Médecine: ainfi j'en laiffe la difcuffion à ces Maîtres de l'art, qui travaillent tous
les jours à l'enrichir de belles découvertes, très-utiles au Genre Humain. Je
me contente de copier, d'une *Differtation Anatomique* de Mr. H A R V E Y (a) (a) Pag. 89.
fur la *Circulation du Sang*, une hiftoire tout-à-fait merveilleufe, qui fournit un *Edit.Cantabrig.*
exemple très-remarquable, pour éclaircir l'obfervation, dont je fais ici ufage.

„ J'ai connu, dit-il, un Homme de cœur, qui aiant reçû un affront d'un au-
„ tre plus puiffant, en eut le Sang fi fort échauffé de colère & de dépit, que,
„ fon envie & fa haine croiffant de jour en jour par l'impoffibilité où il étoit
„ de fe venger, & la paffion violente, qui le dévoroit, demeurant renfer-
„ mée au dedans de lui fans qu'il s'en ouvrît à perfonne, il tomba dans une
„ étrange forte de maladie. Il fentoit une grande & douloureufe oppreffion
„ dans le Cœur, & dans la Poitrine. Les plus habiles Médecins ne purent le
„ foulager. Enfin, au bout de quelques années, il fut attaqué d'un Scorbut,
„ qui le jetta en confomtion; dont il mourut. Il n'avoit trouvé de foulage-
„ ment à fon mal, que pendant les intervalles où toute la région de la Poitri-
„ ne étoit preffée. Ses *Artéres Jugulaires* étoient enflées, de la groffeur du
„ Pouce: elles battoient haut & fort, comme fi l'une & l'autre euffent été
„ l'*Aorte*, ou la *Grande Artére defcendante*; & elles reffembloient à deux (2) *A-*
„ *néſ-*

Le mot eſt Grec, comme quantité de termes d'Anatomie & de Médecine. Voiez le
Dictionarium Medicum d'H E N R I E T I E N N E,
au mot 'Ανεύρυσμα, pag. 213, & feqq. Il y a,
dans les *Mémoires de l'Académie Roiale des
Sciences*, de l'Année 1736. pag. 338, & fuiv.

des *Obfervations Anatomiques & Pathologiques*
de Mr. P E T I T, *au fujet de cette Tumeur*, où
l'on diftingue entre *Anevrifme par dilatation*,
& *Anevrifme par épanchement*; deux maladies,
qui portent le même nom, mais qui ont des
caractéres bien différens.

S 3

,, *neurisines* oblongs. Aiant fait la diffection du Corps, je trouvai le *Cœur* &
,, l'*Aorte* si enflez & si pleins de Sang, que l'etenduë du Cœur, & les cavitez
,, des Ventricules étoient de la groffeur d'un Cœur de Bœuf. " Voilà ce que
dit cet habile Médecin. L'expérience, qu'il attefte, montre que ces fortes
de Paffions empêchent le cours libre du Sang, & cela, comme il femble,
dans les petites branches des Artéres, qui font répanduës en divers endroits du
Cerveau; de forte que le *Cœur* en eft fort incommodé, & par conféquent tout
le Corps de l'Animal, qui eft par-là expofé à de fâcheux Symptômes, & en
grand danger de la Vie commune à l'Homme avec tous les Animaux. D'où
nous pouvons inférer que la conftitution même de l'Animal, & la nature des
Paffions auxquelles il eft fujet, enfeignent aux Hommes, qu'il leur fera avantageux d'avoir de la Bienveillance envers les autres Hommes, & envers tous,
autant qu'il eft poffible, puis que la haine a été capable de caufer tant de
maux à un homme qui s'étoit laiffé emporter par cette paffion contre un feul
autre.

Quatrième in-
dice de Bien-
veillance, tiré
du panchant
naturel à pro-
créer lignée, &
à l'élever.

§ XX. PASSONS à un *quatrième indice*, tiré de ce que les Animaux, par
un effet des mêmes Caufes qui fervent à conferver la Vie de chaque Individu,
font portez à la *Propagation de leur efpéce*, de forte qu'il y a entre ces deux chofes une liaifon tout-à-fait naturelle. Il arrive de là, que les Animaux de même efpéce, mais d'un Séxe différent, conçoivent l'un pour l'autre un grand
amour, qui les engage à s'unir enfemble dans une efpéce de Société où ils fe
rendent les uns aux autres bien des fervices agréables; Societé, d'où provient
une *Lignée*, qu'ils chériffent, & dont ils prennent foin, comme étant leur
propre Sang; à moins qu'il ne furvienne quelque chofe d'extraordinaire, qui
foit capable de caufer du changement à leurs panchans naturels. Mais ceci
n'arrive que fort rarement, & ainfi ne doit pas être mis en ligne de compte;
puis qu'il s'agit de juger des chofes par leur état naturel & régulier.

Le *défir de procréer Lignée*, & l'*affection naturelle* qui porte à nourrir & foi-
gner celle qui eft déja venuë au monde, ont fans contredit une liaifon très-
étroite l'un avec l'autre. Car la *confervation* n'eft qu'une efpéce de *génération*
continuée. Les mêmes Caufes Naturelles qui donnent du panchant à tout Animal pour la Propagation de l'efpéce, produifent donc en lui un panchant à
conferver fa Lignée. Or il eft clair, qu'elle ne fauroit être confervée, fi les
Animaux de même efpéce ne vivent en paix, & n'ont les uns pour les autres
quelque forte de Bienveillance. Ainfi ils fouhaittent naturellement, que cette Bienveillance dure, auffi long tems qu'ils défirent que leur Lignée fubfifte.
Or c'eft dans une telle Bienveillance, étenduë & durable, que confifte le défir
du Bien Commun de toute l'Efpéce, autant que le naturel de chaque Animal
en eft fufceptible. Car il faut avouer, qu'à la referve de l'Homme, tous les
autres Animaux témoignent ici des fentimens peu vifs, & n'ont nulle prévoiance. Cependant cette fimple ombre de petite pénétration, que l'on remarque
dans les Bêtes de toute efpéce, fuffit pour qu'il arrive prefque toûjours, qu'elles travaillent à leur avantage & à celui de leur Lignée, en exerçant quelque
forte de Bienveillance envers les autres de leur efpéce.

L'amour naturel des Animaux pour leur Lignée venant donc comme je l'ai
dit, des mêmes Caufes qui leur infpirent le défir de la Propagation de l'Efpéce,

ce; il faut faire voir maintenant, que ce défir eft effentiel aux Animaux, dont
les forces font parvenuës à leur plus haut point, & qu'il eft produit par les
Caufes néceffaires pour la confervation & la pleine vigueur de chaque Individu. D'où il s'enfuivra, que les Animaux, en travaillant à leur propre confervation, ne peuvent que chercher en même tems la Propagation de leur efpéce, & par conféquent le Bien Commun. Or cela paroît clairement, par la
maniére dont les Animaux fe forment, & fe nourriffent. Car il eft très-certain, que, felon l'obfervation curieufe du Doĉteur (a) HARVEY, les mêmes
Caufes qui forment ou dans la *Matrice*, ou dans l'*Oeuf*, les Parties néceffaires
pour la nourriture de l'Individu, comme le *Ventricule*, le *Cœur* &c. forment
auffi les *Vaiſſeaux Spermatiques*, & la différence des *Séxes*. De la même maffe
du *Suc nutritif*, mêlée avec le *Sang*, une partie fe change en *Aliment*, & l'autre en *Semence*. Toute la *Circulation du Sang*, tout ce qui y aide, comme, la
force des fibres mufculeufes du *Cœur*, la conftruction merveilleufe des *Valvules*
dans les *Veines*; tout cela contribuë en même tems à la Nourriture de l'Individu, & à la Propagation de l'Efpéce, puis que la matiére qui fert à former la
Semence, eft ainfi portée dans les Vaiffeaux Spermatiques. Enfin, tout ce
que les *Vifcéres*, quels qu'ils foient, & les autres Parties du Corps, ont d'influence fur l'entretien de l'état naturel du Sang, contribuë auffi à conferver la
Vie de chaque Animal, & forme en lui une difpofition, du moins éloignée,
à la propagation de l'Efpéce; car tout déréglement confidérable du Sang, empêche la génération.

(a) *De Genera-*
tione Anima-
lium, Exercit.
69.

Ici j'aurois un vafte champ à difcourir. Mais, pour éviter la longueur, je
laiffe aux Lecteurs verfez dans la Phyfique & dans la Médécine, le foin de
pouffer cette matiére, & de tirer de ce qui fe découvre dans la nature de l'A-
nimal, d'autres obfervations, que l'on puiffe regarder, par une parité de raifon, comme autant d'indices naturels des régles de la Morale. J'ajoûterai
feulement, qu'il eft d'une grande évidence que les Animaux étant portez, de
la maniére que je l'ai fait voir, & à aimer ceux de leur efpéce qui font de différent Séxe, & à aimer la Lignée qui naît de leur union, ils fe dépouillent
par-là d'un *Amour propre* entiérement borné à eux-mêmes : & cet Amour propre une fois mis à l'écart, ils font aifément menez plus loin, en forte qu'ils
viennent à s'aimer, tantôt l'un, tantôt l'autre, jufqu'à ce que leur amour embraffe enfin tous les Animaux de même efpéce, à caufe de la reffemblance de
leur nature. C'eft donc fur la nature commune à tous les Animaux, qu'eft
fondé ce que l'on a remarqué, & fur quoi on a un grand nombre d'expériences, Que les Hommes font plus amateurs de la Paix, quand ils ont des Enfans;
& que le panchant naturel à la Propagation de l'Efpéce les difpofe tous à aimer la Paix.

Pour éluder la force de ces indices, & autres femblables, tirez des panchans
naturels, d'où la Raifon Humaine peut apprendre les Loix aufquelles l'Homme eft naturellement foûmis; bien des gens ont recours à cette échappatoire
triviale, Qu'à la vérité de tels panchans font fouvent caufe qu'on fait des chofes
qui tournent à l'avantage de plufieurs, mais qu'au fond ils ont tous uniquement
pour principe le défir que chacun a du Plaifir qu'il y trouve lui-même, de forte
que les Actions, qui naiffent de là, n'ont toutes d'autre fin, & par conféquent

quent font un pur effet d'*Amour propre*. Mais il n'eſt pas difficile de répondre à cette objection, & il eſt bon de le faire. Je dis donc 1. Qu'il eſt clair, par tout ce qu'on vient de voir, que ce n'eſt pas d'une *Fin* que les *Animaux* ſe propoſent eux-mêmes, que je veux tirer des indices d'une Loi Naturelle, qui oblige à chercher le Bien Commun. Je n'ai rien affirmé touchant leur intention.

2. On ne ſauroit cependant prouver, que les Animaux, dans leurs mouvemens volontaires, par leſquels ils contribuent réellement à l'avantage des autres, auſſi bien qu'au leur propre, ne veuillent pas & n'aient pas en vuë l'un & l'autre. (1) Il eſt certainement beaucoup plus probable, qu'ils ſe propoſent en même tems ces deux effets: car c'eſt ce que l'on remarque dans les choſes que les Hommes font avec deſſein. Tout ce qu'ils prévoient, comme devant ſuivre de leurs Actions, ils ont intention de le produire; quoi qu'entre ces effets, la vuë de quelques-uns ait plus de force, que celle des autres, pour les porter à agir; & qu'ils y prennent plus de plaiſir, après l'action qui les a produits. Or, de quelque maniére qu'on ait intention de produire un certain effet, il peut très-bien être dit la *Fin* de l'*Action*.

3. Suppoſé pour un moment, que les Animaux aient uniquement en vuë leur propre conſervation & leur propre bonheur, & qu'ils n'exercent la Bienveillance envers les autres de même eſpéce, que comme un moien naturellement & conſtamment néceſſaire pour arriver à cette fin particuliére; cela ſuffiroit, pour en inferer, que la Nature même nous enſeigne à chercher le Bien commun de l'Eſpéce; & il naîtroit de là une obligation auſſi forte à mettre en uſage de tels Moiens, que l'eſt l'obligation à la Fin ſuppoſée, je veux dire, à la conſervation de ſoi-même. Car on n'eſt pas moins tenu d'emploier les Moiens néceſſaires pour obtenir une Fin, que de ſe propoſer la Fin même. Et l'obligation, dont il s'agit, n'a pas moins de force, qu'aucune qui puiſſe venir des Loix Humaines. Car la Mort eſt le plus grand mal dont elles puiſſent menacer; & ſelon ceux qui font l'objection, que je réfute, l'obligation la plus grande de toutes ſans comparaiſon, ou plûtôt la ſeule qu'ils tiennent pour réelle, conſiſte dans le ſoin de conſerver ſa propre Vie.

Par cette raiſon, outre pluſieurs autres, c'eſt en vain qu'HOBBES, pour détruire l'Obligation Naturelle de penſer au Bien Commun, tâche de réduire tous les panchans naturels qui y portent, au déſir de ſe conſerver & de ſe ſatisfaire ſoi-même en particulier. Il ſoûtient, en partie dans ſon petit Livre Anglois (b) *De la Nature Humaine*, en partie dans (c) le *Traité du Citoien*, que non ſeulement l'Amour réciproque des deux Séxes, qui les ſollicite à la Propagation de l'Eſpéce, mais encore l'affection naturelle qui leur fait aimer & élever les fruits de leur union; toute la bienveillance que les Animaux témoignent aux autres, quels qu'ils ſoient; toute la compaſſion qu'ils ont pour ceux qui ſouf-

(b) Chap. IX. *§* 10, 15, 16, 17.
(c) Cap. I. *§* 2.

§ XX. (1) „ Nôtre Auteur ſemble accorder trop à HOBBES ſur cet article. Il eſt „ certain, que nous déſirons ſouvent le Bien „ des autres, ſans le conſiderer en aucune „ maniére comme un moien d'avancer nôtre „ Bien particulier, ou ſans aucune intention „ intéreſſée; comme il paroît clairement par „ l'*affection naturelle* des *Péres* & *Méres* pour „ leurs *Enfans*, par l'*Amitié*, par l'amour de „ la *Patrie*. MAXWELL.

Je

fouffrent; que tout cela, dis-je, vient de ce *qu'ils cherchent à fe procurer quelque avantage à eux-mêmes, ou du moins le plaifir de fe faire une idée magnifique de leurs propres forces, ou d'avoir bonne opinion d'eux-mêmes;* en quoi confifte la *Gloire,* felon la définition que nôtre Philofophe en donne.   Mais cette penfée eft manifeftement démentie par la force propre & interne qu'ont les panchans naturels, dont il s'agit, & par leurs effets, qui procurent beaucoup plus de bien aux autres, qu'à ceux-mêmes qui fuivent de tels panchans.   Et les Animaux, fur qui ils font de fortes impreffions, le fentent bien, de forte qu'ils ne peuvent que fe propofer plus d'avantage pour les autres, que pour eux-mêmes.   De plus, en accordant même que la raifon pourquoi la Nature a donné aux Animaux de tels panchans, c'eft uniquement afin que chaque Individu fe rendît heureux lui-même en fe procurant par-là certains avantages, & fe repaiffant d'une Gloire imaginaire; ils ne laifferoient pas d'être obligez à faire ce qui eft en même tems avantageux aux autres de leur efpéce, pour ne pas négliger leur propre intérêt dans les chofes qu'on fuppofe qu'ils défirent naturellement, néceffairement, & par conféquent toûjours.   Car il eft impoffible qu'ils n'efpérent de joûir de ces avantages, & qu'ils ne craignent de les perdre, felon qu'ils agiront ou qu'ils n'agiront pas d'une manière qui fe rapporte au bien des autres.   Or *Hobbes* (2) reconnoît, que l'Obligation Naturelle a lieu dans les chofes mêmes où la Liberté des Hommes eft reftreinte par l'Efpérance, ou par la Crainte.   Ce raifonnement me paroît tres-fort contre les objections de ceux qui fuivent fes principes.   Mais nous expliquerons ailleurs, en quoi confifte la nature de l'*Obligation Morale.*   Je remarquerai feulement ici, que, dans les véritables Régles de *Morale,* d'où naît une *Obligation Naturelle,* on n'envifage pas une Fin auffi peu confidérable, que la confervation d'un feul Homme, mais le Bonheur commun de tous les Etres Raifonnables.   *Hobbes,* au contraire, pofe pour régle des Actions Humaines, cette Fin fi bornée: & il veut par-là autorifer chacun à négliger toute forte d'Actions, & de Panchans naturels, quelque avantageux qu'ils foient aux autres, toutes les fois que lui-même n'y trouvera pas fon utilité particuliére.   Mais il eft certain, quoi que des gens aveuglez par l'Amour Propre femblent fouvent l'ignorer; qu'un défir du Bien Public, & les Actions extérieures par lefquelles on le témoigne, font toûjours des Moiens néceffaires pour le plus grand Bonheur de chacun en particulier.

4. Enfin, pour ne pas nous arrêter trop long tems à réfoudre l'Objection propofée, je me contente de faire remarquer encore, que ce n'eft pas des actes volontaires, dont les fins font différentes en divers Animaux, ou dans un même Animal en divers tems, que nous avons tiré des indices d'une difpofition naturelle à certains fentimens de Bienveillance; mais des actes & des panchans abfolument néceffaires, qui fe trouvent dans les Animaux, lors même
qu'ils

Je ne vois pas que nôtre Auteur accorde, ni ici, ni ailleurs, qu'en défirant le Bien des autres, on ait toûjours en vûë fon propre avantage. Il fuppofe le contraire en divers endroits, & fur les exemples mêmes que le Tra-

ducteur Anglois indique.

(2) *Altera* [Obligationis naturalis fpecies] ubi *tollitur* [libertas] *fpe & metu* &c.   De Cive, Cap. XV. § 7.

T

qu'ils ne s'en apperçoivent pas & quelquefois malgré eux, c'eſt-à-dire, comme nous l'avons montré en peu de mots, de ceux qui viennent de la conſtruction & de la conſtitution même de leur Corps. C'eſt par l'effet d'une contraction naturelle du *Cœur*, & non en conſéquence d'un déſir direct, & d'une volonté déterminée que les Animaux aient de ſe conſerver, que le *Sang* eſt envoié dans les *Vaiſſeaux Spermatiques*, que la *Semence* s'en ſépare là, s'y prépare, & y fermente : d'où naiſſent enſuite les aiguillons de l'Amour ; le déſir de procréer lignée, & celui de l'entretenir, quand elle eſt née ; car ces deux déſirs viennent d'une même cauſe ; comme c'eſt d'une même matiére, que l'Animal ſe forme d'abord, & puis ſe nourrit & croît pendant quelque tems, dans la *Matrice*, ou dans l'*Oeuf* ; le tout tellement à l'inſu du Pére & de la Mére, qu'encore qu'ils concourent, comme inſtrumens, à la production de l'effet, ils ne ſavent pourtant pas, avant que le fruit ſoit venu au monde, ſi ce ſera un Mâle ou une Femelle : ils ignorent, s'il prend ſa nourriture par la Bouche, ou par le Nombril, ou par l'un & l'autre tout enſemble ; bien plus, s'il ſe nourrit de quoi que ce ſoit, & même s'il eſt vivant, ou mort. D'où il paroît que, dans la formation ou la nourriture du *Fœtus*, les Animaux ne ſont point dirigez par une connoiſſance qui prévoie l'effet & ſe le propoſe pour Fin ; beaucoup moins encore par un deſſein de conſerver ainſi leur propre Vie : car, au contraire, ils contribuent plûtôt à l'abréger ; en vaquant à la propagation de l'eſpéce. Mais ils font tout cela ſans aucune délibération ; & les panchans, qui les y portent, renferment beaucoup plus encore de néceſſité. Dans ces ſortes de choſes les *Animaux* reſſemblent tout-à-fait aux *Végétaux*, qui, quoi que deſtituez de ſentiment, & par conſéquent incapables d'avoir en vuë aucune Fin, ne prennent pas de la nourriture pour eux-mêmes ſeulement, mais produiſent encore une Semence, qui ſert à les provigner. En effet, comme un *Oeuf* renferme & le Corps du *Poulet*, & quelque aliment propre à le nourrir, juſqu'à ce qu'il devienne aſſez fort pour chercher ailleurs ſa nourriture, & pour la digerer : de même, dans les Graines jettées en terre, outre un petit Germe, qui eſt l'ébauche de la Plante à naître, il y a une matiére, qui étant humectée, & venant à fermenter par une chaleur convenable, s'inſinuë dans les racines tendres du Germe, & le nourrit, juſqu'à ce qu'il aît aquis aſſez de force pour tirer ſon aliment de la Terre voiſine.

Lors que le *Fétus* eſt une fois né, les Animaux, auxquels il doit le jour, voiant qu'ils ont mis au monde, par des fonctions naturelles, & de leur propre Sang, un Animal ſemblable à eux, ſont par-là diſpoſez auſſi naturellement à ne pas vouloir le détruire, en faiſant ou négligeant volontairement quelque choſe qui ſeroit capable de produire cet effet.

Tout ce que je viens de remarquer, eſt aſſez reconnu des *Phyſiciens*. Si l'on veut en avoir une explication plus diſtincte, on n'a qu'à lire trois de nos célébres Docteurs en Médécine, ſavoir, HARVEY, & HIGHMORE, dans leurs Traitez *De la Génération* ; & NEEDHAM, dans ſon docte Livre *De la formation du Fétus*. Le peu que j'ai dit ici, ſuffit pour faire voir, que, de la conſtruction & la conſtitution même du Corps des Animaux, déterminée par des Cauſes Univer-

verfelles, qui agiffent auffi dans les Végétaux, il naît de forts panchans à procréer non feulement lignée, mais encore à la nourrir. Il eft encore très-certain par l'expérience, que, dans les Animaux, ces panchans fe renforcent avec
l'âge & par l'habitude, de forte que, s'il arrive quelque accident qui en empêche ou en trouble la fatisfaction, ils en reffentent de grandes douleurs.   De
là vient qu'on voit les Hommes pleurer, ou de n'avoir pû réuffir dans la recherche de l'objet de leur amour, ou de la ftérilité de leur mariage, ou de la
perte de leurs Énfans.   Ce qui joint à une infinité d'autres chofes femblables
qu'on remarque tous les jours, nous donne lieu de conclure, que l'état ordinaire des Animaux leur feroit fort defagréable la plûpart du tems, s'ils n'entre-
tenoient, autant qu'il fe peut, par des marques de Bienveillance envers les
autres Animaux de leur efpéce, une paifible Société, pour pouvoir procréer
lignée, & l'élever avec toute la fûreté poffible.

Enfin, la conftitution entiére du Corps des Animaux étant la caufe néceffaire de leurs fonctions & de leurs actions ordinaires, montre clairement, que
c'eft des mêmes Caufes internes que proviennent les mouvemens auxquels ils
fe déterminent en vuë de leur propre confervation, & les fentimens de Bienveillance qu'ils ont pour les autres Animaux de leur efpéce, autant qu'il fuffit
pour les unir enfemble par une Société amiable.   Car ces mouvemens & ces
fentimens fe voient le plus fouvent dans toute forte d'Animaux: ce n'eft que
rarement, & cela ou par ignorance, ou par l'effet de quelque Paffion déreglée,
qu'ils font du mal aux autres, ou à eux-mêmes.   Puis donc que la Concorde
eft beaucoup plus fréquente entr'eux, que la Difcorde, il s'enfuit, que les
Caufes naturelles de Concorde qu'il y a au dedans d'eux, font plus fortes, que
celles de Difcorde: & qu'ainfi, fans aucune Société Civile qui puiffe faciliter
leur bonne union, ils y font naturellement plus portez, qu'à la défunion.   Or
c'eft le principal point, que nous voulons établir.   Car, à moins qu'on ne
prouve par de bonnes raifons, que, dans les Hommes, la Nature Animale
eft plus féroce & plus ennemie de la Paix, qu'elle ne l'eft dans les Bêtes; ce
que je viens de dire fuffit pour nous convaincre, que, dans toutes les délibérations & toutes les mefures qu'on prend fur l'Avenir, où l'on ne doit avoir
égard qu'à ce qui arrive pour l'ordinaire, on peut, généralement parlant, conclure, qu'une Société paifible avec nos femblables fera plus convenable à nos
propres inclinations, & en même tems plus à efperer de la part d'autrui, que
fi nous agiffons d'une maniére à l'empêcher ou à la troubler; quoi que la chofe
arrive autrement en certains cas.   C'eft ainfi qu'on peut dire véritablement,
en fait même de *Jeux de Hazard*, qu'à en juger par leur nature, il eft plus
apparent que l'on n'aménera pas du prémier coup de *Dé*, un *Six*, qu'il ne
l'eft qu'on l'aménera; parce qu'il y a cinq cas poffibles contre ce point, pour
un feul qui le favorife.

Or, que les Bêtes mêmes agiffent la plûpart du tems d'une maniére à
témoigner de la Bienveillance envers les autres de leur efpéce, il eft facile de le prouver.   Il ne faut que confiderer ce qu'elles font, en matiére de toutes les chofes, par où nous avons montré (*d*) ci-deffus qu'une (*d*) Chap.
Créature peut être dite contribuer ou concourir au Bien Commun de celles § 24, 25.

T 2   de

de fon ordre. (3) Les Bêtes, pour l'ordinaire, s'abftiennent de fe faire du mal les unes aux autres. Voici ce qu'en dit un Poëte (4) Latin:

> Voit-on les Loups Brigands, comme nous inhumains,
> Pour détrouffer les Loups, courir les grands chemins ?
> Jamais, pour s'agrandir, vit-on, dans fa manie,
> Un Tigre en Factions partager l'Arménie ?
> L'Ours a-t-il dans les bois la guerre avec les Ours?
> Le Vautour dans les airs fond-il fur les Vautours?
> A-t'on vû quelquefois dans les plaines d'Afrique,
> Déchirant à l'envi leur propre République,
> Lions contre Lions, Parens contre Parens,
> Combattre follement pour le choix des Tyrans?
> L'Animal le plus fier qu'enfante la Nature,
> Dans un autre Animal refpecte fa figure,
> De fa rage avec lui modére les accès,
> Vit fans bruit, fans débat, fans noife, fans procès.

Non feulement cela: les Bêtes encore témoignent plus d'affection à celles avec qui elles ont vêcu quelque tems. Chacun fait, quelles marques de re-connoiffance les *Cigognes* (5) donnent à leurs Péres & Méres, lors qu'elles les voient dans une vieilleffe infirme. On apperçoit dans toutes les Bêtes un A-mour limité, tant pour elles-mêmes, que pour leurs Petits. Elles font difpo-fées à fe rendre réciproquement certains fervices, non feulement peu impor-tans, comme quand elles jouent enfemble, mais encore confidérables, com-me lors qu'elles viennent au fecours les unes des autres contre des Ennemis communs. Elles marquent même qu'elles s'y attendent, par certaine forte de langage particulier, dont la plûpart fe fervent pour faire connoître aux au-tres le befoin qu'elles ont de leur affiftance. Tous ces actes, en fubftance, font les mêmes que nous avons dit être néceffairement renfermez dans le foin de travailler au Bien commun. Que fi les Bêtes les font d'une manière fort imparfaite, elle eft cependant très-bien proportionnée au peu de Connoiffance qu'elles ont en matiére des chofes néceffaires à leur propre confervation.

§ XXI. Si nous recherchòns maintenant les Caufes internes, qui, outre celles d'où nous avons tiré les indices dont nous venons de traiter, détermi-nent les Animaux à agir ainfi pour l'ordinaire; nous en trouverons de toutes

Autres indices de Bienveil-lance, dans la conftitution des Animaux, entant que dif-tinguez des Corps Inani-més.

par-

---

(3) „ On peut auffi remarquer parmi tou-„ tes les Bêtes, envers celles de leur efpéce, „ une difpofition de bonté, un panchant à la „ Société, à l'affiftance mutuelle, à la com-„ paffion, quoi que dans un plus foible de-„ gré. Si les Animaux d'une même efpéce „ fe trouvent enclins à s'entrebattre, ce font „ ceux qui ne continuent pas dans leur état

„ naturel, mais font cholez & nourris artifi-„ ciellement par les Hommes. Cela fe voit „ même feulement entre quelques fortes de „ Bêtes; & ceffe, dès qu'ils reviennent à leur „ manière naturelle de fe nourrir" MAXWELL.

(4) ————— —— ————— *Parcit Cognatis maculis fimilis fera. Quande Leoni Fer-*

patticuliéres, en ce qui les diſtingue des Corps Inanimez. Le Corps des A-
nimaux étant compoſé de parties fort différentes, a par-là beſoin, pour ſe
conſerver, de plus de choſes qu'il n'en faut aux *Minéraux*, & aux *Plantes.*
En effet, le *Sang*, & les autres Liqueurs néceſſaires à la Vie, comme la *Lymphe*, la *Bile*, le *Suc Pancréatique*, peut-être auſſi le *Suc nerveux*, & enfin les
Eſprits Animaux, ſont ſujets à tant de changemens perpétuels, & ſe diſſipent
ſi fort par la tranſpiration, que, pour reparer ces pertes, & pour remettre
tout dans un juſte tempérament, il faut continuellement de nouveaux Sucs,
de l'Exercice, du Repos, du Sommeil, des Veilles, des Paſſions moderées.
Comme de là naît en eux la *Faim*, la *Soif*, & diverſes incommoditez dont le
ſentiment eſt fort déſagréable, ce ſont autant d'aiguillons, qui les portent à
chercher & à mettre en uſage les meilleurs moiens d'avoir des *Alimens*, des
Remédes, & autres ſecours, tels qu'ils peuvent les découvrir par l'eſtimation
de leurs propres forces, & par la connoiſſance de tout ce qui ſe préſente.
Or rien ne leur étant plus connu, que les autres Animaux de leur eſpéce, ils
jugent très-aiſément de leurs forces & de leurs beſoins, par les leurs propres:
& la conformité de nature qu'il y a entr'eux leur fait concevoir quelque eſpérance d'amour & d'aſſiſtance réciproque. La cauſe de cette eſpérance eſt, en
partie, qu'à moins qu'il ne ſurvienne quelque grand obſtacle, comme, un
mouvement déreglé de Paſſion, une erreur, une différence fort choquante &c.
les objets ſemblables produiſent en eux de ſemblables Images, de ſorte que
cela leur fait concevoir pour les autres Animaux de leur eſpéce un amour
comme celui qu'ils ont pour eux-mèmes; en partie, qu'ils comprennent très-
aiſément, que la diſcorde & les quérelles peuvent produire de grands maux &
en grand nombre, mais qu'il n'y a guéres aucun bien à en attendre. Cela
ſe voit par l'expérience. Il arrive ſouvent, que les Animaux ſe nuiſent les
uns aux autres, & ſe tuent même, à cauſe de l'égalité de leurs forces reſ-
pectives, ou par divers accidens qui mettent de grandes forces au niveau de
moindres, tels que ſont le Sommeil, la Laſſitude, les Maladies; l'union de
pluſieurs, foibles chacun en particulier; l'avantage des lieux; & autres choſes, qui font que les moins forts remportent la victoire ſur les plus forts.
Car, du moment que des Pouvoirs oppoſez deviennent égaux, de quelque
maniére que ce ſoit, ils ſont réciproquement comme autant de Poids en équilibre, dont chacun peut bien empêcher l'autre de deſcendre, mais non pas
deſcendre lui-même, quelque effort qu'ils faſſent l'un & l'autre pour cela.
Ainſi, dans une égalité de forces il naît bien des maux du combat d'un ſeul
Animal avec un autre, quand même tous les deux entretiendroient d'ailleurs
la paix avec le reſte des Animaux de leur eſpéce. Mais ſi chacun étoit en
guer-

Fortior eripuit vitam Leo? quo nemore umquam
Exſpiravit Aper majoris dentibus Apri?
Indica Tigris agit rabida cum Tigride pacem
Perpetuam: ſaevis inter ſe convenit Urſis.
JUVENAL, Sat. XV. verſ. 159, &ſeqq.

J'ai emprunté ici des Vers connus de BOILEAU,
où ce fameux Satirique a imité l'ancien Poë-

te, & exprimé vivement ſa penſée, en y ajoû-
tant quelque choſe, qui n'en diminue point
la force, Sat. VIII. vers 125, & ſuiv.

(5) D'où vient le mot Grec Ἀντιπελαργία,
& ἀντιπελαργεῖν. Cela eſt connu auſſi bien
que les paſſages, que Mr. MAXWELL cite
ici, de PLINE, Hiſt. Natur. Lib. X. Cap. 23.
& SOLIN, Polybiſtor. Cap. 40. à la fin.

T 3

guerre avec tous les autres, il auroit fi fouvent à combattre avec de beaucoup plus forts, qu'il ne lui refteroit aucune efpérance de fauver fa vie. En un mot, il eft vraifemblable, felon ce que l'inftinct même des Bêtes leur fuggére, que, quand la Nature fournit à tous ce (1) qui fuffit pour la confervation de chacun en particulier, & pour celle des autres, il vaut mieux pour chacun, de partager amiablement entr'eux, dans l'occafion, l'ufage des Chofes, & de fe contenter de celles qui font néceffaires pour le préfent, que de s'expofer aux dangers d'une Guerre perpétuelle, pour avoir abondance de Chofes non-néceffaires. Or le confentement à un partage de Chofes, & de Services réciproques, & la volonté de l'entretenir, quand il eft une fois fait; eft ce à quoi fe réduifent toutes les Actions qui contribuent au Bien Commun de l'Efpéce. C'eft pourquoi les Bêtes mêmes voient en quelque manière la liaifon qu'il y a entre leur propre confervation, & ce qu'elles peuvent faire pour l'avantage commun des autres de leur efpéce. Et de là vient, qu'elles, agiffent amiablement les unes envers les autres. C'eft ce qu'il falloit prouver & développer.

Je n'ajouterai ici qu'une réflexion, c'eft que les chofes que j'ai fait obferver dans les Animaux, doivent être confiderées toutes enfemble, comme concourant à donner à chacun d'eux des facultez fuffifantes pour avancer le Bien Commun de leur efpéce, & à les y porter par un panchant fi fort & fi conftant, qu'ils ne fauroient négliger d'en fuivre l'impreffion, fans perdre une grande partie de leur Bonheur poffible, qui confifte dans le plaifir d'agir conformément à leurs inclinations naturelles; & fans éprouver, au contraire, les fentimens defagréables que caufe un combat entre des Paffions vaines, qui font l'ouvrage d'une Imagination féduite, & ces principes trés-naturels, dont la force eft indépendante de toute illufion de l'Imagination. Au refte, la raifon pourquoi j'ai jugé à propos de rechercher les caufes de la Bienveillance qu'on remarque entre toute forte de Bêtes de même efpéce, c'eft parce qu'il eft clair, à mon avis, que toutes ces caufes, & plufieurs autres encore plus confidérables, fe trouvent dans les Hommes : de forte que celles-là du moins les difpofent naturellement à une Société, la plûpart du tems paifible & agréable, telle qu'on la voit entre les Bêtes de même efpéce, mais qui, avec l'aide de la Raifon, peut être portée à un plus grand degré de perfection.

§ XXII. Hobbes a bien fenti, que cela ne s'accordoit point du tout avec fes principes : & c'eft pourquoi il infinuë fouvent le contraire. Selon lui, *les Hommes font plus féroces, que les Ours, que les Loups, que les Serpens : l'Etat Naturel des Hommes, eft un état de guerre de tous contre tous : il n'y a entr'eux ni Bien ni Mal Public, avant l'établiffement de quelque Société Civile, ni par conféquent aucune connoiffance, aucun defir, d'un tel Bien.* J'ai cité ailleurs les paffa-

ges

Objections d'Hobbes touchant l'affociation des autres Animaux, réfutées, & retorquées contre lui.

---

§ XXI. (1) Il y a dans l'Original : *quo Imagit conducit ad fingulorum propriam aliorumque confervationem.* Mais l'oppofition des chofes non-néceffaires, demande le fens que j'ai exprimé. Et peut-être que l'Auteur avoit écrit : *quod* SATIS *conducit* &c.

§ XXII. (1) *Sed funt, inquiet aliquis, Animalia quaedam bruta, ut Apes, & Formicae, quae pacificé in eodem Alveari, & in eadem Formicaria, inter fe vivunt* &c. *Quid ergo impedit quominus Homines idem faciant ?* Leviath. pag. 84.

(2) *Primò, Quòd Homines inter fe de Honoribus & Dignitate perpetuo contendunt ; fed Ani-*

ges de ſes Ecrits, où il avance des penſées ſi étranges. Examinons ici un endroit de ſon (a) *Léviathan*, conforme à ce qu'il dit dans le (b) Traité *du Cito-* (a) Cap. 17.
ien; où, après s'etre objeɕé, (1) que *certaines Bêtes, comme les Abeilles, &* (b) Cap. V
les Fourmis, vivent enſemble paiſiblement, dans une même Rûche, ou dans un §. 5.
même Trou; il demande, qu'eſt-ce qui empêche que les Hommes n'en uſent
de même ? Sur quoi il réduit ſa réponſe à *ſix chefs*, dont voici la ſubſtance,
& les réfléxions que j'y oppoſe.

1. Il dit (2) *les Hommes ont des diſputes entr'eux au ſujet des Honneurs & des*
Dignitez, de quoi ces Bêtes ne ſe mettent point en peine. Mais les *Honneurs Ci-*
vils, pour leſquels il s'élève quelquefois des querelles entre les Hommes, n'ont
point de lieu dans l'Etat de Nature, ou avant tout établiſſement de quelque
Société Civile. Ainſi, dans cet Etat de Nature dont il s'agit, les Hommes
ne peuvent pas plus avoir de diſputes là-deſſus, qu'il n'y en a entre les Bêtes
brutes. De plus, la vraie *Gloire*, ou l'*Honneur* dont on peut jouïr hors d'un
Gouvernement Civil, n'eſt autre choſe, ſelon la définition de (3) CICERON,
que *l'approbation & la louange unanime des Gens-de-bien, la voix incorruptible de*
ceux qui jugent comme il faut d'une excellente Vertu. Or toutes les Vertus renferment de leur nature un ſoin de procurer le Bien Commun ; & c'eſt cela ſeul,
qui fait qu'on remporte la louange des Gens-de-bien. L'amour d'un tel Honneur , bien loin de produire la Guerre, & une Guerre contre tous, eſt au
contraire un puiſſant motif, qui, comme il diſtingue l'Homme du reſte des
Animaux, lui ſert auſſi d'éguillon, pour le porter à la pratique de toutes les
Vertus, qu'*Hobbes* lui-même (c) regarde comme autant de moiens néceſſaires (c) *Leviath.*
pour l'établiſſement de la Paix commune. Cap. 15.

2. Sa ſeconde Réponſe eſt, (4) *Qu'entre les Bêtes, dont il s'agit, le Bien*
Public & le Bien Particulier ſont une ſeule & même choſe ; de ſorte qu'en cherchant
naturellement leur avantage particulier, elles procurent en même tems l'avantage com-
mun. Mais pour ce qui eſt de l'Homme, rien ne le flatte plus agréablement dans la
jouïſſance de ſes biens particuliers, que de penſer qu'ils ſont plus grands que ceux dont
les autres jouïſſent. Ici nous avons de l'obligation à *Hobbes*, de ce qu'imprudemment il reconnoît qu'il y a quelque *Bien Public* ou Commun, hors de toute Société Civile; & que les Bêtes mêmes procurent un tel Bien. Car il ſoûtient (5) ailleurs le contraire. Nous ſommes perſuadez, que la connoiſſance
du Bien Public eſt capable par elle-même de porter les Hommes à la Paix &
à la Vertu, parce que ce Bien Public eſt aimable de ſa nature, & le plus ferme rempart du Bien particulier de chacun. Que ſi, en certains cas, il ſe
trouve différent de l'avantage particulier de quelques Individus, cette diverſité
n'eſt pas plus une raiſon ſuffiſante pour mettre aux mains les Hommes les uns
contre les autres, qu'elle ne l'eſt à l'égard des *Abeilles* & des *Fourmis*, dont le
Bien

nimalia illa non item &c. Ibid.

(3) *Ea eſt* [Gloria ſolida] *conſentiens laus*
bonorum , incorrupta vox bene judicantium de
excellente virtute. Tuſcul. Diſput. Lib. III.
Cap. 2.

(4) *Secundò, Inter Animalia illa Bonum Pu-*
blicum & Privatum idem eſt. Ergo ad Bonum

Privatum dum naturaliter feruntur, ſimul pro-
curant Bonum Commune. Homini autem in bo-
nis propriis nihil tam jucundum eſt , quàm quod
alienis ſunt majora. Ibid.

(5) *Nam ante Paɕa & Leges conditas, nul-*
la neque Juſtitia, neque Injuſtitia, neque Bont
neque Mali Publici natura erat inter Homines,
nec.

Bien Commun fe trouve de la même maniére différent du Bien Particulier. Pour ce que nôtre Auteur pofe en fait, touchant le caractére des Hommes, fi on l'entend d'une difpofition commune à tous fans exception, comme fes expreffions l'infinuent, cela eft très-faux, & avancé fans aucune preuve : à moins qu'il ne nous renvoie tacitement à la démonftration générale, dont il parle dans la Preface (6) de fon *Léviathan*, comme celle qui convient à de pareilles chofes. Notre Philofophe fe connoît fans doute lui-même ; il fait, qu'en matiére de fes avantages propres rien ne lui donne plus de plaifir, que de penfer qu'ils font plus grands, que ceux des autres : de là il conclut, que tous les Hommes font dans les mêmes fentimens. Mais il devoit nous montrer dans la Nature des Chofes en général, ou dans la Nature Humaine en particulier, quelque principe par lequel tous les Hommes foient néceffairement portez à juger ainfi. Certainement tous ceux qui ufent bien de la Raifon, favent, en confidérant leurs befoins naturels, & l'ufage naturel des Chofes, juger fi celles qu'ils poffédent leur font agréables ou non, & jufqu'où elles leur plaifent, fans aucune comparaifon avec celles qu'ont les autres. C'eft être fot, ou envieux, que de ne trouver du plaifir dans la jouïffance de fes Biens propres, qu'autant qu'ils furpaffent ceux d'autrui. Que fi *Hobbes* vouloit reftreindre à de telles gens ce qu'il a avancé en général, ce ne feroit pas une caufe fuffifante pour produire une Guerre Univerfelle de tous contre tous : il y auroit-là feulement de quoi donner lieu à quelque querelle de la part de certains Hommes fots & envieux, que la prudence ou la force d'autres plus fages pourroit aifément empêcher de nuire à tous généralement.

3. *Hobbes* (7) répond encore, *Que les autres Animaux étant deftituez de Raifon, ne voient ou ne croient voir rien de blâmable dans l'adminiftration des chofes qui leur appartiennent en commun : au lieu qu'il en eft autrement des Hommes ; d'où naît la Guerre entr'eux.* Mais voici ce que je crois devoir dire là-deffus. La raifon qu'*Hobbes* allégue, n'a rien qui foit capable d'empêcher que les Hommes ne vivent enfemble paifiblement, fuppofé qu'il n'y ait aucun Gouvernement Civil, dont ils dépendent ; puis que, (8) n'y aiant point alors d'*adminiftration de chofes communes*, on n'y fauroit trouver rien à redire; & ainfi les panchans naturels à une Bienveillance univerfelle, & toutes les Loix de la Nature, demeurent fans aucun obftacle de ce côté-là. *Hobbes* n'avance rien non plus qui prouve que les Hommes ne puiffent pas s'accorder à établir quelque Société Civile, qui eft ce dont nous recherchons les caufes : mais tout ce qu'il objecte

magis quam inter Beftias. De Homine, Cap. X. in fin. Tom. I. Opp. Part. II. pag. 62.

(6) Il dit là, qu'en matiére de ce qui regarde la connoiffance du Genre Humain, c'eft à fes Lecteurs à voir, fi ce qu'il en dit s'accorde avec ce qu'ils penfent ; n'y aiant pas d'autre moïen de démontrer de pareilles chofes : *Quod* [cognofcere non hunc & illum hominem, fed Humanum Genus] *& fi factu difficile fit . . . . fi tamen ea quae ego de hac re explorata habeo, recto ordine, & perfpicue explicavero, minuetur difficultas aliis, quibus folus in-*

cumbet labor examinandi, an ea quae dico, ipforum cogitationibus congruant. Nam harum rerum alia non eft Demonftratio. Pag. 2. in fin.

(7) *Tertiò, Animalia illa, quia carent Ratione, in rerum fuarum communium adminiftratione nihil vident, aut videre fibi videntur, quod culpent ; inter Homines autem permulti funt, qui fe caeteris fapientiores, & regendae Civitatis capaciores effe putant, quique dum fuo quifque modo reformare volunt, diffident inter fe & Belli caufa funt.* Leviath. ubi fupr. pag. 85.

(8) Il a fallu ici développer la penfée, qui, dans

te eſt ſeulement capable d'empêcher qu'ils ne conſervent les Sociétez déja établies par leur ſeul conſentement. Du reſte, c'eſt à lui à voir, ſi ce qu'il attribuë à un très-grand nombre d'Hommes, comme leur étant naturel, ne va
pas à ſapper également les fondemens de la Paix dans un Etat Civil, formé
par une *union* telle qu'il l'imagine. *Il y a, dit-il, bien des gens, qui ſe flattent d'être plus ſages que les autres, & plus capables de gouverner l'Etat ; de ſorte
que, voulant le reformer chacun à ſa maniére, ils ont des diſputes entr'eux, & ſont
par-là cauſes de la Guerre.* Ces ſortes de gens ne ſont-ils pas ordinairement
diſpoſez à ne tenir aucun compte des Conventions, qui les uniſſoient, & à
allumer des Guerres Civiles ?

De plus, il faut conſiderer, que la Raiſon Humaine contribuë beaucoup
plus efficacement à avancer la Paix & la Concorde entre les Hommes, en leur
découvrant une infinité d'illuſions que leur font leurs Paſſions & leur Imagination, qu'elle ne les porte à la Diſcorde par les erreurs où elle tombe quelquefois en matiére des choſes toujours néceſſaires à la Tranquillité Publique, leſquelles ſont fort aiſées à connoître, & en petit nombre. Outre que les Hommes ne courent pas aux Armes, auſſi-tôt qu'ils croient voir quelque choſe de
blâmable dans l'adminiſtration de ce qui leur appartient en commun. La même Raiſon, qui leur découvre la faute, leur dit, qu'il faut ſouffrir bien des
choſes pour entretenir la Paix, & elle leur inſpire divers moiens dont on peut
eſſaier de ſe ſervir pour corriger les abus. J'en appelle ici au jugement des
Lecteurs. La condition des Hommes eſt-elle pire, que celle des Bêtes, parce qu'ils ont en partage la Raiſon ? Et n'eſt-ce pas juger bien injuſtement des
Hommes, que d'accuſer leur Raiſon, comme fait *Hobbes,* d'être la cauſe de
toutes les miſéres que la Diſcorde & la Guerre entraînent après ſoi, de ſorte
que, ſelon lui, elle les empêche de vivre enſemble auſſi paiſiblement, que
font entr'eux les Animaux deſtituez de Raiſon ? Après tout, la réponſe que
nous examinons, eſt tout-à-fait hors d'œuvre. Il s'agit de l'obligation que
les Maximes de la Droite Raiſon impoſent aux Hommes avant l'établiſſement
d'aucune Société Civile : & *Hobbes,* pour montrer qu'il n'y a point de telle
Obligation, vient nous dire, qu'il y a bien des Hommes dont la Raiſon eſt ſi
corrompuë, qu'elle les porte à renverſer le Gouvernement Civil actuellement
établi.

4. Une quatriéme réponſe, c'eſt, que (9) *les Hommes ne peuvent pas vivre
enſemble auſſi paiſiblement que les Abeilles & les Fourmis, parce que ces Animaux
n'ont*

dans l'Original, eſt exprimée d'une maniére
obſcure & embarraſſée. Le Traducteur Anglois, faute d'y avoir pris garde, fait dire à
nôtre Auteur quelque choſe de contraire au
raiſonnement : *their natural propenſions . . . . .
would take place, notwithſtanding any thing
here adleged to the contrary.* Mais l'objection
d'*Hobbes* eſt tirée de la ſuppoſition d'une adminiſtration de *choſes communes,* à laquelle on
trouve à redire : or, avant l'établiſſement
des *Sociétez Civiles,* il n'y a point de telle adminiſtration. Mr. *Maxwell* a été trompé par

les mots de l'original, *his non obſtantibus,* qui
ne ſignifient point ici *nonobſtant cela,* mais,
n'y aiant point alors de tels obſtacles, ou d'adminiſtration de *choſes communes,* comme Hobbes le ſuppoſe, à laquelle les Hommes puiſſent trouver à redire.

(9) *Quartò, Animalia illa . . . . . verborum
arte illa carent, quœ Homines alii aliis videri
faciunt Bonum Malum, & Malum Bonum; Magnum Parvum, & Parvum Magnum; & alter
alterius actiones ita reprebendit, ut inde turbœ
oriantur.* Leviath. *ubi ſupr.*

V

n'ont pas l'ufage de la Parole, dont les Hommes favent fe fervir adroitement, pour fe perfuader les uns aux autres, que le Bien eft Mal; & le Mal, Bien &c. & pour critiquer les actions les uns des autres, de maniére qu'il naît de là des querelles & des troubles. C'eft-à-dire, que, parce qu'il arrive quelquefois que des difcours artificieux donnent lieu à des Troubles, on doit inferer de là, que les Hommes, qui font capables d'abufer ainfi du Langage, ont toûjours une volonté déterminée de ne point entretenir la Paix entr'eux. La belle conféquence! Il falloit avoir prouvé, que les Hommes font néceffairement, ou du moins certainement, dans une difpofition conftante d'emploier ces fortes de Difcours féditieux, qui fervent à exciter quelque Guerre; fur-tout malgré tant de caufes & internes, & externes, qui leur infpirent d'ailleurs le défir de chercher plûtôt le bien de la Paix. Il faudroit aufli prouver, que de tels Difcours font néceffairement, ou du moins toûjours, tant d'impreffion fur tous les Auditeurs, ou fur la plus grande partie, qu'ils les portent à entrer d'abord en guerre. Car ils peuvent être trop éclairez, pour fe laiffer ainfi féduire par des paroles artificieufes. Il peut fe faire aufli, qu'ils prêtent plûtôt l'oreille aux Difcours pacifiques, & fondez fur de meilleures raifons, que des gens plus fages leur alléguent. Il peut être encore, qu'ils foient plus attentifs à pefer les raifons, que faciles à fe laiffer prendre par un vain fon de paroles. Et certainement c'eft à quoi leur nature même les conduit. Car ils favent, qu'ils ne peuvent fe nourrir, ou fe garantir des injures, par des difcours, mais feulement par des Actions qui partent d'une Bienveillance mutuelle. Qu'eft-ce donc qui empêche, que les confeils des Gens-de-bien, fondez fur la nature même des chofes, foûtenus par la Raifon & de l'Orateur, & des Auditeurs, ne prévaillent ici? Pourquoi eft-ce que le langage d'un Ambaffadeur de Paix n'auroit pas plus de force, que celui d'un Héraut d'armes? Tous les gens fages & avifez ont plus d'attention à ce que les autres font, qu'à ce qu'ils difent. Et s'ils fe fient à quelcun, ils prennent de bonnes mefures pour faire en forte que fon pouvoir foit balancé, de maniére qu'il ne puiffe leur nuire, fans courir lui-même beaucoup de rifque. Enfin, je prie le Lecteur de confiderer, combien les Paroles, tant écrites, que prononcées de vive voix, font utiles, pour faire toute forte de Contracts, & pour conferver la mémoire des Loix; deux chofes qui font la bafe de toute Société paifible: je ne doute pas, qu'il ne convienne avec moi, qu'elles fervent beaucoup plus à établir & affermir la Paix, qu'à l'empêcher ou à la bannir; & qu'ainfi on doit les regarder comme utiles au Genre Humain, bien loin de les mettre au rang des chofes qui rendent les Hommes plus inhumains, que les Bêtes mêmes.

5. Mais, (10) ajoûte HOBBES, *les Bêtes ne diftinguent point entre l'Injure & le Dommage; & c'eft pourquoi, tant qu'elles fe trouvent à leur aife, elles n'envient rien aux autres de leur efpéce. Au lieu que l'Homme n'eft jamais plus incommode à fes femblables, que quand il a plus de repos & de richeffes. Car alors il aime*

(10) Quintò, Animalia bruta inter Injuriam & Damnum non diftinguunt. Itaque, quamdiu bene fibi eft, caeteris non invident. Homo autem tunc maximè moleftus eft, quando otio opibusque maximè abundat. Tunc enim fapientiam fuam in Regentium actionibus reprehendendis oftentare amat. Ibid.

(11) At is qui gentem aliquam univerfam re-
ctur̀e

me à montrer sa Sageſſe, en critiquant la conduite de ceux qui gouvernent. L'oppoſition, que fait ici nôtre Philoſophe, montre que, ſelon lui, les Hommes
vivent enſemble moins paiſiblement, que les Bêtes, parce qu'ils ſavent diſtinguer entre l'*Injure*, & le *Dommage*. Pour moi, je ſuis d'une toute autre
opinion, & je crois que les Hommes ſouffrent plus patiemment le Dommage
qu'ils reçoivent de la part même de leurs ſemblables, pourvû qu'il ne ſoit pas
accompagné d'Injure. Toute la différence qu'il y a entre ces deux choſes, eſt
fondée ſur la connoiſſance du *Droit* & des *Loix* : connoiſſance, que je reconnois volontiers être particuliére à l'Homme. Mais je ne ſaurois digérer,
qu'on prétende que cette connoiſſance rende les Hommes plus enclins à violer
la Paix, ou à fouler aux piez les Loix, & les Droits d'autrui, ſemblables aux
leurs. J'avouë que les Hommes peuvent, au mépris de leurs lumiéres, violer les Régles de la Juſtice, par un effet de quelques Paſſions déréglées. Mais
la connoiſſance qu'ils ont de la différence entre le Juſte & l'Injuſte, ne ſauroit jamais par elle-même les porter à commettre des injuſtices. *Hobbes* n'eſt
pas mieux fondé dans ce qu'il ajoûte, en oppoſant les Bêtes aux Hommes.
Les Hommes, nous dit-il, ſont ſujets à s'envier les uns aux autres leurs avantages : ils prennent plaiſir à ſe montrer ſages, en critiquant leurs Supérieurs.
Mais c'eſt faire injure au Genre Humain, que de lui attribuer les vices de
quelque peu de perſonnes, & cela ſans aucune preuve ; à moins qu'*Hobbes*
n'aît ſenti en lui-même de telles Paſſions, & qu'il ne croie pouvoir inférer de
cela ſeul, qu'elles ſont naturelles à tous les Hommes. Car voilà juſtement la
méthode qu'il enſeigne aux Souverains, & à toute autre ſorte de Lecteurs,
pour connoître le Genre Humain, dans la *Préface* de ſon LEVIATHAN. (11)
Il n'y a pas, dit-il, d'autre démonſtration, en matiére de pareilles choſes :
tout ce qu'on peut faire, & qu'il recommande, c'eſt de voir, ſi les choſes
qu'il débite, s'accordent avec nos propres penſées. Pour moi, j'avouë qu'i-
ci les ſentimens d'HOBBES ne s'accordent nullement avec les miens. Pourvû que je ſois heureux, que les autres ſoient plus heureux tant qu'on voudra, je ne leur porte aucune envie ; cela ne diminuë rien de mon bonheur.
Je ne trouve pas non plus, que la Nature Humaine ſoit ſi dépourvuë de modeſtie, que les Hommes ſe plaiſent toûjours à gloſer ſur la conduite des Rois.
Il faut être bien affermi, par une longue habitude, dans l'audace de tout entreprendre, pour en venir à une rebellion contre l'Etat ; Crime, qui renferme une infinité de Meurtres, de Rapines, de Sacriléges, ou plutôt un aſſemblage de toute ſorte de Crimes. C'eſt toûjours fort mal-à-propos, qu'*Hobbes*
en veut rendre les Hommes coupables dans l'Etat de Nature, qu'il ſuppoſe,
& qui, ſelon ſon hypothéſe, eſt antérieur à tout Gouvernement Civil.

6. Voions ſi ſa derniére réponſe prouvera mieux, que le Genre Humain
ſoit naturellement moins diſpoſé, que les Bêtes, à la Paix & à la Concorde.
L'accord (12) *de ces Animaux vient*, dit-il, *de la Nature : au lieu que l'accord*
des

---

turus eſt, ex ſe ipſo cognoſcere debet, non hunc
& illum hominem, ſed Humanum Genus &c.
J'ai rapporté le reſte du paſſage, dans la Note 6. ſur ce paragraphe.

(12) Poſtremò, Animalium illorum conſenſio
à Natura eſt ; conſenſio autem Hominum à Pactis eſt, & Artificialis. Mirum ergo non eſt,
ſi ad firmitatem & durationem ejus aliud, fra-
ter

des Hommes entr'eux se fait par leurs Conventions ; & ainsi n'est qu'artificiel. Il ne faut donc pas s'étonner, que, pour affermir & rendre durable cet accord, il faille quelque chose de plus, que les Conventions, savoir, une Puissance commune, que chacun ait à craindre, & qui dirige les Actions de tous au Bien Public. Je réponds, moi, qu'il y a dans la constitution intèrne des Hommes, entant qu'Animaux, des Causes naturelles, qui les portent à s'accorder ensemble pour exercer une *Bienveillance* réciproque ; & des Causes entièrement semblables à celles qui se remarquent dans toute sorte de Bêtes, dans les *Bœufs*, par exemple, dans les *Lions*, dans les *Abeilles*. J'ai tâché çi-dessus (13) de le montrer en peu de mots : & je ferai voir (14) plus bas, qu'outre celles-là, il y en a, dans les Hommes, d'autres encore plus efficaces. *Hobbes* ne sauroit prouver, qu'il manque à l'Homme rien de ce qui fait que les Bêtes vivent ensemble paisiblement. Car en vain ajoûte-t-il, *Que l'accord des Hommes entr'eux n'est qu'artificiel, parce qu'il vient de leurs Conventions.* Cela peut bien en imposer au Vulgaire, mais les Philosophes le réfuteront très-aisément. En effet, ces Conventions mêmes ont leur principe dans les impressions de la Nature, tant Animale, que Raisonnable. Quand les Hommes ne viendroient jamais à faire ensemble quelque Convention, & qu'ils ne feroient même aucun usage de leur Raison, la Nature commune qu'ils ont tous, entant qu'Animaux de même espéce, auroit toûjours assez de force, pour faire qu'ils s'accordassent à entretenir une Bienveillance mutuelle, au point qu'on remarque cet accord, & un accord naturel, de l'aveu même d'*Hobbes*, entre toutes les Bêtes de même espéce. Qu'est-ce donc qui empêche, qu'un tel accord ne demeure naturel, lors que les Hommes y joignent l'usage de la Raison, & de la Parole ? La Raison ne détruit point les panchans naturels, qui portent à la bonne union ; & un accord naturel n'en devient pas moins fort ou moins durable, pour être exprimé par des mots prononcez de vive voix, ou mis par écrit : de même que le désir & l'usage actuel des Alimens & de la Boisson, ne cessent pas d'être, dans l'Homme, des Actions naturelles, lors qu'il témoigne ce désir par des paroles, & qu'à l'aide de sa Raison, il choisit le lieu, le tems, & le genre de Nourriture qu'il doit prendre. De plus, *Hobbes* accorde quelquefois, que (15) la *Raison* est une partie de la *Nature Humaine*, & une *Faculté Naturelle* ; & c'est l'opinion constante de tous les autres Philosophes, autant que j'en suis instruit. Or il s'ensuit là, que, quand la Raison conseille de former, par des Conventions, une Société particuliére, cet accord vient de la Nature Humaine, ou de la Nature Raisonnable, & par conséquent qu'on doit l'appeller un accord naturel, quoi qu'il soit bien plus fort, & accompagné de plus d'engagemens, qu'aucune Société qu'on remarque entre les Bêtes. Mais, pour se convaincre combien cet accord, qui vient de la Raison, mérite encore plus d'être qualifié naturel, il faut considérer, que la *Raison Pratique* est entièrement déterminée par la nature de la meilleure Fin que nous sommes capables de nous proposer, & des Moiens les

ter *Pactum*, reguletur ; nempe *Potentia communis*, quam singuli metuant, & quae omnium actiones ad bonum commune ordinet. *Leviath.*

ubi supr.

(13) C'est dans les paragraphes précédens, à commencer au 17.

les plus convenables dont nous pouvons faire usage pour y parvenir. Tout ce que fait ici de plus la Raison, c'est de régler les panchans naturels à tous les Animaux, qui les portent à vivre paisiblement avec les autres de leur espéce, mais qui, dans les Bêtes, agissent d'une maniére fort confuse & fort aveugle. Elle dirige ces panchans à leur objet plein & entier, je veux dire, à l'assemblage de tous les Etres Raisonnables ; & elle détermine chacune des Actions Humaines qui en proviennent, à s'exercer dans le tems, le lieu, & autres circonstances, qui sont le plus convenables. Ainsi rien ne peut être dit *naturel* à plus juste titre, que l'action de *manger* & de *boire*, produite non seulement par un effet des mouvemens qui viennent de la constitution des Animaux en général, mais encore exercée de maniére que, toutes les fois qu'on mange & qu'on boit, on soit guidé par la Raison, qui prenant soin de la Santé de l'Animal, distingue parfaitement ce qui lui convient, sans se tromper dans le régime qu'elle prescrit. Ce n'est pas qu'on ne puisse très-bien donner le nom d'*Art* aux Préceptes de ce régime de vivre, dont la Raison découvre la vérité & la vertu par la considération de la nature des Choses. Car l'*Art* est une habitude, qui dirige certaines Actions, selon que le demande la nature de la Fin qu'il se propose, & des Moiens nécessaires pour y parvenir. Or une telle Habitude peut être regardée comme très-naturelle à un Agent Raisonnable, lors qu'elle dépend de peu de régles, & de régles si évidentes, qu'on les suit aisément, par une simple impression de la nature même des Choses, sans aucune instruction, & sans y penser : comme nous voions ici que l'Expérience seule apprend aux Bêtes de quelle maniére elles doivent se conduire par rapport à leur nourriture. Bien plus : les Plantes, quoi que destituées de tout secours d'aucun sentiment, & moins encore capables d'aucun art, ne prennent de la Terre que les Sucs qui leur sont bons, sans s'y méprendre jamais. Les *prémiers Principes* des *Arts* sont des *Habitudes*, proprement ainsi nommées. Il est vrai, que ces Principes sont aussi des parties essentielles de l'Art, auquel ils se rapportent : & à cet égard on pourroit peut-être les appeler *artificiels*. Mais cependant, comme on les apprend toûjours sans art, tout le monde convient, qu'ils sont naturellement connus : & ceux qui traitent de quelque Art, les supposent, plûtôt qu'ils ne les enseignent. Par exemple, savoir *ajoûter* ensemble de très-petits *Nombres*, & des *Lignes Droites*, pour en composer une *Somme totale* ; ou, au contraire, faire quelque *Soustraction* de Quantitez petites & très-connuës : c'est ce qu'on peut bien appeller une habitude, & une partie essentielle de l'*Arithmétique* & de la *Géométrie Pratique*. Les Mathématiciens supposent néanmoins, que leurs Disciples ont aquis cette habitude par un effet de leurs talens naturels, sans aucune instruction ; & qu'ainsi elle est entiérement naturelle. C'est pourquoi EUCLIDE, en proposant ses sortes de notions communes, qu'il appelle *Axiômes*, suppose, comme des choses connuës, *Ajoûter des quantitez égales à d'autres égales* ; ou au contraire, *Oter de quantitez égales, d'autres égales* : &,

Que

---

(14) Depuis le paragraphe qui suit immédiatement, jusqu'à la fin du Chapitre.

(15) *De Cive*, Cap. I. § 1. & Cap. II.

§ 1. Voiez nôtre Auteur ci-dessus, § 1. Not. 2.

Que leurs Sommes, ou leurs differences, feront égales. Je ne remarque cela que pour montrer clairement, qu'il y a une Science de faire certaines chofes, comme d'ajoûter, ou de fouftraire, qui eft en même tems une partie eſſentielle de quelque Art, & néanmoins entiérement naturelle à l'Homme, entant qu'Etre Raifonnable. Ainfi *Hobbes*, à mon avis, fe trompe fort, de prétendre, qu'un accord entre les Hommes, exprimé par des Conventions, eft purement *artificiel*, par oppofition à ce qui eft *naturel*. Je ne nie pas, que le fens des paroles, dont on fe fert pour traiter enfemble, dépende originairement d'une inftitution arbitraire. Mais le confentement des Volontez à fe rendre les uns aux autres des offices de Bienveillance, eft tout-à-fait naturel; & les Paroles ne font qu'un Signe de ce confentement. Or l'eſſence des Conventions confifte uniquement dans un accord des Volontez à faire, par exemple, un échange de fervices; & c'eft auſſi de là que vient toute la force qu'elles ont d'impofer quelque Obligation. Pour ce qui eft de l'art & de la volonté d'établir certains Signes propres à marquer ce confentement de part & d'autre, cela eft fi facile, & les Hommes le connoiſſent fi aifément, même fans aucune inftruction, qu'on peut le regarder comme *naturel*, quoi que l'ufage de tels ou tels Signes foit *arbitraire:* car j'aime mieux le qualifier ainfi, que de l'appeller *artificiel*. En un mot, le confentement des Hommes exprimé par des Conventions, fur-tout en matière des actes de Bienveillance les plus généraux, qui font les feuls dont il s'agit dans cette recherche des Loix de la Nature; ou ne doit point être dit *artificiel*, ou, fi on veut le nommer ainfi, il faut l'entendre d'une manière qui s'accorde avec ce qu'il y a *naturel*, & non pas, ainfi que fait *Hobbes*, en l'oppofant au *naturel*, comme s'il étoit moins fort & moins durable. Car la manière de fignifier un confentement naturel par des Paroles, dont l'ufage eft en quelque façon établi par l'art, ne diminuë rien de la force & de la durée de ce confentement.

La théfe, que j'ai pofée d'abord, demeure donc inconteftable & au deſſus de toute atteinte, c'eft que les Hommes, confiderez fimplement comme Animaux, ont par-là des panchans à exercer la Bienveillance, tels qu'il y en a dans les autres Animaux envers ceux de leur efpéce; par un effet defquels panchans on voit ces Animaux obferver en certains cas, felon la portée de leur Connoiſſance, les principaux chefs de la Loi Naturelle. J'ai cru, au refte, qu'il étoit à propos d'examiner en détail les réponfes d'*Hobbes* fur ce fujet, en partie pour faire voir aux Lecteurs, quelle erreur groſſiére ce Philofophe eft contraint de foûtenir, pour empêcher qu'on ne découvre les indices manifeftes de la Sanction des Loix de Nature, qui fe tirent des panchans naturels; en partie, parce que j'ai remarqué, que toutes les raifons, d'où *Hobbes* voudroit nous faire conclure que l'Homme eft plus malin & plus infociable, par rapport à fes femblables, que ne le font les Bêtes entr'elles; que toutes ces raifons, dis-je, peuvent très-bien être retorquées contre lui-même, comme autant d'indices très-clairs d'une difpofition naturelle dans l'Homme, qui le rend propre à une plus grande Bienveillance envers ceux de fon efpéce, qu'aucune autre forte d'Animaux. En effet, il aime l'*Honneur*, qui provient naturellement des actes de Bienveillance. Il comprend mieux, que les Bêtes, l'influence qu'a le Bien Public fur la confervation du Bien Particulier de chacun.

La Raifon, dont il eft doué, le difpofe & à obéir, & à commander, felon qu'il eft appellé à l'un ou à l'autre. Il fait faire ufage de la Parole, d'une maniére très-propre à perfectionner & à embellir la force de fa Raifon. Il connoît la Loi, & par-là il difcerne une *Injure*, d'avec un fimple *Dommage*, caufé fans mauvais deffein. Enfin, lors que les Hommes fe font accordez enfemble fur quelque chofe par leur confentement, la Nature rend cet accord durable; & l'Art fecondant la Nature, leur fournit de plus divers préfervatifs contre les cas imprévûs, &, par l'ufage de l'Ecriture, un moien de faire durer l'accord au de-là de vie d'Homme. Je ne veux pas m'arrêter ici plus long tems à tout cela; & je laiffe aux Lecteurs à juger, quelles font les plus folides, ou les ré- ponfes d'Hobbes, ou les repliques que j'y fais par rétorfion; je veux dire, s'il n'eft pas vrai, que toutes les chofes particuliéres à l'Homme, indiquées ci-deffus, aident plûtôt les panchans à la Bienveillance qu'il y a conftamment dans la Nature des Animaux en général, qu'elles ne les détruifent ou ne les affoibliffent.

§ XXIII. L'Ordre, que nous nous fommes prefcrit, demande que nous venions maintenant à examiner ce qu'il y a de *particulier* au Corps Humain, pour voir fi cela ne rend pas l'Homme naturellement plus propre, que les au- tres Animaux, à exercer la Bienveillance envers fes femblables, & par confé- quent à former avec eux des Sociétez où il entre plus d'amitié. Cette recher- che eft d'autant plus à propos, qu'il s'agit ici de chofes qui conviennent aux *Hommes*, entant qu'*Animaux*; de forte qu'on doit les regarder, non comme aiant par elles-mêmes quelque efficace propre & diftincte, mais comme con- courant avec celles que nous avons obfervées ci-deffus dans le refte des Ani- maux: en un mot, telles qu'elles nous promettent un effet de même nature, mais plus fûr & plus confidérable, par l'augmentation des Forces & des Facul- tez de même genre. C'eft pourquoi je juge à propos de ranger tout cela de maniére que chaque chofe puiffe être aifément rapportée à quelcun des chefs, que nous avons diftinguez, pour y faire voir des indices d'un panchant natu- rel, par lequel tous les Animaux font portez à la Bienveillance envers les au- tres de leur efpéce, en même tems qu'ils travaillent à leur propre confer- vation.

Pour ce qui eft du *prémier chef*, ou de l'indice tiré de la *grandeur limitée des Parties*, je ne trouve rien de particulier dans le Corps Humain, qui le diftin- gue de celui des Bêtes. Mais le *fecond indice*, pris des forces ou des effets de l'*Imagination*, & de la *Mémoire*, nous donne lieu de découvrir dans le Corps Humain bien des avantages qu'il a à cet égard par-deffus les Corps de toutes les autres fortes d'Animaux.

Sur quoi il faut d'avance remarquer en général, que tout ce qui fortifie l'I- magination & la Mémoire, ou qui en rend les impreffions plus durables dans les Hommes, que dans les autres Animaux, contribuë auffi beaucoup à leur faire aquérir, par une Expérience naturelle & commune, un plus grand nom- bre de Connoiffances, fur les Caufes tant de leur Bien Particulier, que du Bien Commun, qui font en leur puiffance; & par-là les rend capables d'un plus haut degré de Prudence, par-où ils font plus en état & dans une plus grande difpofition de diriger leurs Actions à la recherche & du Bien Particulier, & du Bien

Dernière Preu- ve, tirée de ce qui eft parti- culier au Corps Humain. 1. A l'égard de l'I- *magination* & de la *Mémoire.*

Bien Public, comme étant mêlez & liez étroitement l'un avec l'autre par la conftitution de la Nature Humaine. Or tout ce qui eft propre à augmenter cette *Prudence*, difpofe auffi à la pratique de toutes les *Vertus Morales*, c'eft-à-dire, à l'obfervation de toutes les *Loix Naturelles*.

Cela pofé, je vais tirer des Traitez communs d'Anatomie, & de mes propres obfervations ou de celles de quelques autres, dequoi faire remarquer dans le Corps Humain certaines chofes particuliéres, qui fervent à augmenter & à fortifier l'*Imagination* & la *Mémoire* ; lefquelles chofes à la vérité, confiderées chacune à part, n'ont pas beaucoup d'influence, mais jointes enfemble, & avec ce qui eft commun à tous les Animaux ; envifagées d'ailleurs dans la dépendance où elles font des nobles Facultez de l'Ame, dont ces parties de nôtre Corps font les inftrumens propres; paroiffent être d'un grand ufage par rapport à l'effet dont il s'agit.

Voici donc en quoi confiftent ces aides de l'*Imagination* & de la *Mémoire Humaine*. C'eft 1. Dans la conftruction du *Cerveau*, qui, à proportion de la groffeur du Corps Humain, eft beaucoup plus grand, que celui de toute autre forte d'Animaux. 2. Dans la qualité & la quantité du *Sang*, & des *Efprits Animaux* qui s'en forment: car ils font plus abondans, & plus épurez, à caufe de la pofture naturelle du Corps Humain, qui eft droit, & non courbé vers terre; ils ont plus de vigueur & de mouvement, parce que les tuyaux des *Artéres Carotides* leur donnent une entrée plus libre & plus large dans le Cerveau. 3. La *Mémoire* en particulier eft fort aidée par la *longue durée de la Vie Humaine*, foit dans l'Enfance, où la Mémoire fe remplit d'une grande quantité d'Idées & de Mots, foit dans l'Age de maturité, où ce que l'on favoit déja, & ce que l'on apprend de nouveau, fe rangent par ordre, avec le fecours d'un Jugement mieux formé. Difons quelque chofe de chacun de ces chefs, pour mettre le tout dans une plus grande évidence.

1. J'entens ici par le *Cerveau*, toute cette fubftance blanche, qui eft au dedans du Crane, & enveloppée de tuniques. On le diftingue quelquefois en Cerveau proprement ainfi nommé, & *Cervelet*. Or voici ce qu'en dit (a) BARTHOLIN. *Le Cerveau eft d'une groffeur remarquable, à proportion de la grandeur du Corps Humain, felon* qu'ARISTOTE (1) *l'a obfervé. Et d'ordinaire un Homme a le double de cervelle, plus qu'un Bœuf, c'eft-à-dire, quatre ou cinq livres.* Là-deffus, je raifonne ainfi. Un Corps Humain, de taille médiocre, ne péfe guéres plus, que le quart du Corps d'un Bœuf: & cependant il a un Cerveau plus grand du double, pour gouverner un fi petit Corps: d'où il s'enfuit, que la Nature lui a donné huit fois autant de cette fubftance, pour gouverner un poids égal des Membres du Corps. J'ai vû moi-même des *Brebis* de la prémiére grandeur, & des *Cochons*, qui pefoient autant qu'un Homme: & néanmoins leur Cerveau ne pefoit qu'environ la huitiéme partie d'un Cerveau Humain. Peut-on conclure autre chofe d'une fi grande différence qui fe voit à

cet

(a) *Anatom.* Lib. III. Cap. 3.

§ XXIII. (1) Voici le paffage. ARISTO-TE y dit auffi, que cette proportion eft plus grande dans le Cerveau des Hommes, que dans celui des Femmes. Ἔχει δὲ τῶν ζώων ἐγκέφαλον πλεῖζον ἄνθρωπος, ὡς κατὰ μίγεθος, καὶ τῶν ἀνθρώπων οἱ ἄρρενες τῶν θηλειῶν. De partibus Animalium, Lib. II. Cap. 7. pag. 987. A. Tom II. Opp. Ed. Parif. 1629. Tout ce-la

cet égard entre l'Homme & le reste des Animaux, si ce n'est que la constitution naturelle du Cerveau de l'Homme lui donne une influence beaucoup plus
grande & plus sensible, par rapport à la conduite des Actions Humaines.

Pour ne rien dire ici des autres usages du Cerveau, qui sont communs à l'Homme
avec le reste des Animaux, & à l'égard desquels il ne paroît avoir aucun avantage sur
eux; il est certain que l'Homme, à la faveur de cette partie de son Corps, connoît
plus exactement les Objets sensibles, les compare mieux les uns avec les autres, &,
outre quelques autres effets naturels de moindre importance, peut examiner
avec plus de soin, combien chaque chose, du nombre de celles où nous avons
quelque pouvoir, est capable de causer de Bien ou de Mal, soit à chacun en
particulier, ou à plusieurs ensemble. De plus, comme tous les *Nerfs* viennent
du Cerveau, ou de la *Moëlle de l'Epine du dos*, qui est une extension du Cerveau, & de même nature; cela nous fait voir très-évidemment, que tous les
mouvemens du Corps qui dépendent en quelque manière de notre direction,
sont réglez & gouvernez par le moien du Cerveau. On le comprendra plus
distinctement, si on lit ce que dit (b) WILLIS, pour montrer que tous les
Nerfs qui servent aux Mouvemens volontaires, tirent leur origine du *Cerveau*,
proprement ainsi nommé.

(b) *Anatom. Cerebri*, Cap. 26.

De tout cela il suit manifestement, que la plus grande quantité de la Subs-
tance du Cerveau, & le plus d'activité qu'on y remarque dans l'Homme, en
comparaison des autres Animaux, lui servent naturellement à diriger avec plus
de délibération, de soin, & d'attention, les divers mouvemens & les diverses
actions qui en dépendent; car ce sont-là les usages particuliers du Cerveau. Or
cette direction ne peut bien se faire, qu'en se proposant la plus excellente
Fin, qui est le Bien Commun de l'Univers, & sur-tout des Etres Raisonnables; & en prenant la meilleure voie pour procurer les Moiens qui y conduisent, c'est-à-dire, en travaillant à gagner l'affection de tous les Etres Raisonnables, par une Bienveillance réelle & effective envers eux. Certainement
un plus simple appareil d'Organes, tel que celui qu'on voit dans les *Arbres*, suffiroit pour la conservation d'un seul Individu; car il y a bien des Arbres, qui
durent dans un état florissant, plus long tems que ne s'étend la Vie d'un Homme. Il suffiroit même pour la Propagation de l'Espéce, laquelle renferme
néanmoins dans les Arbres même quelque chose qui se rapporte au Bien Commun. Il faut donc qu'une si grande capacité du Cerveau de l'Homme, & une
quantité proportionnée de tant d'admirables instrumens qui y sont joints, tels
que sont tous les Organes des Sens, & des Mouvemens volontaires, aient été
faites pour de plus nobles usages. Quelques sort d'*Oiseaux*, & de *Poissons*, ont
le Cerveau si petit, que leurs yeux sont aussi gros & aussi pesans, & quelquefois plus; comme je l'ai appris, avec bien d'autres choses curieuses en fait
d'Anatomie, de mon bon Ami (2) le Docteur *Hollings*, Médecin très-docte,
& très-expérimenté. Ces Oiseaux, & ces Poissons, ne laissent pas d'avoir
assez

Il a été copié par PLINE, Hist. Natur. *Lib.*
XI. *Cap.* 37. *num.* 49. *Harduin.*

(2) Il est parlé de ce Docteur *Hollings*,
Médecin à *Shrewsbury*, dans la *Vie* de nôtre
Auteur, comme aiant été son grand Ami.
On trouvera cette Vie à la tête de ma Tra-
duction.

X

affez de difpofition naturelle à vivre paifiblement avec les autres de leur efpéce.   Combien plus les Hommes en général doivent-ils en avoir, eux qui font
pourvûs d'Organes fi vaftes pour augmenter leur connoiffance? Sur-tout puis
que la plus grande partie de la Félicité Humaine confifte dans l'ufage que
l'Homme fait du Cerveau, pour chercher la Vérité, & le plus grand Bien.
De forte qu'il ne peut, fans préjudice de fon bonheur, manquer d'avoir cette
partie en bon état, comme il arrive quelquefois contre le cours ordinaire de
la nature.   A cela fe rapporte un fait que (c) WILLIS raconte, c'eft qu'a-
iant difféqué le Cadavre d'un Homme qui avoit été imbécile dès fa naiffance,
il ne trouva d'autre défaut dans le Cerveau, fi ce n'eft qu'il étoit fort petit.
Le même Docteur, en faifant l'Anatomie d'un *Singe*, a obfervé, que le Cerveau de cet Animal différe peu de celui d'un *Chien*, & d'un *Renard;* à cela
près, qu'il a une beaucoup plus grande étenduë, à proportion de la groffeur
de tout le Corps, & que fes cavitez font plus larges.   D'où vient que le Sin-
ge eft celui de tous les Animaux qui approche le plus de l'intelligence de
l'Homme.

§ XXIV. J'AI dit 2. Que le *Sang*, & les *Efprits Animaux* qui fe forment du
Sang, font plus abondans, plus épurez, & plus actifs, dans le Corps Humain, que dans celui des Bêtes.   Tout cela peut être avec raifon mis au
nombre des aides naturelles de l'*Imagination* & de la *Mémoire*, & par conféquent de la *Prudence*.   Il y a diverfes caufes, qui font que la quantité du
Sang varie dans tous les Animaux, fans en excepter l'Homme.   Cependant
CHARLTON, LOWER, & autres Ecrivains d'Anatomie, ont remarqué, qu'il
arrive rarement qu'un Homme aît plus de vingt-cinq livres de Sang, ou moins
de quinze.   Ainfi on peut mettre vingt livres pour la quantité médiocre.   Sup-
pofé donc que le Corps d'un Homme, après en avoir tiré tout le Sang, péfe
deux cens livres, (ce qui furpaffe le poids des Hommes de grandeur & de
groffeur médiocre) il y aura entre le Sang, & le refte du Corps, la proportion
d'*un à dix*, c'eft-à-dire, que le Sang fera l'*onziéme partie* du Corps entier d'une
perfonne en vie.   Ce calcul n'eft pas fort éloigné de celui que fait nôtre Docteur GLISSON, dans fon *Traité du Foie*, (a) où il réduit le Sang à la douziè-
me partie du Corps Humain.   Mais j'ai fouvent expérimenté, dans une *Brebis*, dans un *Veau*, dans un *Cochon*, que la quantité de leur Sang, à proportion

(c) Anatom. Cerebr. Cap. 26.

2. A l'égard du Sang, & des Efprits Animaux.

(a) De Hepat. Cap. 7.

§ XXIV. (1) Il y a diverfes opinions fur
la nature des *Efprits Animaux*; & qui plus
eft, deux Auteurs modernes de ce Siécle en
ont abfolument nié l'exiftence. L'un eft Go-
DEFROI BIDLOO, Médecin *Hollandois*, qui
entreprit d'établir ce paradoxe dans une de
fes *Exercitationes Anatomico-Chirurgicae*, qui
parurent en 1708. à *Leide*, où il étoit Profeffeur. L'autre, MARTIN LISTER, Méde-
cin de la Reine ANNE, foûtint la même
théfe, dans une Differtation *De Humoribus,
in qua Veterum ac Recentiorum Medicorum ac
Philofophorum Opiniones & Sententiae examinan-
tur:* Ouvrage imprimé à *Amfterdam* en 1710.

On trouvera des Extraits de ces deux Differ-
tations, dans le JOURNAL DES SAVANS,
Supplém. *Août* 1709. *pag.* 376, & *fuiv.* &
Juillet 1710. *pag.* 99, & *fuiv.* Edit. d'Amf-
terd. PHILIPPE VERHEYEN, *Brabançon*,
& Profeffeur en Anatomie à *Louvain*, réfuta
auffi-tôt cette nouvelle opinion, dans fon
Supplementum Anatomicum &c. imprimé à
Bruxelles la même Année 1710. Les Journa-
liftes de *Paris* en donnèrent auffi un Extrait,
au mois de *Novembre* 1710. *pag.* 574, & *fuiv.*
On peut voir encore ce que dit là-deffus Mr.
BERTRAND, Médecin de *Marfeille*, dans
une Lettre tirée des *Mémoires de Trevoux*, qui
fut

tion de leur Corps, eſt comme d'un à vingt, ou au moins à dix-huit. De là il s'enſuit, que la proportion du Sang de l'Homme avec le reſte de ſon Corps, eſt preſque en raiſon double, eu égard à celle du Sang des autres Animaux Terreſtres. Dans les Poiſſons, & les Oiſeaux, la maſſe du Sang eſt encore beaucoup moindre, en comparaiſon de la groſſeur de leurs Corps.

Les Ecrivains d'Anatomie, conviennent auſſi, que le Sang Humain eſt plus chaud, que celui des autres Animaux. Or c'eſt de l'abondance & de la chaleur du Sang, que vient l'abondance & l'activité des Eſprits Animaux; comme chacun le comprend d'abord. Ainſi il n'eſt pas néceſſaire de s'y arrêter.

J'ajoûterai ſeulement, que je ne décide rien, touchant la forme des Eſprits Animaux, (1) ſavoir, ſi c'eſt une ſubſtance aërienne? HARVEY, & ſes Diſciples, le nient. Pour moi, j'entends par Eſprits Animaux, les parties les plus actives de la maſſe du Sang, qui de là paſſent dans le Cerveau, pour aider à l'Imagination & à la Mémoire; comme auſſi dans les Nerfs, & dans les fibres des Muſcles, pour ſervir aux mouvemens de l'Animal. HARVEY même ne nie pas, qu'il n'y aît de telles parties. A l'égard de la maniére dont ces Eſprits Animaux ſe ſéparent du reſte de la maſſe du Sang, peut-être que les plus habiles Interprêtes de la Nature, j'entends les Savans Médecins, ne la connoiſſent pas bien encore. Il ſuffit pour mon but, qu'ils conviennent preſque tous, que le Sang, dont les parties les plus ſubtiles, ou les plus ſpiritueuſes & les plus actives, ont été en quelque façon détachées & dégagées des autres par une fermentation, monte au Cerveau, afin que là les Eſprits ſe ſéparent ou ſe diſtillent entiérement. Je veux ſeulement qu'on remarque ceci, qui fait à mon ſujet, c'eſt que, le Cerveau des Hommes aiant plus de capacité, & leur Sang étant en plus grande abondance, on comprend aiſément que cela peut être cauſe qu'il s'y engendre une plus grande quantité d'Eſprits, que dans le Cerveau de tous les autres Animaux; de quelque maniére que la choſe ſe faſſe dans les uns & dans les autres.

Peut-être encore ne ſera-t'il pas hors de propos d'ajoûter ici ce que nôtre Savant Docteur & Profeſſeur en Médecine, (b) Mr. GLISSON, a obſervé, Que, dans les Enfans qui ſont (2) noüez, la Tête devient plus groſſe, à cauſe du déchet des autres parties: & qu'ils ont plus d'Eſprit, à proportion que leur Cerveau croît, à cauſe de la plus grande abondance de Sang qui y entre.

(b) De Rachitide, ſive morbo puerili.

II

---

fut ajoûtée au mois de Septembre 1713. du Journal des Savans, pag. 325, & ſuiv. Edit. d'Amſterd.

(2) In puerulis Rachitide affectis. Cette maladie des Enfans eſt fort commune en Angleterre: mais elle n'eſt pas inconnuë dans d'autres Païs. L'obſervation, que nôtre Auteur fait ici, empruntée du Savant Médecin, ſon Compatriôte, ſe trouve propoſée long-tems après par un Académicien de France, dans les Mémoires de l'Académie Roiale des Sciences, Année 1701. ,, Plus le Cerveau de l'Homme eſt grand (dit là Mr. LITTRE) plus ,, les fonctions de ſon ame ſont parfaites, &

,, plus il eſt capable d'en faire. Ce qui ſe ,, remarque fort ſenſiblement dans le Rachitis, qui eſt une maladie particuliére aux ,, Enfans. Ceux qui ſont atteints de cette ,, maladie, ont la tête extrêmement groſſe, ,, & le cerveau à proportion; les fonctions ,, de leur ame ſont ſi prématurées, qu'à l'âge de 8 à 9 ans ils ont l'imagination plus ,, vive, plus nette, & plus étenduë, le jugement plus formé & le raiſonnement plus ,, juſte & plus ſolide, que des perſonnes de ,, trente ans. '' Pag. 123. Edit. d'Amſterd.

X 2

Il ne faut pas non plus paſſer ſous ſilence ce que contribue à l'effet, dont il s'agit, la poſture de nôtre Corps, qui, pendant que nous veillons, eſt pour l'ordinaire droite. Car ce n'eſt pas là ſeulement une leçon ſymbolique, par laquelle nous apprenons à contempler les Cauſes élevées au-deſſus de nous, dont l'influence ſe répand également ſur tous les Hommes, où qu'ils ſoient, & même ſur tout le *Monde Sublunaire*, comme pluſieurs (3) Ecrivains de l'Antiquité l'ont remarqué: mais encore une telle ſituation fait (4) que le Cerveau produit une plus grande quantité d'Eſprits Animaux, & d'Eſprits plus vifs; par où nous ſommes naturellement mieux en état d'exercer les plus excellentes fonctions de la Raiſon, qui aboutiſſent toutes à ce qui concerne une bonne union avec tous les autres Etres Raiſonnables. Voici ſur quel fondement j'eſtime que cette maniére dont le Cerveau de l'Homme eſt ſitué, contribuë à la production d'une plus grande quantité d'Eſprits Animaux, & d'Eſprits plus actifs. Je le tire des principes de la *Statique*, appliquez aux fonctions & à la ſituation des *Artéres* & des *Veines*, qui aboutiſſent à la Tête. Pluſieurs trouveront ſans doute que je vais chercher ici des principes étrangers, & trop éloignez de mon ſujet: mais je ſuis perſuadé, que ce ſont des principes qui influent ſur tout le Monde Corporel, & qui font une impreſſion conſidérable ſur les Corps Humains en particulier. Il me ſemble donc, que, quand la maſſe du Sang ſe jette dans l'*Aorte*, par l'impulſion qu'elle reçoit de la contraction du Cœur, toutes ſes parties ne ſont pas néanmoins pouſſées avec une égale impétuoſité, à cauſe de la différence de leur grandeur, de leur figure, de leur ſolidité, & de leurs mouvemens (car le Sang eſt une liqueur compoſée de parties fort hétérogénes, & qui ont divers mouvemens ſelon qu'elles ſont plus ou moins fluides, ou chaudes, ou qu'elles fermentent, ou qu'elles ſont plus ou moins peſantes): mais quelques-unes ſe meuvent plus vîte, que les autres, à cauſe dequoi nous les pouvons appeller les parties les plus légéres & les plus actives du Sang. Ainſi, à mon avis, un fort grand nombre de ces parties ſe dégage des plus groſſiéres, dans les ramifications des Artéres, de ſorte qu'elles peuvent monter en haut plus aiſément, par un effet des battemens continuels, qui pouſſent les parties du Sang avec plus ou moins de force, ſelon qu'elles ſont plus ou moins ſubtiles. C'eſt pourquoi je m'imagine, que le Sang paſſe avec un peu plus de vîteſſe dans le *Tronc aſcendant*, qui auſſi eſt plus étroit, que dans le *Tronc deſcendant* plus large, par lequel les parties plus groſſiéres & plus peſantes coulent plus facilement. Du *Tronc aſcendant*, le Sang devenu encore plus pur, paſſe dans les *Artéres Carotides* & *Vertébrales*, d'où le Cerveau tire la matiére des Eſprits Animaux. Je ne crois pas, qu'il y aît grande différence entre le Sang des Artéres qui roule dans la Tête, & celui qui ſe répand dans les parties baſſes du Corps. Mais j'ai jugé à propos de ne pas omet-

---

(3) On peut ſe ſouvenir ici de ces vers d'un ancien Poëte.

Pronaque cum ſpectent animalia cetera terram,
Os homini ſublime dedit, cœlumque tueri
Juſſit, & erectos ad ſidera tollere vultus.

OVID. *Metamorph.* Lib. I. verſ. 84, & ſeqq. Voiez CICE'RON, *De Legib.* Lib. I. Cap 9. & *De natur. Deor.* Lib. II. Cap. 56. avec la Note de feu Mr. DAVIES ſur le dernier paſſage, où il en allégue d'autres ſemblables, de divers Auteurs Grecs & Latins.

mettre les moindres chofes appartenantes à mon fujet, qui me paroiſſoient fe déduire de principes clairs & univerſels, lorsqu'elles fe font préſentées à ma méditation. J'ajoûterai donc ici une obſervation qui a du rapport avec celles qu'on vient de voir, c'eſt que les Veines qui appartiennent au Cerveau, font lituées de maniére, qu'elles panchent en bas, ce qui fait que le Sang y circule plus vîte par ſa propre peſanteur. Et comme les branches des *Veines Jugulaires*, & des *Vertébrales*, fe vuident ainſi fort vîte; un nouveau Sang, qui fans cela feroit retardé par la réſiſtance de celui qui eſt dans ces Veines, coule plus promtement des *Artéres Carotides*, & des *Vertébrales*. Par le concours favorable de ces deux cauſes, je veux dire, de ce que le Sang monte avec plus de force par les Artéres aſſignées en partage au Cerveau, & de ce qu'après s'être là déchargé des Eſprits Animaux, il deſcend avec précipitation par les Veines d'un Homme qui ſe tient droit, le Sang circule dans la Tête plus vîte, que dans les autres Parties du Corps Humain, ou que dans la Tête des autres Animaux: & cette circulation plus promte fournit plûtôt du nouveau Sang, d'où il ſe forme une plus grande quantité d'Eſprits.

Il ne feroit pas difficile d'alléguer pluſieurs autres preuves, pour confirmer ce que je viens de dire, que, dans le Corps Humain, un Sang plus ſpiritueux monte par les Artéres qui entrent dans la Tête. Car on voit, que les plus fréquentes obſtructions, qui viennent des impuretez du Sang, ſe font dans le *Bas-Ventre*. Les *Veines Hémorrhoïdales* s'enſlent auſſi, & viennent même à couler quelquefois: maladie, qui, comme je crois, eſt particuliére au Genre Humain, & qui ſemble venir en partie de la poſture droite du Corps. Mais il faut abréger. Les Lecteurs curieux, qui voudront en ſavoir davantage, n'ont qu'à lire ce que le Savant Mr. L O W E R a écrit (c) là-deſſus, dans ſon beau Traité *Du Cœur*. Ils y trouveront bien des chofes, qui, quoi que dites dans une autre vuë, pourront aifément, avec un peu de pénétration, être accommodées à nôtre fujet.

(c) *De Corde*, Cap. 2. depuis la *pag.* 133. juſqu'à la fin du Chap.

En vain objecteroit-on, qu'il y a des Oiſeaux, qui vont la tête levée, & qui ont le Cou aſſez long. Car rien n'empêche de dire, que le Sang de ces Oiſeaux monte auſſi à la Tête plus ſubtil & plus leger: mais on ne doit pas croire que leur intelligence y gagne beaucoup, parce qu'ils ont très-peu de Sang & de Cerveau, à proportion de la groſſeur du reſte de leur Corps. Bien plus: une auſſi petite quantité de Sang, que celle qu'ils ont, encore même qu'il ne fût pas ſpiritueux, monteroit aifément dans leurs *Artéres Carotides*, par l'impulſion feule de la contraction du Cœur, parce que ces Artéres ſont ſi minces, qu'elles reſſemblent aſſez aux (5) *Tuïaux capillaires*, faits de Verre, où nous avons vû de l'Eau commune, ſur-tout quand elle eſt chaude, monter comme d'elle-même, à la hauteur de quelques pouces.

Il faudroit encore ici parler d'une autre cauſe qui fait que le Sang des Hommes

---

(4) Comparez ici ce que dit Mr. D E R H A M, dans ſa *Téologie Phyſique*, Liv. V. Chap. 2. pag. 399, & ſuiv. de la Traduction Françoiſe, imprimée à *Rotterdam* en 1726.
(5) On trouvera diverſes expériences, faites ſur les *Tuïaux Capillaires*, par Mr. C A R R E', dans les *Mémoires de l'Académie Roiale des Sciences*, Année 1705. pag. 317, & ſuiv. Edit. d'Amſt.

mes monte avec plus de viteſſe dans le Cerveau , c'eſt que leur *Artére Caroti-*
de n'eſt pas , comme celle de la plupart des Bêtes , diviſée en une infinité de
rameaux , entrelacez comme des filets, où le Sang perd beaucoup de ſon mouvement : mais elle a un ſeul conduit , large & ouvert , par où le Sang coule
juſqu'au Cerveau. De là il arrive néceſſairement , que toutes ſes parties , &
les Eſprits auſſi par conſéquent, ſe meuvent avec plus d'impétuoſité ; que toute ſa circulation ſe fait en moins de tems ; & que la place eſt plutôt libre à
l'entrée d'un nouveau Sang : toutes choſes qui contribuent beaucoup à rendre

(d) *Cerebr.* les Eſprits Animaux plus actifs & plus abondans. Mais le (d) grand WILLIS,
Anatom. Cap. & Mr. LOWER (e) , ont traité tout cela ſi exactement & ſi à fonds , qu'ils ne
7.
(e) *Ubi ſup.* nous ont pas laiſſé de quoi glâner. On doit recourir à leurs Ouvrages , comme à des Originaux. Il me ſuffit d'en avoir emprunté les Obſervations qu'on
vient de lire pour les appliquer à mon ſujet.

J'ajoûterai ſeulement , qu'encore qu'il y ait dans la Tête de l'Homme tant
de choſes , qui , aidant à l'*Imagination* & à la *Mémoire* , ſont de quelque uſage aux fonctions de l'Ame ; tout cela ne ſuffit nullement, pour que l'on puiſſe
réduire ſes opérations propres , dont nous avons fait mention ci-deſſus , à la
méchanique de la *Matiére* & du *Mouvement*. Je crois, au contraire , que

(f) *De Cerbr.* MALPIGHI a eû raiſon de dire (f) que , plus on connoîtra la nature &
cortice, Cap. 4. les fonctions du Cerveau , & plus on déſeſpérera d'expliquer jamais les opérations de l'Ame par les mouvemens qui ſe font dans cette partie de nôtre
Corps.

3. En ce que § XXV. VENONS au *troiſiéme* & dernier ſecours , en quoi l'Homme a un
la Vie de grand avantage ſur les autres Animaux, par rapport à la *Mémoire* , & en mê-
l'Homme eſt me tems à la *Prudence ;* c'eſt celui que lui fournit la *durée ordinaire de ſa Vie.*
plus longue.
Nôtre *Mémoire* a certainement une capacité prodigieuſe. Elle renferme quelques milliers de Mots , & plus d'un million de penſées , ou de Propoſitions
compoſées de ces Mots; outre une variété preſque infinie de Choſes & d'Actions , que nous obſervons pendant le cours de nôtre Vie. Et , quelque courte que ſoit cette Vie , en comparaiſon de l'Eternité, après laquelle nous ſou-
pirons , ou même de l'étenduë que nous ſavons qu'avoit la Vie des prémiers
Hommes , dont l'Hiſtoire Sainte nous parle ; elle eſt néanmoins encore beaucoup plus longue , que celle de la plûpart des Animaux , qui nous ſont connus. Si les Bêtes ſont plûtôt que nous, en âge de maturité, elles meurent auſſi
plûtôt , & ne parviennent guéres à ſoixante ou ſeptante ans ; qui eſt le terme
ordinaire de la Vie Humaine.

La Nature a auſſi ſagement diſpoſé les choſes de telle maniére, que, dans
un âge encore tendre, les Enfans ne laiſſent pas d'avoir bonne Mémoire. Ainſi, avant que d'être capables de nous conduire, nous apprenons bien des Véritez , au ſujet de la Divinité, & d'un grand nombre d'Hommes , qui ſont les
Cauſes du Bien Commun , & du Bonheur que nous eſpérons. Par-là nous comprenons, combien il eſt néceſſaire & de rechercher cette Fin, la plus excellente de toutes , & d'exercer, comme l'unique moien d'y parvenir, des actes
de

§ XXV. (1) *Sunt enim animalia alia , quae earum rerum quae ad finem facum conducunt plura*
obſer-

de Bienveillance qui fe répandent le plus qu'il fe puiffe fur tous ces Etres Intelligens.

Hobbes ici, comme en matiére d'autres chofes, ne fait pourtant pas difficulté de donner l'avantage aux Bêtes, par deffus les Hommes. Voici ce qu'il dit, dans fon *Leviatban*, où il traite de la *Prudence* : (1) *Il y a d'autres animaux, qui, n'aïant qu'un an, obfervent plus de ces fortes de chofes qui fervent au bien qu'elles fe propofent, & les recherchent avec plus de prudence, que ne fait un Enfant, âgé de dix.* Pour moi, qui ai fouvent remarqué avec admiration l'adreffe des Enfans dans leurs petits Jeux ; combien ils répondent à propos aux queftions qu'on leur fait ; & l'heureufe facilité avec laquelle ils apprennent les Langues : j'avoue, que je n'ai jamais rien vû dans les Bêtes, qui en approche, ou qui puiffe y être comparé en aucune maniére. Ainfi je laiffe aux Lecteurs à juger, fi, dans ce que dit ici nôtre Philofophe, il n'y a pas plus de mauvaife foi & de malignité, que de vérité & de franchife. Il reconnoît fouvent, qu'une Expérience de plufieurs années, fur-tout quand on eft en âge mûr, produit naturellement la Prudence : & il ne veut pourtant pas voir, que l'Homme a en cela quelque avantage fur les Bêtes, qui vivent moins de tems, qui en croiffant n'aquiérent que peu d'intelligence, & qui, fi elles apprennent quelque chofe par l'expérience, ne fauroient jamais le communiquer aux autres de leur efpéce, fur-tout quand elles font en des lieux ou des tems fort éloignez, auffi commodément que les Hommes peuvent le faire, & qu'ils le font ordinairement, d'une maniére qui tourne à l'augmentation de leur Prudence, & à l'avancement de leur Bonheur réciproque.

§ XXVI. Mais c'eft affez parlé des difpofitions naturelles, qui fe rapportent à l'*Imagination*, & à la *Mémoire* des Hommes. Paffons à ce qu'il y a de particulier dans le *Corps Humain*, qui met les Hommes mieux en état de gouverner leurs *Paffions*, & de les déterminer à chercher de faire du bien, plûtôt que du mal, aux autres de leur efpéce. Autre avantage du Corps de l'Homme, à l'égard du gouvernement de fes Paffions.

Il faut pofer ici pour fondement, ce que j'ai déja remarqué en expliquant le *troifiéme* (a) *indice*, tiré de la nature commune à l'Homme avec le refte des Animaux, c'eft que les Paffions qui tendent à la recherche de quelque Bien, font celles qui naturellement caufent plus de plaifir à tous les Animaux ; & qu'ainfi ils ont du panchant à ces fortes de Paffions, comme plus favorables à leur propre confervation, auffi néceffairement, que tous leurs principes internes les portent avec plus de force à conferver leur Vie & leur Santé, qu'à l'affoiblir & la ruïner. Cela pofé, je dis, qu'il y a dans le Corps Humain deux chofes, qui font que les Hommes font plus difpofez, que les autres Animaux, à bien régler leurs Paffions : l'une, parce qu'elle les met en état de le mieux faire, qu'eux : l'autre, parce qu'elle leur rend ce foin plus néceffaire pour la confervation de leur Santé, & par conféquent de leur Vie. Si les Lecteurs trouvent quelque incertitude dans ce que je dirai fur l'un ou l'autre de ces articles, je les prie de fe fouvenir, que je ne les propofe que par furabondance de droit, & après avoir fuffifamment établi d'ailleurs le fond de ma théfe. Il ne fera (a) § 19.

pour-

obfervant & prudentius perfequuntur, unisiam annum nata, quàm puer decennis. Cap. III. pag. 12.

pourtant pas inutile de faire remarquer ici ces chofes particuliéres à l'Homme ; ne fût-ce que pour engager d'autres Ecrivains à en mieux expliquer les ufages. Je ne crois pas , que ce foit ici le feul : mais il me paroît probable , que cet ufage eſt réel, & qu'il contribuë aux excellens effets , dont je traite.

Les deux chofes dont il s'agit, font 1. Un *entrelacement* (1) *de Nerfs* , particulier à l'Homme. 2. L'union, par laquelle le *Péricarde* eſt attaché au *Diaphragme* , & une femblable communication entre le *Nerf du Diaphragme* , & *l'entrelacement de Nerfs* particulier à l'Homme, lequel eſt principalement pour (a) *Præcordis.* l'ufage des (a) membranes qui environnent le Cœur.   Je crois qu'il fuffit d'expofer ici en peu de mots les obfervations des Anatomiſtes, & d'appliquer à mon fujet ce qu'ils ont dit en général des Paffions qui dépendent de là.   Il eſt clair, que les plus fortes Paffions des Hommes s'excitent en matiére des chofes qui font l'objet des Loix, Naturelles ou Civiles.   Car le but de toutes les Loix eſt d'établir , ou de maintenir, un Partage de Biens & de Services , c'eſt-à-dire, ce qu'on appelle le *Mien* & le *Tien*.   Or il n'y a rien qui faffe de plus fortes impreffions fur le cœur des Hommes.   Ainfi il eſt hors de doute, que tout ce qu'il y a , dans le Corps Humain, qui fe trouve naturellement propre à exciter ou à calmer les Paffions , fert beaucoup auffi à introduire & à entretenir la difference du *Mien* & du *Tien* , & par conféquent les Loix Naturelles, qui roulent toutes là-deffus.

(b) *Anatom. Cerebr. Cap. 26.*

(c) *Tab. IX.*

1. Pour venir maintenant à l'*Entrelacement des Nerfs* , je vais copier quelque peu de ce qu'en dit (b) WILLIS, dans fon Traité *de l'Anatomie du Cerveau*. Ceux qui ont le Livre même de ce Savant Auteur, feront bien de le confulter, pour mieux confiderer les chofes dans leur fource, & les voir en même tems repréfentées par une Figure (c) exacte.   Cet Entrelacement de Nerfs , particulier à l'Homme, eſt donc vers le milieu du *Cou* , dans le tronc du *Nerf Intercoſtal*, qui, outre les fibres qu'il pouffe dans les *Vaiffeaux du Sang* & dans l'*Oefophage*, & les rameaux qu'il étend jufqu'aux troncs du *Nerf du Diaphragme* , & de la *Paire Vague* , & jufqu'au Nerf qui rebrouffe ; envoie encore deux rameaux d'un & d'autre côté dans le *Cœur* , auxquels fe joint un autre rameau qui vient d'un peu plus bas : & ceux-ci enfin, en rencontrant plufieurs de l'autre côté, forment le *Plexus cardiaque*.   De là viennent non feulement ces branches de Nerfs remarquables , qui couvrent la région du Cœur , mais encore ces petits lacets nerveux, qui lient tout autour & l'*Artère* & la *Veine Pulmonique* (c'eſt-à-dire, les principaux canaux du Sang, d'où fortent avec impétuofité les Efprits, qui font les principes des Paffions).   Le même *Nerf Intercoſtal* lie enfuite les *Artéres foûclaviéres*, avant l'endroit d'où fortent les *Artéres vertébrales* , qui portent le Sang au Cerveau.   *Le Nerf Intercoſtal par le moien de ces branches , fait l'office d'un Meffager , qui porte & communique tour à tour les fentimens du Cerveau au Cœur, & ceux du Cœur au Cerveau.   Par cette communication, les idées du Cerveau font impreffion fur le Cœur, & mettent fes Vaiffeaux en mouvement, auffi bien que le Diaphragme : ce qui caufe diverfes altérations dans le mouvement du Sang, & dans la Refpiration, & change un peu la qualité des Efprits, qui naiffent du Sang.* POUR *bien régler,* ajoûte WILLIS, *les penfées qu'on forme par rapport aux actes de Défir*

§ XXVI. (1) *Plexus nervofus* , c'eſt-à-dire, un grand nombre de petites branches de Nerfs

ſer ou de Jugement, (en quoi ſe déploient les effets de la *Prudence*, & de tou-tes les *Vertus*) *il faut que le Sang ne ſe meuve pas à grands flots dans le Cœur, & que les mouvemens du Cœur même ſoient tenus en bride & reglez par les Nerfs.* Le même Auteur dit avoir remarqué, en diſſéquant le Cadavre d'un Homme im-bécille dès ſa naiſſance, que le *Plexus du Nerf intercoſtal*, étoit fort petit, & accompagné d'une moindre ſuite d'autres Nerfs. Il a auſſi trouvé dans un *Sin-ge*, Animal qui, de tous, reſſemble le plus à l'Homme à l'égard de la péné-tration & des Paſſions ; quelques rameaux qui venoient du *Nerf Intercoſtal* au *Cœur* & à ſes dépendances, & qui commençoient avant l'endroit où ce Nerf entre dans le *Plexus qu'il nomme thorachique :* ce qui ne paroît dans aucune autre ſorte de Bête.

C'eſt aſſez copié. Il me ſuffit qu'on voie par-là, que l'Homme, outre les Fa-cultez de ſon Ame, & autres choſes peut-être qu'on n'a pas encore découver-tes dans ſon Cerveau ; eſt naturellement pourvû de tels Inſtrumens particuliers, pour gouverner ſes Paſſions. Cette obſervation ne laiſſeroit pas d'être utile pour mon but, quand même on trouveroit dans les Bêtes quelque choſe de ſemblable, qui contribuât à les faire vivre en paix les unes avec les autres. Mais, puis que l'Homme ſeul eſt ici privilégié, cela ne peut que lui donner lieu de penſer, s'il y fait bien attention, que la Nature lui aiant mis en main ce Gouvernail, il doit s'y tenir aſſidûment, & le bien manier.

§ XXVII. 2. L'AUTRE choſe, que j'ai dit qu'il y a ici à conſiderer, c'eſt la *connexion du Péricarde avec le Diaphragme*, qui ſont entiérement ſeparez dans les autres Animaux : à quoi j'ai jugé à propos d'ajoûter la *communication entre* le Plexus *particulier à l'Homme, & le Nerf du Diaphragme.* Car, comme WIL-LIS le remarque au même endroit, on voit deux Nerfs, & quelquefois trois, qui, de ce *Plexus*, vont aboutir au Nerf du *Diaphragme.* Et il ne faut pas ou-blier de dire, que le même *Nerf intercoſtal*, où commence cet entrelacement, jette une infinité de rameaux dans toutes les parties du Bas-Ventre, de maniè-re que le Cœur communique en quelque ſorte avec tous ces Nerfs.

Il ſeroit trop long, d'expliquer tout cela en détail. Ou plutôt ce ſeroit à moi une témérité, de prétendre déterminer l'uſage de chacun de ces Nerfs, qui ne me paroît pas être encore aſſez connu. Il ſuffit pour mon but, de di-re quelque choſe de leur uſage en général, ſur quoi les Anatomiſtes ſont d'ac-cord. Ces Nerfs ſervent donc 1. A produire certains mouvemens, ou à les arrêter. 2. A porter au Cerveau les ſentimens de Douleur ou de Plaiſir, qui s'excitent par l'entremiſe des Parties dans leſquelles ils s'inſinuent. 3. Enfin, à faire agir de concert les autres Nerfs, avec leſquels ils ſont entrelacez.

Cela étant, je ſuppoſe, comme un fait certain par une infinité d'expériences, que, dans nôtre Corps, le *Cœur*, le *Diaphragme*, & tous les Viſcéres du Bas-Ven-tre, comme l'*Eſtomac*, le *Foie*, la *Rate*, les *Vaiſſeaux Spermatiques* &c. ſont diver-ſement affectez dans toutes les Paſſions vives qui ont pour objet le Bien ou le Mal, ſoit que l'un & l'autre nous regarde nous-mêmes, ou qu'il ſe rapporte à autrui ; ſur-tout quand nôtre intérêt ſe trouve mêlé avec celui des autres par une ſuite de la nature même des Choſes, comme on peut toûjours le remarquer aiſément, à
cau-

Continuation du même ſu-jet.

Nerfs, entrelacées les unes avec les autres.

caufe de la reffemblance manifefte de la conftitution de tous les Hommes en général.   Or il eft certain , que ces impreffions fe font par l'enɪremife des Nerfs, dont il s'agit, qui tiennent à ces Vifcéres, & peut-être auffi par le concours du Sang qui coule dans les Artéres.   D'où je conclus , que , dans les Paffions dont j'ai parlé, le Cœur de l'Homme reçoit de plus fortes impref-fions , que celui des autres Animaux, parce qu'il communique ou fympathi-fe avec les autres Vifcéres, par cette liaifon des *Nerfs* & du *Péricarde*, qui eft particuliére au Corps Humain ; comme auffi parce que , dans toute forte de Paffions , le Cœur , & les autres Vifcéres, font mis en mouvement par l'in-fluence d'un Cɪrveau plus fort , & d'Efprits plus aɛtifs, qu'ils ne le font dans les autres Animaux.   Or le Cœur , & le Sang qui en fort, étant la fource de la Vie, de la Santé, & par conféquent de tout Plaifir dont nous jouïffons ; il faut néceffairement, que les Paffions, qui, en nous, ont plus de force, que dans les Bêtes, pour augmenter ou retarder ce mouvement du Cœur & du Sang, nous frappent auffi plus vivement , qu'elles ne frappent ces Animaux, dont le Cœur ne fympathife pas en tant de maniéres avec leurs Vifcéres.   Ou-tre que leurs Cerveaux font plus pareffeux ; & leurs Efprits, foit qu'on les con-fidére dans le Sang, ou dans les Nerfs, moins abondans & moins aɛtifs.   C'eft ainfi que la ftruɛture même de nôtre Corps nous avertit continuellement de la néceffité où nous fommes de veiller avec tout le foin poffible au gouvernement de nos Paffions.   Et cela eft de très-grande importance pour mon fujet , puis que toutes les *Vertus*, & par conféquent la pratique de toutes les *Loix Naturel-les*, fe réduifent à bien régler les Paffions, qui ont pour objet l'établiffement ou la confervation du Partage de toutes chofes entre tous.

· Mais , outre les deux phénoménes généraux dont je viens de parler, j'en trouve, dans les Traitez d'Anatomie, deux particuliers, & développez exac-tement, qui réfultent auffi de cette communication qu'il y a entre le Cœur & les autres parties intérieures du Corps Humain ; ce font, le *Rire*, & les *Soupirs*.   Là-deffus il m'eft venu dans l'Efprit, que ces phénoménes font une efpéce de Symptômes des deux Paffions principales , auxquelles nous fom-mes fujets : le prémier, d'une grande *Joie* ; l'autre, d'une grande *Douleur*. D'où j'infére , que toutes les auɪres Paffions reffemblent à celles-ci , & qu'ainfi il y a lieu d'efpérer, par une parité de raifon, que l'on pourra auffi avec le tems découvrir & expliquer leurs Symptômes particuliers. C'eft pourquoi je vais expofer en peu de mots, & accommoder à mon but, les deux que je viens d'indiquer, comme autant d'échantillons.

(a) *Anatom. Cerebr.* ubi fupr.
Je remarque d'abord après (a) WILLIS, que la communication, indiquée ci-deffus, entre le *Plexus* particulier à l'Homme, & le *Nerf du Diaphragme*, nous montre la véritable raifon, pourquoi le *Rire* eft propre à la Nature Hu-maine.   C'eft qu'un mouvement agréable d'Imagination fait impreffion fur le Diaphragme, en même tems que fur le Cœur.   Les Nerfs, qui viennent du *Plexus*, tirent alors le Diaphragme en haut, & le font fauter à diverfes repri-fes.   Comme le *Péricarde* y eft attaché , le *Cœur*, & les *Poûmons*, en font auffi ébranlez.   Et le même *Nerf Intercoftal* fe joignant en haut aux *Nerfs de la*

ma-

§ XXVII. (1) Tels font, le vomiffement, les yeux rouges, l'inflammation du foie. *A-ple-*

macboire; auſſi-tôt que le mouvement a commencé dans le Cœur, ceux de la Bouche & du Viſage y répondent par ſympathie. On verra dans l'Original, cette méchanique plus détaillée. LOWER (*b*) explique la choſe un peu autrement; mais on pourroit trouver moien de concilier ce que diſent ces deux Auteurs. Voici comment je mets à profit leurs obſervations ſur ce ſujet.   (*b*) *De Corde,* Cap. II. pag. 90.

Le *Rire* eſt un aſſaiſonnement très-agréable de la Vie Humaine, & ſur-tout d'une bonne Société. Il n'a preſque aucun uſage dans la Solitude, ou dans les Paſſions qui ont pour objet quelque grand Mal, telles que ſont la *Colère*, l'*Envie*, la *Haine*, la *Crainte.* Ainſi il faut le mettre au rang des choſes, qui le plus ſouvent rendent agréable le commerce des Hommes les uns avec les autres, & qui ne le font trouver deſagréable que rarement. L'Homme ſe plaît merveilleuſement à la répétition de ce mouvement par intervalles, & rien ne chaſſe mieux toutes les impreſſions fâcheuſes de la Triſteſſe. D'où l'on peut conclure, que la Nature Humaine, par cela même qu'elle eſt diſpoſée d'une manière convenable pour travailler à ſa propre conſervation, a auſſi du panchant au Rire, qui eſt un attrait de la Société, tout particulier à l'Homme; & qu'ainſi, à cet égard, le ſoin de nous-mêmes, & le déſir de plaire aux autres, ſont liez naturellement enſemble.

Pour ce qui eſt des *Soûpirs*, quoi que ce ne ſoient pas des mouvemens propres & particuliers au Genre Humain, les Hommes y ſont plus ſouvent ſujets, que les Bêtes. Et dans celles-ci on ne les regard pas, que je ſache, comme des ſignes de Douleur, ou de Triſteſſe. La liaiſon qu'il y a, dans le Corps Humain, entre le *Péricarde* & le *Diaphragme*, par le mouvement duquel ſe font les Soûpirs, eſt cauſe qu'ils nuiſent plus au Cœur de l'Homme, qu'à celui de tres Animaux; parce que le mouvement du Cœur, néceſſaire à la Vie, eſt troublé par ce mouvement extraordinaire du Diaphragme, qui y eſt attaché. Il eſt vrai que quelque peu de Soûpirs ne produiſent guéres un ſi grand déſordre: mais s'ils ſont fréquens, & qu'ils durent, le Cœur en eſt extrêmement fatigué, & devient par-là hors d'état de bien faire ſes fonctions. C'eſt un accident qui a beaucoup de rapport avec ce que les Médecins appellent la maladie des *Sanglots.* Car, comme l'a très-bien remarqué LOWER (*c*), quoi que les Sanglots viennent ſouvent du Ventricule, & qu'ils l'incommodent; c'eſt proprement une affection du Diaphragme, laquelle ne fait pas grand mal à la vérité, quand elle paſſe vîte; mais ſi elle dure, & qu'elle accompagne les autres ſymptômes dont HIPPOCRATE (1) parle dans ſes *Aphoriſmes*, c'eſt ſouvent un avantcoureur, & une cauſe en partie, de la mort.   (*c*) *Ubi ſupr.*

En méditant ſur la liaiſon des Soûpirs avec la Douleur qui les produit, il m'eſt venu dans l'eſprit une conjecture, qui me paroît fort plauſible, ſur l'origine des *Larmes*, qui ſont auſſi un effet de la Douleur, & un Symptôme preſque particulier à l'Homme. Je m'imagine donc, que, dans les accès de la Douleur, le mouvement du Sang, aux extrémitez des Veines & des Artères de la Tête, eſt arrêté, de manière qu'il ne peut pas circuler ſi librement; obſtruction, dont on a encore ici d'autres ſignes. Les *Glandes Lacrymales*, dont nous devons l'explication exacte à STENON, peuvent alors filtrer une plus

plus grande quantité de Sérofitez du Sang, & les faire couler par leurs ouver-
tures dans les Yeux. La prémiére idée de cette conjecture m'est venüe d'une
(d) Ubi supr. belle expérience, que LOWER (d) dit avoir faite; c'est qu'après avoir lié les
Veines Jugulaires d'un Chien encore vivant, il vit toutes les parties supérieures
de la Tête s'enfler prodigieusement; un torrent de Larmes couler des yeux;
& de la gueule, une Salivation aussi copieuse, que si l'on avoit donné du
Mercure à cet Animal. On fera bien de lire dans l'Original, cette expérience très-utile à divers égards; & peut-être que ma conjecture ne paroîtra
pas destituée de fondement. La raison pourquoi l'Homme est presque le seul
des Animaux, qui pleure; c'est peut-être parce que, dans la Douleur, le cours
de son Sang est plus arrêté, à proportion de la grandeur de son Cerveau, &
de la pénétration de sa Faculté d'appercevoir; ou parce que, ce Sang étant
plus abondant & plus chaud, & circulant plus vîte dans la Tête, ne sauroit
rencontrer de telles obstructions, sans que la liqueur salée des Glandes s'en fépare, d'où se forment naturellement les Larmes. Quand même il ne se feroit
pas alors des obstructions dans le Cerveau, comme nous les supposons; si, dans
les accès de la Douleur, le Sang vient à se condenser, de sorte qu'il ne puisse
circuler avec la même facilité qu'il faisoit dans ses canaux ordinaires; ou si au
contraire il se raréfie trop, ou qu'il soit poussé un peu plus vîte du Cœur à la
Tête, où les conduits faisant plusieurs tours & détours, ne lui permettent pas
de passer avec tant de rapidité; cela fera nécessairement enfler les Artéres, &
nous fournira une cause aussi naturelle d'un débordement de Larmes, que si le
cours du Sang étoit interrompu par quelques obstructions. Je pourrois aisément démontrer tout cela par les principes de l'Hydrostatique. Mais, de quelque maniére que la chose arrive, l'écoulement des Larmes, qui vient de ces
obstacles, nous montre, que les atteintes de la Douleur mettent la Santé de
l'Homme en plus grand danger, que celle des Bêtes: car les Glandes Lacrymales ne peuvent guéres suffire à décharger le Sang de toutes ses Sérofitez, lors
qu'elles ont pris un autre cours dans la Tête, quoi que cette évacuation soula-
ge un peu. Les nuages qui se répandent alors sur l'Imagination, & les Symptômes de diverses Maladies qui suivent ordinairement, selon le divers état &
la différente disposition du Corps de chacun, sur-tout dans les Mélancholiques;
font bien voir, que tous les fâcheux accidens de la Douleur ne se dissipent
point par les Larmes, auxquelles on voit peu de gens de Sexe masculin qui
soient sujets, quand ils ont atteint l'âge de maturité. Au reste, on a remarqué, que le Cerf, dont le Sang, sur-tout après avoir aquis un plus grand degré de chaleur & de vîtesse par la course, est dans un état approchant de celui du Sang Humain; se met à pleurer, lors que ne pouvant plus échapper
par la fuite aux Chiens qui le poursuivent, il voit sa mort prochaine, & est
réduit aux abois.

Mais sans nous arrêter plus long tems à ces Spéculations, il faut faire ici une
derniére remarque, c'est qu'il est certain, par l'expérience fréquente de tous les
Hommes, que les Passions Humaines, si la Raison ne les tient en bride, produisent & entretiennent une infinité de Maladies, sur-tout des Maladies hypocon-
driaques, auxquelles les Hommes sont sujets beaucoup plus que les autres Animaux.
Au lieu que, quand les Passions sont gouvernées par la Raison, elles rendent les
Hom-

Hommes vigoureux, agiles, vifs, & propres à toute sorte de fonctions. De sorte que rien n'est plus nécessaire pour la douceur de la Vie, qu'une attention continuelle à bien régler nos Passions, soit qu'on en aît enfin découvert les Causes, ou qu'on n'aît pas là-dessus dequoi se bien satisfaire, ou que même elles nous soient encore entiérement inconnuës.

Cet effet, qui certainement est assez connu, nous met dans la nécessité de consulter nôtre Raison, pour en apprendre certaines Régles, à la faveur desquelles nous puissions tenir nos Passions dans de justes bornes. Et nous n'en saurions trouver ici d'autres, que celles qui nous enseignent à tourner toutes nos Passions vers l'usage des Moiens nécessaires ou utiles pour obtenir la plus grande & la plus excellente Fin, c'est-à-dire, le Bien Commun.

Or les seuls Moiens qui dépendent ici de nous, ce sont les *Actions Libres*, par lesquelles on établit ou l'on maintient un juste PARTAGE d'un grand nombre de Choses & de Services, qui contribuë beaucoup au Bonheur de tous les Hommes.

Les Régles, qui nous prescrivent l'usage de tels Moiens, ne sont autre chose que les *Loix Naturelles*, comme nous le ferons voir dans la suite. Et ces Moiens sont les actes de *Justice Universelle*, ou de toute sorte de *Vertus*, conformes aux Loix Naturelles.

D'où il s'ensuit, que tout ce qu'il y a dans le Corps Humain, qui fait que l'Homme peut plus aisément gouverner ses Passions, ou qui lui en rend le soin plus nécessaire, qu'aux Bêtes, a aussi beaucoup d'influence, & pour le mettre en état de connoître les Loix Naturelles, & pour lui donner quelque panchant à faire ce qu'elles prescrivent.

Dernier avantage du Corps Humain, en ce qui concerne la Propagation de l'Espéce.

§ XXVIII. J'AI été un peu long sur les points que je viens de traiter. Expédions en peu de mots ce qui nous reste à dire, sur le quatriéme & dernier indice (1) que nous trouvons dans la disposition naturelle du Corps Humain, en ce qui lui est commune avec tous les autres Animaux; c'est celui qui se tire du *panchant à la Propagation de l'Espéce*. La seule chose qu'il y a ici de particuliére au Genre Humain, autant que j'ai pû le remarquer, c'est que, dans l'un & dans l'autre Séxe, le désir de s'unir ensemble n'est point limité à certaines Saisons de l'Année, comme on le voit dans presque tous les autres Animaux, mais est continuel en quelque maniére. Or cela rend le Mariage nécessaire à la plûpart des Hommes. Le désir de procréer lignée en est aussi plus fort. De là naissent nécessairement des désirs, & même des engagemens, par rapport à l'entretien & au gouvernement d'une Famille. Tout cela venant d'une plus grande activité du Sang, & d'une plus puissante vertu des Vaisseaux Spermatiques du Corps Humain; il faut nécessairement, que l'effet en soit à proportion plus considérable dans la Société des Hommes, que parmi les Bêtes; & par conséquent que les Hommes aient un plus grand soin de nourrir & de gouverner leur Famille. Or ils ne sauroient avoir ce soin, sans la connoissance des Loix Naturelles, & sans quelque panchant à les observer. Car on ne peut rien faire pour le bien d'une Famille, si l'on ne cherche à établir ou à main-

§ XXVIII. (1) C'est celui, dont l'Auteur a déja traité dans le § 20. Il y revient ici, pour montrer l'avantage que l'Homme a à cet égard par dessus les Bêtes.

maintenir, pour cette Fin, quelque partage de Chofes & de Services réciproques. Et du moment que l'on a compris & approuvé cela par rapport au foin d'une feule Famille, la parité de raifon eft fi évidente, pour les chofes qui font également néceffaires au bonheur des autres Familles, qu'on ne peut que juger qu'un tel partage de Biens & de Services leur eft d'une égale néceffité. On ne voit pas non plus de raifon fuffifante, pourquoi les Chefs des autres Familles ne feroient pas dans les mêmes fentimens, qui par conféquent doivent être communs à tout le Genre Humain. Or la connoiffance & l'approbation de ce partage, comme néceffaire pour l'avantage de tous, renferme la connoiffance & en même tems l'approbation de la Loi Naturelle.

Je laiffe aux *Phyficiens* à montrer, par quelque hypothéfe, la maniére dont les parties féminales & actives du Sang excitent une idée & un défir de procréer lignée. Car ces parties étant fi petites, qu'elles fe dérobent à nos Sens, on ne viendra jamais à bout, quelques obfervations qu'on faffe, & quelque connoiffance qu'on aquiére de l'Hiftoire Naturelle, d'en expliquer méthodiquement tous les effets & tous les mouvemens. Pour moi, j'ai réfolu, dès le commencement, de m'abftenir de toutes ces fortes d'hypothéfes. Chacun peut choifir celle qu'il trouvera la plus conforme aux expériences, & à fa porpre méditation. Il fuffit pour mon but, d'avoir prouvé, que (a) l'*affection naturelle*, ou le défir de conferver & d'élever la lignée une fois mife au monde, n'eft que la continuation du défir de la procréer, ou de faire qu'elle exifte; défir, qui renferme le foin de s'oppofer aux Caufes qui peuvent empêcher fon exiftence. J'ai parlé de cela (b) ci-deffus affez au long.

J'ajoûterai feulement, que, comme la lignée des Hommes a plus long-tems befoin du fecours de Pére & Mére, l'affection naturelle de ceux-ci en devient plus forte, par le long exercice des actes de leur amour; de forte que, plus ils ont emploié de tems à l'éducation de leurs Enfans, & plus ils font fenfibles à tous les maux qui leur arrivent, fur-tout à leur mort. Ainfi la difficulté même qu'il y a de former les Hommes à ce que demande le Bien Commun, étant furmontée par les bonnes efpérances que l'on en conçoit, fondée fur leur nature; fait que les Péres & Méres y travaillent avec plus d'ardeur & de foin, & donnent de jour en jour des marques d'affection naturelle beaucoup plus grandes, que l'on n'en découvre dans aucune autre forte d'Animaux.

Il faut d'autant plus faire attention à toutes les preuves tirées de ce quatriéme indice, que c'eft le prémier principe & de l'amour réciproque des *Enfans* envers leurs *Péres & Méres*, & de la bienveillance qu'il y a entre les *Parens* d'une même *Famille*; d'où l'on peut venir enfin à aimer tout le Genre Humain, dès que l'on faura par des Hiftoires très-dignes de foi, ce qui eft le feul moien de connoître des faits anciens, que tous les Hommes font defcendus d'une même tige.

(a) Στεργή.

(b) § 20.

§ XXIX.

§ XXIX. (1) Je commence ici un nouveau paragraphe, comme fait auffi le Traducteur Anglois, pour féparer des articles différens. Et ainfi ce Chapitre a un paragraphe de plus, que dans l'Original. Le point, que l'Auteur

y traite fe rapporte à ce qu'il a dit ci-deffus § 20. dans l'endroit qui commence ainfi : *Enfin la conftitution entiére du Corps des Animaux* &c.

(2) C'eft dans fon Traité *Des Loix:* Et fi qui

§ XXIX. Au (1) dernier indice, que nous avons tiré ci-deſſus de la conſtitution entiére du Corps des Animaux, & de toutes leurs actions réunies, il faut rapporter ici la conformation de tout le Corps Humain en général, qui rend les Hommes encore plus propres à l'exercice des fonctions néceſſaires pour vivre amiablement en Société; & principalement les effets manifeſtes d'une aſſociation plus étroite, qui ſe voient dans le *Gouvernement Civil*, inconnu aux Bêtes, mais dont il y a toûjours eû quelque ſorte entre les Hommes par tout le Monde, du moins dans le domeſtique, ſous les Péres de Famille. J'avoüe, que cela ne doit pas être uniquement attribué à la conſtruction des Organes du Corps Humain, comme tout vient, dans les Bêtes, de la ſtructure de leur Corps. L'Ame y a beaucoup plus de part : & en dirigeant ces effets, elle eſt comme un Pilote, qui tient le Gouvernail du Vaiſſeau. Autre avantage, tiré de la *conformation entiére du Corps Humain*, qui rend l'Homme plus propre à la *Société.*

Ici il n'eſt pas tant queſtion d'étaler les fonctions privilégiées de quelques Parties, que de repréſenter la diſpoſition très-convenable de toutes les Parties enſemble les unes à l'égard des autres, qui fait que les Hommes ſont plus en état de rendre ſervice à leurs ſemblables, que les Bêtes ne peuvent s'entreſecourir. Cette diſpoſition ſe ſent mieux par les effets, qu'on ne peut en expliquer le méchaniſme. Tout ce que l'on peut dire, c'eſt que preſque toutes les Parties du Corps Humain ſont à cet égard d'un uſage plus efficace, parce qu'elles ſont déterminées par l'influence qu'ont ſur elles un Cerveau plus grand, un Sang & des Eſprits Animaux plus abondans, & le Cœur mieux gouverné par des Nerfs qui lui ſont particuliers.

Il eſt bon cependant de faire obſerver dans deux Parties du Corps Humain, quelque choſe de fort conſidérable, qui rend l'Homme plus propre à une paiſible & douce Société. Ces Parties ſont le *Viſage*, & les *Mains*.

A l'égard du *Viſage*, Ciceron (2) a remarqué, qu'on ne le trouve tel dans aucun autre Animal; parce qu'il n'y en a aucun, ſur la face duquel on remarque jamais tant de ſignes des penſées & des paſſions internes: ce qui eſt d'un grand uſage, pour former & pour entretenir la Société entre les Hommes; & ne leur ſerviroit de rien, s'ils vivoient chacun à part. Nous comprenons tous, quels ſont ces Signes, quoi que nous ne puiſſions guéres les exprimer en détail. Voici ceux qui s'obſervent le plus aiſément, c'eſt que l'on *rougit*, quand on a honte de quelque choſe; & l'on *pâlit*, au contraire, quand on a peur, ou que l'on eſt en colére. Ces deux Symptômes ſe font remarquer ſenſiblement, parce que la petite peau de nôtre Viſage étant tranſparente, on apperçoit aiſément l'abondance ou le peu de Sang qui y paſſe, & ſes divers mouvemens. C'eſt à cette même tranſparence de la Cuticule, qui ne ſe trouve dans aucun autre Animal, que doit ſon origine, en grande partie, la *Beauté* ſinguliére qui brille ſur le Viſage des Hommes, & qui ſert beaucoup à produire entr'eux de la Bienveillance. Par cette raiſon, il ne falloit pas oublier de mettre ici en ligne de compte un tel avantage. En effet on voit par-là un même-

qui *adpellatur Voltus*, *qui nulle in animante eſſe*, *praeter Hominem*, *poteſt: cujus vim Graeci notrunt*, *nomen omnino non babent. Lib. I. Cap. 9.* On peut voir là-deſſus le Commentaire de Turnebe, & la Note de Mr. Davies.

Ajoûtons ce que dit Pline : *Facies bomini tantum*, *ceteris* [animalibus] *os aut roſtra. Frons & aliis*, *ſed bomini tantum triſtitiae*, *bilaritatis*, *clementiae*, *ſeveritatis index &c. Hiſt. Natur. Lib. XI. Cap. 37. num. 51. Harduin.*

mêlange convenable de la couleur vive du Sang avec la couleur de la Cuticule; & l'on obſerve les divers mouvemens, dont le Sang eſt agité, ſelon la variété des Paſſions: tous ſpectacles, qui ſont beaucoup de plaiſir. C'eſt encore dans le Viſage que paroiſſent les *Ris* & les *Pleurs*, deux autres Symptômes de Paſſions, dont j'ai indiqué ci-deſſus les cauſes particuliéres au Genre humain, & qui ne ſont pas inutiles, le prémier, pour aſſaiſonner les douceurs de la Société; l'autre, pour déſarmer la fureur de quelque perſonne irritée. Il y a une infinité d'autres Symptômes, qui ſe remarquent ſur le Viſage, ſelon la diverſité des Paſſions, & qu'il n'eſt guéres poſſible de détailler. Mais ils viennent tous, en partie de tant de mouvemens divers de nôtre Sang, qui s'y peignent en quelque maniére par le changement de couleur fait ſur la Cuticule; en partie des différens mouvemens des *Muſcles* qui aboutiſſent aux *Yeux* & au reſte du Viſage, leſquels ſont mis en branle par les *Nerfs* de la *cinquiéme* ou de la *ſixiéme paire*, & par conſéquent ont plus de communication, que les autres, avec le *Plexus* particulier à l'Homme. Ainſi l'on trouve, à certains égards, dans la conſtitution particuliére de la Nature de l'Homme, le fondement de ce mot commun, (3) *Que le Viſage eſt l'image de l'Ame, & que les Yeux ſont comme les dénonciateurs de ſes mouvemens.* De plus, cette diverſité prodigieuſe des traits du Viſage, qui fait qu'entre pluſieurs milliers de perſonnes, à peine en voit-on deux qui ſe reſſemblent, (4) eſt très-utile pour l'entretien des Sociétez. Car, tous les Hommes pouvant être aiſément diſtinguez par-là, chacun peut ſans ſe méprendre, reconnoître ceux avec qui il a fait quelque Convention, ou entrepris quelque affaire que ce ſoit; & l'on peut auſſi rendre un témoignage certain de ce que quelcun a dit, fait, ou entrepris: toutes choſes, dont il n'y auroit pas moien de s'aſſûrer, s'il ne ſe trouvoit ſur le Viſage de chaque Perſonne quelque caractére particulier, qui empêchât de la confondre avec d'autres.

Pour ce qui eſt des *Mains*, la diſpoſition naturelle de cet Organe du Corps Humain, conſideré comme jointe aux *Bras*, eſt tout-à-fait ſinguliére, (5) & elle les rend un inſtrument propre en diverſes maniéres à ce qui regarde l'*Agriculture*, le *Plantage*, la conſtruction des *Bâtimens*, des *Fortifications*, des *Vaiſſeaux*, & autres ſortes d'Ouvrages Méchaniques. Mais tout cet appareil ne ſeroit preſque d'aucun uſage, ſi les Hommes ne ſe prêtoient du ſecours les uns aux autres, & ne formoient entr'eux des Sociétez paiſibles.

Je n'ai pas eû occaſion de diſſéquer un *Singe*, pour comparer toute la ſtructure de ſes pieds de devant, qui reſſemblent à nos Mains, avec la Main, le Bras, & l'Epaule d'un Cadavre Humain diſſéqué. Mais, ſans le ſecours de l'Anatomie, on ſait aſſez, que ces Animaux ne ſont jamais rien avec autant
d'adreſſe,

---

(3) Ceci eſt encore de CICE'RON: *Et imago animi Voltus eſt, indices Oculi. Nam hæc eſt una pars corporis, quæ, quot animi motus ſunt, tot ſignificationes & communicationes poſſit efficere.* De Orator. *Lib.* III. *Cap.* 59.

(4) Voiez, ſur ceci, la *Théologie Phyſique* de Mr. DERHAM, Liv. V. Chap. 9. de la Traduction Françoiſe.

(5) On peut voir là-deſſus un beau paſſage de CICE'RON, qui commence ainſi: *Quam vero aptas, quamque multarum artium miniſtras Manus natura Hominibus dedit &c.* De natura Deor. *Lib.* II. *Cap.* 60.

(6) Il y a ici dans l'Original: *nec non RETRORSUM adeo incurvari.* Mais le ſens demande *interorſum*; & je vois que Mr. le Docteur

d'adreſſe, qu'il en paroît dans les Ouvrages Humains dont nous venons de parler; & que les Muſcles, tant des extrémitez de la Main d'un Homme, que de ſon Bras & de ſon Epaule, ſont plus forts, à proportion de la grandeur entiére du Corps Humain, & leurs jointures beaucoup plus mobiles de tous côtez. On voit encore manifeſtement, que, dans le Corps Humain, l'*Os du Bras*, proprement ainſi nommé, c'eſt-à-dire, celui qui ſe trouve entre le Coude & l'Epaule, eſt fort long, & plus long même que les Os du Coude, qui ſe terminent au Poignet; qu'il s'enchaſſe aiſément dans l'*Os de l'Epaule*, (lequel eſt placé tout derriére & non à côté, comme dans les Bêtes) & qu'il eſt gouverné par ſes Muſcles, de ſorte que les Mains peuvent par-là être beaucoup plus écartées l'une de l'autre, ou tournées en arriére, & même courbées ſi fort en (6) dedans, qu'elles embraſſent & élévent une grande maſſe, ou un grand poids. Cette ſtructure naturelle toute particuliére, & véritablement méchanique, fait que la Main de l'Homme non ſeulement eſt propre à beaucoup plus de mouvemens & d'opérations, mais encore qu'elle a beaucoup plus de force, tant pour ſoûtenir & tranſporter des poids, que pour donner du mouvement à d'autres Corps. (7) En effet, lors qu'on veut ſoûtenir avec la Main & porter quelque choſe de fort peſant; la Main, avec le poids qu'elle tient, ſe baiſſe vers le côté, par le mouvement des jointures du Bras, de maniére qu'elle s'éloigne auſſi peu qu'il eſt poſſible de la *Ligne de direction*, c'eſt-à-dire, d'une Ligne droite, que l'on conçoit tirée du Centre de Gravité de tout le compoſé, qui réſulte de nôtre Corps & du Poids à ſoûtenir, juſqu'au Centre de la Terre. D'où il arrive, que le Poids péſe avec le moins de force ſur ce Centre de Gravité. C'eſt ce que font machinalement, & ſans autre maître que l'Expérience, ceux qui n'ont aucune connoiſſance des principes de la *Gravitation*; & ils ne pourroient le faire, ſi la Main n'étoit auſſi commodément ajuſtée à l'Epaule, & à la ſituation droite du Corps. Lors, au contraire, que nous voulons, avec nôtre Main, imprimer du mouvement à quelque Corps d'une moindre peſanteur, à une Pierre, par exemple, que l'on jette; à un Marteau, ou à quelque autre Inſtrument, dont on ſe ſert; cette ſtructure très-convenable de la Main, fait que nous apprenons à la hauſſer; de ſorte qu'étant alors plus éloignée du Centre de ſon mouvement, elle ſe meut plus vîte, & agit avec plus de force: de même que, plus une Fronde eſt longue, & plus, toutes choſes d'ailleurs égales, la Pierre, qui eſt jettée, reçoit un plus haut degré de force, à cauſe de la plus grande diſtance où elle eſt du Centre de ſon mouvement. Au reſte, le Centre du mouvement, d'où l'on doit meſurer la diſtance de la Main, & par conſéquent l'augmentation des forces, n'eſt pas toûjours dans la jointure du Bras avec l'Os de l'Epaule; ce qui ſuffiroit

teur BENTLEY avoit auſſi corrigé de même, ſur l'exemplaire de l'Auteur. Comme il y a auparavant: *aut etiam retrorſum verti*: le Copiſte, ou les Imprimeurs ont aiſément changé l'*introrſum* qui ſuivoit; ſans que l'Auteur s'en fût apperçû.

(7) On peut conférer ici un Mémoire de Mr. DE LA HIRE, intitulé: *Examen de la*

force de l'Homme, *pour mouvoir des fardeaux, tant en levant, qu'en portant & en tirant, laquelle eſt conſiderée abſolument & p.r comparaiſon à celle des Animaux qui portent, qui tirent, comme les Chevaux.* Mém. de l'Acad. Roïal. des Scienc. *Ann.* 1699. pag. 206, & ſuiv. Ed. d'Amſterd.

Z

ꞧoit néanmoins pour donner aux coups qui partent de la Main d'un Homme; un degré de force, tel qu'on n'en trouve point d'auſſi grand, produit ainſi par aucun autre Animal : mais, en pluſieurs cas, c'eſt-à-dire, lors que tout le Corps, & par conſéquent l'Epaule, ſe remuë à meſure qu'on frappe, en même tems que le Bras, ce Centre eſt au Pié ſur lequel on ſe tient; & la diſtance ſe meſure alors depuis la Main hauſſée juſqu'au Pié, ſi l'on veut ſavoir l'augmentation de la vîteſſe, & celle du mouvement qui en réſulte. Voilà qui donne à nos Mains un nouveau degré de force, & en même tems un a-vantage qui nous eſt tout-à-fait particulier, comme étant une ſuite de la ſitua-tion droite du Corps Humain. Ajoûtons encore, que la vertu élaſtique qu'ont un grand nombre de Muſcles, répandus preſque par tout nôtre Corps, con-tribuë à produire ces mouvemens, & concourt auſſi avec la diſtance du Cen-tre, dont nous parlons, à augmenter leur vîteſſe. A la vérité ces inſtrumens particuliers à l'Homme, qui lui donnent de plus grandes forces, que n'en ont les Bêtes, peuvent être emploiez, contre leur deſtination naturelle, à com-mettre des Meurtres, & à faire du mal aux autres Hommes en diverſes manié-res. Mais il eſt clair, à mon avis, que tout ce qui rend les Hommes en gé-néral plus puiſſans, fournit à chacun, s'il fait (8) attention au pouvoir égal des autres, qui balance le ſien, des motifs à vouloir les aſſiſter de ſes forces, plûtôt que de leur nuire; & par conſéquent que cette conſidération eſt propre à inſpirer des ſentimens de Bienveillance mutuelle. Nous allons le prouver pié-à-pié par les Propoſitions ſuivantes.

Conſidéra-
tions ſur l'é-
galité des For-
ces de tous les
Hommes.

§ XXX. 1. *Un pouvoir de nuire aux autres, balancé par un pouvoir égal que les au-tres ont de nuire à leur tour en ſe défendant ou ſe vengeant; ne ſera jamais, dans l'eſprit d'une perſonne ſage & aviſée, une bonne raiſon pour l'engager à tâcher de fai-re du mal aux autres, plûtôt que de s'en abſtenir.* Car il eſt clair, que, dès-là qu'on ſuppoſe de part & d'autre des forces égales, on ne voit rien qui ſoit ca-pable de faire pancher la balance d'un côté, plus que de l'autre. Au contrai-re, en ce cas-là, ſi l'on vient à ſe battre, il eſt certain, que l'un & l'autre des Combattans peut être tué ou bleſſé, & il n'eſt pas moins certain, qu'au-cun d'eux ne ſauroit retirer de ſa victoire un avantage égal à la perte que ſera celui qui viendra à être tué, & au danger qu'aura couru le Vainqueur, qui a expoſé pour cet effet ſa propre Vie. Ainſi il eſt certainement de l'intérêt de l'un & de l'autre, de s'abſtenir du Combat. Le péril de nôtre Vie nous ôte plus de bien, qu'il ne peut nous en revenir de ce que la Vie de nôtre Adver-ſaire court le même riſque; comme, d'autre côté, la ſûreté de nôtre Ennemi ne devient pas plus grande, par l'incertitude de la nôtre: mais nous perdons ainſi l'un & l'autre quelque choſe, où aucun des deux ne gagne. Bien plus: mis à part la conſidération de nôtre Vie & de nôtre Santé, & eû égard uni-quement aux Biens extérieurs que l'on poſſéde, chacun fait, que les Vain-queurs ne ſont pas butin de tout ce que les Vaincus ont perdu; & que ceux-là

---

(8) Ici l'Original porte: SERVATO *in aliis Dominibus aequilibrio.* Et le Traducteur Anglois, ſuivant cela, dit: *provided a due Equality or Balance be preſerved.* Mais je ne doute pas que ce ne ſoit une faute d'impreſſion, & que l'Auteur n'eût écrit *obſervato*, comme j'ai traduit. La penſée le demande, auſſi bien que ce qu'on lit au commencement du para-gra-

·là gagnent davantage, qui ont soin d'entretenir la Paix, seule capable de les faire jouïr de ce qu'ils ont aquis.

2. *Un pouvoir d'assister les autres, balancé par un pouvoir égal que les autres ont de nous assister, est pour chacun un bon motif de vouloir actuellement assister les autres,* sur-tout lors qu'on est assûré de pouvoir le faire sans en recevoir aucun dommage. Car une compensation possible des services que l'on rend, par ceux que l'on a lieu d'espérer, est reputée un Bien en quelque manière, & par conséquent a assez de force pour mettre en mouvement la Volonté de l'Homme; d'autant plus que, la plûpart du tems, en exerçant la *Bénéficence,* dont il est du moins possible que nous soyions paiez de quelque retour, nous ne perdons rien qui mérite d'être mis en ligne de compte. Si l'on compare cette Proposition avec la précédente, il paroît de là que les suites d'un pouvoir déterminé à des actes de Bienveillance, font plus d'impression sur l'Esprit Humain, lors qu'il les envisage, & le portent plus efficacement à produire de tels actes, que ne font les suites d'un pouvoir contraire, déterminé à des choses qui nuisent à autrui; en supposant même ces suites également contingentes. Or cela suffit pour mon but. Car la vûë des suites de nos Actions, est ce qui agit principalement sur nôtre Ame. (1) Dans le dernier cas, nous prévoions, qu'il est possible que nous fassions du mal aux autres, & qu'il n'est pas moins possible que nous en recevions d'eux; ainsi le mal étant égal de part & d'autre, il n'y a rien qui soit capable d'attirer à soi nôtre Volonté, qui se porte vers le plus grand Bien. Dans l'autre cas, nous prévoions un Bien, que nous pouvons & faire à autrui, & en recevoir, sans aucun dommage qui serve de contrepoids pour empêcher que la balance ne panche de ce côté-là. Il n'est pas même ici possible, que l'un & l'autre perde quelque chose par de telles actions; & l'on y gagne plus, qu'on n'y met du sien. Je puis être utile aux autres, en m'abstenant de leur faire du mal, en leur rendant des offices d'Humanité, en tenant les Conventions qui tendent au maintien du Bien commun: mais, tout bien compté, je ne perds rien à cela. Au contraire, en agissant ainsi, je mets mon Ame dans un meilleur état, j'augmente ma satisfaction intérieure, je jette des Sémences, qui me font esperer quelque fruit de la part d'autrui: & ce fruit, s'il provient actuellement, ne peut guéres être jamais aussi peu considérable, que ce dont je me prive par de telles actions, pour l'emploier à l'avantage de tous les autres. Car, si je me considére moi-même seul, tel que chacun est, tout concentré en lui-même, sans aucune bienveillance des autres, sans qu'ils nous laissent en paix, sans aucune assistance de leur part; j'ai si peu de ressources, que je ne saurois me procurer ce dont j'ai besoin: mais je me trouve pressé de tous côtez d'une si grande nécessité, qu'en rendant service aux autres je ne puis guéres rendre ma condition pire. Pour s'en convaincre pleinement, il ne faut que concevoir l'état de l'Homme dans une Guerre de tous contre tous, & une Guerre injuste de la part de tous. Car il n'est pas besoin de supposer, a-
vec

---

graphe suivant. Voiez ci-dessus, § 14.

§ XXX. (1) L'Original porte ici: *In priore casu* &c. Mais c'est le dernier, dont l'Auteur vient de parler. Ainsi je l'ai rapporté là, pour

la netteté du discours, comme s'il y avoit *In posteriore* &c. L'Auteur s'étoit exprimé autrement, à cause que cela regarde la *prémière Proposition,* dont il venoit de traiter.

vec Hobbes, une telle Guerre juſte, & néceſſaire, avant l'établiſſement de quelque Société Civile, ſelon les lumiéres de la Droite Raiſon de chacun, qui juge que tout lui eſt néceſſaire. Je reconnois ſans peine, qu'il n'eſt pas inutile de penſer, combien de maux il peut provenir d'une pratique univerſelle d'Injuſtice, & des faux Jugemens de tout autant d'Hommes qu'il y aura qui s'arrogeront un droit ſur toutes choſes. Mais cela eſt bien différent de la fauſſe penſée de nôtre Philoſophe, qui veut que ce ſoit la Droite Raiſon qui conduiſe néceſſairement tous les Hommes à ces maux, dans l'indépendance de l'Etat de Nature, de ſorte qu'il ne laiſſe à la Raiſon aucun pouvoir de porter à faire du bien aux autres, ſans l'Autorité du Gouvernement Civil. Je ſoûtiens au contraire, qu'il eſt impoſſible que la Droite Raiſon enſeigne jamais à quelcun de s'approprier tout à lui ſeul, mais qu'elle nous ordonne au contraire de nous accorder amiablement à établir & entretenir un partage, en conſéquence duquel chacun ait quelque choſe qui lui appartienne en propre: & cela, entre pluſieurs autres conſidérations, parce qu'elle prévoit aiſément une infinité de maux qu'il y a à craindre pour tous, & dont par conſéquent chacun eſt menacé, en ſuppoſant que chacun ne penſe qu'à ſon intérêt particulier, & que, par un déſir inſatiable, il s'arroge tout.

Les deux Propoſitions, que je viens d'établir, prouvent aſſez ce que je veux, à ne conſiderer le Pouvoir de chacun que comme balancé par celui d'un ſeul des autres Hommes. Mais la choſe ſera démontrée encore plus clairement, ſi l'on fait attention:

3. *Que, le Pouvoir qu'a chaque Homme en particulier de nuire aux autres, eſt ſurpaſſé de beaucoup par le Pouvoir que tous les autres, ou pluſieurs, ont de ſe défendre, ou de ſe venger:*

4. Et que *le Pouvoir que chacun a de faire du bien aux autres, eſt auſſi de beaucoup moindre, que le Pouvoir de l'en récompenſer, qu'ont tous les autres, ou pluſieurs.* Ces conſidérations ſont très-fortes, pour nous perſuader d'employer toutes nos forces à gagner la bienveillance des autres en leur rendant ſervice, plûtôt qu'à nous les rendre ennemis en leur faiſant du mal. On ne ſauroit certes s'imaginer, que les Forces de tous les Hommes fuſſent toûjours ſi fort diviſées, que, dans cette Guerre générale qu'*Hobbes* ſuppoſe, chacun n'eût qu'un Ennemi à combattre. Ainſi, toutes les fois qu'ils en viendroient aux mains en nombre inégal, deux contr'un, par exemple; le moindre nombre ſeroit plus expoſé à périr. Que ſi le nombre des Combattans étoit d'abord égal, il ne faudroit que la mort de l'un d'eux, pour ramener les choſes à l'inégalité.

En voilà de reſte, à mon avis, pour prouver, que la vuë des forces des Hommes, ſuppoſées même à peu près égales, fournit dequoi les porter à une Bienveillance mutuelle, plûtôt qu'à chercher de ſe détruire les uns les autres. Tout ce qu'il y a d'ailleurs de propre à la Nature Humaine, ſert à le perſuader encore plus fortement, comme nous l'avons fait voir ci-deſſus.

Quelques remarques contre *Hobbes*. § XXXI. Ici je prie le Lecteur de remarquer, qu'Hobbes n'a nulle part rien indiqué de naturel & d'eſſentiel au Corps ou à l'Ame de l'Homme, comme le ſont les choſes dont nous avons traité, qui fourniſſe à chacun un motif invincible, ou qui le détermine néceſſairement d'un autre maniére, à ſe regarder lui ſeul comme aiant droit à toutes choſes. Mais tantôt il attribue cela aux Paſſions, ſuppoſition que nous avons réfutée ci-deſſus: tantôt il ſe contente de
dire

dire en général, (1) *Que ceux-même qui défirent la Socié è , ne fauroient fe réfou-dre à y vivre fous des conditions égales.* J'avoüe bien, qu'il y a des gens, qui quelquefois ne veulent pas fe foûmettre aux conditions égales, que demande néceffairement la nature de la Société. Mais ce n'eft ni la Nature des Chofes en général, ni la Nature particuliére à l'Homme, qui leur enfeigne, ou qui les détermine à ne pas vouloir fubir ces Loix. Les maniéres d'agir, auxquelles quelques Hommes fe laiffent quelquefois entraîner imprudemment, différentes de celles d'un grand nombre d'autres, & fouvent même de leur propre conduite en matiére d'autres chofes; ne doivent point être attribuées à la Nature Humaine, ni à celle de l'Univers: mais, comme ce font des *Actes Contingens*, ils ont auffi une Caufe Contingente, favoir, une détermination téméraire du Libre Arbitre de ces gens-là. Pour bien juger de ce qui eft naturel, il faut examiner les Pouvoirs & les Panchans néceffaires, effentiels, & conftans, de chaque Chofe; & dans l'Homme, ceux fur-tout qui fervent à conferver fa Vie, & fon Bonheur ordinaire, plûtôt que les déréglemens accidentels dès Paffions, qui tendent à les détruire l'un & l'autre. Il eft certain que, pendant que nous vivons, & que nous fommes en bon état, les Caufes de la confervation de nôtre Vie & de nôtre Santé, font plus fortes, que les contraires, qui y donnent quelque atteinte; & qu'ainfi c'eft par l'influence des prémiéres, que nous devons juger de nôtre propre nature. Par la même raifon, il faut faire un pareil jugement de tout le Genre Humain, & d'aujourdhui, & de tous les Siécles, qui fe fuccédent les uns aux autres, comme les Eaux des Riviéres. A l'égard des mœurs des Hommes, il eft vrai généralement parlant, quoi que d'une maniére contingente, que les Hommes veulent fe foûmettre à des conditions égales de Société, & cela paroît par l'expérience: car nous voions qu'il y a de telles Sociétez établies par-tout depuis long tems, par un effet de leur volonté, & qui fe confervent plus fouvent & plus long tems, qu'elles ne font diffoutes: or vouloir entretenir une Société Civile, ou garder la paix avec un autre Etat, ce n'eft qu'une continuation de la volonté de l'établir. Il eft même un peu plus difficile de demeurer conftant dans cette volonté, que de confentir au prémier établiffement de la Société: & cependant nous voions tous les jours que la plûpart des Hommes furmontent la difficulté par les forces de leur Raifon & de leur Nature.

Enfin, la Nature Humaine renferme non feulement l'Ame & le Corps, comme autant de parties effentielles, mais encore l'union de l'une avec l'autre. Ce qui me donne lieu de faire remarquer, que les Hommes peuvent par-là être amenez à la connoiffance & au défir d'un Bien commun à plufieurs Natures, & même d'une Société ou d'un Gouvernement entre des Natures différentes; comme auffi à comprendre que tout cela eft conforme à la Volonté de la Caufe Prémiére, & qu'elle y prend plaifir. En effet, nous fentons en nous-mêmes, que naturellement, & par conféquent en vertu d'un établiffement divin, nôtre Corps eft non feulement uni à nôtre Ame, mais encore dépend de fa di-rec-

§ XXXI. (1) *Appetunt enim* [Societatem] *illi, qui tamen conditiones æquas, fine quibus focietas effe non poteft, accipere per fuperbiam non dignantur.* De Cive, *Cap. I. § 2. Annot. 1, In fin.*

rection, dans un grand nombre d'actes de Mémoire, de mouvemens des Passions, & sur-tout de mouvemens des Muscles. Cela imprime dans nos Esprits une idée ou un modéle de Gouvernement, par où nous sommes continuellement sollicitez à penser, combien de choses différentes, mais qui s'aident les unes les autres tour-à-tour, doivent être nécessairement considérées comme un seul Tout, dans la recherche des Causes d'une Vie Heureuse: combien il est nécessaire que quelques-unes des Parties de nous-mêmes soient déterminées par les autres: de quelle utilité est l'ordre des Parties entr'elles, & combien un concours réglé de plusieurs Causes est nécessaire pour produire presque tous les effets agréables à nôtre Nature: combien sont avantageux les secours réciproques que les Parties se prêtent, & combien est pernicieuse la séparation des unes d'avec les autres, qui menace d'une Mort naturelle. (2).

CHAPITRE III.

Du Bien Naturel.

I. *Définition du* BIEN NATUREL; *& sa division en* Bien particulier à un seul, *& Bien commun à plusieurs. Que les Actions & les Habitudes d'un Agent Na-*
tu-

(2) Ici le Traducteur Anglois fait quelques remarques générales, prémiérement sur ce Chapitre, & puis sur le I. & le II. tout ensemble. Voici les prémiéres.

,, Il est très-probable, que les dispositions ,, naturelles des Hommes à la *Bienveillance* ,, sont plus égales, qu'on ne croit communé- ,, ment; & que la différence qu'il y a entr'eux ,, à cet égard, vient principalement de l'*Ha-* ,, *bitude.* Cette disposition supposée ainsi fort ,, dépendante de l'Habitude, chacun a certai- ,, nement la plus grande raison du monde de ,, donner tous les soins dont il est capable à ,, tâcher de l'augmenter; ce qui, à mon avis, ,, peut se faire considérablement, par une at- ,, tention particuliére aux petites occasions ,, de la Vie, qui se présentent tous les jours, ,, & dont néanmoins la plûpart sont entiére- ,, ment négligées, comme si c'étoient des ba- ,, gatelles, ou des choses de nulle importan- ,, ce. Entre plusieurs de cette nature, dans ,, lesquelles on peut affoiblir ou entretenir ,, une si aimable disposition, je me contente- ,, rai d'alleguer celle-ci, qui me paroît de la ,, plus grande conséquence, & où cependant ,, on est le moins circonspect, c'est la manié- ,, re d'agir l'un envers l'autre dans les *Compa-* ,, *gnies.* Si l'on considére, Que la force d'u- ,, ne Habitude dépend de la force & du nom- ,, bre des actes réiterez qui la forment, & que

,, dans la Conversation, on a les occasions les ,, plus fréquentes de se montrer d'une hu- ,, meur obligeante ou désobligeante; on ne ,, sauroit douter, qu'il ne soit de la derniére ,, importance de s'y comporter sagement, pour ,, affermir une Habitude de Bienveillance, ou ,, pour éviter de contracter une disposi- ,, tion contraire. Quiconque reflechira sé- ,, rieusement, trouvera, que la moindre ,, *Raillerie maligne*, la moindre *contradiction* ,, *choquante*, peut faire prendre plaisir à cha- ,, griner les autres, & diminuer ainsi cette ,, disposition à la Bienveillance, de la force ,, de laquelle dépend tout le Bonheur de la ,, Vie. La politesse des Personnes d'un rang ,, distingué consiste principalement à se ren- ,, dre agréables, & à éviter tout ce qui seroit ,, capable de choquer quelcun de leur Com- ,, pagnie: cela ne contribuë pas peu à faire ,, qu'on remarque souvent en eux un ,, bon naturel, que dans les gens de basse ,, condition, parmi lesquels on ne trouve ,, guéres que rusticité & grossiéreté. De cette ,, observation proposée, Que la Bienveillan- ,, ce dépend principalement de l'Habitude, ,, on peut tirer un autre usage très-considé- ,, rable, qui regarde l'*Education* des *Enfans*, ,, & de la *Jeunesse*. Il est très-certain, que ,, cet âge, flexible par lui-même, est le plus ,, propre à jetter les fondemens de l'Habitu- ,, de;

..turel, qui contribuent à avancer le Bien commun de tous, font prescrites par les Loix: & que ces Actions & ces Habitudes, actuellement formées, sont dites moralement bonnes, à cause de leur convenance avec les Régles des Mœurs. II— IV. Examen de ce que dit HOBBES, QUE, dans l'Etat de Nature, le Bien se mesure au jugement seul de la personne, qui parle. A quoi l'on oppose des preuves du contraire, tirées tant des principes de la Raison commune à tous les Hommes, que des Ecrits mêmes de cet Auteur, que l'on fait voir se contredire ici, aussi bien que l'opinion des autres.

§ I. IL FAUT (1) maintenant traiter du BIEN, & du *plus grand Bien*, qui dépend de nous en quelque manière.

Définition du *Bien Naturel*, & sa division en Bien Particulier, & Bien Commun.

Le BIEN est, *ce qui conserve les Facultez d'une ou de plusieurs Choses, ou qui les augmente & les perfectionne.* Car c'est par de tels effets qu'on découvre la convenance particulière d'une Chose avec une autre, à cause dequoi celle-là peut être dite *Bonne* par rapport à la Nature de celle-ci, plûtôt que par rapport à la Nature de toute autre Chose.

Je n'ai pourtant pas fait entrer le mot de *Convenance* dans la Définition du *Bien*, parce qu'il est fort équivoque. Mais cela n'empêche pas, que, quand les Actions ou les Mouvemens d'une Chose servent à la conservation de quelque autre, ou à l'augmentation de ses Facultez, sans préjudice de la Nature de l'In-

,, de: & cependant c'est celui qu'on néglige presque entièrement, par rapport aux choses qui peuvent former à des sentimens de Bienveillance. On ne sauroit guéres, à mon avis, alléguer d'autre raison, pourquoi toutes les autres dispositions, que la Raison approuve, se renforcent, à mesure qu'une personne avance en âge & en connoissances; pendant que celle-ci, la plus aimable & la plus noble de toutes, diminuë & déchet. Car, quoi qu'un Esprit formé & bien instruit approuve entièrement la plus haute Bienveillance, il y a néanmoins bien des gens d'une intelligence si petite & si bornée, qu'ils ne pensent qu'au présent. Et comme un petit degré d'Intelligence peut bien rendre un Homme rusé, mais non pas sage: il fait aussi, généralement parlant, que l'on est uniquement attaché à son propre intérêt, mais jamais il ne donne de la Prudence.

Rapportons maintenant les reflexions générales du Traducteur Anglois sur les deux premiers Chapitres. ,, La plûpart des choses, ,, que l'Auteur y dit, tendent à prouver, Que ,, la Bienveillance contribuë au Bien Commun; & que, de la considération de la *Nature des Choses* en général, & de celle de la *Nature Humaine* en particulier, il paroît que l'Auteur de la Nature veut que les Hommes en général s'aident les uns les autres; parce qu'il a fait les Hommes de

,, telle manière, & tellement ajusté la Nature des Choses à la constitution de la Nature Humaine, que les Hommes, en partie ,, par l'instinct de la *Bienveillance*, en partie, ,, & principalement, par l'*Amour d'eux mêmes*, ,, pendant qu'ils cherchent leur propre avantage, agissent en plusieurs occasions pour ,, le bien des autres. Ce qui résulte de là ,, principalement, par rapport au but de nôtre ,, Auteur, c'est, à mon avis, Que, par ce ,, que nous connoissons de la Nature, il paroît clairement qu'il y a un Etre ,, *très-bienveillant*; que, dans la plûpart des ,, cas les plus considérables, il a mis une liaison manifeste entre le Bien Particulier & le ,, Bien Public; & qu'ainsi nous avons juste ,, sujet de croire, en faisant attention à l'uniformité de la Nature, que le Bien Particulier est toûjours parfaitement lié avec le ,, Bien Public, même dans cette Vie; quoi ,, que souvent nos lumières courtes n'apperçoivent pas tout-à-fait cette liaison: ou que, ,, si, dans cette Vie, le Bonheur Particulier ,, ne se trouve pas toûjours parfaitement d'accord avec le Bien Public, cela est compensé par les Récompenses & les Punitions ,, d'une autre Vie". MAXWELL.

CHAP. III. § I. (1) Cette petite transition est, dans l'Original, à la fin du Chapitre précédent. Je l'ai transportée ici, où elle me paroît mieux placée.

l'Individu, on ne puisse dire que celle-là *convient* à celle-ci. Car, en recherchant si la Nature ou l'Essence d'une Chose convient, ou non, à une autre, nous n'en jugeons ordinairement que par les effets des Actions qui en proviennent. C'est que ces effets nous découvrent les Facultez cachées & la constitution interne de chaque Chose: ils frappent nos Sens, & nous donnent ainsi la connoissance des Choses d'où ils découlent. Et pour les Actions, elles renferment les fondemens de toutes les *Relations*, dont l'explication fait l'objet de presque toute la Philosophie. Ainsi, dans l'*Homme*, ce qui entretient ou augmente les Facultez de l'Ame & celles du Corps, ou les unes & les autres tout ensemble, sans nuire à autrui, est un *Bien* pour lui. *Le Bien de chaque chose, est ce qui la conserve*, (2) dit ARISTOTE, en parlant des Gouvernemens Civils.

Ce que nous disons de chaque Chose en particulier, nous l'entendons aussi d'une suite de plusieurs Choses, où il y en a d'utiles, inséparablement mêlées avec d'autres qui sont nuisibles. Car il faut comparer les nuisibles avec les utiles, & qualifier le tout *Bon*, ou *Mauvais*, selon que ces Choses ont plus de vertu pour servir, ou pour nuire.

Le Bien, que nous concevons ainsi en faisant abstraction de toute Loi, est ce que je voudrois appeller BIEN NATUREL, parce qu'il se rapporte à la nature de toute sorte de Choses, d'une *Bête*, par exemple, ou d'un *Arbre*; n'y en aiant aucune, soit animée ou inanimée, qui n'ait certaines Facultez, qui peuvent être conservées & augmentées. Outre que (3) ces espéces d'Etres, & la *Terre* même, peuvent servir à conserver leurs propres natures, & à conserver aussi la nôtre, ou même à nous fournir des Connoissances plus étenduës.

Ce Bien ne différe du *Bien Moral*, que comme étant plus général. Car on appelle BIEN MORAL, celui que l'on attribuë uniquement aux Actions & aux Habitudes des Etres Raisonnables, considerés précisément comme conformes aux *Loix* ou *Naturelles*, ou *Civiles*; mais qui aboutit enfin au *Bien Public Naturel*, dont la conservation & l'avancement est le but de tous les Préceptes des Loix Naturelles, & de tous les réglemens des Loix Civiles, qui sont justes. Mais nous traiterons dans la suite du *Bien Moral*: il faut s'arrêter ici à considérer avec un peu d'attention le *Bien Naturel*.

Il est donc clair, que l'idée du *Bien* ne se borne pas à une seule personne qui y pense, ou qui en parle, mais qu'elle peut être également appliquée à chacun des autres Hommes; bien plus, à tous les autres *Etres Vivans*; pour ne rien dire des *Etres Inanimez*, qui peuvent aussi être conservez, & dont la nature est susceptible d'une augmentation de perfection, qui consiste dans l'ordre & le mouvement de leurs parties. Ainsi il faut venir encore à considerer les Assemblages de plusieurs Animaux, ou de tous les Animaux d'une même Espéce: ajoûtons, de tous les *Etres* même *Raisonnables*, quelque différence qu'il y ait entr'eux, comme il y en a une immense entre l'*Homme* & DIEU. Car, nôtre Esprit pouvant envisager ces E-
tres

---

(2) Καὶ τοῖ τό γε ἱκτρ ἀγαθὴ τύτη ἵχατοι. Politic. *Lib.* II. *Cap.* 1.

(3) „ C'est-à-dire, les Etres, qui n'aiant „ ni Raison, ni Volonté, sont incapables de „ toute Loi". MAXWELL. Cela paroit assez par la suite du discours.

(4) „ L'Auteur veut dire, que nous pou- „ vons aussi bien calculer les degrez de Bon- „ heur, qui proviennent à tout autre, ou à „ toute l'Espéce, de quelque état & de quel- „ ques circonstances que ce soit où chacun „ se trouve; qu'il nous est facile de calcu- „ ler

tres sous une idée indéterminée, applicable en commun à chacun d'eux; il peut aussi contempler en même tems chacun des Individus qu'il connoît, & se les représenter par une marque d'universalité, tel qu'est le mot *Tout*, qui s'étend à chacun en particulier, même à ceux qu'on ne connoît point; ou en composer un *Tout Intégral*, comme on parle, qui les renferme tous sans exception, & les regarder ainsi comme un seul *Corps*, que nous appellerons un *Corps Politique*, pour rechercher ensuite, ce qui lui est *bon* ou *mauvais*. Ce Bien & ce Mal, devra donc être appellé le *Bien* ou le *Mal Commun* & *Public* du *Genre Humain*, ou même de l'assemblage de tous les *Etres Raisonnables*. Nôtre Ame peut aussi, entre divers Biens ou divers Maux proposez, juger quel est *possible*, ou *impossible*, quel est *plus grand*, ou *moindre*, qu'un autre.

Et il n'est pas fort difficile de prononcer là-dessus, du moins en général, à l'égard de plusieurs Biens ou plusieurs Maux. Car tous ces Etres, en quelque grand nombre qu'ils soient, étant de même Nature, qu'un seul; dès-là qu'on connoît en quoi consiste le Bonheur d'un seul Individu, on peut savoir, à quel Bonheur chacun des autres doit aspirer. Il est clair, que les Perfections naturelles de l'*Ame*, la Santé & la vigueur du Corps, à quoi se réduit tout le Bonheur d'un seul Homme, renferment aussi le Bonheur de tous si elles se répandent généralement sur tous: (4) & qu'ainsi la différence des degrez de Bonheur, aussi bien que la nature des moiens généralement nécessaires pour y parvenir, comme, des *Alimens*, des *Exercices*, du *Sommeil* &c. peuvent être les mêmes, & sont également nécessaires par rapport à tous, à cause de l'identité du *Tout* & des *Parties*. D'où vient encore, que ce qui ajoûte quelque chose à une seule Partie de ce Tout, sans causer aucun changement, ni par conséquent aucun dommage, aux autres, ajoûte aussi au Tout, qui est composé de cette Partie & des autres. Quiconque rend service à un seul Homme, sans nuire à aucun autre, peut être dit véritablement rendre service au Genre Humain. Et il y a là dequoi encourager raisonnablement chacun en particulier, par la vûë du Bien Public, à prendre soin de lui-même, en sorte qu'il ne fasse du mal à personne.

§ II. LE *Bien* est donc à la vérité, comme nous le reconnoissons, ce qui convient à quelcun, & par conséquent quelque chose de rélatif: mais il ne se rapporte pas toûjours (1) au désir, ni toûjours à une seule Personne, ou uniquement à celle qui le désire. Sur ces deux points, HOBBES a souvent bronché lourdement, quoi qu'il dise quelquefois vrai, mais en se contredisant lui-même: & ces erreurs sont le fondement d'une grande partie des fausses maximes qu'il a avancées touchant le prétendu droit de Guerre de chacun contre tous dans l'Etat de Nature, & celui d'un Pouvoir absolument arbitraire dans l'Etat Civil.

Voici ce qu'il dit, dans son *Traité de* (2) *l'Homme: Le BIEN est un nom commun*

Examen des fausses idées d'Hobbes sur ce sujet.

„ ter les degrez de Bonheur dont nous jouïssons nous-mêmes par un effet d'un pareil „ état & des mêmes circonstances". MAXWELL.

§ II. (1) Car il faut connoître, pour désirer: *Ignoti nulla cupido*. Or une chose peut

être *Bonne* en elle-même, sans qu'on la connoisse telle, ou qu'on y pense.

(2) *Omnibus rebus quae appetuntur, quatenus appetuntur, nomen commune est Bonum, & rebus omnibus quas fugimus, Malum..... Sed eam alia alii appetant & fugiant, necesse est mul-*

A a

à toutes les chofes qu'on défire; comme tout ce dont on a averfion, eſt un MAL.....*
Ainſi, les uns défirant ou fuiant une choſe, & les autres une autre; il faut néceſſairement qu'il y ait quantité de chofes qui ſont* Bonnes *pour quelques-uns, & Mauvaiſes pour quelques autres. Ce qui eſt* Bon *pour nous, par exemple, eſt* Mauvais *pour
nos Ennemis. Le Bien & le Mal ſont donc rélatifs à ceux qui défirent ou qui fuient
quelque choſe.* Hobbes *établit les mêmes principes dans ſon Traité Anglois* De la
Nature Humaine, *où il dit encore, (a) Que le mouvement, dans lequel il fait
conſiſter les idées que nous avons des Choſes, paſſè du Cerveau au Cœur, ſans aucune entremiſe du Jugement, & que, ſelon qu'il aide ou qu'il empêche le mouvement vital
du Cœur, il eſt dit plaire ou déplaire. Or, ajoûte-t'il, ce qui plaît ainſi à quelcun, c'eſt
ce qu'il appelle* Bien; *& ce qui lui déplaît,* Mal; *en ſorte que, ſelon la diverſité de conſti-
tutions, ou de tempéramens, il y a auſſi, entre les Hommes, divers ſentimens ſur le Bien
& le Mal,* c'eſt-à-dire, naturellement & néceſſairement, & cela, ſelon nôtre Philoſophe, ſans que, dans l'*Etat de Nature,* il y ait rien dont on puiſſe être blâmé. Pourquoi eſt-ce que la même choſe n'auroit pas lieu auſſi dans l'*Etat Civil,* où,
au jugement des plus ſages Philoſophes, une néceſſité naturelle & invincible
diſculpe entiérement? *Telle eſt* (dit encore *Hobbes,* dans ſon *Traité* (3) *Du Citoien*) *telle eſt la nature de l'Homme, que chacun appelle* Bien, *ce qu'il ſouhaitte qu'on
faſſè pour lui, &* Mal, *ce qu'il fuit. Ainſi, à cauſe de la diverſité des Paſſions, il
arrive, que l'un qualifie* Bien, *ce que l'autre nomme* Mal; *& qu'un même Homme
appelle* Bien *en un certain tems, ce qu'en un autre tems il appelle* Mal; *& qu'il qualifie une même choſe* Bonne *pour lui-même,* Mauvaiſe *pour un autre; parce que nous
jugeons tous du* Bien *& du* Mal, *eu égard au plaiſir ou au chagrin, que nous en re-
cevons, ou que nous attendons d'en recevoir.* Ce jugement, ſelon nôtre Philoſophe, venant de la Nature même de l'Homme, on le fait toûjours néceſſairement, & cela enſorte qu'avant l'établiſſement des Sociétez Civiles, il n'y entre aucune faute de la Volonté, où l'on puiſſe s'empêcher de tomber. Il dit
quelque choſe de ſemblable dans ſon (4) *Léviathan,* où il ajoûte: *Les termes de*
Bon, Mauvais, Mépriſable, *s'entendent toûjours rélativement à la perſonne qui s'en
ſert; n'y aiant rien qui ſoit purement & ſimplement tel, ni aucune régle commune du*
Bon, *du* Mauvais, *du* Mépriſable, *qui ſoit fondée ſur la différente nature des
objets: mais tout cela dépend de la nature de celui qui parle, hors de toute Société Civile; ou, dans une telle Société, de la nature de la perſonne qui repréſente l'Etat; ou
enfin, de la déciſion d'un Arbitre, ou d'un Juge, que l'on a établi.*
    Pour moi, je ſuis au contraire perſuadé, que l'on juge d'abord de la Bonté
des Choſes, & qu'enſuite on les déſire, autant qu'elles nous paroiſſent Bonnes.
Et l'on ne juge véritablement une Choſe Bonne, que parce que ſa vertu propre

---

*ta eſſe quæ aliquibus Bona, aliquibus Mala ſunt;
ut quod nobis Bonum, Hoſtibus Malum. Sunt
ergo Bonum & Malum Appetentibus & Fugientibus correlata.* De Homine, Cap. XI. § 4. Tom.
I. Part. II. Opp. pag. 63.
    (3) *Ea eſt natura Hominis, ut unuſquiſque id
quod ipſe ſibi cupit fieri, bonum, quod fugit,
malum vocet. Itaque diverſitate affectuum con-
tingit, ut quod alter bonum, alter malum; &*

*idem homo, quod nunc bonum, mox malum; &
eandem rem, in ſe ipſo bonam, in alio malam
eſſe dicat. Bonum enim & Malum delectatione
& moleſtia noſtra, (vel ea quae nunc eſt, vel
quae exſpectatur) omnes aeſtimamus.* De Cive,
Cap. XIV. § 17.
    (4) *Voces enim* Bonum, Malum, Vile, *in-
telliguntur ſemper cum relatione ad perſonam quæ
illis utitur; cum nibil ſit ſimpliciter ita; neque ul-*

pre, ou les effets qu'elle produit, ont véritablement de quoi procurer quelque utilité à la Nature. Ce qui est utile à un seul, est un *Bien Particulier* ; & ce qui est utile à plusieurs, est un *Bien Commun* ; indépendamment de l'opinion, vraie ou fausse, qui fait qu'on désire une chose comme *Bonne*, ou du plaisir qu'on peut y trouver pour quelques momens. La Nature même de l'Homme demande, qu'avant que de former aucun désir, ou de suivre les attraits du plaisir, la Raison examine la Nature des Choses, pour découvrir, par l'évidence invariable des caractéres qu'elle porte avec soi, ce qu'il y a de *Bon* ; & le juger constamment tel, soit qu'il s'agisse de nous, ou d'autrui. Il n'appartient qu'aux Bêtes brutes de mesurer la Bonté des Choses ou des Actions, uniquement à leurs propres Passions, sans aucune direction de la Raison. Si quelques Hommes en usent de même, ce sont des gens abrutis, qui prennent plaisir à entendre *Hobbes* leur dire, que cela est conforme à la Nature. Voilà qui augmente le nombre de ses Disciples. Il est néanmoins très-certain, qu'un Insensé souffre véritablement du Mal, quoi qu'il ne le sente pas, & qu'il se plaise beaucoup à sa folie. Un Remède au contraire, est bon pour un Malade, quoi qu'il le rejette opiniâtrement. *Hobbes* même revient quelquefois aux saines idées. Car, après avoir si souvent inculqué, que rien n'est Bon ou Mauvais qu'au gré des Souverains, ou de chaque Homme en particulier, indépendamment de toute considération du bien de la Société Civile ; lors qu'il vient à détailler les Devoirs d'un Souverain, au nombre desquels il met (5) celui de faire de *bonnes Loix*, il soûtient formellement, que *toutes les Loix ne sont pas bonnes, encore même qu'elles servent à l'avantage du Souverain :* & il définit les *bonnes Loix*, celles *qui sont nécessaires pour le Bien du Peuple, & en même tems claires*. Voilà nôtre Philosophe, qui reconnoît un *Bien du Peuple*. Il regarde ce Bien, qui est certainement commun à plusieurs, comme la fin que se propose le Législateur. Or toute Fin est supposée connuë, avant qu'on la recherche, & par conséquent sa nature est déterminée, avant que la Loi ait prescrit au Peuple ce qui est bon ou mauvais. Ailleurs *Hobbes* (6) définissant la *Bienveillance* ou la *Charité*, la fait consister à *souhaitter du bien aux autres*. Il ne lui auroit pas, je pense, attribué un tel effet, s'il ne l'eût pas cru possible. Dans l'Edition Angloise de son *Léviathan*, il ajoûte, que cette disposition, quand elle s'étend à tous les Hommes généralement, est un *bon naturel*. Mais il a omis ces paroles dans l'Edition Latine, sentant, à mon avis, qu'elles ne s'accordoient pas avec ses autres opinions. Quoi qu'il pense ou qu'il dise, la nature du Bien, & la vertu qu'ont les Choses pour conserver & perfectionner la nature d'un ou de plusieurs Etres, sont entiérement déterminées : & ce n'est point une Passion déraisonnable, un mouve-

ulla Boni, Mali, & Vilis, communis regula, ab ipsorum objectorum naturis derivata, sed à natura (ubi Civitas non est) personae loquentis, vel (si est) personae Civitatem repraesentantis; vel ab Arbitro, vel Judice, constituto. Cap. VI. pag. 26.

(5) *Ad curam etiam Summi Imperantis pertinet, ut bonae fiant Leges…. Lex Bona est illa, quae ad salutem Populi necessaria est, & si-*

mul perspicua….. Lex si Summo Imperanti utilis sit, etsi necesseria non sit, Bona tamen alicui videri potest. Sed non est ita. Bonum enim Populi, & ejus qui habet Summam Potestatem, separari à se invicem non possunt, LEVIATH. Cap. XXX. pag. 163.

(6) *Alii bonum cupere,* Benevolentia vel Charitas. *Leviath.* Cap. VI. pag. 28.

vement du Sang, accéleré ou retardé en quelque maniére par les prémiéres impreſſions des objets, que l'on doit prendre pour régle, quand il s'agit de juger de ce qui mérite d'être tenu pour Bon; mais il faut conſiderer là convenance des Choſes avec toutes les facultez, ou du moins les (7) principales, de la Nature Humaine par exemple, en examinant auſſi ce qui convient à l'état de toute la Vie, ou de ſa plus excellente partie.

§ III. Il eſt très-important, d'établir une idée du *Bien* déterminée & immuable, ſans quoi on n'aura qu'une connoiſſance incertaine & chancellante ni du *Bonheur*, qui eſt le plus grand Bien de chaque Homme; ni des *Loix Naturelles*, & des *Vertus* particuliéres, comme la *Juſtice*, l'*Humanité* &c. leſquelles ne ſont autre choſe, qu'autant de Moiens d'aquérir ce Bien, & de Cauſes qui y contribuent en partie.

Ce qu'il y a de particulier dans les divers tempéramens, fait à la vérité qu'il arrive quelquefois, qu'un Aliment, ou un Médicament, reconnu par l'expérience pour être d'un uſage innocent & même ſalutaire à la plûpart des Hommes, ſe trouve nuiſible à une certaine perſonne. Et on a remarqué quelque cho-

Que les Hommes s'accordent en général ſur la nature du Bien, & ſur les principaux points de la Loi Naturelle, qui s'y rapportent.

(7) Il y a ici dans l'Original : *aut earum* PRINCIPIIS, au lieu de *praecipuis*; comme Mr. le Docteur *Bentley* a auſſi corrigé, ſur l'exemplaire de l'Auteur.

§ III. (1) „ La *diverſité des Mœurs*, chez
„ différentes *Nations*, & en différens *Siécles*,
„ peut être rapportée à trois ſources. I. Elle
„ vient des opinions différentes ſur le *Bon-*
„ *heur*, & ſur les moiens les plus efficaces
„ pour y faire parvenir. C'eſt ainſi que dans
„ un Païs où une diſpoſition au *Courage* eſt
„ l'inclination dominante, où la *Liberté* eſt
„ regardée comme un *grand Bien*, & la *Guer-*
„ *re* comme un *Mal peu conſidérable*; tout ſou-
„ lévement pour la défenſe des Privilèges de
„ la Nation aura l'apparence de Bien Moral,
„ parce qu'il paroîtra un acte de *Bienveillance*.
„ Le même ſentiment de *Bien Moral*, la mê-
„ me idée de Bienveillance, fera au contrai-
„ re paroître les mêmes actions odieuſes, dans
„ un autre Païs, dont les Habitans ont peu
„ de cœur & de grandeur d'Ame; où une
„ Guerre Civile eſt enviſagée comme le plus
„ grand des Maux Naturels, & la Liberté, com-
„ me une choſe qui ne mérite pas qu'on l'achè-
„ te ſi cher. Dans l'ancienne Ville de *Lacédé-*
„ *mone*, où l'on mépriſoit les Richeſſes, on ne ſe
„ ſoucioit pas beaucoup de la ſûreté des Poſ-
„ ſeſſions, mais ce que l'on ſouhaittoit princi-
„ palement, comme *naturellement bon* à l'Etat,
„ c'étoit d'avoir grand nombre de Jeuneſſe hardie
„ & ruſée. De là vient que le *Larcin*, fait
„ adroitement, y étoit ſi peu odieux, qu'une
„ Loi même l'autoriſoit, en le laiſſant impu-
„ ni. Dans cet exemple néanmoins, & autres
„ ſemblables, l'approbation eſt fondée ſur la

„ *Bienveillance*, parce qu'on a en vue quel-
„ que choſe qui tend ou réellement, ou en
„ apparence, au Bien Public. Et les Hom-
„ mes ne différent ſur de tels points, que
„ parce qu'ils ſe trompent dans les calculs de
„ l'*excès du Bien Naturel*, ou des mauvaiſes
„ conſéquences de certaines Actions: mais le
„ fondement, ſur lequel on approuve quel-
„ que Action que ce ſoit, eſt toûjours certai-
„ ne aptitude qu'on y conçoit à procurer le
„ *plus grand Bien Naturel* des autres Hommes.
„ Les cruautez étranges, que l'on exerce,
„ dans certains Païs, envers les *Perſonnes â-*
„ *gées* & les *Enfans*, peuvent être de même
„ rapportées à quelque apparence de Bien-
„ veillance: on ſe propoſe par-là de les met-
„ tre à couvert des inſultes de leurs Enne-
„ mis; de leur épargner les infirmitez de l'â-
„ ge, qui peut-être leur paroiſſent à eux-mê-
„ mes de plus grands maux que la Mort; ou
„ de décharger les Citoiens vigoureux, du
„ ſoin d'entretenir ces perſonnes infirmes.
„ L'amour du plaiſir & du repos, peut bien
„ avoir été quelquefois plus fort, dans les
„ Particuliers qui pratiquoient de telles cho-
„ ſes, que la Reconnoiſſance envers leurs
„ Parens, ou l'Affection naturelle pour leurs
„ Enfans. Mais quand on voit que de tels
„ Peuples ont ſubſiſté, nonobſtant toutes les
„ peines qu'il falloit prendre pour l'éducation
„ de leur Jeuneſſe, il y a là une preuve ſuffi-
„ ſante, qu'ils n'étoient pas deſtituez de ſen-
„ timens naturels d'Affection. On fait, qu'u-
„ ne apparence de *Bien Public* étoit le fonde-
„ ment des Loix, auſſi barbares, par leſquel-
„ les LYCURGUE & SOLON ordonnérent
„ de

chofe de femblable dans le génie & les (1) mœurs de certaines Nations, qui
différent entiérement des autres à l'égard de certains Etabliffèmens. Cela néanmoins ne détruit pas plus le confentement des Hommes fur la nature du Bien
en général, fur fes parties ou fes efpéces principales, qu'une legére diverfité
de Vifages n'empêche qu'ils ne s'accordent fur la définition générale de l'Homme, ou qu'ils ne fe reffemblent tous dans la conformation & l'ufage de leurs
principaux Membres. Il n'y a point de Peuple, qui ne fente, par exemple,
que les actes d'*Amour* envers D I E U renferment & un plaifir préfent, & une
efpérance bien fondée d'un plaifir à venir. C'eft ce qu'*Hobbes* même (2) avoüé
quelquefois; quoi qu'ailleurs il (a) foûtienne, que l'Honneur qu'on doit rendre
à D I E U eft uniquement fondé fur la crainte, & fur l'idée qu'on a de fa Puiffance. Il n'y a point de Nation, qui ne comprenne, que la *Reconnoiffance* envers
un *Pére* & une *Mére*, & envers tous ceux de qui l'on a reçû quelque *Bienfait*,
eft avantageufe à tout le Genre Humain. Quelque grande que foit la diverfité
des Tempéramens, il n'eft point d'Homme qui ne fente, qu'il eft bon pour
tous, que la Vie, les Membres, & la Liberté de chacun foient en fûreté. Et
voi-

(a) *Leviath.* Cap. X, XI, XII.

,, de tuer les Enfans qui étoient difformes
,, ou infirmes, pour empêcher par là qu'une
,, multitude de Citoiens inutiles ne fût à charge
,, à l'Etat. II. Une autre fource de la diver-
,, fité d'Opinions, eft ici la diverfité de *Syf-
,, tèmes*, qui fait que les Hommes, prévenus
,, d'idées extravagantes, font portez par-là à
,, refferrer leur Bienveillance. Il eft dans l'or-
,, dre, il eft beau, d'avoir une plus forte
,, Bienveillance pour ceux qui font *moralement
,, bons*, ou utiles au Genre Humain, que pour
,, les perfonnes inutiles, ou dangereufes.
,, Mais fi l'on vient à regarder une certaine
,, forte de gens comme vils ou méprifables; fi
,, l'on s'imagine qu'ils cherchent à détruire
,, d'autres plus eftimables, ou qu'ils ne font
,, que des poids inutiles à la Terre; le prin-
,, cipe même de la Bienveillance, mal appli-
,, qué, menera à ne tenir aucun compte des
,, intérêts de ces gens-là, & à s'en défaire
,, même, autant qu'on pourra. C'eft par cet-
,, te raifon, qu'entre des Peuples qui ont de
,, hautes idées de Vertu, toute Action fai-
,, te contre un *Ennemi*, peut paffer pour *jufte*.
,, De là vient que les *Romains*, & les *Grecs*,
,, jugeoient qu'il devoit être permis de ren-
,, dre *Efclaves*, ceux qu'ils appelloient *Bar-
,, bares*. C'eft auffi la fource de toute ardeur,
,, de toute fureur, de toute Bigoterie de Parti.
,, III. La troifième & derniére fource de la
,, diverfité des Mœurs, ce font les opinions
,, erronées au fujet de la *Volonté* de D I E U,
,, d'où naiffent l'*Idolatrie*, les *Superftitions*,
,, les *Meurtres* &c. en conféquence des fauffes
,, idées qu'on fe fait ainfi de *Vertu* & de *De-
,, voir*. Voiez cet article traité plus au long
,, dans le Livre intitulé, *Examen de l'origine*

,, *des idées que nous avons de la Beauté & de la
,, Vertu*, II. Part. § 4. de la Seconde Edition".
M A X W E L L.
Le Livre écrit en Anglois, auquel on renvoie ici, eft de Mr. H U T C H E S O N. On peut
voir l'Extrait qu'en donna Mr. L E C L E R C,
Biblioth. Ancienne & Moderne, Tom. XXIV.
Part. II. pag. 421, & *fuiv.* Tom. XXVI. Part.
I. pag. 102, & *fuiv.* comme auffi ce qui en
eft dit dans la B I B L I O T H E'Q U E A N G L O I-
S E de Mr. D E L A C H A P E L L E, Tom. XIII.
pag. 281, 509, & *fuiv.* La penfée même,
fur quoi l'on cite cet Auteur, n'a rien de fingulier, ni qui mérite un grand détail. Le fait
n'eft que trop certain par l'expérience de tous
les Siècles. Pour ce que Mr. *Maxwell* dit des
Loix de *Lycurgue* & de *Solon*, il eft bien vrai
que le prémier de ces Légiflateurs ordonna de
vifiter tous les Enfans nouveaux-nez, & de
jetter dans une fondriére ceux qui fe trouve-
roient infirmes ou mal faits; par la raifon qu'il
n'étoit avantageux ni au Public, ni à ces Enfans même, de leur laiffer la vie. On a là-
deffus l'autorité formelle de P L U T A R Q U E,
in Lycurg. Tom. I. pag. 49. E. Mais je ne
fai où le Traducteur Anglois a trouvé une
Loi toute femblable de *Solon*. Celui-ci permit
feulement aux Péres de faire mourir leurs
Enfans, s'ils le jugeoient à propos. Voiez
M E U R S I U S, *in Solon.* Cap. 22. & *Themid. Attic.* Lib. I. Cap. 2. On fait que ç'a été
une coutume autorifée, chez les *Grecs*, &
chez les *Romains* enfuite, pendant très-long
tems.
(2) Nôtre Auteur indique ici le Chap XV.
§ 9, & *feqq.* du Traité d'H O B B E S *De Cive.*
C'eft là que ce Philofophe, traitant de l'Hon-

Aa 3

voilà pourquoi il eft défendu par-tout, de tuer des Innocens. Y a-t'il quelcun d'un tempérament fi fingulier, qu'il l'empêche de juger que l'intérêt de chaque Famille, & par conféquent l'intérêt de toutes les Nations, demande que la Foi Conjugale foit religieufement obfervée? On peut en dire autant du droit d'ufer & de jouïr des Chofes extérieures qui font néceffaires pour la Vie, la Santé, l'Honneur ou la Réputation, pour l'Éducation des Enfans, pour l'entretien de l'Amitié. Le jugement qu'on porte de la bonté de ces fortes de chofes, qui font la matiére de toutes les Loix Naturelles, & de la plûpart des Loix Civiles, eft auffi uniforme par-tout, que la reffemblance qu'il y a entre tous les Animaux, à l'égard du mouvement du Cœur & des Artéres; & entre tous les Hommes, dans l'idée qu'ils ont de la blancheur de la Neige, & de l'éclat du Soleil. *Hobbes* lui-même le reconnoît. (3) *En tous les cas*, dit-il, *dont les Loix Civiles ne difent rien; cas, qui, felon lui, font prefque infinis, & d'où il peut naître une infinité de procès; il faut fuivre la Loi de l'Equité Naturelle.* Il y a donc, de fon aveu, des Loix d'Equité Naturelle, que l'on connoît fans le fecours des Loix Civiles; & par-là on peut fuffifamment décider un plus grand nombre de cas, que par les Loix Civiles, dont les décifions ne s'étendent pas à un nombre de cas *prefque infini*.

Pour moi, tout ce que je prétends ici, c'eft qu'il y a quelques Régles d'Equité, naturellement fi bien connuës, que là-deffus les Sages ne font point de différente opinion. Du refte, je reconnois très-volontiers, qu'il y a grand nombre de chofes indifférentes, ou fur lefquelles la Raifon Humaine ne fauroit prononcer généralement, Qu'il eft néceffaire pour le Bien Commun d'agir de telle ou telle maniére, plûtôt que d'une autre. C'eft en matiére de pareilles chofes, qu'a lieu la diverfité des Statuts, felon la diverfité des Etats : de forte qu'encore qu'avant qu'un tel ou tel Réglement fût fait, on eût pû s'y oppofer fans crime ; du moment qu'il eft muni de l'Autorité Publique, on doit l'obferver religieufement, & par un motif de Confcience, pour obéïr à Dieu, dont les Magiftrats font ici-bas les Lieutenans, & en vuë du Bonheur commun des Citoiens, dont la fûreté dépend principalement de l'obéïffance au Souverain. Car il eft manifeftement plus utile pour le Bien Public, qu'en fait de chofes indifférentes & douteufes, les Sujets tiennent pour bon ce qui paroît tel au Souverain, que s'il y avoit entr'eux là-deffus des difputes éternelles, d'où l'on auroit tout lieu d'attendre des Guerres & des Meurtres, qui font inconteftablement des Maux très-réels.

Que les Hommes ne cherchent pas uniquement leur bien particulier.

§ IV. Une autre erreur d'Hobbes, au fujet du *Bien*, c'eft qu'il prétend (1) que l'objet de la Volonté Humaine eft uniquement ce que chacun juge Bon pour foi en particulier. La même penfée eft ainfi exprimée ailleurs :

---

neur, qu'on doit rendre à Dieu, fe fonde fur l'opinion qu'on a de fa *Puiffance* jointe avec la *Bonté*; d'où naiffent, dit-il, & cela *néceffairement*, des fentimens d'*Amour*, qui fe rapportent à la *Bonté*, & des fentimens d'*Efpérance* & de *Crainte*, qui fe rapportent à la *Puiffance*.

(3) *Cùm enim regulas praefcribere univerfales, quibus omnes futurae lites quae forte infultae funt, dijudicari poffint, impoffibile fit intelligitur, in unvi cafu legibus fcriptis praetermiffo fequendam effe legem aequitatis naturalis, quae jubet aequalia aequalibus diftribuere &c.* De Cive, *Cap.* XIV. § 14.

§ IV. (1) *In omni Societate quaeritur Voluntatis objectum, hoc eft, id quod videtur unicuique congredientium Bonum fibi.* De Cive, *Cap.* I. § 2.

(2) *Nam unufquifque praefumitur, bonum fibi naturaliter, Juftum propter pacem tantùm, & per accidens quaerere.* Ibid. *Cap.* III. § 21.

leurs : (2) *On présume que chacun cherche naturellement ce qui est Bon pour lui, & que, s'il cherche ce qui est* Juste, *ce n'est qu'en vûë de la Paix, & par accident.* Cela donne à entendre, que le *Juste* se rapporte au *Bien d'autrui ;* mais que personne ne cherche un tel Bien, que par la crainte des Maux qui naissent de l'état de Guerre. C'est sur les mêmes principes que sont fondez les passages citez ci-dessus, & une infinité d'autres, répandus dans les Ecrits de nôtre Philosophe, celui-ci, par exemple, où il dit, (3) *Que tout ce qui se fait volontairement, se fait en vûë de quelque Bien de celui qui veut.*

Voici à quoi tout cela tend. De la maniére que sont faits les Hommes, il répugne, à leur nature, selon *Hobbes,* & par conséquent il est absolument impossible, qu'ils (4) recherchent autre chose que leur propre intérêt & leur propre gloire. Or il est clair, à ce qu'il prétend, que chacun peut parvenir à ce but beaucoup plus efficacement par un empire sur les autres, qu'en se joignant avec eux dans quelque Société. Ainsi tous les Hommes cherchent naturellement à dominer sur les autres, & pour en venir à bout, ils se portent à la Guerre contre tous. La crainte seule les détourne de la Guerre, & les fait résoudre à accepter les conditions de Société.

Qu'est-ce qui peut avoir jetté *Hobbes* dans un sentiment si contraire aux idées de tous les Philosophes ? Pour moi, je ne saurois en découvrir d'autre source, que ce qu'il insinuë dans la même (5) Section d'où j'ai tiré le dernier passage. Il entend là par la *Nature* les *Passions naturelles à tous les Animaux, & dont l'impression dure, jusqu'à ce que les maux qui leur en reviennent, & les préceptes qu'on leur donne, font que le désir des choses présentes est réprimé par la mémoire du passé.* Nôtre Auteur juge ainsi de la Nature Humaine, & de l'objet propre & unique de la Volonté, par les Passions qui précédent l'usage de la Raison, l'expérience, & l'instruction ; (a) c'est-à-dire, telles qu'on les voit agir dans les *Enfans,* & dans les *Insensez.*

Mais je crois, avec tout ce que je connois de Philosophes, que c'est plûtôt par les lumiéres de la Raison qu'on doit juger de la Nature Humaine, & qu'ainsi la Volonté peut s'étendre jusqu'aux choses que la Raison nous représente comme convenant à la nature de tout Homme, quel qu'il soit. Les Passions déraisonnables, qu'*Hobbes* prend pour la Nature Humaine, sont plûtôt des mouvemens déréglez de l'Ame, & par conséquent des mouvemens contraires à la Nature. Il l'a reconnu lui-même depuis la publication de son Traité *Du Citoien,* dans un autre Ouvrage. (6) J'avouë, qu'il est possible, qu'en abusant de sa Liberté, un homme d'un esprit borné, & qui est tel par sa propre faute, ne pen-

(a) Voïez la *Préface* sur le Tr. *Du Citoien.*

---

(3) *Quoniam autem quicquid fit* voluntariò, *propter* bonum aliquod *fit volentis* &c. Ibid. Cap. II. § 8.

(4) *Quidquid autem videtur Bonum, jucundum est, pertinetque ad organa, vel ad animum. Animi autem voluptas omnis vel gloria est (sive bene opinari de se ipso) vel ad gloriam ultimò re fertur ; cætera sensualia sunt, vel ad sensuale conducentia, quae omnia commodorum nomine comprehendi possunt.... Quamquam autem commoda hujus vitae augeri mutua ope possunt, cum*

tamen *id fieri multo magis dominio possit, quàn societate aliorum, nemini dubium esse debet, quin avidius ferrentur homines natura sua, si metus abesset, ad dominationem, quàm ad societatem* &c. Ibid. Cap. II. § 2.

(5) *Ad quas* [delicias societatis] *naturâ, id est, ab affectibus omni animanti insitis ferimur, donec nocumentis vel praeceptis fit (quod in multis numquam fit) ut appetitus praesentium, memoriâ praeteritorum retundatur.* Ibid.

(6) *Dicuntur autem* [Affectus] Perturbationes,

penfe qu'à lui-même, & ainfi ne recherche prefque rien, que ce qu'il juge être avantageux pour lui en particulier. Mais jufqu'ici je ne connois que le feul *Hobbes*, en qui j'aie pû remarquer des indices d'une volonté fi concentrée au dedans de la perfonne même qui veut. Il y a certainement d'autres Hommes d'une Ame plus noble, qui regardent comme *Bon*, non feulement ce qui l'eft pour eux, mais encore tout ce qui contribuë à la confervation, à la perfection, à l'ordre, à la beauté du Genre Humain, ou même de tout l'Univers, autant que nous pouvons nous en former quelque idée; qui veulent & défirent un tel Bien; qui en conçoivent des efpérances pour l'avenir, & s'en réjouïffent, quand il eft préfent. Je ne vois rien qui empêche, que je ne puiffe fouhaitter que ce que je juge convenir à chaque Nature lui arrive; & que je ne travaille moi-même à y contribuer de toutes mes forces: le tout auffi loin, & pas davantage, que s'étend ce qui fait l'objet propre &.proportionné, fur lequel chaque Faculté, & par conféquent auffi la Volonté, peuvent s'exercer. A cela fe rapporte une maxime d'ARISTOTE, au fujet des Legiflateurs. (7) *Il eft*, dit-il, *du devoir d'un bon Legiflateur, de confiderer, comment l'Etat, & le Genre Humain, & toute autre Société, peuvent vivre heureufement, & jouïr de tout le bonheur qu'il leur eft poffible d'aquerir.* Et ailleurs: (8) *Peut-être doit-il choifir ce qui eft droit. Et ce qui eft droit, eft peut-être ce qui tend à l'utilité de tout l'Etat, & à l'avantage commun des Citoïens.* Le dernier Paffage établit, qu'en faifant des Loix Civiles, on doit chercher à procurer, non le feul bien d'une partie de l'Etat, mais celui de tout l'Etat, & que c'eft là pour le Legiflateur la régle du Droit. Par où le Philofophe enfeigne affez clairement, en quoi confifte ce qui eft généralement droit, fi l'on confidére le Monde entier comme un Corps d'Etat, & par conféquent ce que l'on doit regarder comme le but des Loix de l'Univers, ou de la Nature. Or tout Legiflateur de la Terre, quoi qu'il ne foit qu'un Homme, pouvant & devant pourvoir au Bien Commun, comme la fin pour laquelle il a reçu le Pouvoir de faire des Loix; qu'eft-ce qui empêche de convenir, qu'il eft au pouvoir des autres Hommes de faire là même chofe?

On peut même démontrer cela *à priori*, d'une maniére convaincante pour ceux qui reconnoiffent que la nature de la *Volonté* confifte dans l'aquiefcement
de

---

nes, *proptereâ quod efficiunt plerumque rectae ratiocinationi.* De Homine, Cap. XII. § 1.

(7) Τὸ δὲ νομοθίτε τὰ σπεδαῖε ἐςὶ, τὸ διάταθαι πόλιν, καὶ γίνις ἀνθρώπων, καὶ πάσαι ἄλλες κοινωνίας, ζωῆς ἀγαθῆς πῶς μεθέξετι, καὶ διεξομίνης αὐτοῖς ἐυδαιμονίας. Politic. *Lib.* VII. *Cap.* a. pag. 775, 776. *Edit. Heinf.*

(8) Τὸ δ'ἰςθὲν ληπτίον ἴσως. Τὸ δ'ἴσως ἰρθὸν, πρὸς τὸ τῆς πόλεως ὅλες συμφέρει, καὶ πρὸς τὸ κοινὸν τὸ τῶν πολιτῶν. Idem, *Lib.* III. *Cap.* 8. pag. 333. *Ed. Heinf.* (Cap. 13 pag. 354. C. *Tom.* II. *Opp. Ed.* Parif.) Nôtre Auteur rapporte ce paffage auffi-bien que le précedent, fans les traduire. Le Traducteur Anglois, faute d'entendre ce que fignifie ici

ἴσως, dit: *Ce qui eft uniformément droit, c'eft ce qui* &c. *That is* UNIFORMLY *right* &c. Il n'a pas apparemment confulté l'Original, ou s'il l'a fait, il n'a pas compris le fens d'ἴσως, expreffion fi commune dans ARISTOTE, PLATON &c. qui fouvent difent *peut-être*, pour éviter le ton décifif, lors même qu'ils paroiffent bien perfuadez de la vérité de ce qu'ils affirment. La fuite du difcours ne permet pas de douter qu'on ne doive ainfi entendre le Τὸ δ'ἴσως ἰρθὸν, auffi bien que dans les paroles précédentes, que j'ai traduites à caufe de cela, quoi que l'Auteur les eût omifes. Il s'agit d'une queftion, que le Philofophe dit qu'on agitoit, favoir, fi un Legiflateur doit accommoder fes Loix à l'a-

de l'Ame au Jugement que l'Entendement porte des chofes qui ont entr'elles de la convenance. Car il eft certain, qu'on peut juger de ce qui fert à l'avantage d'autrui, auffi bien que de ce qui contribuë à nôtre propre avantage. Et il n'y a aucune raifon pourquoi on ne pourroit pas vouloir les chofes que l'on a jugées bonnes, foit qu'elles le foient pour nous, ou pour autrui. Il n'eft même guéres poffible, qu'on ne veuille pas ce que l'on a jugé bon.

Il faut remarquer, de plus, que tout ce que l'Homme peut vouloir, il peut auffi réfoudre de le procurer, autant qu'il dépend de lui. Quand on *veut* le Bien jufqu'à un tel point, cette *intention* fait qu'il ne lui manque plus rien de ce qu'il faut pour conftituer la nature d'une *Fin*. Le Bien Commun de l'Univers peut donc être auffi une Fin, que l'Homme fe propofe. Et comme c'eft le plus grand Bien qu'on puiffe vouloir; fi l'Entendement juge comme il faut, il décidera qu'un tel acte de Volonté a une liaifon plus néceffaire & plus effentielle avec la perfection des Hommes qui ont une jufte idée du Bien Commun, que la *Volition* de tout autre moindre Bien. Mais il me fuffit pour l'heure, d'avoir prouvé, Que l'Homme peut fe propofer le Bien Commun comme une Fin, & comme la principale, pourvû qu'il foit convaincu par de bonnes raifons, que c'eft le plus grand des Biens. Pour ce qui eft de favoir, fi quelcun eft obligé à rechercher cette Fin, nous examinerons la queftion en fon lieu, quand nous traiterons de l'*Obligation* des *Loix Naturelles*.

J'ajoûterai feulement qu'*Hobbes* lui-même, dans l'Edition Latine de fon *Léviathan*, contredit tout ce qu'il avoit auparavant écrit au fujet du Bien particulier, comme le feul que chacun fe propofe & doit fe propofer. Car non feulement il reconnoît, qu'on peut avoir en vuë le Bien Public, mais encore il témoigne ouvertement, qu'il fe flatte que fon Livre fervira à cette fin. (9) *Je ne defefpère pas*, dit-il, *que, les Rois venant quelque jour à mieux approfondir leurs droits, les Docteurs & les Citoiens à confiderer avec plus d'attention leurs Devoirs; cette Doctrine, devenuë moins effarouchante par la coûtume, ne foit enfin généralement reçuë pour le Bien Public.* Voilà nôtre Philofophe, qui pronoftique ici, que fa Doctrine, quoi que non encore autorifée par les Rois, fera avec le tems avantageufe au Public, & qui infinuë, qu'elle eft conforme à l'utilité, non d'un feul Etat, mais de tous les Peuples du Monde. Rien n'eft plus faux,

à

l'avantage du petit nombre de Citoiens, qui font ou fe piquent d'être diftinguez par leur vertu, par leurs richeffes, par leur nobleffe &c. ou bien à l'avantage du plus grand nombre? Là-deffus, il prend avec raifon le parti de dire, que les uns & les autres ne faifant enfemble qu'un Corps d'Etat, on doit avoir égard à ce que demande l'utilité de tous en général. Et quoi qu'il s'exprime par un *peut-être*, ici comme ailleurs, il ne prétend pas donner fa décifion pour incertaine. De forte que DANIEL HEINSIUS n'a pas eû tort de paraphrafer ainfi ce paffage : *Quid ergo faciendum? Sine dubio quod optimum. Optimum autem, fine controverfia; potius Civitatis bonum, communemque Civium fpectare utili-*

tatem. Les autres Traducteurs, qui fuivent plus le tour littéral, difent: *Fortaffe autem, quod rectum, fumendum eft: Rectum outem fortaffe ex totius Civitatis utilitate* &c. Mais aucun ne s'eft avifé de traduire ἴσως par *uniformiter*, comme fait Mr. MAXWELL.

(9) *Non defpero tamen, quin Regibus interiùs in fua jura; Doctoribus in officia fua, & Civibus attentiùs infpicientibus, hæc ipfa Doctrina confuetudine mitior facta, tandem aliquando ad bonum publicum communiter recipiatur.* Cap. 31. *in fin.* pag. 172. Nôtre Auteur, en citant ce paffage, avoit omis les mots & *Civibus.* Le Traducteur Anglois, en fuppléant l'omiffion par l'Original, a fuivi une faute d'impreffion, qui s'y étoit gliffée, *Civium ;* mais

à mon avis. Mais il paroît par-là fuffifamment, que l'Auteur penfoit quelquefois à cette fin du Bien Public; & qu'il favoit qu'on peut fincérement fe la propofer: autrement, il ne l'auroit pas cherchée, ni fait femblant de la chercher.

On peut auffi prouver par des aveus qu'il fait ailleurs, que les Hommes trouvent naturellement du plaifir à plaire aux autres, & par conféquent que cela leur paroît bon. Car, dans fon Traité *De la Nature Humaine*, écrit en (*b*) Chap. IX. Anglois, il foûtient (*b*) nettement, que le plaifir même que les deux Séxes § 15. trouvent à s'unir enfemble, eft en partie un plaifir de l'Ame, qui vient de ce qu'on fent que l'on plaît à une autre perfonne. Or il eft très-abfurde, de fuppofer un Plaifir de l'Ame, fondé fur ce qu'on fait quelque chofe d'agréable à un autre, & cela dans une affaire très-peu confidérable; fi l'on ne reconnoît auffi, que l'Ame de l'Homme trouve un plus grand plaifir à fe rendre agréable en même tems à un grand nombre de gens, & par des chofes d'une plus grande importance, en faifant du bien & à leurs Ames & à leurs Corps, en procurant le Bien Commun par des actes de Fidélité, de Reconnoiffance, & d'Humanité, encore même qu'on ne dépende pas d'un même Souverain.

Hobbes enfin, dans fon *Traité de l'Homme*, où il prend à tâche d'examiner, quels Biens font plus grands, ou moindres, les uns que les autres; dit formellement, (10) que, *toutes chofes d'ailleurs égales un Bien, qui eft tel pour plufieurs, eft plus grand que celui qui ne l'eft que pour peu de gens.* (11)

CHAPITRE IV.

Des MAXIMES PRATIQUES de la Raifon.

I—III. *Que les* Idées Pratiques *dictées par la* Raifon, *font certaines Propofitions, qui marquent la liaifon des Actions Humaines avec leurs effets; & que ces Propofitions, en montrant la Caufe propre ou néceffaire de l'Effet qu'on fe propofe, prefcrivent en même tems un Moien fuffifant, ou néceffaire, pour parvenir à la Fin. Comparaifon de leurs différentes formes; entre lefquelles on fait voir que la meilleu-*

mais il auroit pû la voir corrigée dans l'*Errata* même, qui fe trouve à la fin du Volume.

(10) *Et (caeteris paribus) quod pluribus Bonum [majus eft] quàm quod paucioribus.* De Homine, Cap. XI. § 14. pag. 67.

(11) Le Traducteur Anglois, à la fin de ce Chapitre, y ajoûte à part des *Remarques générales*, en forme de fupplément à ce qu'il croit que nôtre Auteur auroit pû dire fur les différentes fortes de Plaifirs de l'Homme, & fur la comparaifon des uns avec les autres. Mais comme tout cela eft tiré, en abrégé, d'un Livre Anglois, que l'on a traduit en François, je me contente d'y renvoier les

Lecteurs. C'eft WOLLASTON, *Ebauche de la Religion Naturelle*, Sect. II. pag. 49—64. de la Traduction; & dans l'Original, pag. 32—40.

CHAP. IV. § I. (1) Le Philofophe SE'NE'QUE, parlant des mouvemens fubits & involontaires, qui s'excitent ou dans nôtre Ame, ou dans nôtre Corps, & que tous les efforts de la Raifon ne peuvent empêcher, donne, entr'autres, pour exemple des derniers, le clignement des yeux, à la vûë des doigts de quelcun qui s'en approchent tout d'un coup; & le baillement, dont on eft faifi, quand on voit d'au-

. *bute, & celle à quoi se réduisent les autres, est celle qui représente les Actions Humaines comme des Causes; & tout ce qui en dépend, comme autant d'Effets.*
IV. *Illustration de tout ceci, par une comparaison avec la Pratique des Mathématiciens.*

§ I. AVANT que d'entrer en matière, il faut remarquer ici, que tous les actes de l'Homme ne supposent pas un *Dictamen* de la Raison, ou quelque idée équivalente. Car les *premières* (a) *perceptions*, & certains mouvemens des *Esprits animaux*, ou de l'*Imagination*, quelquefois aussi le mouvement des *Muscles*, comme quand on (1) cligne les yeux, ou que l'on vient subitement à quitter ses (2) Amis, tout cela semble se faire sans que la Raison y ait aucune influence. Il en est de même de plusieurs actes de l'Ame des Enfans, comme, les comparaisons qu'ils font, les jugemens qu'ils portent &c. sur les choses agréables, & sur les nuisibles; par où néanmoins le trésor des Connoissances s'augmente en eux. Le simple acte de *vouloir le Bien* en général, (3) doit peut-être aussi être mis au même rang.

Telle est la constitution de nôtre nature, que, dès le bas âge, nous sommes frappez, bon-gré mal-gré que nous en ayions, de bien des idées, qui entrent dans nos Esprits par le canal des Sens. Ces idées s'impriment fortement dans nôtre Mémoire; & par la comparaison que nous en faisons volontairement, nous jugeons si leurs objets sont plus grands les uns que les autres, semblables ou dissemblables, avantageux ou nuisibles. Mais sur-tout, comme nous sommes toûjours présens à nous-mêmes, & que nôtre Ame a naturellement le pouvoir de réfléchir sur soi; nous sentons nécessairement les actes de nôtre *Entendement* & de nôtre *Volonté*, & combien nous avons de force pour exciter & diriger certains *mouvemens* de nôtre *Corps*, qui à cause de cela sont appellez *volontaires*. Ainsi nous ne pouvons qu'apprendre par l'expérience, quels actes de ces Facultez nous causent du dommage, ou contribuent à nôtre avantage & à nôtre perfection; & il y a une liaison naturelle entre cette connoissance, & le désir ou l'aversion, la recherche ou la fuite des effets qui proviennent de l'une ou l'autre sorte d'actes. Une parité de raison fait encore, que, sans autre guide que la Nature, nous comprenons aisément, que de telles choses sont & paroissent également avantageuses ou désavantageuses à
d'au-

Comment se forment les Idées Pratiques de la Raison. Trois formes de Propositions, qui s'y rapportent.

(a) *Apprehensiones primae.*

---

d'autres qui baillent: *Primum illum animi ictum effugere nulla ratione possumus: sicut ne illa quidem, quae diximus accidere corporibus, ne nos oscitatio aliena sollicitet, ne oculi ad intentationem subitam digitorum comprimantur. Ista non potest ratio vincere: consuetudo fortasse, & assidua observatio extenuat.* De Ira, Lib. II. Cap. 4.

(2) *Vel subita ab amicis resilitio.* Je vois par la collation de l'exemplaire de nôtre Auteur, qu'il avoit mis ici en marge une croix, qui semble marquer que son dessein étoit ou d'ajoûter quelque chose, ou d'expliquer cet exemple. Il veut parler apparemment de ces

sortes de mouvemens, qui, quoi que volontaires, se font par pure distraction, sans qu'on sâche pourquoi on les fait; comme ici il suppose que quelcun, étant avec des Amis, les quitte brusquement, quoi qu'il se plaise à leur commerce, & qu'aucune raison que ce soit, dont il s'apperçoive, ne l'engage à se retirer ainsi.

(3) Cela est certain. On ne sauroit s'empêcher de vouloir le *Bien en général:* on le souhaitte toûjours par un penchant naturel & invincible. Ce n'est qu'à l'égard de *tels ou tels Biens* en particulier, qu'il y a de la liberté. Voïez PUFENDORF, *Droit de la Nature*

d'autres Êtres, autant qu'ils nous reſſemblent ou par l'Eſprit, ou par le Corps, ou par l'un & l'autre. De-là nous tirons quelques conſéquences, ſur les actions agréables à Dieu, & un beaucoup plus grand nombre ſur ce qui eſt avantageux ou déſavantageux à tous les Hommes.

Quand la Raiſon eſt parvenuë à ſa maturité, nous penſons à tout le train & le cours de nôtre vie, ou à l'uſage que nous ferons déſormais de toutes nos Facultez. Alors il ſe préſente en même tems à nôtre Eſprit un plus grand nombre d'Actions, qui ſeront vraiſemblablement produites, & de bons effets que nous en eſpérons; comme auſſi une plus longue ſuite de choſes qui ſe ſuccéderont en leur ordre, & qui dépendent les unes des autres. Nôtre Eſprit aiant ainſi un plus vaſte champ, ne ſe contente pas d'appeller au ſecours de la Mémoire quelques Termes ſimples, il forme encore des Propoſitions, par leſquelles la liaiſon de nos Actions, de quelque nature qu'elles ſoient, avec les effets propres qui en dépendent, eſt plus diſtinctement exprimée. C'eſt ce qu'on appelle des *Propoſitions Pratiques.* Il n'eſt pourtant pas néceſſaire, comme le prétendent quelques Scholaſtiques, que ces Propoſitions ſoient ainſi (b) *Debitudo* conçuës : (4) *Il faut faire telle ou telle choſe.* Car cet (b) *Il faut* a beſoin *illa.* d'explication : & l'idée qu'il renferme doit ſe déduire ou d'une liaiſon néceſſaire avec quelque Fin, ou de l'Obligation de quelque Loi. Mais, quand il s'agit de chercher l'origine des Loix, on ne doit pas ſuppoſer leur Obligation comme déja connuë. Au lieu que la liaiſon néceſſaire entre les Moiens & la Fin, eſt ſuffiſamment exprimée par la liaiſon que les Moiens conſidérez comme Cauſes, ont avec leurs Effets.

De plus, à meſure que nôtre Raiſon ſe fortifie, nous venons naturellement à comparer enſemble la vertu qu'ont les différentes Cauſes de produire des Effets ſemblables, comme auſſi les divers degrez de perfection qu'il y a dans les Effets: comparaiſon, qui méne à juger, que l'un de ces Effets eſt plus grand que l'autre, ou moindre, ou égal. De là on conclut, par exemple, qu'entre nos Actions poſſibles, les unes peuvent contribuer plus que d'autres, ou plus qu'aucune autre, à nôtre Bonheur, & à celui d'autrui. Ces ſortes de Propo- (c) *Dictamina* ſitions Pratiques, ſont appellées *Maximes* (c) *de comparaiſon.* *comparata.* Comme je cherche uniquement la génération des Loix Naturelles, il n'eſt pas néceſſaire pour mon but, de ſoûtenir, que ces ſortes de Maximes, reconnuës même pour avoir force de Loi, déterminent toûjours les Hommes à agir. Il ſuffit, qu'elles ſoient la régle de la détermination, quand elle ſe fera actuel- (d) *Vis deter-* lement. Il y a différentes opinions touchant (d) le pouvoir qui détermine à *minatrix.* agir: mais je ne veux point diſputer là-deſſus. Quelque hypothéſe qu'on ſuive, chacun, à mon avis, tombera d'accord, que, dans tout acte produit avec délibération, il faut préalablement une Maxime Pratique de la Raiſon, qui fraie & montre en quelque maniére le chemin à la determination actuelle. Mais il eſt

---

re & des Gens, Liv. I. Chap. IV. § 4. avec les Notes.

(4) *En forme de Gérondif,* (dit nôtre Auteur,) Hoc vel illud agendum eſt; *comme parlent quelques Scholaſtiques.* Mais nous n'avons

dans nôtre Langue aucun Gérondif de cette ſorte, qui réponde au tour du Latin.

(5) *Eliciatur actus ille* &c. J'ai exprimé ce tour Latin, par *Faites,* qui ne s'adreſſe ici à aucune perſonne en particulier, & qui eſt

eſt bon de conſiderer avec plus d'attention les parties eſſentielles d'une Maxime Pratique, & ſa forme. Cela ſervira à faire comprendre plus aiſément la maniére dont ces ſortes d'idées naiſſent dans nôtre Ame.

Une Propoſition Pratique s'exprime quelquefois ainſi : *Un tel acte humain poſſible*, (tel ou tel acte, par exemple, de *Bienveillance Univerſelle*) *contribuera plus que tout autre en même tems poſſible, à ma Félicité & à la Félicité commune des autres*, ou comme en faiſant une partie eſſentielle, ou comme une cauſe, qui en ſera quelque jour la principale partie eſſentielle.

Quelquefois la Propoſition Pratique eſt énoncée en forme de Commandement: *Faites* (ſ) *cette action, qui eſt en vôtre pouvoir, comme celle de toutes qui, dans les circonſtances ſuppoſées, eſt la plus propre que vous pourriez faire, pour contribuer au Bien Commun.* Souvent on dit : *Telle ou telle Action doit être faite.* Ces différens tours d'expreſſion, appliquez à la Loi Naturelle, reviennent, ſelon moi, au même ſens. Que l'Entendement juge telle ou telle choſe la meilleure à faire, ou qu'il la commande, ou qu'il dicte (e) qu'on y eſt obligé, c'eſt tout un. L'Entendement, qui prend alors le nom de *Conſcience*, découvre ſuffiſamment l'Obligation Naturelle, en nous diſant: *C'eſt ce que vous pourrez faire de mieux & pour vous-même, & pour les autres.* Car de là il paroît, que, ſi je ne fais ce que j'ai décidé être pour moi le meilleur, j'attirerai ſur moi quelque mal, qui peut être appellé une *Peine.* Que ſi l'on enviſage la Propoſition en forme de Commandement, il en réſulte le même ſens; l'Entendement de chacun étant alors repréſenté comme une eſpéce de Magiſtrat, autoriſé à nous impoſer des Loix. A la vérité, il y a là quelque métaphore, & par conſéquent l'idée n'eſt pas tout-à-fait philoſophique. Elle a pourtant ſon utilité, parce que la reſſemblance eſt très-bien fondée en nature. Il en eſt de même de (f) l'expreſſion: *Telle ou telle choſe doit être faite: Il faut faire ceci ou cela.* Toute la différence qu'il y a, c'eſt qu'alors l'Entendement ne fait l'office que de Juge Subalterne, ou de Conſeiller, qui met devant les yeux une Loi déja établie, & demande qu'on y conforme les Actions auxquelles on ſe déterminera.

Le prémier tour d'une Propoſition Pratique, ou celui qui indique le rapport des Actions avec la Félicité Commune, eſt le plus digne d'un Philoſophe. Car, quoi qu'à en conſiderer la forme, il paroiſſe exprimer une Propoſition Spéculative, il a pour le fond, force de Propoſition Pratique, puis qu'il découvre le fondement naturel de l'Obligation. Le ſecond tour convient mieux à un Souverain; & le dernier, à un Théologien. Mais on peut emploier indifféremment quel des trois on voudra; pourvû qu'on ſe ſouvienne toûjours de la différence qu'il y a entr'eux. Selon (6) le prémier, la Nature des Choſes nous préſente ce qui eſt le meilleur à faire: Selon le ſecond, nôtre Ame faiſant attention à la Providence qui gouverne tout, conclut de l'idée de DIEU, qu'il veut, ou qu'il commande ces ſortes d'Actions; & elle ſe les commande à elle-

(e) *Ex vi Gerundii, me bene teneri facere.*

(f) *Forma Gerundii.*

eſt plus commode, que ſi j'euſſe dit, *Qu'on faſſe* &c. Pour le tour ſuivant *In forma Gerundii*, comme parle l'Auteur, voïez ci-deſſus, *Not.* 4.

(6) Je ſupplée ici: *In prima forma:* mots, qui ont été manifeſtement omis, ſoit par l'inadvertence de l'Auteur, ſoit par celle de ſon Copiſte, ou des Imprimeurs.

Bb 3

elle-même, au nom de cèt Etre Suprêi.e. Selon le dernier tour, nôtre Efprit, refléchiffant fur les idées renfermées dans les deux prémiers, juge que toute Action conforme aux Commandemens de DIEU, & de nôtre propre Confcience, fera *jufte*; & toute Action contraire, *injufte*.

Quatriéme forme de Propofitions Pratiquet.

§ II. IL y a encore une autre maniére d'exprimer les Loix Naturelles, favoir: *Tel ou tel acte poffible, eft le plus convenable à la Nature Humaine.* Mais cela forme un fens ambigu. Car 1. La *Nature Humaine* fignifie, ou celle qui eft particuliére à l'Agent, & alors la Propofition n'exprime pas fuffifamment ce qu'il faut confiderer avant l'Action: car on ne doit pas avoir en vuë fimplement le Bonheur d'un feul Agent, mais encore le plus grand Bien Commun: Ou bien, on entend par la *Nature Humaine* tous les Hommes, & ainfi on ne penfe point à DIEU. Que fi, felon l'une ou l'autre idée, on conçoit le Bien Public comme y étant renfermé par conféquence, ce tour d'expreffion revient au prémier des trois dont j'ai parlé ci-deffus; qui n'aiant aucune ambiguité, mérite la préférence. 2. D'ailleurs, il n'eft pas bien clair à quoi fe rapporte le mot de *convenable*. Car une Action peut être dite *convenir* à une Nature, en deux fens. Le prémier eft, que cette Action s'accorde avec les *principes d'agir*, tels que font les Facultez & les Habitudes, les objets ou renfermez dans la Mémoire, ou extérieurs, par lefquels on eft pouffé à l'action: chefs, auxquels il faut rapporter auffi les Maximes Pratiques, ou les Propofitions, qui fervent de régle aux Actions; car les termes de ces Propofitions, qui naiffent des objets, s'impriment dans la Mémoire; & l'Ame en forme des Propofitions, qui déterminent à agir, & produifent ainfi peu-à-peu les Habitudes. L'autre fens, felon lequel une Action peut être dite *convenable* à la Nature Humaine, c'eft entant qu'elle produit des effets qui fervent à conferver ou à perfectionner la nature d'un feul Homme, ou de plufieurs. Ce dernier fens revient encore à celui de la prémiére formule, où il n'y a point d'ambiguité. Et l'on peut y ramener auffi en grande partie le prémier fens. Car les Propofitions Pratiques, qui font un des principes internes de l'Action, roulent toutes fur le défir de rechercher une Fin, & principalement la plus grande des Fins, & fur l'ufage des Moiens néceffaires pour y parvenir. Celles qui concernent le défir de la grande & derniére Fin, nous enfeignent feulement, Que telle ou telle chofe eft bonne de fa nature, ou fait partie de la Félicité Humaine, & une partie la plus grande qu'il foit poffible dans les circonftances propofées. Celles auffi qui ont pour Sujet les Moiens, déterminent feulement ce qui fert à obtenir un tel Bien, & qui y contribuë le plus dans le cas propofé. Ainfi la forme de ces fortes de Propofitions fe réduit au fens de la prémiére. Et cette prémiére doit être préférée, parce que l'idée de la convenance de l'acte, felon l'analyfe que je viens de donner de la Propofition où cette convenance eft exprimée, ne fe préfente pas la plûpart du tems

---

§ II. (1) Il y a dans l'Original: *nulla praeter confenfum voluntatis effe poteft caufa.* Mais je crois que l'Auteur avoit écrit, ou voulu écrire: *nulla, praeter confenfum* INTELLECTUS ET *voluntatis* &c. Le raifonnement

même, & toute la fuite du difcours, demandent manifeftement ce fens, que j'ai exprimé dans ma Traduction.

§ III. (1) L'Original porte: *Eis qui per* INJURIAM, *aliafve quibus animum diftrabunt tu.*

tems à nôtre Entendement. Outre que mon but eſt, d'expliquer l'origine & la formation des prémiéres idées pratiques de la Raiſon, avec leſquelles les Actions doivent avoir de la convenance. Or il ne ſuffit pas pour cela de dire, Qu'une Action eſt conforme aux idées déja formées, qui ſont ſeules les principes immédiats des Actions Humaines.

Il ne ſera pourtant pas inutile de remarquer, qu'on peut dire très-véritablement, Que toutes les Bonnes Actions, ou les Vertus, ſont néceſſairement & parfaitement d'accord avec l'idée ou le caractére d'un Agent Raiſonnable, dont la Raiſon, parvenuë à ſa maturité, a aquis cette Prudence, à laquelle elle tend naturellement. Car la *Prudence* renferme eſſentiellement & la *volition* de la meilleure & la plus grande *Fin* que les Facultez de chacun peuvent atteindre, & la *recherche* de cette Fin par l'uſage des Moiens les plus efficaces. Or la plus grande Fin, c'eſt le Bien Commun de tous les Agens Raiſonnables; & l'accord de tous ces Agens à ſe prêter un ſecours mutuel pour y parvenir, eſt le Moien le plus efficace. Toute Religion, & toute Vertu, conſiſtent dans les Actions faites en conſéquence d'un tel accord. Et l'on peut préſumer, avant même aucune Convention faite entre les Hommes, qu'ils conviennent tous que c'eſt la plus grande Fin, & l'unique Moien entiérement néceſſaire; parce qu'il n'y a qu'une conformité (1) d'idées & de volonté, qui puiſſe être la cauſe des Actions Humaines faites en vuë de ſe prêter un ſecours mutuel. Si donc on met au rang des principes internes des Actions Humaines, ces idées pratiques de la Raiſon, qui étant conſervées dans la Mémoire, nous déterminént dans l'occaſion à agir (& on peut très-bien les y rapporter, puis qu'elles renferment toute l'eſſence & la force des Habitudes); rien n'empêche qu'on ne diſe véritablement, & conformément à ce que nous avons établi ci-deſſus, Que tout ce qui s'accorde avec ces principes, & ces Loix de la Nature Raiſonnable, eſt *juſte.*

§ III. Il faut encore examiner ici, ſur-tout eû égard à la prémiére forme, qui eſt la principale maniére dont la Nature nous découvre ſes Loix, Si cette Loi, ou cette Propoſition pratique, nous eſt ſuffiſamment enſeignée & publiée; entant que les termes, dont elle eſt compoſée, & par conſéquent leur liaiſon & la vérité de la Propoſition, ſe préſentent d'eux-mêmes & ſont comme expoſez aux yeux des Hommes, qui veulent faire attention aux effets de leurs Actions? Ou bien ſi l'on doit croire, que la Nature n'a pas manifeſté cette verité d'une maniére ſuffiſante pour impoſer quelque *obligation* à ceux qui, par un effet de (1) leur négligence, ou des diſtractions que leur cauſent d'autres occupations, ne comparent point entr'eux ces ſortes de termes, & ne forment point de telles Propoſitions, pour diriger leur conduite? De ces deux opinions contraires, la prémiére me paroît la plus vraiſemblable. Car, ſi quelcun expoſe à mes yeux un Triangle, il m'enſeigne par-là ſuffi
ſam-

Si la Loi Naturelle eſt ſuffiſamment publiée?

---

euras &c. Pour peu qu'on y faſſe attention, il eſt clair que les Imprimeurs ont mis *injuriam*, au lieu de INCURIAM. Le Traducteur Anglois, qui ne s'en eſt point apperçû, non plus que l'Auteur, ni Mr. le Docteur

BENTLEY; a pris le parti de donner à *injuria* un ſens tout-à-fait impropre: car il l'explique, *thro Wickedneſſ*; comme-s'il ſignifioit, *malitia*, *improbitas*: ce qui d'ailleurs ne convient point ici.

famment, que deux côtez du Triangle font plus longs que le troifiéme feul, encore même qu'il ne me forme là-deffus aucune Propofition.

Quoi qu'il en foit, j'ai à prouver dans cet Ouvrage 1. Que, de la manière que l'affemblage des chofes de l'Univers eft fait, les termes, dont les Loix Naturelles font compofées, fe préfentent affez clairement & affez aifément aux Efprits des Hommes. 2. Que les Efprits des Hommes, ou par leur propre nature, ou par leur union avec le Corps, & avec tout le refte du Syftême de l'Univers, font portez à appercevoir ces termes, à en faire abftraction, à les comparer enfemble, & à former là-deffus des Propofitions pour la détermination de leurs Actions; & qu'ainfi toutes les perfonnes qui font dans leur bonfens, ont ces idées dans leur ame, quoi qu'obfcurcies quelquefois par un mêlange avec d'autres, qui font ou étrangéres ou fauffes.

Les termes de ces Propofitions Pratiques, qu'on appelle *Loix Naturelles*, confiftent dans les Actions Humaines, qui font fufceptibles d'une direction du Jugement ou de la Raifon, & qui étant actuellement produites, contribuent en même tems à l'état le plus heureux de tous les Etres Raifonnables, & à nôtre bonheur particulier. Ces Actions, felon la divifion commune, qui eft affez
(a) *Actus Eli-*
citi.
(b) *Actus Im-*
perati.
commode, fe divifent en *Actes* (a) *propres & internes* de l'*Entendement* & de la *Volonté*, & par conféquent auffi des *Paffions*, autant du moins que les mouvemens violens des Paffions fe font dans l'Ame même; & *Actes* (b) *commandez*, qui s'exercent dans le Corps, par le pouvoir que l'Ame a de les y exciter.

Comparaifon des Propofitions pratiques de la Raifon en matiére de Morale, avec la pratique des Mathématiciens.
§ IV. MAIS, avant que d'entrer dans un examen plus particulier des Loix Naturelles, il eft bon de s'arrêter un peu à expliquer la nature des *Propofitions Pratiques*, & de faire voir 1. Que ces fortes de Propofitions, foit abfoluës, ou conditionnelles, ont beaucoup de reffemblance, & une entiére conformité pour le fens, avec les *Propofitions Spéculatives*. 2. Que l'effet y eft toûjours regardé comme une Fin; & les actions qui font en nôtre puiffance, comme les Moiens.

Je remarque donc d'abord, qu'on entend proprement par *Propofitions Pratiques*, celles qui enfeignent la manière dont un effet eft produit par les Actions Humaines. Eclairciffons cette définition par des exemples. En voici un, pris de l'*Arithmétique*. L'*Addition* de plufieurs Nombres les uns aux autres, produit un Total, ou une *Somme*. La *Souftraction* d'un Nombre d'avec un autre, laiffe un *reftant*, qui marque leur *différence*. De même, en fait de *Géométrie*, la manière de décrire un *Triangle Equilatéral*, preferite par EUCLIDE dans la prémiére Propofition de fes *Elémens*, eft une Propofition Pratique, qui montre l'effet d'une certaine fuite d'Opérations, ou d'Actions Humaines.

Notre Ame certainement comprend de la même manière la vérité de ces fortes de Pratiques, que celle de toute Propofition Théorétique, c'eft-à-dire, en

---

§ IV. (1) J'ai fuppléé ici un mot, qui manque à l'Original : *ad operationes* CIRCA *confervationem aut perfectionem totius cujuflibet (quod hifce operationibus eget) accommodati poffunt.* La prépofition *circa*, omife par le Copifte de l'Auteur, ou par les Imprimeurs, eft ici abfolument néceffaire, & fans cela il n'y a point

de fens. Le Traducteur Anglois, fuivant le Texte fautif, traduit : *to thofe other Operations, the Prefervation or Perfection of any Whole &c.* ,, à ces autres Opérations, la Confervation ,, ou la Perfection de quel autre Tout que ce ,, foit &c.'' Mais c'eft manifeftement confondre la Caufe avec l'Effet. Mr. le Docteur BENT-

en confidérant les termes, dont l'un eſt renfermé dans l'autre. Par exemple, quand on dit : *La conſtruction de tout le Triangle Equilatéral, ſe forme par la conſtruction de toutes ſes parties, unies enſemble*: la vérité de cette Propoſition ſe connoît de la même maniére, que celle de cette autre, qui eſt purement Théorétique : *Tout le Triangle Equilatéral eſt la même choſe, que toutes ſes parties jointes enſemble.* Que ſi l'on confidére la conſtruction de ce Tout, comme la Fin, & les divers mouvemens par leſquels on forme & l'on ajuſte enſemble les trois côtez du Triangle, comme les Moiens néceſſaires pour parvenir à cette Fin; cela revient à la même choſe. Il réſultera un même ſens de la Propoſition ainſi conçuë : *Pour conſtruire tout entier un Triangle Equilatéral, il faut que tous ſes côtez ſoient formez & unis enſemble de la maniére preſcrite par* EUCLIDE, *ou de quelque autre ſemblable*. Car la Fin eſt véritablement l'effet que l'on ſe propoſe; & l'aſſemblage de toutes les Cauſes Efficientes de l'ajuſtement des parties, renferme tous les Moiens joints enſemble.

Ce que je viens de dire de la conſtruction d'un Tout Géométrique, peut très-aiſément être appliqué aux opérations (1) exercées par rapport à la conſervation ou la perfection de tel autre Tout que ce ſoit, qui a beſoin de ces opérations. Car la conſervation n'eſt autre choſe, que la continuation des actes par leſquels une choſe a été formée. Ainſi, quand je dis: ,, Il eſt néceſſaire pour ,, procurer, autant qu'il dépend de nous, la conſervation du Syſtême de tous ,, les Etres Raiſonnables, que nous travaillions de toutes nos forces à conſer- ,, ver, autant que nous pouvons, toutes les parties de ce Syſtême, & leur ,, union entr'elles, telle que la demande la perfection d'un tel Syſtême; " cette Propoſition Pratique a la même évidence, que la Propoſition Théorétique, qui établit l'identité du Tout & de ſes Parties priſes enſemble. Or une telle Propoſition, bien entenduë, eſt le fondement de toutes les Loix Naturelles, comme je le ferai voir dans la ſuite.

Il faut auſſi, à mon avis, par une parité de raiſon, entendre généralement & ſans exception, ce que j'ai remarqué ſur la réduction de la Pratique très-aiſée, qui montre la ſolution du prémier Problême d'EUCLIDE. Car rien n'empêche que la ſolution de tout ce qu'on cherche dans les Problêmes, ne puiſſe être propoſée parfaitement dans les Théorêmes. C'eſt pourquoi ARCHIMEDE, dans ſon II. Livre *de la Sphére*, déclare nettement, que, des *Problêmes*, dont la ſolution conſiſte en Propoſitions qui enſeignent la pratique, il a fait des *Théorêmes*. RAMUS l'imitant, a changé tous les Problêmes en *Théorêmes*, dans ſa *Géométrie d'Euclide*. Telle eſt auſſi la méthode de l'*Analyſe*, (a) *ſpécieuſe*, qui fournit le moien le plus ſûr de réſoudre les Problêmes : à la fin de chaque Opération, on met toûjours un Théorême, qui montre la ſolution du Problême.   (a) L'*Algebre*.

DESCARTES, VIETE, WALLIS, & autres, en traitant des *Mathémati-*
ques

BENTLEY a ſenti qu'il y avoit faute dans le Texte, & il a cru bien corriger, en liſant OPERATIONIS *conſervationem* &c. Mais ce qui ſuit, en forme de parenthéſe, montre clairement que l'Auteur avoit voulu dire auparavant *operationes*. Et le raiſonnement même le demande. Je laiſſe aux Lecteurs éclairez & attentifs, à juger ſi la maniére dont j'ai traduit, en ſuppléant une particule, qui a pû ſi aiſément être omiſe, ne rend pas la penſée de l'Auteur bien claire, & convenablement ajutée à toute la ſuite du diſcours.

Cc

ques pures, (de l'*Arithmétique* & de la *Géométrie*) ont folidement enfeigné à faire les opérations par des Théorêmes trouvez & propofez analytiquement. Il n'y a point de doute, qu'on ne puiffe réfoudre de même les Problémes dans les *Mathématiques mixtes*; non feulement dans l'*Aftronomie*, fur quoi (2) W a r d a excellé, mais encore dans la *Méchanique*, dans la *Statique* &c. dans une grande partie même de la *Phyfique*.

Bien plus: la *Morale* & la *Politique* peuvent en quelque manière & doivent fuivre, comme le plus excellent modéle de Science, la méthode de l'*Analyfe;* par où je n'entends pas feulement l'extraction des Racines, mais encore toute l'*Arithmétique fpécieufe*. Et voici en quoi confifte cette méthode.

1. On donne les Régles des Pratiques ou Opérations, & l'on propofe tout le fond de la Science, par quelques Théorêmes univerfels. Sur quoi il faut remarquer, qu'encore que, dans les Actions externes qui s'exercent fur quelque fujet accompagné d'une grande variété de circonftances difficiles à démêler, on ne puiffe pas parvenir à déterminer quelque chofe avec la derniére précifion, cela n'eft pas plus capable d'ébranler la certitude de la Morale; ou d'en diminuer l'ufage, que l'impoffibilité où l'on eft de faire hors de foi, ou par le moien de nos Sens, ou avec le fecours de quelque Inftrument, une feule Ligne parfaitement droite, une feule Surface plane ou fphérique, un feul Corps entiérement régulier, ou qui puiffe être réduit à quelque chofe de tel; que cette impoffibilité, dis-je, n'eft capable de détruire la vérité & l'utilité des Principes Géométriques, concernant la mefure des Lignes, des Surfaces, ou des Solides. Il fuffit d'approcher fi fort de la derniére exactitude, qu'on ne laiffe à defirer rien de confidérable par rapport à l'ufage de la Vie Humaine. Et c'eft dequoi on peut venir à bout par les Principes de la Morale, auffi bien que par ceux de la Géométrie.   J'avouë cependant, que les chofes qu'on fuppofe en Morale, comme connuës d'ailleurs; favoir, D i e u & l'*Homme*, avec leurs actions & leurs rélations mutuelles, ne font pas auffi bien connuës, que celles qu'on fuppofe dans les *Demandes* de Mathématique fur certaines mefures ou quantitez; & qu'ainfi tout ce qu'on déduit des prémiéres eft à proportion moins fufceptible d'une exactitude parfaite.   Mais pour ce qui regarde la méthode, les régles des opérations, & la manière de déduire une chofe de l'autre; tout cela eft précifément le même dans la Morale, que dans la Géométrie: Et il n'eft pas plus befoin d'une précifion entiére pour l'ufage de la Vie, que pour mefurer les Plans & les Solides.

2. La méthode de l'*Arithmétique Spécieufe*, eft de commencer par les idées les plus compofées & les plus embrouillées; de mêler, dans l'*Equation* donnée, le connu avec l'inconnu; & en comparant exactement les chofes les unes avec les autres, d'en trouver enfin quelcune de fimple, d'où l'on puiffe former les compofées, & expliquer les inconnuës par les connuës. De même, la Philofophie Morale confidére principalement une Fin fort compofée, & des Moiens d'une étenduë & d'une variété auffi difficile à démêler. Car la Fin eft un affemblage de tous les Biens qui font en nôtre pouvoir,

pro-

_____

(2) Le Docteur S e t h W a r d, depuis E-vêque, publia en 1656, une *Aftronomia Geo-* *metrica, ubi methodus proponitur, qua primario-* *rum Planetarum Aftronomia, five Elliptica, fi-*
t

propres à orner le Roiaume de DIEU, le Monde Intellectuel, & chacune de fes parties. Les Moiens pour obtenir cette Fin font tous les Actes Libres, qu'il nous eft poffible d'exercer fur quelque objet que ce foit. Et l'égalité fuppofée entre ces deux idées, comme emportant la proportion des forces d'une Caufe avec leur effet propre & entier, eft le principe d'où il faut tirer toutes les Régles de Morale, & tous les actes des Vertus. Or il eft clair qu'il y a là une efpéce d'Equation; car la Fin eft l'effet entier à produire; & les Actions qui nous font poffibles, renferment toute l'étenduë d'une Caufe Efficiente. De plus, l'art de bien vivre confifte à examiner avec foin & tous les Biens Publics qu'il nous eft poffible de procurer, & chacune de nos Actions en particulier, a-vec leur ordre, felon lequel les unes peuvent préparer la matiére aux autres, ou les renforcer; de manière qu'aiant enfin trouvé celles qui font les plus faci-les, entre celles qui fervent à l'aquifition de la Fin, on parvienne par leur moien à de plus difficiles, & l'on pouffe enfin jufqu'aux derniéres bornes de nos Facultez, où il y a le plus d'embarras & d'obfcurité. Voilà une pratique, qui reffemble fort à celle de l'Analyfe.

3. Dans cette Science on fuppofe auffi comme connuë en quelque maniére par anticipation une Quantité encore inconnuë. On exprime cette Quantité par un caractére propre, & on marque les rélations qu'il y a entr'elle & les Quan-titez connuës; par lesquelles on vient enfin à découvrir la Quantité elle-même, que l'on cherchoit. De même en fait de Morale, on conçoit d'abord en quel-que maniére une idée de la Fin, ou de l'effet que l'on cherche, par le moien des rélations qu'il y a entre cet effet & nos propres opérations connuës en quelque maniére, au moins en général. On le diftingue par le nom du plus grand Bien, ou de la Félicité, d'avec tous les autres objets qui fe préfentent à nôtre pen-fée, quoi qu'on ne fâche pas encore s'il exifte, & qu'on ne voie pas diftincte-ment quel effet proviendra enfin de nos opérations, & du concours des chofes extérieures; à caufe de quoi on peut dire avec raifon qu'il eft inconnu. Mais on vient enfuite peu-à-peu à le connoître, par le moien des Actions & des Fa-cultez, auxquelles il fe rapporte comme l'Effet à la Caufe; & d'où par confé-quent il dépend tout entier.

Il y a une autre chofe à obferver ici. La Fin de chacun eft le plus grand Bien, tout entier, qu'il peut procurer à l'Univers & à foi-même, felon fon état. De là il s'enfuit, que cette Fin doit être conçuë, comme un compofé ou un total de bons Effets, un total de bons Effets, les plus agréables tant à DIEU, qu'aux autres Hommes, & le plus grand affemblage de ceux qui peuvent être produits par une fuite la plus efficace des Actions que nous ferons dans tout le tems a-venir. Or il arrive fouvent (& nous devons travailler à ce qu'il arrive le plus fouvent qu'il eft poffible) que les bons effets, qui proviennent de nos Facul-tez, croiffent en progreffion Géométrique, comme quand on retire intérêt de l'intérêt d'un argent prêté; ou que le revenu des Terres, ou du Négoce, aug-mentant chaque année, groffit de plus en plus le capital des biens. En ce cas-là,

ve Circularis, poffit Geometricè demonftrari; comme je le vois par les Memoires du P. NI-CERON, Tom. XXIV. pag. 74. C'eft appa-   remment l'Ouvrage, dont nôtre Auteur veut parler ici.

là, il naît un accroiſſement de Félicité Publique & Particuliére, au delà de tout ce que l'on pouvoit prévoir & déterminer précifément.

4. Il eſt clair, qu'en tout ce qui contribuë au Bien Commun, c'eſt-à-dire, à la Gloire de DIEU, & au Bonheur des Hommes, aucun Homme ne peut rien ſans DIEU, & preſque rien ſans le concours & l'aide des autres Hommes. Au contraire, chacun peut, par quelque action qui ſerve à former ou entretenir la Société avec DIEU & avec les Hommes, contribuer beaucoup au Bien Public, à parler par comparaiſon. Ainſi le Jugement de la Raiſon doit néceſſairement déterminer l'Homme à toute Action qui a quelque influence ſur la formation ou l'entretien d'une telle Société. Or, dans la Société qu'il y a entre les Hommes, il ne ſe fait preſque rien, qui ne dépende de la Science des Nombres & de la Meſure; de ſorte que, ſi l'on traite exactement les Queſtions de Pratique, elles pourront toutes être réduites à une évidence & une certitude Mathématique. Telles ſont celles où il s'agit de déterminer la valeur, tant des Choſes, que du Travail ou des Services Humains, en les comparant ou enſemble, ou avec une troiſiéme choſe, ſavoir, la Monnoie, dont il y a auſſi diverſes ſortes. Ici on a beſoin d'Arithmétique, ou naturelle, ou artificielle, pour réduire les valeurs des différentes eſpéces à un nom le plus connu & le plus commode. Il faut mettre au même rang le calcul des Prix dans toute ſorte de Commerce, & la ſupputation des Tems; comme auſſi la recherche des Proportions, ſelon lesquelles chacun doit avoir ſa part du gain, ou de la perte, dans une Société. Je m'engagerois dans un détail preſque ſans fin, ſi je voulois montrer combien ſervent les Mathématiques, dans la Tactique, dans la Navigation, dans l'invention & l'uſage de toute ſorte de Machines, dans la meſure des Terres, des Fortifications, & des Bâtimens. Il ſuffit de dire en peu de mots, que, dans les affaires & particuliéres, & publiques, cette Science eſt le principal ſecours qu'on peut avoir pour agir ſûrement & juſtement, partout où l'exactitude eſt requiſe. Je ne prétens point par-là faire l'éloge des Mathématiques; ce qui ſeroit ſuperflu. Je veux ſeulement montrer la certitude des Régles de la Morale, par cette raiſon que la Prudence Naturelle fait preſque toûjours uſage des régles d'une Science certaine, ou de principes évidens par eux-mêmes.

Ajoûtons une remarque, que je crois devoir rapporter ici. C'eſt que, dans les cas où l'on ne ſait point ce qui arrivera, on peut néanmoins ſavoir ce qui eſt poſſible; comparer enſemble pluſieurs poſſibilitez; & conclure avec certitude, non ſeulement laquelle de deux choſes poſſibles aura plus ou moins d'efficace, ſuppoſé qu'elle vienne à exiſter, mais encore laquelle des deux peut être produite par plus ou moins de cauſes qui exiſtent actuellement, ou qui

exiſ-

---

(3) De Ratiociniis in Ludo Aleae: Ecrit publié à Leide en 1657. à la ſuite du Livre de FRANÇOIS SCHOTEN, intitulé: Exercitationum Mathematicarum Libri quinque. Il ſe trouve auſſi parmi les Opera Varia de HUYGENS, imprimées à Leide en 1724. Voïez, au reſte, ce que j'ai remarqué ſur le ſujet dont il s'agit, dans mon Traité du Jeu, Liv. II. Chap. II. § 8. Not. 1. de la Seconde Edition: à quoi l'on peut joindre ce que dit Mr. FRERET, dans ſes Réflexions ſur l'étude des anciennes Hiſtoires, & ſur le degré de certitude de leurs preuves; dans les Mémoires de Littérature de l'Académie des Inſcriptions & Belles-Lettres, Tom. VIII. pag. 292, & ſuiv. Ed. de Holl. (Vol. XI. à les compter tout de ſuite).

(4) Le Traducteur Anglois fait ici, ſur tout le Chapitre, quelques remarques générales, qu'on

exifteront, & par conféquent ce qui arrivera le plus vraifemblablement: car, quand une chofe peut fe faire par un plus grand nombre de voies, cela fonde une attente plus ferme & de plus grand poids. Or il eft très-utile dans la pratique, de favoir au moins avec certitude, que l'efpérance de telle ou telle chofe, ou de tel effet, eft plus grande, & plus confidérable en elle-même, que celle d'un autre. Car telle eft la condition de la Vie Humaine, que nous devons prefque néceffairement employer nôtre peine, & faire fouvent des depenfes, ou expo-fer même nôtre vie à des dangers, dans l'efpérance de chofes qui fervent à nô-tre confervation & à nôtre félicité, ou à celles d'autrui, quoi que cette efpéran-ce ne foit que probable. Cela a lieu dans les affaires de la Paix, comme dans l'A-griculture, ou dans le Négoce, & beaucoup plus encore dans les affaires de la Guer-re, où il y a tant de chance. La Science Analytique, que tous les Hommes prati-quent naturellement enfeigne auffi à bien examiner tout cela. Et pour ce qui eft de l'Analyfe artificielle, Mr. HUYGENS a (3) excellemment bien fait voir, com-ment elle fournit des régles pour déterminer fûrement de telles chofes, par l'exemple des calculs fur ce qui peut arriver dans les *Jeux de Hazard*.

Autre réflexion, qui convient ici. En matiére des chofes qui font du ref-fort de la Prudence, avant que d'être affûré fi l'on peut venir à bout de ce que l'on fouhaitte, il faut quelquefois tenter plus d'une voie, pour favoir cer-tainement de quelle maniére la chofe réuffira. De même, dans les recherches Analytiques, on eft quelquefois obligé d'effaier diverfes comparaifons, quel-quefois diverfes divifions, & autres maniéres de réduction, avant que d'arriver à la folution du Problême propofé.

Il ne feroit pas hors de propos, de pouffer plus loin le paralléle entre l'A-nalyfe Mathématique & la Morale. Je pourrois faire voir, qu'en fuivant la méthode des Opérations de l'une & de l'autre Science, on découvre quelque-fois la fauffeté & l'impoffibilité d'une certaine fuppofition, avec prefque au-tant d'utilité, que l'on trouve qu'une autre fuppofition eft vraie & poffible : comment auffi, à la faveur de ces Opérations, les *fignes négatifs* nous repré-fentent des mouvemens oppofez à celui qu'on fe propofe, & comment les travaux de plufieurs hommes qui s'accordent à rechercher une même fin, ré-pondent aux mouvemens entremêlez qui concourent à décrire une même Li-gne. Mais, comme ces fortes de matiéres ne font pas fort claires, & qu'il fe trouve fouvent quelque difparité dans la comparaifon ; j'ai jugé à propos de n'aller pas ici plus loin, que jufqu'où ceux qui ont une legére teinture des principes de Mathématique, ou un génie heureufement formé par la Nature pour l'intelligence des Sciences, peuvent me fuivre. Autrement je courrois rifque d'obfcurcir la Morale, en voulant y répandre du jour, par des comparaifons avec des chofes peu connuës. (4)

CHA.

qu'on va voir. „ La nature, dit-il, des Fu- „ turs Contingens ne permet pas de favoir dé- „ monftrativement, que tel ou tel acte parti- „ culier de Vertu fera, dans cette Vie, le par- „ ti le plus avantageux à l'Agent, tout bien „ compté. Cependant tout Homme d'un gé- „ nie étendu & pénétrant, peut, à l'égard de „ la plûpart des Actions Morales, avoir une

„ connoiffance *intuitive* de ce Principe, Qu'il „ eft très-probable que l'Action lui fera avan- „ tageufe, quoi qu'il ne connoiffe pas préci- „ fément le degré de probabilité, & la valeur „ du hazard. Et il n'eft peut-être pas au def- „ fus de la capacité humaine, de déterminer „ même le degré précis de probabilité dans la „ plûpart des *cas moraux* de l'Action : la cho- „ fe

Cc 3

CHAPITRE V.

De la LOI NATURELLE, & de l'*Obligation* qui l'accompagne.

I. *Définition de la* LOI NATURELLE; *dont la prémiére partie contient le précepte, l'effet, ou la fin principale de la Loi ; l'autre indique la Sanction, & l'effet subordonné de la Loi.* II. *Pourquoi on définit cette Loi, autrement que ne font les* JURISCONSULTES *Romains?* III. *Que, selon nôtre définition, elle a les mêmes effets, que ceux qui font attribuez aux Loix dans les Pandectes.* IV. *Explication du* Bien Public Naturel, *consideré comme l'effet des Actions Humaines.* V—IX. *Que les* STOÏCIENS *ont mal fait, de retrancher le Bien Naturel, pour établir, qu'il n'y a rien de bon, que la Vertu.* Contradiction d'HOBBES, *en ce qu'il prétend que les Loix Civiles font l'unique regle du Bien & du Mal.* Différence qu'il y a entre le Bien Naturel, & le Bien Moral. X. De la Sanction, *entant qu'elle eſt renfermée dans nôtre définition.* XI. *Examen de la définition que* JUSTINIEN *donne de l'*OBLIGATION. *Que la force de l'Obligation dépend de la volonté du Législateur, qui attache à ſes Loix des Peines & des Récompenſes.* XII—XVII. *Quelles Récompenſes font naturellement jointes au foin de procurer le Bien Commun.* Que le plus heureux état de nôtre Ame conſiſte dans la pratique & le ſentiment intérieur de la Bienveillance Univerſelle la plus étendüë. XVIII—XXIII. *Que* DIEU *veut cette fin, & qu'il récompenſera les Hommes qui coopérent avec lui pour y parvenir; qu'il punira, au contraire, ceux qui s'y oppoſent.* Dogme d'EPICURE, *qui nie la Providence, réfuté par des principes naturellement connus, & dont les Epicuriens même tombent ſouvent d'accord.* XXIV—XXXI. *Que ceux même qui vivent hors de l'Etat Civil, doivent s'attendre à être punis, quand ils font quelque choſe de contraire au Bien Commun.* XXXII. *Eclairciſſement de ces principes, par la conſidération d'une conduite oppoſée à la Bienveillance Univerſelle.* XXXIII. XXXIV. *Et par des comparaiſons de cas ſemblables.* XXXV. *Que* DIEU, *& les Hommes, font les cauſes principales, & en quelque maniére univerſelles, du Bonheur que chacun ſouhaitte invinciblement, & qu'ainſi on ne peut jamais négliger impunément de ſe procurer leur aſſiſtance.* XXXVI—XXXIX. *Réponſe à une Objection.* Qu'il y a des indices aſſez certains des Peines & des Récompenſes de la Loi Naturelle.
Dif-

„ ſe eſt ſeulement très difficile, parce que la „ plûpart de ces cas font extrèmement com„ pliquez. Une exacte énumération de nos „ idées de Plaiſir, & une comparaiſon atten„ tive de ces idées, feront un grand achémi„ nement à nous mettre en état de venir à „ bout d'un tel ouvrage. Cela ſeroit d'une „ grande utilité, en matiére de Morale. Mais „ nous pouvons au moins remarquer ici avec „ plaiſir, que DIEU, par un effet de ſa *Bien-*

„ *veillance*, nous donne une aſſez grande con„ noiſſance des ſuites de nos Actions, que, „ fans beaucoup de peine, on peut, dans „ la plûpart des cas, avoir une connoiſſance „ certaine de la probabilité qu'il y a, Que „ *telle ou telle Action ſera, tout bien compté,* „ *avantageuſe à l'Agent, quel qu'on n'ait pas* „ *une connoiſſance exacte du degré de probabili-* „ *té.* Cela ſuffit, pour déterminer à agir. Car „ toute probabilité de l'eſpérance d'un avanta-
„ ge,

Différence de nôtre méthode d'avec celle d'Hobbes, & contradictions où il se jette, sur ce qu'il dit, que, dans l'Etat de Nature, les Loix Naturelles n'obligent point à des actes extérieurs. XL. Que le soin de procurer le Bien Commun est certainement accompagné de Récompenses, ou de Biens positifs: & qu'en particulier la Paix entre des Etres Raisonnables, ne suppose pas nécessairement la Guerre, comme le prétend Hobbes. XLI. XLII. Indication des plus grandes Récompenses. Courte réfutation des principes de Physique, par lesquels Epicure a combattu la Providence. XLIII. Que toutes les Sociétez Civiles sont fondées sur le soin de procurer le Bien Commun, & que par conséquent tous les avantages, tous les ornemens de la Vie Civile, doivent être mis au nombre des Récompenses naturelles. XLIV. Conséquence, qui naît de là, réduite en forme syllogistique, c'est, Que Dieu veut imposer aux Hommes l'obligation d'agir en vuë du Bien Commun. XLV—XLIX. Autre Objection résoluë. Qu'en faisant consister la Sanction de la Loi Naturelle dans le bonheur attaché à nos propres Actions, qui tendent à l'avancement du Bien Commun, nous ne mettons pas pour cela nôtre avantage particulier au-dessus de celui de tous. Que toute personne qui juge sagement, préfère le but & l'effet complet de la Loi au motif de la Sanction considérée par rapport à quelcun en particulier. L—LII. Examen d'une raison dont Hobbes se sert, pour prouver, que, dans l'Etat de Nature, les Loix Naturelles n'obligent point par rapport aux Actions extérieures. Qu'une sûreté parfaite n'est nullement nécessaire, pour qu'une Obligation soit valide; & que, dans les Etats même Civils, on n'est point à l'abri de toute crainte. Que, dans l'Etat de Nature, il y a une sûreté plus grande, que celle qui vient de la Guerre de tous contre tous. Opinion d'Hobbes, détruite par la présomtion des Loix Civiles, qui suppose les Hommes gens de bien, tant qu'on n'a pas prouvé le contraire. LIII. Que, selon les principes d'Hobbes, chacun a droit de commettre le Crime de Lèze-Majesté. LIV. Que ces principes détruisent toute Obligation, & par conséquent l'usage des Traitez entre différens Etats: LV. comme aussi la sûreté des Ambassadeurs, & de toute sorte de Commerces. LVI. Qu'un Etat Civil ne sauroit être formé, ou conservé, par des gens tels que sont, selon Hobbes, tous les Hommes. LVII. LVIII. Conséquence générale, qui résulte de tout ce qui a été établi, c'est qu'il y a une Loi fondamentale de la Nature, & que cette Loi est: IL FAUT CHERCHER LE BIEN COMMUN DES ETRES RAISONNABLES.

§ I. APRE's avoir fraié le chemin à tout ce qui doit suivre, nous commencerons ce Chapitre par définir la *Loi Naturelle.* Je dis donc, que la (1) LOI NATURELLE *est une Proposition assez clairement pré-*

Définition de la Loi Naturelle, & explication d'une partie des termes.

" ge, quel qu'il soit, si elle est assez forte " pour surmonter nôtre Indolence naturelle, " le sera aussi assez pour nous déterminer à " l'Action, après une délibération mûre & " tranquille". MAXWELL.
CHAP. V. § I. L'Auteur avoit d'abord tourné autrement cette Définition, & il disoit: *Lex Naturae est propositio à natura rerum, ex voluntate Primae Causae, menti satis apertè oblata vel impressa, quae actionem Agentis Ra-* tionalis possibilem communi bono maximè deservientem indicat, & integram singulorum felicitatem exinde solùm obtineri posse. " La Loi " Naturelle est une Proposition, qui, selon " la Volonté de la Première Cause, est assez " clairement présentée ou imprimée dans nô- " tre Esprit par la Nature des Choses; Pro- " position, qui nous indique une sorte d'Ac- " tion possible d'un Agent Raisonnable, la " plus propre à procurer le Bien Commun, " &

préfentée ou imprimée dans nos Efprits par la nature des Chofes, en conféquence de la Volonté de la Caufe prémiére; laquelle Propofition indique une forte d'Action propre à avancer le Bien Commun des Agens Raifonnables, & telle que, fi on la pratique, on fe procure par-là des Récompenfes, au lieu que, fi on la néglige, on s'attire des Peines, les unes & les autres fuffifantes, felon la nature des Etres Raifonnables.

La prémiére partie de cette Définition contient le *Précepte*; l'autre, la *Sanction.* L'une & l'autre eſt imprimée dans nos Efprits par la nature des Chofes. Les *Peines* & les *Récompenfes fuffifantes*, ce font celles (2) qui font fi grandes & fi certaines, qu'il eſt manifeſtement plus utile, pour la Félicité entiére de chacun, c'eſt-à-dire, celle que la nature de l'Univers lui permet d'obtenir, & que chacun fouhaitte néceſſairement, de travailler perpétuellement à procurer le Bien Public, que d'entreprendre la moindre chofe qui y donne atteinte. Les Actions, & les Omiſſions, contraires à cette fin, font auſſi par-là également indiquées & défendues, auſſi bien que les Maux qui y font attachez: car rien ne fait mieux connoître les Privations, que la confidération de leurs contraires. L'idée du *Droit* une fois conçuë découvre en même tems celle du *Courbe.* Or ce qui, du terme donné, ou de l'état des chofes, tend par le chemin le plus court à la Fin excellente dont il s'agit, eſt appellé *Droit*, par une métaphore empruntée de la propriété d'une *Ligne Droite* en Mathématique. Une Action, qui atteint le plus promtement l'effet le plus défirable, tend à cette Fin par le chemin le plus court: elle eſt donc droite. Et

cet-

,, & nous fait connoître que ce n'eſt que par-,, là qu'on peut obtenir à la Félicité entiére de ,, chacun. " Le feuillet, où commence ce Chapître, fut depuis rimprimé; & l'Auteur y changea non feulement fa Définition, de la maniére que ma Traduction l'exprime, mais encore il ajoûta tout de fuite huit lignes, qui renferment ce qu'on voit ici, depuis l'endroit où *l'a linea* commence ainfi: *La prémiére partie de cette Définition* &c. jufqu'aux mots: *Les Actions & les Omiſſions contraires* &c. période, qui fuivoit imméndiatement la Définition dans le feuillet fupprimé. Il étoit néceſſaire de remarquer cette différence 1. Parce que l'exemplaire, où l'Auteur avoit écrit de fa main quelques Corrections & Additions, ne contient que le feuillet qui avoit été imprimé le prémier. 2. Parce que l'explication qu'on lit dans la fuite de ce Chapître, des parties de la Définition qui eſt à la tête, fe rapporte à la maniére dont l'Auteur l'avoit conçuë d'abord. 3. Enfin, parce que l'Edition d'*Allemagne*, qui parut bien tôt après en plus petite forme, eſt ici conforme à celle qu'on vient de voir. D'où quelcun pourroit inferer, que le feuillet, où elle fe trouve imprimée, mérite la préférence. Mais je vois par mon exemplaire, dont le feuillet eſt celui qui contient la Définition plus ample, fuivie d'une aſſez longue Addition, que c'eſt manifeſte-

ment un Carton. Car il paroît coupé, & attaché à un reſte du feuillet qui avoit été imprimé d'abord. De plus, les pages font plus longues de deux lignes, que celles du reſte de l'Ouvrage; & on a laiſſé au haut de la prémiére, où eſt le titre du Chapître, un moindre eſpace que dans les pages où commencent plufieurs autres Chapîtres. Or il auroit fallu, au contraire, élargir cet eſpace, en même tems celui des mots, fi l'Auteur, en faifant rimprimer le feuillet, eût retranché plufieurs lignes. Ainfi c'eſt, à mon avis, uniquement par mégarde, que l'Auteur prit, pour écrire fes Corrections & Additions, un exemplaire où le Carton manquoit. Peut-être même que celui qui y étoit, s'eſt perdu avec le tems, ou dans le Cabinet de l'Auteur, qui depuis bien des années ne jettoit guéres les yeux fur fon Livre, ou après fa mort, en paſſant par diverfes mains. Mais ce qui d'ailleurs ne laiſſe aucun lieu de douter, qu'on ne doive tenir pour le vrai Carton, le feuillet que j'ai fuivi dans ma Traduction, c'eſt que l'Auteur exprime le contenu de fa Définition d'une maniére qui y eſt conforme, dans les *Sommaires*, imprimez après le Corps de l'Ouvrage. Comme j'ai abrégé ce qu'il dit là, qui me paroîſſoit trop long, je vais le mettre ici en original. SECT. 1. *Definitur Lex Naturae in hâc fententiam.* Eſt
fre-

cette comparaifon même, par laquelle on la reconnoît telle, fuppofe que l'on a bien examiné tout, en forte que l'on fâche & quels moiens font le moins utiles pour parvenir à la Fin, & (ce qui eft beaucoup plus aifé) les chofes qui empêchent qu'on n'y parvienne. Expliquons maintenant en détail les termes de nôtre Définition.

La *Loi Naturelle* eft une *Propofition*. J'entends par-là, comme la fuite le fait voir, une Propofition *véritable*. Le mot de *Propofition* m'a paru plus fimple & plus clair, que de dire une *Maxime de la Droite Raifon*: ce qui néanmoins, toute ambiguité ôtée, revient au même. Je n'ai pas non plus jugé à propos de mettre ici pour genre, comme fait HOBBES (3), le mot de (a) *difcours*; (a) *Oratio.* de peur que quelcun n'allât s'imaginer fauffement, que l'ufage & la connoiffance de la Parole, ou de quelque autre Signe d'inftitution arbitraire, fuffent de l'effence de la Loi. Les Idées des Actions Humaines, & des effets bons ou mauvais pour la Nature Humaine, fur-tout des Récompenfes & des Peines naturellement attachées à ces Actions; de telles idées, dis-je, conçuës dans nôtre efprit, & réduites en forme de Propofitions Pratiques de la maniére que je les ai décrites, fuffifent pour conftituer l'effence de la Loi. Or ces fortes de penfées peuvent être produites par de fimples réflexions dans l'efprit des Sourds de naiffance, quoi qu'ils n'entendent point le fon des Paroles ou qu'ils n'en comprennent point la fignification. De forte qu'ils peuvent auffi, fans cela, venir à connoître les Loix Naturelles.

Cet-

Propofitio naturaliter cognita, actiones indicans effectrices Communis Boni, quas praeftitas praevia, neglectas poenas naturaliter fequuntur. Cujus prima pars Praeceptum, effectum fuemve Legis principalem, pars pofterior Sanctionem effectumve Legis fubordinatum innuit. Voilà qui fuppofe clairement la Définition où font exprimées les deux parties de la Loi Naturelle. Et la raifon pourquoi l'Auteur voulut faire ce changement, faute aux yeux. Il s'apperçut, que de la maniére qu'il avoit défini la *Loi Naturelle*, on n'y voioit aucune trace diftincte de la *Sanction*, que tout le monde regarde comme une partie effentielle de quelle *Loi* que ce foit. Il lui parut plus important, de remédier comme il pourroit à cette omiffion, que de laiffer par-là un inconvénient, ce qui revient que l'expofition qu'il donne enfuite dans ce Chapitre, fe rapporte à la Définition fupprimée. L'*Errata* même étoit déjà imprimé alors au revers de la derniére page du Corps de l'Ouvrage; car on y voit corrigée une faute qui n'eft que dans le feuillet fupprimé: & il auroit fallu plufieurs autres Cartons, pour changer tous les endroits où l'on trouve cette difcordance de l'explication avec la maniére dont la Définition fut changée. Il y eut apparemment des Exemplaires, dans lefquels on oublia de mettre le Carton; à caufe de quoi ceux qui réimprimérent le Livre en

Allemagne, n'en eurent aucune connoiffance. Au refte, le Traducteur Anglois, qui a fans doute trouvé dans fon exemplaire les deux feuillets, en a fait un mélange affez bizarre. Car il exprime la Définition telle qu'elle eft dans celui qui avoit été imprimé le prémier; & il prend de l'autre les huit lignes ajoutées, qui fuppofent la Définition poftérieure & plus ample. Il auroit dû au moins en avertir. Pour moi, pour les raifons que j'ai alléguées, & qui me paroiffent inconteftables, j'ai cru devoir me conformer aux fecondes penfées de l'Auteur. Et j'y ajuftérai dans la fuite, autant qu'il fera poffible, ce qui fe rapporte à la maniére dont la Définition étoit conçuë, avant qu'il l'eût réformée.

(2) Le Traducteur Anglois rapporte ici en abrégé quelques Obfervations, tirées de WOLLASTON, *Ebauche de la Religion Naturelle*, Sect. II. pagg. 32—35. de l'Original. On les trouvera dans la Traduction Françoife, pagg. 49—54. & il fuffit d'y renvoier les Lecteurs.

(3) C'eft dans fon Traité *De Cive*, Cap. III. § 33. ou dernier. Il y foûtient, qu'à caufe de cela les *Loix Naturelles*, entant qu'elles viennent de la Nature, ne font pas proprement des *Loix*. Conferez là-deffus PUFENDORF, *Droit de la Nature & des Gens*, Liv. I. Chap. VI. § 4. avec les Notes.

D d

Cette *Propofition* eft *préfentée ou imprimée dans nos Efprits par la Nature.* Il falloit faire ici mention de la Caufe Efficiente, parce qu'il ne s'agit pas de définir fimplement la *Loi*, mais la *Loi de Nature*, ainfi nommée parce que la Nature en eft l'auteur, ou la Caufe Efficiente. J'ajoûte: la Nature *des Chofes*; par-où j'entends non feulement ce bas Monde, dont nous faifons partie, mais encore DIEU, qui en eft le Créateur & le Conducteur, ou le Maître Souverain. En effet, pour bien juger des Actions néceffaires par rapport à l'avancement du Bien Public, il faut confiderer trois idées, qui concourent à diriger nôtre Jugement: Celle du *Monde*, qui eft hors de nous, fur-tout des Hommes, de l'intérêt defquels il s'agit, qui, comme autant d'objets, nous excitent à y faire attention: Celle de *Nous-mêmes*, comme faifant partie du Genre Humain, & comme Caufes libres de nos propres Actions: enfin, celle de DIEU, entant qu'il eft la Caufe commune & le Conducteur Suprême de toutes chofes, & parce que fon autorité entre ici fouvent en confidération.

De plus, il eft certain, qu'il n'y a que les Propofitions véritables, foit Spéculatives ou Pratiques, qui foient *imprimées dans nos Efprits par la Nature des Chofes.* Car une impreffion naturelle marque feulement ce qui exifte, & (4) dont elle eft la caufe; en quoi il n'y a jamais rien de faux: la Faufleté ne venant que d'une précipitation volontaire à joindre ou à féparer inconfiderément, des idées que (5) la Nature n'a point unies ou féparées. Si donc les termes ont entr'eux une liaifon naturelle, on en peut faire une *Propofition Affirmative*, qui foit vraie. Or les termes font ainfi liez enfemble, lors qu'une feule & même chofe, diverfement envifagée, ou comparée avec des chofes différentes, nous préfente différentes idées, incomplettes pour l'ordinaire. Par où il eft aifé de juger, quelles *Propofitions Négatives* font véritables. Cependant c'eft avec beaucoup de raifon que l'on attribuë à la Nature les Loix, ou les Propofitions dont il s'agit, puis qu'elle préfente à nôtre Efprit & les termes de ces Propofitions, & la liaifon qu'ils ont enfemble. D'ailleurs, les Agens Raifonnables font faits de telle maniére, que, tant qu'ils demeurent dans leur état naturel, ils apperçoivent, par une efpéce de néceffité auffi naturelle, les termes de ces Propofitions, & font en même tems portez par un panchant intérieur à les comparer enfemble, pour former de ceux qui s'accordent les uns avec les autres, des *Propofitions Affirmatives*; & des *Propofitions Négatives*, de ceux qui ne s'accordent point: bien plus, à ajufter enfemble deux Propofitions, pour en tirer, comme de *Prémiffes*, une troifiéme, en forme de *Conclufion*. La nature même d'un Etre Raifonnable, comme tel, demande, furtout quand il s'agit des effets de nos Actions par rapport à nôtre bonheur & à celui des autres, que l'on forme non feulement des Propofitions évidentes par elles-mêmes, telles que font les Loix Primitives & Fondamentales de la Nature, mais encore que, de ces Propofitions, on en déduife d'autres, ou certai-

(4) L'Original porte: *quoniam actio naturalis id folum indicat, quod exiftit, ejusque caufa eft in quo nihil unquam eft falfi.* Mais il eft clair, à mon avis, que l'Auteur avoit écrit, *cujusque caufa eft, in quo nihil &c.* L'omiffion d'une virgule, après *caufa eft*, rendoit moins

taines *Conclufions*, qui peuvent être appellées *Loix Naturelles du fecond ordre* & moins évidentes.

Si l'on confidére la nature des *Chofes créées*, on ne fauroit douter que les Objets extérieurs, qui excitent en nous des idées, & nôtre Ame, qui les compare les unes avec les autres, ne foient autant de caufes des Véritez Néceffaires. Pour ce qui eft de la nature du *Créateur*, il eft auffi inconteftable, qu'on doit le regarder comme la Caufe de ces Véritez, fi l'on confidére avec attention ce qui a été dit ci-deffus, & ce que je crois devoir ajoûter ici; c'eft que toute Vérité vient de la Caufe Prémiére des chofes fur lefquelles elle eft fondée, & eft un effet entiérement pur, ou un ouvrage de DIEU, fans aucun mélange de la corruption des Hommes, qui confifte dans un déréglement contraire à la Nature. Ainfi toute Propofition véritable, qui énonce ce qu'il faut faire, montre de la part de DIEU, qu'il faut le faire. Et il n'eft pas plus certain, que DIEU a fait les Chofes Naturelles pour produire leurs effets naturels, le Soleil, par exemple, pour éclairer l'Air, la Pluïe pour humecter la Terre; qu'il l'eft, que DIEU nous a donné pour régles de conduite, les Propofitions qui naturellement indiquent la maniére dont nous devons regler nos Actions: car c'eft tout ce qu'elles peuvent faire, c'eft-à-dire, de nous fervir de direction; & elles le font néceffairement, par un effet propre de leur nature.

Une Propofition eft préfentée ou imprimée dans nos Efprits par les Objets, *affez clairement*, lors que les termes, dont elle eft com poée, & leur liaifon naturelle, s'offrent à nos Sens & à nos penfées, de telle maniére qu'un Homme parvenu à l'âge de raifon, fi quelque maladie ne l'empêche d'en faire ufage, & pourvû qu'il veuille bien faire attention, appercevra aifément cette Propofition, parce qu'une expérience commune la fait connoître. Telles font, par exemple, celles-ci : Qu'on peut tuer un Homme en lui tirant trop de Sang, en l'étouffant, en le privant des alimens néceffaires pour vivre &c. Que la Vie peut fe conferver quelque tems par la refpiration de l'Air, par l'ufage des Vivres & des Vêtemens: Que les Services réciproques des Hommes contribuent beaucoup à les faire vivre heureux.

Si aux raifons que je viens d'alleguer on veut ajoûter cette autre, tirée de l'effet des *Loix Naturelles*, favoir, qu'elles font ainfi appellées, parce qu'elles fubviennent aux *néceffitez* de la *Nature*, & que rien ne la perfectionne mieux; je ne m'y oppofe point. Une même perfonne peut avoir diverfes idées des raifons pour lefquelles les chofes ont été appellées d'un certain nom : & à plus forte raifon plufieurs perfonnes peuvent-elles être portées par diverfes raifons à défigner une chofe par le même nom.

§ II. CEPENDANT, comme les *Jurifconfultes Romains* définiffent, autrement que je ne fais, la *Loi* ou le *Droit de Nature* (car, felon eux, ces deux termes fignifient ici la même chofe) j'ai jugé à propos d'oppofer à leur autorité une *Examen de la Définition, que les Jurifconfultes Romains donnent du Droit Naturel.*

moins palpable cette faute d'impreffion, dont personne ne s'eft apperçû.

(s) Conferez ici ce que nôtre Auteur a dit

ci-deffus, *Chap.* II. § 5. fur la fin, & § 9.

autre autorité aussi respectable; & de plus la Raison, qui est de plus grand poids chez les Philosophes, que l'Autorité. Ces Jurisconsultes entendent (1) par le *Droit Naturel*, *celui que la Nature enseigne à tous les Animaux*; & ils le distinguent ainsi du *Droit des Gens*, qu'ils disent être (2) *celui qui a lieu entre les Nations Humaines, & que la Raison naturelle a établi entre tous les Hommes.* Cependant JUSTINIEN, dans ses Institutions, traitant des différentes divisions des *Choses*, parle ainsi: (3) *Il y en a, dont nous aquérons la propriété par le* DROIT NATUREL, *qui, comme nous l'avons dit, s'appelle* DROIT DES GENS. Voilà le *Droit Naturel*, qui, selon lui, signifie la même chose que le *Droit des Gens*; & la définition, qu'il donne de celui-ci, s'accorde avec la maniére dont j'ai défini la *Loi Naturelle.* CICE'RON aussi, qui, pour la gloire de bien parler Latin, ne le cédera point à un Empereur, entend par la *Nature*, (4) le *Droit des Gens*, comme il l'explique lui-même: & il rapporte à la *Loi Naturelle*, les (5) Préceptes de la *Religion*, qui sont propres à l'Homme, & ne conviennent nullement aux autres Animaux. Ces anciens Auteurs ont cru pouvoir emploier indifféremment les mots de *Droit Naturel* & de *Droit des Gens*, comme signifiant un même Droit. Ainsi il est inutile de citer les Philosophes Modernes, qui en usent de même. Or la raison pourquoi j'ai dit, que les *Loix Naturelles* ne sont propres qu'à l'Homme, c'est que ce sont certaines Propositions touchant les Effets qui dépendent des Actions comme de leurs Causes, ou certains Jugemens de nôtre entendement, qui, comparant ensemble quelques Termes, les associe ou les sépare: décisions, dont la principale autorité vient de ce qu'on sait qu'elles émanent de DIEU. Mais je ne vois rien, d'où il paroisse que les Bêtes forment des Propositions, sur-tout des Propositions de cette nature: beaucoup moins peuvent-elles savoir, que c'est DIEU qui les leur imprime, & y conformer leurs actions, comme à une Régle.

Quelques autres termes de la Définition, expliquez.

§ III. POUR revenir à nôtre Définition, j'ai dit, que la Proposition qui renferme la Loi Naturelle, fait connoître une sorte d'Action propre à avancer le Bien Commun. Je n'ignore pas la description, que le Jurisconsulte MODESTIN (1) donne des *effets de la Loi*, qui consistent, selon lui, *à commander, à défendre, à permettre, à punir:* on peut ajoûter, *à récompenser.* Et je tombe d'accord, que la Loi Naturelle a la vertu de produire tous ces effets. Cependant je ne les ai pas exprimez (2) formellement & directement dans ma Définition. Mais ils se déduisent tous assez clairement de la simple indication des *Actions propres à avancer le Bien Commun;* en quoi consiste la forme essentiel-

§ II. (1) *Jus Naturale est, quod natura animalia omnia docuit.* DIGEST. Lib. I. Tit. I. *De Justit. & Jure: Leg.* I. § 3. INSTITUT. Lib. I. Tit. II. princip.

(2) *Jus Gentium est, quo gentes humanae utuntur .... illud omnibus animalibus, hoc solis hominibus inter se commune est.* DIGEST. ubi supr. § 3. *Quod vero naturalis ratio inter omnes homines constituit, id apud omnes peraequè custoditur, vocaturque Jus Gentium, quasi quo jure omnes gentes utantur.* INSTIT. ubi supr. § 1.

Voïez ce que j'ai dit, sur le langage & les Idées des *Jurisconsultes Romains*, dans mes Notes sur PUFENDORF, *Droit de la Nat. & des Gens*, Liv. II. Chap. III. § 23. *Not.* 3. de la cinquiéme Edition.

(3) *Quarumdam enim rerum dominium nancisciimur Jure Naturali, quod, sicut diximus, adpellatur Jus Gentium &c.* INSTIT. Lib. II. Tit. I. § 11.

(4) *Neque vero hoc solum naturâ, id est, Jure Gentium ... constitutum est, ut non liceat sui cui-*

tielle de ces Actions. La Philosophie, & les idées que les Choses impriment dans nos Esprits, nous les montrent telles qu'elles sont, & ce qu'elles opèrent. Les mots de *commander*, *défendre* &c. semblent mieux convenir au Style d'un Magistrat, qui déclare sa volonté, qu'aux indices très-simples que les choses mêmes nous fournissent. De ces indices néanmoins on peut aisément déduire toute la force des Commandemens, des Défenses, des Peines & des Récompenses.

En effet, dès-là que le Conducteur Suprême de l'Univers a suffisamment fait connoître qu'il veut le Bien Public, & indiqué ce qui tend à l'avancer, il commande assez de faire de telles Actions; & en les commandant, il défend manifestement les Actions & les Omissions contraires. Cet Etre Souverain, qui veut que la Félicité particulière de chacun, & la tranquillité de la Conscience, dépendent des efforts qu'on fait pour agir de cette manière, qu'elles soient renfermées dans le Bonheur Commun des Agens Raisonnables, & qu'elles en dépendent; a par cela même établi une certaine récompense pour les Actions qui procurent le Bien Commun, & une Peine pour les Actions contraires; c'est-à-dire, la privation de cette portion de Bien, qu'il a tenu qu'à l'Agent de retirer du Bien Public. Pour ce qui est de la *Permission*, on peut dire que la Loi Naturelle *permet* tout ce qu'elle ne montre pas être absolument nécessaire pour le Bien Commun, & qui d'ailleurs peut s'accorder avec ce grand Bien. Si les Supérieurs défendoient sans nécessité de pareilles choses, ils choqueroient manifestement la Nature, dont l'activité, qui lui est essentielle, tend à une variété perpétuelle. Je parlerai ailleurs des Peines & des Récompenses (a) positives. Et tout cela se comprendra mieux, après que nous aurons expliqué la nature & les causes du Bien Public.

(a) *Adjectitiæ.*

L'*Action*, que la Proposition indique, est ce qui fait la matière des Loix, c'est-à-dire, cette sorte d'*Actions* qu'on appelle *Humaines*, dans le langage de l'Ecôle; par où l'on entend celles dont la direction dépend de nôtre délibération, & qui ne sont ni entièrement nécessaires, ni impossibles. Car la Loi de Nature, ou la Raison, qui examine les forces de la Nature, ne sauroit nous proposer une Fin impossible à obtenir, ni nous prescrire des Moiens qui surpassent l'étenduë de nôtre pouvoir. L'un & l'autre seroit vain, & disproportionné à nos Facultez. Or la Raison (3) condamne absolument tout dessein d'entreprendre de pareilles choses. Il peut bien arriver, par un concours imprévû de causes extérieures, que, dans cette Vie, ceux qui ont négligé l'usage des moiens qui étoient en leur pouvoir, les plus propres à l'avancement de leur bonheur, jouïssent

commodi causâ nocere alteri &c. De Offic. Lib. III. Cap. 5.

§ (5) Ce n'est point au même endroit, mais dans un autre Ouvrage. Voici les Paroles: *Ac naturae quidem jus est, quod nobis non opinio, sed quaedam innata vis adferat, ut religionem, pietatem,* &c. De Invention. Lib. II. Cap. 22.

§ III. (1) *Legis virtus est: imperare, vetare, permittere, punire.* Digest. Lib. I. Tit. III. De Legibus &c. Leg. 7.

(2) J'ai ajoûté ces mots, *formellement & directement,* pour ajuster en quelque manière ce que dit l'Auteur à sa Définition réformée. Voïez ci-dessus, § 1. Note 1.

(3) Se proposer des choses impossibles, c'est une folie: dit très-bien l'Empereur Marc-Antonin: Τὸ τὰ ἀδύνατα διώκειν, μανικόν. Lib. V. § 17. Voïez là-dessus le docte Gataker, qui allègue plusieurs passages semblables de divers Auteurs.

fent néanmoins d'une grande profpérité. Mais ces effets alors étant purement contingens, par rapport à nous, & d'ailleurs rares; il eft clair, que nôtre Raifon ne prefcrit nullement les Actions qui ont fervi à les produire; & que moins encore la Loi Naturelle ordonne-t'elle rien de femblable. La Raifon Naturelle nous enfeigne d'ailleurs affez clairement, qu'il y a une efpérance beaucoup plus probable de fe rendre heureux, en fe propofant dans fes actions une fin déterminée, & ufant des meilleurs moiens qui font en nôtre pouvoir, accommodez à cette fin, que de fe livrer entiérement au hazard. Et la Loi Naturelle ne nous promet pas de plus grand bonheur, que celui qui viendra d'une conduite raifonnable à l'égard de DIEU & des Hommes; Bonheur, qui furpaffe tout ce qu'on peut efperer, en vivant à l'aventure. Le fondement d'une plus grande efpérance qu'on a en prenant le prémier parti, c'eft que nôtre Raifon n'apportera aucun obftacle à l'aquifition des Biens qui nous viendront d'ailleurs fans aucun foin de nôtre part, mais au contraire y ajoûtera tous ceux qu'elle peut nous procurer, ou obtenir de DIEU & des Hommes. Je ferois même fort tenté, de refufer le nom d'*Actions Humaines*, à celles où l'on s'en remet entiérement au hazard, fans avoir aucune raifon probable d'en attendre un bon fuccès, plûtôt qu'un mauvais.

Par cette *Action*, dont je parle dans ma Définition, j'entends encore, non l'Action d'un feul Homme, ni ce que l'on fait en un feul jour, mais généralement toutes les Actions Humaines de tous les Hommes, lefquelles, pendant tout (4) le tems de leur vie, font dirigées à ce que demande le Bien Commun. Je n'ai voulu traiter formellement d'autres Actions, que de celles des Hommes, parce que ce font celles qui nous font le plus connuës par une expérience quotidienne. Si l'on veut philofopher, à l'occafion de la Loi Naturelle, fur les actions de DIEU & des *Anges*, les principes établis y meneront par analogie.

Les mots d'*Agent Raifonnable*, emploiez auffi dans ma Définition, font indéfinis, & par conféquent peuvent être appliquez à tout Homme, quel qu'il foit, au prémier Homme, par exemple, lors qu'il étoit encore feul dans le Monde; car alors le Bien Commun confiftoit en tout ce qui étoit agréable à DIEU & à cet Homme unique. Mais comme il s'agit de chofes entre lefquelles il y a une *liaifon néceffaire*, comme parlent les Scholaftiques; ces termes indéfinis renferment une idée qui s'étend à tous les Hommes en général & à cha-

---

(4) ,, On peut prouver, non feulement ,, qu'une conduite réglée en général fur la ,, Vertu, eft la plus avantageufe à l'Homme, ,, mais peut-être encore que, dans les cas ,, les plus communs, chaque action de Vertu ,, en particulier eft la plus avantageufe à l'A-,, gent, quelles que foient fes Actions précéden-,, tes, ou celles qu'il fera dans la fuite. MAXW.

(5) *Lex eft commune praeceptum* &c. DIGEST. *ubi fupr.* L. I.

(6) C'eft bien SOLON, à qui l'on attribuë cette Loi; & nôtre Auteur avoit fans doute vû indiquer quelque part un paffage, que divers Ecrivains Modernes ont cité,

d'ENE'E de *Gaze*, Philofophe Platonicien, qui dit, dans fon Dialogue, intitulé *Théopbrafte*, ou *De l'Immortalité de l'Ame, & de la Réfurrection des Corps*, qu'il compofa après s'être converti au Chriftianifme: Ὁ μὲν τῷ Σόλωνος [νόμος] οὐκ ἐᾷ νόμον ἐπ' ἀνδρὶ τίθεσθαι, ἀλλ' ἢ ἐὰν αὐτὸν ἐπὶ πᾶσιν ἀνθρώποις τίθεται. Mais il y avoit une exception, faite ou par le Légiflateur même, ou par quelque Ordonnance poftérieure: *A moins que la Loi touchant un feul Particulier n'eût paffé dans une Affemblée où il n'y eût pas moins de fix mille Citoiens d'Athénes, qui donnaffent leurs fuffrages fecrettement:* Καὶ ἐπ' ἀνδρὶ νόμον ἐξεῖναι θεῖναι, ἐὰν μὴ τὸν αὐτὸν ἐπ]

chacun en particulier, confidérez ou conjointement ou féparément, depuis
même qu'il e t éxifta plus d'un. J'ai cru devoir faire cette remarque, parce
que les Loix Naturelles les plus connuës, qui réglent l'exercice de la *Charité*
& de la *Juſtice* entre les Hommes, les fuppofent déja multipliez, & tendent
principalement à leur faire connoître , par quels actes réciproques ils peuvent
fe rendre plus heureux les uns les autres. C'eſt pourquoi les Loix Naturelles,
comme font d'ordinaire les Civiles, s'adreffent à plufieurs. D'où vient que les
Jurifconfultes qualifient la *Loi en général*, un *Précepte commun* (5). Et un Légiflateur, SOLON, fi je m'en (6) fouviens bien , défendit de faire aucune
Loi, qui regardât une feule Perfonne. D'ailleurs, les efforts réunis & les actions de plufieurs, peuvent produire quelque chofe qui contribuë confidéra-
blement au Bien Commun. Et ainfi, quand on dit, Que le foin (a) de ne faire (a) *Innocentiæ*
du mal à perfonne, la Fidélité, la Reconnoiffance, l'Affection naturelle, ou
de tous, ou de plufieurs, contribuent au Bien Public; la vérité de cette Propofition eſt plus évidente, qu'il ne l'eſt, que de telles Actions faites par tel ou
tel en particulier, produiront le même effet.

§ IV. LE *Bien Commun*, ou le *Bien Public*, qui eſt l'effet des Actions préf-
crites par la Loi Naturelle, eſt ce qui forme le principal caractére de cette
Loi. Et la chofe même le demande. Car la nature propre des Actions, qui
font l'objet des Loix, ne peut mieux fe connoître que par leurs effets. Et les
Loix Naturelles étant des Propofitions, formées par conféquent d'idées com-
binées enfemble, tirent leur différence fpécifique de leurs objets. Ainfi l'effence même de ces Loix fe connoît par les effets, à la production defquels elles
tendent. Or l'effet, entant que l'idée qu'en a un Agent Raifonnable, ie porte
d'abord à former l'intention de le produire, & détermine enfuite les actions
qu'il fait dans cette vuë; eſt ce que l'on appelle une *Fin*. Tout le monde convient, que, quand on veut agir avec délibération, il faut néceffairement fe
propofer une *Fin*, & puis chercher, choifir, & appliquer les Moiens propres
à l'obtenir. Il eſt donc convenable, que les Loix Naturelles, qui doivent ê-
tre entiérement accommodées à la Nature Raifonnable, montrent en même tems la meilleure Fin, & les Moiens les plus propres à y parvenir.
C'eſt pourquoi je pofe pour fin, dans ma Définition, le *Bien Public*: & je
prens ces mots dans un fens plus étendu, que ne fait ULPIEN; car il définit le *Bien Public*, (1) *celui qui fe rapporte à la conſtitution de la République Ro-*
maine,

---

[x] πᾶσιν Ἀθμαλοις ἴδε μὴ ἐξαντιχιλίοις δίξη,
χρύβδαν ψιφιζομθναι. C'eſt ce que dit l'Ora-
teur ANDOCIDE, Orat. *De Myſter.* pag. 215.
Edit. Hanov. 1619, & SAMUEL PETIT,
Comment. in Leges Atticas, pag. 113. (ou 188.
Ed. Lugd. B. in III. Tom. *Juriſprud. Rom. &*
Attic.) indique là-deffus quelques autres Paf-
fages de DEMOSTHENE.

§ IV. (1) PUBLICUM *Jus eſt , quod ad*
ſtatum rei Romanae ſpectat : PRIVATUM,
quod ad ſingulorum utilitatem. Sunt enim quae-
dam publicè utilia, quaedam privatim. Publi-
cum Jus in Sacris, in Sacerdotibus, in Magiſ-
tratibus conſiſtit. DIGEST. Lib. I. Tit. I.

De Juſtit. & Jure, Leg. I. § 2. Il ne s'agit
là, que de la diſtinction du *Droit Civil*, en
Public, & *Particulier:* le premier qui roule
fur ce qui concerne les affaires publiques, ou
l'ordre du Gouvernement; l'autre, qui fe rapporte aux affaires des Particuliers. Et, comme les Interprètes l'ont remarqué il y a long
tems, le Jurifconfulte *Ulpien* ne prétend nullement que les Loix qui réglent les affaires
des Particuliers ne foient point avantageufes
au Public: il veut dire feulement, qu'elles ne
tendent pas fi directement au Bien Public, que
celles qui regardent la conſtitution de la République, par exemple, la diſtinction des Clo-
fes

maine, & qui regarde les Chofes Sacrées, les Sacerdoces, & les Magiſtratures: au lieu que j'y renferme tout ce qui concerne l'avantage de tous les Hommes, & la Gloire de Dɪ ɛ u; en quoi confiſte véritablement le plus grand Bien qu'il nous eſt poſſible de procurer. Et ce qui tient lieu ici de Moiens, ce font les Actions de tous les Agens Raiſonnables qui dépendent d'eux, & qui, dans telles ou telles circonſtances, ont le plus d'efficace pour l'avancement d'un tel Bien.

Mais, comme les termes de *Fin*, & de *Moiens*, ont un fens fort ambigu, & fuppofent une intention libre d'un Agent Raiſonnable, fujette à varier en diverſes maniéres, & qui ne peut être connuë certainement, de forte qu'ils préfentent à nos Efprits un objet peu fufceptible de démonſtration; j'ai jugé à propos, fans rien changer néanmoins au fujet que j'ai en main, de le confiderer fous une autre idée. Il y a une liaifon plus fenfible, & entiérement indiſſoluble, entre les *Caufes Efficientes* & leurs *Effets:* & une expérience perpétuelle, jointe à de fréquentes obſervations, nous enfeigne plus clairement, quels Effets fuivront, des Caufes fuppofées. C'eſt pourquoi j'ai indiqué dans ma Définition le *Bien Public*, comme l'*Effet*, & nos *Actions*, jointes avec les facultez qu'il y a en nous, defquelles nous pouvons efpérer quelque chofe de femblable, comme autant de *Caufes Efficientes*. Par-là les Queſtions de Morale & de Politique, qui fe rapportent à la Fin & aux Moiens, font ramenées à des termes, comme ceux dont fe fervent les Phyficiens: *Telles ou telles Caufes Efficientes font-elles capables, ou non, de produire tel ou tel Effet?* Or à de pareilles Queſtions on peut donner une réponfe fufceptible de démonſtration, à la faveur des obſervations qu'on a faites fur l'efficace des Actions Humaines, confidérées & en elles-mêmes, & comme concourant avec d'autres caufes, entre lefquelles, & celles que l'on fuppofe pour l'heure, il n'y a aucune diſſemblance. Car, bien que, pendant tout le tems que nous délibérons, nous foyions avec raifon qualifiez *libres*, & qu'eû égard à cette Liberté, les effets, qui naîtront enfuite de nos actions, foient auſſi très-juſtement dits *contingens*; cependant, après que nous nous fommes une fois déterminez à agir, la liaifon entre nos actions, & tous les effets qui en dépendent, eſt néceſſaire, & entiérement naturelle; par conféquent elle eſt fufceptible de démonſtration. On peut remarquer la même chofe dans les Opérations Géométriques, qui ne fe font pas avec moins de liberté, que toute autre Action des Hommes. Quand un Mathématicien a tiré quelque peu de Lignes, felon les pratiques prefcrites dans la Géométrie, il peut en déduire démonſtrativement, au delà de l'attente des Ignorans, une longue fuite de conféquences, fur les proportions des Lignes ou des Angles. De même, on peut démontrer, par des principes de Phyfique, que bien des effets réfulteront d'une Action Humaine, par laquelle un mouvement connu eſt imprimé à un Corps, dans le Syſtême connu des autres Corps: & par-là fouvent découvrir avec la même certitude ce qui fera nuifible à la Vie d'un Homme, au bon état & à l'intégrité de fes Membres, à la faculté qu'il a de fe mouvoir (dont l'ufage dépend de la Liberté tant qu'il

fes *Sacrées*, des *Sacerdoces*, des *Magiſtratures*. Après tout, il n'entend tout au plus ici que le *Bien Public* d'un Etat: & fur ce pié-là il étoit aſſez inutile de remarquer, que l'objet de la *Loi Naturelle*, commune à tous les Hommes, a une plus grande étenduë. D'autant plus, que nôtre Auteur & dans fa Définition, & prefque par-tout ailleurs dit *Bien*

qu'il n'eſt point reſtraint par quelque obſtacle, tel que la Priſon) ou même aux biens qu'il poſſéde; &, au contraire, ce qui tournera à l'avantage de quelcun, ou de pluſieurs. Il eſt démontré, à mon, avis, par les principes de la meilleure Phyſique, que, dans tous les Corps, & même dans les Corps Humains, tous les changemens qui leur viennent du dehors (car il faut excepter ici les déterminations produites par des actes internes d'une Volonté Libre) ſoit que ces changemens ſoient en mieux ou en pis, ſe font tous ſelon les Théorêmes du Mouvement, que l'on découvre & l'on démontre par l'Analyſe Géométique. A la vérité on n'en a encore donné ſur ce ſujet que peu d'exemples, qui ſont cependant d'une grande importance. Mais on a au moins montré une méthode de ſoûmettre au calcul Géométrique tous les Mouvemens, quelque compliquez qu'ils ſoient, & de trouver toute ſorte de Théorêmes ſur les Lignes, les Figures, & les déterminations de Mouvement qui en naiſſent; de ſorte que, toute la nature du Corps devant être réduite à ſon étenduë, ſes figures, & ſes mouvemens diverſement compoſez, il n'y a qu'à ſuivre cette méthode générale, pour expliquer tous ſes effets d'une manière démonſtrative. Je ne dis cela qu'en paſſant, & à deſſein de faire voir comment on doit s'y prendre, pour démontrer parfaitement, par la liaiſon néceſſaire des termes, les choſes qu'une obſervation commune & une expérience perpétuelle nous font aſſez connoître, comme exiſtant dans la Nature, & dépendant les unes des autres, entant que cauſes & effets; mais que d'autres tâchent de déduire d'autres principes Phyſiques. Il y a une telle liaiſon dans les Actions, par leſquelles, entre les Hommes, les uns travaillent à ôter aux autres la Vie, la Liberté, ou les Biens; & les autres au contraire, à les leur conſerver.

§ V. Ici je trouve matiére à critiquer les STOÏCIENS, en ce qu'ils ont dit, (1) *Qu'il n'y a rien de Bon que la Vertu, rien de Mauvais, que le Vice.* Ces Philoſophes, à force de vouloir relever l'excellente bonté de la Vertu, & rendre odieux le Vice par le haut degré de la qualité contraire; détruiſent imprudemment l'unique raiſon pourquoi la Vertu eſt bonne, & le Vice mauvais. Car, ſi la Vertu eſt un bien, comme elle l'eſt véritablement, & le plus grand bien, c'eſt parce qu'elle détermine les Actions Humaines à des effets, qui ſont les principales parties du *Bien Public Naturel,* & qu'ainſi elle tend à perfectionner au plus haut point, dans les Hommes, leurs dons naturels de l'Ame & du Corps, & elle contribuë, plus que toute autre choſe, à l'avancement de la Gloire de DIEU, par l'imitation de la Bénéficence de cet Etre Souverain. D'ailleurs, une autre partie de (2) la *Juſtice Univerſelle* (c'eſt-à-dire, la Vertu elle-même, frappant les yeux, pour ainſi dire, entre les Hommes) conſiſte à (a) ne point nuire, c'eſt-à-dire, à s'abſtenir de toutes les Actions, qui s'appellent, par exemple, *Meurtre, Larcin* &c. Or il eſt clair qu'on ne ſauroit alléguer d'autre raiſon, pourquoi la Loi défend de telles Actions, ſi ce n'eſt qu'en

Idées des Stoïciens, & d'Hobbes, ſur la nature du Bien & du Mal, également fauſſes, quoiqu'oppoſées.

(a) In Innocentia.

Bien *Commun,* & non pas le Bien *Public.*

§ V. (1) On peut voir là-deſſus les Paſſages recueillis par JUSTE LIPSE, qui avoit lui-même embraſſé les Idées de la Philoſophie Stoïcienne; dans ſa *Manuductio ad Stoïc. Philoſophiam,* Lib. II. *Diſſert.* XX.

(2) Voiez ci-deſſous, *Chap.* VIII. § 1, & *ſuiv.*

qu'en ôtant la vie, ou enlevant les biens, d'où dépend fa confervation, à une perfonne innocente, on fait quelque chofe, qui, antécedemment à toute Loi, eft mauvais, ou nuifible, à un Homme, ou à plufieurs, & par confequent qui eft tel fans aucun rapport à la Vertu, qui confifte à obferver cette Loi.

Je ne fai fi HOBBES accorde, ou non, cette vérité. Car, en un endroit de fon Traité *Du Citoien*, il (3) reconnoît ouvertement, que, par de telles actions, on caufe du *dommage*, & que ce dommage eft un mal pour celui qui le fouffre. *Dans un État*, dit-il, *fi quelcun nuit à un autre, fans avoir fait avec lui aucune convention là-deffus, il fait du mal; mais il ne fait du tort qu'au Souverain.* Cependant nôtre Philofophe foûtient ailleurs auffi nettement, (4) *Que les Loix Civiles font les régles du Bien & du Mal; qu'ainfi il faut tenir pour bon, ce que le Légiflateur a ordonné, & pour mauvais, ce qu'il a défendu; & que c'eft une maxime féditieufe, de dire, Que la connoiffance du Bien & du Mal appartient aux Particuliers.* Je ferois volontiers porté à concilier ces deux endroits, en diftinguant une double fignification des termes, & fuppofant, que, dans le prémier paffage, *Hobbes* entend par le *mal*, ce qui eft nuifible à la Nature; dans l'autre, ce qui ne s'accorde point avec les Loix. Mais, à mon avis, il n'approuveroit pas lui-même cette conciliation; parce qu'il s'enfuivroit du principe dont il tomberoit ainfi d'accord, qu'avant toute détermination de la Loi, on peut favoir qu'il y a des chofes *mauvaifes*, c'eft-à-dire, nuifibles ou à un feul Homme, ou à un Corps compofé de plufieurs Hommes; par où l'on prouveroit auffi, qu'il y a des Réglemens Civils, qui font *mauvais*, ou nuifibles au Peuple: Inconvénient, qu'il a adroitement prévenu, en avançant, dans un autre endroit du même Livre, (b) qu'on ne doit tenir pour véritable, ni en Mathématique, ni en Philofophie Naturelle, ni en Politique, aucun raifonnement, aucune décifion des Hommes, que quand elle a le fceau de l'Autorité Civile. En voici la raifon: (5) JE'SUS-CHRIST n'eft pas venu au mònde, pour enfeigner la *Logique*; Donc cette tâche fait partie du Pouvoir des Monarques, & de tous les Souverains. C'eft-à-dire, que les Souverains font élevez fur le Trône, pour enfeigner la *Logique*, & les autres *Sciences Naturelles*. Heureux tems, non feulement pour nous, mais encore pour toutes les Nations, & dans tous les Siécles! Tous les Rois, & toutes les Républiques, ont toûjours philofophé: leurs décifions en ce genre ont toûjours été des Véritez (c) incontestables, quoi que contraires les unes aux autres, & quoi que les Souverains fe foient contredits eux-mêmes. Mais il faut laiffer à *Hobbes* le foin de chercher quelque chofe de plus plaufible pour accorder mieux enfemble les chofes qu'il débite en divers endroits. Je le prie en même tems, de me lever cette difficulté, comment eft-ce que tous les effets des Agens

(b) Cap. XVII. § 12.

(c) Κύριαι δό-ξαι.

Na-

(3) *Sic quoque in Civitate, fi quis alicui noceat, quocum nihil pactus eft,* damnum ei infert, cui malum; injuriam foli illi qui totius Civitatis poteftatem habet. Cap. III. § 4.

(4) *Doctrinarum autem quae ad feditionem difponunt, una & prima haec eft; Cognitionem de bono & malo pertinere ad fingulos .... Oftenfum enim eft,* Cap. 6. artic. 9. *Regulas boni & mali... effe Leges Civiles; idioque quod*

Legiflator praeceperit, id pro bono; quod vetuerit, id pro malo habendum. Cap. XII. § 1.

(5) *Nullae autem in hanc rem datae regulae funt à* CHRISTO; neque enim venit in hunc mundum, ut doceret Logicam ... Atque haec (nimirum Jus, Politia, & Scientiae Naturales) fubjecta funt de quibus CHRISTUS praecepta tradere, aut quicquam docere, praeter hoc unum, ut in omnibus circa illa controverfiis Cives finguli

Naturels, & des Hommes mêmes, par conféquent aufli ceux par lefquels ils fe nuifent ou fe rendent fervice les uns aux autres, à caufe de quoi les uns font appellez *bons*, les autres *mauvais*; comment eft-ce, dis-je, que de tels effets font néceffaires, & que néanmoins il dépend de la volonté changeante des Princes, de déterminer s'ils font bons ou mauvais? Car voilà deux dogmes, directement contradictoires, que nôtre Philofophe pofe l'un & l'autre, & qui font des principaux de fon Syftême. Le dernier eft d'ailleurs contraire aux chofes néceffairement & effentiellement requifes pour la Société, & qu'il reconnoît lui-même pour autant de Loix Naturelles, (d) favoir, le renoncement au droit fur tout & fur tous, la fidélité à tenir les Conventions, la Reconnoiffance. Certainement fi un Prince, pour régler & affermir fon Etat, faifoit des Loix générales, contraires à celles-là, il ne réuffiroit pas mieux, que s'il ordonnoit, en vûe de conferver la Santé de fes Sujets, l'ufage du Poifon, ou d'un Air & d'Habits empeftez. Les chofes prefcrites par de telles Loix, auroient une efficace auffi certaine & invariable, pour caufer parmi les Hommes les maux de la Difcorde, les Meurtres, les Rapines &c. que les Vénins & la Pefte en ont pour corrompre le Sang. *Xerxès* a beau faire fouetter l'*Hellefpont*; (6) cette Mer ne lui obéïra point. Toutes les Ordonnances des Princes ne fauroient changer la nature des chofes nuifibles, & les rendre utiles. Suppofons une Loi, qui commande généralement aux Sujets d'un même Roiaume, de tuer tous leurs Concitoiens qu'ils rencontreront, fans diftinction de Séxe, d'âge, ou de ce qu'ils peuvent avoir fait; de violer toutes les Conventions; de fe montrer ingrats envers tous ceux de qui ils ont reçu du bien. Je demande, fi, malgré l'obligation où les Sujets feroient en confcience de faire tout le contraire (obligation qu'il femble que nôtre Philofophe reconnoiffe, pour en impofer aux fimples) la pratique d'une telle Loi n'améneroit pas auffi-tôt un carnage furieux entre les Citoiens, jufqu'à ce qu'enfin il n'en reftât plus qu'un, qui, fier d'avoir tué tous les autres, ne feroit point retenu par la crainte d'une plus grande puiffance (feul lien d'obligation, au jugement d'*Hobbes*) & ainfi n'épargneroit pas la vie du Prince, que l'on peut fuppofer moins fort que lui. Que nôtre Philofophe nous montre auffi, en vertu de quoi il prétend que toute fa Philofophie foit démonftrative, & néceffairement vraie, puis qu'aucun Prince ne l'a encore autorifée par fon approbation; & qu'au contraire la plûpart des Princes Chrétiens condamnent plufieurs de fes Dogmes, comme celui d'une néceffité, qui détruit entiérement le *Libre Arbitre*.

Au fond, quoi qu'il penfe ici, c'eft ce qui m'importe peu. Mais, pour donner à ce qu'il dit le tour le plus favorable, il vaut mieux croire qu'il a été trompé par l'ambiguité des mots de *Bien* & de *Mal*, ou qu'il a voulu en impofer

aux

(d) *De Cive*, Cap. III.

---

il *Civitatis fuae legibus & fententiis obedirent, ad officium fuum pertinere negat.* Cap. XVII. § 12.

(6) On fait, que ce Roi de *Perfe*, au defefpoir de voir rompu par une tempête le Pont de Batteaux qu'il avoit fait faire fur l'*Hellefpont*, commanda de jetter dans cette Mer une paire de Chaînes, comme pour la mettre aux fers, & lui fit donner trois-cens coups de fouet, avec ordre à ceux qui étoient chargez de ce bel exploit de fa vengeance, d'apoftropher ainfi les flots: ,, Eau amére, voilà comment ton Maître te punit, pour le mal que tu lui as fait fans qu'il t'en eût donné fujet. ,, Mais le Roi *Xerxès* faura bien, en dépit de toi, paffer à travers tes flots &c. HE'RODOTE, *Lib.* VIII. Cap. 35.

aux Lecteurs peu avifez, que de juger qu'il en foit venu à un tel point d'extravagan-ce, que de fe perfuader que le *Bien* & le *Mal Naturel*, dont il s'agit, c'eft-à-dire, les Actions, fur-tout les Actions Humaines, qui font utiles ou nuifibles aux Corps ou aux Ames des Hommes, tant de chacun en particulier, que d'une multitude; ne foient pas de leur nature ou par elles-mêmes, déterminées à produire leurs effets naturels, mais fervent, ou nuifent, felon qu'il plaît aux Souverains.

Que les effets utiles ou nuifibles des Actions Humaines, felon qu'elles font vertueufes ou vicieufes, en réfultent naturellement & néceffaire-ment.

§ VI. JE puis donc fuppofer que les phénoménes, que je vais détailler, connus par le témoignage des Sens, & confirmez par une expérience perpé-tuelle, font, finon encore démontrez parfaitement, du moins tels qu'ils peu-vent l'être quelque jour, par des principes de Phyfique; Science à laquelle il appartient de rechercher les Caufes de ces phénoménes, & leur liaifon avec les effets. Les Hommes, en obfervant un fage regime de vivre, en fe témoi-gnant un amour réciproque, en permettant aux autres d'aquérir par leur pro-pre induftrie les chofes dont chacun a befoin pour conferver fa vie & fa fanté; en ne faifant rien de nuifible à perfonne, & faifant des chofes utiles à autrui, autant qu'ils peuvent; en tenant religieufement leurs Conventions; en témoi-gnant de la reconnoiffance à leurs Bienfaiteurs; en aiant des fentimens particu-liers d'affection pour leurs Enfans, & leurs Parens, tant en ligne afcendante, qu'en defcendante, lefquels font en quelque maniére diftinguez des autres par un caracté-re notable d'identité, ou de dépendance des principes naturels d'une fource com-mune; les Hommes, dis-je, en fuivant une telle conduite, fe rendent, & fe font rendus de tout tems utiles les uns aux autres, & plus ils en uferont de même, plus ils procureront toûjours l'avantage mutuel, tant pour la fanté & la force du Corps, que pour le bon état de l'Ame, pour les Lumiéres, pour la Prudence, la Joie, la Tranquilité dans tout le cours de cette Vie, & une bonne efpérance dans la Mort même. D'autre côté, les Actions contraires produifent dans l'Ame des Erreurs, & de cruelles Inquiétudes; dans le Corps, des accidens fâcheux, qui font perdre l'ufage des Membres; diverfes Maladies; les incommoditez de la Faim & de la Soif; & la Mort même de plufieurs perfonnes: tous maux, qu'on nuroit pû éviter, en agiffant, comme on le pouvoit, d'une autre maniére. Les Difcordes, l'Yvrognerie, l'Infidélité, la Perfidie, &c. font autant de Caufes naturelles, d'où naiffent les Guerres: & ces Guerres, aménent des Carnages, des Pillages, des Incendies, aùffi naturellement & aufli néceffairement, que la Pefte fait mourir bien des gens, ou qu'un grand Tremblement de Terre en-gloutit quelquefois une Ville entiére. Dans l'un & dans l'autre cas, ce font é-galement des maux naturels, & qui tombent, non fur une feule perfonne, mais fur plufieurs: comme, au contraire, un Régime de vivre, dirigé par l'expé-rience; la Concorde, la Bonne Foi, la Reconnoiffance; font de leur nature des Biens communs, autant que l'eft un bon Air, ou une bénigne influence du Soleil. Car, encore que ces difpofitions morales opérent en particulier fur cha-que Homme, leur influence peut être confidérée conjointement; & les effets qu'elles produifent par rapport à tout le Genre Humain, ou à une grande par-tie, leur font véritablement attribuez, comme à des Caufes Phyfiques. Il en eft ici précifément de même, que dans la Génération des Animaux & des Plan-tes. Quoi que les diverfes Sémences qui les produifent, aient chacune fa place particuliére, affignée par la Nature, & que là feulement chacune déploie fa

ver-

vertu propre; on peut néanmoins les envifager comme jointes enfemble, & dire avec vérité, qu'elles font les principes & les caufes néceffaires de la vie, de l'accroiffement, & d'un grand nombre d'autres effets qui fe remarquent dans les Animaux & dans les Plantes. Car un affemblage d'Effets n'a pas moins de liaifon avec l'affemblage des Caufes d'où ils proviennent, que n'en a chaque Effet en particulier, avec fa Caufe confidérée en elle-même.

Tenons donc pour certain, qu'on peut former des Propofitions d'une vérité éternelle, ou immuable, touchant les effets utiles ou nuifibles, qui réfulteront des Actions Humaines, vertueufes ou vicieufes, toutes les fois que les Hommes feront actuellement déterminez à quelque Action extérieure de telle ou telle forte par les principes internes qui les font agir: Et qu'au contraire, en confidérant les effets d'une Action Humaine, avantageux ou nuifibles à tel ou tel Homme, & principalement ceux qui le font pour plufieurs, on peut favoir, fi les principes internes de l'Action font avantageux ou nuifibles au Public, c'eft-à-dire, s'ils font naturellement *bons* ou *mauvais*. Toute la difficulté qu'il y a à prévoir, fi de telle ou telle Action propofée il naîtra un effet bon ou mauvais, vient de ce que fouvent on ignore quelle fera l'influence d'autres caufes qui concourront avec cette Action. Car de là il arrive, que ce qui paroiffoit d'abord promettre le meilleur fuccès, tourne enfin au pire. Mais à confiderer en général nos Actions par abftraction, & ce qu'elles font capables de produire par elles-mêmes, on peut aifément faire là-deffus quelques démonftrations: de même que les Mathématiciens démontrent la génération des Lignes & des Figures, par les effets des Mouvemens Phyfiques confidérez par abftraction. Ainfi le plus haut point de la Prudence & Morale & Civile, eft de s'inftruire parfaitement des circonftances, qui concourent avec les Actions Humaines à la production de leurs effets, ou qui y apportent quelque obftacle. Et la principale partie de cette connoiffance confifte à connoître à fonds les Hommes avec qui nous devons agir de concert, ou contre qui nous devons agir, fur quoi il faut tâcher de découvrir le degré des lumiéres de chacun, & les principes fur lefquels il fe régle dans la pratique, les paffions auxquelles il a un panchant particulier, les fecours qu'il peut tirer de fes Amis, de fes Domeftiques, & de fes biens felon la conftitution des Gouvernemens Civils où chacun vit aujourdhui.

§ VII. Tout ce que j'ai dit, revient à ceci, Que le foin de confiderer nos Facultez & nos Actions, comme autant de Caufes, & la Fin propofée, comme l'effet, eft la méthode générale la plus commode pour bien réduire les Régles de la Morale à des phénoménes naturels, ou à des obfervations de la Nature; ce qui doit être le but principal de quiconque écrit fur la Loi Naturelle, auffi bien que de ceux qui veulent régler leur conduite fur cette Loi. Car la Philofophie Naturelle nous enfeignera, fi, pofé certaines Actions, ou certains mouvemens, & leurs objets, qui font ici un ou plufieurs Hommes, il s'enfuivra de là quelque chofe qui ferve à la confervation & à la perfection de l'objet, qui eft ce que l'on appelle *Bien;* ou, au contraire, quelque chofe qui contribuë à le détruire, ou l'endommager, qui eft ce que l'on appelle *Mal.* Selon cette méthode, il faut d'abord faire paffer en revuë & examiner tout ce que nous favons, tant de la nature de nos propres Facultez & des au-

Maximes générales, auxquelles fe réduit toute la Prudence, Morale & Civile.

tres

tres Caufes qui concourent avec nous, que de la nature des objets, ou des Hommes par rapport auxquels nous devons agir; pour prévoir quel effet il réfultera de tout cela. Enfuite, après avoir confideré & comparé enfemble les divers effets qui fuivront de diverfes actions, les unes & les autres en nôtre pouvoir, on doit être fort foigneux de fe propofer toûjours pour fin un effet poffible, & le meilleur de ceux que nous pouvons procurer; & en même tems de mettre en ufage, comme autant de moiens, les Actions, qui, entant que Caufes, ont une influence bien proportionnée à l'effet qu'on fe propofe: Deux maximes, auxquelles fe réduit toute la *Prudence*, *Morale* & *Civile*. Or les régles de Prudence, qui en tout tems & en tout lieu, dirigent les Actions Humaines au Bien Commun des Etres Raifonnables, autant qu'il eft poffible aux Hommes d'y contribuer, font les Loix même de Nature. Si quelcun les approuve, & que par-là fa volonté foit actuellement déterminée à s'y conformer, en forte que ces idées gravées dans fa mémoire, reviennent à chaque occafion, & aient fur lui la même influence; elles forment l'habitude de la *Vertu Morale*. Que fi l'on y joint quelque autre chofe qui regarde la conftitution particuliére d'un Etat, ou l'Emploi Public de chacun, ou fes affaires particuliéres; c'eft alors une *Prudence* ou *Civile*, ou *Politique*, ou *Particuliére*, felon la qualité de cette idée ajoûtée. Je pourrois m'étendre davantage là-deffus: mais en voilà peut-être trop pour le préfent.

En quoi confifte le *Bien Commun*, ou *Public*.

§ VIII. JE paffe à une explication plus détaillée du *Bien Commun*, que j'appelle auffi *Bien Public*. Par-là j'entends l'affemblage de tous les Biens, que nous pouvons procurer à tous les Etres Raifonnables en général & chacun en particulier, confidérez comme ne faifant qu'un feul Corps, & chacun felon le rang où nous le voions placé; ou des Biens qui font néceffaires pour leur Bonheur. Car ici, à caufe de quelque reffemblance qu'il y a entre DIEU, & les *Hommes*, eû égard à la Raifon, ou la Nature Intelligente, j'envifage cet Etre Suprême comme compris dans la même idée, qui, par l'addition du mot *tous*, s'étend à chacun des Etres auxquels elle peut être appliquée.

Il eft aifé à chaque Homme de fe former l'idée générale d'un *Etre Raifonnable*, & celle de l'affemblage qu'indique le mot de *tous*. Mais les Bêtes ne faifant aucune abftraction, & n'aiant aucune connoiffance des Nombres, pour les fupputer, moins encore la faculté de comprendre cette convenance de nature qu'il y a entre DIEU & les Hommes; font par-là incapables de concevoir aucune de ces idées. C'eft, entr'autres, la raifon pourquoi elles ne fauroient penfer au Bien Commun, & par conféquent pourquoi elles ne font capables ni de Vertu, ni de Société avec les Hommes; l'une & l'autre étant fondée fur la confidération du Bien Commun. Ce Bien Commun, que les Loix Naturelles ont directement & immédiatement en vûé, c'eft celui des Etres Raifonnables. Je ne nie pourtant pas qu'elles ne demandent de nous quelque foin des Etres d'une nature inférieure, entiérement deftituée de Raifon, & purement corporelle. Car elles nous enjoignent, par exemple, de procurer la nourriture aux Bêtes, de femer pour faire croître des Plantes, de cultiver en général la Terre, autant que cela peut être utile pour la Gloire de DIEU, & pour le Bonheur des Hommes. Mais en cela on ne fe propofe pas proprement, ou du moins principalement, de perfectionner de telles chofes:

on

on regarde feulement l'ufage qu'on peut tirer de leur concours avec nos propres actions à ce qui eft néceffaire pour le bien des Etres Raifonnables. En
effet, quand on examine avec foin l'ordre de la Nature, on obferve d'abord
d'une vuë générale, que tous les Corps font gouvernez par la Providence de
DIEU, le *prémier Etre Raifonnable*. On remarque enfuite, que nos propres
Corps, & par leur moien quantité d'autres, font déterminez par la Raifon
Humaine; l'expérience nous faifant voir, qu'en conféquence d'un acte de
nôtre Jugement & de nôtre Volonté, nos mufcles, & plufieurs Corps voifins, font mis en mouvement. Ainfi on découvre qu'il y a de la fubordination dans les Corps, par un effet de la conftitution générale de l'Univers.
Car nôtre Ame ne peut que concevoir quelque ordre en ce qui détermine, &
ce qui eft déterminé; ni que regarder ce qui détermine, comme agiffant le
prémier, & ce qui eft déterminé, comme poftérieur. Or il nous importe de
conferver inviolablement l'ordre que nous trouvons établi par la Nature, pour
avancer ainfi, autant qu'il dépend de nous, nôtre propre perfection. D'où,
pour le dire en paffant, , je puis conclure avec raifon, que chercher le Souverain Bien des Etres Raifonnables, c'eft chercher le bien & l'ordre de tout
le Syftême du Monde; & que la moindre obfervation de la détermination des
mouvemens naturels, fait naître dans nôtre Efprit quelque idée d'ordre &
de dépendance; idée, qui, lors qu'elle a pour principe le jugement d'une A-
me Raifonnable, eft proprement défignée par le mot de (a) *Gouvernement*. (a) *Regimen.*
Or nous fommes convaincus de cette fubordination par l'expérience de ce qui
fe paffe au dedans de nous; & l'ufage naturel de nos Sens nous montre, que la
même chofe arrive hors de nous. Donc c'eft de la Nature, que nous tenons
l'idée de l'Ordre, & du Gouvernement. Mais en voilà affez fur le mot de
public, ou *commun*, qui caractérife le *Bien*, dont il s'agit dans ma Définition.

§ IX. PAR ce *Bien* j'entends celui que les Philofophes appellent d'ordinai- *Bien Naturel,*
re *Bien Naturel*. J'ai déja dit, qu'à le confiderer par rapport aux *Créatures*, qui eft celui
c'eft *celui qui conferve ou perfectionne leur nature*, c'eft-à-dire, qui les rend plus diftingué du
heureufes: & par rapport à DIEU, dont la Nature, très-heureufe par elle- *Bien Moral.*
même, n'a befoin de rien, *ce qui lui plaît ou lui eft agréable*; entant que cela (a) contribuë à fa Félicité par analogie & avec quelque reffemblance. Nous (a) Ut μxxx-
difons qu'une chofe nous eft *agréable*, lors que nous fentons qu'elle fert à nô- ςιρμὶς.
tre confervation ou à nôtre perfection, c'eft-à-dire, qu'elle laiffe nôtre ame
dans un état de tranquillité & de joie. Il répugne manifeftement à la nature
d'une Perfection Infinie, de concevoir DIEU comme pouvant être confervé
ou perfectionné. Mais pour ce qui eft de la *tranquillité intérieure*, la *fatisfaction*, la *joie*, le *plaifir*; on peut s'en former une idée dégagée de toute imperfection, & fur ce pié-là l'attribuer à la Majefté Divine, fans aucun rifque
de l'offenfer.

Les *Biens Naturels* de l'*Homme*, dont il s'agit principalement, font de deux
fortes: Les uns qui fervent à orner & à réjouïr l'Ame; Biens, qui femblent
tous fondez fur la nature des chofes propres à perfectionner la Connoiffance
& le Jugement, d'où naît la perfection de la Volonté, lors qu'elle s'y conforme

me dans fes déterminations: Les autres, qui fervent à entretenir & augmenter les forces du Corps.

Les *Biens Publics* font les mêmes, que les *Biens* de chaque *Particulier*; & une
jufte idée du Bonheur de chaque Homme, méne aifément, par analogie, à
découvrir le Bonheur, qui doit être recherché par chaque Etat Civil, ou même par tous les Hommes confiderez comme ne faifant qu'un feul Corps. Car
une Société civile, compofée d'un nombre plus ou moins grand de perfonnes,
n'eft jamais heureufe, que quand chacun de fes Membres, fur-tout les principaux, ont non feulement des Ames douées des perfections naturelles de l'Entendement & de la Volonté, mais encore des Corps fains, & d'une vigueur
à bien prêter à l'Ame leur miniftére.

Il faut remarquer, qu'en parlant de *Biens-Naturels*, je les qualifie ainfi, dans
le fens de ces mots le plus étendu, par conféquent le plus général, & le premier connu naturellement, felon lequel ils font diftinguez des *Biens Moraux*,
qui confiftent uniquement en des Actions volontaires, conformes à quelque
Loi, fur-tout à la Loi Naturelle. A caufe de quoi auffi le *Bien* ne doit pas
être pris en ce dernier fens dans la Définition de la Loi Naturelle, puis qu'il
feroit abfurde de définir une chofe par ce qui la fuppofe déja connuë. Il y a
d'ailleurs un grand nombre de *Biens-Naturels*, c'eft-à-dire, qui contribuent quelque chofe au Bonheur de l'Homme, lefquels néanmoins n'ont rien par eux-
mêmes de *moralement bon*, n'étant ni des Actions Volontaires, ni des chofes
prefcrites par quelque Loi. Tels font, la pénétration de l'Efprit, les ornemens des Sciences, une Mémoire extraordinaire, la force du Corps, le fecours des chofes extérieures &c. Au contraire, il n'eft point d'Action Volontaire, commandée ou défenduë par la Loi Naturelle, & par conféquent
moralement bonne, qui, de fa nature, ne contribuë quelque chofe, felon
moi, au Bonheur des Hommes. Un Philofophe Moral fuppofe, que l'on
connoît par la Phyfique, ou par l'expérience, ce qui eft propre à conferver
ou augmenter la force des Facultez de l'Ame; ce qui fert à rendre la Santé
plus vigoureufe & la vie plus longue; & qu'il y a en particulier certaines Actions Humaines, que l'on appelle *Vertus*, qui contribuent beaucoup à de tels
effets, lefquels s'accordent bien les uns avec les autres. Nôtre Ame, convaincuë du pouvoir qu'elle a de produire de telles Actions, vient à remarquer
ces effets qui en proviennent, dans les cas où les exemples particuliers, par
rap-

---

§ IX. (1) Voiez ci-deffus, § I.

(2) L'Original eft ici fort corrompu: *Eas-
que* [*Leges*] *actionem (earum quae in datis cir-
cumftantiis in noftra funt poteftate cogitare &
dicere) optimam praecipere.* Je ne doute pas
que l'Auteur n'eût écrit: *earum* QUAS . . . .
in noftra EST *poteftate cogitare &* ELICE-
RE &c. Le Traducteur Anglois, après avoir
omis, je ne fai pourquoi, les trois lignes qui
précédent, traduit ainfi ces paroles: *And pre-
fcribe the beft action, we can either thing or
fay, is in the given circumftances in our power:*

C'eft-à-dire, *la meilleure action que nous pouvons penfer ou dire, qui eft en nôtre pouvoir.* Il
faudroit pour cela, que le Texte portât: *earum quas . . . in noftra* ESSE *poteftate cogitare*
AUT *dicere* POSSUMUS: *optimam* &c. Mais
que feroit ici cette disjonctive, *penfer ou dire?*
Ne fuffit-il pas d'être convaincu, qu'une chofe eft en nôtre pouvoir? Et à quoi bon ajoûter, qu'on peut le *dire?* Cela ne s'entend-il
pas affez de foi-même? Qu'on juge maintenant, fi la manière dont j'ai corrigé lle
Texte, n'eft pas & beaucoup plus fimple,

rapport à nous-mêmes, ou à quelque autre perſonne qui nous eſt connuë. De là elle conclut, à cauſe de la reſſemblance d'une même nature, que ces ſortes d'Actions contribueront à rendre heureux tous les Hommes, ou du moins s'accordent bien avec la Félicité de tous : Concluſions générales, qui ſont autant de Loix Naturelles. C'eſt ainſi qu'en obſervant la reſſemblance des Corps Humains, & après avoir éprouvé l'utilité des Alimens, des Boiſſons, du Sommeil, de l'Exercice, & de toute la matiére Médicinale, on a formé des Aphoriſmes généraux ſur le Régime de vivre, (b) & ſur la guériſon des Maladies; Aphoriſmes, dont l'uſage eſt pour tout Païs, quoi que bon nombre de Préceptes de Médecine ſoient variables, ſelon la diverſité des Terroirs & des Climats, autant que les Loix Civiles de divers Païs ſont différentes les unes des autres. Lors qu'enſuite, guidez par les Concluſions, dont j'ai parlé, nous pratiquons les Actions, dont elles nous ont prédit l'effet, & qu'en comparant celles-ci avec celles-là, nous trouvons qu'elles y ſont conformes; on ajoûte maintenant à la dénomination de *naturellement bonnes*, ſous laquelle ces ſortes d'Actions nous étoient auparavant connuës, la qualification de *moralement bonnes*, à cauſe de leur conformité avec les Concluſions, qu'on reconnoît pour Loix Naturelles.

J'ai déja dit (c) quelque choſe, ſur ce que les Actions, dont je traite, ſont ſuppoſées *poſſibles* dans ma Définition. Il n'eſt pas néceſſaire de s'étendre là-deſſus. On comprend aſſez, que l'Obligation d'agir ne ſauroit jamais aller au delà des bornes de la Faculté en laquelle elle réſide. Quelque vaſte champ qu'offre l'idée du *Bien Commun*, perſonne n'eſt tenu de travailler plus qu'il ne peut à le procurer.

Je me ſuis exprimé, en définiſſant les *Loix Naturelles*, d'une maniére qui n'indique que celles qu'on appelle (1) *Affirmatives*, ou qui preſcrivent quelque Action poſitive; parce que l'on peut aiſément inferer de là, ce que c'eſt que les *Loix Négatives*: outre que la Nature, qui n'eſt compoſée que de choſes poſitives, n'imprime dans nos Eſprits immédiatement que les Loix du prémier genre.

Les Actions, que ces Loix preſcrivent, comme *propres à avancer le Bien Commun*, doivent être telles par comparaiſon, c'eſt-à-dire, les meilleures de celles que nous pouvons concevoir (2) & faire dans les circonſtances propoſées. En un mot, (3) *il faut toûjours choiſir le meilleur.* Sur quoi néanmoins on

(b) *Aphoriſmi Diætetici, & Therapeutici.*

(c) Au § 3.

ple, & très-convenable à la penſée de l'Auteur. Pour ſavoir, en tel ou tel cas, quelle eſt *la meilleure Action à faire*, il faut deux choſes. 1. Qu'on puiſſe faire un juſte diſcernement entre pluſieurs Actions, dont les unes ſont moins propres, que les autres, à avancer le Bien Commun. 2. Et enſuite, que l'Action, qu'on a jugé être la plus propre, ſoit en nôtre pouvoir. Il eſt clair, que, ſi l'une ou l'autre de ces conditions manque, il n'y a pas moïen de pratiquer ce que la Loi Naturelle preſcrit, ſelon nôtre Auteur. Et voilà ce qu'il dit, ſuivant ma Traduction, qui ſuppoſe ſeulement le mot *ſunt* changé en *eſt*, & *dicere*, en *elicere*. Chacun voit, combien aiſément ces fautes ont pû ſe gliſſer. Je ne trouve rien là-deſſus, dans la collation, qui m'a été communiquée, de l'Exemplaire de l'Auteur, revû par le Docteur BENTLEY; quoi que ce grand Critique corrige, immédiatement après, pour la pureté du langage, deux mots, qui n'empêchent pas que le ſens ne ſoit aſſez clair.

(3) Δεῖ τὶ βέλτιστον. Nôtre Auteur exprime ainſi en Grec ſa penſée. Je m'imagine, qu'il a eu dans l'eſprit ce qu'il avoit lû dans

Ff   le

on doit remarquer, que ce qui eſt égal au meilleur, peut avec raiſon être dit le meilleur, c'eſt-à-dire, quand il ſe trouve, autant que nous pouvons l'appercevoir, qu'il eſt indifférent de quelle des deux manières nous agiſſions. En de tels cas, la Loi Naturelle nous donne, ou nous laiſſe, la liberté de prendre le parti qu'il nous plaît.

§ X. LES dernières paroles de ma Définition, renferment, comme je l'ai déja dit, la *Sanction* des *Loix Naturelles*, qui ſe découvre par le bonheur attaché à leur obſervation, & par le malheur qui ſuit leur violation; en quoi conſiſtent les *Récompenſes*, & les *Peines*, *ſuffiſantes*, *ſelon la nature des Etres Raiſonnables*, pour les porter à agir en vûë du Bien Commun, par la conſidération de leur propre *Félicité* qui en dépend, & de leur *Félicité entière*. J'entends ici par *entière*, la plus grande poſſible; parce que naturellement & néceſſairement chacun recherche, non quelque partie ſeulement de ſon Bonheur, mais tout le Bonheur qu'il croit pouvoir aquérir, ſelon la volonté de la Prémière Cauſe: déſir très-raiſonnable, & manifeſtement plus digne de nôtre nature, que le déſir de tout moindre Bien.

De là il s'enſuit, (ce qui eſt très-important pour l'obſervation de la *Juſtice Univerſelle*) Qu'on ne doit tenir pour *Loi Naturelle*, aucune Propoſition qui ſe borne à montrer, quelles Actions ſont capables de nous procurer les Plaiſirs du Corps, ou les Richeſſes, ou les Honneurs, ou toute autre petite partie de Bonheur qui n'eſt que pour un tems; mais ſeulement celles qui nous font prévoir certainement, de quelle manière nous pourrons aquérir la plus grande quantité de tous les Biens, ſur-tout des plus conſidérables, qui ſervent à rendre nos Ames perpétuellement heureuſes. Voilà pourquoi il eſt néceſſaire de délibérer & décider en ſon eſprit, ſur ce qu'il convient de faire, non dans quelque partie ſeulement de nôtre Vie, aujourdhui, par exemple, pour paſſer ce jour agréablement; mais dans toute la ſuite de nôtre Vie, pour agir d'une manière qui puiſſe toûjours, & dans toutes les circonſtances, contribuer à nôtre Bonheur. Car c'eſt la ſuite entière des Actions à faire pendant tout le cours de nôtre Vie, qui renferme, comme ſa cauſe, la Félicité entière qui eſt ou ſera en nôtre puiſſance. La plûpart des Crimes, auxquels les Méchans s'abandonnent, viennent de ce qu'ils ne ſe propoſent que des Joies Corporelles & prochaines, & qu'ils rapportent leurs Actions uniquement à ce but; ſans ſe mettre en peine des intérêts de l'Ame, ou de ce qui arrivera après une longue ſuite de pareilles Actions.

Quand

---

le *Manuel* d'EPICTETE: Καὶ πᾶν τὸ βίλτιον φαινόμενον ἴσω τοι νόμος ἀπαράβατος. ,,Faites-vous une loi inviolable, de ſuivre tout ,, ce qui vous paroîtra le meilleur. '' *Encbiride.* Cap. 75. (ou 48 *Edit. Meibom.*) On peut voir encore là-deſſus les Réfléxions de MARC ANTONIN, Lib. III. § 6. avec les Notes de GATAKER.

§ X. (1) Il y a ici dans l'Original: *Partem aliquam bonorum illorum quæ à voluntate Primæ Cauſæ quaſi in Communem Felicitatem*

collocata ſunt in creatione, in ordinaria conſervatione Mundi eodem actu conceſſam eſſe &c. Mais, comme je vois que Mr. le Docteur BENTLEY a auſſi corrigé ſur l'exemplaire de l'Auteur, les Imprimeurs, ou le Copiſte, avoient omis un *&*, après les mots *in creatione*; ce qui joint à l'omiſſion d'une virgule, change un peu la penſée. Et néanmoins le Traducteur Anglois ſuit le Texte, tel qu'il eſt.

§ XI. (1) OBLIGATIO eſt juris vinculum,

Quand je parle du Bonheur de *chacun*, je donne à entendre, que, de la totalité des Biens, qui, par la volonté de la Prémiére Caufe, ont été établis, dans la Création du Monde, & (1) dans le cours ordinaire de la Providence qui le conferve, pour fervir au Bonheur Commun du Genre Humain, une partie a été en même tems accordée & donnée à chaque Homme, & qu'ainfi la Raifon Humaine peut déterminer la mefure de la partie que chacun doit en avoir, felon la proportion qu'il y a entre chaque Particulier & tout le Corps des Agens Raifonnables: de même que le *Cœur*, par la circulation de toute la maffe du Sang, conferve en même tems la Vie de l'Animal, & diftribuë à chacun des Membres une nourriture bien proportionnée. Toute la différence qu'il y a, c'eft que les Membres du Corps reçoivent chacun leur portion fans aucune connoiffance; au lieu que chaque Homme, à l'aide de fa Raifon, jugeant de la proportion qu'il y a entre lui & le Corps entier dont il eft Membre, s'attribuë lui-même une partie des Biens, auffi grande qu'il peut prétendre fans préjudice du Tout.

§ XI. AVANT que de venir à traiter des diverfes efpéces d'Actions, qui font néceffaires pour le Bien Public, ou qui n'ont rien qui y répugne, je juge à propos de faire voir ici deux chofes: L'une, que tout ce qui eft effentiel à la *Loi* en général, eft renfermé dans ma Définition, ou peut du moins s'en déduire par des conféquences aifées à tirer: L'autre, qu'on y trouve auffi tout ce qui eft particulier à la *Loi Naturelle*.

Pour ce qui eft du prémier point, je me rappelle ici les paroles, citées ci-deffus, (a) du Jurifconfulte MODESTIN, qui dit, que *la vertu de la Loi confifte à commander, à défendre, à permettre, à punir*: il faut ajoûter, en matiére de quelques Loix, *à recompenfer*. Ces paroles renferment certainement l'idée, que quelques-uns expriment par les termes métaphoriques d'*obliger*, ou de faire qu'une chofe foit *duë*. JUSTINIEN, définit *l'Obligation*, (1) *un lien de Droit, qui nous engage néceffairement à nous aquitter de quelque Dette, felon les Loix de nôtre Etat.* Mais, pour ne pas dire, qu'il borne ainfi l'Obligation aux Loix de *fon Etat*, c'eft-à-dire, de l'*Empire Romain*; au lieu que, dans le DIGESTE, le Jurifconfulte PAPINIEN (2) reconnoît, avec beaucoup plus de raifon, une *Obligation Naturelle*, différente de la *Civile*, & qui n'a d'autre lien que celui de l'*Equité*; les termes métaphoriques, dans lefquels il a conçu la Définition de l'Empereur, la rendent obfcure; ces fortes de termes aiant d'ordinaire un fens ambigu. En effet, les mots de *lien*, & d'*engagement*, ne s'entendent pas plus aifément, que celui d'*Obligation*, qu'on veut définir. Mais, à confidérer la cho-

---

lum, quo neceffitate adftringimur alicujus folvendae rei , fecundum noftrae Civitatis jura. INSTITUT. Lib. III. Tit. XIV. *De Obligationib.* princip. JUSTINIEN, comme le remarquent les Interprètes, n'a voulu définir que l'*Obligation Civile*, & il n'exclut point pour cela l'*Obligation Naturelle*, reconnuë par les Jurifconfultes, dont les décifions lui donnérent peu-à-peu, en divers cas, certains effets de droit dans les Tribunaux Civils.

Au refte, quoi que cette Définition ne fe trouve nulle part dans le DIGESTE, il y a apparence qu'elle n'eft pas de la façon de TRIBONIEN, & qu'il l'avoit tirée de quelque ancien Jurifconfulte.

(2) *Quod vinculum aequitatis, quo folo fuftinebatur* [naturalis obligatio] *conventionis aequitate diffolvitur.* DIGEST. Lib. XLVI. Tit. III. *De Solution. & liberationib.* Leg. 95. § 4.

chofe même, il eft clair qu'on infinuë par-là, qu'il y a des Peines, & de plus des chofes dont on eft difpenfé, ou des Priviléges, attachez aux Loix par une Autorité Légiflative; & que les Hommes, en partie par l'efpérance du bien qui leur reviendra de l'obéïffance à fes Loix, en partie par la crainte du mal que la défobéïffance leur attirera, font determinez, ou du moins excitez en quelque maniére à agir felon que les Loix prefcrivent. Car il n'y a point d'autre néceffité, qui détermine la Volonté Humaine à agir, que celle de fuïr un Mal, ou de rechercher un Bien, autant que l'un & l'autre nous paroît tel. Je ne fâche perfonne qui ne reconnoiffe, que cette forte de néceffité, laquelle s'accorde avec le pouvoir le plus libre d'examiner la Bonté des chofes, eft effentielle à la Nature Humaine. Ainfi toute la force de l'*Obligation* confifte en ce que le Légiflateur a attaché à l'obfervation de fes Loix certains biens, & à leur violation certains maux, les uns & les autres naturels; dont la vuë eft capable de porter les Hommes à faire des actions conformes aux Loix, plûtôt que d'autres, qui leur font contraires. Or les Biens attachez à l'obfervation des Loix Naturelles, font ceux-là même qui forment le plus grand Bonheur de l'Homme, & par conféquent ce font les plus grands Biens: les Maux, au contraire, qui fuivent une conduite perpétuellement oppofée à ces Loix, font ceux qui produifent le comble du Malheur. La liaifon de ces Biens & de ces Maux avec les Actions Humaines, eft naturelle & néceffaire, c'eft-à-dire, qu'elle ne dépend pas abfolument de la volonté du Souverain. Dans tout Etat à la vérité quelque partie des Peines & des Récompenfes fe diftribuë felon la volonté de ceux qui le gouvernent. Mais, quand il n'y auroit point de Gouvernement Civil, ces Peines & ces Récompenfes fuivroient néceffairement, en partie de la nature même des Actions, en partie de ce qui proviendroit de la part des autres Hommes indépendans. Aujourdhui qu'il y a par-tout des Gouvernemens Civils établis, la néceffité très-connuë de conferver ce qui eft naturellement effentiel à toute Société Civile, détermine auffi tous les Souverains à punir & à récompenfer, quoi qu'avec quelque différence felon les lieux & les tems.

§ XII. MAIS, comme c'eft ici le principal point de la difpute, il faut faire voir plus diftinctement la liaifon qu'il y a entre les Actions de chaque Homme, dirigées pendant tout le cours de la Vie, autant qu'il eft poffible, à l'avancement du Bien Public, & le plus haut point de bonheur & de perfection, où il eft poffible à chacun d'atteindre. Cette liaifon eft ou *immédiate*, qui réfulte immédiatement de telles Actions; ou *médiate*, à l'égard des Biens qu'elles procurent de la part des autres Hommes, & de DIEU même.

Je traiterai d'abord de la prémiére forte de liaifon, parce qu'elle forme une récompenfe de la Vertu, inféparable de l'Action même, & plus aifée à démontrer, comme étant préfente; n'aiant nul befoin de cette grande variété de caufes d'où dépendent les récompenfes à venir; & par-là à l'abri de l'incertitude des événemens. Cette *liaifon immédiate* entre le plus grand bonheur interne qui eft au pouvoir de chacun, & les actions qu'on fait, qui contribuent le plus au Bien Commun de DIEU & des Hommes, confifte en ce que ce font ces actions mêmes, dont la pratique, & le fentiment intérieur qu'on en a,

Liaifon immédiate qu'il y a entre l'obfervation des Loix Naturelles, & le plus grand Bonheur, entant que l'on perfectionne par-là les Facultez de fon Ame.

conftíconſtituë la Félicité de chacûn, autant qu'elle dépend de lui. De telles Actions, conſidérées eſt égard à leur différence ſpécifique, qui les diſtingue des autres ſortes d'Actions par la diverſité de leurs objets, ou de leur matiére, & par leur effet externe le plus étendu; ſont qualifiées *Actions qui tendent au Bien Commun*. Mais, ſi on les enviſage comme l'exercice des plus grandes facultez de l'Agent, ou comme ſes plus grandes perfections, dont le ſentiment lui cauſe la plus grande tranquillité & la plus grande joie; elles ſont alors le plus grand bonheur qu'il puiſſe ſe procurer lui-même. Et il y a là une liaiſon ſemblable à celle que nous concevons entre les fonctions du Corps, tant naturelles, qui ſe rapportent à la nourriture & à la génération, qu'animales, duement faites les unes & les autres; & la Santé du Corps, ou l'intégrité de ſes forces.

Je ſuppoſe connu par l'étude de la Phyſique, ou par l'expérience, tout ce que je vais dire dans ce paragraphe, ſur les choſes qui conſtituent la perfection naturelle de nôtre Ame.

I. Cette perfection, en général, conſiſte en ce que les Facultez de nôtre Ame, ſavoir, l'*Entendement* & la *Volonté*, s'exercent ſur toute ſorte d'objets, mais principalement envers les Etres Raiſonnables, tels que ſont, Dieu & les *Hommes*. Ces Etres ont une nature ou tout-à-fait ſemblable, ou qui a quelque reſſemblance analogique avec l'Ame de chacun de nous: ainſi nous pouvons la connoître par nos propres actions, que nous ne ſaurions ignorer. De plus, un grand nombre d'actions de ces autres Etres nous intéreſſent & nous touchent de fort près: & ils peuvent, comme agiſſant ſelon la droite Raiſon, être portez par nos propres actions à concourir avec nous à nôtre félicité.

II. La perfection de l'*Entendement* en particulier demande 1. Que des idées particuliéres il forme par abſtraction quelques idées univerſelles; qu'il les compare avec d'autres; & qu'il obſerve quels attributs leur conviennent néceſſairement, pour les appliquer aux autres Individus de même eſpéce. Par exemple, après s'être connu ſoi-même, on doit ſéparer ce qu'on y voit de particulier, de ce qui a une liaiſon eſſentielle avec ſa Nature Raiſonnable ou Animale &c. Et ici, entr'autres choſes, il faut faire attention à certains panchans qu'on apperçoit dans tous les Hommes, qui les portent à chercher leur conſervation & leur perfection. 2. La perfection de l'Entendement demande enſuite, qu'il recherche, quelles ſont les Cauſes, dépendantes de nous en quelque maniére, qui ſervent à la production ou à la conſervation des choſes. 3. Que, ſur les cas ſemblables, il forme (1) un Jugement uniforme; & qu'après avoir bien jugé, il ne ſe démente jamais. 4. Que, des principes connus, il tire des concluſions, non ſeulement théorétiques, mais encore pratiques. 5. Qu'il ſuive l'ordre naturel, ſelon que la queſtion propoſée le demande, & qui eſt tantôt la *Méthode Analytique*, & tantôt la *Synthétique*.

Il faut rapporter au dernier chef la maxime connuë, Que quiconque veut agir ſagement, penſe à la Fin, avant que de délibérer ſur les Moiens; c'eſt-à-dire,

---

§ XII. (1) Voïez ci-deſſus, Chap. II § 7. & conférez ce que dit Pufendorf, *Dr. de la Nat. & des Gens*, Liv. II. Chap. IV. § 6. avec la Note 3. où j'ai auſſi rapporté un beau paſſage d'Iſocrate, dans lequel l'Orateur fait application de cette maxime.

dire, examine bien, autant qu'il peut, l'effet qu'il fe propofe, avant que de faire ufage des caufes qui doivent concourir à fa production. Par conféquent, on doit d'abord fe propofer une Fin générale pour tout le cours de la Vie, & puis fe difpofer aux Actions, qui, comme autant de moiens, ou de caufes, influeront fur toute nôtre conduite, & rendront nôtre vie plus heureufe, fi elles font conformes à ce que la Raifon nous prefcrit. L'ufage de cette obfervation paroîtra clairement par ce que nous dirons dans la fuite, où nous montrerons, Que toutes les Actions en général, & chacune en particulier, peuvent contribuer quelque chofe à rendre nôtre vie entiére la plus heureufe qu'il eft poffible; que même, felon qu'on les rapporte ou non à cette fin, elles ajoûtent quelque chofe au total de nôtre Félicité, ou en diminuent; & qu'ainfi la Raifon veut que nous y dirigions uniformément toutes nos Actions. On peut auffi tirer la même conclufion, en fuivant la (2) *Méthode Synthétique*, & envifageant le cours entier des Actions Volontaires. Ainfi on confidérera d'abord une Action Volontaire en général, par abftraction, & l'on trouvera que fon objet & fon effet, eft le *Bien*, conçû auffi le plus généralement, c'eft-à-dire, ce qui eft agréable & à l'Agent, & à tout autre. Voilà ce que l'on *veut*. Au contraire, on *ne veut pas* le *Mal*, quel qu'il foit, ni d'une feule perfonne, ni de plufieurs, ni oppofé à nôtre propre Bien, ou à celui des autres. Ces *volitions* & *nolitions*, felon le degré de Bien ou de Mal, & autres circonftances, prennent le nom de diverfes Paffions; d'un côté, elles font appellées, *Amour*, *Défir*, *Efpérance*, *Joie*; de l'autre, *Haine*, *Crainte*, *Averfion*, *Trifteffe*. On vient enfin à confiderer les Actions particuliéres, tant à faire pour le préfent, que celles qui fe feront vraifemblablement dans le tems à venir; & l'ordre qu'il doit y avoir entre ces Actions, afin qu'il fe forme de là, par une efpéce de progreffion Géométrique, le plus grand total des Biens que l'on peut fe procurer, ou dont on peut joûïr pendant tout le cours de la Vie, & c'eft ce qui s'appelle le *Bonheur de chacun*, ou fon plus grand Bien.

III. Pour ce qui eft de la *Volonté Humaine*, fa perfection naturelle demande, qu'elle fe conforme aux lumiéres de la Raifon la plus droite, tant à l'égard des choix qu'elle fait dans un état tranquille, & que l'on appelle *fimples Volitions* ou *Nolitions*; que dans ceux qui font accompagnez de ces mouvemens violens, que l'on appelle *Paffions*.

De ce que nous venons de dire, il paroît, que les actes contraires de nos Facultez Spirituelles, par exemple, donner fon confentement à des Propofitions contradictoires, dont une eft certainement fauffe; juger différemment de chofes femblables &c. font des imperfections, & des maladies de l'Ame: comme le Boitement, les mouvemens de Paralyfie, & les Convulfions en général, font des indices de quelque maladie du Corps.

§ XIII. Je ne veux pas m'arrêter à examiner avec foin cette queftion, fi la *Félicité Humaine* eft un affemblage des Actions les plus vigoureufes qui peuvent provenir de l'exercice de nos Facultez, ou fi c'eft plûtôt le fentiment le plus agréable

---

(2) Voilà qui fuppofe, que la méthode, dont l'Auteur vient de parler, eft la méthode *Analytique*.

§ XIII. (1) Ὅτι μὲν ᾖ ἰξ ἰφθὲι ἐπιλεγιμῶν ἡι ὑι᾽ιᾶῷ διάδεσιν τελευτώντων ἔχεται τὸ μακέμν &c. *De Confolat. ad Uxor.* Tom. II. Opp. pag.

ble que nous en avons, joint avec la tranquillité & la joie, en un mot, ce que quelques-uns appellent *Volupté*. Ces deux chofes font inféparables, & toutes deux néceffaires pour le Bonheur. Je dirai feulement, que le plus grand pouvoir que nous ayions pour nous rendre heureux, vient de nos Actions: & que nos Actions ne font fufceptibles d'autre accroiffement de perfection que de celui qui fe découvre dans leur vigueur interne, & dans l'excellence naturelle, de leur objet, ou de leur effet. Le Bien Commun de D I E U, & des *Hommes*, étant donc l'objet le plus excellent que nous puiffions nous propofer, & en même tems le plus grand & le plus excellent ouvrage que nous puiffions faire (car le Bonheur de chacun renferme fa perfection, ou fon état heureux, & le Bien commun réunit le Bonheur de tous) les actes les plus vigoureux que nous exercerons par rapport à un tel objet, & le fentiment intérieur que nous en aurons, nous rendront certainement heureux, plus que toute autre chofe qui dépend de nous. La plûpart des plus fages Philofophes ont fait confifter & le Bonheur de l'Ame Humaine, & fa Vertu dans les actes de l'une & l'autre de fes Facultez: opinion, que P L U T A R Q U E exprime ainfi en peu de mots: (1) *Le Bonheur dépend des raifonnemens juftes, qui aboutiffent à une conduite conftante & bien réglée.* Mais aucun de ces Philofophes n'explique comme il faut, quel eft l'objet & l'effet, auquel fe rapportent directement & pleinement tous ces actes d'où naît la Félicité. Car dire, comme on fait, qu'ils tendent à la Fin, ou au Bonheur, ce n'eft pas affez. Le Bonheur lui-même eft un compofé, des parties duquel nous jouïffons continuellement: ainfi s'il confifte, comme on le veut, dans l'action, dire que nous agiffons en vûë du Bonheur, c'eft dire que nous agiffons pour agir. Il ne fuffit pas non plus de pofer pour objet & pour effet des Actions par lefquelles nous nous rendons heureux, l'*honneur & la gloire de* D I E U. C'eft dire quelque chofe, mais c'eft ne dire qu'une partie de ce que fe propofent & de ce qu'effectuent ceux qui vivent bien & heureufement. À la vérité on peut, en un certain fens, déduire du foin d'avancer la Gloire de D I E U, la Connoiffance de nous-mêmes & des autres, auffi bien que la Charité & la Juftice envers les Hommes. Mais la connoiffance & l'amour de nous-mêmes, & des autres Hommes, renferment naturellement une perfection propre, dans la jouïffance de laquelle confifte une partie de la Félicité Humaine; & on peut connoître cette perfection, fans l'inferer de l'attachement à avancer la Gloire de D I E U. Bien plus: on vient, ce femble, à connoître & à aimer l'Homme, avant que nôtre Ame s'élève à la connoiffance & à l'amour de D I E U, dont l'exiftence, & la Bonté, qui le rend aimable, fe découvrent par fes œuvres, & fur-tout par la confidération de l'Homme, cette noble Créature.

Tenons donc pour certain, que l'objet direct & entier des actions qui contribuent principalement à nôtre Bonheur, c'eft D I E U, & les *Hommes*; & que l'effet de ces actions, c'eft ce qui leur eft agréable & bon. Certainement on ne fauroit concevoir un plus grand objet des Actions capables de nous rendre heureux,

---

pag. 611. A. *Edit Web.* Il y a ici, dans la Citation de nôtre Auteur, une faute d'impreffion, qui faute aux yeux: ἐξιται, pour ἐξιται. Le Traducteur Anglois l'a néanmoins copiée, & ne s'eft pas fans doute mis en peine de confulter l'Original.

reux, que celui qui renferme toutes chofes, & l'ordre qu'il y a entr'elles; ni s'en former une idée plus générale, plus parfaite, & plus agréable, que celle que préfentent les mots de *Bien Commun.* Car, outre que le *Bien* eft auffi étendu que l'*Etre*, & ainfi convient à tous les Individus, fur-tout aux Individus Raifonnables; il ne renferme pas feulement ce qui concerne les perfections internes & effentielles des chofes, mais encore tous les ornemens qui peuvent enfuite y être ajoûtez, foit qu'on les confidére chacune à part, ou dans toutes les rélations qu'elles ont les unes avec les autres. De plus, en matiére d'Actions Volontaires, dirigées par les Loix, on ne confidére les Etres, auxquels elles fe rapportent, que comme capables de procurer du bien, ou d'en recevoir. De là vient, que l'immenfe étenduë de cet objet de nos actions demande toute la vigueur des plus vaftes Facultez, fuffit pour l'exercer & l'occuper entiérement, & caufe à ces Facultez un plaifir perpétuel: car qu'y a-t il de plus agréable à chacun, que le Bien & le Bonheur? Il faut certainement être ftupide, pour ne pas prendre plus de plaifir à voir les Arbres, & les Herbes même, avec leurs fleurs & leur verdure, au Printems & en Eté, que pendant l'Hiver, où tout cela a difparu. Mais, quand on a l'idée d'une *Souveraine Félicité*, que l'obfervation des plus excellentes Loix peut procurer au Genre Humain, c'eft dépouiller entiérement la Nature Humaine, que de ne pas trouver un grand plaifir à contempler de fon efprit un tel objet, & à former quelque efpérance d'en voir la réalité. Qu'une perfonne qui a la Jauniffe, ne voie rien que teint de couleur jaune, on regarde cela comme un défaut de l'Oeil. Et on jugeroit de même, fi quelcun ne pouvoit voir que fa propre image, A plus forte raifon eft-ce une imperfection de l'Ame, & un malheur pour elle, fi elle ne penfe qu'à la confervation du Corps avec lequel elle eft unie, fans fe mettre en peine de tous les autres.

§ XIV. Il eft au moins certain, que la plûpart des Hommes, qui jouiffent d'une conftitution faine de leur Ame & de leur Corps, ont reçû de la Nature affez de forces, pour être capables de faire, fans fe caufer aucun préjudice, bien des chofes qui font fort utiles aux autres, mais dont l'omiffion ne feroit prefque d'aucun ufage à eux-mêmes; comme de montrer (1) le chemin à quelcun, de lui donner un bon confeil, pour la confervation de fa vie, ou de fa fanté &c. Si on ne pratique pas de telles chofes dans l'occafion, le pouvoir qu'on en avoit demeure inutile, ou ne fert qu'à couvrir d'un opprobre éternel celui qui ne veut pas en faire ufage. C'eft laiffer une Terre en friche, ou, après y avoir femé, laiffer gâter les grains faute de culture, d'où il auroit pû revenir du profit & de la louange au Propriétaire. Cela feul, que l'on *agit*, comme on fait fans doute quand on rend fervice à autrui, nous eft à nous-mêmes & plus fain, & plus agréable, que de demeurer dans une entiére inaction. Car, en exerçant nos Facultez, nous fentons de plus en plus que nous pouvons; fentiment accompagné par lui-même de plaifir: nous entretenons, & fouvent nous augmentons la vigueur de nos Facultez: nous fortifions les Habitudes, qui nous font

Plaifir, que l'on trouve naturellement dans l'exercice d'une Bienveillance Univerfelle.

§ XIV. (1) *Ex quo funt illa communia, non prohibere aqua profluente; Pati ab igne ignem capere, fi quis velit Confilium fidele deliberanti dare: quae funt iis utilia, qui accipiunt, danti non moleft*i &c. Cicer. De Offic. Lib. I. Cap. 16. Voïez, fur ces offices d'une utilité innocente,

Pu-

fortifions les Habitudes, qui nous font agir plus promptement; au lieu que, sans l'exercice, elles se perdent, & les Facultez mêmes s'engourdissent.

Il est clair encore, qu'aucune Action par rapport à autrui ne sauroit s'accorder avec celles qui sont véritablement nécessaires pour nôtre propre bien, à moins que les Maximes Pratiques, par lesquelles nous nous y déterminons, ne soient bien d'accord avec celles de la Droite Raison qui nous dirigent dans la recherche de nôtre Bonheur, c'est-à-dire, à moins qu'elles ne nous prescrivent de souhaitter aux autres les mêmes choses que nous souhaittons pour nous-mêmes. Car, quand il s'agit d'Etres que l'on juge nécessairement semblables, c'est-à-dire, tels qu'il n'y a dans leur nature aucune différence considérable à l'égard des effets qu'on peut esperer par rapport à l'ordre du Tout; il faut aussi nécessairement vouloir pour ces Etres des choses semblables. Autrement le Jugement de l'Entendement ne s'accorde point avec les choses, ou avec lui-même; ou bien la Volonté refuse de se conformer au Jugement: & l'un & l'autre est incompatible avec cette tranquillité intérieure, sans laquelle on ne sauroit être heureux. Ainsi les mêmes biens que nous jugeons devoir souhaitter pour nous-mêmes, nous devons les souhaitter aussi pour les autres, qui sont également soigneux de ne faire du mal à personne, ou de se rendre utiles à autrui; également libres, ou soûmis à quelque obligation &c. Et de tels Jugemens sont si essentiels à l'Entendement, que quiconque les suit, agit conformément à sa Nature intellectuelle. Or ce qui est conforme à la Nature, lui cause toûjours du plaisir. Ce que je viens de dire d'une égalité de Jugemens, n'empêche pourtant pas qu'il n'y ait entre les Hommes, qui sont membres d'une Famille, ou d'un Etat Civil, quelque inégalité, qui met les uns au dessus des autres, laquelle, dans les Familles, est fondée sur la Génération, & dans les Etats, sur les Conventions.

De plus, comme telle est la nature de nôtre Ame, que nous trouvons beaucoup de plaisir à avoir le plus grand succès qu'il est possible dans tout ce que nous entreprenons, & qu'il nous est très-désagréable de travailler en vain; par cette raison le soin de faire du bien à plusieurs contribuera plus à nôtre propre félicité, que si nous tâchions de leur nuire. Car il s'en trouvera un grand nombre qui recevront & favoriseront très-volontiers ces effets de nôtre bienveillance; au lieu que, s'ils voient que nous voulons leur faire du mal, ils s'y opposeront vigoureusement, de sorte que très-souvent nous n'y réussirons pas.

Entre les Biens, ceux qui sont nécessaires pour nôtre conservation, sont le plus distinctement connus & désirez de chacun, parce que la liaison qu'il y a entre les Causes nécessaires & leurs Effets est naturellement déterminée, & que c'est uniquement par les derniers qu'on peut connoître les premieres. Ainsi la recherche de ces Causes, & l'application à leurs Effets, sont très-agréables à l'Esprit Humain, qui souhaitte toûjours une certitude la plus parfaite. Ajoûtez à cela, que, pour travailler à la conservation & à la perfection de la Nature Humaine, il faut une plus grande connoissance de la nature des Choses en général, comme aussi plus de pénétration &
plus

PUFENDORF, Droit de la Nat. & des Gens, Liv. III. Chap. III. § 3,4. où l'on trouve bien d'autres exemples, & d'autres Citations de bons Auteurs.

plus d'induſtrie pour découvrir & mettre en uſage les moiens néceſſaires à cette
fin, qu'il n'en faut pour détruire & corrompre la même Nature. Car le dernier peut aiſément ſe faire par ſimple négligence, ou par pure ignorance ; & un
Homme très-foible, ou quelque autre Animal très-mépriſable, ont ſouvent aſſez
de force pour cela. Mais la recherche du Bien Public, (lequel renferme le Bien de
tous les Hommes, & par conſéquent le plus grand Bien) demande une très-grande
ſageſſe : la moindre folie eſt capable d'y nuire ou d'y mettre obſtacle en quelque
manière : Or je ſuppoſe, que la Sageſſe eſt plus naturelle & plus eſſentielle
à toute Nature Raiſonnable, que la Folie. Ainſi les actes internes de Volonté
& les efforts externes, qui tendent à l'entretien du Bien Commun, doivent auſſi
être naturellement plus parfaits, plus agréables, & plus convenables à la même Nature Raiſonnable ; à moins qu'une erreur du Jugement, ou quelque Habitude née
de là, & par conſéquent mauvaiſe, s'étant emparées de nôtre Ame, ne lui
faſſent trouver agréables des choſes contraires à la nature, comme les Hydro-
piques, ou ceux qui ont la Fièvre, prennent plaiſir à ſe gorger d'eau. Car il eſt
certain, que la perfection naturelle de la Volonté, ou de l'Ame, ou de l'Homme, conſiſte eſſentiellement à vouloir ce que l'Entendement le plus ſage, c'eſt-
à-dire, qui a les idées les plus parfaites du plus grand nombre des choſes &
des plus grandes, aura le mieux jugé être ſouverainement bon au plus grand
nombre & aux plus conſidérables des Etres. L'accord qu'il y a ainſi entre les
actes des Facultez d'un même Homme, dont les uns, ſavoir, ceux du Jugement droit de l'Entendement, ſont reconnus propres à perfectionner ſa nature ; montre évidemment une meilleure diſpoſition de l'Ame, que ſi cet homme différe de lui-même & ſe contredit, en n'y conformant pas les actes d'une
autre Faculté. Poſé donc une opération de l'Entendement la plus parfaite, qui
eſt telle, lors qu'il examine & compare enſemble avec ſoin le plus grand nombre d'objets, & les plus grands, pour ſe former l'idée du meilleur état & du
meilleur arrangement de l'Univers, où tous les Etres, & ſur-tout les Etres
Raiſonnables, ont enſemble la plus parfaite harmonie : poſé, dis-je, une telle
opération, la perfection de la Volonté ſe montrera néceſſairement dans l'approbation de ce Jugement. Ainſi, l'une & l'autre de ces Facultez concourant à la production de ces actes & (b) purement internes, & (b) accompagnez d'un effet exté-

(a) Actus im-
manentes.

(b) Actus tran-
ſeuntes.

rieur ; la détermination à faire ce qui eſt le meilleur pour le plus grand nombre
d'Etres, ſuivra auſſi-tôt. Or il eſt évident, (& la choſe n'a pas beſoin de preuve)
que telles ſont les Actions néceſſaires pour procurer le Bien Commun ; & qu'ainſi
ces perfections internes des Facultez de nôtre Ame y ſont renfermées, c'eſt-à-
dire, qu'il ne ſuffit pas qu'elles agiſſent, mais qu'il faut encore que l'action,
aiant le Bien pour objet, & le Bien des Etres les plus nobles, avec leſquels
nous avons le plus de liaiſon, & le plus grand Bien de tous enſemble, ſoit
produite avec un parfait accord de toutes nos Facultez, & dans l'ordre naturel.

Confirmation
de cette véri-
té par l'Expé-
rience.

§ XV. Ce que nous venons de dire, pour prouver que le bonheur de la
Volonté conſiſte dans une Bienveillance la plus étendue qu'il eſt poſſible ; ſe
confirme merveilleuſement bien par l'expérience, qui nous fait trouver un grand
plaiſir dans les actes d'Amour, d'Eſpérance, ou de Joie, non ſeulement dans
ceux qui ſe rapportent à nôtre propre Bien, mais encore dans ceux qui ſe rapportent au Bien d'autrui. Ces ſortes de ſentimens ſont des parties eſſentielles du

Bon-

Bonheur, & ont par eux-mêmes quelque chose d'agréable. Nous éprouvons tous les jours, que la vuë du Bonheur d'autrui est capable de les exciter en nous. Ainfi ôter à l'Homme les douceurs de l'Amour & de la Bienveillance envers les autres, & la Joie qu'il reſſent de leur Bonheur, c'eſt le dépouiller d'une grande partie de ſa propre Félicité. Les ſujets de joie, que nous pouvons avoir, eû égard à nôtre avantage ſeul, ſont très-bornez. Mais il y en aura une très-ample matiére, ſi nous avons à cœur la Félicité de tous les autres. La Joie produite par cette derniére vuë, aura la même proportion avec la prémiére, qu'il y a entre la Béatitude immenſe de DIEU, & de tout le Genre Humain, & la chétive poſſeſſion d'un Bonheur imaginaire, que les biens de la fortune peuvent procurer à un ſeul homme envieux & *malveillant*. Celui qui a dépouillé tout ſentiment de Bienveillance envers le Genre Humain, ne peut certainement avoir aucune Vertu, qui orne ſon ame. La haine même, & l'envie, dont eſt rémpli le cœur d'un homme qui ne penſe qu'à ſon propre intérêt, entraînent néceſſairement après ſoi le chagrin & la triſteſſe, la crainte & la ſolitude; toutes choſes entiérement contraires au bonheur de la Vie. Si nous confidérons en particulier chacune de nos Facultez, nous verrons que, quand nous ſommes parvenus à l'âge de maturité, elles aquiérent une vigueur & une fécondité, qui leur donne trop d'étenduë pour que leur exercice ſe borne à nous-mêmes. L'Entendement a de lui-même un fort panchant à examiner ce qui eſt utile aux autres hommes, auſſi bien que ce qui l'eſt à nous-mêmes. De là ont tiré leur origine toutes les Sciences, inventées par une grande application d'eſprit, & communiquées enſuite pour le Bien Public. Ces doux mouvemens de la Volonté, qui ont le Bien pour objet, je veux dire, l'Amour, le Déſir, & la Joie, dont l'exercice réglé par la Raiſon, eſt ce qui nous rend le plus heureux; ne ſe trouvent guéres dans un *Timon*, miſanthrope: ils ne ſauroient au moins s'étendre bien-loin, ni être fort agréables, ſi l'on ne cherche avec ſoin de procurer le Bien de pluſieurs. La Raiſon, commune à tous les Hommes, en même tems qu'elle nous preſcrit de travailler à nous rendre heureux autant qu'il eſt poſſible, nous ordonne auſſi de déployer toutes les forces de nos Ames, & de les exercer de concert dans le vaſte champ du Bien Public, afin que nous prenions enſuite innocemment nôtre part de ce que nous aurons contribué à la Félicité de tous les autres.

§ XVI, COMME, de ce que je viens d'établir, dépend une bonne partie de ce que je dirai dans la ſuite ſur le réglement des Mœurs, je vais ajoûter d'autres réflexions qui s'y rapportent. Il eſt certain, à confidérer la nature de la Volonté & des Actions Volontaires, que le ſoin de procurer le plus grand Bien eſt la plus grande Fin que la Raiſon nous preſcrive. Ce plus grand Bien eſt ou le plus grand Bien Commun, (à quoi je rapporte tout ce qui s'accorde avec ce Bien) ou le plus grand Bien qui paroît poſſible à chaque Particulier, en vuë de la fin que chacun ſe propoſe pour lui-même, c'eſt-à-dire, de rechercher les plus grands avantages qu'il peut ſouhaitter, & d'y rapporter toutes ſes actions. Car, pour ce qui regarde le Bien d'une Famille, ou d'un Etat Civil, ou l'on en fait ici abſtraction, ou, ſi l'on y penſe, il faut raiſonner à peu près de la même maniére, que ſur la recherche du Bien particulier de quelcun. La Raiſon ne permet pas d'établir pour derniére Fin, le

Que le Bien Particulier n'eſt pas la plus grande Fin, que la Raiſon preſcrive.

plus

plus grand Bien que chaque Particulier peut fouhaitter ou fe forger pour lui feul. Car une Bonne Action eft certainement celle qui méne tout droit, ou par le plus court chemin, à la Fin, qui eft véritablement la derniére. Pofé donc plufieurs derniéres Fins différentes, dont les caufes foient oppofées, il y aura auffi de l'oppofition entre les Actions véritablement Bonnes; ce qui eft impoffible. Par exemple, fi la droite Raifon enfeigne à *Titius*, que fon Bonheur poffible, & qu'il doit fe propofer pour fin, confifte à jouïr d'un plein droit de Propriété fur les Fonds de terre, dont *Séjus* & *Sempronius* font en poffeffion, fur leurs perfonnes, & fur les Terres & les Perfonnes de tous les autres; la même Raifon droite ne fauroit dicter à *Séjus* & à *Sempronius*, que leur propre Bonheur, qui fait également l'objet de leurs recherches, confifte à jouïr d'un plein droit de Propriété fur les Poffeffions & la Perfonne de *Titius*, & de tous les autres. Cela renfermeroit une contradiction manifefte, & ainfi il n'y a que l'une ou l'autre de ces maximes, qui puiffe être fuppofée véritable. Or on ne voit abfolument rien, qui donne lieu de croire, que le bonheur particulier de telle ou telle Perfonne doive être fa derniére fin, plûtôt que celui de toute autre ne doit l'être pour elle-même. D'où il s'enfuit, que la Raifon ne fuggére à perfonne, de fe propofer uniquement pour derniére Fin fon Bonheur particulier, mais qu'elle veut que chacun fe propofe pour lui-même un Bonheur joint avec celui de tous les autres. Et c'eft-là le *Bien Commun*, que nous foûtenons qu'il faut chercher. Ce bien feul eft l'unique *Fin* dont la recherche s'accorde avec le plus grand Bonheur poffible de chacun, & contribuë le plus à l'avancer. Il n'y a que cette Fin, à l'égard de laquelle le panchant de chacun à chercher fon propre bien, & la Raifon, qui demande qu'on penfe au Bien Public, s'accordent enfemble.

Il eft certainement effentiel à la perfection de la *Raifon Pratique*, ou de la Prudence (en quelque fujet qu'elle fe trouve) que, dans tout ce qui doit être dirigé par la Droite Raifon, on fe propofe une Fin unique, qui foit pour tous la mefure commune du Bien & du Mal, c'eft-à-dire, que tous les Etres Raifonnables aient en vuë un feul & même effet, dont les parties effentielles, & les caufes qui contribuent à le produire, à l'entretenir, & à le perfectionner, font ce que l'on appelle *Biens*, comme celles qui empêchent fa production, fa confervation, & fa perfection, font appellées *Maux*. Autrement, les noms de *Bien* & de *Mal*, ne feront que des mots vagues, entiérement équivoques, & qui auront une fignification différente au gré de chacun qui s'en fervira. Tout ce que l'un appellera *Bien*, parce qu'il fervira à fon avantage particulier, les autres, aux défirs defquels cela ne fera pas conforme, diront que c'eft un *Mal*; variation incompatible avec le but de la Parole, qui eft que l'on fe communique réciproquement fes connoiffances. Mais fi l'on applique les mots de *Bien* & de *Mal* aux chofes qui concernent l'intérêt commun du Genre Humain, ils ont alors un fens déterminé, & très-utile à tous les Hommes.

Ajoûtez à cela, qu'en fe propofant uniquement fon avantage particulier, & voulant forcer tous les autres Agens Raifonnables à y concourir, comme à leur dernière fin, qu'ils doivent feule chercher, on n'avancera rien, & on ne fera peut-être que fe perdre foi-même. Il eft manifeftement impoffible, que toutes les Chofes & toutes les Perfonnes foient réglées felon les volontez de

cha-

chaque Homme, contraires les unes aux autres. Car l'effet de la Volonté de chacun, par rapport aux chofes extérieures, eft une détermination de mouvement phyfique, telle qu'on le voit, par exemple, dans l'action d'un homme, qui prend ce qu'il fouhaitte, ou pour fe nourrir, ou pour fe vêtir, ou pour fon domeftique &c. Or les déterminations oppofées de Corps Naturels fe détruifent l'une l'autre. Car, fi un Corps, quel qu'il foit, fe mouvoit en même tems vers des termes oppofez, il feroit néceffairement en plufieurs lieux à la fois. Puis donc qu'il eft impoffible que chacun fe foûmette toutes les Chofes & toutes les Perfonnes, la Raifon, en propofant à chacun cette Fin qu'un feul pourroit obtenir, propoferoit mille & mille fois l'impoffible, & une feule fois ce qui eft poffible: d'où il eft aifé à chacun de juger, par un calcul très-facile, fi cette Raifon feroit droite ou erronée. Les autres Hommes ont auffi leurs Facultez naturelles & leurs défirs innocens, qu'ils chercheront à fatisfaire bon gré mal gré que nous en ayions. Ils ont leur propre Raifon, dont les lumiéres les dirigent à fe propofer quelque chofe de plus confidérable que le plaifir d'un feul homme; ils fe croiront très-bien fondez à les fuivre, & ils fe mettront aifément à couvert de l'infolence d'une ou de peu de Perfonnes. Il faut avoir perdu le fens, pour ne pas prévoir de telles fuites, & pour penfer à entreprendre une *Guerre contre tous*, afin d'effaier fi l'on pourra venir à bout par la force des armes, de s'approprier ce droit monftrueux qu'HOBBES voudroit établir. Il le définit lui-même (1) *un pouvoir d'agir felon la Droite Raifon*. Mais je foûtiens que la *Raifon Pratique* d'un Homme ne peut être qualifiée *droite*, que quand elle lui permet d'entreprendre des chofes poffibles, & qu'elle lui défend de s'attribuer à lui feul, fur tous & fur toutes chofes, un droit de Propriété, dont il fe promettroit en vain la jouïffance, ou qui lui feroit même pernicieux. Au lieu que quiconque s'attache à procurer le Bien Public, ne perd jamais fa peine. Lors même que ce qu'on peut faire ne regarde immédiatement que l'avantage d'une feule perfonne, on fe rend par-là fouvent utile à plufieurs; & quelquefois, lors qu'on n'attend d'autre fruit de fa bénéficence que la joie qu'on a de la profpérité d'autrui, on en recueille avec le tems une agréable moiffon.

De plus, le foin d'avancer le Bien Commun de tous les Etres Raifonnables, outre l'influence qu'il a fur cette perfection de nôtre Volonté qui confifte dans un Amour propre innocent, produit auffi quantité de pareilles & de belles actions envers nos femblables, & par-là achéve de former l'habitude de (a) l'*Amour du Genre Humain*, dont (b) l'*Amour Propre* n'eft qu'une partie. Or je fuppofe que chacun cherche fon propre bien, & que cette recherche fert à le perfectionner lui-même. Donc fi l'on agit de même envers les autres Etres (du nombre defquels eft DIEU, infiniment au-deffus de nous) on ajoûtera à cette perfection qui confifte à agir pour fon propre bien, une autre de même nature, je veux dire, la joie qu'on reffentira de l'accord qu'on verra entre fes propres actions. Car il eft plus agréable à nôtre Ame de remarquer une telle harmonie au dedans de nous & dans nos actions, que ne l'eft le plaifir qu'on trouve dans les confonances de Mufique, & dans la ftructure

(a) Φιλανθρω-πία.
(b) Φιλαυτία.

§ XVI. (1) *De Cive*, Cap. I. § 7. joint avec les § 10, 12. Voiez ci-deffus, *Chap.* I. § 28.

ture des Figures Géométriques. Juger pareillement de choses semblables, & être dans les mêmes dispositions à l'égard de choses semblables, sont également des perfections de l'Esprit Humain. Il implique contradiction de porter un jugement contraire de choses qui conviennent entr'elles; c'est une espéce de folie. On regarde cela comme une maladie de l'Ame, contre laquelle on a soin de se précautionner, en matiére de Jugemens sur des choses de pure spéculation. Le défaut n'est pas moins grand, ni moins palpable, en matiére de Jugemens qui concernent la pratique; & c'est ici également une pure contradiction, lors que, dans un cas tout semblable, selon qu'il s'agit de nous, par exemple, ou d'autrui, on prononce qu'il faut agir différemment, & l'on détermine sa Volonté sur ce pié-là. L'absurdité est d'autant plus grande, que chacun connoît très-bien sa propre nature, comme lui étant toûjours présente; & par-là celle des autres Hommes ne lui est pas moins connuë, pour ce qui regarde les qualitez essentielles, en quoi ils conviennent tous, & sur lesquelles le droit que nous avons aux moiens nécessaires pour la conservation de la Vie, & celui qu'y ont les autres, est également fondé. De sorte qu'un Homme, qui, en ce qui regarde le droit tout semblable d'un autre, juge autrement que quand il s'agit de son propre droit, se contredit lui-même sur une chose très-connuë, & dont l'idée se présente à tout moment. Contradiction, qui, plus que toute autre, choque le Bon-sens, trouble le repos de nôtre Ame, nous prive du contentement que nous pouvons avoir dans nos actions; au lieu que l'uniformité en matiére de pareilles choses cause une très-grande tranquillité.

§ XVII. UNE autre réflexion, qui se présente ici à faire, c'est que quiconque a jugé certaines Actions nécessaires pour son propre Bonheur, ne peut raisonnablement refuser de consentir que tout autre juge aussi que de semblables Actions ont la même influence sur le sien, & qu'en conséquence de ce jugement il se porte à les produire. Si donc on examine avec attention ce qui est renfermé dans les Propositions Pratiques qui déterminent chacun au soin de sa propre conservation, on y appercevra quelque chose qui prescrit ce soin aux autres, aussi bien qu'à nous; & cela nous détournera de nous opposer à ce que tout autre fait dans la même vuë. Posons, *qu'il est permis à la Nature Humaine d'*HOBBES, *de prendre pour soi ou de faire les choses qui sont propres à conserver ou perfectionner ses Facultez:* cette Proposition en renferme une autre indéfinie, comme antécedente de sa nature, & qui, par une suite nécessaire de l'identité des termes, devient universelle. *Il est permis à la Nature Humaine* (de chacun) *de prendre pour soi ou de faire les choses propres à conserver ou perfectionner ses Facultez.* Je demande à *Hobbes*, en vertu dequoi l'addition de son nom propre rendroit-il la prémiére Proposition une maxime évidente de la Raison, c'est-à-dire, une Loi Naturelle, plus que l'autre Proposition, qui affirme la même chose de tout autre Homme? S'il avouë, que chacun a également droit de faire tout ce qu'il lui plaît, comme il le dit (a) positivement dans son Traité *Du Citoien;* j'ai déja fait voir (b) ci-dessus le grand nombre d'absurditez qui naissent de là. Je me contenterai ici de dire qu'une application convenable de cette Loi générale à la nature de quelque Homme en particulier, comme d'*Hobbes*, ne sauroit ni directement, ni par une bonne conséquence, contredire une application semblable à tout autre. Le droit, ou la liber-

(a) Cap. I. § 10.

(b) Chap. I. § 27.

liberté, que chacun a, en vertu de quelle Loi que ce foit, ne peut s'étendre
jufqu'à donner la licence de s'oppofer à ce que les autres faffent ce que la même Loi leur prefcrit. Il eft même hors de doute, que le plaifir que chacun
trouvera à obferver une bonne Loi, le panchant à agir avec uniformité, &
le refpect pour le Légiflateur, difpoferont à aider les autres dans la pratique
de cette même Loi, autant qu'on le pourra fans fe caufer du préjudice à foi-
même; de forte que quiconque fera bien réflexion aux principes qui lui prefcrivent fa propre confervation, travaillera en même tems à avancer le Bien
Commun.

Finiffons cette matiére par un raifonnement en forme, qui fraiera auffi le
chemin à ce que nous dirons dans la fuite des *effets médiats* des actes de Bienveillance. Toute Action par laquelle nous fommes convaincus que nous a-
vons contribué, autant qu'il étoit en nôtre pouvoir, à nôtre propre Bonheur
& en même tems à celui des autres, nous caufe une très-agréable joie, & par
conféquent nous rend heureux: Les Actions, qui tendent au Bien Commun,
produifent cet effet: Donc elles nous rendent heureux. La Majeure n'a pas
befoin de preuve, puis qu'elle fe déduit de la définition même de nôtre Bonheur, autant qu'il dépend de nous. Il eft très-aifé de prouver la Mineure. Il
ne faut que confiderer, que telle eft la conftitution de la Nature Humaine,
que nous ne pouvons qu'avoir un fentiment intérieur de tout ce que nous faifons avec délibération; & je fuppofe que c'eft ainfi qu'agit toûjours un Homme fage, qui travaille à l'avancement du Bien Commun. Or cet homme, qui
fagement fe propofe de faire du bien à tous, ne fauroit négliger fon propre
bonheur, puis qu'il eft lui-même un de ceux qui font partie du Tout. La vuë
de cette fin le portera à conferver & augmenter toutes fes facultez & fes perfections, parce que ce font les moiens néceffaires pour y parvenir. Rien
même n'eft plus capable de lui procurer l'affiftance de Dieu, des Hommes,
& de toutes les caufes les plus efficaces, dans ce qu'il fait pour fe rendre heureux, & en même tems les autres. Car qu'eft-ce qui peut plus efficacement
engager Dieu, & les Hommes, à nous aider, qu'un défir & des efforts fin-
céres de faire des chofes agréables à tous? Certainement il n'y a rien de plus
grand dans nos Facultez, & ainfi Dieu & les Hommes ne fauroient attendre
de nous rien de plus grand. Enfin, il faut mettre au nombre des Récompenfes, naturellement & immédiatement attachées à la recherche du Bien Commun, le plaifir qui naît en plufieurs maniéres de l'exercice de toutes les Facultez & les inclinations, que nous avons montré au long (c) ci-deffus être effen- (c) *Chap.* II.
tielles à la Nature Humaine, & propres à cette fin principalement.

§ XVIII. Passons maintenant (1) aux bons effets, que nous avons à
attendre certainement de la part de Dieu, en exerçant la Bienveillance envers les Hommes pendant tout le cours de nôtre Vie, & à ceux que nous
pouvons nous promettre de la part des Hommes mêmes, beaucoup plus probablement, que fi, pendant toute nôtre Vie, nous nous arrogeons tout, &
nous

Effets avanta-
geux, que le
foin du Bien
Commun pro-
cure naturel-
lement, de la
part de Dieu,
& des Hom-
mes.

§ XVIII. (1) C'eft ici le fecond des deux
chefs indiquez ci-deffus, § 12. ou celui qui
concerne la *liaifon médiate* qu'il y a entre les

Actions qui tendent au *Bien Commun*, & nôtre
propre *Félicité*.

nous cherchons à nous approprier tout, par fraude ou par violence. Le fondement raisonnable de cette espérance paroît plus clairement, par la comparaison générale du train entier de la Vie, ainsi envisagé des deux côtez opposez, que si l'on se borne à comparer ensemble un petit nombre d'Actions. Et quand on délibére sur deux Actions contraires, dont il faut nécessairement faire l'une ou l'autre, sans qu'il y ait moien d'avoir d'une part ni d'autre une certitude démonstrative; il suffit de savoir, de quel côté on peut attendre beaucoup plus certainement un plus grand Bien, que de l'autre. Sur ce principe, SENE'QUE se plaint avec raison, qu' (2) *les Hommes ne pensent pas à se faire un plan de toute leur Vie* (c'est-à-dire, pour la régler uniformément) *mais se contentent de délibérer sur quelques parties de leur conduite.* S'ils veulent bien tenir la prémiére méthode, que ce Philosophe prescrit comme absolument nécessaire, ils ne pourront que voir très-évidemment, qu'un Homme, qui, n'aiant aucun égard aux droits de DIEU & de tous les autres Hommes, s'attribueroit toûjours à lui-même un droit sur tout, & se constitueroit lui seul le but de toutes ses Actions, se rendroit par-là odieux à DIEU & à tous les Hommes, & s'attireroit une ruïne certaine: Que, quiconque, au contraire, en aimant DIEU & lui obéïssant, en ne faisant du mal à personne & témoignant de la bienveillance à tous, cherche ainsi son propre Bonheur d'une maniére qui s'accorde avec celui d'autrui; agit plus prudemment, & peut avec beaucoup de raison se promettre un meilleur succès. Le jugement que nous portons de ce que les autres Hommes, dont nous cherchons à gagner les bonnes graces, feront ou ne feront pas, n'est à la vérité que probable; mais c'est la plus grande évidence que nous puissions avoir sur ces futurs contingens; & la nécessité d'agir, dans les affaires de la Vie, demande cependant, qu'en envisageant les Actions possibles des autres Hommes, on ne demeure pas toûjours en suspens, mais que l'on se détermine à préjuger que telles ou telles Actions seront produites, plûtôt que d'autres. Ainsi il est plus raisonnable d'agir d'une maniére, qui, selon la plus grande vraisemblance, tournera à l'avancement de nôtre Bonheur, que de prendre le parti ou de négliger, en ne faisant rien, toutes les occasions de nous procurer les services des autres Hommes, ou, en les attaquant de vive force ou par ruse, de remettre nos espérances aux hazards plus incertains de la Guerre. Entre les Futurs contingens, il y en a qui sont beaucoup plus vraisemblables que d'autres, & dont l'espérance est par conséquent de plus grand poids. La Raison, fondée sur l'Expérience, fait rechercher la différence qu'il y a entre la valeur de telle ou telle espérance, comparée avec une autre, & la déterminer exactement par un calcul Mathématique; comme l'a fait voir (3) HUYGENS, dans son Traité *des Calculs sur les Jeux de Hazard.* Cette même Raison droite nous prescrira de choisir, quand il n'y a pas moien de trouver une plus grande certitude, le chemin qui méne plus vraisemblablement à quelque partie du Bonheur qui peut nous revenir de l'assistance des autres Hommes.

De

(2) *Ideo peccamus, quia de partibus vitae omnes deliberamus, de tota nemo deliberat.* Epist. LXXI. vers le commencement.
(3) Voïez ci-dessus, Chap. IV. § 4. Not. 3.

(4) Nôtre Auteur a eû apparemment dans l'esprit une régle de Droit Civil, dont les Jurisconsultes Romains ont fait usage sur divers cas, & qui peut être rapportée au même fonde-

De ce que je viens de dire, on peut aussi conclure, que si, en agissant en-vers tous d'une manière à les obliger autant qu'il nous est possible, nous ne pouvons pas quelquefois aquérir les Biens extérieurs, qui servent ou aux né-cessitez ou aux commoditez de la Vie, il faut alors regarder ces Biens comme étant du nombre des choses (a) qui sont hors de nôtre pouvoir. Et c'est-là le fondement de cette régle du (4) Droit Naturel, *Que ce qu'il n'est pas permis de faire, doit être tenu pour impossible.* Il y a d'autant moins d'inconvénient à prescrire & à suivre cette maxime en de tels cas, qu'il est très-certain que, pourvû qu'on agisse constamment en vuë du Bien Commun, on met en sû-reté le principal point. Car nous ferons toûjours ainsi ce qui dépend de nous, & qui a le plus d'influence pour rendre nôtre Vie heureuse, comme je l'ai montré ci-dessus; & très-sûrement nous nous attirerons la faveur de Dieu, le Souverain Maître de l'Univers, ainsi que je le ferai voir dans la suite par des principes reconnus d'Hobbes & d'Epicure. L'Amour, & tout ce qui en est une suite naturelle, est ce que l'Homme peut faire de plus grand envers tous les Etres Raisonnables, dont Dieu est le Chef. Ainsi il est très-certain, par les lumiéres naturelles, que l'Homme ne peut être obligé à rien de plus, nul n'étant tenu à l'impossible: & par conséquent qu'on ne sau-roit exiger de lui raisonnablement rien de plus grand que l'Amour. Or qui-conque a reconnu, par la considération de la nature même des Choses, que Dieu est le Maître & le Conducteur Suprême de l'Univers, conviendra aussi, que ceux qui se sont aquittez de leur devoir envers Dieu & envers les Hommes, doivent s'attendre certainement à éprouver des effets singuliers de la faveur de cet Etre Souverain. Il n'est donc pas nécessaire de savoir dé-monstrativement, que les autres Hommes agiront avec nous d'une manière à nous témoigner leur bienveillance, leur reconnoissance, leur fidélité dans les Conventions, pour que nous soyions convaincus par la Raison, qu'en nous abste-nant de fraude & de violence, & nous montrant affectionnez & obligeans en-vers les autres, nous contribuerons en même tems à leur bonheur & au nôtre.

§ XIX. Voici en peu de mots le résultat de ce que je viens d'établir. L'obligation imposée à chaque Homme, de faire des Actions capables de con-tribuer au Bien Commun de tous; obligation, à quoi se réduisent toutes les Loix Naturelles; vient à être découverte par les mêmes voies, qui nous mé-nent à connoître, que Dieu, la Prémiére Cause de toutes choses, *veut* que les Hommes agissent ainsi, ou que, dans le Gouvernement ordinaire de ce Monde, il a disposé ou déterminé de telle maniére les Facultez de toutes cho-ses, que de telles Actions fussent récompensées; & les contraires, punies. Et il n'importe, que cette distribution se fasse d'abord, ou quelque tems après, pourvû que la distance du tems soit compensée par la grandeur des Peines & des Récompenses; & qu'on puisse prévoir l'événement avec assez de

cer-

(a) Τὰ ἐκ ἐφ' ἡμῖν.

Que Dieu *veut*, que les Hommes re-cherchent le *Bien Commun.* Preuve de cet-te vérité, ti-rée de la na-ture même des *Perfections* de Dieu.

---

dement; c'est que toute Action contraire à quelque Vertu, ou aux bonnes mœurs, doit être présumée impossible: *Nam quæ facta læ-dunt pietatem, existimationem, verecundiam no-stram, & ut generaliter diverba, contra bonos mores fiunt: nec facere nos posse credendum est.* Digest. Lib. XXVIII. Tit. VII. De condit. institut. Leg 15.

H h

certitude, pour que les raifons qu'on a de s'y attendre l'emportent manifeftement fur toutes celles qui pourroient nous faire foupçonner le contraire.

Or, en faifant ici abftraction de ce que nous apprend la Révélation notifiée par les Prophétes dans l'*Ecriture Sainte*; la volonté de DIEU fur ce fujet eft naturellement connuë, 1. Par ce que l'on fait des attributs de DIEU, felon l'ordre *Synthétique* d'une connoiffance diftincte, antécedemment à fa Volonté, qui exécutera infailliblement cette diftribution des Peines & des Récompenfes. 2. Par les effets, qui proviennent actuellement de fa Volonté déterminée auparavant à cela. Nous avons dit ci-deffus quelque chofe de la derniére méthode, & il nous en refte à dire davantage. Mais nous ne nous étendrons pas beaucoup fur la prémiére, parce que ceux contre qui nous difputons, ne nous accorderont prefque rien là-deffus, & qu'ainfi il faut que, felon la *Méthode Analytique*, nous déduifions tous les Attributs de DIEU des effets. Je juge néanmoins à propos de dire ici le peu qu'on va voir.

Il faut néceffairement concevoir le Créateur de l'Univers, comme doué de Raifon, de Sageffe, de Prudence, & de Conftance, au fuprême degré. Car ce font des perfections, dont nous fentons quelque partie en nous-mêmes, qui fommes fon ouvrage: & il eft impoffible qu'il y ait dans les Effets quelque perfection qui ne fe trouve pas dans la Caufe. Or ces perfections de DIEU précédent les actes de fa Volonté que nous cherchons à découvrir, & nous y conduifent. Nous connoiffons donc, qu'il y a en lui une telle volonté. Voici comment je prouve la Mineure. Le Jugement droit de la Raifon Pratique de l'Homme, & l'acte de fa Volonté qui en fuit, font néceffairement d'accord avec le Jugement de la Volonté de DIEU, à l'égard du même objet. Car le Jugement de l'un & de l'autre, par cela même qu'il eft droit, eft conforme à la même chofe; ainfi l'un ne peut être différent de l'autre. Or les chofes dont on juge, en matiére de Pratique, font ou la Fin, ou les Moiens néceffaires pour y parvenir; & ce que l'on décide, c'eft ce que l'on croit le meilleur, & à l'égard de la prémiére, & à l'égard des derniers. Si donc la Raifon d'un Homme, quel qu'il foit, a prononcé véritablement, que telle ou telle Fin eft la meilleure, c'eft-à-dire, renferme naturellement le plus de Bien, & que tels ou tels Moiens font les meilleurs pour y parvenir, DIEU en jugera de même. Eclairciffons ceci par un exemple. Un Homme juge, comme il faut, que le Bien Commun de tous ceux qui agiront conformément à la Droite Raifon, eft un plus grand Bien, que le Bien ou le Bonheur d'un feul Homme (ce qui eft la même chofe que s'il jugeoit, que le Tout eft plus grand qu'une de fes Parties) : il n'y a point de doute, que DIEU ne prononce auffi de même. Et c'eft tout un de dire, que le Bonheur de tous eft plus grand qu'un Bonheur femblable de quel nombre moindre que ce foit. Or un

' Bon-

§ XIX (1) Il ne faut que lire un Traité de PLUTARQUE, où ce Philofophe a pris à tâche de faire l'apologie de la Juftice de DIEU, contre l'objection tirée de la profpérité des Méchans dans cette Vie. Il dit là, que les mêmes raifons qui prouvent la Pro-vidence Divine, prouvent auffi l'Immortalité de nos Ames, & que l'une de ces Vérites ne peut fubfifter fans l'autre. Il eft donc, ajoûte-t'il, plus probable, que, l'Ame exiftant après fa mort, elle recevra alors les Récompenfes & les Peines convenables. Car elle
s'exer-

Bonheur plus grand que tout autre, eſt le plus grand. On ne juge pas non plus différemment, lors qu'on dit, que le plus grand Bonheur qui peut convenir à tous les Etres Raiſonnables pris enſemble, eſt la plus grande ou la derniére fin, que chacun de ces Etres peut ſe propoſer. Car une Fin poſſible n'eſt autre choſe, que le Bien, ou le Bonheur, que quelcun cherche, & auquel il peut parvenir. Ainſi il n'y a aucun lieu de douter, que Dieu ne s'accorde auſſi avec nous dans un tel Jugement. Il eſt lui-même du nombre des Etres Raiſonnables: on ne ſauroit concevoir qu'il agiſſe raiſonnablement, ſans ſe propoſer quelque Fin à lui-même; & il ne peut y avoir de plus grande Fin, que l'aſſemblage de tous les Biens: nous concluons donc néceſſairement, qu'il juge cette Fin la meilleure de celles qu'il peut ſe propoſer. Et comme il eſt ſouverainement parfait, on doit être aſſuré qu'il veut rechercher une Fin, qu'il a jugé la plus excellente, toutes circonſtances bien peſées. Il ne ſauroit y avoir aucune raiſon, pourquoi il s'arrêteroit à quelque choſe de moindre; or une Volonté ſouverainement parfaite ne peut agir ſans raiſon, beaucoup moins encore contre les lumiéres de la Raiſon. Et quoi qu'il n'y ait ici aucun lieu à *l'obligation* d'une *Loi*, proprement dite, qui vient de la volonté d'un Supérieur; la perfection eſſentielle & invariable de cet Etre Souverain le détermine infiniment mieux & plus conſtamment à ſuivre les lumiéres de ſon Intelligence infinie, à laquelle rien n'eſt caché. Car il implique contradiction, que la même Volonté ſoit divine, ou très-parfaite, & qu'elle ne s'accorde point avec les lumiéres d'un Entendement Divin. Or, poſé que Dieu ſe propoſe pour Fin le Bien Commun, il réſulte de là par une conſéquence aiſée à tirer, qu'il veut que les Hommes recherchent la même fin: & il eſt clair, que la diſtribution des Peines & des Récompenſes entre les Hommes, eſt un moien ſouverainement néceſſaire pour les engager le plus efficacement à concourir avec la volonté de Dieu, ou pour travailler volontiers à l'avancement de cette fin, & ſe garder de faire des actions qui lui ſoient contraires. Dieu veut donc, & décerner les Peines & les Récompenſes qu'il ſait être ſuffiſantes pour empêcher que les Hommes ne négligent une telle fin, & les leur diſtribuer actuellement, ſelon que les circonſtances le demandent. D'où l'on peut inferer, que ſi, dans cette Vie, il manque quelque choſe de ce qui eſt néceſſaire pour cette fin, Dieu y ſuppléera dans une Vie à venir. C'eſt la principale raiſon ſur laquelle les *Paiens* ſe ſont fondez, pour en tirer des préſages de l'état des Morts, heureux ou malheureux, ſelon que leur conduite dans ce Monde aura été bonne ou mauvaiſe. Il ſeroit aiſé de le prouver par leurs Ecrits, où chacun peut (1) voir ce qu'ils diſent là-deſſus.

§ XX. Il vaut mieux remarquer, que, de ce qui vient d'être établi tou- *Réflexions* chant *contre les Epicuriens, qui nient la Providence.*

---

s'exerce, dans cette Vie, comme un Athléte: & le Combat fini, cette diſtribution ſe fera ſelon ſon mérite. Εἰ δ' ἱεν (ἴεν) λέγει ὁ τῷ Θιῷ τὴ πρόνοια ἅμα καὶ τὴν διαμονὴ τῆς ἀνθρωπίνης ψυχῆς βιβαίων, καὶ θάτερον ἐκ ἱεν ἀπολιπεῖν, διαιρεῖται θάτερον. Ὅπερ εἰ τῇ ψυχῇ μιπὰ τὴν τιλευτὴν, μάλιϛ ἱπῆς ἐϛι καὶ γινὰς ἀποδιδόεται καὶ τιμωρίαι, ἀγωνίζεται γάρ ὥϛτε ἀθλητὴς κατὰ τὸν βίον, ὅταν δὲ διαγωνίζεται, τότε τυγχάνει τῶν προσηκόντων. De his qui ſero a Numine puniuntur, *pag.* 560, 561. *Tom.* II. Opp. *Edit.* Wech.

IIh 2

chant la Fin conforme au jugement & à la volonté de l'Intelligence Suprême, il s'enfuit, Qu'on peut démontrer, que la Bonté, la Juſtice, l'Equité, & les autres Attributs qui ont quelque analogie avec les Vertus des Hommes, ſe trouvent véritablement dans la nature de Dieu & dans ſes actions; & qu'ainſi il veut gouverner le Genre Humain par des Préceptes, ſoûtenus de Peines & de Récompenſes: ce qui renverſe de fond en comble l'opinion d'Epicure au ſujet de la Providence, qu'il nie abſolument. Car il eſt clair, & que tous ces Attributs demandent qu'il exerce un tel Gouvernement, & que ce Gouvernement, ou la Providence Divine, dont nous ſoûtenons la réalité, conſiſte uniquement, autant que l'exercice nous en eſt connu, à avancer le Bien Commun de tous les Etres Raiſonnables par les moiens les plus propres; comme il paroîtra encore mieux par ce que nous dirons en ſon lieu, ſur les Vertus, & ſur le Gouvernement Politique.

J'ajoûterai ſeulement ici, qu'en vain les *Epicuriens* attribuent à Dieu la *Béatitude* & la *Majeſté*, tant qu'ils ne reconnoiſſent point en lui la Sageſſe, la Prudence, la Juſtice, & en un mot toute ſorte de Vertu. Car toutes les Vertus ſont renfermées, comme dans leur ſource, dans la *Prudence*, qui dirige à rechercher la meilleure Fin par des Moiens convenables. *Epicure* (1) même l'a reconnu. Et les Vertus ne ſont toutes, de leur nature, qu'autant de *parties* (2) *intégrantes* de la *Juſtice Univerſelle*. Or il ne peut y avoir de Béatitude, ni de (3) Majeſté, dans un Etre Raiſonnable, ni même aucune dignité, s'il eſt deſtitué de Prudence, & de toute autre Vertu réglée par la Prudence. Il ne ſauroit y avoir de Prudence, ſi l'on ne ſe propoſe la meilleure Fin, & ſi l'on ne choiſit les Moiens les plus convenables. On ne peut avoir de tels Moiens, s'ils ne ſont fixes & déterminez de leur nature, c'eſt-à-dire, ſi rien n'eſt bon, avant qu'on le choiſiſſe, & ſi une Fin n'eſt pas meilleure que l'autre, ni un Moien plus propre que l'autre; ſi, par exemple, le Bien Public n'eſt pas plus grand, ou meilleur, que le Bien Particulier; & ſi l'Innocence, la Fidélité, la Reconnoiſſance &c. ne ſont pas des Moiens plus capables de procurer cette fin, que l'Inhumanité, la Perfidie, l'Ingratitude. Certainement la Puiſſance, quelque grande qu'on la conçoive, ſi on l'enviſage

com-

---

§ XX. (1) Ce Philoſophe dit, dans ſa *Lettre à Ménécée*, que le plus grand de tous les Biens eſt la *Prudence*, d'où naiſſent toutes les autres Vertus: Τούτων δὲ πάντων ἀρχὴ καὶ τὸ μέγιστον ἀγαθὸν, ἡ φρόνησις....Ἐξ ἧς αἱ λοιπαὶ πᾶσαι πεφύκασιν ἀρεταί. Diogen. Laert. Lib. X. § 132. On peut voir là-deſſus le Commentaire de Gassendi, *Philoſoph. Epicur.* Tom. III. pag. 1424, & ſeqq. Platon auſſi parle de la *Prudence*, comme renfermant toutes les Vertus, ou du moins en étant une partie: φρόνησιν ἤ̓γα φαμὴν ἀρετὴν εἶναι, ἤτοι ξύμπασαν, ἤ μέρος τι. In Menon. Tom. II. pag. 89. A. Edit. H. Steph. Ciceron, ſuivant ces idées, ſoûtient, qu'il n'y a point de Vertu, qui ſoit ſans la Prudence: *Nulla Virtus prudentia vacat.* Tuſcu-

lan. Diſputat. Lib. V. Cap. 5. Ajoûtons un autre paſſage de *Platon*, où ce Philoſophe dit, que le meilleur moien de reſſembler, autant qu'il eſt poſſible, à la Divinité, eſt d'être ſaint & juſte avec prudence: Ὁμοίωσις δὲ [Θεῷ κατὰ τὸ δυνατὸν] δίκαιον καὶ ὅσιον μετὰ φρονήσεως γενέσθαι. In Theaetet. pag. 176. A. Tom. I.

(2) *Partes intégrantes.* Terme de l'Ecole. On entend par-là les Parties réellement diſtinctes, mais qui ſont jointes enſemble, de manière qu'elles compoſent un ſeul Tout.

(3) Seneque dit, Que, ſans la Bonté, il n'y a point de Majeſté, ou de véritable Grandeur. Et il parle ainſi, à l'occaſion du Culte des Dieux, qu'il fait conſiſter, prémiérement, à croire qu'ils exiſtent; enſuite, à re-

comme féparée de la Sageffe & de la Juftice, ne renferme pas plus de Béatitude & de Majefté, que n'en a une Maffe de plomb d'un poids immenfe; car le *Poids* repréfente toute forte de Puiffance, comme le favent ceux qui entendent les Méchaniques. Ce raifonnement eft d'autant plus fort contre les *Epicuriens*, que, fi nous en croions GASSENDI, ou plûtôt *Velléjus*, qui défend les Dogmes des *Epicuriens* dans un Ouvrage de CICERON, ils reconnoiffoient que la Béatitude (4) des Dieux confifte en ce qu'ils fe réjouiffent de leur Sageffe & de leur Vertu. Sur quoi exerceront-ils cette Sageffe & cette Vertu, fi l'on ne convient qu'ils fe propofent le Bien Commun, comme la Fin fuprême, & qu'ils emploient les Moiens néceffaires pour y parvenir? Sans cela, on ne laiffe que les noms de Sageffe, de Vertu, de Divinité; il n'y a plus rien de réel.

§ XXI. A CET argument fondé fur les Attributs de DIEU, joignons-en un autre, tiré de l'idée de *Première Caufe*; idée, fous laquelle les Hommes viennent à connoître DIEU par la contemplation de fes Ouvrages. Elle renferme cette vérité, Que toutes les Créatures, fur-tout celles qui font Raifonnables, tiennent de la Volonté de DIEU leur exiftence, & par conféquent toutes les facultez effentielles à leur nature. Or il eft certain, que le Bien Commun des Hommes ne fignifie autre chofe que la confervation de leur nature, & l'état le plus vigoureux des facultez qui leur font effentielles. La droite Raifon de l'Homme jugera donc néceffairement, Qu'il eft beaucoup plus croiable, que la même Volonté invariable qui a donné aux Hommes l'être, aime mieux auffi qu'ils fubfiftent & en bon état; c'eft-à-dire, qu'ils fe confervent & qu'ils vivent heureux, autant que le permet la conftitution de tout le refte du Syftême de l'Univers, dont il eft auffi l'Auteur; que non pas qu'ils foient mis hors de cet état où elle les a placez, fans aucune véritable néceffité, laquelle ne peut venir que de quelque liaifon avec la confervation du Tout. Car je fuppofe, comme une vérité connuë par les principes de la bonne Phyfique, que les viciffitudes naturelles des chofes, leur naiffance & leur deftruction, font toûjours un effet des Loix du Mouvement, par lef-

(marginal note:) Autre preuve, tirée de ce que DIEU eft la Première Caufe.

---

reconnoître leur Majefté, & en même tems leur Bonté, qui en eft inféparable; enfin à leur attribuer une Providence. *Primus eft Deorum cultus, Deos credere: deinde, reddere illis majeftatem fuam, reddere bonitatem, fine qua nulla majeftas eft: Scire, illos effe qui præfident mundo, qui univerfa ri fua temperant, qui humani generis tutelam gerunt.* Epift. XCV. Voilà qui porte contre EPICURE, auquel Seneque objecte ailleurs, combien il fe contredifoit, en faifant femblant de rendre quelque Culte à une Divinité, telle qu'il fe la figuroit, à caufe de la grandeur & de l'excellence de fa nature: *Cur colis* [Deum Inermem &c.]? *Propter majeftatem, inquit, ejus eximiam, fingularemque naturam.* De Benefic. Lib. IV. Cap. 19. Volez auffi CICERON, *De Natur. Deor.* Lib. I. Cap. 41, 42.

(4) Il y a ici, dans l'Original, une faute d'impreffion, qui gâte le fens, & que je ne vois point corrigée dans la collation de l'exemplaire de l'Auteur; mais le Traducteur Anglois l'a bien apperçue: *beatitudinem EORUM* in hoc confiftere, au lieu de *beatitudinem DEORUM* &c. Voici le paffage, cité auffi par GASSENDI, *Philofoph. Epicur.* pag. 1293. *Et quærere a nobis, Balbe, foletis, quæ vita Deorum fit, quæque ab his degatur ætas. Ea videlicet, qua nihil beatius, nihil omnibus bonis affluentius cogitari poteft: nihil enim agit; nullis occupationibus eft implicatus: nulla opera molitur; fua fapientia & virtute gaudet: habet exploratum, fore fe femper, cùm in maximis, tum in æternis voluptatibus.* De Natur. Deor. Lib. I. Cap. 19.

lefquelles tout le Syftême du Monde eft entretenu. Il eft certainement de la même Bonté, de donner aux Hommes l'exiftence, & de faire enforte que, felon la conftitution de leur nature, qui leur a été affignée en même tems, ils foient confervez, & maintenus en bon état, autant que le permet la conftitution du Tout. Or l'Entendement des Hommes ne pouvant concevoir, ni leurs Facultez effectuer, rien de plus grand, par rapport aux Créatures, que ce qui regarde la confervation du Genre Humain, chacun doit néceffairement croire, que c'eft l'objet dont DIEU veut qu'ils faffent leur principale affaire. Et puis qu'il les a chargez de ce foin, il eft hors de doute qu'il récompenfera la fidélité & la diligence de ceux qui y auront vaqué comme il faut, & punira au contraire la perfidie ou la négligence des hutres. C'eft ainfi que, par fa volonté qu'il a euë de créer les Hommes, on connoît celle qu'il a de les conferver & les protéger: &, par celle-ci, l'obligation où nous fommes de concourir avec cette volonté connuë.

Nous

§ XXI. (1) Ici le Traducteur Anglois combat, dans une Note, le fentiment de ceux, qui, comme font, dit-il, quelques-uns, prétendent, *Que c'eft purement par un effet de Bonté envers nous, que DIEU veut que nous l'honorions.* Voici comment il réfute cette penfée.

„ DIEU confideré comme aiant l'Empire „ de l'Univers, eft néceffairement la Loi de „ la vraie Religion. Les Devoirs de la Re- „ ligion font fondez fur ce qu'il eft DIEU, „ & qu'ainfi, fuppofé nôtre exiftence, Il eft „ nôtre Souverain Seigneur. Ces Devoirs „ font fondez fur les droits de fa Divinité, „ droits finguliers, propres, incommunica- „ bles, inviolables, inaliénables, & effentiels „ à fa Nature Divine; de plus, fur la nature „ immuable du Bien & du Mal, fur la Re- „ connoiffance & la Juftice, fur l'intérêt de „ DIEU même, auffi bien que fur nôtre pro- „ pre intérêt. Une pieufe reconnoiffance de „ fes droits eft de l'intérêt de fon plaifir, „ de fon honneur, de fon fervice, de fon Ro- „ iaume & de fon Gouvernement, de fa Na- „ ture Divine. Si nous ne voulons pas recon- „ noître tout cela religieufement, fi nous nous „ y oppofons, c'eft lui faire le plus réel déplai- „ fir, la plus mortelle injure, c'eft lui refufer & „ lui enlever fes Sujets, & le fervice qu'ils lui „ doivent; c'eft faire la guerre à DIEU, le mé- „ prifer, le traiter indignement, le dépouiller „ de fa prééminence, de fes Attributs & de fes „ Perfections, le dépofer, le détrôner, & néan- „ tir fa Divinité. Il eft donc de l'intérêt de DIEU, „ que nous l'honorions. Un Roi, ou un Père, „ n'exigent pas que leurs Sujets ou leurs En- „ fans les honorent purement & fimplement „ pour leur propre avantage, mais auffi pour le „ Bien Public. Peut-on s'imaginer, que ce foit „ uniquement pour nôtre avantage qu'il nous „ défend de le méprifer, de le dépouiller de fa

„ Divinité, & de le faire menteur? Que fon „ honneur & fon intérêt font fubordonnez à „ nôtre propre avantage, & un fimple moien „ de le procurer? Car qu'eft-ce que l'Homme, „ en comparaifon de DIEU, la Créature en „ comparaifon du Créateur? Comme il eft in- „ téreffé à maintenir fon Honneur, & qu'il „ eft infiniment au deffus de nous, fon inté- „ rêt l'emporte auffi infiniment fur le nôtre. „ Cela eft conforme à l'ordre des deux grands „ Commandemens de la Loi, dont le premier „ demande que nous aimions DIEU par def- „ fus toutes chofes; & l'autre que nous aimions „ nôtre Prochain comme nous-mêmes, avec „ une jufte égalité. C'eft ainfi encore que, „ dans la Prière Dominicale, les trois derniè- „ res demandes font celles qui fe rapportent „ à nôtre propre avantage, le Pain quotidien, „ le Pardon des Péchez, & de n'être pas expo- „ fez à des tentations: au lieu que les trois „ précédentes, placées au premier rang, font: „ Que ton nom foit fanctifié, Que ton Règne vien- „ ne, Que ta volonté foit faite". MAXWELL.

Je ne fai, fi nôtre Commentateur a bien compris la penfée de ceux qu'il critique ici. Comme il ne cite perfonne, & qu'il fe contente de rapporter en un mot la thèfe, fans rien dire des raifons dont ces quelques uns fe font fervis pour la foûtenir; je ne faurois juger, fi celles qu'il y oppofe portent coup contr'eux. Mais il me femble qu'on peut entendre cette propofition dans un fens très-raifonnable, & qui ne renferme rien d'injurieux à l'Empire Souverain de la Divinité. Il ne s'agit pas de favoir, s'il y a, entre l'idée du Créateur & Conducteur de l'Univers, & l'obligation où font toutes fes Créatures de l'honorer, une relation naturelle & néceffaire, qui donne à DIEU le droit d'exiger que fes Créatures l'honorent, & qui rend le devoir de celles-ci indifpenfable. Quiconque fait raifonner juf-

Nous inférons à peu près de la même (1) maniére, Que Dieu veut être honoré des Hommes. Car c'eſt par un effet de ſa voſonté, que, dans la création &
la conſervation de ce Monde où nous habitons, il y a tant de marques de ſes
Perfections; & que les Hommes ſont faits de telle maniére, que, s'ils mettent
en uſage les forces de leur Entendement, ils ne peuvent qu'appercevoir de telles marques: il a donc voulu, que les Hommes fuſſent, quel il eſt, & qu'ils le
reconnuſſent pour tel. Or il a voulu auſſi que les Hommes fuſſent raiſonnables,
c'eſt-à-dire, d'accord avec eux-mêmes, & ſoigneux de ne ſe contredire en
rien: il veut donc, que leurs paroles & leurs actions répondent aux idées qu'ils
ont de ſes Perfections, & par conſéquent qu'ils le reſpectent & l'honorent.

§ XXII. La ſeconde maniére de connoître que Dieu veut que les Hommes
faſſent ce qui contribuë au Bien des Agens Raiſonnables, ou qu'il veut récompenſer ces ſortes d'Actions, & punir les contraires; c'eſt par les effets de cette

Autre preuve de la volonté de Dieu, ti- rée des Ré- compenſes & des peines, qui ſuivent na- turellement la recherche ou le mépris du Bien Com- mun.

juſte, en conviendra; & je ne ſaurois croire,
que ceux contre qui Mr. *Maxwell* diſpute, le
nient. Ils conviennent auſſi ſans doute, que
Dieu veut que ſes Créatures lui rendent
l'honneur qu'elles lui doivent. La queſtion
ſe réduit donc à ſavoir, ſi, quand Dieu exige cet honneur, il le fait pour ſon propre *intérêt*, ou en vûë de quelque *avantage* qui lui
en revienne à lui-même? Pour ſoûtenir l'affirmative, il faudroit ſuppoſer, que, ſans l'honneur qu'il reçoit de ſes Créatures, il lui man-
queroit quelque choſe, ou que cet honneur
ajoûte quelque choſe à ſa Béatitude. Or cela
eſt incompatible avec une juſte idée de la Nature Divine. Dieu eſt *ſuffiſant à lui-même*:
nos hommages ne ſauroient rien ajoûter à ſon
Bonheur infini, ni le refus de ces hommages,
en rien diminuer. Il eſt même au deſſus de
l'impreſſion de tout outrage. L'inſolence des
Hommes, qui *Cælum ipſum petunt ſtultitia*, eſt
auſſi vaine, qu'inſenſée: les traits n'en font
que retomber ſur eux-mêmes. Que s'il ne
peut diſpenſer les Hommes de l'honorer, il
ne s'enſuit point de-là, qu'il exige cet honneur, comme en aiant beſoin pour lui-même,
ce qui eſt renfermé dans l'idée de tout ce qu'un
Etre Intelligent fait pour ſon *intérêt*, proprement ainſi nommé. Mais la vraie raiſon eſt,
parce que Dieu ne ſauroit, ſans ſe contredire, autoriſer rien de contraire à ce qui ſuit
néceſſairement de la rélation qu'il y a entre
le Créateur, & des Créatures, à qui il a donné, avec l'être, une Raiſon, qui, s'ils la
conſultent bien, leur enſeigne, qu'elles doivent honorer cet Etre Souverain, auteur de
leur exiſtence & de toutes leurs Facultez. Puis
donc que, dans les actions, par leſquelles on
honore Dieu, conſidérées eû égard à l'avantage qui en revient, il n'y a ni ne peut y rien
avoir, qui, à proprement parler, le regarde
lui-même, ou qui ajoûte quelque choſe à l'état

ſouverainement parfait & ſouverainement heureux de ſa Nature; quel autre avantage peut il
ſe propoſer, en exigeant de telles actions, que
celui de ſes Créatures mêmes, qui l'honore-
ront? Il veut certainement le bien de ces
Créatures: toutes les Loix, qu'il leur preſcrit, tendent à les rendre heureuſes. Or pour-
roient-elles obſerver ces Loix, ſi elles n'en
reſpectoient pas l'Auteur? Voilà en quoi conſiſte *l'intérêt de ſon Gouvernement.* Ainſi c'eſt
principalement par un effet de Bonté, que
Dieu veut que les Hommes l'honorent. Et
ſon propre *intérêt* n'eſt pas pour cela *ſubordonné* à celui de ſes Créatures; puis que, dans
le ſens où il faut prendre ici le mot d'*intérêt*,
il n'y en a aucun. D'ailleurs, pour qu'il y
eût quelque *ſubordination*, il faudroit ſuppoſer, que l'avantage qu'il ſe propoſe pour elles, en exigeant qu'elles l'honorent, peut ſe
trouver quelquefois en oppoſition avec cet
honneur même qui lui eſt dû, & qu'alors le
devoir d'honorer Dieu dût céder à nôtre propre avantage; au lieu que ce devoir & cet a-
vantage ſont toûjours inſéparablement unis,
& parfaitement d'accord. La raiſon tirée de
ce que les Devoirs qui regardent Dieu directement, & dans leſquels eſt renfermé celui
de l'honorer, précèdent en ordre ceux qui ſe
rapportent directement à nôtre propre avantage; ne fait rien non plus ici. C'eſt nôtre avantage même demande, que nous obſervions a-
vant toutes choſes les prémiers Devoirs, parce qu'ils ſont le fondement des autres, & que,
ſans l'obſervation de ceux-là, on ne ſauroit
pratiquer ceux-ci comme il faut. Ainſi il ne
s'enſuit point de là, que Dieu, en exigeant
les Devoirs qui le regardent directement, ſe
propoſe pour lui-même quelque *avantage*, proprement ainſi nommé, plus que quand il exige ceux qui ſe rapportent directement à nôtre
propre avantage.

te même volonté, c'eft-à-dire, par les peines & les récompenfes, qui, en conféquence de la conftitution intrinféque de la Nature Humaine & de tout le Syftême de l'Univers, dont il eft l'auteur, accompagnent naturellement & ordinairement les Actions des Hommes, en forte qu'elles leur attifent du mal, ou leur procurent du bien, felon qu'elles font conformes ou oppofées au Bien Commun. Car, DIEU aiant établi cet ordre naturel d'où réfultent de telles fuites des Actions Humaines, & aiant mis les Hommes en état de les prévoir, ou de s'y attendre avec la plus grande probabilité; on ne fauroit douter qu'il ne veuille que les Hommes les envifagent, avant que de fe difpofer à agir, & qu'ils fe déterminent par ces fuites prévuës, comme par des motifs renfermez dans la Sanction des Loix qu'il leur preferit. Il faut rapporter ici, non feulement les Plaifirs intérieurs de l'Ame, qui accompagnent toutes les belles actions tendantes au Bien Public, & au contraire les terreurs & les inquiétudes, qui, comme autant de Furies, perfécutent ceux qui s'abandonnent au Vice: mais encore les punitions & les récompenfes externes, qui proviennent de la part des autres Etres Raifonnables, lefquels, en fuivant les lumiéres de la Droite Raifon fur la meilleure fin & les meilleurs moiens, travaillent à prévenir la ruïne du Genre Humain, & à avancer la Félicité commune. En effet, tous les Hommes qui jugent fainement du plus grand Bien, ou de la plus excellente Fin, & des Moiens néceffaires pour y parvenir, s'accordent à reconnoître, que le Bien Commun eft la plus grande fin que l'on puiffe fe propofer, & que les Récompenfes & les Peines font des moiens qui y contribuent. Ils font déterminez à ces jugemens pratiques par la nature même des chofes fur lefquelles ils jugent, dont les impreffions fur l'Entendement Humain font entiérement néceffaires & invincibles. Or les déterminations des Caufes néceffaires viennent toutes de la Prémiére Caufe. D'où il s'enfuit, que DIEU eft l'auteur des Maximes de la Droite Raifon, felon lefquelles tous les Hommes jugent que la diftribution des Peines & des Récompenfes eft néceffaire par rapport au Bien Commun, comme la meilleure fin. C'eft-à-dire, que cet Etre Souverain, par le moien de la nature des Chofes, détermine tous les Hommes, s'ils y font attention, à juger, d'un côté, que le Bien Commun eft la meilleure Fin, ou le plus grand Bien que l'on puiffe fe propofer, & fur quoi tous les Hommes puiffent naturellement être de même avis, comme renfermant le Bonheur particulier de chacun, autant que la nature des Chofes le permet; de l'autre, qu'il eft auffi néceffaire, comme un moien pour parvenir à cette fin, que chacun travaille, autant qu'il dépend de lui, à procurer la diftribution des Peines & des Récompenfes, par lefquelles on eft encouragé aux Actions conformes au Bien Commun, & détourné des contraires.

Ces Propofitions fur la plus excellente Fin, & fur les Moiens qui y tendent, ou fur le plus grand Bien & fes Caufes, autant qu'elles font au pouvoir des Hommes; renferment, comme autant de conclufions, toutes les Loix que nous appellons *Naturelles*. Ces Loix, auffi bien que les Propofitions d'où elles découlent, font donc imprimées dans les efprits des Hommes par la volonté de la Pré-

§ XXII. (1) La raifon en eft claire, c'eft qu'il y a de leur faute, de ce qu'ils font fi ftupides. DIEU leur a donné des Facultez fuffifantes pour connoître fa Volonté, dont les indices frappent les perfonnes les plus fimples, quand elles y font quelque

Prémiére Caufe; & D i e u a voulu par conféquent, que les Peines & les Ré-compenfes fuffent diftribuées, autant qu'il dépendroit des Hommes, felon ces maximes pratiques de la Raifon. Toute Peine & toute Récompenfe de cette na-ture, ainfi diftribuée, l'eft donc felon fa volonté, & elles font toutes des effets & des indices de cette volonté, qui étant une fois connuë, on ne fauroit igno-rer l'obligation des Hommes, qui en réfulte. Il eft clair encore que D i e u, toûjours d'accord avec lui-même, aiant voulu que les Hommes procuraffent & miffent en fûreté le Bien Commun, autant qu'il feroit en leur pouvoir, par des Peines & des Récompenfes, aura foin lui-même de le maintenir par fa puiffance, lors que les forces des Hommes ne feront pas fuffifantes pour cet effet.

J'ai jugé à propos de m'étendre fur cet argument, & d'y infifter dans tout mon Ouvrage, parce que j'efpére que nos Adverfaires, fi foigneux de leur pro-pre confervation, feront par-là plus difpofez à reconnoître la force d'une telle preuve; & parce que la nature des Chofes nous fournit là-deffus plufieurs indi-ces, qui méritent d'être approfondis. Je rapporte donc l'*Obligation Morale*, qui eft l'effet immédiat des Loix, à la Caufe prémiére & principale de ces Loix, c'eft-à-dire, à la volonté que D i e u a, d'avancer le Bien Commun, & dans cette vuë de donner aux Propofitions Pratiques qui y tendent, force de Loix, par les Peines & les Récompenfes qui y font attachées. Les Hommes fouhait-tent à la vérité d'être heureux, & ce défir fait qu'ils confidérent les Peines & les Récompenfes, & qu'ils y font fenfibles: mais ce n'eft nullement la caufe de l'Obligation, qui vient uniquement de la Loi & du Légiflateur; c'eft feu-lement une difpofition néceffaire dans tout Homme, pour que la Loi puiffe le porter, par la vuë des Peines & des Récompenfes, à s'aquitter actuellement de fon devoir. De même qu'entre les Corps, la contiguïté eft néceffaire pour la communication du Mouvement: mais la force motrice du Corps, qui en meut un autre, eft l'unique caufe pourquoi celui-ci eft mis en mouvement.

Il faut remarquer encore, que ceux-là même dont l'efprit eft fi ftupide, qu'ils ne font aucune attention à la Volonté de D i e u, & aux Peines qu'elle a attachées à la Loi, ne laiffent pas d'être (1) foûmis à l'Obligation. De plus, le foin de fe conferver & de fe perfectionner, qui eft naturel à l'Homme & inféparable de fa nature, comme auffi tout ce que les fecours de la Droite Raifon y ajoûtent, & que nous reconnoiffons tenir quelque place entre les motifs des Bonnes Ac-tions, quoi que ce ne foient pas des caufes de l'Obligation; tout cela vient uni-quement de D i e u: ainfi, quelque force qu'aient de tels motifs, ils ne dimi-nuënt rien de l'autorité de cet Etre Souverain, ni de l'honneur qu'on lui doit, & l'on ne fauroit fe difpenfer de les mettre ici dans le rang qui leur convient.

Le Bonheur particulier de chacun n'eft cependant qu'une très-petite partie du grand but qu'un Homme véritablement raifonnable fe propofe. Et en comparaifon de cette Fin entiére, ou du Bien Commun, avec lequel il eft mêlé par la Nature, ou par la volonté de D i e u, Auteur de la Nature, il a feulement la même proportion, qui fe trouve entre un Homme feul & le Corps de tous les Etres Raifonnables; pro-portion

que attention. Voiez ci-deffous, § 27. & Pu-fendorf, *Droit de la Nat. & des Gens*, Liv. I. Chap. III. § 3. avec ce que j'ai dit fur l'A-

brégé des *Devoirs de l'Homme & du Citoïen*, Liv. I. Chap. I. § 4. Note 2. des dernières E-ditions.

portion moindre, que celle d'un grain de fable, à toute la maffe des Corps dont le Monde matériel eft compofé. Car DIEU, entre lequel & les Hommes il n'y a nulle proportion, eft du nombre des Etres Raifonnables; & le foin du Bien Public demande toûjours qu'on penfe principalement à ce qui regarde l'honneur qu'on lui doit, & en même tems à la félicité de tous les Hommes, non feulement de ceux qui exiftent pour le préfent en quelque endroit que ce foit, mais encore de ceux qui naîtront dans tous les Siècles à venir.

§ XXIII. ENFIN, de peur qu'on ne s'imagine qu'en déduifant l'Obligation des Loix Naturelles de la volonté de la Prémiére Caufe, je fuppofe cette volonté arbitraire & muable; j'ajoûte ici, que l'exercice de la Bienveillance Univerfelle, & par conféquent de toutes les Vertus, en faifant même abftraction de l'autorité de DIEU, a, & aura, tant que la nature des chofes demeurera dans le même état qu'elle eft, le même rapport avec le Bonheur particulier de chaque Etre Raifonnable, & le Bien commun de tous, que toute Caufe Naturelle a avec fon Effet entiérement naturel, ou un Moien avec la Fin pour l'aquifition de laquelle il eft néceffaire. J'entens cela, comme quand on dit, Que *deux*, ajoûtez à *deux*, font néceffairement *quatre*; ou, Que la folution d'un Problême par quelque Pratique de Géométrie ou de Méchanique, eft néceffaire & immuable; en forte qu'on ne fauroit concevoir que ni la Sageffe, ni la Volonté de DIEU, puiffent rien établir de contraire. Cependant il eft certain, que toute Action Humaine, & tous fes effets, par conféquent les Pratiques même d'Arithmétique & de Géométrie, avec tous leurs effets, dépendent de la Volonté de la Prémiére Caufe, ou en tirent leur exiftence. Or tout ce que nous recherchons ici, c'eft l'exiftence des Loix Naturelles, & de leur Obligation, dont il faut certainement rapporter l'origine à la Volonté de la Prémiére Caufe. Et nous ne fuppofons ici d'autre Volonté, que celle par laquelle les forces, les actions, & les natures mêmes des Etres Raifonnables, exiftent; comme il paroîtra par la fuite. Ainfi, bien loin qu'on puiffe inferer de là, que l'Obligation des Loix Naturelles foit fufceptible de quelque changement, nous nous fommes au contraire attachez principalement à faire voir que fans un grand nombre de contradictions, il n'eft pas poffible que DIEU veuille que les Etres Raifonnables foient ce qu'ils font, & qu'en même tems il ne veuille pas qu'ils foient obligez à obferver les Loix Naturelles. Or c'eft le feul moien de prouver, que DIEU ne puiffe pas faire quelque chofe, puis qu'il peut tout ce qui n'implique pas contradiction. Que fi quelcun s'imagine, qu'il puiffe faire que deux Propofitions contradictoires foient vraies en même tems, on aura du moins autant de raifon de dire, qu'il peut être vrai que DIEU ne fauroit le faire; & ainfi la fuppofition fera inutile. Je crois donc, qu'au jugement de tous les Sages, il fuffit, pour établir l'immutabilité des Loix Naturelles, de montrer qu'elles ne peuvent être changées fans contradiction, tant que la Nature même des Chofes, & leur efficace actuelle, qui dépendent de

La *Volonté*, par laquelle DIEU impofe l'Obligation d'exercer une Bienveillance Univerfelle, n'eft point arbitraire, mais immuable.

§ XXIV. (1) Volez ci-deffus, *Chap.* I. § 27, & fuiv.

(2) C'eft ce que fuppofe fon grand principe, de l'état de Guerre où il prétend que les Hommes font naturellement les uns avec les autres, hors de toute Société Civile; & le portrait affreux qu'il en fait, dans le Traité *Du Citoyen*, Cap. I. Car tous les maux qu'en

de la Volonté de D I E U, demeurent fans changement. Or c'eft ce que je prouve fuffifamment, en faifant voir, & que la Félicité commune de tous provient
de l'efficace naturelle des actes d'une Bienveillance univerfelle, & que le Bonheur particulier de chacun eft naturellement inféparable du Bonheur de tous:
en partie, parce que le bon état de chaque Membre ne différe pas réellement
de celui du Tout; en partie, à caufe qu'en rendant fervice aux autres, nous
travaillons par-là en quelque maniére à nôtre propre avantage, & nous les portons, entant qu'en nous eft, à nous rendre la pareille. C'eft ainfi que les Actions utiles au Public portent naturellement avec elles leur récompenfe. Et les
Actions contraires entraînent auffi naturellement après foi la punition & la ruïne de leurs auteurs.

§ XXIV. J'ai détruit (1) ci-deffus le prétendu droit de toutes chofes, &
l'état de Guerre qui en réfulte naturellement, felon les principes d'Hobbes.
Prévalons-nous maintenant de ce que la force manifefte de la vérité lui a fait
accorder, (2) c'eft que la Guerre, & la deftruction de tous, eft une fuite de
la violation des Maximes de la Raifon, qui défendent à chacun de s'attribuer
un droit à toutes chofes, & qui lui ordonnent de tenir fes Conventions &c.
Maximes, dans l'obfervation defquelles confiftent toutes les Vertus. Je dis
donc, que ces maux de la Guerre font de véritables Peines, attachées à de tels
Crimes par la volonté du Suprême Conducteur de l'Univers, en conféquence
de l'ordre qu'il y a établi. Ces Peines font denoncées aux Hommes par la nature même des Chofes, & par conféquent par celui qui en eft l'auteur, puis qu'ils
peuvent les prévoir en confidérant cette nature; & par-là l'obligation de s'abftenir de telles actions fe découvre en même tems, c'eft-à-dire, la défenfe que
fait le Légiflateur d'agir de cette maniére: défenfe d'autant plus claire & plus
forte, qu'il paroît que l'action fera nuifible à d'autres, auffi bien qu'à celui qui
la commet.

Pour moi, je fuis perfuadé, que le Bien Commun fous lequel je comprends
la Gloire de D I E U, jointe avec le plus grand Bonheur du Genre Humain, eft
plus agréable que la Vie même, & lui doit toûjours être préféré. Par conféquent tout ce qui donne quelque atteinte à la Gloire de D I E U, ou qui nuit à
la plus grande perfection de nos Ames, me paroît un plus grand mal, que la
mort de qui que ce foit. De forte que je mets au rang des Peines, dont la violation des Loix Naturelles eft naturellement accompagnée, le dommage qu'elle
caufe au Transgreffeur, en ce qu'elle corrompt fes principales Facultez, qu'elle introduit dans fon Entendement la Folie, & l'Erreur, & qu'elle le porte à
faire un mauvais choix, en lui préfentant le Mal fous l'apparence du Bien.
Mais comme ces fortes d'idées demandent beaucoup de réflexion, & qu'ainfi
elles ne frappent pas fi fortement les efprits de ceux qui n'ont été occupez pendant quelque tems que du foin de la confervation de leur Corps, ou de fes Plaifirs; j'ai jugé à propos de leur mettre d'abord devant les yeux les maux externes, qui, de l'aveu même d'*Hobbes*, proviennent de la violation des Régles de
la

qu'entraîne une telle Guerre, viennent de ce
que chacun, felon nôtre Philofophe, n'a d'autre Loi que fon propre jugement, bon ou

mauvais, & le foin, bien ou mal entendu, de
fa propre confervation.

Ii 2

la Vertu, & en rendent la pratique (3) néceſſaire pour le bien de la Paix. Je montrerai ainſi par des exemples ſenſibles & fréquens, que ces maux, qui, par un effet de la conſtitution & de la deſtination naturelle des Cauſes, ſur-tout des Etres Raiſonnables, ſuivent les Actions contraires au Bien Public, rempliſſent toute l'idée d'une véritable Peine, & portent les caractéres d'une Loi établie par l'Auteur de la Nature, qui en punit ainſi la violation. Par cela même il paroître, que tous les Biens qui naiſſent de la paix & de la concorde, produi-tes par l'attachement à procurer le Bien Commun, ſont autant de Récompen-ſes, & montrent que DIEU a donné aux Préceptes (4) Affirmatifs des Vertus, force de Loi qui impoſe une vraie Obligation de s'y conformer. De là il ſera en-ſuite aiſé de découvrir, comment les biens ou les maux internes de nôtre Ame qu'elle prévoit devoir naître de ce que nous aurons fait ou négligé par rapport au Bien Commun, & le plaiſir ou le chagrin que nous cauſera la vuë du bonheur ou du malheur des autres, nous montrent à quelles ſortes d'actions nous ſommes obligez. Ainſi, de degré en degré, on s'élevera enfin à avoir quelque goût de cet-te joie, la plus délicieuſe du monde, que l'on ſent quand on penſe que les lumié-res de nôtre Entendement ſur les Principes de Pratique ſont conformes aux idées & à la volonté d'un DIEU, dont la Bienveillance eſt infinie; & à comprendre en même tems le vif chagrin que cauſe l'oppoſition manifeſte de nos penſées & de nos affections aux vuës & aux diſpoſitions de cet Etre Souverain dans le Gouvernement des Hommes, où il les découvre ſi clairement. C'eſt dans un tel chagrin, que conſiſte le plus haut point de nôtre miſére, comme la joie op-poſée eſt le ſouverain degré de nôtre bonheur. Ainſi je ſoûtiens, que les Ma-ximes de la Raiſon tirent de là principalement la vertu qu'elles ont d'obliger. Et toute la force, toute l'efficace de ces Loix venant de la volonté de DIEU, par laquelle il a attaché de ſi grandes Récompenſes à leur obſervation, & de ſi grandes Peines à leur violation; pourquoi refuſeroit-on de les appeller *Loix Na-turelles?* Mais il faut commencer par ce qu'il y a ici de ſenſible, & dont ceux, contre qui je diſpute, tombent d'accord.

Que les maux qu'on s'attire de la part des Hommes en troublant la Paix du Genre Humain ſont de véritables Peines, éta-blies par le Souverain Lé-giſlateur des Hommes.

§ XXV. IL eſt évident, par la conſidération ſeule des *termes,* comme par-lent les Logiciens, c'eſt-à-dire, des termes bien entendus; Que la Guerre, ou de moins cruelles inimitiez, de tous contre tous, attirent ſur le Genre Humain un ſi grand déluge de maux que la conſervation de chacun en particulier de-mande néceſſairement qu'il cherche la Paix. Et les moiens néceſſaires pour ob-tenir cette Paix, ſont, de laiſſer aux autres ce dont ils ont beſoin, de tenir les Conventions qu'on a faites avec eux, de ſe rendre agréable & commode en-vers chacun, & de pratiquer les autres Vertus, qui, conſidérées avec atten-tion, tendent toutes au Bien Commun. HOBBES convient de ces véritez, & dans ſon Traité (a) *Du Citoien,* & dans ſon (b) *Léviathan:* mais il les déduit uni-quement du ſoin que chacun a de ſe conſerver ſoi-même; il ne reconnoît point

de

(a) *Cap.* I. § 15. *Cap.* II. § 3. *Cap.* III. § 1, & ſeqt.
(b) *Cap.* XIV. & XV.

(3) HOBBES déduit toutes les Loix Natu-relles, de ce que la *Raiſon,* qu'il reconnoît être une *Loi Naturelle,* dicte qu'on doit re-noncer au prétendu droit de chacun ſur tou-tes choſes, pour avoir la Paix, que cette mê-me Raiſon veut que l'on cherche, DE CIVE,

Capp. II. & III. Mais il ôte enſuite toute for-ce à ces Loix dans l'Etat de Nature, en ſup-poſant toûjours que le *droit à toutes choſes,* ou le *droit de Guerre,* ſubſiſte, juſqu'à ce qu'on ſoit entré dans une Société Civile, *Ibid.* Cap. V. § 1, 2.

de Bien Commun, du moins avant l'établissement des Sociétez Civiles. Cependant il insiste beaucoup sur ce qu'une Guerre contre tous, dans laquelle on n'auroit aucune espérance de pouvoir se conserver, suivroit des Actions par lesquelles chacun s'attribuë un droit contre tous & à toutes choses, parce que de telles Actions sont manifestement contraires aux moiens de procurer la Paix, ou à tout ce que l'on appelle *Vertu*. Il est très-certain, qu'en quelque état que les Hommes soient, la nécessité de leur propre conservation les porte à combattre & à punir tous ceux qui veulent injustement leur ôter la vie, ou les dépouiller des droits qui renferment les moiens nécessaires pour la conserver. Mais par cela même que la Droite Raison ordonne de faire souffrir ces maux aux Offenseurs, pour des Actions nuisibles au Genre Humain, ce sont de véritables Peines; & les Propositions Pratiques, qui nous enseignent, (1) Qu'il est nécessaire pour le bien de la Paix, de faire aux autres ce que nous voudrions qui nous fût fait à nous-mêmes; renferment une telle Peine, comme attachée à leur violation par l'Auteur de la Nature Raisonnable; d'où il paroît, qu'on ne doit pas les regarder simplement comme ces sortes de Propositions Pratiques, qui enseignent la construction de certains Problêmes Mathématiques, desquelles chacun peut impunément négliger l'observation, mais comme aiant pleine force de Loix proprement ainsi nommées, & qui par elles-mêmes exigent nôtre obéïssance.

Ici, comme en matiére de Loix Civiles, l'Obligation qu'impose la Loi, se découvre par les Peines & les Récompenses que le Législateur y attache. Le droit d'établir ainsi les Loix Naturelles, est fondé sur l'Autorité Naturelle de DIEU, qui rend toutes ses Créatures soûmises à son Empire. Mais la vraie & intrinséque bonté de ces Loix; se connoît par la liaison naturelle & nécessaire des Actions qu'elles prescrivent, avec la conservation ou l'avancement du Bien Commun: de même à peu près que le droit d'établir des Loix Civiles, accompagnées d'une sanction, vient de l'autorité du Souverain; & leur bonté, de la convenance de ce qu'elles prescrivent avec ce que demande le bien de l'Etat. Prenons, par exemple, cette Proposition générale, que nous avons posée pour fondement; *Il faut exercer une Bienveillance universelle envers tous les Etres Raisonnables, comme le seul moien par lequel chacun peut se rendre heureux.* Je dis, que les Hommes sont naturellement obligez à la pratique d'une telle Bienveillance, parce que le Souverain Maître du Genre Humain leur fait connoître par des moiens naturels, & qu'il est lui-même naturellement porté à procurer la Félicité commune, & qu'en réglant l'ordre de la Nature, il a disposé de telle maniére les Causes, sur-tout celles qui sont douées de Raison, que quiconque s'attache à avancer le Bien Commun, travaille ainsi le plus efficacement à mettre dans ses intérêts les autres qui peuvent contribuer à sa Félicité; au lieu que, s'il agit autrement, il soûléve par-là contre lui ceux qui sont en état de lui nuire & de le perdre. Dans le prémier cas, les secours qu'on a lieu d'atten-

---

(4) C'est-à-dire, à ceux qui ordonnent de faire positivement telle ou telle chose par opposition aux *Préceptes Négatifs*, qui défendent telle ou telle chose, & qui demandent ainsi que l'on s'abstienne d'agir.

§ XXV (1) C'est la Régle générale,

qu'Hobbes donne lui-même, comme celle par où tous les Hommes, Savans ou Ignorans, peuvent d'abord juger, si ce que l'on veut faire sera contraire, ou non, à la Loi Naturelle: *De Cive*, Cap. III. § 26.

tendre, font une Récompenfe naturelle ; & dans l'autre, ce que l'on a à craindre, eft une Peine de même genre. Bien des gens s'inftruifent des Loix Civiles, non par des Ecrits publiez, ni par une déclaration des Légiflateurs faite de vive voix, mais par les lumiéres que leur propre Raifon leur fournit fur la nature des caufes propres à entretenir ou avancer le Bien Public, & en faifant attention aux chofes qu'ils voient publiquement réputées honnêtes, ou permifes, ou puniffables. De même, quand il s'agit du Roiaume de D I E U, compofé de tous les Etres Raifonnables, on vient à connoître fes Loix en confidérant avec foin, quelles chofes font néceffaires pour le Bonheur de tous les Sujets de ce vafte Etat, & pour la gloire de celui qui en eft le Souverain ; & en obfervant combien les Hommes font portez naturellement & néceffaire-ment à punir ceux qui font quelque chofe de contraire. On ne fauroit dou-ter, que la Prémiére Caufe n'ait établi cette Peine, qu'une Raifon Droite or-donne d'infliger, puis que la Raifon eft ici entiérement déterminée par la na-ture des Chofes bien confidérée, & par conféquent par le Créateur de toutes chofes, qui eft D I E U. Il faut raifonner de même en matiére des Actions ; que la Droite Raifon des Hommes juge dignes de récompenfe, comme con-tribuant quelque chofe au Bien Commun. D I E U autorife auffi à récompen-fer de telles Actions, & il veut donner force de Loi aux Maximes de la Rai-fon fur ce fujet, par cela même qu'il les diftingue honorablement des autres Propofitions Pratiques, quoi que vraies, en ce qu'il n'a attaché à celles-ci au-cunes Peines ni aucunes Récompenfes.

On peut inferer de là clairement, par une raifon femblable, que, fi D I E U enfeigne aux Hommes à juger néceffaire pour le Bien Commun de tous, & pour celui de chacun en particulier, qu'ils puniffent, autant que cela eft en leur pouvoir, les Actions qui troublent la paix, quand elles font venuës à leur connoiffance ; il juge non feulement comme eux, & il veut qu'ils agiffent fe-lon ce qu'ils ont jugé de telles Actions, mais encore il porte le même Juge-ment d'autres Actions, également nuifibles, qui fe dérobent à la connoiffance des Hommes, ou dont la punition eft au-deffus de leurs forces. Car il eft très-certain, que tout Jugement droit, & à plus forte raifon celui de D I E U, eft toûjours uniforme en matiére de chofes femblables, & qu'aucune Action, quelque fecrétement qu'elle foit commife, ne fauroit être cachée à cet Etre, dont l'Intelligence eft infinie. Il n'y a d'ailleurs rien qui l'empêche de prononc-cer fur ces fortes d'Actions ; au lieu que les Hommes font très-fouvent dans la néceffité de s'en abftenir, crainte que, par un jugement téméraire, ils ne faffent du tort à des Innocens. Ce raifonnement eft d'une évidence, qui fe fait fentir à tous les Hommes. D'où vient qu'ils ne peuvent s'empêcher de penfer en eux-mêmes, Que D I E U a décerné des Peines pour leurs Crimes les plus fecrets, & qu'il vengera les injures faites à des Innocens, que leur foibleffe a mis hors d'état de s'en garantir. On ne voit aucune raifon de dou-ter, que cet Etre Suprême veuille rechercher le Bien Commun, comme une Fin, qui renferme en même tems fa propre gloire & la Félicité de tous les Etres Raifonnables. Car il ne fauroit y avoir de plus grande Fin : & celui qui juge droitement, ne peut en regarder une moindre comme la plus grande.

Ain-

Ainfi les remords de la *Confcience*, & le fentiment de l'*Obligation*, tirent leur origine de l'Autorité Suprême de D i e u.

§ XXVI. M a i s revenons aux Peines infligées par les Hommes en vûë de punir la violation de ce qui eſt néceſſaire pour l'entretien de la Paix: car il nous reſte bien des chofes à dire, pour expliquer l'*Obligation* que nous avons dit qui fe découvre par-là.

Que la crainte de ces fortes de Peines eſt un motif fuffi-fant à ne pas s'y expoſer, quoi qu'on puiſſe quel-quefois s'en garantir.

Quoi que de tels Crimes demeurent quelquefois impunis de la part des Hommes, il eſt vrai néanmoins de dire, que les Hommes font déterminez par leur nature & par la Droite Raiſon à les punir, autant qu'il eſt en leur pouvoir, de forte que c'eſt feulement par accident que les Méchans échappent quelque-fois au danger qu'ils ont couru de ce côté-là: de même qu'en matiére d'au-tres fujets, ce que nous faifons, ou que nous laiſſons faire, par un effet de nôtre ignorance ou de nôtre foibleſſe naturelle, eſt attribué au hazard, plûtôt qu'à la Nature Humaine, & mis par les Sages au rang des chofes qui arri-vent rarement. Or la Droite Raiſon, qui nous enfeigne les Régles des Mœurs, ne confeille jamais à perfonne de fe flatter qu'il fe trouvera dans ces fortes de cas rares, & d'y chercher les moiens de fe rendre heureux. Elle nous fera toûjours au contraire regarder l'attachement à faire du bien, comme la voie la plus fûre pour parvenir à cette fin, & comme une conduite, qui, par cela feul, eſt fouverainement agréable à D i e u & en même tems con-forme aux défirs de nôtre propre nature; puis qu'en agiſſant ainfi, on n'a à craindre, ni les Peines établies par la volonté de D i e u, à l'abri defquelles toute la force des Hommes, toute leur adreſſe à fe cacher, ne fauroit les met-tre, ni celles auxquelles ils doivent d'ailleurs s'attendre, au moins vraiſem-blablement, de la part des autres Hommes. Car, quelque contingentes que foient les derniéres, c'eſt toûjours un principe fûr de la Droite Raiſon, Que, comme l'efpérance des Biens contingens a une certaine valeur, & renferme en foi quelque réalité, dont les Sages favent, par la confidération des Caufes d'où ils dépendent, faire l'eſtimation à un prix paiable pour le préfent, ainfi que cela fe pratique tous les jours, quand on achète, par exemple, les re-venus d'un Fonds de terre, la furvivance d'un Office, & dans d'autres cas femblables: de même les Maux, au nombre defquels il faut mettre les Peines dont la Raifon enfeigne à punir tous ceux qui nuifent aux Innocens, quelque contingentes qu'elles foient, font fufceptibles d'une eſtimation fur le pié de maux préfens & certains, quoi qu'un peu moindres que ceux qui n'ont aucu-ne incertitude. C'eſt ainfi que, par tout païs, lors que l'on court rifque de la vie, ou de ruiner fa fanté, ou de perdre fa peine & fes dépenfes, ces pé-rils augmentent, avec beaucoup de raifon, le prix des travaux qu'on entre-prend, & à caufe de cela font compenfez par quelque avantage préfent & cer-tain, auffi bien qu'un mal préfent & certain qui provient de tels travaux, & un profit dont on eſt par-là infailliblement privé. La Droite Raifon nous en-feigne naturellement avec la même évidence, que le danger d'une Peine, à laquelle on s'expofe, quoi qu'il puiſſe quelquefois arriver qu'on l'évitern, peut être eſtimé comme un mal préfent & certain en quelque maniére; eſtimation, qui diminuë à proportion du degré d'efperance qu'on a, toutes circonſtances bien pefées, d'échapper à la punition. Suppofons donc, que l'eſtimation de

la

la Peine qui peut fuivre ce que l'on fera pour s'approprier le bien d'autruï, foit un peu moindre, que ne fera la Peine même, fi l'on vient à être puni actuellement du Crime commis; c'eft-à-dire, déduifons de la grandeur de la Peine, autant que la Raifon veut qu'on en déduife, à caufe de l'incertitude de fon exécution: il reftera toûjours plus de mal qu'il n'en faut pour être équivalent au profit qui reviendra de l'attentat fur le bien d'autruï. Cet excès de la valeur du mal à craindre, par-deffus le bien à efperer, donne force de Sanction Pénale à la Maxime de la Raifon qui défend de s'emparer de ce qui appartient à autrui.

Sur quoi il eft bon de remarquer une chofe, qui fert beaucoup à confirmer ce que j'établis ici. On voit que la Raifon Naturelle enfeigne à tous les Hommes, hors même de tout Gouvernement Civil, à augmenter les Peines des Actions Injuftes, de telle manière qu'encore que l'incertitude de leur exécution en diminuë beaucoup le poids, il refte néanmoins beaucoup plus de mal dans l'eftimation préfente de ces Peines prévuës, que le gain qu'on attend du Crime commis, n'en peut contrebalancer. Cela paroît clairement, & dans les Peines qui s'infligent de part & d'autre (1) felon le Droit de la Guerre, pour des injures, même légéres, faites à ceux qui ne font pas Membres d'un même Etat; & dans les cas où les Loix Civiles permettent aux Sujets de punir eux-mêmes les injures qu'on leur fait, quand il s'agit, par exemple, des Voleurs de grand chemin, (2) ou des Larrons qui entrent de nuit dans les Maifons, en perçant les portes ou la muraille. Dans de tels cas, les Hommes rentrent en quelque manière dans l'*Etat de Nature*, comme HOBBES l'appelle; & des Crimes peu confidérables en eux-mêmes, y font punis de mort. En quoi il n'y a aucune injuftice; parce qu'il arrive fouvent que ces Crimes ne peuvent venir à la connoiffance du Magiftrat, & qu'ainfi ils demeurent fouvent impunis. C'eft pourquoi, toutes les fois qu'on trouve moien de les punir, on inflige la plus rigoureufe peine, afin qu'à proportion de la hardieffe que don-

---

§ XXVI. (1) ,, Je doute, que cette augmentation de Peine à caufe de l'incertitude ,, de fon exécution, puiffe avoir lieu dans ,, l'*Etat de Nature*, ou entre les divers Corps ,, d'Etat Civil, indépendans l'un de l'autre, ,, quoi qu'on la mette juftement en ufage ,, dans chaque Etat en particulier. La Raifon de la différence, eft probablement ,, celle-ci: Dans l'égalité naturelle des Hommes, ou entre Etats Souverains, la balance du Pouvoir eft ordinairement fi égale, ,, qu'il n'y a pas grande apparence que celui ,, du côté de qui eft la Juftice, l'emporte ,, en forces externes contre le parti de l'In-,, juftice: & ainfi les rigueurs que l'un d'eux ,, exercera, porteront l'autre à en exercer ,, de femblables. Mais, dans un Etat Civil ,, bien réglé, il y a beaucoup plus de proba-,, bilité, que la Sentence prononcée par les ,, Juges eft jufte, & qu'ils ont en main des

,, forces fupérieures, pour maintenir la Cau-,, fe jufte. Le manque de pareilles circon-,, ftances dans l'Etat de Nature, montre ,, qu'on a eû raifon de préférer une manié-,, re plus humaine de faire la Guerre, à cet-,, te manière cruelle qui avoit autrefois pris ,, le deffus. MAXWELL.

Je ne fai, fi le Traducteur Anglois a affez bien compris la penfée qu'il critique. Nôtre Auteur ne parle point ici de la manière de faire la Guerre en général, ou de ce qui a lieu ordinairement dans l'exercice des actes d'hoftilité, mais feulement de *ce qui rend* QUELQUEFOIS *néceffaires dans la Guerre, des actes terribles de vengeance*, en forte qu'alors on ne garde pas la proportion qu'il fuppofe qu'on doit mettre, autant qu'il fe peut, felon les Régles de la vraie Juftice, qui ont lieu même dans la Guerre, entre la grandeur de l'Injure, ou du Crime, & la qualité ou le de-

donne l'espérance de l'impunité, la crainte du plus grand supplice serve de frein. Voilà, à mon avis, la véritable raison, pourquoi des actes terribles de vengeance sont quelquefois nécessaires dans la Guerre; & pourquoi aussi, dans les Sociétez Civiles, on inflige des Peines plus rigoureuses qu'il ne seroit besoin, si tous les Crimes qui se commettent, pouvoient être dénoncez aux Tribunaux, & punis incessamment.

De tout ce que je viens de dire il paroît clairement, à mon avis, que le danger prévû de quelque Peine, sur-tout si elle est rigoureuse, a une force constante & perpétuelle de déterminer la Volonté Humaine, suivant les conseils de la Raison, à fuïr les Actions par lesquelles on peut s'attirer cette Peine, quoi qu'on ne soit pas assûré que l'exécution s'ensuive. De même, la prévision d'un très-grand Bien, quoi que l'existence future n'en soit que probable, & d'assez grand poids pour déterminer les Hommes aux Actions capables de contribuer en quelque maniére à le procurer. Ou, pour expliquer ma pensée sans métaphore, il résulte de là un argument démonstratif, que la pratique de toute Action conforme à la Loi, est renfermée dans le nombre des Causes du Bonheur total, que nous souhaittons naturellement; ce qui a une grande efficace pour imprimer le sentiment de l'Obligation. Car l'Obligation des Loix Naturelles, quoi qu'elle puisse être dite *naturelle* aux Hommes, ne diminuë pas tellement les forces de leur Libre Arbitre, qu'ils ne puissent, à leurs risques & périls, agir d'une autre maniére: mais elle fournit un bon argument, ou un motif suffisant, pour déterminer celui qui la considére, à agir ou ne point agir, selon que la Raison, ou la Loi, l'ordonnent.

§ XXVII. On pourroit croire, que je m'éloigne ici du sens que l'usage donne aux termes. Ainsi il est bon de montrer en peu de mots, que ce que j'ai dit s'accorde assez avec la définition commune de l'*Obligation*. *Définition de l'Obligation Morale.*

Justinien (1) définit l'*Obligation, un lien de droit, qui nous met dans la nécessité de nous aquitter de quelque chose, selon les Loix de nôtre Etat.* Il est clair, que ce qui est dit-là de l'*aquit* ou du *paiement*, & des *Loix de l'Etat*, que cet Em-

---

degré de la Peine. Or, sur ce pié-là, n'y a-t'il pas & ne peut-on pas concevoir divers cas, où aujourdhui même, & sans injustice, ce que nôtre Auteur dit ici, a lieu? On découvre, par exemple, un Espion, envoié par l'Ennemi. Cet Espion ne vient ni pour tuer, ni pour piller qui que ce soit, mais seulement pour observer ce qui se passe chez nous, & en informer ceux qui l'envoient. Il est arrêté. On le fera pendre, encore même qu'on sâche qu'il n'a pû donner aucun avis: & l'on ne se contentera pas qu'il veuille se rendre Prisonnier de Guerre, comme on en useroit à l'égard d'un ou de plusieurs du parti de l'Ennemi, qui auroient été pris les armes à la main. Pourquoi? Parce qu'il est fort difficile de prendre si bien ses précautions, que ces sortes de gens ne trouvent souvent moïen de se glisser parmi nous, sans

être connus pour ce qu'ils sont, & de prévenir le dommage, quelquefois très-considérable, qu'on peut souffrir de l'exécution secréte de leur commission. Ainsi, quand on en attrappe quelcun, on le traite d'une maniére à décourager d'autres, par la vuë d'un mal dont la crainte est capable de surmonter en eux l'attrait de la récompense, & l'espérance de l'impunité.

(2) Voïez là-dessus Pufendorf, *Droit de la Nature & des Gens*, Liv. II. Chap. V. § 17, 18.

§ XXVII. (1) Obligatio *est juris vinculum, quo necessitate adstringimur alicujus rei solvendae, secundum nostrae Civitatis jura.* Institut. Lib. III. Tit. XIV. *De Obligationib.* Nôtre Auteur a déja parlé ci-dessus de cette Définition, § 11.

K k

Empereur gouvernoit, renferme quelque (2) chose de particulier, qui par conféquent doit être laiffé à part dans l'idée générale de l'*Obligation*, dont nous traitons. Le refte eft bien général, mais un peu obfcur, parce qu'on y trouve des expreffions métaphoriques : car, à parler proprement, il n'y a point de *lien* dont nôtre Ame puiffe être liée. Rien ne fauroit lui impofer la *néceffité*, lors qu'elle délibére fur l'avenir, de faire ou de ne pas faire quoi que ce foit, fi ce n'eft les penfées, ou les propofitions, qui lui indiquent le Bien, ou le Mal, qu'elle a à attendre, comme devant provenir aux autres ou à nous mêmes, de ce à quoi l'on fe déterminera. Mais, comme nous fommes déterminez par une efpéce de néceffité naturelle à rechercher les Biens & à fuïr les Maux prévûs, fur-tout les plus grands ; les Maximes de la Raifon, qui nous font voir qu'ils fuivront de telles ou telles Actions, font dites, à caufe de cela, nous mettre dans quelque *néceffité* de faire ou de ne pas faire ces fortes d'Actions, & nous y obliger ; parce que ces Biens ont une liaifon néceffaire avec nôtre propre Félicité, qui fait naturellement l'objet de nos défirs, & que, pour nous la procurer, il eft néceffaire que nous agiffions de cette manière. (3) C'eft là l'*Obligation Morale*, qui, prife dans toute fa généralité, peut, à mon avis, être définie, *un acte du Légiflateur, par lequel il donne à connoître que les Actions conformes à fa Loi font néceffaires pour ceux à qui il la prefcrit.* Une *Action* eft regardée comme *néceffaire* à un Agent Raifonnable, lors qu'il eft certain qu'elle fait partie des Caufes abfolument néceffaires pour parvenir à la Félicité qu'il recherche naturellement, & par conféquent néceffairement. Ainfi nous fommes *obligez* à rechercher toûjours, & en tout, le Bien Commun, parce que la nature même des chofes, fur-tout des Caufes Raifonnables, autant qu'elle s'offre à nos obfervations, nous montre, que cette recherche eft abfolument néceffaire pour la perfection de nôtre Bonheur ; qui dépend naturellement de l'attachement à procurer le Bien de tous les Etres Raifonnables, de même que le bon état de chaque Membre de nôtre Corps dépend de la fanté & de la vie de tout le Corps, ou comme la force naturelle de nos Mains, par exemple, ne peut fe conferver, fi l'on ne penfe prémiérement à conferver la vie, & la vigueur répanduë dans tout nôtre Corps. Car le Bonheur particulier de chacun ne dépend pas moins naturellement de l'influence de la Prémiére Caufe, & de l'affiftance réciproque des autres Agens Raifonnables, qui ne peuvent être procurées que par le foin du Bien Commun, que la Main dépend du refte de nôtre Corps ; quoi que la dépendance où un Homme eft des autres Hommes ne foit pas toûjours fi évidente, parce qu'elle ne s'étend qu'à peu de perfonnes, & qu'elle n'eft fouvent qu'une caufe éloignée. D'ailleurs, j'ai montré ci-deffus, que la recherche du Bien Commun eft néceffaire pour le Bonheur particulier de chacun, comme fa caufe intrinféque, c'eft-à-dire, que l'état le plus heureux de nos Facultez confifte dans les Actions qui tendent à cette fin. Ici j'établis, que, par de telles actions, on s'attire le plus efficacement le fecours de DIEU & des autres Hommes, pour maintenir & perfectionner cet heureux état. Mais je réduis tout enfin aux actes volontaires

---

(2) Il y a encore dans la même Définition, d'autres chofes qui font uniquement fondées fur les principes & les fubtilitez de la *Jurifprudence Romaine*. On peut voir là-deffus les In-

res de la Prémiére Caufe, par lefquels elle a déterminé la mefure de nos Facultez, d'où réfulte l'état heureux qui leur eſt propre, & elle a voulu nous rendre & nous conferver dépendans des autres Caufes Raifonnables, dans le Syſtème de l'Univers. Cela pofé, j'établis néceſſairement le fondement de l'Obligation, les indices naturels qui la découvrent, & en même tems comment nous venons à la connoître par-là, & à y être actuellement foûmis. Or dire, que l'Obligation eſt un acte du Légiſlateur, ou de la Caufe Prémiére, c'eſt tout autant que fi nous difions, que c'eſt un acte de la Loi, c'eſt-à-dire ici, de la Loi Naturelle. Car le Légiſlateur impofe l'Obligation par une publication fuffifante de la Loi. Et la Loi eſt fuffifamment publiée, par cela feul qu'il fait connoître à nos Efprits que la recherche du Bien Commun eſt une Caufe abfolument néceſſaire pour aquérir le Bonheur, que chacun défire naturellement. Cette manifeſtation *oblige* tous les Hommes, foit qu'elle aît affez de force fur leurs Efprits pour les faire pancher entièrement du côté qu'elle leur indique, foit que des raifons contraires l'emportent. Si, par un défaut de la Balance, un Corps moins pefant, mis dans l'un des Baſſins, fait hauſſer l'autre plus pefant, celui-ci ne laiſſe pas d'avoir un plus grand poids, c'eſt-à-dire, une plus grande tendance vers le Centre de la Terre. Les argumens, qui établiſſent l'*Obligation*, ont tant de force, qu'ils l'emporteroient certainement dans nos Efprits, fi l'ignorance, les paſſions déréglées, ou une précipitation téméraire, n'y apportoient le même obſtacle, que le défaut d'une Balance. Car, outre les Peines ou les Récompenfes clairement manifeſtées par la nature même des Chofes, ils nous en montrent d'autres encore plus grandes, que la volonté du Souverain Conducteur de l'Univers peut y ajoûter, s'il en eſt befoin.

L'Obligation d'avancer le Bien Commun, comme une fin néceſſaire, étant ainfi établie, il s'enfuit, que l'Obligation commune de tous les Hommes à fuivre les Maximes de la Raifon fur les moiens néceſſaires pour le Bonheur de tous, eſt fuffifamment connuë. Or toutes ces Maximes font renfermées dans nôtre Propofition générale fur la Bienveillance de chaque Etre Raifonnable envers tous les autres. D'où il paroît clairement, qu'une Guerre de tous contre tous, ou la volonté que chacun auroit de nuire à tout autre, tendant à la ruïne de tous, ne fauroit être un moien propre à les rendre heureux, ni s'accorder avec les moiens néceſſaires pour cette fin, & par conféquent ne peut être ni ordonné, ni permis par la Droite Raifon.

§ XXVIII. J'AI fuppofé en tout ceci, que chacun fouhaitte néceſſairement fon propre Bonheur. Je fuis bien éloigné néanmoins de croire, que ce foit-là pour chacun la Fin entière & complette qu'il doit fe propofer felon la Droite Raifon. J'ai voulu feulement raifonner fur ce que les Adverfaires m'accorderont, mais à deſſein de les mener plus loin avec moi, s'il eſt poſſible. Comme l'aſſemblage des parties de nôtre Corps ne peut fubfiſter, ou être en bon état, fi le grand fyſtème des Corps qui nous environnent n'y contribuë quelque chofe, de forte que toute perfonne qui connoît bien la Nature, ne

Que la recherche de nôtre propre Bonheur n'eſt pas la fin entière & complette que nous devons nous propofer: il faut y joindre la Gloire de Dieu, & le Bonheur des autres Hommes.

Interprêtes.
(a) Voiez PUFENDORF, *Droit de la Nat. & des Gens*, Liv. I. Chap. VI. § 5. où l'on

pourra auſſi conferer ce que je dis dans mes Notes.

Kk 2

défirera jamais que les chofes aillent autrement, parce qu'elle fait que cela eft impoffible: de même, le Bonheur entier de chaque Homme en particulier dépend de la Bienveillance de DIEU, & de celle des autres Hommes. Or la Bienveillance de DIEU envers chacun ne fauroit être féparée de la confidération de ce que demande l'Honneur dû à cet Etre Souverain; ni les fentimens favorables des autres Hommes envers nous, du foin de leur propre Félicité. Bien loin de là, nous reconnoiffons nécellairement, que ce foin eft en eux plus fort, que la Bienveillance qu'ils ont pour nous. Ainfi, quand on fait bien attention à la nature des Etres Raifonnables, on ne fauroit raifonnablement fouhaitter qu'ils nous affiftent, fans que l'on s'intéreffe en même tems à leur propre confervation; & par conféquent perfonne ne peut fe propofer, comme une fin complette, fon propre Bonheur, indépendamment de celui des autres. Développons ceci plus diftinctement, & plus en détail.

Quiconque reconnoît une *Providence*, manifeftée fuffifamment par la nature des Chofes, doit convenir, que le Bonheur de chacun en particulier dépend de la Bienveillance de DIEU, comme d'une Caufe abfolument néceffaire. Or peut-on, en fuivant les lumiéres de la Droite Raifon, fe flatter d'avoir part à la Bienveillance de cet Etre Suprême, fi on ne lui rend fincérement l'honneur que l'on croit lui être agréable ? Voilà le fondement de l'Obligation des Préceptes de la *Religion*. Ceux de la *Juftice*, & de toute forte de *Vertu* qui doit s'exercer réciproquement entre les Hommes, tirent auffi de là la force qu'ils ont d'*obliger*, comme étant des moiens néceffaires pour le Bonheur de chacun: car il eft très-certain, que le Souverain Maître de l'Univers n'eft pas honoré & refpecté comme il faut, fi l'on n'agit équitablement & amiablement envers ceux de fes Sujets.

Comment le Bonheur de chacun dépend de la Bienveillance des autres Hommes.

§ XXIX. J'AI dit encore, que le Bonheur de chacun dépend en quelque façon de la Bienveillance des autres Hommes. Cela eft auffi très-vrai, à mon avis, mais non pas fi évident, qu'il ne faille, pour s'en convaincre, faire foigneufement attention à ce que je vais dire, & peut-être à d'autres chofes que chacun découvrira aifément par fa propre expérience.

Je remarque d'abord, que le Bonheur de chacun confifte dans un grand affemblage de plufieurs Biens, & que l'efpérance n'en eft pas affez fûre, fi l'on ne porte pas fes vuës fur un avenir éloigné, & fi l'on ne fe procure, autant qu'il dépend de nous, le fecours de toutes les Caufes qui peuvent contribuer quelque chofe à cet effet. Une infinité de Caufes y concourent, en forte qu'il n'eft prefque aucune partie de ce Monde vifible, qui foit entiérement inutile à chacun. A plus forte raifon n'y a-t'il perfonne, entre les Hommes, qui n'aît été, ou ne foit, ou ne puiffe être du nombre des Caufes capables de contribuer, du moins un peu, à nôtre propre confervation ou à nôtre perfection. Car, pofé la multiplication du Genre Humain, aucun Homme, dont le bonheur & les agrémens de la Vie ne dépendent immédiatement de deux autres Hommes, pour le moins. Chacun de ces deux-ci a lui-même befoin de deux autres, pour vivre heureux, & ainfi de fuite. Il en eft de même entre les divers Peuples. Chaque Peuple a befoin du commerce de deux autres; & ceux-ci encore chacun de deux autres &c. Ainfi il fe trouve enfin que chacun reçoit du fecours de tous les autres, ou immédiatement, ou médiadiatement. Au reste, il n'est pas nécessaire d'éplucher avec la derniére précision tout ce en quoi chacun nous procure quelque avantage : il suffit de reconnoître en gros, que tous contribuent au Bien Commun quelque chose, que nous devons compenser en faisant pour nôtre part ce que nous pouvons pour y concourir. Ces sortes d'Actions Humaines me paroissent avoir une grande ressemblance avec les mouvemens universels des Choses Naturelles, lesquels contribuent en même tems à plusieurs effets.

Il faut remarquer ensuite, que je prends ici le mot de *Bienveillance* dans un sens fort étendu, qui renferme jusqu'aux moindres degrez d'Innocence, de Fidélité, de Reconnoissance, & de tout office de l'Humanité la plus commune. Chacun peut, à ses risques & périls, causer aux autres, en mille maniéres, une infinité de chagrins, dont l'influence s'étend fort loin. Si l'on ne pousse pas jusques-là les effets de *Malveillance*, si l'on n'en vient point à ce degré de fureur qui menace de la Guerre, c'est-à-dire, des plus grands Maux que l'on peut faire à tous, cela doit être rapporté à un degré de Bienveillance. Tout ce que l'on fait, qui de sa nature contribuë le moins du monde à l'entretien d'une Paix & d'une Amitié générale entre les Hommes, met un grand nombre de gens à l'abri des plus grands Maux, & par-là est d'une utilité considérable.

Il n'y auroit point de fin, si je voulois entrer dans le détail des avantages que chacun procure à tous les autres. On fait par une expérience très-connuë, que ceux qui ont le moins de pouvoir, ne laissent pas de rendre service aux autres, soit par des échanges de leurs biens ou de leur travail, soit en observant religieusement les Conventions, ou en s'attirant la confiance des autres, même sans aucun accord, soit en leur fournissant des exemples utiles, sinon de grandes & belles Actions, du moins d'industrie, de patience, ou d'innocence. Tout cela se remarque entre les Hommes, indépendamment de la considération d'aucun Gouvernement Civil ; & l'influence s'en étend par toute la Terre. Les imperfections même & les foiblesses des Hommes, comme elles excitent naturellement la compassion, & qu'elles montrent la nécessité d'un Gouvernement, sont pour tous un motif puissant à l'établir & le conserver : par conséquent elles leur sont à tous d'une grande utilité, entant qu'elles aident en quelque maniére à la production des avantages de la Société, qui sont grands certainement. J'avouë, que l'utilité qui revient à chacun de la part d'un grand nombre de gens, sur-tout de ceux qui sont loin de lui, est peu de chose : mais aussi ils ne sauroient exiger en revanche de sa part rien de plus considérab'e. On ne peut néanmoins négliger en toute sûreté de tels avantages, parce que, de l'assemblage de tant de petits offices d'Humanité, il résulte une assez grande partie de nôtre Bonheur total : de même que les mouvemens réglez & les figures convenables des petites parties de la Matiére, forment un très-bel assemblage dans le Monde Corporel. Mais je me suis assez étendu, dans le Chapitre de la *Nature Humaine*, à montrer, par un grand nombre d'exemples, que tous les Hommes peuvent se rendre utiles à plusieurs autres, & qu'ils y ont du panchant, autant que cela s'accorde avec leur propre Bonheur : ainsi le peu que je viens de dire suffit ici, pour me donner droit de supposer, comme suffisamment établi, qu'entre toutes les

Créa-

Créatures, les Hommes font les principales Caufes, d'où chacun peut & doit reconnoître que dépend nécefîairement en ce Monde le Bonheur de chacun, tant préfent qu'avenir. Par la même raifon, il n'eft pas befoin de rien ajoûter, pour prouver, qu'on ne fauroit raifonnablement s'attendre que les Hommes foient difpofez à contribuer volontiers au Bonheur de ceux qu'ils favent être dans de mauvaifes difpofitions à leur égard, perfides, ingrats, inhumains. Je puis, au contraire, pofer comme une chofe inconteftable, que les autres Hommes s'accorderont à punir de telles gens, felon qu'ils le méritent, ou à les exterminer.

§ XXX. MAIS il eft bon de remarquer, Qu'il y a entre tous les Etres Raifonnables une liaifon très-étroite, qui, dans tout le cours de la Vie Humaine, nous avertit, que ce feroit en vain qu'on croiroit travailler affez à fon propre Bonheur, en fe contentant de rendre tous les offices d'Humanité à telle ou telle perfonne, ou en un feul tems, & s'en difpenfant à fon gré envers d'autres perfonnes, ou dans un autre tems. Cela fuit clairement de ce que nous venons de dire, Que le Bonheur de chacun dépend toûjours immédiatement de plufieurs, & médiatement, quoi que de loin, & eû égard à fes plus petites parties, de prefque tous ceux qui agiffent en vuë du Bien Commun. Mais de plus, la Prémiére Caufe, comme le Pére commun de tous, s'intéreffe auffi au Bonheur de tous. Enfin, (1) tout ce que chacun, en fuivant les confeils de la Droite Raifon, veut qu'on faffe envers lui ou envers les autres, les Etres véritablement raifonnables le veulent tous auffi néceffairement & conftamment, autant qu'ils en ont connoiffance. Car DIEU, & les Hommes, qui jugent droitement d'une chofe, s'accordent tous là-deffus. De forte que, toutes les fois qu'on refufe à chacun le fien, c'eft-à-dire, les chofes fans lefquelles perfonne ne fauroit contribuer au Bien Commun, on agit par-là en même tems contre le Bien Commun, & contre l'opinion & la volonté de tous ceux qui jugent droitement. D'où il s'enfuit, que, dans l'Etat d'égalité où nous fuppofons ici les Hommes, chacun a droit de punir, & eft naturellement porté à punir l'atteinte donnée aux droits d'autrui, quand il en a occafion; & rarement arrive-t-il que les Hommes foient long tems fans la trouver, mais elle ne manque jamais à DIEU, dont les Méchans ne fauroient éviter la vengeance, à la faveur d'aucunes cachettes, par aucune force, ni par la mort même.

Cette remarque tend principalement à faire voir, que l'Obligation d'avancer le Bien Commun, à laquelle fe réduifent toutes les Loix Naturelles, & qui fe découvre naturellement par les Peines & les Récompenfes attachées aux Actions Humaines, felon qu'on agit d'une maniére oppofée ou conforme à cette fin; eft une Obligation perpétuelle, indifpenfable, & qui fubfifte dans toute forte de circonftances: par conféquent qu'elle fuffit pour engager chacun à obferver toûjours les Régles de la Juftice & de la Bienveillance, en fecret, auffi bien qu'à la vuë de tout le monde, envers les Foibles, auffi bien qu'envers les Puiffans, Car il eft clair, par ce que j'ai dit ci-deffus, que tous les Etres Raifon-

(marginal note:) Que l'Obligation à rechercher le Bien Commun, eft perpétuelle, & indifpenfable, à l'égard de tous, & en tout tems.

---

§ XXX. (1) „ Toute perfonne véritable-   „ quelque foible que celle-ci foit, en favo-
„ ment raifonnable, affiftera toute autre,   „ rifant & avançant l'effet de fes défirs & de
                                               „ fes

fonnables font unis enfemble, & par l'accord néceffaire de la Droite Raifon
en tout & par tout, & parce que les Caufes du Bonheur Commun font les
mêmes à l'égard de tous. Nous avons fait voir auffi en particulier, que quiconque fe détermine à quelque chofe d'utile ou de nuifible à autrui, dépend
des autres Etres Raifonnables, en telle forte, que tout le Bonheur, auquel
il afpire néceffairement, il doit l'attendre de leur affiftance volontaire ou du
moins de leur permiffion, comme une récompenfe de ce qu'il s'eft déja conduit envers eux avec bienveillance, ou dans l'efpérance qu'ils ont d'en éprouver les effets à l'avenir. De tout cela il s'enfuit, qu'il n'y a perfonne, quelque foible qu'il foit, aux droits duquel on puiffe donner quelque atteinte,
même en fecret, fans négliger le foin du Bien Commun, & y nuire jufqu'à
un certain degré ; par conféquent fans porter tous ceux qui ont à cœur le
Bien Commun, c'eft-à-dire, tous ceux qui font un bon ufage de leur Raifon
en matiére de pratique, à punir de telles actions. Car ce Bien Commun eft
l'unique Fin, dans la recherche de laquelle tous les Etres Raifonnables peuvent s'accorder enfemble, parce qu'elle renferme le Bonheur de tous, autant
que l'aquifition en eft poffible: & il eft très-certain, qu'il n'y a point de véritable Raifon Pratique, que celle qui montre à tous une Fin & des Moiens
de telle nature, que tous ceux qui jugent fainement puiffent s'accorder là-
deffus. Ceux donc qui ont à cœur cette fin, & qui mettent en ufage les
moiens néceffaires pour y parvenir, agiffent conformément à une véritable
Raifon Pratique. De là on peut conclure, que, hors même de toute Société
Civile, la Raifon de Dieu, dont la connoiffance eft infinie, & celle de
tous les Hommes véritablement Raifonnables, font attentives à découvrir
toute atteinte donnée aux droits d'autrui, ou toute injuftice; de maniére qu'il
n'y a aucune efpérance de fe dérober aux yeux clairvoians de la Divinité, &
très-peu d'échapper à la fagacité des Hommes. Et lors qu'une fois le Crime
eft découvert, ni Dieu, ni les Hommes, ne manquent ni de volonté, ni
de forces, pour repouffer les attentats, ou punir ceux qui font déja commis.

Ajoûtons ici, en peu de mots, que celui qui donne atteinte en quelque
maniére que ce foit aux droits d'autrui, par cela même qu'il agit contre les
lumiéres d'une Raifon toûjours uniforme en matiére du Bien Commun, s'é-
loigne de la Vérité, & par-là diminuë d'autant la perfection naturelle d'une
véritable Raifon Pratique. Une feule erreur en ce genre, le méne à une infinité d'autres femblables, & le livre à la merci de Paffions aveugles, qui
l'entraînent dans un grand nombre de précipices. Toutes ces fuites étant de
vrais maux, & accompagnant l'Action mauvaife, dans l'ordre de la Nature,
que Dieu lui-même a établi, font, à jufte titre, appellées *Peines*; dequoi
nous parlerons plus bas un peu plus au long.

§ XXXI. Dans toute délibération fur ce que l'on fera en tel ou tel cas, il
faut confiderer ce qu'en penferont les autres Etres Raifonnables. Car, outre
qu'ils forment la plus noble claffe des Etres, ils font les Caufes principales,
toûjours néceffaires, & univerfelles, du Bonheur que l'on fe propofe en agif-

Combien l'af-
fiftance de
Dieu, & des
autres Hom-
mes, nous eft
fant. néceffaire.

,, fes efpérances, autant qu'elle en aura   Maxwell.
,, connoiffance, & qu'elle le pourra. "

fant. Ainſi, pour travailler à ſon propre intérêt ſelon les lumiéres de la Raiſon, il eſt toûjours & principalement néceſſaire à chacun, de chercher, avec tout le ſoin dont on eſt capable, à ſe procurer l'aſſiſtance de pareilles Cauſes. Je les qua-lifie *univerſelles*, parce qu'elles concourent à produire pluſieurs autres effets, & des effets d'une autre ſorte, que celui dont il s'agit. Il n'eſt pas beſoin, à mon avis, de s'étendre à faire voir, que tout ce qui contribuë à rendre la Vie de chacun heureuſe, eſt diſpoſé par la volonté de Dieu, & des Hommes; & que leur aſſiſtance ou leur permiſſion, qui l'une & l'autre dépendent de leur volonté li-bre, ne ſont pas moins néceſſaires pour le Bonheur de chacun, que le lever du Soleil pour diſſiper les ténébres de la Nuit. Il ſuffira de remarquer ici, que comme dans les Sciences Spéculatives, les Propoſitions par leſquelles on ex-plique les cauſes ou les propriétez générales des choſes, les Loix du Mouve-ment, par exemple, ou les propriétez des Triangles, ne ſont jamais contre-dites dans les cas particuliers, quoi qu'elles y ſoient beaucoup diverſifiées: de même en matiére de Pratique, ſi l'on ſe propoſe ſérieuſement ſon propre Bon-heur, & ſuivant les lumiéres d'une Raiſon Droite, on ne fera jamais rien en quoi l'on néglige & moins encore par où l'on empêche l'aſſiſtance des Cauſes Univerſelles de ce Bonheur, c'eſt-à-dire, des Etres Raiſonnables, conſidérez conjointement. Au contraire, le ſoin qu'on prendra d'intéreſſer en nôtre fa-veur ces Cauſes principales & les plus néceſſaires, fraiera le chemin à nous pro-curer le ſecours de toutes les autres ſubordonnées, & en dirigera l'uſage actuel: de même que la connoiſſance des Véritez les plus générales aide les perſonnes intelligentes à décider ſur tous les cas particuliers, quelque grande qu'en ſoit la va-riété, & méne à faire de jour en jour un plus grand nombre de découvertes.

Le ſecours des Etres véritablement raiſonnables, c'eſt-à-dire, de Dieu, & de ceux d'entre les Hommes qui s'accordent à chercher le Bien Commun, étant donc reconnu pour le moien extérieur le plus univerſel, qui eſt prémiérement, principalement, & toûjours néceſſaire pour nous rendre heureux; il n'en faut pas davantage pour conclure, que, dans tout le cours de nôtre Vie, nous ne devons rien faire, ni ouvertement ni en cachette, qui puiſſe nous priver d'un tel ſecours; c'eſt-à-dire, qu'il ne faut jamais donner aucune atteinte aux droits de qui que ce ſoit, mais au contraire travailler conſtamment en toutes maniéres, à nous procurer, de la part d'autrui, une aſſiſtance perpétuelle.

Joignons-y une autre conſidération, qui ſe préſente fort à propos. C'eſt qu'il n'y a rien au dedans de nous-mêmes, qui ſoit plus capable de nous mettre dans une ſituation heureuſe, & de nous remplir d'un contentement qui pénétre juſ-qu'au fond de nôtre cœur, qu'une contemplation profonde, un amour, & une joie, qui aient pour objet ou pour fondement, ce qui peut être agréable, ou ce que nous pouvons faire qui plaiſe à Dieu, & à des Hommes tels qu'on les

ſup-

§ XXXI. (1) „ Par exemple, lors qu'on „ ſe ſert de cet argument: Si un Voiageur, „ qui ne connoît pas le païs par où il paſſe, „ & qui n'a d'ailleurs aucun guide, ſe trou- „ ve dans quelque endroit où le chemin ſe „ partage en deux, également beaux, & dont „ chacun lui paroît tel, qu'il y a une égale „ probabilité que c'eſt le bon; il s'arrêtera „ alors tout court, & ne prendra ni l'un ni „ l'autre. Ce qui eſt contraire à toute expé- „ rience. " MAXWELL.

Cet exemple, allégué par le Traducteur Anglois, ſe rapporte au Sophiſme, qu'on appelle dans les Ecôles *l'âne de Buridan*. Sur quoi on peut voir le *Dictionaire Hiſtori-que & Critique* de BAYLE, Article *Buri-dan*.

fuppofe ici, c'eſt-à-dire, à des Etres les plus nobles fans contredit de ceux fur
lefquels nous portons nos penſées & nos vûes. Or la Bienveillance univerfelle,
que je prêche, infpire & produit d'elle-même toute forte d'Actions de cette
nature, ou d'Actions bienfaifantes, par lefquelles, comme par une éloquence
naturelle la plus perfuafive, quoi que tacite, elle demande & obtient l'aſſiſtance de tous les Etres Raifonnables. De forte que les Caufes internes & externes
de nôtre Bonheur s'uniſſent ainſi de la manière la plus convenable: d'où naiſ-
fent toutes fortes de Vertus, toute Religion, toute Société. Cette méthode, felon laquelle on donne toûjours le prémier rang au foin de fe procurer
l'aſſiſtance des prémiéres & principales Caufes de la Fin que l'on défire d'obtenir, fait remonter jufqu'aux principes les plus généraux, & eſt conforme aux
régles de la Logique, qui précédent celles de la Morale. Mais elle n'en eſt pas
moins conforme à l'expérience, & à l'ordre naturel des opérations humaines;
objection que l'on fait quelquefois avec raifon, contre (1) quelques fubtilitez
de Dialectique, fophiſtiquement appliquées à la pratique.

§ XXXII. POUR mettre la chofe dans une plus grande évidence, je vais
l'éclaircir, prémiérement par la confidération des *cas oppofez*, (1) & enfuite par
la comparaifon d'un *cas femblable*.

Toutes les fois qu'on néglige volontairement le foin du Bien Commun, c'eſt-
à-dire, l'attachement à nous procurer, autant qu'il eſt en nôtre pouvoir, l'aſſi-
tance des Caufes les plus univerfelles de nôtre Bonheur, on agit d'une manière
oppofée à ce Bien; & par-là on laiſſe en la libre difpofition de DIEU & des
Hommes, de nous priver de nôtre Bonheur, ou d'en diminuer autant que la
Droite Raifon le leur fera juger néceſſaire, par quelque peine fuffifante pour
nous détourner, ou détourner les autres, d'une pareille négligence à l'avenir.
De plus, ceux qui négligent les caufes univerfelles de leur Bonheur, y en fub-
ſtituent toûjours d'autres moins efficaces, comme leur propre force, ou leurs
rufes, ou le fecours de quelque peu d'autres gens de même caractére qu'eux. Par-
là ils fe font de nouvelles régles de Pratique, qui, comme elles ne font pas
auſſi raifonnables, ou propres à obtenir la fin qu'ils fe propofent, leur dé-
plaifent à eux-mêmes, par la laideur qu'elles renferment eſſentiellement, &
troublent en même tems la tranquillité de leur ame, par l'oppofition qu'elles
ont avec les prémiéres régles, fondées fur les plus pures lumiéres de la Raifon.
De là naît auſſi-tôt une pépiniére de maux, très-pernicieux & à eux-mêmes,
& à leurs imitateurs; je veux dire, des Paffions fort turbulentes, & des Vices
rès-contraires à la Paix, comme, la Haine, l'Envie, la Crainte, la Triſteſ-
fe, la Mifanthropie, l'Orgueil &c. tous malheureux fruits, qui, comme on
je dit de la race des (2) Vipéres, mangent les entrailles de leur mére. Si l'on
continuë à agir de même, on s'attire enfin une entiére ruïne, & par dedans,
&

§ XXXII. (1) C'eſt-à-dire, en confidérant,
prémiérement les fuites d'une conduite contraire à ce que demande la *Bienveillance Univerfelle*; de quoi nôtre Auteur traite dans ce
paragraphe: & puis, en alléguant des exemples, tirez de l'influence néceſſaire de quelques
Caufes Phyſiques fur la confervation de nôtre

Vie, où l'on voit une image de l'influence
qu'ont fur nôtre Bonheur en général, la faveur de DIEU, & l'aſſiſtance des autres Hommes; ce qui fait la matiére des deux paragraphes fuivans.
(2) Fable toute pure, que les anciens Na-
turaliſtes ont débitée, après HÉRODOTE,
Lib. III. Cap. 9. Mais les Modernes ont prouvé

dan.

Eclairciſſe-
ment de cet-
te matiére par
la confidéra-
tion des *cas
oppofez.*

& par dehors. Que fi l'on revient à foi-même, on trouve néanmoins fon bonheur diminué à l'un & à l'autre égard, par la conduite qu'on a tenuë jufques-là, en forte qu'on ne fauroit douter qu'il n'eût mieux vallu de n'avoir jamais négligé le foin du Bien Commun. Toûjours a-t'on alors moins de confolation, pour ne rien dire de pis, à caufe du fouvenir des mauvaifes actions dont on fe répent; & moins d'efpérance de faire déformais des progrès confidérables dans le chemin du Bonheur; foit parce qu'on voit les Facultez de fon ame affoiblies par les mauvaifes actions auxquelles on s'étoit abandonné, au lieu qu'une fuite conftante de bonnes actions les auroit fortifiées; foit parce qu'on a moins de fecours à attendre de ceux que l'on a offenfez par le paffé. Ce font-là des maux qui, bon-gré mal-gré qu'on en aît, fuivent néceffairement de tout ce en quoi on néglige volontairement de fe procurer la faveur de DIEU & des Hommes. Ainfi cette peine, qui y eft toûjours attachée naturellement, nous donne lieu de conclure, qu'on ne doit jamais faire rien de tel. HOBBES (3) reconnoît lui-même, comme une conféquence de fa définition de la *Peine*, que, fi l'on confidére DIEU comme Auteur de la Nature, ces fortes de maux peuvent être appellez des *Peines divines*.

§ XXXIII. VOILA pour les cas oppofez. Venons à un cas femblable, qui peut être mis en paralléle avec le foin principal & perpétuel que chacun doit avoir, de fe procurer l'affiftance des Caufes univerfelles & principales de la Félicité Humaine. L'exemple eft tiré d'une pratique pareille; en matiére d'une chofe qui concerne la Vie & la Santé, que ceux-là même qui ne tiennent aucun compte de la Juftice & de la Probité, font fort foigneux de conferver. En quoi je me propofe uniquement de mettre dans un plus grand jour la force & le but du raifonnement expliqué ci-deffus: car aucune perfonne de bon-fens ne s'attendra à trouver dans ces fortes de comparaifons un argument qui aît force de preuve à toute rigueur.

Chacun fait, que le *Soleil* & l'*Air* ont de grandes influences, & abfolument néceffaires pour la confervation de nôtre Vie. C'eft que ce font des Caufes univerfelles, qui, outre une infinité d'autres effets qu'elles produifent, contribuent le plus à celui dont il s'agit. Elles ont befoin à la vérité de la concurrence de plufieurs autres Caufes fubordonnées en quelque maniére, comme font, un bon Tempérament, & une jufte conformation des Organes de nôtre Corps, un Climat fain, une abondance fuffifante de Vivres & de Vêtemens, les fecours réciproques des Hommes &c. Tout cela néanmoins dépend en quelque maniére de ces Caufes univerfelles. Car les raions du Soleil, qui éclairent la Terre, cette Mére commune de tous, y produifent tous les jours certains changemens, & certaines difpofitions à toute forte de générations, auffi bien que dans les Plantes & les Animaux, qui y reçoivent la naiffance & la nourriture, dans le Sang même & les Efprits vitaux de l'Homme, formez des fucs des Végétaux & des Animaux.

Auffi

vé la fauffeté du fait, par des expériences certaines. PHILOSTRATE même l'a foûtenuë il y a long tems, dans fa *Vie* d'APOLLONIUS de *Tyane*, Lib. II. Cap. 14. pag. 66. Edit. d'OLEARIUS, dont on peut voir la Note fur cet endroit.

(3) *Sexto, cum actionibus quibufdam confequentia mala faepiffimè adhaereant naturaliter, ut cum quis, vim alii inferens, occiditur aut vulneratur, vel quando quis ab actione aliqua illicita in morbum incidit; malum illud, quamquam refpectu Auctoris Naturae rectè dici poffit Poena Divina,*

nati

Auſſi tous ceux qui étudient avec un peu d'attention les Cauſes naturelles, con-
viennent-ils aiſément, que le Soleil eſt la plus générale, entre les Créatures,
de tous les changemens que nous éprouvons en nous-mêmes, par rapport à la
conſervation de nôtre Vie. Cette dépendance de la Vie Humaine, des bénignes influences du Soleil, aiant quelque analogie avec la liaiſon qu'il y a entre
la Félicité Humaine & la faveur de Dieu, il s'enſuit, que la néceſſité de travailler à nous procurer cette faveur par une Bienveillance ou une Charité Univerſelle, qui renferme tout Culte Religieux & tout acte de Juſtice, ſe démontre de la même manière, que la néceſſité de demeurer dans des lieux où le Soleil répand de bénignes influences, pour en reſſentir les doux effets. Nous découvrons auſſi, combien il eſt néceſſaire de prendre garde à ne pas irriter Dieu
par de mauvaiſes actions, de la même manière que nous concluons, qu'il ne
faut pas habiter dans des lieux où nôtre chaleur naturelle ne peut être aidée des
ſalutaires influences que l'on reçoit ailleurs du Soleil; ou qu'on doit éviter les
chaleurs exceſſives des lieux, & des ſaiſons, où le Soleil diſſipe trop nôtre Sang
& nos Eſprits Animaux.

§ XXXIV. Mais en voilà aſſez ſur cette partie de la comparaiſon: car je
ne veux pas m'étendre ici ſur un point de Théologie Naturelle. Paſſons à l'autre partie, tirée de l'*Air*, qui eſt ſi néceſſaire pour la Vie de l'Homme; à
cauſe de quoi il me paroît très-propre à donner une image de la dépendance où
chaque Homme eſt de la multitude des autres qui l'environnent. Je m'arrêterai
plus long tems à ce parallèle, parce qu'il ſert à illuſtrer les Devoirs mutuels
des Hommes, dont l'explication eſt ce que je me ſuis principalement propoſé.

La néceſſité de l'Air pour la Vie Humaine, eſt reconnuë ſans peine de tout
le monde, des Savans & des Ignorans. Le Vulgaire en eſt inſtruit ſuffiſamment par l'expérience commune. Les Philoſophes ont mis la choſe dans une
pleine évidence par les Expériences lumineuſes qu'ils ont eux-mêmes inventées.
Telles ſont celles de l'ingénieuſe *Machine Pneumatique* de Mr. Boyle, où l'on
voit que des Animaux douez de Sang étant mis, meurent auſſi-tôt que l'on
en a vuidé l'air. Telles ſont encore celles du Savant (1) Mr. Hook, qui diſſéquant des Chiens, après leur avoir ouvert la *Trachée Artére* au deſſous de l'Epi-
glotte, & coupé auſſi les Côtes, le Diaphragme, & le Péricarde, s'eſt ſervi
d'une tuïére de Soufflet pour introduire de l'air frais dans les Poûmons, de ſorte que par ce moien les Chiens diſſéquez ont vécu encore une heure. Ainſi, quoi
que les propriétez eſſentielles de l'Air, & la manière dont il agit ſur nous, ne
ſoient pas encore pleinement connuës, c'eſt un fait conſtant, au jugement de
tous les Hommes, que cet élément eſt une des cauſes néceſſaires de la Vie:
d'où vient que par-tout on cherche à jouïr d'un Air ſain. De même, poſé une
multitude d'Hommes, qui, ſelon qu'il y a de plus raiſonnable dans l'hypo-
thèſe d'Hobbes, vivent en même tems hors de toute Société Civile, douez
de

Et de l'influen-
ce de l'*Air*.

*non continetur tamen nomine Poenae reſpectu Ho-
minum; quia non inflictum eſt Auctoritate Civili.*
Leviath. Cap. XXVIII. pag. 147.

§ XXXIV. (1) Cette expérience & d'autres
ſemblables, ſe trouvent rapportées dans la
Théologie Phyſique de Mr. Derham, Liv.

IV. Chap. 7. pag. 210, & ſuiv. de la Traduction Françoiſe, imprimée à *Rotterdam* en 1726.
On peut conférer encore ici le Chap. I. du I.
Livre de cet Ouvrage, *pag.* 6, & ſuiv. où
l'Auteur traite de l'uſage de l'Air pour la Vie,
la Santé &c.

28 DE LA LOI NATURELLE, ET DE

de Facultez Naturelles fuffifantes pour s'entr'aider ou fe nuire les uns aux autres dans la jouïffance des chofes néceffaires à la Vie & par conféquent de la Vie mê-me; ces Hommes certainement ne fauroient parvenir au terme ordinaire de la Vie Humaine, s'ils ne s'accordent à procurer réciproquement le bien ou la confervation de chacun, du moins jufqu'à s'abftenir de fe nuire les uns aux au-tres, & à ne pas empêcher que chacun ufe des chofes néceffaires que la Nature produit. Cela eft néceffaire, à peu près de la même maniére que l'ufage de l'Air eft néceffaire à la Vie, & il en réfulte quelque forte de Bienveillance, plus grande fans contredit que l'on n'en peut concevoir dans l'Etat de Guerre fup-pofé par *Hobbes*. Car un tel accord fe rapporte au but de la Bienveillance, & par cela même que c'eft un acte volontaire, exercé en matiére de moiens na-turellement propres à cette fin, il tend à en faire ufage. Chacun même regar-dera alors néceffairement fes propres forces comme des moiens capables de con-tribuer à la confervation de plufieurs, & fera ainfi porté à les emploier en leur faveur, parce qu'il verra que par-là il ne perd rien, & qu'au contraire il gagne, en ce que non feulement fes Facultez s'accroiffent par l'exercice, mais encore il a une efpérance raifonnable de recevoir la pareille. Ainfi cet accord feul ren-fermera & l'*Innocence*, & la *Bénéficence*, qui font les deux grandes Tables de la Bienveillance Univerfelle, & de la Loi Naturelle.

Puis donc qu'un tel accord eft néceffaire à chacun, il faut toûjours, autant qu'on peut, tâcher d'engager les autres Hommes à y entrer en nôtre faveur, quoi que leur conftitution intérieure ne nous foit pas plus connuë que celle de l'Air, & que nous ne puiffions pas prévoir tout le bien ou tout le mal qui re-viendra de leur commerce. Que tel ou tel Air, que l'on refpire, foit parfaite-ment fain, ou qu'il foit capable d'engendrer des maladies, c'eft ce que nous ignorons: mais nous fommes affurez, que, dès qu'on ne peut plus refpirer, la mort s'enfuit infailliblement, & que, tant qu'on a la refpiration, c'eft d'ordi-naire un grand fecours pour la confervation de nôtre Vie.

L'influence univerfelle des Hommes fur le bonheur les uns des autres, de-mande auffi que l'on travaille conftamment à fe procurer leur faveur, fans né-gliger aucun d'eux, & moins encore fans en offenfer aucun volontairement, de telle forte qu'on ne fe laiffe jamais aller à la tentation de prendre d'autres voies, & de préferer des chofes qui ne font que des caufes particuliéres de Bonheur, comme le Gain, la Gloire, ou le Plaifir; quoi que tout cela ne foit pas inuti-le, lors qu'on le recherche en fon rang, & toûjours fans préjudice de la vuë des Caufes plus générales. Quiconque eft en fon bon-fens, n'ira pas, en fe pri-vant de la refpiration, & au péril de fa vie, fe plonger au fond de la Mer, pour chercher les tréfors les plus précieux qui s'y trouvent difperfez. Chacun fait, que c'eft la plus haute folie, de penfer à pourvoir, en s'enrichiffant, à quelque peu de néceffitez ou d'agrémens de la Vie, & de négliger en même

tems

(2) L'Original porte fimplement: *ad com-munem omnium ufum*. J'ai fuppléé le mot *mem-trorum*, que le fens demande, & qui avoit été fans doute omis par le Copifte ou par les Im-primeurs, fans que l'Auteur y prît garde. On ne peut pas fous-entendre ici *Luminum*: car il s'agit feulement de ce qu'il y a dans la mé-chanique de la Refpiration, qui, comme le dit enfuite l'Auteur, fournit *une légère ébauche des Devoirs réciproques d'Humanité*, dont la pra-tique a une influence qui tend au Bien de tous les Hommes, comme celle de la Refpiration,

par

tems le fond ou le total de nôtre Bonheur à venir, savoir, les Causes absolument nécessaires pour nous le procurer, & la Vie, sans quoi nous ne saurions
en jouïr. Comme donc nous devons diriger les organes de nôtre respiration,
dont l'usage peut en quelque maniére être empêché ou aidé par quelque acte
de nôtre volonté, & régler les autres mouvemens volontaires de nôtre Corps,
d'une maniére à nous procurer toûjours, autant qu'il dépend de nous, la
jouïssance d'un Air sain: par la même raison, il faut que nous réglions toutes
nos affections internes, & toutes nos actions extérieures, qui se rapportent
aux autres Hommes en général, par un tel principe (a) d'humanité, qu'autant qu'il est en nôtre pouvoir, nous les engagions tous à nous faire ressentir
les effets de leur Bienveillance salutaire.

On a soin d'empêcher que des vapeurs & des exhalaisons nuisibles ne rem-
plissent les Maisons, & l'on se précautionne sur-tout contre l'infection de la
Peste, & d'autres Maladies contagieuses, qui corrompent l'Air, cet aliment
perpétuel de nôtre vie & de celle des autres. C'est-là un petit emblème de
l'*Innocence*, & de sa nécessité dans toute nôtre conduite.

L'Air n'est pas plûtôt entré dans nos Poûmons, que nous le poussons dehors; ou s'il y en reste quelque tems une petite partie pour rafraîchir nôtre
Sang & nos Esprits Animaux, mêlé ensuite avec eux, une transpiration insensible
le renvoie, comme avec usure, dans la masse de l'Air, par l'effet naturel d'un
mouvement réciproque, où il entre quelque chose de volontaire, qui donne
l'idée d'une espéce de Reconnoissance, & en montre la nécessité pour le Bien
du Tout.

Le Sang, & les Esprits Animaux, se nourrissent de l'Air, & il contribuë
encore à former dans les Organes naturels un bon Suc génital pour la propagation de l'espéce. Voilà qui représente le soin de soi-même, & de sa postérité auquel on est tenu jusques à un certain point.

Nos forces, réparées par la respiration, sont naturellement propres à se déploier en diverses maniéres pour l'usage commun de tous (2) les Membres de
nôtre Corps; & l'Air même que nous poussons hors des Poûmons, en resort
pour l'avantage commun de tous. Ainsi, en respirant, nous donnons une
légére ébauche des Devoirs réciproques d'Humanité.

Cette action naturelle, entant qu'elle est un mouvement corporel, qui se
fait dans les Bêtes aussi bien que dans les Hommes, & même pendant le sommeil, n'est à la vérité qu'une ombre des Vertus Morales, dont j'ai parlé: mais
elle ne laisse pas de représenter exactement toutes les parties de l'original,
leur liaison étroite, leurs mouvemens ou leurs effets réels. On s'en convaincra, si l'on compare ce que je viens de dire avec ce que j'ai dit ci-dessus des
Actions nécessaires pour le Bien Commun; & si l'on considére, que la Vertu
n'est autre chose qu'une volonté constante d'obéïr aux Loix Naturelles, qui
prescri-

par rapport à l'avantage commun de tous les
Membres de nôtre Corps. Ainsi, en suivant
le Texte corrompu, comme a fait le Traducteur Anglois, on confond les deux Membres
de la comparaison: & il est surprenant que

Mr. le Docteur BENTLEY n'y ait pas pris garde, selon la collation, qui m'a été communiquée, de l'Exemplaire de l'Auteur, revû par
ce grand Critique, où je ne vois rien ici de
marqué.

Ll 3

prefcrivent les Actions néceffaires pour cette fin. Mais entant que la Refpiration même, & tous les autres mouvemens communs aux Hommes àvec les Bêtes, peuvent être dirigez par la Raifon Humaine jufqu'à un certain point, fi en cela on fe propofe toûjours la plus noble Fin, ou le Bien Commun du Roiaume de DIEU, lequel renferme l'honneur de ce Souverain Conducteur de l'Univers, & le Bonheur des Hommes foûmis à fon Empire; ces mouvemens naturels deviennent alors des actes de véritable Vertu, de même que les *Feftins*, & les *Jeûnes*, font partie des exercices de Piété, quand on les rapporte à quelque fin religieufe.

Enfin, pour ne pas trop infifter fur cette comparaifon, j'ajoûterai feulement une autre chofe en quoi il y a ici du rapport entre les deux chofes comparées. La Bienveillance de chaque Homme envers tout autre, & le libre ufage de l'Air qu'on refpire, font également des Caufes générales & néceffaires, la prémiére du Bonheur, & l'autre de la Vie: mais ni l'une ni l'autre n'eft la Caufe totale & complette (b) de l'effet qui en dépend: car il y a bien d'autres chofes dont le concours eft néceffaire pour l'entretien de la Vie & du Bonheur, fans qu'aucune néanmoins excluë jamais celles-ci. De plus, l'influence déterminée de l'une & de l'autre de ces Caufes générales fur l'effet défiré, n'eft pas entiérement connuë: & ni l'une, ni l'autre, ne fe trouve entiérement au pouvoir de ceux qui en ont befoin. D'où vient, qu'après tous les foins poffibles que nous ayons pris par rapport à l'une & à l'autre, nous n'avons pas une entiére certitude de parvenir à la fin que nous fouhaittons, fi à ces Caufes il ne s'en joint d'autres, que nous ne faurions déterminer ou diriger en nôtre faveur. Cela ne doit néanmoins décourager perfonne de l'attachement à la Vertu, ou à une Bienveillance Univerfelle: de même que perfonne n'en vient, par une raifon femblable, à négliger tout foin de refpirer un Air fain, & à fe jetter dans des lieux où il régne une Pefte fi contagieufe, que de plufieurs milliers d'Hommes il n'en peut échapper un. Un Air empefté de cette maniére eft une parfaite image de la Guerre de tous contre tous: état, qui naîtra néceffairement, par-tout où l'on ne prendra pas pour régle de fa conduite le Bien Commun, mais où chacun fera de fon avantage particulier le but de toutes fes actions, & la mefure de celles des autres. Tout ce qu'on peut inferer des maux qui arrivent quelquefois aux Gens-de-bien, c'eft que nos Facultez ne font pas toûjours capables de nous procurer tous les degrez poffibles de Bonheur, encore même qu'elles foient réglées entiérement par les meilleurs Préceptes de la Morale. Mais il eft toûjours certain, qu'en fuivant ces régles, nous ferons tout ce qui dépend de nous pour avancer le Bonheur de nôtre Vie: or c'eft-là l'unique tache de la Morale, ou de la Droite Raifon Pratique. Et l'on en retirera un grand avantage, en ce que l'on évitera trèscertainement une infinité de maux, que bien des gens s'attirent par leurs Vices, & qu'on furmontera par fa patience ceux qui font inévitables. Au milieu même de ces maux, on joüira d'une férénité, d'une force, & d'une tranquillité d'efprit, produites par une bonne confcience, dont le fentiment, le plus agréable du monde, nous remplira d'une joie préfente, & de l'efpérance d'une récompenfe à venir. Ceux, au contraire, qui ne penfant point au Bien Commun, méprifent la faveur de DIEU & des Hommes, par cela même

qu'ils

(b) *Caufa adæquata.*

qu'ils négligent les principales Caufes, d'où cette faveur dépend, bon-gré mal-gré qu'ils en aient; fappent de propos délibéré les fondemens de leur propre Bonheur, & changent en haine très-jufte contr'eux, l'amitié dont ils favent bien qu'ils ont abfolument befoin. Ainfi il n'eft pas poffible qu'ils n'appréhendent d'être punis: & lors qu'ils fentent les maux qui fondent actuellement fur eux, ils s'en reconnoiffent eux-mêmes les auteurs, ils fe reprochent comme la plus honteufe folie, d'avoir voulu ne vivre que pour eux feuls, quoi qu'ils n'euffent nullement dequoi fe fuffire à eux-mêmes.

§ XXXV. Dans tout ce que j'ai dit jufqu'ici, je me fuis uniquement propofé de montrer, que la maxime, (1) *De faire une application générale & fans exception de ce qui eft vrai en matiére de chofes univerfelles*; que cette maxime, dis-je, fi utile pour la Méthode, a lieu non feulement dans les Sciences Spéculatives, mais encore dans cette Science Pratique, qui enfeigne aux Hommes l'art de parvenir au Bonheur: & qu'ainfi on doit toûjours, en tout tems, en tout lieu, &c. chercher à fe procurer l'affiftance de Dieu & des Hommes, ou des Agens Raifonnables, comme étant les Caufes Univerfelles de nôtre Bonheur; en forte qu'on ne les néglige jamais entiérement, & moins encore qu'on ne fe les rende pas contraires. Pour cet effet, il ne faut rien faire qui donne la moindre atteinte au Bien Commun, quoi que ce ne foit qu'en fecret, ou rarement. La douceur qu'on trouve dans le Vice, paffe très-vîte: mais l'impreffion des offenfes commifes contre Dieu, & contre les Hommes, dure toûjours. Le pécheur lui-même en conferve un fouvenir profond, qui lui reproche fon crime, & le trahit fouvent, quoi qu'il faffe pour fe cacher. Ceux qu'il a offenfez par des actions contraires au Bien Public, ne l'oublient pas non plus: & s'ils n'ont pas pour l'heure occafion d'en tirer vengeance, ils pourront tôt ou tard la trouver, auquel cas ils ne manqueront pas d'en profiter; ou, à fon défaut, ils laifferont à leur poftérité le foin de faire ce qu'ils n'ont pû faire eux-mêmes. Mais Dieu fur-tout n'oublie jamais les Crimes, lors même qu'il en différe la punition. De ces réflexions, & autres qui fe préfentent aifément à chacun, il s'enfuit, qu'une Raifon attentive à bien confiderer toutes les Caufes d'où dépend néceffairement le Bonheur de chacun, ne fauroit jamais juger, qu'on puiffe rien entreprendre de contraire au Bien Commun, fans empêcher l'effet de ces Caufes, & par conféquent fans nuire en quelque maniére à fon propre Bonheur.

Venons maintenant à faire voir, que la prévifion de cette peine, attachée aux Actions par lefquelles on donne quelque atteinte au Bien Commun, nous découvre clairement l'Obligation où nous fommes de nous en abftenir; & que, par une raifon femblable, l'efpérance probable du bien que la pratique d'une Bienveillance Univerfelle nous procurera de la part des autres Hommes, nous impofe l'Obligation d'exercer envers eux toute forte d'actes de cette nature: d'où naît l'Obligation de pratiquer toutes les Vertus, qui ne font autre chofe que de différentes modifications de la Bienveillance Univerfelle; & de fuïr tous les Vices, dont la nature ne fauroit être ignorée, dès-là qu'on connoît
les

Que, dans la recherche de nôtre Bonheur, nous ne pouvons impunément négliger la faveur de Dieu, ou des Hommes: conclufion générale.

---

§ XXXV. (1) Γενικὰ γνικῶς. Je ne fai, d'où nôtre Auteur a tiré ces deux mots Grecs, par où il exprime fa régle fuccinctement, & qui font apparemment de quelque Ancien Auteur.

les Vertus. En effet, le foin d'éviter les Peines, & d'obtenir les Récompenfes dont il s'agit, entre dans l'idée effentielle de ce Bonheur que nous fouhaittons par une néceffité naturelle, comme étant l'affemblage de tous les Biens qu'il nous eft poffible d'aquérir. Tout le monde tombe d'accord, qu'on peut tirer de là des motifs à obferver les Loix. Pour moi, je tiens que l'Obligation des Loix n'eft autre chofe que la vertu propre & interne de tous ces motifs dont le Légiflateur, c'eft-à-dire, DIEU, fe fert pour nous engager à une Bienveillance Univerfelle. Les Récompenfes, que la Droite Raifon nous repréfente comme attachées à cette Bienveillance Univerfelle, tirent principalement la force qu'elles ont d'obliger, de ce qu'elles nous promettent en même tems l'amitié de DIEU, l'Etre fouverainement raifonnable & le Maître de l'Univers. De même, les Peines, qui fuivent naturellement les Actions oppofées, font auffi une partie de la Vengeance Divine pour le préfent, & des préfages très-certains d'une punition à venir. Car la Raifon de DIEU, toûjours droite, ne peut que s'accorder toûjours avec celle des Hommes, qui eft telle. Cette vérité eft fuffifamment connuë par la lumiére naturelle, comme il paroît par ce que dit (2) CICE'RON, en l'appliquant à DIEU: *Ceux à qui la Raifon eft commune, la Droite Raifon leur eft auffi commune.* Et certainement je ne faurois rien concevoir, qui foit capable d'impofer à nôtre ame quelque néceffité qui la lie & l'aftreigne (en quoi, comme on l'a vû ci-deffus, JUSTINIEN fait confifter la force de l'*Obligation*) fi ce n'eft les raifons qui nous font prévoir le Bien ou le Mal qui proviendra de nos Actions. Or la faveur de DIEU étant le plus grand des Biens; & fa colére, le plus grand des Maux: la liaifon que l'une & l'autre a avec nos Actions, nous montre affez à quoi (3) fon Autorité nous engage; en quoi confifte la véritable nature de l'Obligation.

Il faut, au refte, fe fouvenir ici, que l'on doit mettre au rang des Récompenfes & des Peines, tous les Biens, ou tous les Maux, qui, felon l'ordre de la Nature établi par la volonté de DIEU, ont une liaifon manifefte avec nos Actions Libres qui fe rapportent au Bien ou au Mal Commun, foit immédiatement, ou médiatement. La liaifon eft immédiate, lors qu'une Action, qui tend à l'honneur de DIEU, ou à l'avantage d'un grand nombre d'Hommes, porte avec elle fa récompenfe, par la douceur du plaifir que tous ceux qui font une telle Action goûtent au-dedans d'eux-mêmes, en s'attachant, par exemple, à quelque méditation très-utile, en exerçant des actes d'Amour envers DIEU, & envers les Hommes: ou lors qu'une Action contraire entraîne après foi fa punition, par les douleurs & les chagrins que s'attirent, par exemple, les Envieux, ceux qui s'abandonnent à la Colére, & tous ceux qui font

---

(2) Ce Paffage de CICE'RON a été cité ci-deffus, fur le *Difcours Préliminaire*, § 10. *Not.* 1.

(3) Il eft bon de remarquer en peu de mots, à quoi fe réduifent les principes de nôtre Auteur, qu'il explique ici, & dans les paragraphes fuivans. Selon lui donc, l'*Autorité* de DIEU, ou le droit que cet Etre Suprême a de nous commander, eft le grand & le premier fondement de l'*Obligation*; la raifon principale pourquoi nous devons nous conformer à fa Volonté, dès qu'elle nous eft connuë. Les *Récompenfes*, & les *Peines*, attachées naturellement à nos Actions, par un effet de l'ordre qu'il a établi dans l'Univers, font autant d'*indices* certains qu'il *veut* que nous regardions & que nous pratiquions, comme autant de *Loix*, les Devoirs renfermez dans la

Bien-

font dans des difpofitions à vouloir & à faire actuellement du mal aux autres. La liaifon n'eft que médiate, lors que les Biens ou les Maux réfultent d'une Action par une fuite de Caufes qui les aménent, foit que ces Caufes agiffent néceffairement ou librement, comme quand la volonté des Etres Raifonnables, c'eft-à-dire, de Dieu & des Hommes, ajoûte par furcroît à nos Actions quelque Peine ou quelque Récompenfe arbitraire. Et pour ce qui eft de Dieu, la feule Raifon Naturelle donne aux Hommes, encore qu'ils fouhaittent le contraire, un preffentiment de la diftribution des Peines & des Récompenfes qu'il fera même après cette Vie.

Ici il faut fur-tout fe bien garder de reftreindre la force de la Sanction des Loix Naturelles aux Récompenfes & aux Peines extérieures de cette Vie, qui ont quelque chofe de contingent. Car ce feroit négliger les plus grands indices de l'Obligation, & par-là on en viendroit aifément à méprifer l'Obligation même. D'ailleurs, fi l'on n'eft porté à faire quelque chofe de moralement bon, que par l'efpérance des Biens, ou la crainte des Maux de cette nature, c'eft la marque d'un efprit bas & mercénaire. Au contraire, fi l'on cherche outre cela la Récompenfe que l'on trouvera dans la fatisfaction intérieure de fon Ame, & dans la faveur éternelle de Dieu, avec lequel on coopére en quelque maniére par l'attachement à avancer le Bien Public; on ne manquera jamais d'avoir là un puiffant aiguillon à la Vertu, & on évitera tout foupçon de baffeffe d'ame.

Il y a trois chofes, toûjours attachées à la pratique de la Vertu, qui font certainement autant de Récompenfes honnêtes & honorables. 1. La prémiére eft, une connoiffance plus étenduë de Dieu, & des Hommes, comme étant les Caufes les plus nobles, non feulement de nôtre propre Bonheur, mais encore du Bien Commun de tous les Etres Raifonnables. En s'attachant à faire ce qui eft agréable à Dieu & aux Hommes, à caufe de la dépendance où les Hommes font de Dieu & du fecours réciproque des autres Hommes, on reconnoîtra, que toutes les Vertus découlent des fources inépuifables de l'effence, de la confervation & de la perfection de la Nature Humaine. 2. La feconde fuite eft, la conformité de nôtre Nature avec la Nature Divine, en ce que l'on imite la Bonté de Dieu, fi clairement manifeftée dans le cours de fa Providence univerfelle. 3. La troifiéme & derniére fuite, c'eft l'empire que nôtre Raifon exerce fur toutes nos Paffions, & fur tous les mouvemens de nôtre Corps. De tout cela il paroît, que la Piété & la Juftice, qui confiftent en ce que nous venons de dire, leur accroiffement & leurs effets immédiats, favoir, la joie & la tranquillité intérieure que produit le fentiment qu'on en a; font la principale partie des Récompenfes de la Vertu. Et l'on peut ainfi concilier l'opinion des *Stoïciens*, & d'autres, qui prétendent

que

Bienveillance Univerfelle, dont l'obfervation eft accompagnée de ces Récompenfes, & la violation fuivie de ces Peines Naturelles; qui, les unes & les autres, font en même tems de puiffans *motifs*, pour nous porter à faire, par la vuë de nôtre propre Intérêt, ce à quoi nous volons d'ailleurs que nous fommes tenus Indifpenfablement & principalement par la confidération de l'Autorité de Dieu,

comme nôtre Maître Souverain. On peut voir ce que j'ai dit à ma maniére, & affez au long, pour établir de femblables principes, dans mes *Réflexions fur le Jugement d'un Anonyme*, ou de Mr. Leibnitz, jointes aux derniéres Editions de ma Traduction de l'Abrégé de Pufendorf, des *Devoirs de l'Homme & du Citoien* &c.

M m

que la Vertu doit être recherchée pour elle-même. Car je reconnois, que ces fortes de récompenfes font fi étroitement unies avec la Vertu, qu'aucun fâcheux accident ne fauroit les en détacher. Mais, comme on peut au moins par abftraction les envifager féparément, qu'elles font propres à la Vertu, & qu'on les prévoit ordinairement comme des Récompenfes qui l'accompagnent; j'ai jugé néceffaire de les confiderer fous l'idée d'une Sanction attachée aux maximes pratiques de la Raifon, qui prefcrivent la recherche du Bien Commun, ou, ce qui eft la même chofe, l'attachement à toute forte de Vertus; & de les diftinguer par ce caractére particulier, de toutes les autres Maximes Pratiques, dont l'obfervation, quelque vraies qu'elles foient, n'eft pas pour chacun d'une néceffité indifpenfable. Telles font les Propofitions concernant la réfolution des Problèmes d'Arithmétique, ou de Géométrie, que l'on ne peut regarder comme des Loix Univerfelles: car elles ne font accompagnées d'aucune Sanction pareille; & toute *Loi* eft une maxime pratique, qui prefcrit ce qui tend à avancer le Bien Commun, foûtenuë par la Sanction des Peines & des Récompenfes.

Je prie enfin le Lecteur, de remarquer, que je n'explique pas ici les Caufes générales de l'Obligation des Loix, par rapport à une telle Sanction. J'ai affigné ci-deffus une autre Caufe (4) Efficiente, une autre Fin, beaucoup plus grande. Il s'agit feulement d'expliquer cette partie de ma Définition qui regarde la néceffité où chacun eft en particulier d'obferver les Loix, à caufe dequoi les Actions qu'elles prefcrivent font dites *néceffaires*. On ne peut entendre cela d'une *néceffité abfoluë*, comme celle des Mouvemens Méchaniques, mais feulement d'une *néceffité rélative & bypothétique*, c'eft-à-dire, eû égard à quelque effet, fuppofé qu'on veuille le produire. Or dans la Loi la plus univerfelle, dont je traite principalement, c'eft-à-dire, celle qui concerne la recherche du Bien Commun, ou de la Gloire de Dieu, jointe avec le Bonheur des Hommes, il eft clair que l'Action prefcrite n'eft pas néceffaire pour produire quelque effet plus rélevé ou plus grand; car il n'y en a, ni ne peut y en avoir de tél. Il n'eft pas moins évident, que, fi l'on dit qu'une telle recherche eft néceffaire pour produire ce même effet, ou le Bien Commun, ce fera une *Propofition identique*, & qui ne renfermera aucun motif à agir. Ce qu'il faut donc entendre ici, c'eft que la recherche ou la production d'un tel effet, autant qu'il eft en nôtre pouvoir, eft néceffaire pour quelque effet moins confidérable qui en dépend, c'eft-à-dire, pour procurer, avec l'aide de toutes les Caufes, nôtre propre Bonheur, que l'on fuppofe avec raifon que nous défirons. La Propofition, ainfi entenduë, fournit dequoi nous porter puiffamment à agir. Je reconnois cependant très-volontiers, que la réalité de cette Obligation étant une fois connuë par les effets, de la maniére que je l'ai fait voir, la force en eft beaucoup augmentée par la confidération de la Caufe Efficiente d'où nous avons déduit l'Obligation, c'eft-à-dire, de la Volonté de la Prémiére Caufe. Car on eft affûré par-là, que la Sageffe infinie de l'Entendement

(4) Cette *Caufe Efficiente*, c'eft la *Volonté* de Dieu, comme nôtre Auteur s'explique un peu plus bas. Et le *Bien Commun*, eft cette autre *Fin*, beaucoup plus grande.

ment Divin approuve ces Loix ; & leur Sanction ; & que toutes les perfections essentielles de la Nature Divine concourent au même effet; la Volonté
de Dieu étant toûjours nécessairement d'accord avec ses autres Perfections.
Ainsi la vuë de toutes ces Perfections encouragera les Hommes par l'espérance de plus grandes Récompenses, & leur fournira un pressentiment certain de
plus grandes Peines, qui confirmeront la Sanction de ces Loix, & la nécessité de l'obéïssance.

Toute ignorance des Loix Naturelles, & toute négligence à les observer,
viennent, à mon avis, de ce que la plûpart des Hommes ou n'examinent pas
suffisamment, quelles sont les véritables parties de leur propre Bonheur & de
celui des autres, & la juste proportion qu'il y a entr'elles, pour savoir ce que
chacune renferme, plus ou moins, de Bien ; ou ne considèrent pas, comme
il faut, les véritables Causes de ce Bonheur, & le plus ou moins que chacune
contribuë à cette fin, ou cet effet. Les principes d'Hobbes, sur la manière dont il veut que les Hommes se conduisent dans l'Etat de Nature, péchent
par l'un & l'autre endroit. Car, d'un côté, il propose une Fin trop bornée,
savoir, la conservation de nôtre Vie & de nos Membres, sans s'embarrasser
du soin de perfectionner nôtre Ame, & de l'espérance d'une Eternité: de
l'autre, il prétend, que la considération de ce que les Causes Raisonnables,
savoir, Dieu & les Hommes, peuvent contribuer à empêcher qu'on ne
donne atteinte à aucun droit d'autrui, n'est d'aucune efficace, hors d'une Société Civile. Pour moi, je reconnois volontiers, que l'ordre de la Société Civile augmente beaucoup la force de ces Causes. Mais je soûtiens, qu'en supposant même qu'il n'y a point de Gouvernement Civil, nous n'avons nul besoin, pour travailler à nôtre propre Bonheur, d'attaquer les autres ou tout
ouvertement, ou par ruse, & de nous jetter ainsi dans l'Etat de Guerre :
mais que nous trouvons amplement dans la nature de Dieu, & dans celle
des Hommes, une raison suffisante de vouloir, au contraire, engager tous les
autres, par une Bienveillance Universelle, c'est-à-dire, par la pratique de
toute sorte de Vertus, à la Paix, la Bienveillance, & enfin à une Société,
tant Civile, que Religieuse.

§ XXXVI. Apre's avoir ainsi expliqué en gros, & aussi briévement qu'il *Réponse à une*
m'a été possible, mon sentiment sur l'essence & l'origine de l'Obligation Na- *Objection, ti-*
turelle ; il faut maintenant résoudre deux difficultez, capables d'embarrasser *rée de l'incer-*
des Esprits même bien disposez. L'une est, que les Peines des Vices paroïs- *titude des Pei-*
sent incertaines, & que les Récompenses de la Vertu ne semblent pas être *nes naturelle-*
connuës avec assez de certitude, pour porter des caractéres suffisans d'une O- *ment atta-*
bligation Naturelle, & d'une Volonté de la Prémiére Cause. L'autre, *chées au Vice,*
que (1) selon mes principes, il semble que le Bien Commun soit postposé & *penses de la*
subordonné au Bonheur particulier de chacun. *Vertu.*

Pour ce qui regarde l'incertitude prétenduë de la liaison des Peines & des
Récompenses avec les Actions contraires ou conformes au Bien Commun,
voi-

---

§ XXXVI. (1) La réponse de l'Auteur à   quelques digressions, sur-tout pour réfuter
cette Seconde Objection, ne commence   Hobbes, mêlées avec ce qu'il dit sur la
qu'au paragraphe 45. avant lequel il fait   Prémiére Objection.

voici ce que j'ai à répondre, en commençant par la liaison qu'il y a entre les Peines & le Vice; sur quoi je m'étendrai davantage, parce qu'il y a plus de difficulté, & que par-là on pourra aisément-juger de ce qui concerne les Récompenses de la Vertu.

I. Je dis donc d'abord, qu'encore qu'il arrive quelquefois que des Actions Mauvaises en elles-mêmes ne sont pas actuellement suivies d'une certaine sorte de Peines, c'est-à-dire, de celles que les Hommes infligent, le Crime néanmoins ne demeure pas entiérement impuni: ainsi en ces cas-là même le motif d'Obligation tiré de la considération de quelque Peine certainement à craindre, ne laisse pas d'avoir lieu. Car il est impossible que le Crime ne soit pas toûjours accompagné de quelques degrez d'un chagrin produit dans l'Ame par le conflict entre les plus pures lumiéres de la Raison, qui conseillent la pratique du Devoir, & les mouvemens aveugles, qui entraînent au Crime. À cela se joint l'appréhension de la Vengeance & de D I E U, & des Hommes; crainte, qui cause une douleur présente. De là aussi il naît un panchant à commettre déformais les mêmes Crimes, ou de pires encore ; disposition, qui corrompant les Facultez de nôtre Ame, doit, à mon avis, être mise au rang des Peines. La malice même & l'envie, qui sont essentielles à tout attentat sur les droits d'autrui, tourmentent naturellement & nécessairement l'Ame de tout Méchant; de sorte qu'il (2) hume la plus grande partie de son vénin.

2. La considération & l'estimation des Peines mêmes qui sont seulement des suites contingentes & vraisemblables des Mauvaises Actions, a une liaison nécessaire avec ce que demande une sage considération des Actions nuisibles à autrui, que l'on fera, ou que l'on a déja faites. J'ai prouvé ci-dessus, que l'attente d'un mal, qui arrivera, quoi que non infailliblement, a une valeur qui doit le faire regarder comme un mal présent & certain. Ce mal, entant qu'on peut y être actuellement exposé, du moins avec l'approbation du Conducteur de l'Univers, est une véritable Peine, par la vuë de laquelle ce Législateur Suprême se propose manifestement de nous engager à ne pas courir un si grand risque, pour quelque avantage que l'on espérera de retirer du mal d'autrui. De là naît par conséquent une Obligation certaine & indispensable, dans l'esprit de tous ceux qui considérent & pésent, selon les lumiéres de la Raison, tout ce qui est capable d'apporter quelque obstacle à leur Bonheur.

La force de cette conséquence paroît suffisamment par ce que j'ai dit un peu plus haut sur la nature de l'Obligation. Il faut maintenant faire voir en peu de mots, que la considération attentive des Actions Humaines nuisibles à d'autres Etres Raisonnables, conduit nécessairement nos Esprits à la vuë du grand danger auquel on s'expose de subir la Peine, que de très-fortes raisons nous font craindre; quoi qu'on ne puisse pas prévoir certainement ce qui arrivera. C'est ce que les réfléxions suivantes mettront dans une pleine évidence.

Tou-

---

(2) Pensée tacitement empruntée de S E-N E Q U E, qui la donne lui-même comme la tenant du Philosophe *Attale*, dont il avoit été Disciple: *Quemadmodum* A T T A L U S *noster dicere solebat, Malitia ipsa maximam partem venení sui bibit.* Epist. LXXXI.

Toute Action Humaine, nuifible à des perfonnes innocentes, a, par cela même qu'elle eft telle, la force d'une *Caufe méritoire*, qui eft capable de porter tout Etre Raifonnable, & principalement ceux qui en fouffrent quelque mal, à punir, autant qu'ils peuvent, l'auteur d'une telle action. Cette force *impulfive* n'eft point une chimère, mais elle eft auffi réelle, que tout mouvement produit par les objets qui frappent nos Sens. J'avouë, qu'elle ne fuffit pas toute feule pour infliger actuellement aux Coupables la punition qu'ils méritent. Mais je crois qu'elle doit entrer ici en confidération, parce que tous ceux qui veulent agir d'une maniére raifonnable, examinent néceffairement tous les effets poffibles de leurs actions, & fur-tout fi elles ont dequoi faire prendre à d'autres Etres Raifonnables la réfolution de les punir, pour venger l'atteinte qu'elles donnent au Bien Commun. L'impreffion de cette idée du *mérite* de l'Action, eft une des Caufes qui (a) concourent & qui aident à produire l'effet, & on peut très-bien la joindre a la force qu'ont les Objets qui fe préfentent, l'occafion, les confeils. Ainfi il ne faut pas négliger ici de la mettre en ligne de compte, parce que cela nous méne à penfer, que la force propre de la qualité de nos actions peut être jointe avec celle de plufieurs autres Caufes, qui concourront à produire de grands effets, qu'on n'auroit pas lieu d'attendre de ces actions confidérées toutes feules. Voilà qui montre, que rien n'eft plus véritable que la Propofition avancée ci-deffus, quelque paradoxe qu'elle femble, c'eft que la confidération des Peines, qui, à caufe du concours réquis des Caufes extérieures, ne fuivent pas néceffairement les Mauvaifes Actions, mais peuvent les fuivre & les fuivront probablement, a une liaifon néceffaire avec une fage confidération de la nature même de ces actions. Toûjours eft-il certain, qu'en s'abftenant de faire du mal à autrui, on ne s'attirera pas fa propre ruïne: & qu'au contraire, fi l'on fe hazarde à nuire aux autres, dès-là on travaille à fe perdre, en fourniffant un motif, & une prémiére Caufe, à laquelle il s'en joindra aifément d'autres, pour produire ce funefte effet. Nous ferons voir dans la fuite combien il eft probable que ces autres Caufes y concourront. Mais il faut auparavant ajoûter ici quelque chofe, touchant les autres effets des Mauvaifes Actions, lefquels contribuent à rendre plus certaine l'exécution des Peines.

§ XXXVII. Il eft certain, que toute Action qui part d'une mauvaife volonté envers autrui, tend de fa nature à produire une infinité d'autres Actions femblables, contraires au Bien Commun, & par conféquent au Bonheur de l'Agent même, lequel Bonheur dépend en diverfes maniéres du Bien Commun. Cela vient en partie, de ce que, par tout acte de *Malveillance*, on fraie le chemin à en contracter l'habitude, & à corrompre fes mœurs: en partie, de ce que l'on eft enfuite prefque réduit à la néceffité de foûtenir le Crime par un autre Crime; on a commencé par agir avec rufe & couvertement, il faut finir en ufant d'une violence ouverte: en partie, de ce que l'exemple étant contagieux, infecte un grand nombre d'autres perfonnes. Or il eft clair, que, plus les influences des actes de *Malveillance* s'étendent loin, & plus tout tend ouvertement à amener un Etat de Guerre, qui entraîne une grande quantité de Peines très-rigoureufes, & qui menace celui qui a montré l'exemple du Crime, d'une ruïne auffi certaine, que tous les autres ont lieu de la craindre pour eux-mêmes. Ainfi, quoi que la crainte d'une Guerre de tous contre tous, jufte de part &

Mm 3 d'aud'autre, foit tout-à-fait chimérique, puis que le cas ne peut jamais arriver, comme je l'ai fait voir-ci-deffus; chacun néanmoins, fuppofé même qu'il vive hors de toute Société Civile, a grande raifon d'appréhender, que, par fon propre Crime il ne s'attire une Guerre jufte, en portant plufieurs à unir enfemble leurs forces contre lui pour le maintien de leurs droits, ou pour la punition du Crime. Que fi alors il trouve moien d'engâger plufieurs autres à prendre fa défenfe, il les enveloppera dans les malheurs de cette Guerre injufte, qui peut être fatale à lui & à eux. Quand même, malgré l'injuftice de fa caufe, il viendroit à avoir le deffus, il doit toûjours craindre que l'heureux fuccès de fon Crime n'encourage d'autres à commettre contre lui-même des actions qui donnent atteinte à fes droits, dans l'efpérance d'un pareil fuccès. La confidération de la Nature Humaine, & l'obfervation de ce qui arrive entre des Peuples voifins, nous montrent avec la derniére évidence, combien aifément il peut naître des Guerres de la maniére que nous venons de dire. Et ces Guerres ne font pas moins contraires à la confervation de chacun en particulier, que fi elles tiroient leur origine du droit chimérique qu'Hobbes donne à tous fur toutes chofes. Puis donc que, felon lui, la vuë des malheurs qu'entraîne fon Etat prétendu de Guerre, fournit une raifon fuffifante & même néceffaire, pour engager les Hommes, par tout païs, à mettre bas les armes, & à fe foûmettre au Pouvoir abfolu & aux Loix d'un Souverain; nôtre Philofophe fe contredira lui-même, s'il ne convient, par une raifon femblable, que la vuë d'une Guerre auffi dangereufe, qui naîtra de l'atteinte donnée aux droits d'autrui, ou de toute forte de Crime, eft un motif fuffifant pour porter les Hommes à prendre d'abord pour régle de leur conduite, de s'abftenir de toute Action Injufte, ou contraire au Bien Commun, & d'exercer les uns envers les autres tous les Devoirs de la Paix; ce qui fuffit pour empêcher qu'ils ne penfent jamais à entreprendre cette Guerre chimérique où Hobbes les fuppofe tous armez contre tous. Car c'eft une maxime très-evidente de la Droite Raifon, que les mêmes maux, dont l'expérience peut déterminer à finir une Guerre commencée, doivent fuffire, lors qu'on les prévoit certainement, pour détourner de s'engager dans la Guerre. Que fi l'on vient à confiderer les effets fâcheux des Actions Injuftes, lefquels retombent fur ceux qui en commettent de telles, comme attachez au Crime en vertu de l'ordre établi par la Prémiére Caufe & le Souverain Conducteur de l'Univers, on peut alors les regarder véritablement comme autant de Peines Divines. Ainfi cette propofition, par laquelle, en fuivant la détermination de la nature des chofes, & par conféquent du Maître de la Nature, on juge qu'une Action nuifible aux autres, & en même tems à nous-mêmes, n'eft pas bonne, ou qu'on ne doit pas fe hazarder à la faire, devient une Loi Naturelle, qui fe découvre fuffifamment pour telle, en ce qu'elle concerne des Actions nuifibles ou utiles au Public, en quoi confifte la matiére propre des Loix, & qu'elle eft accompagnée d'une Peine attachée à fa violation par le Souverain Légiflateur, ce qui y ajoûte la force d'une Sanction.

Je tombe d'accord avec Hobbes, que la vuë des Maux, qu'entraîne la Guerre, peut beaucoup contribuer à rendre les Hommes foigneux de pratiquer les uns envers les autres les Devoirs de la Paix, en exerçant toute forte de Vertûs. Mais je confidére ici feulement la Guerre prévuë comme poffible & jufte

d'un

d'un côté, injuste de l'autre. Je n'ai garde de donner, comme il (a) fait, à (a) *De C.t,* tous, le droit d'entreprendre actuellement la Guerre, pour s'approprier tout *Cap. I. § 10.* ce qu'il leur plaît. J'ai commencé par distinguer ce qui nous appartient, d'avec ce qui appartient à autrui; distinction fondée sur la nécessité des choses mêmes pour des fins nécessaires. Je regarde tout ce qui est nécessaire, comme déterminé invariablement par la nature des choses; & non seulement ce qui est nécessaire à chacun considéré en particulier, mais encore ce qui l'est à plusieurs, ou même à tous, considérez conjointement. J'ai montré aussi, que les Propositions véritables, c'est-à-dire, conformes à la détermination de la Nature, qui nous indiquent quelles Actions Humaines sont nécessaires pour le Bien Commun des Hommes, & quelles sont contraires à cette fin, doivent être regardées comme de véritables Loix Naturelles. Je les ai toutes réduites à une Proposition générale, & à peu de Préceptes particuliers, auxquels il faut bien faire attention, avant que de rien décider sur le droit qu'on a d'agir de telle ou telle manière, & sur-tout d'entreprendre quelque Guerre: tous articles, sur lesquels je m'éloigne beaucoup des idées d'*Hobbes.* Maintenant qu'il s'agit de l'*Obligation*, qui est l'effet propre des Loix, effet qui frappe nos sens par les Récompenses & les Peines qui suivent l'observation ou la violation des Loix, & par-là est propre à faire connoître les Loix mêmes; je puis me prévaloir de ce qu'*Hobbes* a accordé avec raison, en écartant plusieurs erreurs qu'il y mêle. C'est ce que j'ai fait suffisamment, & par les principes dont je viens de parler, & en soûtenant, que la Guerre juste, dont il s'agit, est un effet des Loix Naturelles, & de la nature des Etres Raisonnables qui les connoissent, lesquels, pour se défendre, eux & ce qui leur appartient, & pour punir les Aggresseurs, viendront à prendre les armes contr'eux; auquel cas la Guerre est juste, parce qu'elle est alors un moien nécessaire pour le Bien Commun. *Hobbes* au contraire, pose la (b) Guerre pour juste & du côté de l'Aggresseur, & du côté de celui qui se défend, avant l'existence des Loix Naturelles, qui sont les prémiéres (b) *Ibid. § 12,* régles de la Justice; & il prétend que ces Loix proposent les moiens nécessai- *13. 15. & Cap.* res pour éviter une Guerre, qui, selon lui, est juste de part & d'autre, *III. in fin.* & en même tems pernicieuse à tous. Mais je traite ailleurs de cela plus au long.

§ XXXVIII. Il suffit pour l'heure de faire remarquer ici, ce qu'aucune per- *Qu'il y a beau-* sonne qui est en son bon sens ne sauroit contester, c'est que toute atteinte *coup plus à* donnée aux droits d'autrui contribuë beaucoup par elle-même à exciter des *craindre, qu'à* quérelles & des Guerres, & qu'à en juger par les lumiéres de la Droite Rai- *esperer, de* son, chacun voit que, la porte une fois ainsi ouverte à toute sorte de maux, *toute atteinte* le dommage qu'il a à craindre est beaucoup plus grand, que le chétif profit *donnée aux* qu'il peut esperer; sur-tout dans un état où on le suppose hors de tout Gou- *droits d'au-* vernement, capable de tenir dans certaines bornes les effets de la Colére & de *trui.* la Vengeance; outre qu'une quérelle en produit d'autres, à l'infini, & que dans chacune on court risque de la vie. Car, à mon avis, il est très-certain, que, quand deux Hommes en viennent aux mains sur un pié tout-à-fait égal, en sorte que l'un & l'autre puisse également mourir dans le Combat, ou en réchapper, l'espérance que chacun d'eux a de sauver sa vie, qu'il a exposée au hazard de la Guerre, est diminuée de la moitié de sa valeur. Il en est de même ici,

ici, que fi quelcun, mettant vingt fols dans une de fes mains, toutes deux fer-
mées, & rien dans l'autre, difoit à une perfonne qui ignore ce qu'il a fait, de
choifir l'une ou l'autre main à fon gré, promettant de lui donner ce qui s'y
trouveroit. En ce cas-là, & le préfent promis, & l'efpérance que cette perfonne a de l'aquérir, avant que d'avoir choifi telle ou telle main, vallent dix
fols, c'eft-à-dire, la moitié de la fomme totale que l'un court rifque de perdre,
& l'autre de gagner; l'incertitude du choix formant un équilibre de danger pour
l'un, & d'efpérance pour l'autre. Par la même raifon, il eft également certain, que, quand même on feroit maître de difpofer de fa propre vie, comme on l'eft de fon argent, quiconque péfera tout avec un Jugement droit, conclura qu'il ne doit hazarder fa vie que pour un profit dont l'efpérance incertaine
foit équivalente à la moitié du prix de cette vie, ou ce qui revient au même,
pour un gain, dont l'aquifition certaine dût être rachetée par la perte certaine
de nôtre vie. Or ici celui qui cherche à s'approprier le bien d'autrui au péril de
fa vie ne fauroit guéres avoir aucune certitude de rien aquérir qui puiffe com-
penfer un fi grand danger, & une perte auffi confidérable: car la vie du Vaincu s'évanouït, fans que le Vainqueur en tire aucun avantage. Les Biens, que le Mort
avoit regardez comme fiens, parce qu'ils lui étoient véritablement néceffaires,
n'étoient pas également néceffaires au Vainqueur, & par conféquent, celui-ci,
dans l'Etat de Nature où nous les fuppofons l'un & l'autre, ne pouvoit fe les
approprier légitimement. Car j'ai raifon de pofer pour principe, que, toutes
chofes même demeurant communes, la Nature en a affigné libéralement à chacun autant qu'il lui eft néceffaire, pourvû qu'on ne néglige pas les moiens de fe
le procurer par fon induftrie; & de plus, que ce qui eft véritablement néceffaire à l'un, ne l'eft pas également à l'autre. Le dernier eft une conféquence
du prémier. Pour ce qui n'étoit pas néceffaire au Vaincu, ou qui ceffe de l'être
après fa mort, l'aquifition certaine que le Vainqueur en fait alors n'eft pas un
profit fi confidérable, qu'il dût être acheté par la perte certaine de la Vie.
Mais après la victoire même, dans l'état de Communauté qu'*Hobbes* fuppofe,
tout reftera encore commun; de forte que le Vainqueur n'y gagnera que le danger auquel il s'eft expofé en tuant fon homme, de voir fondre fur lui d'autres
qui voudront venger fa mort.

(a) *De Cive*,
Cap. V. § 1.

Hobbes prétend, (a) que, dans un tel état la fûreté de chacun demande qu'il
prévienne les autres à force ouverte, ou par embûches. Mais c'eft-là une
raifon ou entiérement frivole, ou du moins peu confidérable. Car il eft queftion ici de délibérer, fi l'on doit entreprendre d'attaquer, & fi l'on doit donner
aux autres jufte fujet de Guerre, ou non? Sur ce pié-là, on fuppofe qu'ils ne
nous ont encore fait aucun mal, & qu'ils ne font pas difpofez à prendre les armes contre nous, à moins qu'ils n'y foient contraints par ce que nous aurons
nous-mêmes tenté pour leur enlever les chofes qui leur font néceffaires, ou que
du moins ils n'ont fait encore aucun mouvement pour nous attaquer. Il n'y a
donc encore pour nous aucun fujet de crainte, & par conféquent nôtre fûreté
ne

§ XXXVIII. (1) *Prima autem & fundamen-*
talis Lex Naturae *eft*, quaerendam effe Pacem, ubi haberi poteft; ubi non poteft, quae-
renda effe belli auxilia. *De Cive*, Cap. II.
§ 2.
(2) *Eft autem* Jus, libertas naturalis à Le-
gi-

ne demande pas que nous expofions nôtre propre vie. Beaucoup moins peut-on, fans renoncer au bon-fens, fe promettre quelque fûreté d'une Guerre contre tous.

J'ai dit, que, dans cette recherche de l'*Obligation des Loix Naturelles*, & de la vuë des Peines qu'on a à craindre en les violant par quelque attentat fur les droits d'autrui, il faut néceffairement fuppofer les Hommes innocens. Car je conviéns, que, s'ils font coupables, il eft permis de leur enlever leurs biens, & la vie même, en forme de punition. Mais ce feroit une témérité infenfée, de préfumer une vólonté de nuire dans ceux qui n'ont encore donné aucune marque de leur mauvaife difpofition envers nous; &, fans autre fondement, de les attaquer & de les tuer, foit à force ouverte ou par embûches, pour nous mettre en fûreté. Voilà néanmoins en quoi confifte le grand (*b*) principe du Droit Naturel, felon qu'*Hobbes* le conçoit; & quoi qu'il le contredife fouvent, c'eft une fuite manifefte de fon hypothéfe. Il fuppofe, dans fon *Etat de Natu-re*, une multitude d'Hommes, fortis tout d'un coup de la Terre, & en âge d'hommes faits. Je demande, fi, auffi-tôt que ces Hommes fe voient les uns les autres, la Droite Raifon leur dicte d'obferver réciproquement les Devoirs de la Paix, c'eft-à-dire, d'agir d'une maniére à montrer les uns envers les autres des fentimens de Bienveillance, de Fidélité, de Reconnoiffance? ou, au contraire, d'en venir au plûtôt à une Guerre de tous contre tous? Ils n'ont encore alors reçû ni bien, ni mal, les uns des autres, ni réfolu d'en faire: font-ils donc en état de Paix, ou en état de Guerre? Je foûtiens, que c'eft dans un état de Paix, & qu'il faut les confidérer tous comme innocens jufques-là: qu'ainfi la Raifon leur confeille d'entretenir cette Paix, en faifant les uns avec les autres des Conventions, & tenant inviolablement leur parole, en fe montrant doux & accommodans dans le commerce de la Vie, en témoignant leur reconnoif-fance à ceux de qui ils ont reçû quelque bienfait, & en réglant fur tout cela leurs Actions extérieures, auffi bien que les mouvemens internes de leur Ame. Deux raifons les y engagent: l'une dont j'ai parlé ci-deffus comme la prémié-re, c'eft que de telles Actions font de leur nature très-agréables, & portent avec elles en quelque maniére leur récompenfe; au lieu que les Actions contrai-res, qui marquent toûjours néceffairement un principe de Haine & d'Envie d'où elles partent, font inféparables du chagrin effentiellement attaché à ces Paffions: l'autre raifon, qui eft celle dont je traite ici, c'eft que quiconque a une mauvaife volonté envers les autres, & leur refufe ainfi ce qu'ils peuvent exiger felon la Droite Raifon, s'expofe aux dangers d'une Guerre, d'où il naît des maux, qui, felon moi, font de très-grandes punitions. De plus, *Hobbes* (1) reconnoît, que, dans l'Etat de Nature, la prémiére & fondamentale Loi Naturelle eft celle-ci: *Qu'il faut chercher la Paix:* & ailleurs il définit le *Droit*, (2) *une Liberté Naturelle, laiffée, & non pas établie par les Loix.* De là il s'enfuit né-ceffairement, que, dans l'Etat de Nature, l'Homme n'a aucun droit d'agir contre les Loix Naturelles, en courant à la Guerre, avant d'être affûré qu'il ne fauroit conferver la Paix; ou en s'attribuant un droit à toutes chofes, puis que la Loi Naturelle lui défend de retenir un tel droit; felon (3) *Hobbes* même, qui
fait

(b) Voiez *De Cive* Cap. I. conferé avec *Cap.* V. § 1.

gibus non conftituta, fed relicta. *Ibid.* Cap. XIV. § 3.

(3) Legum autem Naturalium à *Fundamen-tali illa derivatarum una eft*, Jus omnium in om-

Nn

fait de cette régle la prémiére des Loix particuliéres, qui découlent de la Loi

(c) Dans ce même Chap. § 50, & suiv.

générale indiquée ci-deſſus. J'examinerai ailleurs (c) un faux-fuïant qu'il cherche, c'eſt que ces Loix Naturelles n'obligent pas encore à des Actions extérieures, parce, dit-il, que nôtre ſûreté ne le permet pas. Il ſuffit de remarquer ici, que, ſi ces Loix ne concernent pas les Actions extérieures, elles n'ont aucune force d'obliger, & par conſéquent elles ne tiennent rien de la nature d'une Loi. Car il eſt impoſſible de chercher à entretenir la Paix avec les autres, ou de céder quelque choſe de ſon droit, par un ſimple acte intérieur de l'Ame: ce ſoin d'entretenir la Paix, & cette ceſſion d'un droit, étant de leur nature des actes qui ne s'arrêtent pas au dedans de nous, & qui ſe rapportent aux Hommes, c'eſt-à-dire, à des objets hors de nous. Si *Hobbes* répond, que ces Loix ne ſont pas proprement des Loix, comme il l'avance (4) ailleurs, voici ma réplique. Il paroît & par ce que je viens de dire, & par ce que je dirai plus bas, que les maximes, dont il s'agit, ont véritablement tout ce qu'il faut pour conſtituer l'eſſence d'une Loi, proprement ainſi nommée. Il eſt au moins certain, pour ce qui regarde l'uſage que fait nôtre Philoſophe du principe contraire, que ſi, dans l'Etat de Nature, il n'y a point de *Loix*, proprement ainſi dites, il n'y a non plus aucun *Droit*, proprement ainſi nommé. Ainſi ſon *droit ſur toutes choſes*, & celui de *faire la Guerre à tous*, ne ſeront que des droits improprement ainſi nommez; par conſéquent toute ſa Morale & toute ſa Politique, ne ſont fondées ſur rien qui puiſſe être proprement appellé un *fondement*. Car ces droits, qu'il poſe pour baſe de ſon Syſtême, ne ſont pas plus des *droits*, à parler proprement, qu'ils ne ſont accordez ou laiſſez par des *Loix* proprement dites: &, dans l'Etat de Nature, il n'y a point d'autres Loix, que les Loix Naturelles. Si donc celles-ci ne ſont pas proprement des Loix, les droits de la Nature ne ſont pas non plus proprement des droits. (5) Or de tels droits, improprement dits, quelque raſſemblez & réunis qu'ils ſoient, avec la même impropriété, pour conſtituer le Gouvernement Civil, il ne ſauroit jamais réſulter un *droit de Souveraineté*, proprement ainſi dit. Cependant, en matiére de Politique, on ſuppoſe toûjours, qu'il y a des droits de Souveraineté, proprement ainſi nommez: & *Hobbes* lui-même doit les attribuer, dans un ſens propre, à tous les Etats Civils; autrement il ne nous débite que des fadaiſes.

Juſte ſujet qu'on a d'ap-préhender des Punitions, & de la part de

§ XXXIX. MAIS laiſſons-là ces contradictions, que je me laſſe d'expoſer; & paſſons à une troiſiéme raiſon, qui donne juſte ſujet aux transgreſſeurs des Loix Naturelles, de craindre qu'ils ne s'attirent par-là quelque Peine. Cette

---

nla retinendum non eſſe, ſed jura quaedam trans-ferenda, vel relinquenda eſſe. *Ibid.* Cap. II. § 3.

(4) *Non ſunt illae propriè loquendo Leges*, qua-tenus à natura procedunt. Ibid. § ult. ſeu '33.

(5) Ceci, juſqu'à la fin du paragraphe, eſt une addition manuſcrite de l'Auteur, miſe à la place de quatre ou cinq lignes de l'Imprimé, dont le contenu étoit une répétition inutile de ce qu'il venoit de dire dans les paroles précédentes.

§ XXXIX. (1) „ Il eſt vrai que les Mé-,, chans, qui, comme tels, ſont imprudens &

,, mal aviſez, ne ſont pas actuellement détour-,, nez de commettre de vilaines actions, quand ,, ils voïent une plus grande probabilité d'é-,, viter la Peine, que d'être expoſez à la ſouf-,, frir; quelque grande que ſoit celle dont ils ,, ſont menacez, s'ils viennent à être décou-,, verts, & mis entre les mains de la Juſtice. ,, Mais, à juger raiſonnablement, & mettant ,, dans une juſte balance les Motifs qui por-,, tent à faire ou ne pas faire quelque Action ,, ſur quoi on délibère; ceux qui portent à ,, s'abſtenir du Crime, peuvent être plus forts,

,, que

Cette raifon fe tire de la confidération de la Nature Raifonnable, commune à D I E U , & de D I E U & aux Hommes, & qui eft la caufe prochaine de toute punition ac- la part des tuelle. Voici ce que nous favons certainement là-deffus, d'où chacun ne *Hommes.* peut que prévoir quelles en feront les fuites.

La Droite Raifon, & par conféquent la Raifon Divine, diête clairement, Qu'il eft néceffaire pour le Bien Commun, de punir les Aêtions Humaines qui y donnent quelque atteinte, & cela de Peines dont la févérité, & la crainte raifonnable qu'elle infpire, aient affez de force pour réprimer la malice. D'où il s'enfuit, que la Droite Raifon permet d'infliger de telles Peines, & par conféquent que ceux qui agiffent contre le Bien Commun, fe rendent par-là fujets à la Peine, toutes les fois que les autres auront la volonté & le pouvoir de la leur faire fouffrir. De plus, il eft certain, que tous ceux qui ont à cœur le Bien Commun, au nombre defquels il faut mettre D I E U ; & tous les Hommes de probité; tous ceux encore qui ont intérêt que l'on ne donne aucune atteinte aux droits d'autrui; c'eft-à-dire, les Hommes, en général, fans en excepter les Méchans mêmes ; que tous ceux-là, dis-je, veulent effective- ment punir toute perfonne qu'ils fauront avoir commis de telles Aêtions ou dont ils auront découvert la difpofition à les commettre. Encore même que la volonté de D I E U , & celle des Hommes, laiffent quelquefois lieu à efpé- rer un pardon, il eft certain néanmoins, que cette efpérance n'eft jamais fi bien fondée, qu'on ne voie clairement qu'il vaut mieux ne pas pécher, & n'a- voir ainfi aucun befoin de pardon. Car, comme il eft d'un intérêt général, que le Bien Commun foit fuffifamment mis en fûreté, la Raifon, qui par-tout, & dans tous les Etres Raifonnables, a en vûë un tel Bien, demande invariable- ment que ce qui y eft contraire foit fuffifamment puni, (1) & elle montre en même tems, qu'aucune Peine n'eft fuffifante; fi on laiffe aux contrevenans un plus grand fujet d'efperer le pardon, que de craindre la punition. A caufe dequoi elle enfeigne, qu'il eft néceffaire de régler les chofes de telle maniére, que l'efpérance de l'impunité foit beaucoup diminuée, en partie par la fré- quente exécution des Peines, & en partie par leur rigueur. Car, s'il n'y a qu'une petite différence entre les fujets de craindre, & les fujets d'efperer, elle eft prefque imperceptible, & ne peut guéres faire aucune impreffion. Il vaut mieux néanmoins ôter l'efpérance de l'impunité par de fréquentes puni- tions, que par la févérité des Peines aêtuellement infligées, parce que de cette ma- niére on fera mieux obferver la proportion qu'il y a entre les Crimes & les Peines ; & que d'ailleurs on ne laiffera pas lieu à fe plaindre que l'on puniffe injufte- ment

„ que ceux qui pouffent à le commettre, quoi „ te: en ce cas, l'amende de 21 Livres,
„ qu'il y ait plus d'apparence d'échapper à la „ qu'on a à craindre dans un tel degré de pro-
„ Peine, que de la fouffrir. Suppofons, par „ babilité, eft équivalente à *neuf* Livres fû-
„ exemple, qu'une Loi condamne celui qui „ res; ainfi le motif à dérober, n'eft que com-
„ aura dérobé *trois Livres fterlings*, à reftituer „ me *trois*, mais le motif à ne pas dérober eft
„ *fept fois autant*, c'eft-à-dire, vingt & une „ comme *neuf*, c'eft-à-dire, trois fois auffi
„ Livre, & que le hazard de ne pas être con- „ grand, que le prémier: par conféquent il
„ traint à cette reftitution, ait avec celui de „ doit raifonnablement fuffire pour détourner
„ la faire, la même proportion que *quatre* à „ du Larcin, à ne confiderer même autre
„ *trois*, ou qu'il y ait, pour l'efpérance, qua- „ chofe que les menaces de la Peine établie
„ tre degrez de hazard, & trois pour la crain- „ par la Loi du Souverain". M A X W E L L .

ment quelques-uns avec plus de rigueur, pendant que d'autres, qui font coupables des mêmes Crimes, demeurent fans punition. Ajoûtez à cela, que toutes les Peines infligées par les Hommes ne fauroient s'étendre plus loin, que la Mort. Or, quand même la Mort feroit certaine, elle ne me paroît pas une punition affez grande pour des Crimes par lefquels on a privé de la Vie plufieurs perfonnes, ou des perfonnes d'une très-grande utilité au Public, & cela quelquefois en leur faifant fouffrir d'horribles tourmens. La Raifon, commune à tous les Etres Raifonnables, fe démentiroit elle-même, fi elle négligeoit de nous enfeigner à punir fans rémiffion de tels Crimes: & fi les Hommes n'en pourfuivoient pas la vengeance, ce feroit en quelque manière propofer contre eux-mêmes un falaire d'iniquité aux Méchans, en les encourageant à leur faire des injures par l'efpérance de l'impunité. Pour ce qui eft de l'incertitude qu'il peut y avoir, non fi les Etres Raifonnables veulent punir, mais s'ils ont affez de force pour punir ceux qui commettent quelque chofe de contraire au Bien Public, il eft clair d'abord, Que rien ne fauroit en aucune manière être mis à couvert de la Connoiffance & de la Puiffance de DIEU: & il n'eft pas moins indubitable, que la Volonté de cet Etre Souverain eft portée à faire tout ce que la Droite Raifon, & par conféquent fon Intelligence infinie, juge néceffaire pour la plus grande & la plus excellente Fin. Et à l'égard des Hommes confidérez, felon l'hypothéfe d'*Hobbes*, comme vivant hors de tout Gouvernement Civil & dans un état de parfaite égalité, il feroit aifé de faire voir, que, chacun dans cet Etat, ne pouvant appeller *fien* (2) que ce qui lui eft néceffaire, il y auroit lieu à moins de Crimes; qu'on pourroit les découvrir plus aifément, & qu'il ne feroit pas difficile de les punir; fur-tout fi plufieurs fe joignoient enfemble contre un Méchant, dont la malice feroit regardée alors comme également dangereufe à chacun d'eux. Puis donc qu'il eft de l'intérêt de tous, que ceux qui agiffent contre le Bien Commun en violant les Loix Naturelles, foient punis; & la Nature aiant donné aux Hommes, par deffus les autres Animaux, une fagacité, à la faveur de laquelle ils peuvent découvrir les Coupables, qui fe cachent, & un défir de Gloire, dont les Bêtes n'ont aucun fentiment; défir, qui les porte tous fortement à réprimer la malice de ces ennemis communs; il s'enfuit, que ceux-ci ont très-grand fujet de craindre les Peines, & très-peu d'efpérance de s'en garantir.

§ XL.

(2) „ Cela doit s'entendre, en fuppofant „ que, fans ce que l'on s'eft approprié au de- „ là du néceffaire, les autres manqueroient „ eux-mêmes des chofes abfolument néceffai- „ res pour leur confervation. Voïez ci-deffus, „ *Chap.* I. § 22, 23. & ce que l'Auteur dira „ ailleurs, *Chap.* VII. où il traite au long la „ matiére.
§ XL. (1) Conferez ici ce qui a été dit dans le *Difcours Préliminaire*, § 14.
(2) „ Il y a plufieurs Maux, dont nous a- „ vons des idées auffi pofitives, que des Biens „ oppofez. Nôtre averfion du Mal, eft un

„ acte auffi pofitif, que celui par lequel „ nous recherchons le Bien. On ne fuit pas „ plus la Douleur par un défir du Plaifir con- „ traire, qu'on ne défire le Plaifir par l'aver- „ fion de la Douleur. Le Plaifir, & la Dou- „ leur, font l'un & l'autre des fenfations po- „ fitives; & l'on ne fauroit concevoir aucune „ *Idée négative*. Le mot d'*Indolence* eft la „ vérité négatif, & peut fignifier un état où „ l'on ne fent, ni plaifir, ni douleur: mais „ les *Idées Négatives* font inintelligibles; moins „ encore peuvent-elles être des objets ou de „ défir, ou d'averfion.

„ Quand

§ XL. MAIS en voilà de reste, sur les indices de l'Obligation tirez de la Peine, ou du risque que l'on court d'y être exposé. D'autant plus que les Biens, ou les Récompenses attachées à la recherche du Bien Commun, quoique la plûpart des Ecrivains ne les mettent pas au nombre des caractéres de la Loi & des marques d'Obligation, sont, à mon avis, les prémiers indices de la Volonté de DIEU, & des indices même plus évidens, que les Peines qui suivent très-certainement les Actions contraires au soin du Bien Commun. C'est de ceux-ci que nous avons à traiter présentement.

Certitude suffisante des Biens, qui, comme autant de Récompenses, sont attachez à la recherche du Bien Commun.

Je suppose ici d'abord, comme je l'ai déja fait, que toute liaison & toute enchaînure qu'il y a naturellement entre une chose & ses suites, vient de la Volonté de la Prémiére Cause: car la même raison qui prouve que tout a été fait par cette Prémiére Cause, démontre aussi que tout ordre naturel, ou toute connéxion entre les Choses, vient d'elle. C'est pourquoi ici même où il s'agit de savoir, si la Prémiére Cause a voulu, ou non, gouverner le Monde par les Maximes Pratiques de la Raison, ou par les Loix Naturelles, on peut poser pour principe accordé & incontestable, que les suites, tant bonnes que mauvaises, des Actions Humaines, y sont toûjours attachées par un effet de la Volonté de cette Prémiére Cause.

Il se présente là-dessus deux points à traiter. 1. Nous ferons voir, que, selon l'ordre de la Nature, connu par l'expérience, les actes de Vertu sont accompagnez de Biens, & de Biens si grands, qu'on ne peut jamais raisonnablement en esperer de pareils des Vices opposez. 2. Nous montrerons ensuite, que la vuë de ses Biens, considérez comme une suite des Actions Vertueuses, est un indice naturel & suffisant, que DIEU ordonne de telles Actions. Il ne sera pas besoin de s'étendre beaucoup là-dessus, parce que ce qu'il faudroit dire peut se déduire aisément de ce que nous avons dit au sujet des Peines, par la raison des contraires comparez ensemble.

Je mets ici au prémier rang des Biens, cette sûreté par laquelle on se met hors de crainte d'attirer sur sa tête des Maux semblables à ceux dont les Méchans sont souvent persécutez en diverses maniéres, comme nous l'avons fait voir ci-dessus suffisamment. J'ajoûterai seulement, (1) que la suite & la crainte du Mal renferme la recherche & l'aquisition du Bien, de la même maniére qu'une *Affirmation* s'exprime par deux *Négations*. (2) Car l'idée du Mal em-

---

" Quand on compare la souffrance de quelque Douleur, avec l'exemtion de cette Douleur, le dernier état, envisagé dans ce contraste, devient par-là très-agréable. Mais, si on le considére simplement en lui-même, sans aucun rapport à l'état opposé, on n'y trouve guéres aucun plaisir sensible; ou, si l'on en apperçoit quelcun, il n'est jamais assez grand pour exciter en nous un désir capable de nous porter à le rechercher. De là il arrive, que la plûpart du tems il y a non seulement une aversion du Mal présent, mais encore un désir de l'Etat opposé; dé-

sir, qui est plus ou moins fort, à proportion du degré d'aversion. Mais, comme l'impression de la Douleur est ordinairement plus profonde & plus durable, que celle du Plaisir; le mouvement que la Douleur produit dans l'Ame, est aussi à proportion plus fort & plus violent, que celui qui est causé par le Plaisir. D'où vient que, quand on souffre actuellement de la Douleur, l'aversion qu'on en a s'empare souvent de nôtre attention à un tel point, que le désir d'un état opposé est presque imperceptible. C'est, à mon avis, la raison pourquoi

Nn 3

emporte la privation des Biens que la Nature défire; & la fuite du Mal eſt véritablement une recherche du Bien. Que ſi cette recherche eſt appellée une averſion des Maux, c'eſt parce que la plûpart des gens, encore même qu'ils ne ſoient pas aſſez ſoigneux de conſerver les Biens dont ils jouïſſent, ſe portent avec ardeur à les rechercher ou les défendre, lors qu'ils en ſentent le manque, ou qu'ils en craignent la privation. Et quoi que les Hommes emploient ici des idées & des expreſſions négatives, ce qu'il y a dans la nature des choſes qui les porte à agir, c'eſt le Bien poſitif qu'ils eſpèrent d'aquérir ou de conſerver par l'éloignement des Cauſes qui y ſont contraires. Les *Privations* & les *Négations* ne mettent pas en mouvement la Volonté Humaine: & ſi elle cherche à fuïr un Mal, ce n'eſt qu'entant qu'il marque la conſervation de quelque Bien. Toute la vertu qu'on attribuë aux Peines & aux Maux Phyſiques, par rapport aux ſentimens d'averſion qui portent les Hommes à s'en garantir, doit être réduite à la force impulſive ou attractive des Biens dont ces Peines & ces Maux nous priveroient. Quand on dit que les Hommes font telle ou telle choſe pour éviter la Mort ou la Pauvreté, cela ſignifie, à parler plus exactement & philoſophiquement, qu'ils agiſſent par l'amour de la Vie, ou des Richeſſes. Comme la Mort n'auroit point de lieu, ſi la Vie n'eût précédé; on ne pourroit pas non plus craindre la prémiere, ſi l'on ne ſouhaittoit la conſervation de l'autre. Il en eſt de même de tous les Maux; & par conſéquent, dans tout acte volontaire, l'amour, ou la recherche du Bien, précéde néceſſairement la fuite du Mal. A la vérité, tout mouvement tire ſa dénomination indifféremment ou du terme (a) d'où il part, ou du terme (b) auquel il tend; mais le dernier eſt celui qui en conſtituë l'eſpéce, ou le caractére le plus diſtinctif de ſa nature. Et en matiére de mouvemens volontaires, il y a une raiſon particuliére pourquoi on doit les déſigner par l'idée du Bien, plûtôt que par celle du Mal; c'eſt que non ſeulement ils tendent au Bien, mais encore ils ſont originairement produits par la force de l'impreſſion du Bien ſur nos ames.

(a) *Terminus à quo.*

(b) *Terminus ad quem.*

Dans la remarque, que je viens de faire, je me ſuis propoſé prémiérement de combattre une des maximes d'EPICURE, qui faiſoit (3) conſiſter le plus grand Plaiſir, (c'eſt-à-dire, ſelon lui, le Souverain Bien & la dernlére Fin) dans l'éloignement de la Douleur. Opinion, avec laquelle a du rapport ce que ſoûtient (c) HOBBES, que les Hommes cherchent la Société par la crainte du Mal. Il leur eſt pourtant aiſé d'appercevoir au moins quelque eſpérance du Bien qui doit revenir de la Société; & qui eſt tel, que ſelon la conſtitution des choſes humaines, il ne ſauroit y en avoir de plus grand. Car la

(c) *De Cive,* Cap. I. § 2.

„ quoi quelques-uns croient, que l'averſion „ du Mal porte le plus ſouvent par elle-même „ à chercher les moiens d'éviter celui que „ l'on haït alors, ſans être accompagnée d'au „ cun déſir d'un état d'exemtion de ce Mal. „ L'Ame, au contraire, eſt quelquefois ſi „ occupée de la vuë des moiens, que cela dé „ tourne ſon attention du M... qu'elle tâche „ d'éviter; & la recherche ... ucun de ces

„ molens eſt immédiatement précédé d'un „ déſir. A cauſe de quoi pluſieurs s'imagi „ nent, qu'il n'y a aucune averſion du „ Mal qui ſoit diſtincte & différente du „ déſir du Bien; & que le mouvement de „ l'Ame, d'où provient l'Action, eſt unique „ ment le déſir. Je ne déciderai pas, ſi le dé „ ſir accompagne toûjours l'averſion, ou ſi „ quelquefois il ne l'accompagne point, ſe „ lon

la domination de tous fur tous, d'où *Hobbes* s'imagine qu'il peut revenir un bien plus grand que celui de la Société, eft manifeftement impoffible.

Une autre raifon, & la principale, pourquoi j'ai fait cette remarque, c'eft pour montrer, que les indices d'Obligation, tirez des Biens ou des Récompenfes qui fuivent l'attachement au Bien Commun, ont abfolument la même force, que ceux qu'on tire ordinairement des Peines; quoi que les derniers faffent plus d'impreffion fur le Commun des Hommes, mais qui n'ont ici que des idées confufes. Si l'on veut connoître diftinctement, en quoi confifte l'efficace des Peines, il faut, à mon avis, la réduire au défir naturel de conferver & d'augmenter nôtre Bonheur. En effet, comme les Conclufions Spéculatives, fondées fur des Démonftrations par où l'on prouve l'abfurdité ou l'impoffibilité qu'il y auroit dans la fuppofition du contraire, fe déduifent beaucoup mieux & plus naturellement des définitions, ou des propriétez qui en découlent : de même, les Conclufions Pratiques, par lefquelles on établit la néceffité d'agir d'une certaine manière, à caufe des Maux qui fuivroient des actions contraires, peuvent être beaucoup mieux prouvées par la confidération du Bien, & fur-tout du plus grand Bien, qui en proviendra directement. L'idée du vrai Bonheur qu'il eft poffible à chacun d'acquérir, & de toutes fes caufes rangées felon leur ordre, eft certainement le meilleur abrégé d'une bonne Morale. Car on voit par-là d'abord & la force & les fuites avantageufes des Actions Humaines, & leur place convenable, en forte qu'il ne manque rien de ce qui eft néceffaire pour diriger & mouvoir la Volonté.

Les Auteurs des Loix Civiles paroiffent à la vérité fuivre une autre méthode. Les menaces des Peines y font fréquentes: rarement y voit-on quelque promeffe de Récompenfes. Mais, fi l'on examine bien la chofe, on trouvera que toutes les Loix Civiles font inventées, propofées, & établies, quelquefois même changées, fufpenduës, ou même abrogées, en vuë de la grande Fin du Bonheur, autant que la Société Civile peut contribuer à fon avancement; comme il feroit facile de le prouver par une infinité d'exemples, tirez du Droit Civil, ou du nôtre en particulier. L'Equité même, des régles de laquelle on fait ufage pour expliquer les Loix, & quelquefois pour les corriger, eft fondée fur le principe du Bien Public. Je me contenterai d'alléguer ici ce que dit le Jurifconfulte MODESTIN: (4) *La raifon du Droit, & l'interprétation favorable de l'Equité, ne permettent jamais d'expliquer à la rigueur, d'une manière qui tourne au préjudice des hommes; ce qui a été fagement établi pour leur avantage.* Voilà qui donne à entendre, que non feulement les Loix, mais encore l'Equité, ont principalement en vuë l'avantage des Hommes; ce qui renferme tous les fecours que les Loix peuvent fournir pour parvenir au Bon-

,, lon qu'on vient, ou non, à penfer à un ,, état d'exemtion du préfent Mal. Mais je ,, tiens pour certain, que l'on penfe fouvent ,, au bonheur de l'état oppofé, & par confé- ,, quent qu'on le défire". MAXWELL.

(3) Ὄψις τῶ μιχθὲς τῶν ἀδωῶν, ἠ τωντὸς τῷ ἀλγεῖντὸς ὑπεξαιρέσις. DIOGEN. LAERT. Lib. X. § 139. Voiez là-deffus GASSENDI,

Epicur. Ethic. Tom. III. pag. 1701, *& feqq.*

(4) *Nulla juris ratio, aut aequitatis benignitas patitur, ut quae falubriter pro utilitate hominum introducuntur, ea nos duriore interpretatione contra ipforum commodum producamus ad feveritatem.* DIGEST. Lib. I, Tit. III. *De Legibus* &c. L. 25.

Bonheur. Or ce font-là fans contredit de très-grandes récompenfes de l'obéïf-fance qu'on rend aux Loix. Mais comme la protection contre les injures, la fûreté qu'elle procure, & les autres avantages qu'on trouve dans un Gouvernement bien réglé, font des avantages communs à tous les Sujets, & qui naiffent de l'obéïffance qu'ils doivent à toutes les Loix; il n'étoit pas à propos de leur promettre ces grands biens par une Loi particuliére, il fuffifoit que chaque Loi portât avec elle fa récompenfe, comme elles font toutes, fi l'on confidére bien leur but. L'obéïffance renduë à toutes, a pour récompenfe la Somme totale de tous les avantages, que l'on obtient & que l'on conferve dans chaque Etat Civil, par le fecours du Gouvernement. Si l'on envifage quelquefois diftinctement des maux que l'on craigne, & dont on veuille fe garantir, cette idée eft poftérieure à celle d'un Bonheur poffible, & en découle.

Par cette feule raifon, la méthode des anciens Philofophes, qui enfeignoient, Qu'on doit s'attacher à la Vertu, & en pratiquer les Régles, qui font les Loix Naturelles, comme autant de moiens néceffaires pour parvenir au Bonheur que tous les Hommes fe propofent conftamment; cette méthode, dis-je, eft beaucoup meilleure, que celle d'Hobbes, qui ne regarde de telles Loix que comme des conditions pour faire la Paix, ou pour finir une prétenduë Guerre de tous contre tous. Jamais aucun Homme fage n'entreprendroit de pareille Guerre: il chercheroit plûtôt à entretenir la Paix, qui lui paroîtroit toûjours une partie de fon Bonheur, ou un moien de le conferver & de l'avancer. L'idée de Paix ne fuppofe pas néceffairement qu'on ait déja été en guerre: & c'eft fans raifon que nôtre Philofophe, pour favorifer l'hypothéfe favorite qu'il vouloit établir, définit la (5) *Paix, un tems où l'on ceffe de faire la Guerre.* Car la *Paix* n'eft autre chofe, qu'un état dans lequel les autres Etres Raifonnables vivent enfemble de bon accord, & fe rendent des fervices mutuels; & la *Guerre* doit être au contraire définie, une *difcontinuation de Paix:* de même que la *Santé* n'eft pas une *abfence de maladie,* mais la *Maladie* eft, de fa nature, contraire à la Santé. La Nature occupe toûjours la prémiére place: immédiatement après viennent les Caufes qui la confervent, & fes Effets, ou fes fonctions bien réglées: ce n'eft que par comparaifon avec cet état primitif, qu'on vient enfuite à aquérir une connoiffance diftincte des Maladies, & de toute autre chofe contraire. On fouhaite la Santé à caufe d'elle-même, & non pour être exempt des douleurs que caufent les Maladies. De même, on fou-

hait-

---

(5) *Negari non poteft, quin ftatus hominum naturalis antequam in Societatem coiretur, Bellum fuerit; neque hoc fimpliciter, fed bellum omnium in omnes. Bellum enim quid eft, nifi tempus illud, in quo voluntas certandi per vim verbis factifve declaratur? Tempus reliquum Pax vocatur.* De Cive, Cap. I. § 12.

§ XLI. (1) Cette defcription eft rapportée par Diogene Laerce Lib. X. § 117. & feqq.

(2) Ρήσεαι δίξαι, *Ratae Sententiae,* qui fe

trouvent auffi dans Diogene Laerce, § 139. & feqq.

(3) C'eft ce qu'il écrivoit à *Idoménée,* dans une petite Lettre, qui commence ainfi: *Je vous écris dans ce jour hûreux, & le dernier de ma vie.* Voici l'Original, tel que Diogene Laerce nous l'a confervé. Τὴν μακαρίαν ἄγοντες καὶ τελευταίαν ἡμέραν τοῦ βίου, ἐγράφομεν ὑμῖν ταυτί. Στραγγυρία τε παρακολουθεῖ, καὶ δυεντερικὰ πάθη, ὑπερβολὴν οὐκ ἀπολείποντα τοῦ ἐν ἑαυτοῖς μεγέθους. ἀντιπαρετάτ-

baitte la Paix, à caufe de fes avantages propres, & non pour éviter les malheurs de la Guerre. Mais ce n'eſt pas le lieu de s'étendre davantage là-deſſus. Il ſuffit, qu'entre les Biens qui ſuivent la pratique de la Vertu, on doit compter l'avantage d'être à l'abri, tant des Maux intérieurs, c'eſt-à-dire, des Paſſions turbulentes, des inquiétudes de la Conſcience &c. que des Peines extérieures, que les Méchans attirent ſur leur tête, & qui, ſelon *Hobbes*, ſont appellées *Guerres*, dans l'Etat Naturel qu'il imagine. Les Gens-de-bien ſont exemts de tels maux, quoi que d'ailleurs ils en ſouffrent quelquefois d'aſſez grands, auxquels les Méchans ſont également ſujets.

§ XLI. Passons maintenant à ces Récompenſes plus grandes encore, que la Nature propoſe, & qu'elle ne manque jamais de donner actuellement à ceux qui agiſſent en vûë du Bien Commun, parce qu'elles ont une liaiſon intime & eſſentielle avec la recherche d'un tel Bien: c'eſt l'accroiſſement des Perfections de nôtre Ame, ce ſont toutes les Vertus Morales, tous les fruits de la Religion Naturelle; une égalité de vie, qui fait que le Sage eſt toûjours d'accord avec lui-même; la tranquillité d'eſprit; & une joie produite par le ſentiment très-agréable qu'on a de toutes ces heureuſes diſpoſitions; Joie ſans interruption, & qui venant de nous-mêmes, nous pénétre juſqu'au fond, & remplit toute la capacité de nôtre ame.

Tranquillité de l'Ame, & autres diſpoſitions intérieures, qui ſont des Récompenſes infaillibles de l'attachement à procurer le Bien Commun.

Je viens de raſſembler en peu de mots, pour abréger, tous ces effets, par leſquels les Païens mêmes, & les Philoſophes, d'ailleurs ſi acharnez à diſputer les uns contre les autres, conviennent néanmoins que l'on goûte les plaiſirs les plus délicieux, & qu'ils reconnoiſſent avoir une liaiſon eſſentielle avec la Félicité Humaine. Il ſeroit facile de faire voir le merveilleux accord qu'il y a ici entre les *Péripatéticiens*, & les *Académiciens*, tant de l'Ancienne que de la nouvelle Académie: & les *Epicuriens* même: quoi que les uns prétendiſſent, que la Vertu eſt l'unique Bien; les autres, le principal ſeulement; les autres, qu'elle eſt la fin même; les autres, le moien le plus propre & celui qui eſt ſouverainement néceſſaire pour y parvenir. C'eſt ce qu'Epicure même inculque ſouvent, & dans la (1) deſcription qu'il donne du *Sage*, & dans ſes (2) *Maximes* ou *Sentences*. Bien plus: il l'a confirmé par ſon propre exemple; ſi du moins on peut ajoûter foi à ces derniéres paroles, (3) qui, à mon avis, ſentent l'hyperbole: *Je ſouffre, diſoit-il, dans ma veſſie & mes inteſtins, des douleurs cruelles, qui ne ſauroient monter à un plus haut point. Tout cela néanmoins eſt compenſé par la joie que je reſſens du ſouvenir de mes raiſonnemens* &

τάττειτε δὴ πᾶσι τύτοις τὸ κατὰ ψυχὴν χαῖρον ἐπὶ τε τῶν γιγνόντων ἡμῖν διαλογιςμῶν μνήμῃ &c. Lib. X. § 22. J'ai mis dans les prémiéres paróles τελευταίαι, au lieu de τελευτῶντις, que porte le Texte de toutes les Editions: & en cela j'ai ſuivi la correction de feu Mr. Davies, dont on ne ſauroit douter, puis que Cicéron avoit ainſi lû. Car cet Orateur Philoſophe nous a laiſſé de ſa façon une traduction Latine de toute la Lettre, qu'il donne pour écrite à *Hermaclus*, & non à I-

doménée. Voici comment il exprime le Grec qu'on vient de voir, & qui fait la plus grande partie de la Lettre: *Cum ageremus vitae beatum & eundem ſupremum diem, ſcribebamus haec. Tanti autem morbi aderant veſicae & viſcerum, ut nihil ad eorum magnitudinem poſſit accedere. Conpenſabatur tamen cum his omnibus animi laetitia, quam capiebam memoriâ rationum inventorumque noſtrorum.* De Finib. Bonor. & Malor. Lib. II. Cap. 30.

O o

& de mes découvertes philofophiques. Quoi qu'il y ait-là un peu de vanterie, on peut néanmoins en inferer, qu'*Epicure* a reconnu manifeftement, qu'une vraie connoiffance de la Nature, & une Vie réglée fur les confeils de la Raifon, produifent une joie affez grande pour foulager un homme tourmenté de très-vives douleurs, & capable de fervir d'aiguillon pour porter les Hommes à la Vertu, comme une récompenfe qu'ils ont à en efperer. *Epicure* foûtient auffi, (4) Que la Vertu feule eft infeparable du Plaifir : or, felon lui, le Plaifir eft la Souveraine Félicité. Si tout cela eft certain, au jugement d'un Philofophe qui, plus qu'aucun autre, a lourdement bronché dans l'étude de la Nature, ne reconnoiffant aucune trace de la Sageffe, de la Bonté, & de la Providence de DIEU, malgré l'ordre merveilleux & l'utilité fi manifefte de toutes les chofes de l'Univers ; combien plus délicieux eft le plaifir que trouvent dans la Vertu, & dans l'attachement à procurer le Bien Commun, ceux qui, confidérant avec attention la fuite très-longue & très-bien réglée des Caufes Naturelles qui concourent à produire des effets très-beaux & dans le plus haut point de perfection ; peuvent aifément démontrer, qu'il n'eft pas poffible que cet Univers doive fa naiffance aux principes d'*Epicure*, mais qu'il faut néceffairement que la Puiffance & la Sageffe de DIEU interviennent dans les mouvemens & dans la difpofition des Chofes Naturelles, fur-tout des Chofes Humaines ? Car de là ils viendront d'abord à reconnoître, que DIEU travaille perpétuellement à la confervation de l'Univers, ce qui eft le Bien Commun ; & que, comme nous l'avons montré ci-deffus, il commande aux Hommes de faire la même chofe, autant qu'il eft en leur pouvoir. L'harmonie très-agréable qu'ils verront enfuite entre leurs actions & celles de DIEU, produira néceffairement en eux une joie & une tranquillité la plus douce & la plus vive, comme étant perfuadez qu'ils font ici-bas en fûreté, fous la protection puiffante de cet Etre Souverain ; & leur donnera de plus une grande efpérance d'une bienheureufe Immortalité, comme pouvant l'attendre de fa Bonté.

De tant de Sectes de Philofophes, celle d'*Epicure* eft la feule qui ait nié que DIEU prenne foin du Bien de l'Univers, & par conféquent qu'il favorife l'obfervation de la Juftice entre les Hommes, Vertu qui tend au même but. La raifon en eft, à mon avis, que, comme CICE'RON le donne fouvent à entendre, après (5) POSIDONIUS, qui l'avoit foûtenu pofitivement, *Epicure* nioit au fond l'exiftence de toute Divinité ; & que, s'il parloit des Dieux, ce n'étoit que par politique, pour ne pas fe rendre odieux & s'attirer des affaires. Or, entre plufieurs chofes qui contribuérent à le jetter dans

cette

(4) Cela eft auffi rapporté par DIOGE'-NE LAERCE: Ὁ δ' Ἐπίκυρος καὶ ἀχώριστόν φησι τῆς ἰδόνης τὴν ἀρετὴν μόνην· τὰ δ' ἄλλα χωρίζεσθαι, οἷον βρωτά. Lib. X. § 138.

(5) *Verius eft igitur nimirum illud, quod familiaris omnium noftrûm* POSIDONIUS *differuit in libro quinto De natura Deorum, nullos effe Deos Epicuro videri; quæque is de Diis immortalibus dixerit, invidiæ deteftandae gratiâ dixiffe &c.* Lib. I. *De natura Deor.*

Cap. 44.

(6) Depuis GASSENDI, il s'eft trouvé un autre Auteur de la même Nation, qui a voulu juftifier *Epicure*, avec autant d'ardeur & de prévention. C'eft JAQUES DU RONDEL, en fon vivant Profeffeur à *Maftricht* ; lequel publia, en 1693, à *Amfterdam* un petit Livre, intitulé *De vita & moribus* EPICURI.

(7) Il eft vrai, que, du tems d'EPICURE, les Philofophes n'avoient pas encore affez cul-

cette erreur abominable, une des plus confidérables eft, qu'il n'avoit qu'une connoiffance légére & fuperficielle de la Nature, ce qui l'enhardit à nier la Providence. Je n'ignore pas, que GASSENDI s'eft fort étendu à chercher dequoi (6) le défendre fur cet article. Mais il eft clair, que la Phyfique d'*Epicure* fe réduit à certains principes, qui fuppofent bien des chofes qu'on ne fauroit lui accorder: & quand même on les lui pafferoit, tout ce qu'il dit ne fuffiroit pas pour la conftruction d'un auffi beau Syftême que celui que nous voions établi dans l'Univers. Il fuppofe, que tout fe fait d'Atomes, qui fe meuvent naturellement dans le Vuide, & qui ont un double mouvement, l'un perpendiculaire, l'autre de déclinaifon, mouvement qu'ils tirent de leur pefanteur naturelle. Comme fi la Pefanteur étoit quelque chofe de diftinct du Mouvement, ou d'un effort à fe mouvoir en bas; ou comme s'il ne falloit point s'embarraffer de chercher la Caufe de (7) la Pefanteur! Mais je ne m'arrêterai pas à réfuter de telles hypothéfes; il fuffit de les indiquer, dans un Siécle où l'on connoît de meilleurs principes. *Epicure* n'a nullement compris les Loix du Mouvement, ni affez fait attention à l'ordre merveilleux, l'enchaînure & la dépendance, qui fe découvrent fi bien entre cette infinité de Mouvemens compofez, d'où naiffent, dans le Syftême du Monde, des viciffitudes perpétuelles de générations & de changemens de toute forte. C'eft néanmoins en tout cela, & dans les proportions des figures & des mouvemens qui en proviennent, que confifte prefque toute la beauté de la Nature Corporelle; & une telle recherche fait l'objet principal, je ne fai fi je dois dire d'une noble Phyfique, ou des Mathématiques; car il y a une grande liaifon entre ces Sciences fublimes. Or on convient, que l'ignorance d'*Epicure* en fait de Mathématiques étoit fi grande, qu'il (8) n'a point reconnu la figure fphérique de la Terre, mais a foûtenu que fa furface étoit plane; ce qui fe réfute aifément par les prémiers élemens de la Géometrie. Attendroit-on d'un tel homme quelque penfée raifonnable fur le Syftême de l'Univers, & fur le très-bel ordre qu'il y a entre fes parties & fes mouvemens les plus remarquables; par où fe démontre & l'exiftence d'un Prémier Moteur, & fa Providence dans le Gouvernement du Monde? Certainement *Epicure* découvre, à mon avis, un efprit bien ftupide, en ce qu'il avance, qu'une auffi belle ftructure que celle de toutes les Plantes & de tous les Animaux, a été formée par un concours fortuit d'Atomes, fans l'aide d'aucune Intelligence. Je croirois plûtôt, que des Villes, où l'on verroit de fuperbes Bâtimens, & des Temples, embellis de Colomnes, & d'autres ornemens qui égalaffent ou furpaffaffent même ceux de l'Architecture de VITRUVE, auroient (9) été conftruites par un affemblage

---

cultivé la Phyfique, pour pouvoir décider s'il eft poffible, ou non, de trouver la caufe de la *Pefanteur*. Mais aujourdhui même bien des gens font perfuadez qu'on ignore cette caufe; & le célébre NEWTON, ce Philofophe Mathématicien fi profond & fi pénétrant, l'a avoué de bonne foi. On trouvera tous les Syftêmes des Anciens & des Modernes fur ce point, expliquez avec beaucoup de

netteté, dans le *Traité de Phyfique fur la Pefanteur univerfelle des Corps*, par le Pére CASTEL, dont l'Ouvrage, en deux Volumes in octavo, fut imprimé à *Paris* en 1724.
(8) Voiez là-deffus GASSENDI, dans fa *Philofophia* EPICURI, Tom. I. pag. 672, & *feqq.* où il réfute ce Philofophe, qu'il défend d'ailleurs autant qu'il peut.
(9) CICERON, a allégué un pareil exemple,

blage confus de Pierres, venu d'un long Tremblement de Terre. Mais *Epicu-*
re s'eſt ſurpaſſé lui-même en extravagance, quand il a fait naître d'un concours fortuit d'Atomes, ſans l'aide d'aucune Intelligence, l'Ame de l'Homme, la
Raiſon même, la Sageſſe, tous les Arts & toutes les Sciences. Voilà néanmoins
un dogme de ſa Phyſique, que l'on doit ſe perſuader, avant que d'en tirer, comme il fait, cette conſéquence, Que les Préceptes de la Religion & de la Juſtice ne
ſont point imprimez dans nos Eſprits par la nature des choſes, en conſéquence
de la Volonté de D I E U qui les gouverne ; & avant que d'en venir à bannir
de nos Ames l'eſpérance d'une très-grande récompenſe propoſée à ceux qui
obſerveront ces Préceptes, & la crainte d'une Vengeance terrible, à laquelle ceux qui les violeront doivent s'attendre.

Mais laiſſons-là *Epicure*, avec ſes Sectateurs, quoi que le nombre en ſoit
augmenté depuis peu de tems. Il y a une choſe, qu'il reconnoît lui-même
très-clairement dans ſes *Sentences* ou *Maximes*, c'eſt que la Vertu procure cette partie du Bonheur qui conſiſte dans la tranquillité de l'eſprit : (10) *L'Hom-*
me Juſte, dit-il, *eſt le plus exemt du trouble des Paſſions*. Et il ne faut pas s'é-
tonner, que ce Philoſophe ne reconnoiſſe pas que la Raiſon & les autres Perfections de D I E U s'intéreſſent aux Actions Humaines, puis qu'il nie qu'on
puiſſe découvrir ces Perfections dans la formation & la conſervation de tout
le Monde. Mais il a été contraint de nier l'un & l'autre, afin que les Hommes, comme il ſe le propoſoit, n'euſſent rien à eſpérer ni à craindre de la
part de D I E U, en conſéquence de leurs actions : & par-là il montre aſſez,
qu'il a cru que l'eſpérance d'une grande récompenſe, & la crainte d'une rude
Punition, ſelon qu'on obſerve ou non la Juſtice, ne ſont pas moins raiſonnables, qu'il eſt certain que le Monde a été formé & eſt gouverné par l'Intelligence Divine. C'eſt ce que d'autres ont prouvé évidemment : ainſi je ne m'y
arrêterai pas. Il ſuffit pour mon but, d'avoir pouſſé juſques-là mes raiſonnemens. Prouver qu'une Propoſition Pratique eſt accompagnée de Peines &
de Récompenſes, établies par la même Cauſe d'où provient tout l'ordre de
l'aſſemblage de l'Univers, c'eſt certainement avoir aſſez prouvé, que cette
Propoſition eſt une Loi Naturelle.

Que la Vertu
eſt en même
tems la princi-
pale cauſe, &
la plus conſi-
dérable partie
de nôtre Bon-
heur.

§ XLII. C E P E N D A N T les Lecteurs judicieux remarqueront, que je mets
au rang des ſuites heureuſes ou des Récompenſes naturelles de la Bienveillance
Univerſelle, toutes les Vertus, & la perfection de l'Ame, qui en réſulte. Or
ce ſont-là, comme je le ferai voir plus bas, des conſéquences d'une Propoſition Pratique qui les preſcrit : de la même manière que l'habileté à démontrer
&

ple, en réfutant l'opinion d'E P I C U R E :
Quod ſi mundum efficere poteſt concurſus Atomo-
rum, cur porticum, cur templum, cur domum,
cur urbem non poteſt ? quæ ſunt minus operoſa,
& multo quidem faciliora ? ,, Si le concours
,, des Atomes peut faire un Monde, pour-
,, quoi ne pourroit-il pas faire un Temple,
,, une Maiſon, une Ville, choſes dont la
,, conſtruction demande moins d'art, & qui
,, ſont bien plus aiſées ? '' *De natura Deorum,*

Lib. II. Cap. 37. Il venoit de raiſonner ſur
cet autre exemple : ,, Quiconque croit poſſi-
,, ble, que d'un concours fortuit d'Atomes il
,, ſoit né un Monde ſi beau, pourquoi ne
,, croiroit-il pas que, ſi l'on jettoit à terre
,, une infinité de caractères d'or, ou de quel-
,, que autre matière que ce fût, qui repré-
,, ſentaſſent nos vingt & une Lettres, ils
,, pourroient tomber arrangez dans un tel or-
,, dre, qu'ils formaſſent les *Annales* d'E N-
N I U S,

& à conſtruire divers cas particuliers, qui ſe rapportent à un Problème général de Géométrie, ſuit de la connoiſſance qu'on a d'une méthode générale de réſoudre le Problème : Opérations, qui néanmoins, comme on ſait, demandent un eſprit préſent, & fort attentif à obſerver tout ce en quoi les divers cas ont quelque choſe de différent; ſans quoi il eſt facile de ſe tromper. Mais, toutes les Vertus étant des parties de cet Amour très-étendu, & autant de diverſes maniéres de l'exercer, de ſorte que, priſes toutes enſemble, elles en font un Tout, avec lequel elles ſont au fond une ſeule & même choſe; je reconnois volontiers, que la Vertu eſt une grande partie de ſa propre récompenſe, & qu'elle renferme beaucoup de ce qui conſtituë le Bonheur que nous cherchons. J'entends cela de la même maniére qu'on dit, que la Santé eſt une grande partie du Bonheur que les Animaux recherchent. Celui qui naît de la Vertu, eſt un état de l'Ame, tel qu'il le faut pour qu'elle exerce bien ſes fonctions; la Santé eſt une pareille diſpoſition du Corps. L'un & l'autre état imprime dans nôtre Ame un doux ſentiment de lui-même, & produit par-là une joie, modérée à la vérité, mais conſtante & qui ſubſiſte lors même que les autres choſes ne réuſſiſſent pas ſi bien à nôtre gré. Je ne veux pas diſtinguer ici entre la ſanté de l'Ame, & le ſentiment qu'on en a; la Nature aiant uni ces deux choſes ſi étroitement, qu'on ne ſauroit ſéparer les actes libres des Vertus, d'avec le témoignage intérieur qu'on ſe rend à ſoi-même par réflexion. Cependant je ne diſputerai point contre ceux qui aimeront mieux dire, que la Vertu eſt la cauſe efficiente prochaine du *Bonheur formel*, comme on parle; pourvû qu'ils conviennent du fond de la choſe, c'eſt-à-dire, que la Vertu procure à l'Homme dans l'état préſent une excellente & eſſentielle partie de ſon Bonheur, & qu'elle lui fraie le chemin à en aquérir un plus grand, dont elle lui donne auſſi de hautes eſpérances. Car rien n'empêche qu'une même choſe ne ſoit une partie d'un Tout qui exiſte ſucceſſivement, telle qu'eſt la Félicité Humaine, & néanmoins la cauſe efficiente des autres parties du même Tout qui viendront à exiſter dans la ſuite: de même qu'un même Homme fait partie du Corps des Citoïens de *Rome*, & eſt Pére d'un Fils, qui ſera auſſi Membre de ce Corps.

Les anciens Philoſophes, ſur-tout les S T O Ï C I E N S & les A C A D E'M I C I E N S, ont dit bien de belles choſes, qui prouvent fortement, que toute Vertu rend néceſſairement heureux, comme aiant une liaiſon eſſentielle avec le Bonheur. Les paſſages de leurs Ecrits ſont tous les jours citez par les Savans Modernes: ainſi je ne juge pas à propos de les copier ici. Il ſuffit que je reconnoiſſe de très-bon cœur, que les Vertus ſont des parties excellentes de la Félicité Humaine,

en

" N I U S, de maniére qu'elles ſe trouveroient-
" là bien liſibles? Je ne ſai ſi le hazard pour-
" roit jamais rencontrer ainſi juſte, pour ſai-
" re un ſeul vers de ce Poëme. " *Hoc qui exiſtimat fieri potuiſſe* [mundum effici ornatiſſimum & pulcherrimum ex eorum corporum concurſione fortuitâ] *non intelligo cur non idem putet; ſi innumerabiles unius & viginti formæ literarum, vel aureæ, vel qualeslibet, aliquò conjiciantur, poſſe ex his in terram excuſ-*

ſis Annales E N N I, *ut deinceps legi poſſint, effici; quod neſcio an ne in uno quidem verſu poſſit tantum valere fortuna.* On peut voir encore ce qui ſuit l'autre paſſage, où *Ciceron* en cite un beau d'A R I S T O T E, tiré de quelque Ouvrage, perdu aujourdhui, de ce fameux Philoſophe.

(10) 'Ο δίκαιος, ἀταραξότατος· ὁ δ' ἄδικος, πλείστης ταραχῆς γέμων. D I O G E N. L A E R T. Lib. X. § 144. num. 37.

O o 3

en forte que l'on ne peut ni être heureux fans elles, quoi qu'on jouïffe abondamment de tous les autres Biens, ni être malheureux avec elles, à quelque
difgrace qu'on foit expofé d'ailleurs. C'eft pourquoi elles méritent d'être recher-
chées à caufe de leur propre & intrinféque perfection, quand même il n'y auroit point de Loi Naturelle qui les prefcrivît. Je m'étendrois davantage là-deffus, fi je ne voïois que l'Epicurien *Torquatus*, introduit par (a) C I C E R O N, en
convient non feulement, mais encore le prouve au long, en défendant l'opinion de fon Maître. L'ufage, que je fais ici de ces Vérizez, établies ou accordées par les Philofophes, c'eft d'en inferer, qu'il y a des indices naturels qui
prouvent que la Volonté de la Prémiére Caufe a attaché une Récompenfe aux
Actions vertueufes, & qu'ainfi le même Etre Souverain a voulu que les Hommes, auxquels il enfeigne à prévoir ces Récompenfes comme des fuites de telles Actions agiffent d'une maniére à pouvoir parvenir au Bonheur, dont il leur
montre le chemin. C'eft dans la manifeftation d'une telle Volonté, que confifte la *Publication* de la *Loi Naturelle;* d'où fuit immédiatement l'*Obligation* & *Naturelle* & *Morale.* Voilà ce à quoi les Philofophes même qui ont recommandé la
pratique de la Vertu, comme ce en quoi confifte le Souverain Bonheur, ne
paroiffent pas avoir fait affez d'attention. Car, à mon avis, on ajoûte beaucoup de poids aux argumens tirez des fruits délicieux qui naiffent des Actions
vertueufes, fi l'on confidére ces effets comme autant de Récompenfes attachées
à la Vertu par la Prémiére Caufe, en vuë de faire connoître aux Hommes qu'elle veut qu'ils fuivent cette maniére d'agir accompagnée de récompenfes naturelles & aifées à prévoir, plûtôt qu'une maniére d'agir toute oppofée, qui, felon
l'ordre établi dans le Syftême de l'Univers, dont cet Etre Suprême eft l'auteur,
entraîne les Hommes naturellement & manifeftement à leur ruïne. En effet,
il eft impoffible de trouver aucun figne naturel plus propre à les convaincre de
la néceffité qu'il y a de faire certaines chofes, où à leur découvrir que le Maître de l'Univers ordonne ces chofes avec autorité, que les Récompenfes naturelles dont elles font conftamment honorées. Aucune perfonne de bon-fens n'attendra de D I E U, que, dans le cours ordinaire de la Nature, il emploie des
fignes arbitraires, comme la Parole, ou les Ecrits, pour manifefter fes Loix:
& quand même on en auroit de tels, on ne pourroit pas en connoître auffi certainement la fignification, que l'on comprend la force d'une Récompenfe propofée, pour porter les Hommes à faire ce qu'ils voient que le Légiflateur en a
jugé digne. Ce n'eft que par des conjectures, qui ne font pas entiérement dé-
monftratives, que, dès nôtre enfance, nous apprenons ce que chacun veut donner à connoître en fe fervant de Mots auxquels l'Ufage a attaché certaines idées:
cela fuffit néanmoins, pour qu'on entende ordinairement le fens des Loix Civiles. J'ai remarqué encore, que la plûpart des Hommes font difpofez de telle
maniére, qu'ils renonceroient volontiers à cette partie du Bonheur qui confifte
dans les Perfections de leur Ame, pourvû qu'ils euffent la liberté de fatisfaire
quelques Paffions; mais cependant, lors qu'ils viennent à être fuffifamment
convaincus que la Volonté de D I E U a attaché des Récompenfes & des Peines
à la Loi qui condamne de telles Paffions, & qui exige qu'ils s'attachent à d'autres chofes ils la refpectent & l'obfervent, & ils conjecturent aifément, que,
par un effet de la Volonté de D I E U, il peut réfulter de leurs actions de plus
grands

(a) *De Finib.*
Bon. & Ma-
lor. Lib. I.

grands biens, & de plus grands maux, que ceux qu'on prévoit diftinctement. Car le moindre indice, pourvû qu'il foit certain, d'une Volonté du Souverain Maître de l'Univers, eft de grand poids dans l'efprit de tous ceux qui font véritablement raifonnables, parce que tout ce qu'il y a de plus grand en fon genre peut être avec raifon attendu & de la bienveillance, & de l'indignation de cet Etre Tout-puiffant.

Il faut mettre au rang des Récompenfes dont il s'agit, une bienheureufe Immortalité, que la Raifon naturelle nous apprend être deftinée aux Ames des Gens-de-bien après leur féparation d'avec le Corps. Car cette Raifon apperçoit, que l'Ame eft une Subftance diftincte du Corps, comme étant un principe de plus nobles opérations; & elle eft convaincuë du défir conftant que l'Ame forme d'exercer une Bienveillance univerfelle, d'où naiffent toutes les Vertus. Or il eft clair, que la diverfité de la nature de l'Ame empêche que la mort du Corps ne caufe en elle aucune altération; ainfi elle joüira d'une Immortalité bienheureufe; & elle vivra toûjours remplie d'un fouvenir très-agréable de fon ancienne Vertu, & difpofée à en continuer la pratique dans toutes les occafions que l'Eternité lui en fournira. Car il paroît par ce que j'ai établi un peu plus haut, & par une expérience conftante, qui le confirme, que la Béatitude des Gens-de-bien eft inféparable du fouvenir & de l'exercice de la Vertu. Mais le peu que je viens de dire fur cet article, fuffit; d'autres l'aiant traité fort au long.

§ XLIII. ENFIN, on doit compter entre les Récompenfes, qui font des fuites naturelles de l'attachement à procurer le Bien Commun, tous les avantages qui reviennent des Sociétez Civiles; car il n'y en a aucune qui ne foit originairement établie, & qui ne fe maintienne, par le foin du Bien Commun. A la vérité chaque Etat fe propofe d'une façon particuliére l'avantage de fes Citoiens: mais cependant les Souverains pourvoient fur-tout à empêcher qu'on ne caufe du dommage aux Etrangers, qu'on ne leur manque de foi, qu'on ne leur refufe aucun Devoir de Réconnoiffance ou d'Humanité; car c'eft dans ces points que confiftent les principaux Droits de la Paix & de la Guerre; & tous les bons Sujets les obfervent envers les autres Peuples de la Terre, par les foins que prennent les Souverains d'établir & maintenir chacun chez foi un bon ordre. Je montrerai ailleurs plus au long, quand je le jugerai à propos, que la formation de toutes les Sociétez Civiles doit être déduite de ce principe. HOBBES même accorde, en plufieurs endroits qu'il revient de grands avantages de l'établiffement des Sociétez Civiles, & qu'elles ne fauroient être formées, ni fe conferver, fi l'on ne donne force & autorité de Loix Civiles aux maximes de la plûpart des Vertus: ainfi il ne paroît pas néceffaire de s'étendre ici davantage là-deffus. Je remarquerai feulement; que je mets au nombre des avantages de la Société ceux même dont quelques Citoiens ne joüiffent pas toûjours, mais qui peuvent être attendus avec quelque vraifemblance, & qui par conféquent ne font que contingens. Car les Biens Contingens ne laiffent pas d'avoir une certaine valeur, qui n'eft pas à négliger dans cette queftion. Tels font, l'abondance des chofes qui fervent à nos befoins naturels, la fûreté de nôtre Vie, les Honneurs, les Richeffes, une meilleure Education des Enfans, un Savoir plus étendu &c. Tous les Citoiens ne participent pas, du moins également, à ces fortes d'avantages qui reviennent de la Société. Je crois néanmoins que

tous

Avantages qui reviennent des Sociétez Civiles, par une fuite de l'attachement au Bien Commun.

tous en retirent un beaucoup plus grand nombre, qu'il ne pourroit leur en arriver, s'il n'y avoit parmi les Hommes aucun soin du Bien Commun, ni aucunes Sociétez Civiles, & s'ils vivoient tous dans cet Etat sauvage & féroce, où
HOBBES prétend que la Droite Raison méne tous les Hommes avant l'établis-
fement des Sociétez Civiles. Or, toutes les fois qu'on délibére sur la maniére dont
on doit agir avec les autres Hommes, qui sont des Agens Libres, il est nécessaire de mettre en ligne de compte la valeur de ces sortes de Biens contingens,
parce que tous les effets que nous pouvons espérer de la part de tels Agens,
en conséquence de ce que nous faisons par rapport à eux, sont de leur nature
sujets à une pareille contingence; de sorte qu'il faut, ou croire qu'on ne peut
rien attendre de bon de leur part, ce qui est contraire à une expérience perpétuelle; ou donner quelque prix à ce Bien Civil, quoi que plein de hazard &
d'incertitude. Pour moi j'estime si fort les avantages dont j'ai parlé, qui proviennent immédiatement de la Société Civile, mais originairement de l'observation de la Loi Naturelle en vûë du Bien Commun, que je suis sincérement
persuadé qu'ils compensent abondamment, & qu'ils surpassent même la perte
de la Vie, (1) dont les Loix Naturelles demandent quelquefois le sacrifice en
faveur de la Patrie. En effet, une bonne Education, le Savoir qu'on aquiert,
la sûreté où l'on se trouve par la protection du Gouvernement Civil, la douceur du Commerce avec ses Concitoiens, & les autres agrémens qui proviennent des secours réciproques; font ce qui rend la Vie véritablement vie. Lors
donc qu'on a joui pendant quelques années de ces grands avantages, à la faveur
des soins que nos Concitoiens prennent pour le Bien Public; ces Citoiens ne
nous font aucun tort, d'exiger que nous leur rendions, ou que nous sacrifiyons
pour leur utilité, une Vie dont nous leur sommes redevables, & qu'ils nous
ont conservée tant de fois. Nous devons même avoir obligation à nôtre Patrie, ou à nos Concitoiens, de ce que ce n'est que dans des cas rares, & dans
la derniére nécessité, qu'ils nous redemandent ce qu'ils nous ont donné tous les
jours sans interruption.

Il y a peu de gens, qui veuillent faire du mal aux autres uniquement & précisément à cause qu'ils les voient soigneux d'observer les Préceptes de la Loi
Naturelle. Par cette raison, il suffit, pour porter les Hommes à la pratique

de

---

§ XLIII. (1) ,, On peut objecter ici à nô-
,, tre Auteur, Que la Révélation nous repré-
,, sente comme des Devoirs, auxquels nous
,, sommes tenus, certaines Actions tendantes
,, au Bien Public, lesquelles néanmoins, à en
,, juger par les Lumiéres Naturelles, ne pa-
,, roissent pas être accompagnées de Récom-
,, ses pour ceux qui les pratiquent, & de Pu-
,, nitions pour ceux qui s'en dispensent. Tel-
,, le est la résolution de sacrifier sa Vie pour
,, le Bien de sa Patrie, ou lors qu'on est per-
,, fécuté pour la profession d'une Religion
,, que l'on croit vraie. A cela je réponds,
,, qu'on ne peut guéres concevoir possible
,, une telle constitution des choses, que les
,, suites naturelles de l'Action même, fournis-

,, fent à un Agent Raisonnable un motif suf-
,, fisant à sacrifier sa Vie dans quelque occa-
,, fion que ce soit; à moins que la nature des
,, choses ne soit disposée de telle maniére,
,, qu'en s'abstenant d'une telle action, la Vie
,, deviendra moins désirable, que la non-
,, existence; ou que du moins le bonheur,
,, dont on peut y jouir, sera si fort inférieur
,, à celui d'une autre Vie, dont les Lumié-
,, res Naturelles nous donnent quelque espé-
,, rance, que l'excès du bonheur de cette Vie
,, à venir, doit, tout bien compté, paroître
,, assez grand pour contrebalancer l'excès de
,, la certitude de conserver la Vie présente.
,, Nôtre Auteur soûtient, &, à mon avis, a-
,, vec raison, que les choses se trouvent, à
,, cet

de ces Préceptes, de leur proposer de moindres Récompenses, ou de leur en faire obscurément entrevoir de plus grandes. Mais comme l'attachement à ce qu'il y a de particulier dans les Dogmes & la Discipline de la *Religion Chrétienne*, expose à plusieurs persécutions ceux qui la professent, il étoit nécessaire, pour les soûtenir dans de telles épreuves, de leur revéler la *Résurrection*, & la *gloire du Roiaume céleste* ; autrement les *Chrétiens* (a) auroient été plus malheureux, que les autres Hommes.

§ XLIV. VOILA pour le prémier point, que je me suis (a) proposé de traiter, c'est-à-dire, Que les Actions Humaines, qui tendent au Bien Commun, sont suivies pour récompense, des plus grands Biens. Il faut maintenant venir à l'autre point, c'est que ces Biens, ou ces Récompenses, étant un effet de la Volonté de la Prémiére Cause, il y a un indice naturel, assez fort pour nous persuader, que DIEU *veut*, ou *ordonne*, que les Hommes aient toûjours en vuë le Bien Commun dans toutes leurs Actions. Mais comme j'ai, ce me semble, suffisamment établi cela, en traitant des Peines, & de la liaison qu'il y a entre la Vertu & le Bonheur de l'Ame ; je me contenterai de faire ici un Syllogisme, qui renfermera toute la force de cette preuve.

Que tous ces Biens étant un effet de la *Volonté* de DIEU, il s'ensuit que DIEU veut que l'on observe les Devoirs de la *Loi Naturelle*.
(a) Ci-dessus : § 40.

Si par un effet de la Volonté du Conducteur Suprême de l'Univers, ou de la Cause Prémiére Intelligente, les choses sont disposées de telle manière, qu'il y a des indices suffisans pour faire connoître aux Hommes que quelques-unes de leurs Actions sont des moiens nécessaires pour parvenir à une Fin qu'il leur est nécessaire de rechercher ; il s'ensuit, que cet Etre Souverain veut que les Hommes soient *obligez* à faire de telles Actions, ou les leur *commande*. Or les choses sont disposées de telle manière par la Volonté de DIEU, qu'il y a des indices suffisans pour faire connoître aux Hommes que l'attachement à avancer le Bien Commun est un moien nécessaire pour parvenir à une Fin qu'il leur est absolument nécessaire de rechercher, c'est-à-dire, à leur propre Félicité, qui est renfermée dans le Bien Commun, & qu'on ne peut raisonnablement attendre que de l'usage de ce moien. Donc DIEU veut, que les Hommes soient *obligez* à la recherche du Bien Commun, ou aux Actions qui en découlent, c'est-à-dire, qu'il leur *commande* la pratique de cette *Bienveillance Universelle*, qui est l'abrégé des *Loix Naturelles*. La Majeure suit de la définition même de l'*Obligation*, que j'ai établie ci-dessus. Je viens de prouver la Mineure. La Conclusion est donc juste.

Je

„ cet égard, établies de telle manière, que „ le Créateur nous a certainement donné „ tout ce dont la nature des choses est sus- „ ceptible pour nôtre bonheur, savoir, des „ dispositions internes & des panchans de nô- „ tre Ame, qui ont quelquefois produit des „ actions aussi nobles, que celles dont j'ai „ parlé ci-dessus. Mais de peur que les Lu- „ miéres Naturelles n'eussent pas assez de for- „ ce parmi le Commun des Hommes, pour „ les déterminer à de tels actes héroïques de „ Vertu ; & parce que la Passion, si elle n'est „ réglée par la Raison, est toûjours foible & „ inconstante : le Créateur, par un effet sur- „ abondant de Bonté, nous a donné une Ré-

„ vélation surnaturelle de sa Volonté, pour „ suppléer aux défauts de la Nature, & pour „ rendre nôtre Bonheur accompli. Une foule „ innombrable de *Martyrs*, de l'un & de l'au- „ tre Séxe, sont une preuve incontestable, „ que cette assistance de la Révélation est „ suffisante." MAXWELL.

(a) On voit, que nôtre Auteur raisonne ici de la même manière que fait l'Apôtre St. PAUL dans ce passage de sa *I. Epître* aux CORINTHIENS : *Si nous n'avions d'espérance en JESUS-CHRIST, que pour cette Vie, nous serions les plus malheureux de tous les Hommes.* Chap. XV. vers. 19.

Je dois avertir ici le Lecteur, que le Bonheur, dont je parle, est un véritable Bonheur, auquel il ne manque rien; un Bonheur qui renferme toutes les Perfections de l'Ame, & du Corps, que l'on peut aquérir, & qui ne se borne pas à cette Vie, mais s'étend jusqu'à une Vie avenir, autant qu'on peut la connoître par les lumiéres naturelles. Il faut se souvenir aussi, que par les Actions que je regarde comme des moiens de parvenir à ce Bonheur, j'entends principalement la suite entiére de toutes celles que l'on fait dans tout le cours de la Vie en vuë de cette fin; quoi que chaque Action, qui est nécessaire pour procurer quelque partie du vrai Bonheur, doive être tenuë aussi pour ordonnée par l'Auteur de la Nature, en conséquence du même argument. Il est nécessaire pour la Félicité constante & solide de chacun, telle que je l'envisage ici, que chaque Etre Raisonnable se fasse un plan d'une suite constante d'Actions qui contribuent à cette fin. Or la constitution naturelle de toutes les Causes, dont on doit procurer le concours pour y parvenir, est telle, que la Droite Raison des Hommes, c'est-à-dire, celle qui est conforme à la nature des choses, & qui nous promet l'effet défiré, de la part des Causes d'où il proviendra effectivement, ne sauroit nous indiquer autre chose que nous puissions faire, qui soit capable de nous conduire à cette fin, qu'une Bienveillance Universelle, par laquelle nous cherchions, autant qu'il nous est possible, à nous procurer la faveur de Dieu & des Hommes. Ou, ce qui revient au même, la nature de Dieu, & celle des Hommes, duement considérées, nous font connoître, que chacun, en travaillant constamment à procurer le Bien Commun, agira de la maniére la plus efficace, autant qu'il dépend de lui, pour procurer son propre Bonheur, qui fait partie du Bien Commun; & par conséquent qu'il doit nécessairement agir ainsi, s'il veut se rendre heureux, autant qu'il lui est possible. Tous ceux qui jugent comme il faut de la Nature de Dieu & de la Nature Hu-

§ XLV. (1) Voïez ce que l'Auteur a dit ci-dessus, *Chap.* I. § 22.

(2) ,, Cette Objection qu'on fait à nôtre ,, Auteur, & à quelques autres Moralistes, ,, est très-mal fondée. Il est peut-être vrai, ,, qu'aucune Action ne sauroit être qualifiée ,, *Virtueuse,* tant que l'Agent ne s'y porte ,, que par la vuë de son propre intérêt, ou ,, par l'amour de soi-même. Cependant il est ,, manifestement impossible à tout Moraliste, ,, de proposer aux Hommes d'autres motifs, ,, que ceux qui se tirent de l'Amour Propre. ,, Ces motifs ne produiront jamais directe-,, ment des sentimens de Bienveillance; au-,, cun Homme ne pouvant en aimer un au-,, tre dans cette seule intention de procurer en ,, particulier son propre avantage. Mais la ,, Bienveillance est réellement naturelle à ,, tous les Hommes: & si elle ne les porte pas ,, toûjours à agir en vuë du Bien Public, la ,, raison en est uniquement, que, prévenus ,, de quelques fausses Idées, ils s'imaginent ,, que ce Bien sera contraire à leur avantage ,, particulier. Otez une fois ces Illusions; la

,, Bienveillance, libre alors de toute crainte ,, de cet obstacle apparent, agira d'elle-mê-,, me sur le cœur des Hommes. Bien plus, ,, l'Amour Propre concourra avec elle , ,, pour nous porter précisément aux mêmes ,, Actions. Les Moralistes à la vérité, en ,, travaillant à exciter des sentimens de Bien-,, veillance, représentent les objets comme ,, moralement *bons;* ce qui peut-être ne sau-,, roit être appellé, *proposer des motifs à agir.* ,, Une telle représentation par elle-même, ,, produit nécessairement des sentimens de ,, Bienveillance. C'est la méthode qu'a tenuë ,, nôtre Auteur, en mettant devant les yeux ,, la Bonté de Dieu, & la constitution de ,, la Nature Humaine; par opposition à l'Idée ,, odieuse & horrible, qu'en donne Hobbes. ,, Le Système de nôtre Auteur, quoi qu'il ,, porte les Hommes à réfléchir sur leurs ,, propres actions, en considérant d'abord ,, l'intérêt particulier de chacun; ne repré-,, sente pas nécessairement toutes les Vertus ,, comme étant uniquement des effets de l'A-,, mour de soi-même, ou aïant pour derniè-
,, re

Humaine, lesquelles renferment les causes du Bonheur de chacun en particulier, peuvent convenir de cela, sans préjudice du soin de leur propre Bonheur; & les indices suffisans que leur fournit la nature des choses, & par conséquent celui qui en est l'Auteur, les portent à convenir actuellement, que c'est une Proposition toûjours véritable, & une régle ou une Loi perpétuelle de leurs Actions. Il arrive bien quelquefois, en certains cas rares, qu'un homme en particulier peut pour un tems se procurer de plus grands avantages, que ne le permet le soin du Bien Commun. Mais comme, eû égard à tout le cours de nôtre existence, il se rend plus heureux en méprisant de tels avantages, qu'en les recherchant, leur jouïssance ne sauroit être regardée comme faisant partie du plus grand Bonheur qu'il lui est possible d'aquérir. Cette maxime, fort générale, renferme seule toute la *Morale*, la *Politique*, & l'*Econormique*; tout ce qu'il y a de véritable Prudence, & de Vertu. C'est le meilleur moien de pourvoir aux intérêts d'autrui, & en même tems à nôtre propre intérêt; sans que pour cela on trouble l'ordre de la Nature, en subordonnant tout à nous-mêmes; qui est la seconde Objection, à laquelle j'ai promis de répondre.

§ XLV. On objecte donc, que, selon nôtre méthode d'établir l'Obligation des Loix Naturelles, le Bien Commun, & par conséquent la Gloire de DIEU, & le Bonheur de tous les autres Hommes, sont postposez au Bonheur particulier de chacun, & mis au rang de simples moiens qui s'y rapportent, comme à la dernière fin. A Dieu ne plaise que j'enseigne rien de semblable. Bien loin de là, je m'attache ici à établir une (1) chose, qui renverse de fond en comble cette pensée, c'est que personne n'a droit de conserver sa propre vie, ou les choses nécessaires pour sa conservation, qu'autant que la Vie de chacun est ou partie ou cause du Bien Commun, ou du moins est compatible avec ce Bien. Mais je vais montrer distinctement le bon accord de (2) mes principes sur ce sujet.

Réponse à une autre Objection, par laquelle on suppose mal-à-propos, que nous établissons le Bonheur particulier de chacun pour dernière Fin.

II

» re fin le Bien Particulier. Selon ce Systê-
» me, le Bien Particulier, & le Bien Public,
» ne s'entrechoquent jamais; ils sont toûjours
» parfaitement unis ensemble, & les mêmes
» Actions les produisent l'un & l'autre. On
» objectera peut-être, que, selon les princi-
» pes de nôtre Auteur, la force de l'*Obliga-*
» *tion Morale* consiste dans les *Récompenses* &
» les *Peines*. Je réponds (& ceci s'accorde
» assez avec ses idées,) que la Bienveillance
» oblige moralement, aussi bien que les Ré-
» compenses & les Peines. Car l'unique O-
» bligation à agir, dont la Nature Humaine
» soit susceptible, vient d'une Influence sur
» la Volonté Humaine: or la Bienveillance
» influë sur la Volition, aussi bien que la dé-
» termination de l'Entendement, par rapport
» au plus grand Bien. Il doit donc m'être
» permis, avec autant de raison, de dire que
» la force de l'Obligation Morale consiste dans
» l'Amour de DIEU, & de nos Concitoiens;
» qu'il est permis à ceux qui font l'objection
» dont il s'agit, de dire que cette force con-
» siste dans les Récompenses & les Peines,

» dont les Loix Naturelles sont soûtenuës.
» La vérité est, que la Bienveillance, & l'A-
» mour de soi-même obligent moralement
» l'une & l'autre; chacune agissant quelque-
» fois seule, mais toutes deux concourant le
» plus souvent à déploïer leur force par rap-
» port à une même action. Si l'on objecte
» encore, que selon le Systême de nôtre
» Auteur, le principe de l'Amour de soi-
» même est plus fort & plus uniforme, que
» celui de la Bienveillance; ou que nous
» avons un désir plus vif & plus constant
» de nôtre propre Félicité, que de celle
» des autres? Je réponds, que je ne vois
» pas que nôtre Auteur ait dit la moindre
» chose d'où il s'ensuive que nous désirons
» nôtre propre avantage plus fortement que
» celui des autres. Quoi qu'il en soit, je
» crois que la plûpart des gens sont ainsi dis-
» posez, & qu'il n'y a rien en cela d'incom-
» patible avec la Vertu. Mais je suis aussi per-
» suadé, qu'il s'en trouve quelques-uns, dont
» les sentimens sont si relevez & si généreux,
» qu'ils ont un aussi grand, & même un plus
» grand

Il faut remarquer ici fur-tout, que l'ordre dans lequel chacun en particulier vient à découvrir l'Obligation Naturelle, n'eſt pas le même que celui ſelon lequel cette Obligation a été fondée & établie dans la nature des choſes par l'Etre Suprême qui en eſt l'auteur. Car il faut néceſſairement que nous ſuivions d'abord l'ordre analytique, en remontant des effets les plus prochains que nous ſentons, aux Cauſes Secondes, qui ſont d'une grande variété & fort compliquées, pour nous élever enſuite juſqu'à la Première Cauſe. Cette méthode n'a néanmoins rien d'injurieux à la Première Cauſe, ſi nous reconnoiſſons enfin, que tous les effets, qui ſe ſont d'abord préſentez à nos obſervations, tirent leur origine de ſa Volonté, & que c'eſt d'elle que vient toute la perfection que nous y avons découverte. Ainſi, pour ce qui regarde nôtre ſujet, nous connoiſſons d'abord en quelque manière nôtre propre nature, le beſoin qu'elle a néceſſairement de certaines choſes pour ſon Bonheur, & certains penchans entièrement naturels qui nous portent à rechercher ces ſortes de choſes. Nous remarquons enſuite, qu'entre nos Actions Libres, il y en a quelques-unes, auxquelles, bon-gré mal-gré que nous en ayions, ceux avec qui nous vivons s'oppoſent naturellement, & qu'ils répriment autant qu'il eſt en leur pouvoir; mais que d'autres, ſavoir celles qui tendent à leur faire du bien, les engagent à nous témoigner très-volontiers des ſentimens réciproques de bienveillance. Nous ſentons auſſi, que nous ſommes nous-mêmes faits naturellement de telle manière, que nous nous portons ſans réflexion à repouſſer la force par la force; & à rendre (3) la pareille. Tout cela eſt d'ailleurs conforme à ce que les lumières les plus pures de la Raiſon nous enſeignent. Une infinité de pareilles obſervations, qui s'offrent perpétuellement, comme ſont celles dont nous avons parlé ci-deſſus, nous perſuadent, que la Bienveillance d'autres Hommes envers d'autres, & de tous ſans exception, fraie pareillement le chemin aux Récompenſes & au Bonheur de chacun; & cela d'autant plus, qu'elle s'étend plus loin.

Lors qu'enſuite on conſidére, que tout cela vient de la Providence ſouverainement ſage de l'Auteur de la Nature, on ne ſauroit douter qu'il ne veuille que les Hommes y trouvent, comme il y a effectivement, un bon motif, & un motif propoſé par le Conducteur Suprême de l'Univers, pour les porter à exercer une Bienveillance univerſelle. C'eſt-là, comme je l'ai montré ci-deſſus, un indice clair de l'Obligation, & un caractère très-certain d'une Loi qui l'impoſe. Mais quoi que ce ſoit la dernière choſe qu'on découvre, c'eſt là néanmoins que commence l'Obligation des Loix Naturelles, je veux dire, quand on eſt venu à connoître la Volonté de Dieu, qui nous étoit déja connu par la contemplation de ſes œuvres, comme l'Etre très-parfait, la Cauſe de tout
ce

,, grand déſir du Bien commun des Hommes, ,, que d'aucun de leurs avantages particu-,, liers; & que le déſir de faire des choſes ,, agréables à Dieu & conformes à ſa Vo-,, lonté, produit par une Bienveillance en-,, tièrement déſintéreſſée, eſt, dans quelques ,, perſonnes, plus fort & plus efficace, qu'au-,, cun attachement à leur bien particulier.

,, Maxwell.
(3) Sénèque dit, qu'il n'eſt point d'impreſſion naturelle ſi générale, & qui agiſſe ſi fortement ſur l'eſprit des Hommes, que celle de rendre la pareille à ceux de qui l'on a reçû du bien; & que c'eſt pour cela qu'il n'y a point de Loi Civile qui preſcrive la Reconnoiſſance, menaçant de quelque peine les Ingrats.

ce qui exifte, & celui de qui dépend tout le Bonheur de tous, par conféquent le nôtre, que nous cherchons naturellement. L'Obligation ne vient du défir de nôtre propre Bonheur, que comme la vérité des Propofitions fur l'exiftence des Chofes Naturelles, & fur celle de la Prémiére Caufe, qui fe découvre par-là, vient de la foi qu'on ajoûte au témoignage des Sens. Perfonne néanmoins ne dira, que nous préferons ainfi nos Sens à tout le Monde, & à Dieu même; puis que nous reconnoiffons volontiers, que l'exiftence de nos Sens, & tout leur ufage, dépendent de Dieu, comme de la Caufe Prémiére, & du Syftême de l'Univers, comme de Caufes fubordonnées. Ce qui eft le dernier dans l'ordre de rétrogradation, que nous avons fuivi en faifant nos recherches, eft le prémier dans l'ordre de la Nature. Encore donc que cet ordre de connoiffance foit très-naturel & très-commun, & quoi que nos Paffions & les divers défirs de nôtre Ame s'excitent & agiffent à proportion de la connoiffance que nous aquérons des Biens & des Maux; ce n'eft pas néanmoins par-là qu'on doit juger de ce qui eft ou le plus digne d'être connu, ou aimable par deffus toute autre chofe. Mais comme, à la faveur du miniftére des Sens, on apprend certains principes fort généraux, par exemple, les Théorêmes les plus univerfels de l'*Arithmétique*, & de la *Géométrie*, dont on fe fert enfuite pour corriger les erreurs où la plûpart des gens tombent, faute de bien comprendre le fonds qu'on peut faire fur la dépofition des Sens: de même, à la faveur du défir naturel de nôtre Félicité, fagement réglé, ceux qui font véritablement raifonnables aquiérent une telle connoiffance des Chofes Naturelles & de Dieu même, & conçoivent dans leur cœur de tels fentimens par rapport à la Gloire de Dieu, & au Bonheur commun de tous, que cela prévient ou déracine tout mouvement d'un Amour propre déreglé. Les prémiers défirs, naturels & néceffaires, que nous fuppofons dans les Hommes, par où ils cherchent à fe conferver & à fe rendre heureux, font, finon tous, du moins quelques-uns, renfermez dans de très-petites bornes, & tout-à-fait innocens: de même que les fimples impreffions des Sens, confidérées eû égard à leur objet propre & dans les circonftances réquifes, font exemtes d'erreur. Autrement il n'y auroit aucune efpérance de pouvoir ou connoître la Nature, ou conformer nos Actions aux régles de la Nature. Un vain Scepticifme prendroit perpétuellement la place de la Science: on feroit réduit néceffairement à fe déterminer au hazard dans toutes fes actions, fans s'embarraffer d'agir avec prudence, & de gouverner fes Paffions par certaines régles. Il n'y auroit point de différence entre un Homme Sage, & le plus Fou.

Comme par la connoiffance & par l'amour des effets qui font immédiatement impreffion fur nous, nôtre Ame vient naturellement à connoître & à
aimer

grats. On a, dit-il, jugé cela auffi fuperflu, que de faire quelque Loi pour ordonner aux Péres d'aimer leurs Enfans, ou d'exhorter perfonne à s'aimer lui même: fentimens, auxquels la nature a affez pris foin de nous porter: *Quid tam laudabile, quid tam aequaliter in omnium animos receptum, quàm referre bene meritis gratiam? . . . . . huic enim uni rei non pofuimus legem, quafi fatis natura cavijfet. Quomodo nulla lex amare parentes, indulgere liberis jubet: fupervacuum eft enim, in id quod imus, impelli: quemadmodum nemo in amorem fui cohortandus eft, quem adeo dum nafcitur trahit &c.. De Benefic. Lib. IV. Cap. 16, 17.*

aimer les diverſes Cauſes de toute ſorte, deſquelles nous dépendons, & principalement celles qui ſont Raiſonnables, leſquelles non ſeulement ſe font ſentir comme Cauſes, mais encore, par la reſſemblance que l'on remarque entre
leur nature & la nôtre, gagnent nos eſprits & touchent nos cœurs; il eſt clair,
que ces prémiéres idées de nous-mêmes, & ces prémiers panchans vers nôtre
Bonheur, ne ſont qu'une eſpéce de degrez pour s'élever à des connoiſſances
plus ſublimes, & à des mouvemens d'affection plus étendus & plus forts, à
proportion des degrez de bonté & de perfection que l'on découvre dans les
objets. Il eſt certainement d'une évidence à n'avoir pas beſoin de preuve, que
les degrez & la meſure de nôtre amour ne dépendent pas de l'ordre du tems auquel on commence à connoître ou à aimer un objet, mais du jugement qu'on
porte ſur le plus ou moins de bonté naturelle qu'on découvre dans les Perſonnes
& dans les Choſes. Or nous avons fait voir ci-deſſus, (a) que ce n'eſt pas
ſeulement par rapport à nous-mêmes, comme HOBBES prétend que cela a
lieu dans l'Etat de Nature, qu'on juge telle ou telle choſe bonne, mais à cauſe
de la vertu qu'elle a de ſervir à conſerver & à perfectionner les autres, quelles
qu'elles ſoient, & principalement le Corps qui réſulte de leur aſſemblage. On
peut aiſément reconnoître, que cette bonté eſt plus grande dans tout le Genre
Humain, que dans chaque Homme en particulier; & qu'elle ſe trouve au
ſuprême degré en DIEU, qui par conſéquent doit être aimé par-deſſus
tout.

(a) Chap. III.

Voici donc à quoi ſe réduit tout ce que j'établis ici. Le ſoin de nôtre propre Félicité, conſidérée comme un effet poſſible, nous porte à conſiderer les
Cauſes d'où elle dépend, ſur-tout celles qui y ont le plus de part, & qui ſont
déterminées par nos propres actions à l'augmenter ou la diminuer. Telles
ſont DIEU, & les Hommes, quels qu'ils ſoient. En examinant bien la nature de ces Cauſes, nous y remarquons une perfection & une bonté, ou une
aptitude à conſerver & perfectionner l'état de l'Univers, entiérement ſemblable à celle qui nous rend aimables à nous-mêmes; mais infiniment plus grande
en DIEU. De plus, nous voions, que chacune de ſes Cauſes n'eſt pas moins
déterminée par ſa propre Raiſon à rechercher ce qui convient à ſon Bonheur,
que nous le ſommes nous-mêmes; en ſorte qu'il n'y a abſolument rien qui
puiſſe nous faire déſirer ou eſperer, qu'aucune s'emploie en nôtre faveur,
plûtôt qu'en faveur des autres & d'elle-même.

Il n'y a que la recherche du Bien Commun, en quoi tous les Etres Raiſonnables puiſſent être unis.

§ XLVI. POUR unir d'intérêt & d'affection tous les Etres Raiſonnables
avec tous les autres en général & chacun en particulier, autant que le permet
la conſtitution de l'Univers, la Raiſon ne nous fournit qu'un ſeul moien, tiré
de la connoiſſance qu'elle donne, & qui eſt particuliére à de tels Etres, du
Corps qui réſulte de leur aſſemblage; c'eſt qu'ils s'accordent tous à rechercher
le Bien commun, comme une Fin qu'ils doivent tous ſe propoſer. Or chacun peut le faire aiſément, parce que tout Etre Raiſonnable eſt naturellement
doué d'un Entendement qui a quelque idée de ce Bien, & d'une Volonté propre
à le rechercher. En faiſant uſage de l'une & de l'autre de ces Facultez, on
procurera l'utilité de chacun, autant que le permet la nature de l'Univers;
car chacun fait partie de ce vaſte Corps. Que ſi quelcun ſouhaitte un Bonheur qui ne s'accorde point avec celui du Corps des Etres Raiſonnables, c'eſt

ma-

manifeftement défirer une chofe impoffible, puis qu'elle eft incompatible avec la force déterminée des Caufes qui font beaucoup plus efficaces que la volonté de celui qui a un tel défir; de forte qu'on ne peut le former raifonnablement.

Ce à quoi il faut ici principalement faire attention, c'eft qu'encore que le foin de nôtre propre Bonheur nous ait conduit à la confidération de la nature des Caufes Raifonnables, néanmoins la Raifon, qui leur eft effentielle, & la Volonté par laquelle elles font naturellement déterminées à chercher leur Bonheur poffible, comme auffi toute la perfection & la bonté que nous découvrons en elles eû égard à la conftitution de l'Univers, font & qu'elles peuvent fe propofer cette Fin commune, & qu'elles fe déterminent néceffairement à la rechercher, fi elles veulent agir raifonnablement. Car il n'y a que cette feule Fin, dans la recherche de laquelle elles puiffent s'accorder toutes; & il eft très-certain, qu'on ne fauroit fe déterminer à rien par les lumiéres de la Droite Raifon, en quoi tous les autres Etres Raifonnables ne puiffent être de même avis. C'eft donc de la nature commune à tous les Agens Raifonnables, que vient la néceffité où chacun eft, d'exercer une Bienveillance Univerfelle, de fe propofer toûjours le Bien Commun, & de ne chercher le fien propre que comme en faifant partie, & par conféquent lui étant fubordonné; à quoi fe réduit toute la Loi Naturelle.

Mais comme, dans ce vafte Corps des Etres Raifonnables, il y en a un qui feul eft l'Auteur, le Confervateur, & le Maître de tous les autres, & par la Volonté duquel principalement ce qui eft néceffaire pour leur Bonheur eft difpofé; c'eft auffi de fa Volonté, connuë par fes œuvres, que vient la néceffité de rechercher une telle Fin, & de faire des Actions qui y foient conformes, comme autant de moiens qui contribuent à l'obtenir. Ainfi l'*Obligation* d'agir de cette maniére eft avec raifon attribuée uniquement à fa *Volonté*, qui nous l'impofe en vertu du droit qu'il a de nous commander: quoi que d'ailleurs la nature de tous les autres Etres Raifonnables, parmi lefquels chacun doit compter la fienne, nous indique ce qu'il eft néceffaire de faire, de la maniére que les chofes font établies, pour parvenir à une Fin plus grande que celle de nôtre propre Bonheur, qui néanmoins en fera une fuite, par où nous deviendrons auffi heureux qu'il eft poffible.

Dans cette analyfe de la queftion que nous propofons, fur le moien par lequel chaque Homme en particulier peut fe rendre heureux dans toutes les circonftances fuppofées, il arrive, ce qui paroîtra peut-être furprenant à bien des gens, mais que l'on voit fouvent arriver dans l'Analyfe Géométrique, c'eft qu'à la fin de l'examen on trouve non feulement ce que l'on cherchoit d'abord, mais encore d'autres chofes qui fe raportent au fujet, auxquelles celui qui a propofé la queftion ne penfoit point du tout. Car ici on trouve prémiérement une réponfe, ou une folution générale, qui ne convient pas feulement aux circonftances dans lefquelles cet Individu peut fe trouver, mais encore à celles de tout autre Homme, comme dépendant également de Dieu & des autres Hommes. Cela montre même aux Nations entiéres le chemin pour parvenir à leur vrai bonheur. C'eft que la Bienveillance Univerfelle, & tous les Préceptes renfermez dans le Bien Commun, obligent chaque Homme & chaque Peuple, par la même raifon pourquoi tel ou tel en particulier doit

doit les obferver, comme il eſt aiſé de voir, ſi l'on y fait attention. De plus, la même analyſe nous découvre, comment la queſtion propoſée d'abord ſans reſtriction, doit être limitée, afin que la ſolution ſoit poſſible & certaine. C'eſt qu'il faut que le Bonheur, auquel chacun aſpire, ſoit tel qu'il s'accorde avec la nature & les déterminations des autres Cauſes Raiſonnables, dont le pouvoir eſt plus grand, c'eſt-à-dire, qu'il ſoit compatible avec la Gloire de Dieu, & le Bien Commun des Hommes, & qu'il s'y rapporte. Si quelcun ſe promet une autre Félicité, cette ſolution lui apprendra qu'il doit alors regarder ſon déſir comme un problème impoſſible, & par conféquent qui doit être abſolument rejetté. Je m'abſtiens d'alléguer ici aucun exemple de ſolutions Géométriques de cette ſorte, parce qu'ils ſont très-connus de ceux qui entendent bien l'art Analytique; & pour les autres, cela leur ſeroit deſagréable, & leur paroîtroit trop éloigné du ſujet.

§ XLVII. Voila une partie de ma réponſe à l'objection (a) propoſée ci-deſſus. J'ajoûte maintenant pour ſeconde partie, que le but du Légiſlateur, comme auſſi de celui qui obſerve pleinement la Loi Naturelle, eſt plus grand & plus ſublime, que le ſimple déſir d'éviter la Peine, ou d'obtenir la Récompenſe, en quoi conſiſte la *Sanction* de la Loi; quoi que les Peines & les Récompenſes ſoient ce qui touche de plus près ceux à qui la Loi eſt impoſée, & que ce ſoit auſſi par-là que ſe découvre immédiatement l'Obligation où chacun eſt de lui obéïr. Car la Fin, c'eſt-à-dire, l'effet que celui qui commande & ceux qui obéïſſent, ſe propoſent directement, c'eſt le Bien Commun, la Gloire du Maître de l'Univers, & le bon état de tous ſes Sujets. Or tout cela eſt manifeſtement plus conſiderable, que le Bonheur d'un ſeul de ceux qui obéïſſent à la Loi. On ne rend jamais une véritable obéïſſance à la Loi, ſi l'on n'a ſincérement en vuë cette Fin, conformément au but du Légiſlateur. Que ſi l'on y viſe directement & conſtamment, la ſincérité de l'obéïſſance n'en eſt pas moindre, parce que le déſir de nôtre propre Bonheur nous a menez à connoître que nôtre Maître Souverain nous ordonne de nous propoſer une fin plus relevée. En vain les Loix ſeroient-elles accompagnées d'une Sanction de Peines & de Récompenſes, ſi la conſidération de ces Peines & de ces Récompenſes ne pouvoit être utile, pour porter chacun des Sujets, dont elles augmentent ou diminuent le Bonheur, à leur rendre une obéïſſance ſincére & entiére. Car une telle Sanction eſt ajoûtée à la Loi, afin que chacun des Sujets vienne à ſe propoſer une plus grande fin, que ſon Bonheur particulier. Lors donc que les Moraliſtes parlent de la *Béatitude formelle* de chacun, comme de la derniére fin qu'il ſe propoſe, j'explique volontiers leur penſée en ce ſens, que c'eſt la principale fin, entre celles qui regardent l'Agent ſeul: & je ne doute pas que tout Homme-de-bien ne ſe propoſe une plus grande fin,

[marginal notes:]

Que la vuë des Peines & des Récompenſes n'eſt pas la Fin principale du Légiſlateur, ni de ceux qui obſervent comme il faut la Loi Naturelle.

(a) § 45.

---

§ XLVII. (1) „ Cette diſpoſition de la Nature Humaine à la Bonté eſt bien en partie, mais non pas entiérement, un effet des concluſions de la Raiſon. Nous avons des ſentimens de bienveillance envers les autres, avant même que d'avoir reſléchi & raiſonné, toutes les fois qu'il n'y a point d'oppoſition d'intérêts, de la même maniére que nous nous aimons nous-mêmes, quoi que ces ſentimens, qui ont pour objet les autres, ſoient d'ordinaire plus foibles. Quelquefois auſſi, malgré l'oppoſition d'intérêts, nous ne laiſſons pas de conſerver de tels ſentimens de Bonté, quand il „ s'a-

fin, ou un plus grand effet, favoir, la Gloire de Dieu, & un état plus heureux des autres Hommes. Je conçois, que, de nôtre propre Bonheur, & de celui des autres Etres Raifonnables, à l'avancement duquel nous travaillons dans l'occafion, il se forme une feule Fin fuprême, ou un effet le plus excellent de tous. Car il n'eft pas queftion ici d'examiner, quel de divers Biens poffibles eft plus grand, & par conféquent doit être recherché avec plus de foin; fur quoi roulent d'ordinaire les difputes des anciens Philofophes. Mais, pofé que la Félicité Humaine réfulte du concours de plufieurs Biens de différente forte, & que la jouïffance en doit être fucceffive dans tout le cours de l'exiftence naturelle de l'Homme, il s'agit de favoir, fi en recherchant cette fuite continuelle de tels Biens, ou même de plus grands, la nature des Caufes Raifonnables d'où dépend l'efpérance de cette Félicité, demande que, pour nous procurer leur faveur, nous préférions le Bien Commun de tous à nôtre Bonheur particulier, & que nous regardions celui-ci feulement comme une partie de l'autre, laquelle par conféquent ne peut être confervée fans la confervation du Tout? Ou fi la confidération de la nature des Caufes Raifonnables, nous porte plûtôt à chercher nôtre fûreté en prévenant les autres, ou de force ouverte, ou par embûches, dans la penfée qu'ils ne cherchent eux-mêmes naturellement que leur intérêt particulier, & par conféquent qu'ils font naturellement nos Ennemis? comme Hobbes l'enfeigne (b) affez clairement. Pour moi, je découvre dans les Agens Raifonnables un panchant naturel de Bonté, qui les porte à aider généralement tous les autres, pourvû que ceux-ci s'accordent à rechercher le Bien Commun. (1) Cette difpofition vient de ce que, plus ils font ufage de la Raifon, & plus ils font tous enclins à s'accorder dans le foin de rechercher cette Fin, comme la plus grande de toutes, & à juger que c'eft le feul moien de rendre leur Bonheur le plus parfait. D'où il s'enfuit, que chacun d'eux eft difpofé à propofer aux autres la même Fin & à leur en perfuader la recherche, foit par fes difcours ou par fes actions, auffi tôt qu'il aura occafion de converfer avec eux & qu'aucun ne peut, felon la Droite Raifon, y refufer fon confentement: de forte qu'on ne doit jamais préfumer d'aucun en particulier, qu'il ne veuille pas s'accorder dans la recherche de cette Fin, mais traiter tous les autres, comme s'ils y avoient donné un confentement exprès; à moins qu'on n'ait des raifons fuffifantes de croire, que tel ou tel a renoncé à la Droite Raifon. Or, dès-là que chacun eft réfolu en lui-même à chercher le Bien Commun, préférablement aux autres avantages de chacun en particulier, il fe propofe une Fin, compofée de fon propre Bonheur & de celui des autres, & il en obtient une partie, toutes les fois qu'il procure ou aux autres, ou à foi-même, quelque avantage, fi petit qu'il foit, fans nuire à perfonne.

(b) De Cive, Cap. V. § 1.

Il

,, s'agit de perfonnes avec qui nous avons ,, des liaifons plus proches, comme font nos ,, Enfans, ou nos Amis, dont nous cher- ,, chons à procurer les aifes & le plaifir, ,, plus que les nôtres, & cela fans aucune ,, vûë de la fatisfaction qui nous en revien- ,, dra à nous-mêmes. Mais il eft toûjours ,, vrai, que la Raifon, comme nôtre Auteur ,, l'explique parfaitement bien, renforce & ,, dirige en même tems ces difpofitions. Maxwell.

Il eſt très-important de remarquer ici, que la Fin renferme non ſeulement ce dont on jouît ſoi-même, tel qu'eſt le Bonheur particulier de chacun, mais encore tout effet qu'un Agent Raiſonnable produit, ou tâche de produire, le ſâchant & le voulant, & avec intention de le produire. Ainſi ce que nous faiſons de propos délibéré pour rendre ſervice aux autres, ou pour leur plaire, ne doit pas moins être mis au rang des fins que nous nous propoſons dans nos actions, que le Bonheur particulier, dont le ſentiment intérieur rend chacun heureux *formellement.* Cette Béatitude intrinſéque n'eſt même, à mon avis, la fin de chacun, qu'entant que toutes ſes parties ſont des effets auxquels la Raiſon dirige nos Actions & nos Paſſions, comme à certains termes déterminez de mouvemens. Et il n'y a abſolument rien qui empêche, que les Actions & les Paſſions qui ſont dirigées par la même Raiſon à d'autres effets, comme à autant de termes placez hors de nous, ne puiſſent, ſur le même fondement, être appellées des *Fins.*

Entre ces diverſes Fins, on regarde avec raiſon comme la principale, celle en vuë de laquelle, ſelon les maximes certaines de la Droite Raiſon, nous limitons nos opérations par rapport à toute autre ſorte de Fin, même à celles qui concernent nôtre propre Bonheur. Or en conſidérant le Bien Commun comme une Fin entiére & complette, & nôtre propre Bonheur comme une petite partie de ce Bien, nous déterminons toutes les opérations qui ſe rapportent à nous-mêmes. Donc le Bien Commun eſt la principale Fin, ſelon la méthode que je preſcris ici pour la direction des Actions Humaines.

La Mineure de cet argument peut être évidemment prouvée par ce qui a été dit dans le I. Chapitre, où j'ai fait voir, que la meſure des Biens que chacun peut rechercher pour ſoi-même en particulier, doit néceſſairement être déterminée par la proportion que chacun a avec le Syſtême de tous les Etres Raiſonnables, ou à tout le Roiaume naturel de DIEU: de même qu'on détermine la nourriture convenable pour la conſervation & l'accroiſſement de chaque membre dans le Corps d'un Animal ſain, par la proportion qu'elle a avec le meilleur état de tout le Corps.

§ XLVIII. Nous venons néceſſairement à reconnoître l'obligation de limiter ainſi la recherche du Bonheur que nous eſpérons, en ſuivant les principes établis ci-deſſus, qui nous repréſentent DIEU, & tous les Hommes, comme autant de Cauſes volontaires de ce Bonheur; d'où il s'enſuit que nous devons indiſpenſablement, ſelon ce que demande la nature de DIEU & celle des Hommes, nous procurer leur faveur, en faiſant tout ce qui leur eſt agréable, comme à des Etres qui ſont les plus grandes ſans comparaiſon & les principales parties de toute la Communauté naturelle; ſans quoi nous ne ſaurions raiſonnablement eſpérer qu'ils nous prêtent leur aſſiſtance, abſolument néceſſaire pour l'avancement de nos intérêts particuliers. En effet, quand on agit en vuë d'une Fin, il eſt entiérement contre la Raiſon, d'eſpérer ou de ſe propoſer autre choſe, que ce qui eſt déterminé par la nature de toutes les Cauſes, ſur-tout des principales, qui concourent à l'acquiſition de cette Fin. Ainſi y aiant d'autres Agens Raiſonnables qui ſont les principales Cauſes de nôtre propre Bonheur, nous ne devons nous en promettre qu'autant que le permettra la Volonté & la Raiſon de ces Cauſes naturellement néceſſaires pour nous ren-

Que la recherche de nôtre propre Bonheur doit être limitée & déterminée par la vuë du Bien Commun.

rendre heureux. A la vérité, dans la recherche des Caufes, de même que dans la réfolution des Problêmes, nous commençons par les Effets, dont nous n'avons le plus fouvent que des idées confufes, ou que nous fouhaittons feulement; tel qu'eft à l'égard de chacun fon propre Bonheur poffible, confidéré d'une vuë générale. Mais quand on vient à l'opération, après l'Analyfe achevée, & la découverte diftincte des Caufes, avec leurs Effets immédiats, le tout bien rangé dans nôtre efprit; on confidére alors, felon la méthode Synthétique, & l'on cherche à fe procurer les Caufes particuliéres, qui précédent dans l'ordre de la Nature, comme font Dieu, & l'affemblage de tous les Hommes: après quoi on paffe aux bons effets, par rapport à la Félicité Publique, qui peuvent être obtenus par le concours des forces & des déterminations de ces Caufes avec nos propres efforts: de même que, dans la conftruction des Problêmes Géométriques, on fe fert de la *Synthéfe* réguliére, déja trouvée par l'*Analyfe*; laquelle, par la pofition de certains points, ou par des lignes très-fimples tirées exactement, & par les propriétez connuës, qui découlent de ces points & de ces lignes, comme de leurs caufes, détermine pleinement la nature de l'Effet que l'on cherchoit.

Qu'il me foit permis de montrer ici la juftefse de la comparaifon, par un exemple d'opération Géométrique, facile à faire. Quelcun remarque qu'il a befoin de trouver une Moienne proportionnelle entre deux Lignes données. Il cherche d'abord, felon la méthode Analytique, les caufes par lefquelles cette Moienne proportionnelle peut être déterminée, & il trouve que cela peut fe faire très-commodément par la (a) circonférence d'un Cercle, dont le Diamétre foit la fomme des Lignes données. Nôtre Géométre voit maintenant une autre opération à faire, & une opération plus grande que de tirer une feule Ligne droite, c'eft-à-dire, la détermination de la Moienne proportionnelle qu'il cherche. Il s'agit de joindre enfemble les deux Lignes données, & de trouver un point moien dans la Ligne compofée des deux. Pour y réuffir, il décrira, avec ce centre, & la diftance prife de l'un & l'autre bout de la Ligne qu'il vient de tracer, un Cercle, de la circonférence duquel il tirera une perpendiculaire, qui tombera fur le point où les deux Lignes fe joignent. Il eft clair, que, dans cette conftruction, la méthode Synthétique a lieu; & que les opérations de nôtre Géométre font dirigées non feulement par rapport à la longueur de la Ligne droite qu'il cherche, mais encore par la confidération de la nature du Centre, du Diamétre, du Cercle, & d'une Perpendiculaire qui doive tomber fur un point donné; car c'eft de la nature & de la définition de chacune de ces chofes, & de leurs rélations réciproques, que dépend l'efficace de la pratique pour obtenir la fin réquife: & par-là auffi on démontre, que la même conftruction fuffit non feulement pour la détermination de cette Ligne unique, mais encore d'une infinité d'autres femblables, dont d'autres, ou lui-même pourront avoir befoin dans l'occafion; parce qu'on peut divifer le Diamétre, dans chacun de fes points, en deux autres Lignes droites, & que le même Cercle fournit la Moienne proportionnelle entr'elles. De même, chaque Homme, lors qu'il cherche naturellement à fe rendre heureux, découvre d'abord, qu'il doit tâcher d'aquérir une certaine mefure de Biens, proportionnée à fes befoins; ce qui eft quelque chofe de plus diftinct, que l'idée générale

(a) Votez les *Elémens d'Euclide, Lib. VI. Propof. 13.*

du

du Bonheur auquel il aſpire. Enſuite venant à examiner avec plus de ſoin les Cauſes, desquelles on peut attendre ces ſortes de Biens, & paſſant, ſelon l'ordre analytique, de la conſidération de quelques Cauſes les plus prochaines, aux plus éloignées, qui ſe préſentent dans le Syſtême de l'Univers, on eſt conduit par les lumiéres de la Nature à reconnoître, qu'il faut regarder tous les Etres Raiſonnables, qui nous environnent de toutes parts, comme autant de Cauſes dont nous dépendons en quelque maniére, & tâcher de nous procurer leur faveur par une Bienveillance univerſelle. Ainſi cela nous enſeigne à rechercher une Fin plus grande, que celle qui s'offroit d'abord à nôtre vuë, puis que nôtre plus grand Bonheur poſſible s'y trouve renfermé néceſſairement, ſelon la conſtitution de la nature de l'Univers, dont nous faiſons partie; d'où il s'enſuit, que nous devons ou chercher nôtre Bonheur conjointement avec cette Fin plus noble, qui conſiſte dans le Bien Public, la Gloire de DIEU, & le Bonheur du Genre Humain, ou renoncer à toute eſpérance de nous rendre heureux, fondée ſur la nature des choſes. Après une telle découverte, faite analytiquement par la conſidération de la nature des Cauſes, nôtre Ame ſe diſpoſe à rechercher cette Fin plus noble, dans laquelle tout nôtre Bonheur eſt pleinement renfermé : elle conſidére l'ordre, & péſe la dignité de toutes les Cauſes, ſelon la meſure des forces & des déterminations qu'elle y trouve par rapport à cette Fin. Ainſi appercevant, que DIEU, & les Hommes, peuvent & veulent le plus y contribuer, elle reconnoît, que comme le Bien Commun eſt la Fin qu'ils ſe propoſent eux-mêmes, leurs forces ſont auſſi les Cauſes, ou les moiens les plus propres pour le procurer: c'eſt pourquoi elle ſe joint à eux, & agit par rapport à eux d'une maniére convenable à leur nature raiſonnable & à leur dignité, c'eſt-à-dire, ou en leur propoſant à faire certaines choſes qui ſervent à cette Fin, ou en s'accordant avec eux au ſujet des Actions qu'ils nous font regarder comme néceſſaires pour cette Fin, ou du moins comme permiſes, autant qu'elles n'ont rien qui y ſoit contraire. Tout cela ſe faiſant uniquement en vuë d'une telle Fin, la plus noble de toutes, il en réſulte, que, dans toute la ſuite de nos actions, & ainſi dans tout le cours d'une vie réglée ſelon cette méthode, nous concourrons avec les Cauſes que nous ſavons pouvoir & vouloir le plus efficacement contribuer à cette Fin, ſavoir, DIEU ſurtout, & les Hommes les plus excellens; & que nous préférerons l'aquiſition des plus grandes parties de cette Fin aux moindres, le Bien Public, par exemple, au Bien Particulier, &c. Car, pour pouſſer encore le paralléle avec l'exemple tiré ci-deſſus de la Géométrie, quand nous en viendrons à l'opération, nous aurons ſoin principalement de découvrir le centre & le prémier principe de l'effet très-noble que nous cherchons, & d'obſerver la juſte diſtance qu'il y a de là: c'eſt-à-dire, que nous remonterons juſqu'à DIEU, & que nous ferons attention aux indices de ſa Volonté qui ſe manifeſtent dans ſes œuvres. Enſuite portant nos penſées ſur chacun des Hommes, qui nous environnent de toutes parts, comme autant de points infinis d'une Circonférence, & gardant inviolablement l'ordre & la ſituation où ils ont tous été placez par la détermination de la Prémiére Cauſe, à la faveur d'un certain mouvement réciproque, ou d'un commerce de Bienfaits; nous trouverons enfin le juſte point, qui ſera comme celui de la jonction de deux Lignes données, où ce

qui

qui nous fuffit, fans que les autres en reçoivent du dommage, fera marqué, comme nous étant manifeftement accordé: & ainfi la mefure proportionnée à nôtre état, pour que nous puiffions contribuer au Bien de tout le Syftême de l'Univers, fera déterminée par tous les autres qui nous environnent, comme la Circonférence du Cercle détermine la longueur de la Moienne proportionnelle que l'on cherchoit. Cependant, par un effet de ces beaux mouvemens d'une Bienveillance réciproque, il arrive que les autres reçoivent de pareils fervices, & fouvent même, fi l'occafion s'en préfente, de plus grands, que ceux que nous cherchions pour nous-mêmes: comme d'un même Cercle tiré on vient à trouver non feulement la Moienne proportionnelle entre deux Lignes données, mais encore de femblables entre une infinité d'autres, dans lefquelles le même Diamétre peut être divifé; & très-fouvent ces Moiennes, qui peuvent fervir à d'autres, font plus grandes que nous n'en avions befoin nous-mêmes. Enfin, ce n'eft point par un feul effet qui peut être opéré en tirant un Cercle, qu'un habile Géométre évaluë la force, la perfection, & l'ordre de dignité que cette figure a entre les autres, mais par tous fes effets joints enfemble, ou par la conftruction de tous les Problèmes qui peuvent être réfolus par fon moien, de quelque manière que ce foit. De même, tout Etre Raifonnable n'eftimera pas la perfection & la force intrinféque de la Prémiére Caufe, ou de tout le Genre Humain, uniquement par ce qu'il y découvre qui a quelque influence fur fon propre Bonheur, mais par la variété prodigieufe & la grandeur furprenante des effets, qui font déja provenus de telles Caufes, ou qui peuvent déformais en provenir, fur-tout par le Bien de l'Univers, ou le Bien Commun de tous les Etres Raifonnables, qui eft confervé, ou même avancé tous les jours par leur moien. Car l'étenduë de tout pouvoir ne peut être mefurée que par l'affemblage de tous les effets qui en découlent; par conféquent le pouvoir de faire du bien à d'autres, doit être mefuré par l'affemblage de tous les Bienfaits qui en réfultent. Et l'ordre naturel de dignité entre les Caufes Bienfaifantes, fe régle fur la mefure de leur Bénéficence, en forte que ceux qui font moins de bien, font, eû égard à cette qualité, inférieurs, ou fubordonnez à ceux qui en font davantage; comme dans une fuite de Nombres, qui croît ou qui monte, les moindres font appellez inférieurs.

§ XLIX. De ce que je viens de dire il eft clair, que la confidération de la nature des chofes, & de leurs forces propres & intrinféques, fournit fuffifamment à nos efprits de quoi diriger leurs jugemens, dans l'eftimation de la bonté des chofes, de leur ordre, & de leur dignité; & cela non par rapport à nous-mêmes, petits Mortels, mais eû égard à tout le Corps des Etres Raifonnables, ou à ce grand Roiaume dont Dieu eft le Chef; quoi que peut-être quelcun ait été d'abord conduit à examiner avec plus d'attention la nature des chofes, par le foin de fa propre Félicité.

Néceffité de fubordonner nôtre propre Bonheur à celui de tout le Corps des Etres Raifonnables.

Il eft évident auffi, que, fi l'on veut comparer enfemble les diverfes parties de la Fin très-noble dont il s'agit, & faire attention à l'ordre qu'il y a entr'elles, on regardera comme fupérieure à une autre partie, celle qui convient à une plus grande perfection effentielle. Ainfi la Gloire de Dieu fera mife au plus haut rang, & puis le Bonheur du plus grand nombre d'Hommes & des plus gens-debien. Au deffous de tout cela, on mettra le Bonheur particulier de tel ou tel.

Pour

Pour ce qui eft des Moiens, ou des Caufes propres à faire obtenir cette Fin, ou cet effet, felon que chacune de ces Caufes pourra y contribuer davantage, elle fera auffi en droit d'exiger plus d'eftime, d'amour, & de foins, s'il eft néceffaire. De forte qu'ici encore Dieu doit occuper la prémiére place. La feconde eft pour le plus grand nombre d'Hommes, & les plus gens-de-bien, qui ont befoin de nôtre affiftance. Chaque Homme en particulier, & par con-féquent celui-là même qui délibére fur fon propre intérêt, doit fe contenter d'un rang encore plus bas, s'il veut agir convenablement à la nature des Chofes.

En voilà de refte, à mon avis, pour éloigner tout foupçon qu'il ne fuive de ma méthode quelque chofe, par où le Bonheur particulier de chacun foit préferé à la Gloire de Dieu, ou au Bien Public. Mais, afin que perfonne ne foit choqué de ce que je confidére tout le Genre Humain, & fa Caufe Pré-miére elle-même, comme des Moiens pour parvenir à cette Fin la plus no-ble, dont le Bonheur particulier de chacun n'eft qu'une petite partie; je vais déclarer ici nettement une chofe que j'ai fouvent infinuée, c'eft que les ter-mes de *Fin* & de *Moiens* ne font que des dénominations extérieures, attribuées aux Effets & aux Caufes, entant que ces Effets proviennent du deffein & de l'intention des Agens Raifonnables. Tout Effet qu'ils fe propofent, eft une Fin; & toute Caufe qui a la vertu d'y contribuer quelque chofe, s'appelle un *Moien*. De telles dénominations ne renferment point en elles-mêmes les juftes mefures de la perfection effentielle aux chofes, ou de l'eftime que d'autres en font. On fait très-bien, que ni Dieu, ni les Hommes confidérez tous enfemble, ne perdent rien de leur dignité, ni de leur honneur, parce qu'ils contribuent volontairement quelque chofe au Bonheur de qui que ce foit d'un ordre inférieur. Un Effet particulier peut être fort au deffous de fa Caufe, & eft ordinairement reputé tel: par conféquent une Fin particuliére, qu'un A-gent Raifonnable fe propofe, peut auffi être moins noble que lui. Il fuffit, que la Fin totale ou complette, à laquelle il dirige fes actions, convienne à fa propre dignité. Cependant, lors que les Caufes d'un ordre fupérieur s'abbaif-fent à produire les plus petits Effets, elles n'en font point deshonorées, tant parce qu'elles le font volontairement, que parce qu'il n'y a point d'autre moien de fe procurer fûrement leur affiftance, que de fe réfoudre de bon cœur à pré-ferer leur intérêt au nôtre, en nous refufant ce qui nous eft le plus cher, lors que le Bien Commun le demande. (1)

Bien plus: cette joie fi délicieufe, qui fait une grande partie du Bonheur de chaque Homme, eft fondée fur le fentiment intérieur que nous avons d'avoir vécu

par

§ XLIX. (1) „ Sur l'objection qu'on fait „ ici, Que la Vertu a en vuë le plaifir de celui „ qui la pratique, & par conféquent que toutes „ les Fins font fubordonnées au Bien Particu-„ lier; il faut remarquer, que, dans les Ac-„ tions véritablement Vertueufes, l'Intention „ de l'Agent eft le bien des autres, ou de fe „ rendre agréable à Dieu, en lui témoi-„ gnant fa reconnoiffance, foit fans aucune „ vuë de fon intérêt particulier, ou en fe le „ propofant feulement comme joint à quel-

„ que fentiment de Bienveillance. Il y a une „ différence manifefte entre ce qu'une Action „ renferme qui tend de fa nature à rendre „ l'Agent heureux, & l'intention qu'a l'Agent „ en faifant cette Action, ou ce qu'il fouhai-„ te principalement qui en provienne. Le „ Bien Particulier n'eft pas, dans le dernier „ fens, le but, ou du moins le feul but, des „ Actions Vertueufes. MAXWELL.

§ L. (1) Voïez ci-deffus, Chap. I. § 11.

(2) *Quoniam autem plerique homines, prae-ini-*

par le paſſé d'une maniére à tâcher de nous rendre agréables à Dieu & aux Hommes, & de la réſolution où nous ſommes d'agir conſtamment de même à l'avenir; & ſur une volonté ſincére de contribuer à rendre les autres heureux, & de ſe réjouïr de leur bonheur. Ainſi celui qui recherche un tel Bonheur, ne ſauroit être juſtement accuſé d'un Amour propre déréglé. Car de cette maniére il uſe de retour envers les autres en faiſant ſervir à les rendre heureux le Bonheur dont il leur eſt redevable; de même qu'un Ruiſſeau renvole à la Mer les eaux qu'il en a reçuës.

§ L. J'ai, à mon avis, levé ſuffiſamment les difficultez qui pouvoient paroître obſcurcir quelque partie de la méthode dont je me ſers pour découvrir les Loix Naturelles, & le fondement de leur Obligation. Venons maintenant à examiner les principes d'Hobbes par leſquels il tâche de détruire entiérement toute Obligation des Loix Naturelles par rapport aux Actions extérieures, en ſorte qu'il ne leur laiſſe que le nom de *Loix*, & même improprement (1) ainſi appellées; accordant à chacun le droit de les violer dans l'Etat de Nature, c'eſt-à-dire, toutes les fois qu'elles ne ſont point ſoûtenuës par l'autorité du Gouvernement Civil, ou qu'elles peuvent être impunément violées. (2) L'unique raiſon qu'il allégue, pourquoi, dans cet Etat de Nature, elles n'obligent point à l'égard des Actions extérieures, c'eſt que nous ne pouvons être aſſûrez que les autres obſerveront ces Loix en matiére des choſes qui regardent nôtre propre conſervation; d'où il infére, que *toute l'eſperance que chacun a de ſa ſûreté & de ſa conſervation, conſiſte à pouvoir prévenir les autres par ſa force ou ſon adreſſe propre, ſoit en les attaquant ouvertement, ou en leur dreſſant des embûches.* Voilà cet argument invincible, que nôtre Philoſophe juge capable d'ôter toute force aux Loix Naturelles hors d'un Etat Civil. Car, quoi qu'il ſemble leur en laiſſer quelque, en diſant qu'elles obligent dans le Tribunal de la Conſcience à chercher la Paix, il eſt clair, que ce n'eſt que pour jetter de la poudre aux yeux des Lecteurs peu attentifs; les Loix Naturelles roulant preſque toutes ſur les Actions extérieures, & ſe réduiſant à ordonner, par exemple, de ne faire aucun mal aux Innocens, de tenir les Conventions, de témoigner ſa réconnoiſſance à ceux de qui l'on a reçû du bien &c. Il faut être aveugle pour ne pas voir, que ſoûtenir, comme fait Hobbes (3) en divers endroits, qu'on peut légitimement faire des *Actions extérieures* contraires à ces *Loix*, c'eſt les dépouiller entiérement de leur force.

Je répons donc, prémiérement, que, pour être obligé à des Actions extérieures, conformes aux Loix Naturelles, il n'eſt pas néceſſaire d'être aſſûré, ſur

Réfutation des principes d'*Hobbes*, par leſquels il détruit toute Obligation des Loix Naturelles, hors d'une Société Civile.

---

iniquo praeſentis commodi appetitu, praedictas Leges, quantumvis agnitas, obſervare minime apti ſunt, ... non eſt exiſtimandum, natura, hoc eſt, ratione obligari homines ad exercitium earum omnium, in eo ſtatu hominum, in quo non exercentur ab aliis. Interea tamen obligamur ad animum eas obſervandi, quandocunque ad finem ad quem ordinantur, earum obſervatio conducere videbitur. Ideoque concludendum eſt, Legem naturae ſemper & ubique obligare in Foro interno, ſive conſcientia, non ſemper in foro externo: ſed tum ſolummodo, cum ſecure id fieri poſſit. De Cive, Cap. III. § 27. Spes igitur unicuique ſecuritatis conſervationiſque ſuae in eo ſita eſt, ut viribus artibuſque propriis, proximum ſuum vel palam, vel ex inſidiis praeoccupare poſſit ... Tritum eſt, inter arma ſilere leges; & verum eſt, non modo de Legibus Civilibus, ſed etiam de Lege Naturali, ſi non ad animum, ad actionem referatur &c. Ibid. Cap. V. § 1.

(3) Dans ceux qu'on vient de citer, & Cap. XIV. § 9. du même Traité & ailleurs.

fur-tout d'une maniére exemte de toute crainte, que les autres Hommes, de leur côté, obéïront à ces Loix. La volonté connuë de la Prémiére Caufe, par laquelle Volonté cet Etre Souverain établit les Loix qui réglent les Actions extérieures, eft une raifon qui par elle-même fuffit entiérement, pour obliger à de telles Actions: & tant que cette Volonté fubfifte, (or elle fubfifte toûjours, comme on le connoît de la maniére que j'ai expliquée ci-deffus) on ne fauroit être difpenfé de l'obligation d'y obéïr, quoi que les mœurs de plufieurs Hommes foient fi déréglées, qu'ils rendent fouvent le mal pour le bien à ceux qui agiffent conformément aux maximes de la Juftice. On peut éclaircir cela par une comparaifon avec l'Obligation des Loix Civiles. *Hobbes* ne niera pas, que tous les Sujets ne foient tenus d'obferver ces Loix par des Actions extérieures. Or tous les Hommes, encore qu'ils ne foient pas foûmis à un même Gouvernement Humain, font membres de ce vafte Roiaume, dont DIEU eft le Monarque. On fait, que ceux qui dépendent d'un même Gouvernement Humain, ne peuvent être parfaitement affûrez, ni que leurs Concitoiens obferveront les Loix Civiles, en s'abftenant de toute rebellion, & de donner aucune atteinte aux droits d'autrui, ni que le Souverain puiffe punir les transgreffeurs de fes Loix, fur-tout quand il s'eft formé dans l'Etat des Factions puiffantes, ni qu'il veuille, autant qu'il peut, veiller au maintien du Bien Public. Entre ceux qui fe font affranchis du joug de toute Religion, les plus avifez croient avoir une fûreté fuffifante pour les engager à obferver les Loix Civiles, quand il leur paroît probable que le Magiftrat peut & veut maintenir l'autorité de fes Loix, en protégeant ceux qui y obéïffent, & puniffant ceux qui les violent. Mais les gens qui ont de la Piété, & qui, comme tels, font fans contredit les meilleurs Sujets, trouvent l'obligation d'obferver les Loix Civiles toûjours affez forte, encore même que le pouvoir du Souverain n'aif pas quelquefois toute la vigueur néceffaire, & que lui-même manque de bonne volonté en plufieurs parties de fon devoir; pourvû que leur obéïffance aux Loix leur procure la tranquillité de l'ame, & leur donne une efpérance raifonnable de la faveur de DIEU: ou, pour le dire en un mot, tant que les indices d'obligation à faire ce que demande le Bien Public demeurent invariables. Cette comparaifon montre clairement, que, fi le raifonnement d'*Hobbes* étoit folide, toute Obligation des Loix Civiles tomberoit en même tems. La force de ces Loix ne peut qu'être énervée par tout principe qui détruit ou diminuë l'obligation des Loix Naturelles, parce que celles-ci font le fondement & de l'Autorité du Gouvernement Civil, & de fa fûreté, & de la vigueur des Loix faites par le Souverain. J'ajoûte, que, demander une fûreté parfaite, par rapport à ce que l'on a à craindre des Actions que les Hommes feront, foit dans l'Etat de Nature, ou fous un Gouvernement Civil, c'eft demander l'impoffible: car les Actions Humaines font, de leur nature, des chofes contingentes.

§ LI. EN fecond lieu, fi l'on veut entendre ici par *fûreté*, un état où l'on eft plus exemt de crainte, ou de danger d'être malheureux, je foûtiens, que, felon

Que, dans l'Etat même de Nature, il y a infiniment

§ LI. (1) *Cum' omni igitur homine vel fervanda eft fides, vel non pacifcendum ... Quemadmodum enim qui argumentis cogitur ad negationem affertionis quam prius fuftinuerat, dicitur redigi ad abfurdum; eodem modo is qui prae animi impotentia facit vel omittit id, quod fe non facturum, vel non omifforum pacto fuo ante promiferat, injuriam facit: neque minus in contradic-*

Selon ce que j'ai dit ci-deſſus des indices d'Obligation, D I E U a fait connoître plus de ſûreté à tous les Hommes, que, même hors des Sociétez Civiles, on ſera plus à a obſerver les l'abri des maux de toute ſorte, conſiderez tous enſemble, en obſervant con- les, qu'à les ſtamment les Loix Naturelles par des Actions extérieures, que ſi, ſelon la violer. doctrine d'*Hobbes*, on cherche à ſe mettre en ſûreté, en prévenant les autres ou de vive force, ou par embûches. Ainſi D I E U donne à tous les Hommes, conſiderez même dans l'Etat de Nature, cette *ſûreté*, ainſi appellée *par compa-raiſon*. En effet, quand on compare enſemble les dangers, ou la ſûreté des Hommes Juſtes & des Injuſtes (entendant, comme il faut toûjours, par *Juſ-tes*, ceux-là ſeuls qui obſervent les Loix Naturelles par des Actions extérieu-res, auſſi bien que par des ſentimens intérieurs) pour ſavoir quels de ces deux claſſes oppoſées ſont plus en ſûreté, il faut néceſſairement mettre en li-gne de compte, non ſeulement les maux qu'ils ont à craindre les uns & les autres de la part des autres Hommes, mais encore ceux que les Injuſtes s'atti-rent eux-mêmes par une maniére de vivre inconſtante & qui ſe contredit elle-même par des Paſſions déréglées, comme l'Envie, la Colére, l'Intemperance &c. de plus, les maux, qu'on peut raiſonnablement appréhender de la part de D I E U. Il faut auſſi comparer tout cela, non en un ſeul cas, ou en peu de cir-conſtances, mais dans tout ce qui peut arriver pendant tout le cours de nôtre exiſtence: autrement il ſeroit impoſſible de bien juger, quel état de vie eſt le plus ſûr, ou celui d'une Juſtice uniforme, ou celui d'une Injuſtice qui a plu-ſieurs formes diſcordantes. Or j'ai fait voir ci-deſſus, que la condition de ceux qui, dans toute la ſuite de leurs actions, ſuivent conſtamment la Loi Na-turelle, eſt infiniment plus heureuſe. Je ne veux pas répéter ici ce que j'ai dit pour le prouver.

J'ajoûterai ſeulement, qu'*Hobbes* même, quoi qu'en traitant de la ſûreté re-quiſe pour l'obſervation des Loix Naturelles, il inſiſte (*a*) uniquement ſur ce *(a) De Cive,* que, perſonne ne pouvant s'aſſûrer de n'être point attaqué par les autres, au- Cap. V. § 1. cun n'eſt obligé à des Actions extérieures de Juſtice; mais chacun a droit ſur toutes choſes, & droit de faire la Guerre à tous; néanmoins en quelque peu d'autres endroits, nôtre Philoſophe s'oubliant, pour ainſi dire, lui-même, recon-noît certaines choſes qui montrent, qu'il ſent que la crainte d'autres maux, quo le danger d'être attaqué par les Hommes, met dans une obligation ſuffiſante de ſe conformer à la Loi Naturelle dans les Actions même extérieures. Par exemple, lors qu'il veut prouver qu'on doit garder la foi à tous, il en allégue pour raiſon, que (1) *celui qui viole une Convention, tombe en contradiction avec lui-même ; ce qui eſt*, dit-il, *une abſurdité dans le commerce de la Vie.* Puis donc qu'il convient, qu'en ce cas-là, il vaut mieux tenir ſa parole que d'y manquer, de peur de ſe contredire ſoi-même; pourquoi ne diroit-on pas généralement, en matiére de toute la Loi Naturelle & de ſon Obligation par rapport aux Ac-tions même extérieures, qu'il vaut mieux, dans l'Etat de Nature, ne pas violer cette Loi par des Actions extérieures, que de la violer ainſi; parce qu'u-
ne

dictionem incidit, quàm qui in Scholis reducitur *contradictio eſt. Eſt itaque injuria, abſurditas* *ad abſurdum. Nam futuram actionem paciſcendo,* *quaedam in converſatione, ſicus abſurditas inju-* *vult fieri; non faciendo, vult non fieri: quod eſt* *ria quaedam in diſputatione. De Cive, Cap.* *velle fieri & non fieri idem eodem tempore; quae* III. § 2, 3.

ne telle violation emporte nécessairement une contradiction, & une absurdité manifeste dans le commerce de la Vie? Car quiconque considérera avec attention la nature des Etres, sur-tout des Etres Raisonnables, reconnoîtra que son Bonheur possible dépend naturellement du Bonheur Commun, comme de sa Cause totale: ainsi il voudra rechercher en même tems l'un & l'autre. Mais, toutes les fois qu'on viole quelque Loi Naturelle, on veut par-là séparer son avantage particulier du Bien Public: ce qui implique contradiction, & d'où il naît dans nôtre Ame une guerre intestine, qui trouble misérablement sa tranquillité. Ce triste état fait une partie considérable de la Peine qui suit naturellement le Péché, & est entiérement incompatible avec un état de sûreté.

HOBBES reconnoît aussi, dans son *Léviathan*, qu'il y a des *Peines Naturelles*, dont la violation des Loix Naturelles est suivie dans l'ordre de la Nature; que ceux, par exemple, qui usent de violence, sont punis par la violence dont les autres à leur tour usent envers eux; que l'Intempérance est punie par les maladies qu'elle entraîne après soi &c. Dans l'Edition Angloise, il dit formellement, que ces Peines viennent de DIEU. (2) Le passage est un peu tronqué dans l'Édition Latine: mais l'Auteur ne laisse pas d'y convenir de l'existence des Peines Naturelles. Si donc, en vertu d'une enchaînure indissoluble des choses, établie par la volonté de DIEU, de telles Peines suivent les Actions extérieures par lesquelles on viole les Loix Naturelles; ces Loix sans contredit imposent aux Hommes l'obligation de s'y conformer dans leurs Actions extérieures. Car on ne peut raisonnablement infliger aucune Peine, pour une Action à laquelle l'Agent n'étoit point obligé. Et en vain chercheroit-on à se mettre en sûreté, en prévenant les autres par la force, ou par la ruse, si DIEU a établi une Peine contre ceux qui attaquent ainsi les autres sans sujet.

Enfin, quand même, ce qui est très-faux, on devroit faire consister uniquement la sûreté des Hommes Justes dans l'espérance d'être à couvert de ce qu'ils ont à craindre de la part des autres Hommes; il est clair, à mon avis, que tous les Justes, considérez ensemble & dans toutes les parties de leur Vie, sont plus en sûreté à cet égard, que ne le seroient, en envisageant de même toute la suite de leur état, tous les Injustes, qui, selon le conseil d'*Hobbes*, chercheroient cette sûreté en prévenant les autres par la force ou par la ruse. La vérité de cette proposition ne peut être détruite par quelques exemples, qu'on alléguera, de certains cas où il arrive quelque chose de contraire. On voit souvent, que quelcun, du prémier coup de Dé, jette deux Six: il est certain néanmoins, qu'il y a ici trente-cinq coups de hazard contre un.

§ LII. COMME j'ai dit ci-dessus bien des choses qui servent à prouver cette vérité, je me contente ici d'ajoûter deux argumens, qui portent contre *Hobbes*, plus encore que contre d'autres. Le prémier est tiré d'une présomtion des Loix Civiles, qui est autorisée dans nôtre Roiaume, aussi bien que dans la plûpart des autres Etats, & par où l'on voit quelles idées les Souverains ont de la Nature Humaine. Cette présomtion consiste en ce que *Chacun est présumé honnête hom-*

Argument tiré contre *Hobbes*, d'une présomtion autorisée par les Loix Civiles, de la vérité de laquelle il doit convenir.

(2) Voici ce qu'il dit dans l'Edition Latine: *Addam de Poenis Naturalibus hoc tantum, quod peccata non constitutione consequantur, sed natura. Nulla fere est Humana Actio quae initium non sit catenae cujusdam consequentiarum a deo longae, ut ad finem ejus prospicere providentia humana nulla possit .... quemadmodum vim inferentes punit vis aliena; intemperantiam puniunt*

homme, *tant qu'on ne prouve pas le contraire* par quelque action fuffifamment attestée. *Hobbes* enfeigne par-tout, que la *Raifon de l'Etat*, ou du *Souverain*, est la feule droite & véritable. Il doit donc convenir néceffairement, qu'il ne faut pas juger les autres Hommes fi fcélérats, que l'on foit réduit, pour fe mettre foi-même en fûreté, à la néceffité de leur ôter la vie, quoi qu'ils n'aient fait encore aucun mal. On doit plûtôt les regarder comme affez gens-de-bien pour que l'on puiffe entretenir avec eux la bonne foi & la paix; plus fûrement au moins, qu'en courant à une Guerre contre tous. Cette préfomtion est d'autant plus forte, à fuivre les principes de nôtre Philofophe, qu'il fait dépendre la fûreté dont on joüit dans un Etat Civil, & qu'il reconnoît être fuffifante, des Peines que tous les Magiftrats infligent aux violateurs du droit d'autrui. Il est certain, que, dans tout Gouvernement Civil, les Peines ne s'infligent qu'en conféquence de la Sentence des Juges, qui fuivent toûjours une telle préfomtion. Ou elle est donc vraie, & par conféquent fuffifante pour régler là-deffus nôtre conduite dans l'Etat de Nature; ou il est faux que, dans les Sociétez même Civiles, l'établiffement des Peines infligées uniquement d'une manière conforme à cette préfomtion, procure une fûreté fuffifante: & cela fuppofé, les Loix Civiles n'obligeront pas non plus à des Actions extérieures; ainfi c'en est fait de tout Gouvernement Civil. Mais l'expérience au contraire nous apprend, que les Jugemens Publics des Tribunaux de Juftice, où l'on prononce en fuivant cette préfomtion, mettent le plus fouvent la Vie Humaine en fûreté; beaucoup plus au moins, que fi les Juges préfumoient que tous ceux qu'on appelle devant leurs Tribunaux font autant d'Ennemis publics, & les condamnoient tous à la mort, pour prévenir l'effet de leurs mauvais deffeins fuppofez, felon le grand principe d'*Hobbes*. D'où s'enfuit, que les Jugemens particuliers, qu'on porte d'autrui, felon la préfomtion qui fert de régle aux Jugemens Publics, contribuent auffi davantage à la fûreté de tous, que la téméraire & précipitée préfomtion d'une malice univerfelle des Hommes, en conféquence de quoi *Hobbes* veut que l'on prévienne tous les autres ou par rufe, ou de vive force.

§ LIII. LE fecond Argument, qui prouve que la violation des Loix Naturelles par des Actions extérieures faites en vûë de prévenir les autres, procure moins de fûreté que l'obfervation exacte de ces Loix, est fondé fur ce que, de l'aveu d'*Hobbes*, il s'enfuivroit de là néceffairement une Guerre générale de tous contre tous. Il est très-certain, que, fi tous fuivoient fon confeil, une telle Guerre, feroit inévitable, quoi qu'elle ne fût jufte de la part d'aucun. Or pofé cet état de Guerre, tous feroient d'abord très-miférables & périroient enfin, comme *Hobbes* le reconnoît très-bien. D'où j'infère, qu'en vain cher-che-t'on quelque fûreté par ce moien, qui n'en laiffe aucune efpérance. Et cependant *Hobbes* (1) foûtient le contraire: car il dit, que, *dans la crainte où les Hommes font les uns des autres, le meilleur moien de fe mettre en fûreté, c'eft de fe prévenir réciproquement; c'eft-à-dire, que chacun tâche, ou par force, ou par artifi-*

Autre Argument, tiré des fuites, qui, de l'aveu d'Hobbes, réfulteroient d'un Etat de Guerre de tous contre tous.

ce,

niunt morbi &c. & tales funt quas voco Poenas naturales. Cap. 31. in fin pag. 172.
§ LIII. (1) In tanto & mutuo hominum me-tu, fecuritatis viam meliorem habet nemo Antici-

patione; nempe ut unufquifque vi & dolo ceteros omnes tamdiu fubjicere fibi conetur, quam diu alios effe, à quibus fibi cavendum effe viderit. Cap. XIII. pag. 64.
Rr 2

ce, de subjuguer tous les autres, tant qu'il verra qu'il y en a d'autres contre lesquels il doit se précautionner. Or il s'en trouvera toûjours, jusqu'à ce qu'il n'en reste qu'un seul, & que toute la Terre soit devenuë le Tombeau de tous les autres. Dans un tel état, personne ne pourra se procurer aucun secours, puis que, selon *Hobbes*, les Conventions réciproques, qui sont le seul moïen *(a)* d'engager les autres à entrer en quelque Société avec nous, *(a)* n'ont aucune force d'obliger à des Actions extérieures. Il n'y a donc nulle sûreté à attendre du dessein de prévenir les autres: & par conséquent, pour peu qu'on trouve de sûreté dans la Raison ou la Conscience naturelle aux Hommes, elle sera toûjours plus grande. Car, quand il n'y auroit que quelque peu de gens qui eussent la moindre disposition à rechercher le Bien Commun, dans lequel leur propre Bonheur est renfermé, ces gens-là au moins épargneront un Homme innocent, & qui se conduit extérieurement de telle manière, qu'il témoigne leur vouloir du bien à tous, & être soigneux de leur en faire.

Marginal note: (a) *De Cive*, Cap. II. § 11.

Hobbes même a reconnu, (2) que, dans l'Etat de Nature tel qu'il le conçoit, *il peut se trouver quelcun, qui, selon l'égalité naturelle, permette aux autres toutes les mêmes choses, qu'il se croit permises à lui-même.* Or, s'il y a seulement peu d'Hommes de ce caractére qui s'unissent ensemble par des Conventions qu'ils reconnoîtront valides, en vuë du Bien Commun qu'ils tâchent de procurer; ceux-là se défendront aisément contre tous les autres, qui, comme on le suppose, seront en inimitié ou en guerre ouverte.

Il est surprenant d'ailleurs, qu'HOBBES n'aît pas vû, que les maux innombrables, dont une Guerre contre tous est accompagnée, suffisent, dans l'Etat de Nature, pour détourner chacun du désir insensé de prévenir tous les autres. Car les maux d'une telle Guerre sont uniquement ceux qu'il présente comme devant empêcher les Hommes, devenus Membres d'un Etat Civil, de commettre le Crime de Léze-Majesté, & de causer des Séditions, qui tendent à la dissolution du Gouvernement, & détruisent toute Obligation des Loix Civiles. *Ce qui est*, dit-il, (3) *un Crime de Léze-Majesté selon la Loi Naturelle, est une violation de la Loi Naturelle, & non de la Loi Civile: ainsi on punit les Rebelles & les Traîtres, non comme de mauvais Citoïens, mais comme des Ennemis de l'Etat; par droit de Guerre, & non en vertu du Pouvoir Souverain.* Sur quoi je remarquerai en passant, que nôtre Philosophe met là trop crûment & témérairement en opposition, la *Loi Civile*, & la *Loi Naturelle*. C'est même un principe dangereux, & qui tend à la sédition, de dire que le Crime de *Léze-Majesté* n'est pas une transgression de la Loi Civile, & que les *Rebelles* ne sont point punis comme mauvais Citoïens, ni en vertu du Pouvoir Souverain. Mais je ne m'arrêterai pas (4) ici à cela. Je demande seulement à *Hobbes*, si cette Peine qu'on peut infliger par droit de Guerre, savoir, la mort ou le dan-

ger-

---

(2) *Alius enim* [in statu naturali] *secundum æqualitatem naturalem permittit cæteris eadem omnia, quæ sibi &c.* De Cive, *Cap.* I. § 4.

(3) *Peccatum autem id, quod per Legem Naturalem crimen læsæ majestatis est, Legis Naturalis transgressio est; non Civilis....* Sequitur ex hoc, puniri rebelles, proditores, & cæteros

laesae majestatis *convictos, non* Jure Civili, sed Naturali, *hoc est, non ut* Cives malos, sed ut Civitatis hostes; nec jure Imperii, sive dominii, sed jure Belli. *Ibid.* Cap. XIV. § 21, 22.

(4) Nôtre Auteur en traitera ailleurs, Chap. IX. § 14.

ger qu'on en court, eft une marque fuffifante que la Loi Naturelle concernant la fidélité dans les Conventions, & qui par conféquent défend le Crime
de Léze-Majefté, a force d'obliger, même par rapport aux Actions extérieures? S'il le nie, il donne droit de commettre le Crime de Léze-Majefté; & il
ne laiffe aucun indice naturel par où l'on puiffe favoir que la Loi Naturelle o-
blige les Sujets à s'abftenir de la Rébellion. Que s'il avouë que cette Peine
indique fuffifamment l'Obligation impofée aux Sujets de garder la fidélité au
Souverain par des Actions extérieures; pourquoi eft-ce que la même Peine,
qui peut être également infligée par le même Droit de Guerre dans l'Etat de
Nature, ne fera pas un indice fuffifant d'une égale Obligation de garder la foi
par des Actions extérieures à tous les autres Hommes hors de la Société Civile? Il en eft de même, par la même raifon, de toutes les autres Loix Naturelles. *Hobbes* s'explique fur ce fujet, dans fon *Léviathan*, d'une maniére
embrouillée. Car voici comme il parle, dans la derniére conféquence (5) qu'il
tire de fa définition de la Peine: *Le mal qu'on fait à un Ennemi déclaré, n'eft
point compris fous le nom de Peine; parce que les Ennemis ne font pas du nombre des
Citoiens. Et encore même qu'ils aient été auparavant Citoiens, s'ils viennent à fe
déclarer Ennemis, ils fouffrent le mal qu'on leur fait, non comme Citoiens, mais
comme Ennemis. De là il s'enfuit, que, fi un Citoien, par fes actions ou fes difcours, nie, le fâchant & le voulant, l'Autorité de la Perfonne qui repréfente l'Etat,
quelque peine que la Loi ordonne contre les Criminels de Léze-Majefté, il peut néanmoins, depuis qu'il s'eft déclaré Ennemi de l'Etat, être puni d'une Peine arbitraire,
comme Ennemi.* Il y a bien des chofes qui méritent cenfure dans ces paroles,
où tout néanmoins fuit des principes déja avancés par *Hobbes* dans fon *Traité
du Citoien.* Je me contenterai d'y faire quelque peu de remarques. 1. Il fe
contredit lui-même: car, après avoir dit au commencement, que le mal qu'on
fait à un Ennemi n'eft point compris fous le nom de *Peine*, il prétend, au
contraire, à la fin du paffage, qu'un Citoien, qui eft venu à fe déclarer Ennemi, peut être puni comme Ennemi, d'une *peine arbitraire*. Cette *peine arbitraire*, infligée à un Ennemi, eft donc *comprife fous le nom de Peine.* 2. C'eft
fans fondement, qu'*Hobbes* ne veut pas donner le nom de *Peine* au mal qu'on
fait à un Ennemi déclaré. Car il s'enfuit de là, que le mal qu'on fait à un
Rebelle, à caufe du Crime de Léze-Majefté qu'il a commis, n'eft pas une
Peine, parce que dès-lors il s'eft déclaré Ennemi de l'Etat. Mais la *Peine*
n'eft certainement autre chofe, que le mal qu'on fait fouffrir à caufe de la
violation de quelque Loi. Nier donc, que ce mal foit une Peine, c'eft nier
qu'il foit infligé à caufe d'un Crime, ou de la violation de la Loi: par où l'on
infinuë, qu'un Ennemi, & par conféquent un Rebelle, qui, comme tel, eft
devenu Ennemi, ne fouffre pas à caufe d'un Crime, c'eft-à-dire, ou qu'il n'a
pas

---

(5) *Poftremo, Malum inflictum hofti manifefto,
nomine Poenae non comprehenditur; quia Hoftes
cives non funt. Quamquam autem Cives antea
fuerint, fi fe hoftes tamen poft declaraverint, non
ut Cives, fed ut hoftes patiuntur. Sequitur hinc,
fi Civis facto aut verbo, fciens & deliberatò Per-*
*fonae Civitatis Authoritatem negaverit (quæcum-
que Poena Crimini Læfae Majeftatis Lege praef-
cripta fuerit puniri tamen, cum fe jam hoftem Civitatis effe) declaraverit, Poenâ arbitrariâ jure
poteft tamquam hoftis. Cap. XXVIII. pag.
148.*

pas violé la Loi, ou qu'en la violant il ne s'eſt point rendu digne de la Peine, Et certainement, tous les Hommes étant Ennemis dans l'Etat de Nature, ſelon les principes d'*Hobbes*, il raiſonne conſéquemment, s'il dit, qu'ils ne ſont coupables d'aucun crime : car il n'y a rien, qu'ils n'aient droit de faire. Or les Rebelles, ſelon lui, ſont Ennemis, & par conſéquent on ne doit point les regarder comme coupables. On peut ſeulement les tuer, ſi on le juge à propos, & non prétendre leur infliger aucune Peine; autrement ce ſeroit ſe contredire, comme fait *Hobbes*. Voilà à quelles extrémitez il eſt réduit, en donnant à toute ſorte d'Ennemis un droit de tout faire, & niant que les Loix Naturelles, d'une deſquelles le Crime de Léze-Majeſté eſt une violation, obligent à des Actions extérieures. Il faut néceſſairement qu'il diſculpe les Rebelles, & les exemte de la Peine. Car c'eſt ne reconnoître aucune Peine, proprement dite, du Crime de Léze-Majeſté, que de nier que les maux de la Guerre qu'on s'attire par la violation des Loix Naturelles, ſoient des Peines; & de ſoûtenir en même tems, que ce que l'on fait pour prévenir les autres, de vive force ou par ruſe, & qui donne commencement à cette Guerre, eſt le meilleur moien de ſe mettre en ſûreté. Pour moi, je crois avoir ſuffiſamment prouvé, que l'Innocence, la Bonne Foi, la Réconnoiſſance, témoignées par des Actions extérieures, & les ſecours que l'on peut ſe procurer par-là, mettent chacun plus en ſûreté hors des Sociétez Civiles; & qu'anſi, dans l'Etat même de Nature, il eſt plus avantageux à tous les Hommes de s'abſtenir d'attaquer les autres, que de chercher à les prévenir.

Ajoûtons, qu'*Hobbes* lui-même reconnoît, qu'une telle ſûreté, ainſi appellée *par comparaiſon*, ſuffit pour nous obliger à des actes extérieurs par leſquels nous obéïſſions non ſeulement aux Loix Naturelles, mais encore à toutes les Loix Civiles. Car voici ce qu'il dit dans un endroit où il prend à tâche de décrire cette ſûreté: (6) *Pour ſavoir ce qui eſt capable de procurer la ſûreté néceſſaire, on ne ſauroit imaginer d'autre moien, que celui-ci, c'eſt que chacun ſe ménage des ſecours convenables, à la faveur deſquels il y aît tant de danger pour l'un d'attaquer l'autre, que tous les deux croient qu'il vaut mieux pour eux de demeurer en repos, que d'en venir aux mains l'un contre l'autre.* Il eſt clair, que la ſûreté, dont *Hobbes* parle ici, n'eſt pas une ſûreté parfaite, mais qu'elle conſiſte uniquement en ce que, ſi l'on compare bien les dangers de part & d'autre, il eſt moins dangereux de demeurer en paix, que d'en venir à la Guerre. J'avoue volontiers, que les ſecours qu'on peut ſe promettre dans une Société Civile, à cauſe de la fidélité avec laquelle la plûpart des Sujets obéïſſent d'ordinaire aux Magiſtrats, rend le plus ſouvent plus dangereux pour les autres d'inſulter quelcun de leurs Concitoiens. Mais je ſoûtiens, que, ſans ces ſecours même de l'Autorité Civile, chacun a une raiſon ſuffiſante de croire qu'il vaut mieux pour lui de s'abſtenir d'attaquer les autres, que de ſe jetter dans la Guerre, & une Guerre

---

(6) *Conſiderandum eſt, quid ſit quod talem ſecuritatem [neceſſariam] praeſtare poſſit. At banc rem excogitari aliud non poteſt praeterquam ut unuſquiſque auxilia idonea ſibi comparet; quibus invaſio alterius in alterum adeo periculoſa reddatur, ut ſatius ſibi uterque putet, minus colli-* bere quàm conferere. De Cive, Cap. V. § 3.

§ LIV. (1) *Unicuique jus eſt ſe conſervandi. Eidem ergo jus eſt, omnibus uti mediis ad eum finem neceſſariis. Media autem neceſſaria ſunt, quae ipſe talia eſſe judicabit. Eidem ergo jus eſt omnia facere & poſſidere, quae ipſe ad ſui conſervatio-*

re contre tous, pour des choses qui ne lui font pas véritablement néc. ˜aires.
Hobbes doit nécessairement convenir, que les maux qu'on auroit à craindre
d'une telle Guerre sont plus grands que tout autre danger, & suffisent par conséquent, dans l'Etat de Nature, pour détourner chacun d'attaquer les autres,
sans sujet, puis que, selon ses principes, la vûë des maux qui proviendroient
à chacun d'une telle Guerre, est l'unique raison qui les empêche tous, lors
qu'ils sont une fois devenus Citoiens d'un Etat, de violer les Loix Civiles,
aussi bien que les Loix Naturelles, & de s'exposer à retomber dans l'Etat de
Nature, par la Rebellion, qui entraîne la destruction des Sociétez.

§ LIV. Je ne vois pas qu'*Hobbes* puisse répliquer ici autre chose, Réfléxions sur
quelques au-
tres principes
d'*Hobbes*.
que de recourir à son principe singulier, que j'ai réfuté ailleurs, savoir, (1) *Que,*
dans l'Etat de Nature, chacun est juge de ses propres actions, & décide en dernier
ressort si elles sont justes ou injustes. Sur ce fondement, il dira, que les Actions
par lesquelles on viole les Loix Naturelles, se font en vûë de nôtre propre
conservation, & à dessein de chercher la paix: Donc elles sont justes. De
là il inférera, (2) *Que, dans l'Etat de Nature, il faut juger de ce qui est Juste ou*
Injuste, non par les Actions, mais par le dessein & la conscience de l'Agent: Que ce
qu'on fait nécessairement, ce que l'on fait pour le bien de la paix, ce que l'on fait
pour se conserver soi-même, est toûjours bien fait.

Posé qu'*Hobbes* veuille raisonner ainsi, je réponds 1. Que si le principe,
sur lequel il bâtit, étoit un rempart assûré, il n'auroit pas eû besoin de distinguer une obligation à des actes seulement internes, ou à un simple désir d'observer la Loi Naturelle, quand on ne veut pas la pratiquer par des Actions intérieures. Car chacun étant lui-même Juge sur ce point, peut admettre aussi
sûrement une Obligation imposée par la même Loi, à des Actions intérieures; & cependant prononcer sur ses Actions propres, ou qu'il n'a point fait
telle ou telle chose, ou qu'en la faisant il n'a point violé la Loi Naturelle. Il
est clair, que la Sentence d'un Juge est aussi valable en matiére du *fait,* qu'en
matiére du *droit,* ou de la Loi. Elle peut aussi bien rendre juste une Action
injuste, ou la déclarer même non faite, qu'elle a la vertu, selon *Hobbes,* de
donner à chacun droit de tout faire contre tous, par cette seule raison que lui-
même étant Juge, décide ainsi touchant son propre droit, & sur l'usage des
choses nécessaires pour se conserver. Une recherche exacte des Loix Naturelles est entiérement inutile, pendant que l'Homme, tel qu'*Hobbes* le conçoit,
n'est point sorti de l'Etat de Nature; puis que tout Jugement de cet Homme
sur les choses nécessaires à la conservation de sa propre Vie, est une Loi, &
lui donne droit de faire tout ce qu'il veut, quoi que contraire à mille autres
Sentences qu'il a lui-même prononcées.

2. Je suppose, en second lieu, ce qu'*Hobbes* suppose aussi sur cette question,
que l'Homme n'aît pas encore décidé arbitrairement & à l'étourdie, mais qu'il
dou-

---

vationem necessaria esse judicabit. Ipsius ergo facientis judicio id quod sit, jure sit vel injuria,
itaque jure sit. Verum ergo est in statu merè naturali unicuique licuisse facere quaecumque & in
quoscumque libebat &c. De Cive, Cap. I. Not. in
§ 10.

(2) Breviter, in statu Naturae, Justum & In-
justum non ex actionibus, sed ex consilio & con-
scientia agentium testimandum est. Quod necessa-
rio, quod studio pacis, quod sui conservandi causâ sit, rectè fit. Ibid. Cap. III. Not. in § 27.

doute, & qu'il veuille examiner avec plus de circonspection, s'il vaut mieux demeurer en paix, ou en venir à un combat? c'est-à-dire, si, en supposant un droit égal des autres, ou du moins peu différent, il sera plus avantageux pour son propre Bonheur, avant l'établissement de quelque Société Civile, d'entretenir la paix avec les autres, en leur permettant de jouïr également des biens qui proviennent de la Terre, & leur rendant même service quand il le peut sans s'incommoder, en un mot, par une conduite conforme aux Loix Naturelles? ou s'il vaut mieux pour lui d'attaquer les autres indifféremment, ou de continuer la Guerre déja commencée, pour s'approprier tout à soi-même, au mépris d'un droit des autres ou égal, ou proportionnel? Certainement, si je suis capable de juger de quelque chose, la question n'est pas fort difficile à décider. Un Homme d'un esprit médiocre verra aisément, qu'il n'y a point de salut à espérer d'une Guerre si injuste, dans laquelle un seul s'engage contre tous ; au lieu qu'en suivant les maximes de la Raison, qui enseigne à tous, qu'il est avantageux pour le Bonheur Commun, & par conséquent pour le Bonheur particulier de chacun, que tous se proposent le Bonheur Commun comme une fin, on a quelque espérance de se conserver, quoi que douteuse. Cela paroît encore par l'expérience. Nous en avons un exemple dans les Etats voisins l'un de l'autre, qui peuvent vivre en paix ; quelquefois assez longtems, comme il est de l'intérêt de tous, quoi qu'ils n'aient d'autre Supérieur commun, que DIEU.

Hobbes est réduit, selon ses principes, à nier, que les Loix Naturelles, même celle qui ordonne de se garder la foi les uns aux autres, obligent les Souverains des diverses Nations à des Actions extérieures conformes à ces Loix. Voici un passage, où il le dit clairement. (3) *Les Sociétez Civiles sont les unes par rapport aux autres dans l'Etat de Nature, c'est-à-dire, dans un état de Guerre. De sorte que, si elles discontinuent les actes d'hostilité, cela ne peut être proprement appellé Paix, mais une simple suspension d'armes pour reprendre un peu haleine ; pendant quoi chacun des Ennemis, observant les mouvemens & la contenance de l'autre, juge de sa propre sûreté non par des Conventions, mais par les forces & les desseins de son Adversaire.* Et ailleurs: (4) *Que sont autre chose plusieurs Etats Civils, qu'autant de Camps, où chacun est retranché & armé contre les autres ? & où n'étant soûmis à aucune Puissance commune, quoi qu'il y ait entr'eux une Paix incertaine, comme une espéce de courte Tréve, ils sont dans un état qui doit être regardé*

com-

(3) *Status enim Civitatum inter se, naturalis, id est, hostilis est. Neque si pugnare cessent, idcirco Pax dicenda est, sed respiratio, in qua hostis alter alterius motum vultumve observans, securitatem suam non ex pactis, sed ex viribus & consiliis adversarii aestimat. Atque id jure naturali, ut Cap. II. Artic. 10. ex eo quod pacta in Statu Naturali, quoties justus metus intercedit, sunt invalida, ostensum est.* Ibid. Cap. XIII. § 7.

(4) *Quid aliud sunt plures Respublicae, quàm totidem castra, praesidiis & armis contra se invicem munita; quorum Status (quia nulla communi potentia coercentur, utcumque incerta pax,*

tamquam induciae breves, intercedat) pro statu naturali, hoc est, pro statu belli, habendus est. Ibid. Cap. X. § 17.

(5) *Pacta autem quae fiunt in contractu ubi fides mutua est, neutro quicquam statim praestante, in Statu naturae, si justus ex caravis parte metus oriatur, sunt invalida. Nam qui prior praestat, propter pravum ingenium maximae partis hominum, commodo suo jure & injuriâ juxta studentium, cupidini se prodit illius quicum contrahit. Rationis enim non est, ut aliquis praestet prior, si verisimile non sit, alterum esse praestaturum post.* Ibid. Cap. II. § 11.

(6) Ὅσα τῶν ζῴων μὴ ἐδύνατο συνδέξαι

κλι-

comme naturel, c'eft-à-dire, comme un état de Guerre ? Mais nôtre Philofophe s'explique en un autre endroit de la manière la plus ouverte, (5) difant, que, dans l'État de Nature, les Conventions dans lefquelles chacun des Contractans fe fie à l'autre, font invalides, en forte que, fi l'un des deux craint que l'autre ne tiendra pas ce qu'il a promis, il n'eft point tenu d'effectuer ce qu'il s'étoit engagé de faire le prémier ; & que celui qui a une telle crainte, eft lui-même juge, fi elle eft bien fondée ou non. D'où *Hobbes* donne lieu d'inférer, & veut bien que l'on infére, felon fes principes, que la crainte eft toûjours jufte. Cette raifon eft fi générale, que, fi elle avoit quelque force, il s'enfuivroit de là, que non feulement les Conventions où il n'y a rien d'exécuté de part ni d'autre, font invalides, mais encore celles où il refte la moindre chofe de confidérable à exécuter de part ou d'autre. Car celui des Contractans, qui ne voudra pas continuer à garder la foi, pourra craindre que l'autre ne manque de parole, & le craindre juftement, puis qu'il en eft feul Juge, & que fa Raifon eft toûjours droite, comme on le fuppofe : ainfi cette raifon ne lui confeillant pas de tenir fa parole, la Convention fera entiérement invalide. A la vérité *Hobbes* dit, dans une Note, que la crainte n'eft jufte, que quand il eft furvenu un nouveau fujet de craindre depuis la Convention faite. Mais cela ne remédie à rien, tant qu'il laiffe fubfifter la raifon alléguée dans le Texte. Car la crainte qu'a un Contractant que l'autre ne manque de parole, vient ou de la confidération de la mauvaife difpofition de la plûpart des Hommes, à quoi il n'avoit pas d'abord fait affez d'attention ; ou de ce qu'il prend toute action de l'autre Contractant, quelque innocente qu'elle foit, pour un figne fuffifant de l'intention qu'il a de ne pas effectuer ce à quoi il s'eft engagé. Et certainement, felon les principes d'*Hobbes*, il n'y a rien, au moins dans l'Etat de Nature, qui foit capable de raffûrer entiérement un homme craintif, contre les foupçons de l'infidélité des autres, en forte qu'il foit obligé de tenir une Convention, ce qui eft une Action extérieure : toute l'efpérance que les Hommes ont de leur fûreté, confifte à prévenir les autres ou par les voies d'une force ouverte, ou par embûches, comme nous avons (a) vû qu'il le dit (b) formellement. Voilà cette belle découverte, par laquelle il renchérit fur Epicure, fon Maître. Celui-ci crut avoir affez détruit la Juftice, en pofant pour une de fes *Sentences* ou *Maximes*, (6) qu'il n'y a rien

(a) Ci-deffus, § 50.
(b) *De Cive* Cap. V. § 1, 2. & Cap. III. de § 27.

πτοιιῖδαι τὰς ὑπὲρ τῦ μὴ βλάπτειν ἄλληλα, μηδὶ βλάπτεδαι· πρὲς ταῦτα ἀδὶν ἐςι ἀδὶ δίκαιον, ἀδὶ ἀδικον. ὡταύτως δὶ καὶ τῶν ἰδιῶτι ἴσα μὴ ἠδύνατο, ἢ μὴ ἰβάλιτο τὰς σννδήκας ποιιῖδαι, τὰς ὁ ἐς τῦ μὴ βλάπτειν ἀλλήλας, μηδὶ βλάπτιδαι, Diogen. Laert. *Lib.* X. § 150. num. 35. *Rat. Sentent.* Ce Philofophe dit là, que, comme il n'y a rien de Jufte ou d'Injufte entr'eux entre les Animaux qui ne peuvent faire entr'eux aucunes Conventions, par lefquelles ils s'engagent réciproquement à ne fe faire aucun mal les uns aux autres, (tels que font les Bêtes, comme étant deftituées de Raifon) il en eft de même entre les Nations (quoi qu'elles ne foient pas dans une telle incapacité) fi elles ne peuvent (à caufe de la diftance des lieux, ou de quelque autre obftacle) traiter enfemble fur ce fujet, ou fi le pouvant elles ne le veulent pas. D'où il s'enfuit, que, quand elles le peuvent, & qu'elles le veulent, il y a dès-lors entr'elles quelque chofe de Jufte & d'Injufte. A raifonner conféquemment, Epicure devoit auffi, par la même raifon, reconnoître la force des Conventions entre tous les Hommes, foit qu'ils fuffent, ou non, Membres de quelque Société Civile. Mais, dans les *Sentences* qui fuivent celle qu'on vient de voir (*num.* 37, 38.) il fonde le

de juſte ou d'injuſte entre les Peuples, qui ou ne peuvent, ou ne veulent s'engager par quelque Traité à ne ſe faire aucun mal les uns aux autres. Il laiſſa d'ailleurs toute leur force aux Conventions faites entre les Peuples, quoi que libres & indépendans d'un Maître commun, qui puiſſe les punir. Mais *Hobbes*, pouſſant plus loin, accorde à la *Crainte*, ſa paſſion favorite, le privilége d'autoriſer la violation des Conventions dans l'Etat de Nature, tel qu'eſt reſpectivement celui de diverſes Sociétez Civiles.

Que, ſelon ces principes, tou-te ſureté des Traitez, du Commerce, des Ambaſſa-des &c. entre diverſes Na-tions, eſt dé-truite entiére-ment.

§ LV. CHACUN peut aiſément voir les inconvéniens affreux qui naiſſent de ce principe, par rapport à tout le Genre Humain. Car il n'y a plus de ſûreté pour les Ambaſſadeurs, quelque innocens qu'ils ſoient. Tous les Traitez entre les Princes & les divers Etats, ſont entiérement inutiles & invalides, ſelon ce que décide ouvertement nôtre Philoſophe. Toute ſûreté des Marchands, & par conſéquent toutes ſortes de Commerce, ſont entiérement détruites; auſſi bien que les droits d'Hoſpitalité, néceſſaires aux Voiageurs. Il ne reſte enfin aux petits Etats aucune reſſource pour être à l'abri de l'oppreſſion des plus puiſſans. Tout cela néanmoins eſt contraire à l'expérience. Car on voit tous les jours faire des Traitez, dont chacune des Parties contractantes ne doit at-tendre l'exécution qu'au bout d'un certain tems, & qui par conſéquent ſont ce qu'*Hobbes* appelle des Conventions où l'on ſe fie réciproquement l'un à l'autre. Les Ambaſſadeurs mêmes, les Marchands, & autres Voiageurs, qui vont dans des Roiaumes étrangers, y ſont aſſez en ſûreté, quoi qu'Ennemis, ſelon nôtre Philoſophe, & qui, dès-lors qu'ils ſont entrez dans un Païs Etranger, ſont au pouvoir de leurs Ennemis, auxquels la Raiſon d'*Hobbes* donne pour le-çon, (1) qu'étant *plus forts*, ils peuvent légitimement *contraindre* ces gens-là, *comme plus foibles, à leur obéïr déſormais, & à leur donner des ſuretez là-deſſus, s'ils n'aiment mieux mourir; n'y aiant rien de plus abſurde, que de s'expoſer, en re-lâchant un homme foible que l'on tient ſous ſa puiſſance, à le rendre fort, & en même tems à nous en faire un ennemi.* Ce qu'il dit-là des *ſuretez qu'on peut exiger d'une obéïſſance pour l'avenir*, inſinuë aſſez, que, comme il l'explique (a) dans la ſuite plus au long, il n'y a, ſelon lui, d'autre ſûreté ſuffiſante, que l'union par laquelle les Hommes entrent dans un même Corps d'Etat, & ſont ſoûmis en tout au même Gouvernement. Chacun voit, combien cela s'accorde mal avec les droits des Ambaſſadeurs, & avec la liberté du Commerce. Mais, quand même les Ambaſſadeurs, & les autres Voiageurs, pourroient légitime-ment & voudroient ſe ſoûmettre en tout aux Etrangers, dans le païs deſquels ils ſont entrez, aucune Loi Naturelle n'obligeroit ces Etrangers, ſelon la doc-trine d'*Hobbes*, à exercer envers eux aucun acte extérieur de Bienveillance; mais il leur ſeroit libre ou de faire connoître par quelque indice (ce qui de-mande un acte extérieur) qu'ils acceptent la ſoûmiſſion des nouveaux-venus;

(a) De Cive, Cap. V, § 5. & ſ. 11.

ou,

le Juſte & l'Injuſte, qui naiſſent des Conven-tions, uniquement ſur la crainte que les Ac-tions Injuſtes qu'on commettra, ne viennent à la connoiſſance de *ceux qui ſont établis pour les punir*: Ἡ ἀδικία, ᾗ καθ' ἑαυτὴν κακὴ, ἀλλ' ἐν τῷ κατὰ τὸ ὑποψίας φόβῳ, εἰ μὴ λήσει ὑπὲρ τῶν τοιούτων ἐργασίας κολαςάς. Il dit à la vé-rité, qu'encore qu'on ait mille fois contreve-nu à ces Conventions ſecrétement & impuné-ment, on n'eſt jamais aſſûré juſqu'à la fin de ſa vie, que le mal qu'on a fait ne vienne en-fin à être découvert. Mais les Hommes ſe flattent aiſément du contraire: & du moment que quelcun ſe le perſuadera, il ne reſte plus rien

ou, s'ils l'aimoient mieux, de repaître leurs yeux du Sang de ces personnes innocentes. Cela n'est point capable, à ce que je crois, d'essraier *Hobbes*, ni ceux de ses Disciples qui sont initiez à fond dans tous les mystéres de la Secte. Ils voient très-bien cette conséquence, & une infinité d'autres; & ils souhaittent fort qu'elles s'établissent, bien loin de les détester. J'ai néanmoins jugé à propos de les toucher en peu de mots, & de les mettre devant les yeux du Lecteur, afin que les Esprits qui ne sont pas encore gâtez jusqu'à ce point, examinent, si leur propre Raison, & tout ce qu'ils ont en eux-mêmes de sentimens d'Humanité, peuvent digérer des opinions si monstrueuses.

Mon dessein est ici seulement, de prouver par les Actions des Hommes, comme autant d'effets connus par une observation & une expérience continuelle, qu'il revient pour l'ordinaire & à chaque Homme en particulier, considéré indépendamment de toute Société Civile, & aux divers Corps d'Etat, de plus grands avantages, de l'Innocence, de la Reconnoissance, de la Fidélité, de l'Humanité, & des autres Vertus prescrites par la Loi Naturelle, que de la Violence, de l'Ingratitude, de la Perfidie, & des autres Vices qu'elle défend; en sorte que l'Obligation naturelle de rendre à toutes les parties de cette Loi une obéïssance extérieure, aussi bien qu'intérieure, se découvre plus clairement par ces fruits naturels des Actions Vertueuses, qui y sont attachez comme autant de Récompenses, jointes au Bonheur interne que procure la Vertu, & par les mauvaises suites qui accompagnent aussi naturellement les Actions contraires, comme autant de Punitions. On voit une infinité de gens, qui, sans aucun intérêt particulier, sans que les Loix Civiles les y contraignent, courent de leur pur mouvement, pour aider à éteindre le feu d'un Incendie, dont le ravage peut être nuisible au Public. On voit tous les jours, que les Mensonges, les Fraudes, l'oppression des Foibles, quoi que ces Crimes ne viennent pas à la connoissance des Tribunaux, & qu'ainsi ils ne puissent que demeurer impunis de la part du Magistrat, rendent ceux qui les commettent si odieux, souvent même si généralement méprisez & si misérables, que cette infamie, & les fâcheuses extrémitez où ils se trouvent sur la disette d'amis, sont avec raison regardées comme de véritables Peines, qui suppléent à celles auxquelles ils ont échappé. Il arrive encore souvent, que ceux qui se sont justement attirez par leurs crimes l'exécration publique, aiment mieux mourir, que de vivre ainsi couverts d'infamie: d'autres, quoi que dans le fond de leur ame assez scélérats, s'abstiennent de plusieurs Crimes, pour ne pas se décrier dans le monde. On peut remarquer ici, que, chez les *Romains*, encore Païens, l'observation des Loix Naturelles étoit appellée (b) *Honnêteté*, à cause de l'honneur que la plûpart des Hommes rendent aux gens-de-bien, sans aucun commandement des Loix Civiles. Il y a d'ailleurs un grand nombre d'avanta-

ges,

(b) *Honestas.*

---

rien qui soit capable de le détourner d'une Action Injuste. Ainsi toute la différence qu'il y a entre les principes d'HOBBES, & ceux d'EPICURE, c'est que celui-ci donnoit à l'espérance de l'impunité, le privilége que l'autre accorde à la crainte de n'être pas en sûreté de la part des Hommes, avec qui l'on

a fait quelque Convention.

§ LV. (1) *Potest autem .... fortier debiliorem ... ad praestandum cautionem futurae obedientiae, ni velit potius mori, jure cogere...... Absurdius cogitari nihil potest, quàm ut, quem debilem in potestate tenes, eum amittendo, fortem simul & hostem facias.* De Cive, Cap. I. § 14.

ges, que les Particuliers, de leur pur mouvement, procurent tous les jours à ceux qui ne font point de mal aux autres, à ceux qui se montrent reconnoissans, fidéles, bienveillans, plûtôt qu'aux Méchans; dans les Contracts, par exemple, de Mandement ou Commission, de chose mise en Gage, de Prêt, de Société; dans l'exécution des Testamens, dans les Successions aux biens d'un Défunt &c. d'où il paroît, que les Hommes sont enclins à récompenser la Probité. Pour ce qui est des différentes Sociétez Civiles, qui sont parfaitement dans l'Etat de Nature, il est clair 1. Qu'encore qu'il y ait quelquefois entr'elles des Guerres, ces Guerres ne sont pas néanmoins justes de *(c)* Voïez part & d'autre, *(c)* & que chacune des Parties le reconnoît, quoi que la *Grotius, De Ju-* Justice ne puisse être que d'un seul côté. 2. Qu'à l'égard du point dont il s'a-*re Belli ac Pa-* git ici principalement, personne n'a ni vû, ni lû dans les plus anciens Monu-*cis. Lib. II.* mens, que tous les Etats à la fois aient jamais été en guerre les uns contre les *Cap. 1.* autres; ce que néanmoins *Hobbes (d)* se vante d'avoir démontré. 3. Nous *(d) De Cive,* voïons, au contraire, que plusieurs Etats ont religieusement gardé, pendant *Cap. I. § 12.* bon nombre d'années, les Traitez qu'ils avoient fait avec d'autres; que vivant ainsi en paix, ils ont exercé entr'eux des commerces très-avantageux aux uns & aux autres; qu'ils se sont réciproquement fourni dans l'occasion des secours pour la Guerre, quoi que par-là ils s'exposassent à quelque dan   r. Cela est si clair, & si connu, qu'il seroit inutile d'en alleguer des ex   es tirez de l'Histoire; n'y aiant guéres eû nulle part de Guerre considérable, ...ns laquelle, ou des deux côtez, ou du moins d'un, on n'ait eû pour Alliez d'autres Etats, qui partageoient ainsi en quelque manière le péril.

Utilité des Conventions & des Trai-tez, dont les principes d'Hobbes dé-truisent toute la force.

§ LVI. Si quelcun réplique ici, que la raison pourquoi on fait des Alliances pour la Guerre, c'est afin de tenir dans une espéce d'équilibre les forces de divers Etats, & par la crainte qu'on a d'être soi-même accablé enfin par un seul, devenu trop puissant: je réponds, qu'il s'agit ici uniquement du fait, savoir, si, dans l'Etat de Nature, les Hommes avoient coûtume de se rendre service les uns aux autres, & de tenir leurs Conventions réciproques, lors même que leur exécution étoit accompagnée de quelque danger. De ce fait posé, je veux conclure, qu'en de pareils cas les Hommes ont lieu vraisemblablement d'attendre la même chose; par conséquent que, dans l'Etat de Nature, les Conventions ne sont nullement inutiles; & que ce n'est point agir déraisonnablement, que d'exécuter le prémier ce à quoi on s'étoit engagé. Tout cela tend à faire voir, qu'il y a une raison qui nous porte à faire les prémiers du bien à un autre, quoi qu'il ne soit pas Membre du même Etat que nous; & qu'on n'est pas réduit à la nécessité d'attaquer un tel homme, comme si c'étoit une Bête féroce, dont la dent meurtrière nous menaçât. HOBBES, dans son *Epître Dédicatoire* du Traité *Du Citoïen*, dit, que *l'Homme est un Loup à un autre Homme*, (1) à moins

§ LVI. (1) Il remarque là, que l'on a dit, tantôt que *l'Homme est un Dieu à un autre Homme*; tantôt que *l'Homme est un Loup à un autre Homme*. L'un & l'autre est vrai, ajoûte-t-il: le prémier, si on l'applique aux Citoïens d'un même Etat; le second, à considérer les divers Etats les uns par rapport aux autres. Là on se rend semblable à DIEU, par l'observation

de la Justice & de la Charité, qui sont les Vertus de la Paix. Ici, à cause de la dépravation des Méchans, les Gens-de-bien même sont réduits, pour se conserver eux-mêmes, à la nécessité de mettre en usage les Vertus de la Guerre, savoir, la Force & la Ruse, c'est-à-dire, une féroce rapacité. *Profecto utrumque verè dictum est*, Homo Homini Deus,

moins qu'ils ne foient fous un même Gouvernement Civil; mettant ainfi à ce proverbe une reftriction que l'étenduë du fens des termes ne fouffre point, en forte que d'ailleurs, felon nôtre Philofophe, dans l'Etat de Nature, qu'il diftingue à cet égard de l'Etat Civil, les Gens de-bien même font réduits, pour fe conferver, à la néceffité d'*ufer d'une féroce rapacité*. Mais là il s'exprime encore foiblement & civilement, felon le ftile d'une Epître. Car voici ce qu'il dit depuis, dans fon Traité *De l'Homme*, où il fuit davantage la précifion du langage Philofophique: (2) *Autant que les Epées & les Fuzils, qui font les Armes des Hommes, l'emportent fur les Cornes, les Dents, les Aiguillons, dont les Bêtes font armées; autant l'Homme furpaffe-t'il en rapacité & en cruauté les Loups, les Ours, les Serpens, (qui n'exercent leur rapacité que quand la faim les preffe, ni leur cruauté que quand on les irrite): la faim même avenir rend l'Homme affamé.* Je laiffe aux Lecteurs qui ont de l'humanité, à juger fi ce ne font pas-là des expreffions également injurieufes au Genre Humain, & contraires à l'expérience perpétuelle. Voilà néanmoins les fondemens, fur lefquels *Hobbes* bâtit toute fa Politique.

Si ce qu'il pofe en fait étoit vrai, il feroit entièrement impoffible de raffembler & amener à quelque Société des Animaux fi rapaces, toûjours altérez du Sang de ceux de leur propre efpéce. En vain *Hobbes* prétend-il trouver le moien de les réunir, dans des Conventions par lefquelles chacun céde à une Perfonne Civile le droit qu'il avoit de réfifter. Cette ceffion ne ferviroit de rien. Car de tels Animaux ne feroient pas confcience de violer leurs Conventions & leurs Promeffes: ainfi ils redemanderoient & reprendroient auffi tôt le Pouvoir qu'ils auroient donné au Souverain. Or, fi la plus grande partie des Citoiens veut annuller les Conventions par lefquelles elle a établi un Souverain; toute la force des Peines, qui feule, felon *Hobbes*, rend valides, dans un Etat Civil, les Conventions qui, dans l'Etat de Nature, n'obligeoient point à des actes extérieurs, s'évanouït entièrement. Si les Hommes étoient d'auffi mauvaife foi qu'il les fuppofe, le Prince, qu'ils auroient élu, ne trouveroit en eux aucun fecours, par où ils contribuaffent à le mettre en état de punir ou ceux qui fe rebelleroient contre lui, ou ceux qui feroient du tort à fes Sujets. Ainfi, faute de la fûreté réquife, l'Etat, felon les principes d'*Hobbes*, fe diffoudroit auffi tôt qu'il feroit formé, & tous les Citoiens retomberoient dans l'Etat de Guerre qu'il donne fauffement pour celui de la Nature. Il faut néceffairement que les Conventions obligent aux actes extérieurs par lefquels on donne & par lefquels on conferve au Prince la force de punir les transgreffeurs de fes Loix. Ces Conventions ne peuvent recevoir du Prince déja établi & maintenu, la vertu qu'elles ont d'obliger. Car les forces de la Caufe font antérieures aux forces de l'effet qu'el-

Deus, &, Homo Homini lupus. Illud, fi concives inter fe; Hoc, fi Civitates comparemus. Illic juftitia, & caritate, Virtutibus Pacis, ad fimilitudinem Dei acceditur; Hic, propter malorum pravitatem, recurrendum etiam bonis eft, fi fe tueri volunt, ad Virtutes Bellicas, vim & dolum, id eft, ad ferinam rapacitatem. Praefat. pag. 1.

(2) Quia, quantum enfes & felopeti, arma hominum, fuperant arma brutorum, cornua, dentes, aculeos, tantum Homo Lupos, Urfos, Serpentes (qui ultra famem rapaces non funt, nec, nifi laceffiti, faeviunt) rapacitate & faevitia fuperat, etiam, fame futura famelicus. De Homine, Cap. X. § 3. pag. 60.

qu'elle doit produire. Ainſi il eſt de toute néceſſité, que la force des Conventions, par leſquelles l'Etat eſt formé, vienne originairement de quelque choſe qui ſoit naturellement antérieur, & plus ancien que les forces de punir que l'Etat a en main quand il eſt une fois formé. Or on ne peut rien trouver ici de convenable, que la Nature Humaine, & celle de la Cauſe Prémiére, dont la Volonté ſe découvre par-là juſques à un certain point. Si cela ne ſuffit pas pour faire connoître à chacun les Loix Naturelles, pour les lui faire reſpecter dans ſon ame, & l'engager enſuite à régler extérieurement ſes mœurs ſelon ce que demandent l'Innocence, la Fidélité, & la Reconnoiſſance; en vain eſpéreroit-on qu'un méchant homme devienne jamais bon Citoien. Car dès qu'une fois on a ſappé les fondemens, tout l'Edifice bâti là-deſſus, quelque beau qu'il fût, tombe infailliblement. Et un Chyle corrompu ne produira jamais de bon ſang.

§ LVII. En voilà aſſez pour ce qui regarde la Définition des Loix Naturelles en général, & l'Obligation qu'elles impoſent. Je vais réduire le précis de tout ce que j'ai dit là-deſſus à une Propoſition, formée ſur le modéle des (a) *Demandes* d'Euclide, qui s'appliquent très-commodément à la pratique.

Propoſition, à laquelle on réduit, en forme de *Demande* Géométrique, tout ce qui a été dit ci-deſſus.
(a) *Data*.

„ Poſé qu'il y ait dans la nature des choſes, par un effet de la volonté de la „ Cauſe Prémiére, des indices manifeſtes, que le Bien Commun de tous les „ Etres Raiſonnables eſt le plus grand de tous les Biens qu'il eſt au pouvoir „ des Hommes de procurer, & que, ſi on le recherche avec le plus grand „ ſoin, il ſera naturellement récompenſé du plus grand Bonheur auquel cha „ cun puiſſe parvenir, au lieu que, ſi on néglige la recherche de ce Bien, on „ s'attirera pour punition la plus grande Miſére; il eſt clair, que la Cauſe „ Prémiére a voulu obliger les Hommes à rechercher ce Bien Commun avec „ le plus grand ſoin; ou, ce qui revient au même, qu'il y a une publication „ très-réelle de la prémiére & la plus générale des Loix Naturelles ". Exprimons en moins de mots la Demande: „ Poſé la connoiſſance d'une dépendan „ ce néceſſaire qu'il y a entre la recherche du Bien Commun, & le Bonheur „ de chacun, on ſait certainement que chacun eſt tenu de rechercher un tel „ Bien ".

Cette Propoſition ſe prouve avec la derniére évidence, par les ſeules Définitions, données ci-deſſus, de la *Loi Naturelle*, & de l'*Obligation*.

La vérité de tout ce qui eſt ſuppoſé dans le ſujet de la Propoſition, a été établie fort au long, par des phénoménes de la nature de toutes les Choſes, & principalement de la Nature Humaine. En voici l'abrégé, contenu dans ce *Lemme* fondamental. „ Celui qui, autant qu'il dépend de lui, contribuë le „ plus au Bien de tout le Corps des Etres Raiſonnables, contribuë auſſi le plus „ à l'avantage des Parties du même Tout qui lui ſont eſſentielles, & qui „ n'ont rien qu'elles ne tiennent de ſon influence, par conſéquent il travaille „ auſſi le plus efficacement à ſon intérêt particulier; parce que pour l'ordinai „ re chacun peut, plus qu'aucun autre, contribuer au meilleur état de ſon „ Ame & de ſon Corps, ſans nuire à qui ce ſoit: & cela même ſert à „ augmenter la perfection de tout le Corps.

Il eſt très-connu, que le Bonheur, ſur-tout externe, de chacun, dépend, au moins de loin & en partie, du ſecours ou de la permiſſion de preſque tous

les

les autres Etres Raifonnables. L'expérience nous apprend, que, par un effet de la volonté de la Prémiére Caufe, toutes les parties & toutes les forces du Syftême du Monde Corporel font liées les unes avec les autres, en forte qu'il n'y a rien qui ne puiffe aider ou retarder la force de tout autre Corps, finon pour le préfent, au moins dans la fuite. Cela eft encore plus fenfible dans l'Homme, parce que les forces de fon Ame fe joignant aux mouvemens de fon Corps, font que fes Facultez s'étendent plus loin. Je ne faurois mieux expliquer ceci, que par une comparaifon avec la Balance. Les plus petites parties du Poids mis dans un des Baffins, contribuent manifeftement quelque chofe à tenir en équilibre le Poids, quelque égal qu'il foit, qui eft dans l'autre Baffin: chacune ajoûte quelque force au Poids de fon côté, & quelque obfta- cle à la force du Poids oppofé. De même, dans la Nature, felon les *Péripa- téticiens*, chaque partie de la Terre contribuë quelque chofe à l'équilibre de toute la Terre fur fon centre. Ou, fi l'on aime mieux raifonner ici fur l'hy- pothéfe de DES CARTES, chaque partie du Tourbillon, avec lequel nous tournons, par l'effort qu'elles font toutes de s'éloigner du centre, eft comme dans une Balance renverfée, &, à proportion de fa folidité & de fon mouve- ment, contribuë quelque chofe à l'équilibre qu'il y a entre les Parties de tout le Syftême confidérées enfemble, par lequel tout ce Syftême eft confervé. Sur une idée femblable, les Politiques confidérent ordinairement les forces des di- vers Etats comme fe contrebalançant les unes les autres; ce qui fait que l'une ne peut entraîner & engloutir l'autre. Tout de même, fi l'on envifage cha- que Homme comme fans Maître qui lui foit commun avec les autres, indé- pendance dans laquelle font refpectivement les diverfes Sociétez Civiles; il ne laiffe pas d'y avoir une certaine proportion entre les forces naturelles qu'ils ont pour fe défendre, & les néceffitez naturelles de tous: en forte que les mê- mes raifons qui portent les différens Etats à exercer entr'eux des commerces, à s'allier contre des Ennemis communs, & à prendre des mefures pour empê- cher qu'un Etat n'envahiffe les autres, feroient alors également fortes pour engager chaque Homme à faire avec les autres des Conventions, par lefquel- les ils puffent tous mettre en fûreté & augmenter de jour en jour leurs avanta- ges réciproques.

La reffemblance des cas, ou des fituations dans lefquelles fe trouvent tous les Hommes, eft tout-à-fait naturelle. Il ne leur eft pas moins naturel, de tirer néceffairement des conféquences par rapport à eux-mêmes, de ce qu'il arrive de bien ou de mal à leurs femblables. De là vient que tous conçoivent des mouvemens d'efpérance ou de crainte, à caufe de ce que l'on fait envers leurs femblables, & que, quand ils voient un Innocent attaqué, ils penfent d'abord que l'Aggreffeur eft tout prêt à fondre bientôt fur eux. De là vient qu'ils jugent, que celui qui viole les Conventions, ou qui rompt les liens de la Reconnoiffance, fappe les fondemens de leur propre fûreté. Il eft auffi naturel à l'Homme, d'être frappé d'un argument tiré de la reffemblance des cas, qu'il eft naturel aux Corps d'être mis en mouvement par une impulfion, ou par un poids; car la Raifon eft également naturelle à tous les Hommes. Et il n'eft pas difficile de prouver, que tous les raifonnemens où l'on porte fes vûes fur l'avenir, qui font l'unique régle des Actions Humaines faites en vûe de

quel

quelque fin; se tirent d'une telle reſſemblance entre les Cauſes & leurs Effets, paſſez & à venir.

Chacun donc ſera ainſi porté par la conſtitution même de ſa nature, à garder l'Innocence, à tenir ce qu'il a promis, & à exercer la Reconnoiſſance. Par-là les forces des uns contrebalanceront néceſſairement celles des autres. Il ſe formera quelques Amitiez, par leſquelles on jettera les fondemens des Sociétez. Si quelques-uns dépouillent de tels ſentimens pour un tems, & en certains cas, il eſt certain qu'ils ne le font que quand ils ſe dépouillent de la Raiſon même, c'eſt-à-dire, de la plus conſidérable partie de la Nature Humaine. Et ces principes recommencent à faire en eux leur impreſſion, auſſi certainement, que la Nature chaſſée, (1) ou la Raiſon aveuglée pour un tems reprend le deſſus, c'eſt-à-dire, auſſi-tôt que les Hommes reviennent à eux-mêmes. Ainſi les principes généraux de la Raiſon Naturelle agiſſant la plûpart du tems ſur les Hommes, cette Raiſon, guidée par la conſidération de leur reſſemblance naturelle, les porte auſſi la plûpart du tems à ſe donner des ſecours mutuels, & ſur-tout à rendre la pareille à ceux de qui ils ont reçû quelque bien, & à tous, autant qu'ils peuvent.

§ LVIII. DANS les remarques que je viens de faire, je me ſuis propoſé de montrer la raiſon pourquoi je conſidére tous les Hommes enſemble comme faiſant un ſeul Tout dont les Parties ſont en quelque manière liées les unes avec les autres par la reſſemblance manifeſte de leur nature & de leurs beſoins; & pourquoi il y a une eſpérance probable de procurer l'amitié entr'eux, ſur-tout lors que l'un a commencé d'obliger les autres, en leur donnant des marques de ſa bienveillance. Par-là, & par d'autres choſes dites ci-deſſus, la vérité du *Lemme*, que j'ai formé, ſe découvre à l'égard des aides extérieures de la Félicité Humaine. Mais il ſe vérifie encore plus clairement dans les parties de nôtre Bonheur qui ſont principalement au pouvoir de chacun, c'eſt-à-dire, dans la tranquilité d'un Eſprit toûjours d'accord avec lui-même, dans le gouvernement des Paſſions, & dans le ſentiment agréable des bonnes actions qu'on a faites, ou la joie qu'on reſſent de ce que l'on a, autant qu'on pouvoit, recherché la plus excellente Fin par les moiens les plus convenables; enfin, dans les effets de la faveur de DIEU, que l'on ſe promet & que l'on prévoit raiſonnablement. Tous les autres avantages, que l'on ne peut ſe procurer en bienfaiſant, parce qu'ils ne dépendent de nous en aucune manière, ſont exclus ici par les termes du *Lemme*, & ainſi ils ne ſauroient en rendre la vérité douteuſe, quelque incertains qu'ils ſoient eux-mêmes. Car il ne faut pas s'attendre, que ce qui eſt impoſſible aux Hommes ſoit une récompenſe naturelle des Actions Humaines qui contribuent quelque choſe au Bien Commun. Il ſuffit abondamment, pour prouver la volonté qu'a l'Auteur de la Nature de nous obliger à la recherche de ce Bien, qu'il ait rendu certaines les Récompenſes dont j'ai parlé; & qu'outre cela il nous ait donné une plus grande certitude de nous procurer par ce moien la bienveillance & les ſecours des Hommes, que nous n'en pouvons avoir de nous mettre en ſûreté en attaquant tous

les

Qu'il s'enſuit de tout cela, que la Loi de la Bienveillance Univerſelle a DIEU pour Auteur.

---

§ LVII. (1) L'Auteur fait ici manifeſtement alluſion à cette ſentence connuë d'HORACE:

Naturam expellas furca, tamen uſque recurret.
Lib. I. Epiſt. X. verſ. 24.

les autres de vive force, ou par rufe. Les effets des Actions d'autrui font de leur nature contingens: ainfi tout ce que la Raifon Humaine peut faire ici, c'eft de nous diriger à prendre le parti d'où il arrive du bien le plus fouvent. Un Gain, quoi que d'ordinaire contingent, a une valeur certaine, comme il paroît non feulement dans les *Jeux de hazard*, & autres chofes femblables, mais encore dans l'*Agriculture*, dans le *Négoce*, & dans prefque tout ce à quoi l'induftrie humaine s'occupe. Cette valeur eft la récompenfe naturelle d'un fage choix. Encore donc qu'il puiffe arriver quelquefois, qu'un homme, en cherchant fa fûreté par les moiens qu'*Hobbes* prefcrit, c'eft-à-dire, par la violence & par l'artifice, évite quelques dangers, dont il devoit plûtôt s'attendre d'être accablé, s'il eût fuivi les régles de la Prudence, ou qu'il fe procure même des avantages, qui ne reviennent pas d'une conduite plus prudente; cela néanmoins ne prouve pas qu'il ait mieux raifonné, ni que ces avantages foient de véritables récompenfes, attachées pour l'ordinaire à de telles actions par la nature des chofes. Si deux hommes parient pour une fomme égale, l'un qu'avec deux Dez il jettera deux fix du prémier coup, l'autre qu'il ne le fera pas, il peut arriver que le prémier gagne: cependant on peut démontrer par la nature, ou la figure cubique des Dez, qu'il y a trente-cinq cas où cela n'arrivera pas, contre un où il arrivera, & qu'ainfi l'attente de ce cas unique a une d'autant moindre valeur, que l'attente du grand nombre des autres. Cette grande différence entre les valeurs de l'attente de part & d'autre, peut être regardée comme un gain, ou une récompenfe naturelle du choix le plus prudent. Il faut dire la même chofe du dommage, dont un choix imprudent eft menacé, comme d'une punition. Que fi l'on aime mieux quelque exemple tiré de la Phyfique, où néanmoins on n'a pû encore trouver dequoi faire des calculs exacts, en voici un qui fe préfente d'abord. Le Ventricule & les Inteftins, en digérant les alimens; le Foie, en féparant la bile; le Cœur, en fe rétréciffant & fe dilatant; contribuent directement à la Santé de tout le Corps, & en même tems ils fe maintiennent chacun, autant qu'il dépend d'eux, dans le meilleur état qui leur convient: cependant il arrive quelquefois que ces parties, fans aucune faute de leur part, font privées de la nourriture néceffaire, par quelque défaut ou quelque maladie des autres. Mais comme cela arriveroit plus certainement, fi leur fecours manquoit à tout le Corps, l'avantage qu'elles ont le plus fouvent de fe conferver elles-mêmes plus longtems par l'exercice de leurs fonctions, eft une image d'une efpéce de récompenfe naturelle, propre à illuftrer nôtre fujet.

La nature des chofes, déterminée par la volonté de la Prémiére Caufe, imprimant dans nos Efprits la connoiffance du Lemme, que j'explique, auffi bien que celle de toutes les autres Véritez qui concernent les Effets Naturels & leurs Caufes; il eft clair, que c'eft la Prémiére Caufe qui nous découvre la vérité de ce Lemme. Le confentement, par lequel nous y aquiesçons, nous engage & nous porte naturellement à rechercher le Bien Public: il eft donc auffi vrai de dire, que la Prémiére Caufe nous y follicite. Car il n'y a aucun danger de la faire auteur de quelque mal, tant qu'on ne lui attribuë, comme à une vraie Caufe, d'autres Effets que ceux qui font naturels & néceffaires. Tout ce qu'on appelle *Mal Moral*, eft produit par un effet de l'ignorance, de l'inadvertence,

vertence, de la témérité des Hommes, qui abusent d'une maniére ou d'autre de leur Liberté. La Prémiére Cause nous conseille donc les mêmes choses, que le Jugement d'une Raison Droite, c'est-à-dire, véritable, sur ce qui est nécessaire pour obtenir, par les moiens les plus convenables, la grande & suprême fin du Bien Commun. Or, quand un Etre supérieur à tous en sagesse, en bonté, & en puissance, conseille quelque chose, en se servant de motifs tirez des Récompenses & des Peines, que lui-même a attachées à nos actions & à ses exhortations, un tel avertissement est une *Loi* ; & celui qui le donne ainsi ; est par cela même un *Législateur.* Ce que le *Sénat Romain* avoit jugé (1) *le meilleur à faire*, quoi que la délibération n'eût point passé en Loi, à cause de quelque défaut qu'il y avoit ou dans le nombre des Membres de l'Assemblée, ou à l'égard du lieu ou du tems, ou à cause de l'opposition des *Tribuns* ; étoit néanmoins honoré du nom d'*Autorité*, comme le témoigne DION CASSIUS. A plus forte raison doit-on regarder comme muni d'autorité, tout ce que la Prémiére Cause, dont le jugement n'est susceptible d'aucun

§ LVIII. (1) *Optimum factu.* Nôtre Auteur, qui met ainsi ces mots en caractére Italique, semble avoir cru que c'étoit la formule usitée dans ces sortes de Délibérations du Sénat. Mais on n'en voit rien dans le seul exemple qui nous reste, & qui s'est conservé parmi les *Lettres* de CICÉRON *Ad familiares*, Lib. VIII. Epist. 8. où celui qui écrit, est *Coelius*. Cela ne paroit pas non plus par le passage de DION CASSIUS, que l'on trouvera au *Liv.* I.V. pag. 629, 630. *Edit. H. Steph.*

(2) Voici les Remarques générales, que le Traducteur Anglois fait sur ce Chapitre, qui est le dernier où il en a joint de pareilles tout à la fin. " La nature des Choses, dans " le Monde Naturel, est si bien ajustée aux " facultez & aux dispositions naturelles des " Hommes, que, si dans les unes ou dans " les autres il se trouvoit la moindre cho- " se autrement qu'elle n'est, même pour " le degré, le Bonheur du Genre Humain " en seroit moindre, qu'il ne l'est présente- " ment. Ainsi la dépendance où sont tous " les Effets naturels, de quelque peu de prin- " cipes simples, est merveilleusement avanta- " geuse à divers égards. Les degrez de tout " *Plaisir des Sens* sont exactement proportion- " nez aux besoins de chacun; en sorte que, " si l'on jouissoit de quel que ce fût de ces " plaisirs dans un plus haut degré, on seroit " moins heureux. Car le désir, qui nous " porte à les rechercher, seroit ainsi trop " fort, pour que nôtre Raison pût le tenir " en régle; & de la maniére dont nous som- " mes faits, nous serions tentez d'en jouïr " excessivement, au préjudice même du bon " état de nos Corps. Que si nous jouïssons " de quelques-uns dans un si haut degré,

" qu'il est souvent très-difficile à ceux qui " ont le plus de pouvoir sur eux-mêmes, " d'en régler & moderer les désirs, c'est dans " des cas où il étoit nécessaire de contreba- " lancer certains desagrémens, qui sont des " suites de la recherche de tels Plaisirs. Ainsi " les agréables Idées qui accompagnent l'a- " mour mutuel des Séxes, devoient nous " toucher à un point assez haut, pour empê- " cher que la crainte des soucis du Mariage, " & dans les Femmes en particulier celle des " douleurs de l'Enfantement, ne rebutassent " entiérement de cette union. On peut di- " re la même chose de nos *Plaisirs Intellec- " tuels.* Si nous goûtions un plus haut de- " gré de plaisir dans l'exercice de la Bien- " veillance, la Paresse des autres seroit en- " couragée par les effets d'une Bonté exces- " sive. Si les plaisirs qu'on trouve dans la " recherche de la Vérité étoient plus grands, " on seroit trop spéculatif, & peu actif. Il " paroit aussi probable, que le degré de nô- " tre capacité intellectuelle est très-bien pro- " portionné aux objets de nôtre connoissan- " ce; & que, si cette capacité étoit plus " vaste, toutes les autres choses demeurant " comme elles sont, nous serions par-là " moins heureux. D'ailleurs, l'étenduë en " est vraisemblablement accommodée à la " structure interne de nos Corps, en sorte " qu'elle ne pourroit être plus grande, sans " quelque changement ou dans les Loix de " la Nature, ou dans les Loix de l'union de " nôtre Ame avec nôtre Corps. Si elle étoit " beaucoup plus grande, qu'elle n'est, nos " pensées & nos recherches seroient si spiri- " tuelles & si subtiles, que nous aurions trop " d'éloignement pour les Plaisirs des Sens.

" Nous

cun défaut, a indiqué, comme étant le meilleur à faire pour le Bien Commun, & qu'elle a en même tems accompagné de Peines & de Récompenses, quoi que ce soit par le moien des Causes Secondes, dont la nature est ainsi déterminée par la Prémiére. Car la volonté de cette Cause, par cela seul qu'elle est la Prémiére Cause, est toûjours la Cause suprême, la plus sage, la meilleure, & la plus puissante. Les autres ne peuvent rien avoir qu'elles ne tiennent d'elle; & son infinie Perfection fait que sa Volonté ne sauroit jamais être peu d'accord avec les lumiéres de son Entendement.

Après tout ce que j'ai dit, il est aisé de faire voir, comment les Loix Naturelles, selon ma définition, ont force de commander, de défendre, de permettre &c. Et il ne sera pas difficile d'accorder cette définition avec celles que l'on trouve dans les Auteurs les plus estimez, en expliquant comme il faut les termes ambigus dont ils se sont servis. J'en laisse le soin aux Lecteurs (2).

CHA-

„ Nous nous appercevrions vraisemblable-
„ ment de quelques défauts ou de quelques
„ imperfections dans nos Organes corporels,
„ & nous connoîtrions leur disproportion a-
„ vec une si grande capacité; ce qui seroit
„ nécessairement suivi de quelque Inquiétu-
„ de de nôtre Ame. La même chose semble
„ avoir lieu à l'égard des *Bêtes*. Car il seroit
„ peut-être désavantageux au Cheval, d'être
„ doué de l'Entendement d'un Homme: la
„ vûë de cette union si inégale le rendroit con-
„ tinuellement inquiet & chagrin. Pour ce
„ qui est de nos *Douleurs*, ou ce sont des a-
„ vertissemens de quelque dérangement qu'il
„ y a dans nôtre Corps, ou elles sont telles,
„ que, si nous n'y étions pas sujets, les Loix
„ de la Nature demeurant telles qu'elles sont,
„ nous manquerions de quelques Plaisirs dont
„ nous jouïssons, ou nous en jouïrions dans
„ un plus bas degré. Il y a, je l'avoue, dans
„ la Nature, certaines choses que nous ne
„ saurions accorder avec le principe sur le-
„ quel je viens de raisonner, parce que nous
„ ignorons leur usage. Mais nous sommes
„ bien fondez à juger par analogie, qu'elles
„ sont véritablement avantageuses, & accom-
„ modées au bonheur des Agens Intelligens
„ du Systême; quoi que nous n'ayions pas
„ une idée assez complette du Systême entier,
„ pour pouvoir découvrir & marquer en détail
„ leurs usages particuliers. De ces observa-
„ tions on peut conclure, Que toutes les dif-
„ férentes parties de nôtre Systême sont si
„ merveilleusement assorties l'une avec l'au-
„ tre, & le plan du Tout, formé avec tant
„ de Sagesse, que s'il se trouvoit dans quel-
„ que Partie la moindre chose qui fût autre-
„ ment qu'elle n'est, sans aucun changement
„ dans le Tout, il y auroit aussi, dans le

„ Systême, une moindre quantité de Bon-
„ heur qu'il n'y en a. D'où il s'ensuit, que l'Au-
„ teur de la Nature nous a donné une aussi
„ grande mesure de Bonheur, qu'on pouvoit
„ souhaiter, autant que cela étoit compati-
„ ble avec l'ordre des autres Parties de nôtre
„ Systême. Mais on ne sauroit concevoir
„ comme impossible à une Puissance Infinie,
„ que, sans préjudice des autres parties du
„ Systême, elle régle les suites des Actions
„ Humaines & établisse les sources du Plaisir
„ de l'Homme, de telle maniére que le
„ Bien Particulier soit parfaitement lié avec
„ le Bien Public. Or cela contribueroit beau-
„ coup au Bonheur de l'Homme: Donc il y
„ a effectivement une telle connéxion. Ce
„ raisonnement par analogie, quoi qu'il ne
„ soit pas démonstratif, est néanmoins très-
„ fort, & l'on y aquiesce très-fermement.
„ Nous croions, que les Corps Humains, qui
„ se présentent à nos yeux tous les jours, ont
„ une Ame semblable à la nôtre: cela est fon-
„ dé sur un pareil raisonnement; & il y a une
„ infinité d'autres exemple semblables, de
„ choses dont la créance n'est pas accompa-
„ gnée du moindre doute, quoi qu'elle ne
„ soit pas fondée sur des preuves qui ail-
„ lent jusqu'à la démonstration.
„ L'argument tiré de la Bienveillance de
„ Dieu, & exprimé de cette maniére: *Une*
„ *parfaite liaison entre le Bien Particulier, &*
„ *le Bien Public, nous seroit fort avantageuse:*
„ *Or Dieu a une Bienveillance infinie: Donc*
„ *il a établi une telle liaison*; cet argument,
„ dis-je, ainsi tourné, n'est pas concluant,
„ à mon avis. Car il prouveroit également,
„ que Dieu nous a donné tout le Bonheur
„ possible. Nous ne connoissons pas les mo-
„ tifs des Actions de cet Etre Suprême. Mais

Tt 3   „ si

„ fi nous voulons prendre la liberté de faire
„ des conjectures fur de tels fujets, il eſt
„ probable que D i e u prend plaifir, non feu-
„ lement au Bonheur de fes Créatures, mais
„ encore à la variété de leur Bonheur; & que
„ pour cet effet il a créé un grand nombre de
„ Syſtêmes, dans chacun defquels les Habi-
„ tans différent de ceux des autres, & dans
„ l'efpéce, & dans le degré de leur Bonheur.
„ II. Je remarque, en fecond lieu, que le
„ plan de nôtre Auteur auroit été plus com-
„ plet, s'il y eût renfermé la *Bienveillance*
„ *envers les Bêtes*. 1. Parce qu'on ne fauroit
„ concevoir, que la Divinité ne prenne pas
„ plaifir au Bonheur de toutes fes Créatures,
„ qui en font fufceptibles. En vain diroit-on
„ que, fi la Bienveillance de D i e u ne s'é-
„ tend pas jufqu'aux Bêtes, c'eſt parce qu'el-
„ les ne font pas fufceptibles de Loi, ni par
„ conféquent de Récompenfes & de Peines.
„ Car il eſt très-probable, qu'il y a des efpé-
„ ces d'Etres, dont le Bonheur, à tout pren-
„ dre, furpaſſe autant le nôtre, que le nôtre
„ eſt au deſſus de celui des plus viles Bêtes.
„ De plus, je trouve abfolument inconceva-
„ ble qu'un Etre qui fe plait à un grand degré
„ de Bonheur dans un autre Etre, ne fe plai-
„ fe pas auſſi, par un effet de la même conf-
„ titution de-nature, à un moindre degré de
„ Bonheur dans quelque autre. 2. Une fe-
„ conde raifon, qui doit nous engager à quel-
„ que Bienveillance envers les Bêtes, c'eſt
„ qu'en les traitant avec douceur & compaf-
„ fion, on exerce & l'on entretient cette difpoſi-
„ tion naturelle; au lieu qu'un traitement cruel
„ dont on ufe envers ces Créatures deſtituées
„ de Raifon, contribue certainement quelque
„ chofe à nous rendre durs & impitoiables mê-
„ me envers les Etres Raifonnables. Tout
„ Homme, qui examine fon propre cœur, y
„ trouvera quelque difpofition tendre & bien-
„ veillante, quoi que dans un moindre degré,
„ envers les Etres les plus vils & les plus impar-
„ faits, qui font capables de fenfation, com-
„ me envers ceux de fi propre efpéce. 3. En-
„ fin, cela ajoûte quelque chofe à nôtre pro-
„ pre Bonheur. Un Homme, qui a de véri-
„ tables fentimens de Bienveillance, prend
„ plaifir au Bonheur même des Bêtes. Il eſt
„ néanmoins probable, que la coûtume de
„ les tuer pour nôtre nourriture, & de les
„ emploier, pour nôtre ufage, à des travaux
„ modérez, d'une maniére à témoigner pour
„ elles quelque pitié, eſt compatible a-
„ vec la Bienveillance, & conforme à la vo-
„ lonté de D i e u; parce qu'il y a toutes les
„ apparences du monde qu'une telle pratique
„ contribuë au Bonheur de tout le Syſtême
„ des Etres douez de fentiment, ce qui ren-

„ ferme les Hommes & les Bêtes; outre que
„ l'Homme femble avoir été formé par la na-
„ ture un Animal curnaſſier. Voiez là-def-
„ fus les Notes de Mr. B a r b e y r a c, fur
„ P u f e n d o r f (*Droit de la Nat. & des*
„ *Gens*, Liv. IV. Chap. III. § 4, 5.)
„ III. Je vais joindre ici les principaux a-
„ vantages de la Bienveillance, alléguez par
„ nôtre Auteur, avec quelques autres dont il
„ ne dit rien; afin que toute la force de fes
„ raifonnemens paroiſſe mieux, ainſi réunie.
„ Les actes de Bienveillance font accom-
„ pagnez de plaifir, & les actes contraires
„ entrainent de la douleur. Par les prémiers
„ on gagne une difpofition favorable des
„ autres à nôtre égard; par les derniers, on
„ s'attire leur mauvaife volonté. En exer-
„ çant les prémiers, on approuve foi-même
„ fa conduite; & quand on s'eſt laiſſé aller
„ à commettre les derniers, on fe condam-
„ ne foi-même. Par les plus petites fau-
„ tes contre la Bienveillance, on contracte
„ une habitude d'en commettre d'autres, ou
„ du moins on détruit l'habitude contraire;
„ on devient inconſtant dans fes actions, &
„ l'on ne fe conduit la plûpart du tems que
„ par un Amour propre borné & peu clair-
„ voiant. D'autres concourent à l'exécution
„ des deſſeins de Bienveillance que l'on for-
„ me, & par ce moien rarement fe voit-on
„ fruſtré de fon attente; le contraire arrive pré-
„ cifément dans les actions oppofées. La Bien-
„ veillance eſt un furcroît d'aiguillon à aqué-
„ rir des Connoiſſances: l'ambition feule pro-
„ duit rarement une application conſtante. La
„ Bienveillance a des occafions très-fréquen-
„ tes, & prefque perpétuelles, de faire plai-
„ fir aux autres, & cela dans les affaires les
„ plus communes de la Vie; au lieu que les
„ Plaiſirs bornez à nous-mêmes font en pe-
„ tit nombre, de courte durée, & peu fré-
„ quens, en comparaifon des douceurs de la
„ Bienveillance. Les actes de *Malveillance*
„ produifent une habitude d'indifférence, par
„ rapport au Bonheur ou au Malheur des au-
„ tres: car on s'accoûtume ainſi à devenir non
„ feulement dur, & infenfible à la mifére d'au-
„ trui, mais encore à penfer fi fort à foi-mê-
„ me & à fon propre Bonheur, que nos pen-
„ fées en font entiérement occupées, & dé-
„ tournées de toute vuë du Bonheur des au-
„ tres. C'eſt pourquoi le plaifir qui fuit les
„ actes de Bienveillance d'un Homme vi-
„ cieux, eſt beaucoup moindre, que celui
„ qui accompagne la Bienveillance d'un Hom-
„ me habituellement vertueux. Comme, d'un
„ côté, le plaifir de la Bienveillance eſt dimi-
„ nué par une habitude contraire; de l'autre,
„ il eſt beaucoup augmenté par une habitude
de

,, de Bienveillance. La Bienveillance d'un
,, Homme Vertueux s'étend beaucoup plus
,, loin, que celle d'un Vicieux: car la der-
,, niére est si foible, qu'elle va rarement au
,, delà du petit cercle des personnes de sa
,, connoissance; au-lieu que la première em-
,, brasse tout le Genre Humain, & non seu-
,, lement nos contemporains , mais encore
,, la Postérité la plus reculée : à cause de
,, quoi aussi il y a une très-grande différence
,, entre les plaisirs de l'un & de l'autre, dans
,, l'exercice de la Bienveillance. Le vérita-
,, ble Bienveillant jouit plus agréablement
,, des plaisirs même qui lui sont propres &
,, particuliers, parce qu'il est convaincu que
,, cela fait plaisir aux autres qui sont dans les
,, mêmes sentimens.

,, La vuë du Bonheur des autres, sur-tout
,, de ceux d'un rang supérieur, fournit sou-
,, vent occasion de concevoir des mouvemens
,, d'envie & de chagrin, par la réflexion
,, qu'on fait sur son propre état ; comparé
,, avec celui des autres, que l'on juge plus
,, heureux. Au-lieu qu'un Homme véritable-
,, ment Bienveillant trouve dans le Bonheur
,, des autres un plaisir réel, qui occupe son
,, attention , & ne laisse aucune prise à un
,, déplaisir comme celui auquel le Malveillant
,, est en proie. Plusieurs Actions, qui cau-
,, sent un Plaisir particulier, contribuent en
,, même tems au Bien du Public: de sorte
,, que, dans ces cas-là, l'Homme Bienveil-
,, lant a un double plaisir. Le Malveillant, non
,, seulement est privé de toutes les douceurs
,, dont on vient de parler, mais encore, tou-
,, tes les fois que le Bienveillant, comme
,, tel, reçoit du plaisir, il en souffre réelle-
,, ment de la douleur.

,, Le Bienveillant est en paix avec tous les
,, Hommes, & jouit des agrémens d'un bon
,, voisinage, non seulement à l'égard des ser-
,, vices communs, mais souvent encore dans
,, des cas extraordinaires. Le Malveillant,

,, outre que tous ces avantages lui manquent,
,, s'attire de plus des haines & des inimitiez
,, fâcheuses, & est souvent exposé à souffrir
,, des injures de la part de ses Ennemis. Une of-
,, fense d'ordinaire en améne plusieurs autres,
,, soit pour la justifier, ou pour la cacher; &
,, une dispute malicieuse en entraine naturel-
,, lement d'autres, qui augmentent l'inimitié.

,, La tranquillité d'ame, qui naît du bon
,, témoignage qu'on se rend à soi-même, est
,, constante & sans interruption, & elle met
,, l'ame en état de jouir de tous ses autres
,, plaisirs; au lieu que la plûpart des autres
,, plaisirs sont par eux-mêmes de courte du-
,, rée. Mais quand un Homme, après avoir
,, de sang froid réfléchi sur lui-même, n'ap-
,, prouve pas ses propres actions, il ne goûte
,, ses plaisirs que d'une manière imparfaite,
,, turbulente, interrompuë, & comme au mi-
,, lieu d'une Guerre intestine : & lors qu'ils
,, sont passez, il ne peut en rappeller le sou-
,, venir, sans qu'ils lui causent du chagrin. ''
Maxwell.

Si l'on compare le supplément que le Traducteur Anglois voudroit faire au Système de
nôtre Auteur, en mettant les *Bêtes* au nombre des objets de la *Bienveillance Universelle*,
avec ce que l'Auteur a dit lui-même sur ce
sujet, dans le § 8. on verra, je crois, qu'il
peut tomber d'accord, sans préjudice de son
Système, de tout ce qu'on lui reproche d'a-
voir omis; qu'il a même reconnu là, en peu
de mots, une partie de ce que dit Mr. *Maxwell*, sans nier le reste; & que le tout se déduit aisément de ses principes, de sorte que
toute la différence qu'il y a entre la manière
dont il conçoit que l'on doit avoir égard à
l'avantage ou au bonheur des Bêtes, & l'idée
que propose son Compatriôte & Traducteur,
consiste dans la distinction de *médiatement* &
immédiatement. Selon le dernier, le rapport
à la *Bienveillance* est immédiat; selon le prémier, il n'est que médiat.

CHA.

❦❦❦❦❦❦❦❦❦❦❦❦❦❦❦❦❦❦❦❦❦❦❦❦

CHAPITRE VI.

Des chofes renfermées dans la Loi générale de la Nature.

I—IV. *O*N *déduit de cette Loi Générale de la Nature, celles qui contribuent au Bonheur.* 1°. *Des différentes* Nations, *qui ont entr'elles quelque commerce.* 2°. *De chaque* Etat Civil *en particulier.* 3°. *De toutes les petites Sociétez, comme celles des* Familles, *& des* Amis. V—VIII. *Que la même Loi Générale dirige toute forte d'Actes Humains, tant ceux de l'Entendement & de la Volonté, que les mouvemens du Corps, produits par un commandement de l'Ame.* De là on *infère, que cette Loi prescrit, par rapport à l'Entendement, la Prudence, dans toute forte d'actions qui se rapportent à* DIEU *& aux Hommes; d'où naissent la* Constance de l'Ame, *& ses différentes fortes; la véritable Modération, qui renferme l'Intégrité & l'Application: Par rapport à la Volonté, la Bienveillance la plus étenduë. Le concours de la Prudence & de la Bienveillance, produit l'Equité, le gouvernement de toutes les Passions, & les Vertus qui se rapportent aux Loix Particuliéres de la Nature.* IX. *Explication de la différence qu'il y a entre les Actions nécessaires par rapport à la Fin, & les Actions Indifférentes, où chacun est libre de faire ce qu'il veut, & qui peuvent aussi être réglées par la volonté des Souverains en vertu de leur Autorité.*

§ I. APRE's avoir établi le Précepte général, par lequel la Loi Naturelle ordonne de rechercher le Bien Commun; je juge nécessaire d'expliquer maintenant 1°. Quelles font les chofes renfermées dans l'idée du *Bien Commun.* 2°. Quelles *Actions* fe rapportent en quelque maniére à la *recherche* de ce Bien, & par conféquent font en quelque maniére réglées par la Loi Naturelle.

Le Bien Commun renferme celui de toutes les Parties, grandes ou petites, du Genre Humain.

Sur le prémier chef, il fuffira d'ajoûter ici en peu de mots quelque chofe à ce que j'ai dit dans le Chapitre *Du Bien.*

DIEU, & les *Hommes,* étant les parties du Syftême, dont le Bien fait ici nôtre principal objet, il s'enfuit, qu'on doit rapporter à l'idée du *Bien Commun,* tout ce qui eft renfermé dans l'*Honneur* ou la *Gloire de* DIEU, & dans le *Bonheur* complet des *Hommes,* ou tout ce qui contribuë à la perfection de leurs Ames & de leurs Corps. De plus, l'affemblage univerfel des Hommes, comme tout autre Compofé, fe divife très-commodément en parties, prémiérement les plus grandes, puis celles-ci en de plus petites, & les derniéres en de très-petites. Les prémiéres font, les diverfes *Nations;* les fecondes, les *Fa-*

Familles; & les troifiémes, *chaque Homme* en particulier. Ainfi ce qui eft bon pour les Hommes en général, contribuë aufli à l'avantage de chaque Nation entiére, ou de plufieurs, ou de toutes enfemble. Telles font les chofes qui font la matiére des préceptes de la *Philofophie Morale*, & du *Droit des Gens*; deux Sciences qui ont entr'elles beaucoup de rapport. Il y a des chofes utiles à un feul Etat, ou aux Hommes qui vivent fous un même Gouvernement Civil : c'eft fur celles-là que roulent les *Loix Civiles* de chaque Etat. D'autres concernent l'avantage d'une feule Famille; & ce font celles que prefcrivent les régles de l'*Economie*. Enfin, il y a d'autres avantages propres à chaque Homme en particulier, fur lesquels & la *Logique*, & la (1) *Diététique*, & toutes les Sciences dont on vient de parler, donnent des préceptes. Car la *Morale* régle les actions avantageufes à chacun, par le rapport qu'elles ont au Bien de tous les Etres Raifonnables, c'eft-à-dire, à la Gloire de DIEU, & aux droits de tous les autres Hommes. La *Politique*, par le moïen des Loix Civiles, reftreint les actions de chacun, en vuë du Bien de l'Etat; & l'*Economique*, eft égard au foin de l'intérêt des Familles. La Loi générale de la Nature pourvoit elle-feule en même tems & à l'avantage de tout le Syftême des Etres Raifonnables, & à celui de chacune de fes Parties, felon la proportion qu'elles ont avec le Tout.

§ II. Ce qui paroît avoir donné lieu ici à bien des erreurs, c'eft que quelques-uns fe font imaginez que la Morale donne des préceptes à l'Homme, (1) confidéré comme vivant dans la folitude, fans aucun rapport aux autres. Cependant la *Juftice Univerfelle*, qui eft l'abrégé de toutes les Vertus Morales, eft un (2) *bien d'autrui*, & fe rapporte prefque toute à l'avantage des autres. Si l'on examine même la chofe à fonds, on verra, que la véritable Morale forme les Hommes à lier & entretenir une Société la plus étenduë de toutes, avec DIEU, & tous les Hommes généralement. Plufieurs de fes Préceptes font à la vérité abftraction de la confidération, tant de la Société Civile, que de la Société Religieufe, c'eft-à-dire, ne font reftreints ni à l'une ni à l'autre : cependant ils s'étendent à chacune de ces Sociétez, & leur donnent à toutes la plus grande force & le plus bel ornement. Car il faut remarquer, que toutes les moindres Sociétez, l'étenduë de leurs pouvoirs, & de leurs actions, font limitées par ce que demande le Bien d'une autre Société plus grande & plus relevée. Ainfi les Etats Civils ne peuvent rien prefcrire de contraire au *Droit des Gens* : par où j'entends les Loix Naturelles, qui réglent la maniére dont tous les Etats, & chaque Homme en particulier, doivent fe conduire par rapport à tous les autres, de quelque Etat qu'ils foient Membres, ou même confidérez comme ne formant encore aucun Corps. Telles font ces maximes, Qu'il ne faut point faire de mal à un Innocent; que l'on doit tenir fa parole, & témoigner de la reconnoiffance à fes Bien-faic.

Les avantages & les droits des moindres Sociétez, font limitez par ceux des plus grandes.

────────

ré comme *feul*, & en faifant abftraction de toute Société, Publique ou Particuliére.

(a) Ἀκλότριον ἀγαθὸν. C'eft ce que dit ARISTOTE, dont voici le paffage, que nôtre Auteur a eu vuë; Διὰ δὶ τὸ αὐτὸ τοῦτο, καὶ ἀλλότριον ἀγαθὸν δοκεῖ ἶναι ἡ Δικαιοσύνη, μόνη τῶν ἀρετῶν, ὅτι πρὸς ἕτερόν ἐςιν. Καὶ γὰρ τὰ συμφέροντα πράττει, ἢ ἄρχοντι, ἢ κοινῷ. Ethic. ad Nicomach. *Lib.* V. *Cap.* 3.

faicteurs. De même, l'intérêt d'une Famille, & moins encore l'avantage particulier d'un seul Homme, n'autorisent jamais à violer les Loix Civiles, d'où dépend la conservation de l'Etat.

§ III. QUAND on pense comme il faut à observer ces régles, nôtre Ame suit une méthode parfaitement Analytique, passant du plus composé au plus simple; en sorte qu'elle envisage prémiérement & principalement le bien du Tout, puis celui des Parties. Les Parties n'y perdent pourtant rien, mais elles recueillent toutes, chacune à proportion, leur part de la Félicité du Tout. Car le Tout n'est autre chose, que les Parties jointes ensemble, & confiderées dans l'ordre & le rapport qu'elles ont les unes avec les autres; & par conséquent le Bien du Tout n'est autre chose que le Bien distribué à toutes les Parties, selon le rapport naturel qu'elles ont les unes avec les autres. Ainsi demander qu'on pense prémiérement au bien du Tout, dont il s'agit, c'est demander seulement qu'on ait principalement soin de ne pas violer la Fidélité, la Reconnoissance, & les autres liens d'un secours mutuel, par lesquels l'union & l'ordre entre tous les Hommes se forment & se conservent. Ce sont comme autant de vaisseaux qui portent le Sang, & de nerfs répandus par tout le Corps, à la faveur desquels les Membres du Genre Humain sont unis ensemble, & se rendent des services mutuels, soit qu'ils dépendent, ou non, d'un même Gouvernement Civil. Car de tels liens font que souvent on est sage par les conseils & la prudence d'autrui, que les Vertus d'autrui nous rendent nous-mêmes plus gens-de-bien, que les forces d'autrui nous mettent en état d'acquérir & de conserver ce dont nous avons besoin, enfin que l'on s'enrichit des richesses d'autrui. Or ces perfections de l'Ame, qui font connuës sous le nom de *Vertus Intellectuelles & Morales*, comme aussi les forces du Corps, & les Richesses, font des biens dans l'abondance desquels on fait ordinairement consister, & avec raison, le Bonheur de chaque Particulier. D'où il s'ensuit, que, quand tout cela est mis dans le fond commun, par la fidélité, à tenir les Conventions, par l'exercice de la Reconnoissance, de l'Humanité, &c. ce font des Biens communs, qui constituent le Bien Public. Celui qui rend service à un seul Homme, sans nuire à aucun autre, augmente par-là, je l'avouë, le fond du Bonheur Commun: mais on ne sauroit le faire avec une sage délibération, sans bien prendre garde de ne donner aucune atteinte aux droits des autres; & l'on n'aura pas une telle précaution, si l'on n'est animé de sentimens d'une Bienveillance Universelle, qui considére en même tems les droits de DIEU, & ceux des autres Nations, ceux de nôtre Patrie & de nôtre Famille. C'est en tout cela que consiste le Bien le plus étendu, qui est commun à plusieurs: ainsi il faut nécessairement y faire attention, si nous voulons innocemment rendre service à une seule personne. Or cela nous ménera à la considération & à la pratique de toutes les Loix, non seulement Naturelles, mais encore Positives, suffisamment publiées, tant Sacrées, que Civiles. Car il est très-certain, que toutes les bonnes Loix, & même toutes les sages exhortations de nos Parens, toutes les maximes des Philosophes, ont

Marginal note: Nécessité de cette subordination, & combien elle est utile à chaque Partie, ou chaque Société.

§ IV. (1) Voïez ci-dessous, Chap. IX. § 6. avec les Notes.

(2) L'Auteur veut parler de ce qu'il a dit au Chap. I. § 21, 22. & dont il traitera plus au

ont en vuë une même & derniére fin ; de forte que, felon qu'elles font plus
ou moins néceffaires pour cette Fin, & plus ou moins évidentes par la nature des chofes, elles approchent de la force des Loix Naturelles, ou s'en
éloignent.

§ IV. Enfin, fi quelcun trouve à redire que je fuppofe ici le Corps de
tous les Etres Raifonnables, comme renfermant diverfes Nations, diverfes
Sociétez Civiles, & diverfes Familles, fans avoir expliqué la maniére dont elles fe font formées d'un Chaos confus; je réponds 1. Que pour expliquer l'o-
rigine des Sociétez Civiles & des Familles, il n'eft pas néceffaire de fuppofer
que le Genre Humain aît jamais été dans un état fi confus : mais, qu'à fuivre
les lumiéres feules de la Raifon, il eft plus probable que toutes les Sociétez
Civiles & toutes les Familles font forties du mariage d'un feul Homme avec
une feule Femme, & qu'ainfi toute Autorité eft venuë originairement de (1)
l'Autorité Paternelle, la plus naturelle de toutes. 2. Mais, en fuppofant
même qu'il n'y a aucune parenté entre tous les Hommes, nôtre méthode fuffiroit pour expliquer l'origine des Sociétez Civiles, & des moindres Sociétez;
parce qu'il eft clair, que c'etoit une chofe naturellement néceffaire, & le prémier moien pour procurer le Bien Commun, que, fi tous les Hommes généralement ne s'accordoient pas à s'unir en un feul Corps de Société, (ce que nous
ne voions pas qui foit arrivé jufqu'ici) ils fe partageaffent au moins en divers
Corps Politiques, fubordonnez uniquement à Dieu, & ceux-ci en moindres
Sociétez, & en Familles; afin que chacun aquît ainfi quelques biens en propre, pour être emploiez à l'utilité commune, felon les régles que j'établirai
ci-deffous: tout de même que, fi l'on confidére l'état de la matiére, & du
mouvement des petites parties d'où fe forme l'Animal, dans un Oeuf non encore couvé, on comprend aifément, que, pour la perfection commune de
toutes, il faut qu'elles forment des Membres diftincts, dont chacun aît fes
fonctions particuliéres, qui fervent à la Santé de tout l'Animal. Mais, comme les Médecins fuppofent les Membres de l'Animal déja formez, de même
les Philofophes Moraux fuppofent les Sociétez déja établies. Cependant ce
que j'ai déja (2) dit fur l'origine du droit de *Propriété* que l'on a fur les
chofes néceffaires, mis à part la connoiffance que nous en avons par l'Hiftoire Sainte, fert en même tems à expliquer l'origine de l'Autorité fur les Perfonnes, du Pouvoir Paternel, & du Pouvoir Civil, dans les Familles & les
Etats, & par conféquent les fondemens des droits néceffaires dans toute Société, autant que la Raifon feule peut les découvrir.

§ V. Voila' pour le prémier des deux chefs, que je me fuis (a) propofé
de traiter ici. Sur le fecond, je dis en général, Que les Actions Humaines,
entant qu'elles peuvent être réglées par la Raifon, par la Délibération, ou par
quelque Habitude contractée, comme autant de moiens deftinez à procurer
le Bien Commun, contribuent toutes à la recherche & à l'avancement de ce
Bien. Il y en a de deux fortes: les unes font des (b) *actes immédiats* de l'Enten-
de-

[marginal notes:] Il n'importe ici, de quelle maniére ou fuppofe que les Sociétez ont été for-mées.

Quelles Ac-tions Humai-nes contri-buent à pro-curer le Bien Commun. Et prémiérement des actes de l'Entendement, d'où naît la Prudence.
(a) § 1.
(b) Actus ell-citi.

au long dans le Chapitre fuivant, où il dé-
duira de là l'origine des Sociétez, & du Pou-

voir, tant Paternel, que Civil.

(c) *Actus in-dement*, de la *Volonté*, ou des *Passions;* les autres, des *actes* (c) *commandez,*
perait. ou des mouvemens du Corps, déterminez par la Volonté.

La Loi Naturelle, qui veut que nous recherchions de tout nôtre pouvoir le
Bien Commun, nous ordonne prémiérement, de déployer les forces naturelles
de nôtre Entendement, ou de nôtre Esprit, à l'égard de toutes les choses, &
de toutes les personnes, que nous pouvons en quelque manière que ce soit
diriger à cette fin, pour former en nous cette habitude de l'Ame qu'on appelle Prudence, comme celle qui est ici la plus efficace. Or elle a son fondement dans une vraie connoissance de toute la Nature, sur-tout de celle des
Etres Raisonnables. Et ses principales parties sont, la considération des Fins
principales, dont la plus grande est celle dont il s'agit, & la recherche des
Moiens qui y contribuent: car elle consiste toute à aquiescer aux Maximes Pratiques de la Raison.

Les opérations de l'Esprit, qui servent à aquérir l'une & l'autre de ces parties de la Prudence, sont 1. l'*Invention,* qui consiste à découvrir le vrai par
l'observation des choses présentes, & en rappellant à propos le souvenir des
(e) *Noticum* choses passées. 2. Le *Jugement,* tant *simple,* (e) que *composé,* dont le der-
& Dianoëti- nier se fait par le raisonnement, & par une disposition méthodique des Véritez.
cum. D'où l'on peut inferer, que la Nature nous recommande l'usage de la vraie
Logique.

Par-là on comprend aussi, en quel sens sont naturellement commandez ces
sortes d'actes & d'habitudes, qui se rapportent à l'*Invention,* & que l'on
appelle (1) *Sagacité, sage délibération, Circonspection, promtitude* ou *subtilité
d'esprit, habileté.*

A

§ V. (1) *Qui dicuntur in Inventione* Sagacitas, Ευβυλία, Cautio, ἀγχίνοια, διαίρεσις.
En tout ceci nôtre Auteur accommode à son
Systême les Idées & les termes d'Aristote, qui met entre les parties de la *Prudence,*
ou les dispositions qui l'accompagnent nécessairement, Ευτυχία, Ευβυλία, ἀγχίνοια, διαίρεσις. Par Ευτυχία, que nôtre Auteur se contente d'exprimer ici en Latin, comme signifiant *Sagacitas,* le Philosophe entend une facilité à conjecturer sans beaucoup de délibération, sur le sujet dont il s'agit, en sorte
que l'on rencontre juste. Ευβυλία, c'est quand
on prend le bon parti, après avoir long tems
& mûrement délibéré sur quelque chose.
Ἀγχίνοια, est une sorte d'Ευτυχία, qui consiste à découvrir promtement
la raison de ce qui est proposé. Διαίρεσις,
c'est l'adresse ou l'habileté à saisir & à trouver
ce qui sert au but que l'on se propose. Voiez sur tout cela, *Ethic. ad Nicomach.* Lib. VI.
Capp. 10, 11, 12, 13. *Eudemior.* Lib. V. Capp.
9, 10, 11, 12. *Analytic. Posterior.* Lib. I.
Cap. ultim.

(2) *In Judicio εἴτε, γνώμη* &c. *si artificialibus nitatur argumentis, dicitur; at si Judicium idoneo nitatur testimonio, Fides appellatur.*

C'est ainsi que s'exprime nôtre Auteur, après
les paroles citées dans la Note précédente;
& il commence ici, comme je fais, un nouvel *à linea.* Le Traducteur Anglois, faute
d'avoir pris garde à ce que j'ai remarqué, de
l'usage que nôtre Auteur fait des Idées & des
termes d'Aristote, a voulu raccommo-
der cet endroit, en y suppléant quelques
mots, qu'il croit avoir été omis par le Copiste du Manuscrit de l'Auteur; & l'unique
raison sur laquelle il fonde sa correction, c'est
qu'il manque, dit-il, manifestement un mot,
qui réponde à *Fides,* & qui soit le nominatif
du verbe *dicitur.* Ce mot, selon lui, doit
être *Scientia,* ou quelque autre équivalent.
Ainsi il traduit: *If the Judgment is supported
by artificial arguments, it is called* Science:
but, *if it makes use of sufficient testimony,* Be-
lief. „ Si le Jugement est fondé sur des
„ Argumens artificiels, on l'appelle Scien-
„ ce: mais s'il fait usage d'un témoignage
„ suffisant, on l'appelle *Créance.* “ Par-là,
nôtre Traducteur se donne la liberté de réunir ce que l'Auteur a clairement séparé; car
il joint *In Judicio* &c. qui commence une
nouvelle période, avec la fin de la précédente, ἀγχίνοια, διαίρεσις, par où finit aussi un à
li-

A (2) l'égard du *Jugement*, on le qualifie *Intelligence, Bon-Sens* &c. lors qu'il eſt fondé ſur des argumens artificiels. Mais ſi quelcun juge ſur un témoignage d'autrui, qui ſoit d'un poids ſuffiſant, cela s'appelle *Créance*.

Tout cela auſſi eſt preſcrit par la Loi Naturelle, autant qu'il dépend de chacun, & qu'il eſt néceſſaire pour la grande & dernière Fin.

§ VI. Les effets immédiats, & les plus généraux, de la *Prudence*, qui ſe déploient au dedans de nous, ſont 1. La Constance *d'ame*, qui nous fait aquieſcer ſans balancer aux déciſions de nôtre Eſprit, comme étant d'une vérité immuable, & accommodées à toutes les circonſtances. Car le Jugement Pratique au ſujet de la plus excellente Fin & des meilleurs Moiens, & la volonté de ſuivre ce Jugement, ont une certaine immutabilité, qui vient immédiatement de l'immuable vérité qu'on apperçoit dans les Propoſitions Pratiques ſur la Fin, & ſur les ſoins néceſſaires pour y parvenir. La *Prudence* eſt, par rapport à l'*Inconſtance*, ce qu'eſt la *Science*, par rapport au conſentement donné en même tems à deux Propoſitions contradictoires. Au reſte, la conſtance à rechercher cette grande Fin dont il s'agit, malgré les dangers, & les obſtacles que l'on prévoit, & la *Force d'ame*, ou le *Courage*; & lors qu'elle continuë, pendant le tems qu'on ſouffre, c'eſt .ce qui s'appelle *Patience*.

2. Un ſecond effet de la Prudence, c'eſt la *Modération*, par laquelle on retient ſes déſirs & ſes efforts dans les bornes les plus conformes à la bonté de la Fin, & à la néceſſité ou l'utilité des Moiens. Or la Prudence dirige toûjours nôtre Ame à rechercher la meilleure Fin toute entiére, ou dans toutes ſes parties, & à mettre en uſage tous les Moiens néceſſaires pour y par-

Effets de la Prudence, ſavoir, la Conſtance, & la Modération.

linea Puis il ſuppoſe que l'Auteur avoit écrit: *Si* [Judicium] *artificialibus nitatur argumentis*, [Scientia] *dicitur*. Mais 1. En ce cas-là, l'Auteur n'auroit pas eû beſoin de repeter le mot de *Judicium* dans l'autre membre ſuppoſé de la diviſion, où il ſeroit ſuperflu: *at ſi Judicium idoneo nitatur teſtimonio*. 2. La raiſon tirée de ce qu'il manque quelque mot qui réponde à *Fides*, & qui ſoit le nominatif du verbe *dicitur*, n'eſt fondée que ſur le bouleverſement fait mal à propos dans les parties des deux périodes diſtinctes. Car en laiſſant, comme il faut, les mots *In Judicio σύνεσις, γνώμη* &c. *ſi artificialibus nitatur argumentis*, dans la période qui commence un nouvel *à linea*, le verbe *dicitur*, qui ſuit, a pour nominatif le mot *Judicium*, ſouſentendu dans *ſi nitatur*, & que l'Auteur a ſupprimé, parce qu'il venoit de dire *In Judicio* &c. ou même on peut entendre imperſonnellement le *dicitur, cela s'appelle* &c. 3. Je ne vois ici aucune correction dans la collation qui m'a été communiquée de l'exemplaire revû & augmenté par l'Auteur: & il n'y a nulle apparence qu'un dérangement & des omiſſions ſi conſidérables euſſent échappé à ſes yeux. La vérité eſt, qu'il a bien voulu s'exprimer de la manière que cet endroit eſt imprimé; & l'on peut très-bien y trouver un ſens parfaitement conforme à ſa penſée. Il ne faut que conſidérer les termes & les diſtinctions d'Aristote, que nôtre Auteur emprunte dans ce Chapitre, & dans le VIII. accommodées à ſon Syſtême & à ſes idées. Le Philoſophe entend par Σύνεσις, *Intelligence*, ce juſte diſcernement, qui fait qu'on juge des choſes ſur leſquelles la Prudence s'exerce, & que l'on diſtingue les bonnes raiſons d'avec les mauvaiſes. Γνώμη, ſelon lui, eſt une droiture de Jugement, par laquelle on décide, non à la rigueur, mais ſuivant l'Equité, en matière de ce que les autres font ou diſent. Nôtre Auteur oppoſe à ces deux diſpoſitions, & autres ſemblables, & aux Jugemens qui en proviennent, la *Créance*, ou un aquieſcement bien fondé, par lequel on ſe repoſe ſur le témoignage d'autrui, c'eſt-à-dire, en matière de choſes qui ſe rapportent à la Prudence, dont il s'agit; parce qu'alors il n'eſt pas beſoin d'examiner ce que diſent les perſonnes ſur le témoignage de qui on croit avoir lieu de faire fond; il ne faut que les écouter. *Ariſtote*, après avoir traité de ce qu'il appelle σύνεσις, γνώμη, νοῦς, comme aiant

leur

parvenir. C'eſt pourquoi la véritable Modération eſt inſéparable de l'*Intégrité*, auſſi bien que de la *Diligence*, ou de l'*Application*.

Dans la définition que je donne ici de la *Modération*, j'ai ſuppoſé, comme une vérité connuë & accordée, que la Loi la plus générale de la Nature ordonne d'avoir les plus grands déſirs, & de faire les plus grands efforts, par rapport à la plus excellente Fin, & aux Moiens les plus néceſſaires pour y parvenir. Cela étant, il ne faut enſuite que trouver la proportion qu'il y a entre toute autre Fin, & cette Fin principale, & entre l'utilité ou la néceſſité de toute autre ſorte de Moiens, pour découvrir une pareille proportion entre les déſirs & les efforts réquis en ces cas-là.

§ VII. CETTE *Modération*, accordée, de la manière que je viens de dire, avec le déſir le plus ardent de la meilleure Fin, & la recherche la plus ſoigneuſe des meilleurs Moiens; ne différe en rien, à mon avis, de la *Médiocrité*, que les *Péripatéticiens* prônent tant, comme conſtituant la forme ou l'eſſence de toute ſorte de Vertu; pourvû qu'on explique favorablement ce qu'ils diſent là-deſſus. J'avouë, que la Modération ſe fait voir principalement dans les actes de la Volonté, & dans les effets des Paſſions. Mais, comme la recherche & la détermination de la meſure & de la proportion, qui lui eſt eſſentielle, dépend d'une faculté propre à nôtre Entendement; & que, d'ailleurs, il faut mettre quelques bornes aux recherches de l'Entendement, de peur que le doute & la précaution ne dégénérent en un Scepticiſme perpétuel, & que l'attachement à rechercher les cauſes ne devienne une curioſité impertinente: j'ai jugé à propos de montrer ici, que cette Modération eſt un devoir, preſcrit par la Loi Naturelle. Je paſſe maintenant aux actes de la Volonté, qui ſont ordonnez par la même Loi.

Ils peuvent tous être compris ſous le nom général de *Bienveillance*, entendant par-là celle qui eſt la plus étenduë & la plus efficace. Car elle ſe déploie dans toute ſorte de déſirs & d'efforts, par leſquels on cherche à procurer ce qui eſt agréable à DIEU & aux Hommes, ou l'on tâche d'éloigner ce qui leur déplaît.

Or la même Bienveillance qui engage à prendre garde qu'il ne ſe faſſe rien de contraire au Bien Commun, demande auſſi, que l'on redreſſe & l'on corrige ce qui peut avoir été fait de tel. Ainſi l'*Equité* eſt une partie eſſentielle de cette Vertu générale. J'entends par *Equité*, une volonté diſpoſée par les régles de la Prudence à corriger ce qui ſe trouve dans une Loi, ou dans un Jugement Civil, en quoi les choſes ont été réglées autrement que la vuë du Bien Com-

Des actes de la Volonté, qui peuvent tous être compris ſous le nom de Bienveillance. Cette Bienveillance générale eſt la ſource de l'Equité.

leur principe dans des diſpoſitions naturelles, dont l'effet eſt plus ou moins grand ſelon les divers âges; donne pour régle, Qu'il faut ajoûter foi à ce que diſent & que penſent ceux qui ont de l'expérience, les Vieillards, & les perſonnes prudentes, comme ſi c'étoient des démonſtrations, quoi qu'ils n'en donnent aucune; parce que l'expérience les a rendus clairvoians, & leur fait ainſi découvrir aiſément ce qui eſt néceſſaire pour ſavoir

de quelle maniére on doit agir : Ὅτι δῆ προσίχειν τῶν ἐμπείρων καὶ πρεσβυτέρων ἢ φρονίμων ταῖς ἀναποδείκτοις φάσεσι καὶ δόξαις, ὐχ ἥττον τῶν ἀποδείξεων· διὰ γὰρ τὸ ἔχειν ἐκ τῆς ἐμπειρίας ὄμμα, ὁρῶσι τὰς ἀρχάς. Ethic. Nicomach. *Lib.* VI. Cap. 12. *in fin.* & *Eudemior. Lib.* V. Cap. 11. Voilà cette docilité, que nôtre Auteur appelle *Créance*. Elle eſt fondée ſur des *Preuves*, qu'*Ariſtote* appelle *Inartificielles*, πίςεις ἄτεχνοι, par oppoſition aux
Ar-

Commun ne le demanderoit dans les circonftances propofées. Car il arrive fouvent, qu'en fe fervant d'expreffions générales, ou par un effet de quelque foibleffe de l'Efprit Humain, qui empêche que les Légiflateurs même & les Juges ne prévoient tous les cas poffibles, les Conducteurs de l'Etat s'éloignent du but auquel ils vifoient fincérement. L'amour du Bien Commun exige alors, qu'eux-mêmes, après avoir examiné de près les circonftances du cas préfent, mieux qu'ils n'ont pû en l'envifageant de loin, corrigent, à la faveur de la connoiffance la plus parfaite qu'ils ont des chofes expofées à leurs yeux, ce qu'ils avoient établi pour régle là-deffus en les voiant de loin & moins clairement.

C'eft de cette Loi Naturelle que tire toute fon autorité un Jugement favorable, où l'on prononce non à la rigueur, mais avec quelque adouciffement équitable, & par conféquent c'eft-là la vraie fource de l'*Equité*, dont il n'étoit pas hors de propos de parler ici. J'avouë que l'ufage très-remarquable qu'elle a dans la correction des Loix Civiles, ne peut pas être fi diftinctement connu, jufqu'à ce que nous ayions expliqué l'établiffement ou l'origine de ces Loix. Mais l'Equité a d'autres ufages, & dans les cas où les Loix Civiles fe taifent, & quand il s'agit de faire des Loix Civiles, qui toutes doivent être équitables. Ainfi il ne falloit pas la paffer entièrement fous filence en cet endroit.

§ VIII. Tout ce que j'ai dit, fe réduit à ceci, qu'une Bienveillance prudente envers tous les Etres Raifonnables remplit toute l'étenduë de la Loi la plus générale de la Nature. C'eft elle qui propofera à nos défirs & à nos efforts de toute forte la meilleure Fin, & leur prefcrira en même tems la mefure la plus propre à obtenir cette Fin; mefure, qui, par cette raifon, fera naturellement la plus jufte & la plus convenable. Car il n'eft pas néceffaire, comme plufieurs femblent le croire, (1) d'affigner au gouvernement de chaque Paffion une Vertu diftincte & particuliére. Quelque Fin que l'on recherche avec foin, cela feul fera que nous *aimerons* les chofes qui fervent à y parvenir, que nous les *défirerons*, fi elles font abfentes; que nous les *efpérerons*, fi elles paroiffent probablement devoir arriver: & au contraire, que nous *haïrons* les chofes oppofées à cette Fin; que nous les *fuirons* & les *craindrons*, lorfqu'elles feront encore éloignées; & que, fi elles font préfentes, nous en reffentirons du *chagrin*. Ainfi, fuppofé que la Fin que nous recherchons foit celle qui eft prefcrite par la Loi Naturelle, & que le foin avec lequel nous travaillons à y parvenir foit conforme à la même Loi; les mouvemens de toutes nos Paffions, qui dépendent de là felon la conftitution de la Natu-

De là naiffent auffi toutes les Vertus, & les Loix particuliéres de la Nature.

Artificielles, Ἐντεχνοι. Rhetoric. *Lib.* I. Cap. 2. & 15. Voïez auffi QUINTILIEN, *Inftit. Orat.* Lib. V. Cap. 1. Celles-ci font tirées du fond même des chofes, où l'*Intelligence* & le *Bon-Sens* les découvrent. Les autres fe tirent de quelque chofe d'extérieur, tel qu'eft le témoignage & le jugement de quelque perfonne digne de foi, ou dont on a & l'on peut raifonnablement avoir bonne opinion. De tout cela il paroît, ce me femble,

avec la dernière évidence, que la correction de Mr. MAXWELL non feulement n'eft pas néceffaire, mais encore qu'elle fait difparoître le vrai fens de nôtre Auteur.

§ VIII. (1) On fait, que c'eft la méthode commune des Moraliftes qui fuivent ARISTOTE. Voïez l'abrégé que j'ai eû occafion de donner de la Morale de ce fameux Philofophe, dans ma *Préface* fur PUFENDORF, *Droit de la Nat. & des Gens*, § 24.

Nature Humaine feront naturellement proportionnez à ce défir ; à moins qu'il n'arrive que nôtre Entendement foit aveuglé d'une maniére à ne pouvoir bien difcerner leurs objets ou leurs caufes particuliéres. Mais fi chacun a, comme nous le fuppofons, l'amour qu'il doit avoir de la Fin, il fe précautionnera, autant qu'il dépend de lui, contre cet inconvénient.

La même *Bienveillance Univerfelle*, entant qu'elle réprime & redreffe au de-dans de nous tous les mouvemens volontaires qui font oppofez au Bien Com+mun, fur-tout ceux par lefquels nous fommes portez à préférer nos avantages particuliers à ceux du Public; renferme en foi l'*Innocence*, la *Douceur*, le *Re-pentir*, la *Reftitution*, & le *Renoncement à foi-même*. Entant qu'elle eft accom-pagnée d'un deffein conftant, efficace, & manifefte, de faire du bien aux au-tres, elle nous porte à témoigner (2) que nous avons pour eux des fentimens favorables; ce qui eft un effet de *Candeur*; à leur promettre des chofes qui leur font avantageufes, & à tenir fa parole, en quoi confifte la *Fidélité*. La même Bienveillance faifant aimer à un fort haut point les caufes connuës du Bien Commun, rendra les Hommes *très-reconnoiffans*. Car la *Reconnoiffance* n'eft au-tre chofe, qu'un acte excellent de Bienveillance envers ceux qui fe font mon-trez bienveillans envers nous: on n'y eft point obligé, fi le Bienfait qu'on a reçû caufe du préjudice à d'autres; & elle nous excite fortement à rendre la pareille autant que nous le pouvons, mais toûjours fans donner aucune attein-te au Bien Public. Enfin, cet Amour Univerfel; quoi qu'il produife un défir efficace de faire des chofes agréables à tous les Membres du grand Syftème des Etres Raifonnables, a pour objet principalement & par préférence, ceux qui peuvent & veulent le plus être utiles à tout le Corps, tels que font, D I E U, & les Perfonnes qui, par fon autorité, ont en main le Gouvernement des affaires, foit Civiles, foit Sacrées; ou bien ceux auxquels chacun peut être le plus utile fe-

(a) *Ut benignè de aliis fentiamut.* C'eft ainfi que l'Auteur s'exprime : mais j'ai eû plus d'é-gard à ce qu'il vouloit & devoit dire, qu'à ce qu'il a dit. Il parle d'un *effet*, & d'un effet *manifefte* de *Candeur*: ainfi cela ne peut être borné à *penfer favorablement des autres*. C'eft la maniére franche & ouverte de parler & d'a-gir, qui découvre qu'on eft plein de *Candeur*, ou de *Sincérité*.

(3) Il y a dans l'Original : *& [idem affec-tus] caufas partetque fui affectus juvat.* Mais cela eft vifiblement fautif; quoi que l'Auteur même ne s'en foit pas apperçû, comme en bien d'autres endroits corrompus. Il a voulu dire, ainfi qu'il paroît par la fuite : *Sui* o B-J E C T I, c'eft-à-dire, *Boni communis.* La fau-te vient peut-être de fon Copifte. Le Tra-ducteur Anglois, qui la fuit bonnement, s'ex-prime ainfi : *and affift Affections, which are Caufes and Parts of it felf.* ,, Parce qu'il aide ,, les affections qui font des caufes & des par-,, ties de lui-même." Que fignifie cela? Et comment n'a-t'il pas pris garde, que l'Auteur dit un peu après : *atque ut* C A U S A E C U M E O

C O N S P I R A N T E S *juventur, nec non ut* o B-J E C T I *illius proprii* P A R T E S *omnes* &c. L'Au-teur pouvoit-il expliquer plus clairement ce qu'il venoit de dire? Une faute fi groffiére a auffi échappé aux yeux du Docteur B E N T-L E Y.

§ IX. (1) Voïez ce qui a été dit fur Pu-F E N D O R F, *Droit de la Nature & des Gens*, Liv. I. Chap. VII. § 5. *Not.* 5.

(2) ,, Les *Actions* Indifférentes, felon l'ex-,, plication de nôtre Auteur, font bien une ,, partie de ce fur quoi roulent les *Loix Hu-,, maines*, mais elles n'en font pas l'unique ,, matiére. Car, comme les Loix Civiles ré-,, glent la forme particuliére de procéder, ,, dans la pourfuite ou la défenfe des droits ,, que la Loi Naturelle donne, de la maniére ,, la plus convenable à l'avantage de la So-,, ciété, & qui n'eft pas entiérement indiffé-,, rente: elles déterminent auffi en particu-,, lier les Obligations qui naiffent de la con-,, ftitution de chaque Société, lefquelles fou-,, vent ne font pas indifférentes. Et à l'égard ,, de la défenfe ou de la pourfuite réguliére ,, des

selon la conftitution & l'état de nôtre nature, c'eft-à-dire, *foi-même & fa Fa-*
mille, fes *Defcendans* & fa *Parenté*.

Voilà un petit nombre de chefs, auxquels fe réduifent les Loix Particulieres
de la Nature, c'eft-à-dire, les prémiéres & principales, qui font le fondement
de toutes les Vertus, & de toutes les Sociétez, favoir, de la *Société Eccléfiaf-*
tique, de la *Société Civile*, & de la *Société Economique*. J'ai fait voir auffi, comment le défir du Bien Commun fuffit naturellement pour s'aquitter de tous ces
Devoirs par la réfiftance naturelle qu'il oppofe aux mouvemens contraires, &
parce qu'il aide les Caufes capables de procurer le (3) Bien qu'il a pour objet,
& les parties dont ce Bien eft compofé. D'où il paroît, que la même Loi qui
prefcrit le défir du Bien Commun, ordonne auffi de réprimer de toutes nos
forces les mouvemens contraires, d'aider les Caufes qui concourent avec ce défir, & d'avoir en vûë toutes les parties de ce qui en fait l'objet propre, fur-
tout celles dont j'ai parlé.

§ IX. REMARQUONS encore ici, que la diftinction entre les *Actions Nécef-* Diftinction en-
faires, ou indifpenfables, & les *Actions* (1) *Indifférentes*, tire fon origine tre les *Actions*
du rapport qu'elles ont naturellement à l'effet, ou à la Fin propofée dans les *Actions In-*
la Loi Univerfelle de la Bienveillance. Les *Actions Néceffaires*, ce font cel- différentes.
les fans quoi il eft impoffible de contribuer à l'avancement de cette Fin.
Celles qui font telles, qu'il y en a d'autres équivalentes, ou également efficaces pour le même but, peuvent être appellées *Indifférentes*, entant que la Loi
Naturelle ne détermine pas fi on doit les faire de telle ou telle manière, fe
contentant que, d'une maniére ou d'autre, l'on contribuë autant qu'il faut au
Bien Commun. C'eft en matiére de ces fortes d'Actions, que la *Liberté* a le
plus vafte champ; auffi bien que les *Loix Pofitives*, qui refferrent cette Liberté
dans des bornes plus étroites (2).

Quand

" des droits de chacun, ou même du pou-
" voir qu'on a de difpofer de fes biens, elles
" y font, fur certains points, quelques ref-
" trictions générales, qui, à tout prendre,
" font le plus convenables, quoi que diffé-
" rentes de ce qui a été déterminé par les
" Loix Naturelles. Voici un exemple, qui
" expliquera ma penfée. La Loi Naturelle
" veut, qu'aucun Contract ne foit valide, fi
" l'une des Parties, à caufe de l'état d'Enfan-
" ce où elle fe trouve, ne peut pas bien fa-
" voir ce qu'elle fait. Cette même Loi exige,
" que les Hommes qui ont une p'eine intelli-
" gence de ce qu'ils font, aient l'adminiftra-
" tion de leurs propres affaires. Mais il eft
" impoffible que les Cours de Juftice exami-
" nent en particulier la capacité de chaque
" Jeune Homme. Ainfi il a fallu néceffaire-
" ment déterminer un Age précis, felon ce
" qui, tout bien compté, étoit le plus à
" propos; en forte que par-là on excluë de
" l'Age requis pour gouverner fes propres af-
" faires, le moins qu'il fe pourroit, de per-
" fonnes d'un jugement mûr, & qu'on y com-

" prit le moins qu'il feroit poffible, de celles
" dont le jugement n'a pas encore affez de ma-
" turité. On ne fauroit dire que ce foit une chofe
" abfolument indifférente, de fixer ces bornes
" ou à l'âge de dix ans, ou à celui de trente, ou
" à celui de quarante. Il eft clair par l'expérien-
" ce de toutes les Nations civilifées, que le
" prémier feroit trop tôt, & le dernier trop
" tard. Par conféquent l'efpace entre vingt
" & vingt-cinq, eft véritablement le plus con-
" venable; & quand on fixe l'Age de Majori-
" té à quêlcune des années de cet intervalle,
" ce n'eft pas une décifion arbitraire ou indif-
" férente, puis qu'on exclut ainfi peu de per-
" fonnes qui aient affez de jugement, & qu'on
" en renferme auffi peu qu'il eft poffible, de
" celles qui n'en ont pas autant qu'il fau-
" droit." MAXWELL.
Sur cet exemple allégué par le Traducteur
Anglois, il eft bon de remarquer, que la détermination fixe de l'Age réquis pour contracter validement, doit bien fervir de régle aux
Juges, qui n'ont pas l'autorité d'y faire aucune
exception, & auxquels elle ne pourroit être
ac-

Quand je penfe à cette diftinction entre les *Actions Néceffaires*, & les *Indifférentes*, j'ai coûtume de l'illuftrer en comparant ces différentes fortes d'Actions avec les Pratiques qui fervent à conftruire des Problêmes Géométriques. Car quelques-unes de ces opérations font fi néceffaires, que, fans elles, la conftruction du Problême ne peut fe faire: mais, fur un grand nombre de queftions, il fe préfente plufieurs maniéres de conftruire le Problême donné, fans pécher contre la Géométrie; de forte qu'il eft libre à un Géométre d'emploier tantôt l'une, tantôt l'autre de ces différentes conftructions, pourvû qu'il obferve toûjours, dans celle qu'il choifit, certaines régles qui ménent précifément à la même folution. C'eft ainfi qu'en fait d'Actions Morales il eft libre à chacun, aujourdhui que la Terre eft fuffifamment peuplée, de vivre dans le célibat, ou de fe marier: mais, dans l'un & l'autre état, on eft tenu de fuivre certaines Loix, pour ne rien faire contre le Bien Commun, à la recherche duquel on doit toûjours s'appliquer également, foit que l'on prenne femme, ou non.

Pourquoi on ne réduit pas ici en forme de Loix particuliéres, tous les Devoirs renfermez dans la Loi Générale.

§ X. AU RESTE, je n'ai pas jugé néceffaire de mettre en forme de Loix Naturelles, & de propofer ainfi au Lecteur, tous les articles ou les Devoirs particuliers que j'ai fait voir être renfermez dans la Loi la plus générale. Chacun peut de foi-même former réguliérement telle ou telle Loi, qui ordonne, par exemple, d'aquérir & d'exercer, toûjours en vuë d'avancer le Bien Public, la *Prudence*, la *Conftance*, la *Modération*, la *Bienveillance* &c. Il faut feulement fe fouvenir, que la forme de toutes ces Loix, qui réfulte évidemment des phénoménes de la Nature, fe réduit à ceci, ou à quelque chofe de femblable; C'eft que la Prémiére Caufe de la Nature des Chofes a voulu faire connoître à tous, qu'il eft néceffaire pour leur Bonheur commun, & pour le Bonheur particulier de chacun, qu'on ne peut jamais attendre que de la recherche du prémier; que chacun recherche ce Bien Commun avec prudence, avec conftance &c. Ou, pofé la Loi qui ordonne de rechercher, autant qu'on le peut, le Bien Commun, il y a une Loi qui prefcrit la Prudence, la Conftance ou Egalité d'ame, la Fidélité, &c. Il faut dire la même chofe des Loix qui ordonnent de promettre, & de tenir fa parole, ou de pratiquer la Reconnoiffance; car ce principe a lieu également dans toutes les Actions faites envers tous les Etres Raifonnables. Mais il y a plufieurs autres fortes d'Actions Humaines, qui, quoi qu'elles fervent au bien de tout le Corps des Etres Raifonnables, font immédiatement & particuliérement appropriées à certains Membres de ce Corps. C'eft pourquoi il faut rechercher maintenant l'origine de la *Propriété* & du *Domaine*; entendant ces mots dans un fens un peu plus général, que celui auquel il eft en ufage chez les Jurifconfultes, qui expliquent le Droit Civil.

CHA-

accordée fans de grands inconvéniens: mais cela n'autorife pas toûjours le Contractant à s'en prévaloir pour manquer à fa parole, quoi qu'il puiffe le faire impunément, felon le cours ordinaire de la Juftice des Tribunaux. Voiez ce que j'ai dit là-deffus, dans mon *Difcours fur le Bénéfice des Loix*, pag. 488, & fuiv. de la derniére Edition, jointe à la cinquiéme de ma Traduction du petit PUFENDORF, *Des Devoirs de l'Homme & du Citoien*, 1735. J'ai donné dans ce Difcours, divers autres exemples de cas femblables, où les Loix laiffent à la confcience de chacun le foin de faire les exceptions, que les Légiflateurs n'ont pas jugé à propos de faire, ni de permettre qu'on fît dans les Tribunaux, pour des raifons d'utilité publique, qui ne fauroient néanmoins difpenfer en confcience les intéreffez d'y fuppléer eux-mêmes de leur
bon

CHAPITRE VII.

De l'origine du DOMAINE, *ou de la* PROPRIÉTÉ *& de celle des* VERTUS MORALES.

I—III. *Que le* DOMAINE *fur les* Chofes *& les* Perfonnes, *tire fon origine d'une des Loix Naturelles, qui ordonne de faire un partage des Droits, & de le confer-ver.* IV. *Que cette Loi eft fuppofée dans la définition même de la* Juftice. V. *Diftinction, qui en réfulte, entre les* Chofes *ou les* Perfonnes Sacrées, *& les* Chofes *ou les* Perfonnes *deftinées aux ufages communs.* VI. *Origine du Do-maine ou de l'Empire de* DIEU, *tirée d'une maxime de fa Sageffe, qui a quel-que rapport avec nôtre Loi Naturelle.* VII. *Pourquoi on a jugé à propos d'ajoûter quelque chofe à l'opinion commune, qui fonde ce Domaine de* DIEU *fur l'acte de la Création.* VIII. IX. *Diverfes conféquences, tirées de la Loi Naturelle qui prefcrit l'introduction & la confervation du partage des droits de Propriété, tant fur les* Chofes, *que fur les* Perfonnes, *ou leur travail. Moien de faire ce partage, ou par accord, ou par des Arbitres, ou par le Sort. Du transport des droits, fait par des Conventions. Fondement de l'Obligation qu'elles impofent. Qu'au-cune Convention n'oblige à des chofes illicites.* X. *Que de la Loi Naturelle, dont il s'agit, il naît une obligation à la Bénéficence, à la Reconnoiffance, à un Amour propre limité, & à la Tendreffe Paternelle.* XI. *Que cette même Loi prefcrit l'établiffement d'un* POUVOIR CIVIL, *plus grand que celui des Su-jets.* XII. *Qu'il eft néceffaire que la formation & la confervation des Sociétez Civiles foit ordonnée par une Loi Naturelle qui oblige à des Actions extérieures; avant qu'il y ait aucune telle Société.* XIII. *Autres conféquences très-importantes, par rapport aux* Chofes Sacrées, *& aux* Affaires Civiles.

§ I. QUAND on veut expliquer l'*Economie de l'Animal*, on dit avec vérité, Que toute la fabrique du Corps eft foûtenuë par la Cir-culation perpétuelle du Sang: mais cela ne fuffit pas pour faire pleinement connoître la nature de l'Animal; il faut encore montrer, quelle portion (1) du Sang doit circuler par le Cerveau & les parties fupérieures du Corps, quelle autre par les parties inférieures, comme font le Foie & les Hypocondres; & comment le Suc nutritif eft diftribué dans les autres parties du Corps, au moins

Comparaifon entre l'Econo-mie de l'Ani-mal, & la So-ciété des Etres Raifonnables.

bon gré. Ce font-là les plus belles occafions de montrer qu'on eft rempli de vrais fenti-mens de probité, & de refpect pour les Loix Naturelles, dont l'obligation eft immuable.

CH. VII. § I. (1) Il y a dans l'Original: *qualis proportio Sanguinis* &c. & le Traducteur Anglois a fuivi cette faute manifefte de l'Imprimeur ou du Copifte: *what proportion of the Blood should circulate.* &c. Je ne fai fi en Anglois on peut

bien s'exprimer ainfi: mais cela feroit barbare en François. Si l'Auteur avoit voulu vérita-blement écrire *proportio*, il faudroit néanmoins fe contenter de dire *portion*, parce qu'il s'agit manifeftement d'une certaine quantité de Sang, & que la nature même de la chofe fait affez voir qu'il doit y avoir une certaine propor-tion entre cette quantité & les parties du Corps où fe fait la Circulation.

moins dans les plus nobles. De même, on a raifon de dire en général, que la Société de tous les Etres Raifonnables fe conferve par des fervices réciproques, qui tendent & contribuent à l'avantage du Public : mais cela ne donne qu'une idée incomplette, jufqu'à ce qu'on ait fait voir, quelles Actions doivent néceffairement être appliquées, pour une telle fin, aux principales parties de cette Société, & deftinées à leurs ufages particuliers.

Or il eft à remarquer, que les Vaiffeaux qui portent les Efprits, & la nouriture à une partie du Corps de l'Animal, fervent en même tems & à l'avantage particulier de cette partie, & au bon état de tout le Corps ; chaque Partie étant en quelque maniére utile au Tout. Il en eft de même précifément de tous les avantages appropriez à chaque partie de la Société des Etres Raifonnables : cette appropriation n'empêche pas qu'ils ne foient utiles à tout le Corps.

§ II. VOICI maintenant, comment on peut, à mon avis, déduire des principes établis ci-deffus, l'origine du *droit* fur les *Chofes* & fur les *Perfonnes*. Qu'il me foit permis de donner à ce droit le nom (a) de *Propriété*, ou de *Domaine*. J'ai prouvé, que le Bonheur Commun renferme & la plus grande *Gloire de* DIEU, & les *perfections* de l'*Ame* & du *Corps des Hommes*. Il eft connu auffi par la nature des Chofes, que, pour parvenir à de telles Fins, il faut néceffairement & plufieurs fortes d'Actions Humaines, & plufieurs ufages des Chofes, qui ne fauroient en même tems fervir qu'à un feul. De là il s'enfuit, que les Hommes, qui font obligez de travailler à l'avancement du Bien Commun, doivent auffi être indifpenfablement tenus de confentir, que l'ufage des Chofes, & le Service des Perfonnes, autant qu'ils font néceffaires à chacun pour contribuer au Bien Public, lui foient accordez, en forte qu'on ne puiffe les lui ôter ou les lui refufer légitimement, tant que cette néceffité dure ; c'eft-à-dire, que chacun, du moins pour ce tems-là, devienne maître en propre de telles Chofes & de telles Actions, & que jufques-là elles foient appellées *fiennes*. Or chacun fe trouve fucceffivement & continuellement dans de tels cas : ainfi il doit avoir une Propriété perpétuelle, ou un droit conftant à l'ufage des Chofes & au fervice des Perfonnes, dont il a abfolument befoin, pendant tout le tems de fa vie. Que fi une feule & même chofe, comme un Fonds de Terre, un Arbre, peut lui être utile pour la fin dont il s'agit pendant plufieurs Jours ou plufieurs Années, la même raifon qui lui a donné droit fur cette chofe le prémier jour, lui en donnera un pareil le fecond jour, & ainfi de fuite, tant que le refte demeurera d'ailleurs égal. C'eft par de tels degrez que la Raifon méne les Hommes à établir, d'un commun confentement, de pleins droits de Propriété fur les Chofes, & enfin fur les Perfonnes, ou leurs fervices, autant que cela eft néceffaire pour leur Bonheur commun. Car l'obligation où font les Hommes de rechercher cette Fin, comme je l'ai prouvé ci-deffus, les engage auffi à emploier le Moien qui eft ici abfolument néceffaire, favoir, que chacun confente à quelque partage des Chofes & des fervices des Perfonnes ; parce qu'il eft impoffible qu'une feule & même Chofe, ou le fervice d'une feule & même Perfonne, fervent à une infinité de gens, dont les volontez font oppofées. En effet, les Chofes dont nous nous fervons, & les Membres

Origine du Domaine, ou de la Propriété.

(a) Proprietas. Dominium.

§ III. (1) Le Traducteur Anglois remarque ici, que nôtre Auteur fe tient dans une fort gran-

bres du Corps des Hommes, par le miniſtére desquels ſe fait le travail extérieur dont les autres reçoivent de l'aſſiſtance, ſont des Corps Phyſiques, par
conſéquent toûjours bornez à occuper un ſeul lieu: ainſi les mouvemens, par
lesquels ils peuvent être utiles à quelcun, ſont toûjours dirigez à un ſeul terme; d'où vient qu'un même Aliment, un même Vêtement, néceſſaire pour
conſerver la vie d'un Homme, ne peut en même tems être préciſément de
même uſage à un autre, quoi qu'il puiſſe indirectement, ou par le moien de celui qui s'en ſert, être utile à pluſieurs.

La nature des choſes nous fait donc manifeſtement connoître, qu'il eſt néceſſaire pour le Bonheur de chacun, pour ſa vie & ſa ſanté, d'où dépendent
tous les autres avantages, que chacun aît du moins pour un tems, un certain
uſage des choſes, excluſivement à tout autre. De là il paroît auſſi clairement,
que la même limitation eſt également néceſſaire pour le Bonheur commun de
tous; puis que le Tout ne différe pas de ſes Parties priſes enſemble. Enfin,
il eſt évident, par une parité de raiſon, que cette reſtriction d'uſage à chacun
en particulier doit être néceſſairement continuée dans tous les tems qui ſuivent, en vuë de la même fin, ſoit dans les mêmes choſes, ou dans d'autres
équivalentes. Or c'eſt dans la continuation d'un uſage, ainſi borné, des
Choſes & du ſervice des Perſonnes, dont chacun a beſoin pour conſerver ſa
vie, ſa ſanté, & la totalité de ſon bonheur, que conſiſte toute l'eſſence, la
force & l'efficace de la *Propriété* ou du *Domaine*; quoi que les Loix Civiles y
puiſſent ajoûter quelques acceſſoires. Ainſi la nature des choſes nous enſeigne
clairement, qu'il faut de toute néceſſité établir un droit de *Propriété* ou de *Domaine* ſur les Choſes & ſur les Perſonnes, pour le Bien Commun de tous, ſuppoſé que cela n'aît pas été établi dès le commencement du Genre Humain; ou
plûtôt qu'on doit le reconnoître & le maintenir, comme déja établi par la
Prémiére Cauſe.

§ III. Tout ce que je viens de dire, peut être réduit en forme de Loi
Naturelle, & voici de quelle manière. „ La nature des Choſes montre ma-
„ nifeſtement, que la Prémiére Cauſe, de qui elles tiennent l'exiſtence, a
„ voulu que toutes les Actions Libres des Etres Raiſonnables, qui ſont néceſ-
„ ſaires pour aſſigner & conſerver à chacun un droit de Propriété ſur certai-
„ nes Choſes ou certaines Perſonnes, fuſſent abſolument néceſſaires pour tra-
„ vailler comme il faut à l'avancement du Bien Commun; & par conſéquent
„ que tous les Etres Raiſonnables fuſſent obligez à établir ou à reconnoître,
„ & à conſerver quelque ſorte de Propriété, par la même Loi qui les oblige
„ à avancer, autant qu'il dépend d'eux, le Bien Public, & cela avec la mê-
„ me ſanction de Récompenſes & de Peines". Ou, pour exprimer la régle
en moins de mots: „ Poſé la Loi générale, concernant le ſoin de procurer le
„ Bonheur commun de tous, il y a une Loi Naturelle, qui ordonne d'établir
„ ou de conſerver, en matière de ce qui eſt manifeſtement néceſſaire pour le
„ Bonheur de chacun, certains droits qui appartiennent en propre à chacun,
„ tant ſur les Perſonnes & leurs actions néceſſaires pour ſe procurer une aſ-
„ ſiſtance mutuelle, que ſur les autres Choſes (1).

Néceſſité de cet établiſſement, réduite en forme de Loi Naturelle.

Cet-

grande généralité, ſur cet article de l'origine de la *Propriété*. Pour y ſuppléer, il renvoie les

Lec-

348   DE L'ORIGINE DU DOMAINE,

Cette Loi a deux parties: l'une, qui ordonne de *rendre à* DIEU *ce qui lui appartient;* & l'autre, *de rendre aussi aux* HOMMES *ce qui leur appartient.* L'un & l'autre est nécessaire, pour le maintien de l'honneur qu'on doit à DIEU, & afin que les Hommes jouïssent sûrement des biens dont ils ont besoin pour se conserver & se perfectionner eux-mêmes, & pour être utiles à tous les autres Hommes : deux choses renfermées dans la Fin proposée, ou le Bien Commun.

Au reste, je me sers ici de ces expressions indéterminées, *quelque sorte de Propriété ou de Domaine,* parce que la Nature, comme je le reconnois volontiers, ne nous fait pas toûjours regarder comme absolument nécessaire, une Propriété qui soit jointe avec un plein & entier partage des choses. Il suffit pour l'essence de la véritable Propriété, ou du véritable Domaine, que chacun aît, en vertu de la Loi, un droit de posseder ou d'avoir en sa disposition certains avantages qui proviennent de telle ou telle chose, d'un Fonds de terre, par exemple, dont on jouït en commun par indivis avec d'autres, qui ne peuvent pas légitimement nous en exclure. Si quelcun prétend, qu'en ce cas-là le mot de *Propriété* ou de *Domaine* ne convient pas bien, je ne disputerai point là-dessus; je ne pense qu'à la chose, sans me mettre en peine des termes. GROTIUS (a) reconnoît, que l'usage d'un pareil droit, commun à tous les Hommes, tient lieu à chacun de Propriété. Pour moi, je n'ai pû trouver de mot plus commode, par où je fisse entendre que la recherche du Bien Commun demande que chacun aît quelque chose qui lui appartienne, en sorte qu'il ne soit pas permis aux autres de le lui refuser ou le lui ôter: d'où aussi j'ai inferé, que la Guerre, qui, selon les principes d'HOBBES, naîtroit nécessairement du droit chimérique qu'il donne à tous contre tous, est entièrement illicite. Il est clair, que, dans les Etats Civils les mieux réglez, il y a bien des choses que plusieurs possèdent en commun par indivis, de manière que les uns ont droit à une plus grande partie de tous les revenus, & en jouïssent néanmoins paisiblement. La même chose peut incontestablement avoir lieu, en faisant abstraction de l'existence de tout Gouvernement Civil. Un tel droit de se servir & de disposer des choses, & d'exiger certains secours des Hommes, en sorte que personne ne puisse nous l'ôter sans manquer au respect qu'on doit avoir pour la Loi Naturelle, & pour DIEU qui en est l'Auteur; c'est ce que j'appelle *une sorte de Propriété ou de Domaine.*

§ IV. LA Loi Naturelle, que je viens de proposer, est celle-là même qui prescrit la JUSTICE UNIVERSELLE. Car elle n'ordonne rien, qui ne soit renfermé dans la définition, bien entenduë, que JUSTINIEN donne de la

(a) De Jure Bell. ac Pac. Lib. II. Cap. II. § 2. num. 1.

Définition de la Justice, & ce qu'elle renferme.

Jus-

Lecteurs au PUFENDORF de Mr. CARMICHAEL, & au mien. Mr. *Carmichael,* qui, en son vivant, étoit Professeur en Philosophie à *Glasgow,* avoit publié l'Abrégé de *Officio Hominis & Civil,* avec ses *Notes* & ses *Suppléments.* Pour moi, j'ai dit plusieurs choses qui me paroissent propres à éclaircir la matiére mieux qu'on n'avoit encore fait, dans mes Notes sur le *Droit de la Nature, & des Gens,* Liv. IV. Chap. IV.

§ IV. (1) C'est la définition, que donne le Jurisconsulte ULPIEN, DIGEST. *De Justit. & Jure,* Leg. X. & qui a été adoptée par JUSTINIEN, dans ses INSTITUTES, Lib. I. Tit. I. princip. JUSTITIA *est constans & perpetua voluntas jus suum cuique tribuendi.* CICERON la tourne d'une maniére, qui peut encore mieux être accommodée aux principes de nôtre Auteur: *Justitia est habitus animi, communi utilitate conservatâ suam cuique tribuens di-*

Juftice. (1) *C'eft*, dit-il, *une volonté conftante & perpétuelle de rendre à chacun son droit.* J'ai établi, que toutes les Actions Volontaires font dirigées par la même Loi qui prescrit la *Prudence* portée au plus haut degré, & par conséquent la *Constance*, la *Modération*, la *Bienveillance* &c. Ainsi j'ai assez eû soin de faire connoître, que la Volonté réquise pour exercer ces Vertus est, selon moi, une *Volonté conftante & perpétuelle.* Pour ce que *Justinien* appelle *rendre à chacun le sien*, j'étends ce que l'on appelle *sien*, à tous (2) les Etres Raisonnables, & à DIEU même. D'où j'infére, qu'il doit y avoir des *Chofes Divines* & des *Chofes Humaines*, des *Chofes Sacrées* & des *Chofes Profanes*. Enfin, par *rendre à chacun le sien*, ou *son droit*, j'entends, que tout ce que DIEU, ou les Hommes, ont déja rendu *propre* à chacun, soit reconnu tel, & maintenu inviolablement: & qu'à l'égard des chofes qui n'appartiennent encore en propre à personne en particulier, on consente qu'il s'en fasse entre tous une distribution la plus convenable pour entretenir parmi eux la paix, & pour procurer & conferver leur Bonheur commun. Les paroles de la Définition de *Justinien* peuvent être ainsi commodément expliquées. Et certainement c'est l'effet naturel de la même Vertu, & de la même disposition de la Volonté, de partager l'usage des Chofes & le service des Personnes, en vuë du Bien Commun, & de conferver le partage déja fait pour cette fin; de faire un partage, & de consentir à celui qui est déja fait. C'est pourquoi la même Loi générale de la Nature prescrit l'un ou l'autre, c'est-à-dire, celui que l'état présent des chofes demande, eû égard à la Fin qu'elle veut qu'on ait principalement en vuë.

Je puis ajoûter encore, que cette même Loi enseigne aux Hommes assez clairement, que, s'ils l'ont violée en quelque maniére, ils doivent s'en *répentir*, & *réparer*, autant qu'il leur est possible, le *dommage*. Car, en matiére de Loix Naturelles, on ne s'attache pas scrupuleusement aux termes, comme cela se pratique d'ordinaire dans l'explication des Loix Positives; mais on considére toûjours la maniére la plus efficace de produire l'effet qu'elles se proposent. Pratiquer la Justice, sans s'en écarter jamais, c'est sans doute le meilleur moien de contribuer au Bien Commun: mais celui qui en approche le plus, c'est le *Répentir*, & la *Reftitution*, quand on a fait quelque chofe contre les régles de la Justice; ce qui arrive souvent, à cause de la foiblesse & de la fragilité des Hommes.

§ V. ICI s'offriroit un très-vafte champ à traiter. 1. Du *droit de* DIEU sur les *Chofes* & les *Personnes*, & de la maniére dont les Hommes viennent à connoître que ce droit lui appartient. 2. Du *Domaine des Hommes*, ou de ce qui

Fondement de la diftinction entre les Chofes, ou les

---

dignitatem. De Invent. Lib. II. Cap. 53. On voit-là le rapport avec l'Utilité Publique, & le mot de *dignitas* renferme tout ce que l'on doit à autrui, soit que ceux à qui on le doit puissent l'exiger à la rigueur, ou non.

(2) Nôtre Auteur a bien raison de dire, qu'il *étend* ainsi la Définition au delà de ce qu'y renfermoient ceux qui l'ont donnée. Elle est venuë des STOICIENS, dont CICE'-

RON, & ULPIEN, suivoient les idées. L'Orateur Romain diftingue manifeftement la *Justice* de la *Religion* ou de la *Piété*, aussi bien que de la *Prudence*, de la *Force d'ame*, de la *Modeftie*, de la *Modération*, de la *Libéralité* &c. Voiez, outre l'endroit que je viens de citer, *De Finibus*, Lib. V. Cap. 23. *Tusc. Difput.* Lib. I. Cap. 26. & Lib. III. Cap. 17.

Perfonnes Sacrées, & celles qui ne font deftinées qu'à des ufages communs.

(a) *De Jure Bell. ac Pac. Lib. II. Cap. II, & dans plufieurs des fuivans.*

qui eft nôtre, tant par un droit commun à tous, qu'en vertu d'un droit' tout particulier: Deux points, auxquels fe rapportent la Prémiére & la Seconde Table du *Décalogue;* & dont (a) GROTIUS a traité au long, dans fon Ouvrage du *Droit de la Guerre & de la Paix.* Mais je laiffe à quartier le prémier article, parce que je ne veux point m'engager dans des difputes Théologiques; & l'autre, pour ne pas groffir exceffivement mon Livre.

Je crois néanmoins devoir remarquer ici, que la Loi générale, dont il s'agit, met quelque différence entre les *Chofes & les Perfonnes confacrées à* DIEU, & celles qui font *laiffées pour les ufages communs de tous les Hommes.* Car c'eft une fuite de la divifion des Domaines, qu'outre le Domaine univerfel de DIEU fur tout & fur tous; Domaine qui s'accorde avec un droit de Propriété fubordonnée que les Hommes ont fur les mêmes chofes; il y ait certaines Perfonnes, comme les *Rois* & les *Prêtres*, & certaines Chofes, certains Tems, certains Lieux, qui appartiennent à DIEU d'une façon particuliére, entant qu'ils lui font confacrez. De cette même fource découlent toutes les bonnes Loix, qui limitent ou réglent le pouvoir des Hommes en matiére des chofes qui doivent être confacrées à DIEU, comme font celles par lesquelles on leur accorde certaines Immunitez, ou au contraire on met des bornes à l'aquifition des chofes qui peuvent (1) *tomber en main morte*, comme parlent les Jurifconfultes.

Je me contente de toucher cela en paffant, parce que mon principal but eft de faire voir, que tous les Droits que nous aquérons, ou fur-nous mêmes, ce qui s'appelle *Liberté;* ou fur les Chofes extérieures, ce qui fe fait ou par droit de *prémier occupant*, ou par un *partage;* ou fur les autres Perfonnes, qui dépendent de nous, ou en conféquence de la *génération*, ou par un effet de leur propre *confentement*, ou à caufe de quelque *délit;* que tous ces Droits, dis-je, nous font accordez par la volonté de la Prémiére Caufe, qui a établi cette Loi prémiére & fondamentale, par laquelle il eft ordonné de rechercher le Bien Commun. Car de là on peut inferer par induction, Que tout Droit, dont les Hommes font revêtus, vient d'une Loi commune à tous & que par cette même Loi les Droits de chacun font limitez, en forte que perfonne n'eft autorifé à donner atteinte au Bien Public, ou à dépouilller quelque autre perfonne que ce foit, fi elle n'a fait aucun tort à la Société, ni de la vie, ni des chofes qui lui font néceffaires pour contribuer au Bien Commun.

Que les maximes de la Loi Naturelle peuvent être appliquées à Dieu par analogie.

§ VI. QUOI QUE, felon ce qu'exige la nature des Loix proprement ainfi nommées, j'aie accommodé ce que j'établis ici, à la condition des Créatures Raifonnables; j'ai tourné tout néanmoins de telle maniére qu'on peut l'appliquer à DIEU par analogie, comme on lui attribuë fur le même pié l'obfervation des Loix Naturelles, quand on dit communément qu'il eft *Jufte, Libéral, Miféricordieux.* Certainement aucune perfonne de bon-fens ne fauroit penfer, que la Prémiére Caufe foit foûmife à aucunes Loix, fi l'on entend par *Loi* une Maxi-

---

§ V. (1) Ce font les biens, que l'on alléne à perpétuité, en faveur d'un Corps, d'une Communauté, ou d'un Ordre de Perfonnes, qui font conftamment remplacées par des Succeffeurs, comme les Evêques, les Curez, les Vicaires &c. Cette amortization ne peut fe faire, felon les Loix d'*Angleterre*, qu'avec la permiffion du Roi, ou du Seigneur de l'endroit

Maxime Pratique, ou une Régle des actions, accompagnée de Peines & de Récompenses, qui ont été établies par la volonté d'un Supérieur. Par conséquent il seroit aussi absurde de s'imaginer, que le *Domaine* ou l'Empire de Dieu sur ses Créatures, ait pour fondement ou pour régle quelque Loi prise en ce sens. Au contraire, quiconque a une idée juste de la nature de Dieu, ne peut que reconnoître, que sa Sagesse lui propose la plus excellente Fin, c'est-à-dire, sa propre Gloire, & le Bonheur de tous les autres Etres Raisonnables, par l'usage de l'Entendement & de la Volonté dont ils sont douez naturellement; & que la même Sagesse demande, comme un moien nécessaire pour parvenir à cette Fin, qu'on laisse à chacun du moins les choses nécessaires, en sorte qu'il ne soit pas permis de donner aucune atteinte au droit qu'il a sur elles. Or c'est-là prescrire & établir des droits propres & particuliers à chacun, ou ce que j'appelle *Domaine, Propriété.* La perfection de la Nature Divine ne renferme pas moins essentiellement une volonté, conforme à son infinie Prudence, de rechercher ce Souverain Bien par des moiens convenables: volonté, d'où naît une souveraine Bienveillance. Or il est nécessaire pour la plus grande Gloire de Dieu, & pour la conservation & la perfection de tout le Systême de l'Univers, que Dieu gouverne & dispose toutes choses selon le conseil de son propre Entendement: sa Sagesse ne peut donc que lui dicter cela; & on ne sauroit concevoir qu'il veuille jamais s'éloigner de cette maxime de sa Sagesse.

Il est clair, de plus, que ce jugement de l'Entendement Divin, touchant la Fin & les Moiens qui y ménent, a quelque rapport avec une Loi Naturelle; (1) & que la nécessité où Dieu est de vouloir constamment ce qui fait la perfection de sa Volonté, ou ce qui est conforme à son Entendement très-sage, surpasse de beaucoup, par rapport à l'effet, la force de toute Sanction de Peines & de Récompenses, proposées dans une Loi. Ainsi tout ce qu'il fait, est nécessairement conforme aux idées de son Entendement sur la recherche de la plus excellente Fin, ou du Bien Commun; & par conséquent ses Actions peuvent être qualifiées *Justes*, par la même raison qu'on reconnoît que les maximes de son Entendement ont force de *Loi.* De même, le pouvoir qu'il a de disposer, comme il le juge à propos, de toutes choses, autant que cela s'accorde avec cette grande Fin & avec les Moiens nécessaires pour y parvenir, peut être appellé le *Droit* de Dieu, ou son *Domaine* sur les Choses & sur les Personnes; droit, qui, de toute éternité, découle de ses Perfections essentielles, entant qu'elles renferment toute la force d'une Loi Naturelle. Pour moi, je ne vois rien qui empêche que cette maxime de l'Entendement Divin: *Il est nécessaire pour le Bien Commun, que Dieu s'attribuë, & qu'on lui laisse en propre un plein & suprême Pouvoir de gouverner toutes ses Créatures;* que cette régle, dis-je, n'ait une force entiére de Loi, & ne soit par conséquent un fondement solide du Domaine & de l'Empire de Dieu. La seule difficulté qu'on trouvera peut-être ici, c'est qu'il n'y a point de Supérieur

---

droit où se trouvent les biens ainsi aliénez. Et voilà ce que nôtre Auteur a ici en vuë.

§ VI. (1) On peut conferer ici Pufen-

Dorf, *Droit de la Nat. & des Gens,* Liv. II. Chap. I. § 3. & Chap. III. § 5, 6.

rieur qui preferive cela, & qui accompagne fon Ordonnance d'une Sanction. Mais il fuffit, pour que cette Propofition aît toute la force effentielle d'une Loi, qu'elle foit dictée par l'Etre Suprême & fouverainement Parfait, & qu'elle renferme une Vérité certaine, concernant la plus excellente Fin, & les Moiens néceffaires pour y parvenir; quoi qu'elle n'émane pas d'un Supérieur, ce qui eft impoffible dans le cas dont il s'agit. Elle ne fauroit avoir befoin d'être autorifée par quelque autre que Dieu lui-même, puifque fa perfection intrinféque, qui confifte en ce que la matiére la plus noble en fait le fujet, & qu'elle a la forme d'une vérité très-évidente, eft exemte de toute imperfection; & que celui qui en eft l'Auteur, eft infiniment plus parfait que tous les autres Etres qui peuvent exifter. Il n'eft pas non plus néceffaire, que cette régle foit munie d'une Sanction de Peines qui doivent être infligées par quelque autre, puis que Dieu ne fauroit jamais rien faire de contraire; fa Volonté étant portée par un panchant naturel & intrinféque à procurer ce Bien, le plus grand de tous. Car, fi l'on fuppofoit que la Volonté de Dieu s'éloignât le moins du monde de la plus excellente Fin, & des Moiens néceffaires pour y parvenir, ce feroit fuppofer en même tems qu'il n'eft plus infiniment parfait, puis qu'il auroit été plus parfait, s'il ne s'en fût point écarté; c'eft-à-dire, qu'il dépouilleroit ainfi fa Divinité, ce qui implique contradiction. Ainfi les maximes de l'Entendement Divin prennent force de Loix, qui lui impofent à lui-même la néceffité de s'y conformer, à caufe de l'immutabilité de fes Perfections: de la même maniére qu'on dit communément, que, quand Dieu *jure par lui-même*, (2) ou *par fa vie*, c'eft-à-dire, par fes Perfections immuables & éternelles, le Serment eft par-là rendu valide & inviolable.

Il n'y a rien cependant dans le Domaine ou l'Empire fouverain, que nous fuppofons que Dieu s'eft refervé fur tout, en quoi l'on puiffe foupçonner le moins du monde qu'il faffe du tort à perfonne, parce qu'on ne fauroit concevoir de Loi plus ancienne qui foit violée par-là, ni alléguer aucune raifon de concurrence de la part des Créatures, que l'on doit ici confidérer feulement comme poffibles, & dont l'exiftence future, auffi bien que tout leur droit à quelque forte de Propriété, dépendent entiérement de fa libéralité. De plus, la Fin, en vûe de laquelle il étoit néceffaire, comme je l'ai dit, que Dieu s'attribuât ce Domaine Souverain, fe rapporte pleinement au Bonheur de fes Créatures, en forte que perfonne ne peut, fans qu'il y aît de fa propre faute, recevoir aucun préjudice de l'ufage de ce moien, non plus que de tout autre qui eft néceffaire pour l'avancement du Bien Commun. Enfin une autre rai-

---

(2) En quoi Dieu s'accommode, comme en d'autres chofes, aux maniéres des Hommes. Voiez le Commentaire de Mr. Le Clerc fur Ge'ne'se *Chap.* XXII. verf. 16.

(3) *In Regno Naturali regnandi & puniendi eos qui Leges fuas violant, jus Deo eft a fola potentia irrefiftibili. De Cive, Cap.* XV. § 5. Voiez Pufendorf, *Droit de la Nature & des Gens*, Liv. I. Chap. VI. §. 10. où il réfute les idées d'Hobbes fur ce fujet.

(4) Hobbes dit là, que, fi un Homme avoit tellement furpaffé en puiffance tous les autres, que ceux-ci euffent été hors d'état de lui refifter, en joignant même toutes leurs forces; il n'auroit eû aucune raifon de renoncer au droit de domination qu'une *puiffance irréfiftible* donne naturellement, & qui par conféquent doit être attribué à Dieu, à caufe de fa *Toute-puiffance*. De forte que, felon ce Philofophe, lors même que Dieu punit de mort, ou de quelque autre maniére, un Hom-

raifon pour laquelle il faut, à mon avis, fonder le droit de Dieu fur une régle de fon Entendement, & fur les autres Perfections incommunicables de fa Volonté, c'eft afin qu'aucune Créature ne puiffe jamais, par l'opinion qu'elle auroit de fa propre Sageffe, ou de fa Bonté, moins encore de fa Puiffance, s'arroger, à l'exemple de Dieu, un droit de Domaine fur les autres Créatures. Hobbes, en fondant (3) le Domaine ou le Régne de Dieu fur fa Puiffance irréfiftible, enfeigne (4) fi ouvertement aux Hommes à chercher le moien de fe rendre maîtres de tous les autres, par force ou par rufe, à tort & à travers, que je fuis perfuadé qu'il a imaginé ce fondement du droit qu'il attribuë à Dieu, uniquement en vuë d'établir fon Syftême d'un prétendu droit de tous les Hommes à tout & fur tous.

On peut encore ajoûter ici, que la Loi Naturelle, particuliérement ainfi nommée, qui eft gravée dans l'efprit des Hommes, & qui, en conféquence de la volonté de Dieu, reconnu Souverain Maître de l'Univers, de la maniére que nous avons expliquée, oblige les Hommes à l'honorer & le fervir, eft dite avec raifon lui donner ce droit de Domaine ou d'Empire, entant qu'elle nous oblige à reconnoître qu'il en eft revêtu, & à le lui déferer de nous-mêmes. Car il eft clair, que, fi nous nous propofons comme il faut le Bien Commun, cette Fin fi noble, nous ne faurions agir avec plus de prudence pour y parvenir, qu'en donnant à Dieu la gloire de commander, & ne nous refervant à nous-mêmes que la gloire d'obéïr; par conféquent en ne nous attribuant, fur les Chofes & fur les Perfonnes, qu'un droit fubordonné à celui de Dieu, & au Bien Commun. Ce droit à l'ufage d'un grand nombre de Chofes & aux fecours des autres Hommes, eft manifeftement néceffaire, avec une telle fubordination, pour la confervation de nôtre Vie, & pour aider à nos propres forces, & par conféquent pour nous mettre en état de rendre à Dieu le culte & l'honneur que nous pouvons lui rendre en ce monde. Du refte, Dieu étant immortel, n'a nul befoin de ces fortes de chofes, & ainfi il ne les demande que pour l'entretien plus commode de certains Hommes, qui le fervent d'une façon particuliére, & qui le repréfentent ici bas tels que font les *Magiftrats Civils*, & les *Miniftres Publics des Chofes Sacrées*.

§ VII. Avant que j'euffe recherché diftinctement & en général l'origine de tout Domaine & de tout Droit, je croiois, comme font bien des gens, qu'il falloit fonder uniquement le Domaine ou l'Empire de Dieu fur fa qualité de *Créateur*. Je regardois comme une chofe évidente, par elle-même, que chacun eft maître de fes propres forces, qui ne différent que peu de fon effen-

Que la qualité de Créateur n'eft pas l'unique fondement du Domaine ou de l'Empire Suprême de Dieu.

Homme qui a péché, il n'auroit pas moins pû lui faire fouffrir ce mal juftement, encore qu'il n'eût point péché; le droit d'une puiffance irréfiftible étant toûjours fuffifant, fans autre raifon, pour autorifer Dieu à exercer comme il lui plaît fa domination. *Quod fi quis caeteros potentiâ in tantum anteifiet, ut refiftere ei ne omnes quidem conjunctis viribus potuiffent, ratio quare de jure fibi à natura conceffo decederet, nulla omnino fuiffet .... Iis igitur quorum potentiae refifti non poteft, &* per confequens Deo omnipotenti, jus dominandi: ab ipfa potentia derivatur. Et quatefcumque Deus peccatorem punit, vel etiam interficit, etfi ideo punit quia peccaverat, non tamen dicendum eft, non potuiffe eum eundem juftè affligere, vel etiam occidere, etfi non peccaffet. Neque fi voluntas Dei in puniendo, peccatum antecedens refpicere poffit. ideo fequitur quòd affligendi vel occidendi jus non à potentia divina dependeat, fed à peccato hominis.

Y y

effence, & qu'ainfi l'effet produit appartient en propre à celui des forces duquel il tire toute fon effence, comme cela fe voit dans la *Création*, par laquelle toute la fubftance d'une chofe eft tirée du néant. Mais tout Domaine étant un Droit, & tout Droit étant un pouvoir donné par quelque Loi, du moins qualifiée ainfi par analogie ; il faut commencer par découvrir une Loi qui accorde le Droit dont il s'agit, ou permette de fe l'approprier. Or il n'y a point de Loi antécédente à ce que la Sageffe Divine dicte fur la meilleure Fin, & les Moiens qui fervent à y parvenir; maxime parfaitement conforme à la Loi Naturelle, & qui peut être appellée par analogie la Loi des Actions de DIEU. C'eft pourquoi je fuis venu enfin à pofer pour principe, que le *Domaine* de DIEU eft un droit, ou un pouvoir, qui lui eft donné par fa Sageffe & fa Bonté, comme par une Loi, en vertu de laquelle il a le Gouvernement fuprême de toutes les chofes qui ont jamais été créées, ou qui le feront. La Sageffe Divine renferme néceffairement une régle qui prefcrive de rechercher la plus excellente Fin, & les Moiens néceffaires pour l'obtenir. La Bonté, ou la Perfection de la Volonté Divine, renferme, avec une égale néceffité, un confentement très-volontaire à rechercher cette Fin. Tout cela répond, par une analogie affez jufte, à une ratification de cette Loi éternelle d'où l'on peut tirer l'origine du *Domaine* ou de l'*Empire* de DIEU.

En vain objecteroit-on, qu'en expliquant ainfi le *Domaine* de DIEU, je le reftrains dans des bornes trop étroites. Tout ce que je dis fe réduit uniquement à ceci, Qu'aucune partie de ce Domaine ne confifte dans un pouvoir de faire quelque chofe de contraire à la plus excellente Fin, ou au Bien Commun, c'eft-à-dire, à la Gloire de DIEU, & au bonheur des autres Etres Raifonnables, autant que la nature même des chofes qu'il a créées les en rend fufceptibles, & qu'il leur a donné des Facultez propres à le rechercher. Car il eft clair, qu'une Sageffe & une Puiffance, l'une & l'autre infinies, peuvent & ont toûjours pû difpofer de toutes les Chofes & de tous les Hommes en une infinité de différentes maniéres, telles que chacune de ces maniéres fût également propre à avancer le Bien Commun de tout le Syftème. Il n'eft pas moins évident, que la Liberté parfaite de DIEU ne confifte pas dans le pouvoir de faire mieux ou pis, mais dans le pouvoir de faire toûjours ce qui eft le meilleur, foit qu'il communique plus ou moins abondamment aux uns ou aux autres les biens qui lui appartiennent, parce que c'eft toûjours en vuë de la plus excellente Fin. Il ne faut pourtant pas s'imaginer, que de tout ce qui s'accorde avec cette Fin, il n'y ait rien où nous ne puiffions comprendre de quelle maniére cela y fert. Car nous favons que la foibleffe de nôtre Entendement ne lui permet pas de pénétrer toute l'étenduë d'une fi vafte Fin, & la variété infinie des Moiens que DIEU peut rendre propres à l'avancer. Nous ignorons même préfentement bien des chofes là-deffus, que nous pourrons quelque jour apprendre. C'eft ainfi, par exemple, que nous favons en général que toutes les parties de l'Animal contribuent quelque chofe à fon avantage: cependant il y en a plufieurs, comme le Foie, le Cerveau &c. dont nous ne connoiffons pas encore les ufages en détail & à tous égards.

Au refte, la perfection de l'Entendement Divin, & celle de fa Volonté qui en approuve le Jugement, étant également effentielles à DIEU; il eft clair,

clair, que le *Domaine* de Dieu, de la maniére que je viens de l'expliquer, est conçû comme ne lui venant point d'ailleurs, & qu'il n'est pas moins éternel que les Perfections par la considération desquelles on le découvre & on le démontre, plûtôt qu'on ne le dérive de là, à proprement parler. Voilà comment il faut nécessairement entendre la question de l'origine du *Domaine* de Dieu; car aucune personne de bon-sens ne cherchera une cause, proprement dite, d'un Droit éternel.

Je prie les Lecteurs de me pardonner cette digression. Je ne l'ai pas faite sans raison. Il m'a paru presque nécessaire de dire quelque chose sur le droit que Dieu a d'imposer aux Hommes les Loix, dont la recherche fait le sujet de cet Ouvrage, pour établir là-dessus de meilleurs principes, que ceux qui ont été avancez par Hobbes. Il prétend, que c'est une puissance irrésistible qui donne à Dieu, & pareillement à tout autre, le droit de tout faire, sans aucun égard au Bien Commun. Moi, au contraire, en établissant que la perfection de la Nature Divine, entant que c'est une Nature Raisonnable, renferme nécessairement le soin du Bien Commun, comme de la Fin suprême, par l'usage des Moiens naturellement suffisans & nécessaires pour y parvenir, j'ai indiqué une bonne source d'où l'on peut tirer dequoi démontrer, que la *Justice Universelle*, & par conséquent toutes les Vertus Morales que demande le caractére d'un Etre qui a droit de gouverner & de commander, se découvrent en Dieu par-dessus tous les autres; & cela en suivant précisément la même méthode, selon laquelle nous prouverons plus bas que les Hommes sont obligez de s'attacher à la pratique de ces Vertus. Car voilà ce que je me suis proposé d'expliquer dans ce Traité; ainsi je n'ai pas voulu m'arrêter aux disputes qu'il peut y avoir sur le droit de Dieu.

§ VIII. Revenons donc à considérer la Loi, que nous avons découverte & établie un peu plus haut. Elle ordonne de laisser ou d'accorder à chacun, au moins les choses qui lui sont nécessaires, & de ne rien faire pour l'empêcher d'en joüir; c'est-à-dire, qu'il faut que chacun aquiére la propriété de ces sortes de choses, du moins pour le tems qu'elles lui sont nécessaires; à cause dequoi l'on dit, *à chacun le* SIEN, *à chacun* SON DROIT. J'exprime ainsi cette régle en termes généraux, de maniére qu'elle peut servir à obliger indispensablement & à diriger les Hommes dans quelque état qu'ils se trouvent, soit qu'on les suppose dans un tems qui précéde le partage des Choses, & des Services réciproques, fait par un accord entr'eux, soit depuis un tel partage. Dans le prémier état, la Loi, dont il s'agit, veut qu'on ne s'approprie qu'avec limitation la possession & l'usage des Choses & des Secours ou Services des Hommes, c'est-à-dire, autant que cela est compatible avec l'avantage des autres. Tel peut-on concevoir qu'étoit l'état des prémiers Parens du Genre Humain, en faisant abstraction de ce que la Révélation nous aprend du pouvoir que Dieu donna à l'Homme sur la Femme.

Dans un état comme celui-là on peut supposer qu'il arrivoit bien des choses qui faisoient clairement connoître à chacun, qu'il seroit de l'intérèt de tous de consentir à faire un partage des Choses & des Services réciproques. Il naissoit, par exemple, des disputes entre plusieurs, sur ce qui ne paroissoit pas évidemment nécessaire à chacun: quelques-uns, par paresse, négligeoient de

cul-

cultiver les Terres qui étoient en commun. Dans ces cas-là, & autres femblables, pour appliquer aux circonstances préfentes les Loix concernant la fin & les moiens néceffaires, on auroit été obligé de faire un plus ample partage des Domaines; & ces mêmes Loix auroient demandé que les Hommes d'alors, & les autres nez depuis, maintinffent ce partage, fi propre à l'avancement du Bien Commun. C'eft ainfi que fe feroient établis par degrez & peu-à-peu, certains droits propres & particuliers à chaque Homme, à chaque Famille, à chaque Ville, à chaque Peuple, & cela non feulement fur les Chofes, mais encore fur les Services des Perfonnes; d'où feroient nez les droits de Commerce & d'Amitié, comme auffi ceux de Gouvernement dans les Familles & dans les Etats, & cela tant en matiére d'affaires qui fe rapportent à la Religion, que pour les affaires civiles.

Comment on doit faire ou maintenir ce partage. § IX. Je ne m'étendrai pas beaucoup fur un tel partage à faire, parce que tous tant que nous fommes, nous le trouvons tout fait, & cela de manière qu'on voit affez clairement qu'il fuffit, eû égard à la Fin Suprême, c'eft-à-dire, pour ce que demande la Gloire de Dieu, & pour rendre tous les Hommes heureux, s'ils ne négligent pas eux-mêmes leur propre intérêt. Voici donc ce que je dirai feulement en peu de mots. S'il eft encore néceffaire, où que ce foit, de faire quelque nouveau partage, & qu'il s'élève quelque difpute entre ceux à qui il eft néceffaire, il vaut mieux certainement pour leur avantage commun, de remettre la décifion du différent à l'arbitrage de quelque perfonne fage, qui n'aît aucun intérêt de favorifer l'une des Parties au préjudice de l'autre, que de s'en rapporter à l'événement des voies de la force, ou de la rufe. Car il eft plus probable, que la Raifon de chacun lui prefcrira l'ufage d'un moien conforme à la Fin connuë de part & d'autre, ou au Bien Commun, qu'il ne l'eft que l'un ou l'autre, en fuivant une impétuofité aveugle qui les pouffe à la Guerre, atteigne le but auquel aucun d'eux ne vife. Car je fuppofe avec Hobbes, que, dans une telle Guerre, chacun des Ennemis n'attend fon falut que de la victoire. Que s'il arrive que ceux qui font en conteftation ne puiffent convenir entr'eux d'aucun Arbitre, parmi un fi grand nombre d'hommes, la Raifon dictera alors, qu'il vaut mieux s'en rapporter à la voie du *Sort*, qu'à celle des Armes, pour faire quelque partage, (1) ou pour favoir qui aura la chofe entiére, fi elle n'eft pas fufceptible de divifion. Car, fi l'on en vient à la Guerre, l'une & l'autre des Parties y peut périr, & par conféquent manquer fon but; au lieu que cela n'eft point à craindre, quand on remet l'affaire à la décifion du Sort. Je remarque cela en paffant, afin de montrer la raifon pourquoi l'on doit fe contenter, dans le partage des Chofes & des Services Humains, de certaines maniéres de diftribution, qui fentent plus le hazard, qu'un choix raifonnable, telles que font, outre le Sort, le droit de *Primogéniture*, ou celui du *Prémier Occupant*.

La même Raifon, & la même Loi Naturelle, qui, pour l'avancement du Bonheur Commun, ordonne d'établir des Domaines diftincts fur les Chofes & fur

---

§ IX. (1) On peut voir là-deffus Pufendorf, *Droit de la Nature & des Gens*, Liv. III. Chap. II. § 5.

(2) C'eft ce que l'Hiftorien fait dire à *Alcibiade*: Δικαιότης, ἦ ᾧ πλήμαςι μηγίςη ἦ πάλιςι ἐτύγχαν κϡ ἰλιόθιςωτάτη ὄσα, κϡ ἔτερ ιλι-

fur les Perfonnes, prefcrit encore plus clairement de maintenir inviolablement ces droits déja établis, & que l'expérience nous fait voir être affez convenables par rapport à cette Fin. Il eſt clair, que le partage des Domaines fait par nos Ancêtres, & confirmé par le confentement ou par la permiſſion de tous les Peuples & de tous les Etats Civils, a fuffi pour la naiſſance & la confervation de chacun de ceux qui vivent aujourdhui, & pour procurer tout le bonheur dont nous voions que le Genre Humain jouît : que de plus, par un effet de ce même partage, il y a entre les Hommes des Commerces, & des occaſions de s'aider réciproquement, à la faveur dequoi tous peuvent parvenir à de plus hauts degrez de Bonheur, & dans cette Vie, & dans la Vie à venir. Il eſt clair encore, que les avantages qui nous reviennent actuellement d'un tel partage, & ceux que nous avons toutes les raiſons du monde d'en attendre dans la ſuite, ſont ſi grands, qu'aucun homme ſage ne pourroit s'en promettre de pareils, en violant & renverſant toute ſorte de Droits, Divins & Humains, que nous trouvons établis, & en tâchant d'introduire un nouveau partage de toutes choſes, qui parût plus convenable, ſelon le jugement ou au gré des paſſions de chacun. Car c'eſt un trop grand ouvrage, pour que chaque Homme en particulier, ou chaque Aſſemblée d'Hommes, ſoit capable d'appercevoir ou de bien comprendre la maniére d'y réuſſir : & il eſt aiſé de prévoir, qu'il y auroit entre un ſi grand nombre de gens tant d'opinions différentes, que tout ſeroit auſſi tôt plein de guerres & de miſéres. Ainſi le déſir d'innover, en matiére des choſes qui concernent le Domaine ou la Propriété, eſt manifeſtement injuſte, parce qu'il eſt contraire à une Loi qui a une étroite liaiſon avec le Bien Commun. THUCYDIDE (2) a dit, que *chacun doit maintenir la forme de Gouvernement Civil qu'il a trouvé établie;* & GROTIUS approuve (3) cette penſée. Je ſuis de même avis, & je crois de plus, qu'il faut l'étendre à cette grande Société de tous les Etres Raiſonnables, que j'appelle le Roiaume de DIEU ; & la maxime a lieu non ſeulement par rapport à la forme du Gouvernement, qui renferme un partage des principaux Services, mais encore généralement à l'égard du partage de toutes choſes. Sur ce pié-là je ſoûtiens, qu'il eſt juſte de conſerver inviolablement l'ancien partage des Domaines ſur les Choſes & ſur les Perſonnes, tant entre les diverſes Nations, que dans chaque Etat. Car l'expérience a fait voir que ce partage eſt utile pour le Bien Commun ; & on ne ſauroit concevoir aucune Loi Naturelle, qui, ſans préjudice de cette excellente Fin, aît jamais défendu un tel partage : ainſi perſonne n'a pû ſe plaindre qu'on lui fît par-là du tort. Or la même raiſon qui obligeoit les Hommes anciennement à introduire un partage, ſur la néceſſité duquel tous ceux qui jugeoient bien s'accordoient néceſſairement ; a depuis obligé leurs ſucceſſeurs à l'approuver & le maintenir. J'avoüe que les diverſes viciſſitudes de la Vie & des Actions Humaines produiſent néceſſairement diverſes aliénations des anciens droits, & engagent auſſi à faire là-deſſus bien de nouveaux établiſſemens. Mais tous les

les transports de droit, & tous les nouveaux réglemens, se faisant par la volonté de ceux auxquels ils avoient été autrefois accordez, au moins médiatement, l'ancien partage de droits se conserve, par cela même qu'on suit cette volonté. En effet, les prémiers auteurs du partage sont censez avoir voulu donner, tant aux prémiers Possesseurs, qu'à leurs Successeurs, le pouvoir de transférer ces droits, & de faire là-dessus plusieurs nouveaux établissemens. Le *Domaine* par lui-même renferme un pouvoir de disposer de la Chose ou du Service d'autrui, qui nous appartiennent. Or une *Convention* consiste dans le consentement de deux personnes sur une telle disposition. Ainsi la même Loi qui autorise le pouvoir que chacun a de disposer des Choses, ou des Services, qui lui appartiennent; rend aussi les Conventions valides & obligatoires. D'où il s'ensuit, que chacun n'aiant reçû ce pouvoir, ou le droit même de Propriété, qu'en vuë du Bien Commun, nulle Convention ne peut obliger à rien qui soit manifestement contraire à cette fin, ou à aucune chose défenduë par la Loi Naturelle. Voilà la source d'où les Conventions tirent toute leur force, & en même tems ce qui détermine les bornes de l'obligation qu'elles imposent. (4)

§ X. LE Domaine sur les Choses & sur les Personnes étant ainsi établi, & fondé sur une Loi Naturelle fort générale; chacun a par conséquent dequoi donner aux autres quelque chose du sien, & dequoi le leur promettre, soit absolument, ou sous quelque condition qu'on exige qu'ils effectuent. C'est ce qu'il faut supposer, pour que l'obligation de tenir sa parole ait lieu. Car une Donation libre n'étant valide que par la même raison pour laquelle est établi le droit de Propriété, qui renferme le pouvoir de donner, c'est-à-dire, en vuë du Bien Commun de tous les Etres Raisonnables, sur-tout de ceux à qui ce pouvoir est accordé dans chaque cas particulier; il est clair, que DIEU, & tous ceux qui, au dessous de lui, sont les auteurs de l'établissement des Domaines, veulent que les Hommes, en tout ce qu'ils donnent & qu'ils reçoivent, s'accordent à avoir en vuë une telle Fin, sans laquelle la Loi Naturelle ne laisseroit aucun lieu à ces sortes d'actions. C'est pourquoi quiconque reçoit un Bienfait, est censé par cela même être convenu, que cet acte de libéralité ne

Que de la même Loi qui prescrit un Partage, se déduisent les Devoirs de la Bénéficence, de la Reconnoissance, de l'Amour propre bien réglé, de l'Affection naturelle &c.

(4) „ Il y a certaines affaires, à l'égard „ desquelles il est nécessaire pour le Bien „ Public, que l'on donne aux Hommes le „ pouvoir d'en disposer validement; comme „ sont celles qui concernent leurs Travaux „ & leurs Biens propres. Pour ce qui est de „ la manière d'en disposer, les Loix, tant „ Naturelles, que Revelées, fournissent plu- „ sieurs régles générales, mais peu de parti- „ culiéres, qui déterminent certaines quan- „ titez précises, ou certaines proportions en- „ tre ces quantitez. Les régles générales lais- „ sent à tous les Hommes plein pouvoir de „ faire validement de telles dispositions, puis „ qu'elles laissent à leur propre prudence tou- „ te détermination précise. Or, pour savoir „ si l'on est obligé à tenir un Contract, il ne „ faut qu'examiner si les Parties avoient droit, „ ou non, de disposer de ce sur quoi elles ont „ traité: car les Hommes sont souvent obli- „ gez, lors qu'ils ont pû disposer validement „ de ce à quoi ils s'engageoient, de tenir „ même un Contract très-insensé, & l'autre „ Contractant aquiert par-là un droit exté- „ rieur. Mais personne ne sauroit être maî- „ tre de disposer validement d'une chose, „ jusqu'à pouvoir s'imposer l'obligation de „ violer en aucune manière l'honneur qu'il „ doit à DIEU, ou un droit parfait des au- „ tres Hommes. MAXWELL.
Ce que le Traducteur Anglois dit ici des Conventions très-insensées (*very foolish Contracts*) que l'on est néanmoins obligé de tenir, & par lesquelles l'autre Contractant aquiert

ne feroit valable qu'à condition qu'il apporteroit quelque avantage au Public, & fur-tout à celui du pouvoir duquel provient le Bienfait. Ce confentement renferme une promeſſe tacite de rendre la pareille dans l'occaſion; en quoi ſe montre toute la force de la *Reconnoiſſance*. Ce n'eſt d'ailleurs qu'une approbation de la Loi la plus générale, qui ordonne de rechercher le Bien Commun, & d'établir pour cette fin le *Domaine*, ou la *Propriété*; par où la Reconnoiſſance eſt aſſez clairement preſcrite. Car c'eſt parce qu'on donne du *ſien* quelque choſe à un autre, que celui-ci doit en avoir de la Reconnoiſſance, & regarder comme un effet de la bienveillance qu'on a pour lui, ce qu'on lui donne au delà de ce qui lui appartient.

Au reſte, la meſure des choſes qui nous appartiennent étant déterminée eſt égard à ce que demande le Bien Public, comme je l'ai fait voir ci-deſſus, cela ſert à marquer les juſtes bornes d'un honnête & louable *Amour propre*, ou du ſoin que nous pouvons prendre de nous-mêmes: car, en travaillant à nôtre propre intérêt, il faut toûjours s'abſtenir de prendre le bien d'autrui, & l'on doit en même tems travailler à rendre ſervice au Public. Cet Amour propre limité ſe déploie principalement dans l'exercice de la *Tempérance*, de la *Frugalité*, & de la *Modeſtie*.

Enfin, la même Loi Naturelle qui diſtribuë les droits de *Propriété*, & la même *Juſtice*, qui, comme je l'ai fait voir, conſiſte dans une volonté de laiſſer à chacun ce qui lui a été ainſi aſſigné, & par-là pourvoit également à nôtre intérêt & à celui des autres; cette même Loi, & cette même Juſtice, dirigent encore & limitent (a) l'*Affection naturelle* des *Péres* envers leurs Enfans, (a) Στοργή. qui eſt d'une ſi grande importance pour le Bien Public. Car nos Enfans ſont un compoſé de nous-mêmes & d'autrui: ainſi la même Vertu qui nous porte à prendre ſoin de nous & d'autrui, doit néceſſairement regarder d'une façon particuliére ceux en la perſonne desquels nous ſommes ainſi unis & mêlez avec autrui, de ſorte que les deux objets, diſtincts d'ailleurs, de cette Vertu, s'y trouvent raſſemblez. De là vient que, dans tout Gouvernement Civil, on prend tant de ſoin de pourvoir à l'avantage de la Poſtérité, en faiſant des Loix ſur les *Succeſſions* aux biens de ceux qui viennent à mourir, & ſouvent même à leurs emplois. De

quert le droit d'en éxiger l'accompliſſement; cela, dis-je, ne doit pas être entendu des cas où celui qui s'engage n'eſt pas en état de ſavoir ce qu'il fait, & de ſe déterminer avec une connoiſſance ſuffiſante, comme s'il ſe trouve alors échauffé par le vin, ou tranſporté viſiblement de quelque paſſion violente, dont les mouvemens aveugles lui font promettre des choſes auxquelles il n'auroit pas voulu s'engager de ſens froid. Mais il arrive ſouvent, lors même qu'on eſt en état de ſe déterminer ſagement, qu'on agit avec imprudence, & que l'on ne penſe pas bien à ce que l'on fait. Si alors il n'y a d'ailleurs aucun vice dans le Contract, cela ne ſuffit pas pour rendre l'engagement nul: autrement on pourroit toûjours en éluder la force; il n'y auroit qu'à dire,

Je n'y avois pas bien penſé. C'eſt tant pis pour celui qui, le pouvant, ne s'eſt pas bien conſulté lui-même, & n'a pas fait attention aux effets ou aux ſuites de ce à quoi il s'engageoit. Il y a même des Conventions, qui n'en ſont pas moins valides, quoi qu'il y ait de part ou d'autre, quelque choſe de moralement mauvais, mais qui ne regarde pas le fond même de l'engagement. J'ai traité au long cette matiére, ſur Pufendorf, *Droit de la Nature & des Gens*, Liv. III. Chap. VII, § 6. Not. 2. & j'ai eû occaſion de faire voir l'application de mes principes à ce qui concerne le *Jeu*, dans deux Lettres, qui, après avoir été inſerées dans le *Journal des Savans de Paris*, ont été jointes à la derniére Edition de mon *Traité du Jeu*, imprimée en 1737. Tom. III. pag. 743—782.

De tout ce que je viens de dire il paroît clairement, que les Devoirs de la *Bénéficence*, de la *Fidélité* à tenir fa parole, de la *Reconnoiſſance*, de la *Tempérance*, de la *Frugalité*, de la *Modeſtie*, ne ſauroient être pleinement expliquez, ſans établir ou ſuppoſer avant toutes choſes un partage de droits, en vertu duquel ce qui nous appartient ſoit diſtingué de ce qui appartient à autrui. Il paroît encore par-là, que la même Loi générale, par laquelle ce partage eſt établi & conſervé, oblige les Hommes à la pratique de toutes ces Vertus, & des autres qui y ſont renfermées, ou qui en naiſſent.

De là naiſſent auſſi toutes les Loix du *Droit des Gens*, & des *Sociétez Civiles*.

§ XI. ENFIN, toutes les Régles particuliéres de Morale, toutes les Loix, tant celles qui mettent les droits des différens Peuples à l'abri de l'invaſion des autres, que celles ſur quoi l'Autorité des Souverains de chaque Etat eſt fondée, & maintenuë contre les attentats des Séditieux, & réciproquement les droits des Sujets ſont mis en ſûreté contre l'oppreſſion des Puiſſances; toutes ces Loix, dis-je, découlent du même précepte, qui ordonne la diſtinction & la diſtribution des Domaines, en vuë du Bien Commun.

J'ai dit, que ce précepte eſt le fondement de l'Autorité Civile. En effet, il eſt clair, que l'établiſſement du Gouvernement Civil eſt un moien plus efficace pour maintenir le bonheur & la tranquillité du Genre Humain, que ne le ſeroit un partage égal des choſes, qui eſt incompatible avec ce Gouvernement. HOBBES néanmoins prétend, que la Loi Naturelle ordonne cette diſtribution égale de choſes & de droits, & il fait conſiſter en cela *l'Equité naturelle*, trompé par la reſſemblance des mots. Cela eſt bien digne d'un homme, qui inculque ſi ſouvent que tout raiſonnement dépend des mots. Je ne m'arrêterai pas ici à réfuter tout ce qu'il enſeigne (a) pié-à-pié ſur l'égale diſtribution des droits, qu'il veut qu'on faſſe. (1) Il n'y a rien là, qui puiſſe tromper un homme ſage. D'ailleurs, tout eſt fondé ſur ce principe, Que, pour avoir la paix, il eſt néceſſaire que tous les Hommes ſoient regardez comme égaux. Or *Hobbes* lui-même ne trouve pas que ce ſoit un moien propre à obtenir cette fin, puis qu'il veut que le bien de la paix & de la ſûreté demande l'établiſſement d'un Pouvoir coactif par où l'égalité s'évanouït auſſitôt. Il y a cependant quelque choſe de pernicieux, qui ſuit de ce qu'il met au rang des Loix Naturelles celle qui ordonne, ſelon lui, cette diſtribution égale. Car il reconnoît que les Loix Naturelles ſont abſolument immuables : ainſi, ſelon ſes principes, une diſtribution inégale des droits de Propriété, quoi qu'abſolument néceſſaire pour l'établiſſement d'un Gouvernement Monarchique,

(a) *De Cive*, Lib. III. Cap. III. § 13-18.

§ XI. (1) Les maximes établies par HOBBES, dans les endroits indiquez, ſi on les détache de la liaiſon qu'elles ont avec ſes faux principes, peuvent & doivent être admiſes, auſſi bien que l'*égalité Naturelle* de tous les Hommes, bien entenduë, ſur quoi il fonde ces maximes. On peut voir la maniére dont PUFENDORF a ramené tout cela aux vrais principes de la Loi Naturelle, *Droit de la Nature, & des Gens*, Liv. III. Chap. II.
(2) Cela ne ſuit pas néceſſairement du principe de l'égalité naturelle de tous les Hommes, bien entenduë, ni des conſéquences

qu'on en tire par rapport à l'égalité de droits. Car la Loi Naturelle, qui ordonne une égale diſtribution de droits entre ceux qui n'en ont pas plus l'un que l'autre, ne défend pas de renoncer à tout droit égal qu'on avoit : elle veut ſeulement que cette rénonciation ne ſe faſſe pas au préjudice du Bien Public. HOBBES même, dans l'endroit cité (§ 14. 15.) dit, qu'il y a des droits auxquels la Loi de Nature veut qu'on renonce, & d'autres qu'elle ordonne de ſe réſerver. Il ajoûte, que chacun peut, s'il veut, exiger moins qu'il n'a droit de prétendre & que c'eſt quelquefois un acte
de

que, ne peut jamais être licite, (2) parce qu'elle est contraire à la Loi Naturelle.

§ XII. Il vaut mieux remarquer ici, que je fonde le partage de toute sorte de Domaines sur une Loi qui ne suppose aucun établissement de Gouvernement Civil, & qui par conséquent ne dépend point de la volonté du Magistrat: Loi propre à régler la maniére dont les divers Etats doivent se conduire, & à fixer certaines bornes que les Princes mêmes ne doivent jamais franchir. Comme cette Loi seule met en sûreté les choses nécessaires pour le Bonheur de chacun contre les attentats de tous les Hommes généralement, il s'ensuit que c'est aussi la seule Loi qui puisse établir la paix entre tous, & qui l'établira actuellement, autant que cela peut se faire par la vertu d'une Loi, & par l'efficace du pouvoir ou du droit qu'elle donne aux Hommes; il ne faut pas en demander davantage. Si, au contraire, comme *Hobbes* l'enseigne dans tous ses Ecrits, les bornes des Domaines dépendent uniquement de la volonté des Souverains, qui, dans chaque Etat, les changent & rechangent à leur fantaisie, s'il n'y a aucune régle déterminée par la nature de la plus excellente Fin, ou du Bien Commun, & des Moiens nécessaires pour y parvenir, & à laquelle les Princes doivent se conformer dans leurs actions extérieures; il n'y aura rien qui ait force de Loi, capable d'empêcher que tous les Etats ne soient continuellement en guerre les uns contre les autres; rien qui oblige les Souverains, dans leurs actions extérieures, à chercher le Bien Public de leurs Sujets, & à maintenir leurs droits; puis que leur volonté, qui, selon *Hobbes,* est l'unique Loi, pourra les déterminer à faire des choses tout opposées. Il n'y aura non plus aucune Loi qui empêche qu'une Faction assez puissante pour renverser l'Etat, ne commette ce qu'on appelle Crime de *Léze-Majesté.* Car, dès-là qu'on suppose une Faction plus puissante que le Gouvernement, il ne reste plus, dans l'Etat, de Puissance Coactive pour défendre les Sujets obéïssans, ou punir les Rebelles: ainsi, selon les principes d'*Hobbes,* il n'y a point alors cette sûreté qu'il regarde comme absolument nécessaire, pour que les Loix Naturelles, telle qu'est celle qui concerne la Fidélité à tenir sa parole, obligent à des actions extérieures. Il sera donc permis alors de dissoudre l'Etat, formé par des Conventions, & chaque Etat pourra se diviser en deux ou plusieurs à l'infini, sans qu'il y ait-là rien que de légitime. Car, en ce cas-là, on ne violera ni la Loi Naturelle, (a) qui, à cause du manque de sûreté (1)

Que les Souverains n'ont pas le pouvoir de régler les Domaines absolument à leur fantaisie.

n°o. (a) *De Cive,* Cap. III. § 17.

---

de la Vertu qu'il appelle *Modestie.* Ce Philosophe ne dit pas d'ailleurs, que l'observation du Précepte, *Que chacun doit regarder tous les autres comme lui étant naturellement égaux;* ne soit pas un *moien propre* par lui-même à entretenir la *paix.* Mais il prétend, que cette Loi Naturelle, & toutes les autres, ne *suffisent* pas pour mettre les Hommes en sûreté, avant l'établissement d'une Société Civile. (*De Cive,* Cap. V. § 1.) & qu'à cause de cela, son prétendu *droit de chacun à tout & contre tous,* ou le *Droit de Guerre,* subsiste, en sorte qu'on n'est point tenu d'observer les

Loix Naturelles par des actions extérieures, & qu'il suffit d'être disposé intérieurement à vivre en paix avec les autres, lors qu'il y aura lieu de ne rien craindre de leur part; ce qui n'arrive jamais, selon *Hobbes,* que lors qu'on est entré dans une Société Civile. Voilà le faux & le dangereux de ses principes, qui rend inutile tout ce qu'il a dit des *Loix Naturelles,* comme nôtre Auteur le fait voir en divers endroits.

§ XII. (1) Voiez ce que l'Auteur a dit là-dessus, Chap. V. § 50.

Z z

(b) Ibid. Cap. XIV. § 21.

Autres conféquences déduites de la Loi fur le Domaine Divin, & le Domaine Humain, eû égard aux Gouvernemens Civils, & aux Loix, tant Naturelles, que Pofitives.

n'obligera point à des actes extérieurs, ni la Loi Civile, qui, (2) felon *Hobbes* (b), n'eft point enfrainte par la Rébellion, ou le Crime de Léze-Majefté.

§ XIII. LA Loi de la *Juftice Univerfelle*, que nous avons expliquee, par cela même qu'elle pofe pour fondement du *Domaine Divin*, & du *Domaine Humain*, fur les Chofes & fur les Perfonnes, la vuë du Bien Commun le plus général; nous enfeigne à reconnoître & à maintenir tout Gouvernement établi par la Nature, tel qu'eft celui de DIEU fur toutes les *Créatures*, & celui des *Péres* fur leurs *Enfans*. C'eft auffi un moien, par lequel elle pourroit principalement aux néceffitez de la Nature Humaine, & elle nous fournit des modéles, felon lesquels nous devons établir les formes les plus convenables de Gouvernement, dans les endroits où il n'y en a point encore de telles, en gardant d'ailleurs la paix avec ceux qui ne font pas fous un même Gouvernement. De là vient que l'on regarde comme aiant force de Loix Divines, les Maximes de la Raifon, qui naturellement, c'eft-à-dire, par un effet de la volonté de la Prémiére Caufe, qui a établi la nature des Chofes, nous prefcrivent clairement quantité de chofes concernant le Bien de l'Univers. Et c'eft auffi ce qui laiffe un très-vafte champ aux *Loix* qu'on appelle *Pofitives*, que (1) la Révélation Divine, ou l'Autorité Humaine, ajoûtent, en vuë de la même Fin, pour fervir de régles particuliéres dans telles ou telles circonftances. Les Loix générales de la Nature, concernant le foin du Bien Public, l'établiffement & la confervation des Domaines, demandent encore, que, quand DIEU & les Hommes veulent faire quelque Loi Pofitive, ils donnent des marques fuffifantes de la volonté qu'ils ont d'établir une nouvelle Loi; parce que cela eft néceffaire pour fa publication, fans quoi perfonne ne pourroit être tenu d'y obéïr. C'eft pourquoi, en matiére même de ce que DIEU nous commande par la Révélation, il faut, avant toutes chofes, être bien convaincu qu'il n'y a rien qui ne s'accorde parfaitement avec fes Loix immuables, qu'il nous fait connoître par la nature des chofes. Car il eft certain, que la Raifon Divine ne fauroit fe contredire. De plus, il eft néceffaire que DIEU, pour certifier fa volonté à ceux auxquels il prefcrit une nouvelle Loi, donne aux Miniftres dont il fe fert pour l'annoncer, le pouvoir de prédire les Futurs contingens fans erreur & fans illufion, ou de faire de vrais Miracles. Parmi les Hommes auffi, ceux qui ont le Pouvoir Légiflatif ont grand foin de repréfenter, que les Loix qu'ils font, tendent à l'Utilité Publique, & par conféquent au même but

(2) L'Auteur traitera de cela au *Chap.* IX. ou dernier, § 14.

§ XIII. (1) *Aut Revelatio Divina* &c. Après ces mots, l'Auteur avoit ajoûté ici fur fon exemplaire: *E Legibus Naturalibus provenit, quatenus illae Dei dominium funtant, quòd homines obligantur ad obedientiam Revelatis in Evangelio praeceptis praeftandam. Itaeque hinc ultimò pendet vis omnis Ecclefiafticae poteftatis, quae è praeceptis & exemplis Evangelicis immediatè deducitur. Non eft illa ultimò refolvenda in cujuflibet Civitatis auctoritatem, utpote quae pariter obligat omnes, quibus promulgatur fufficienter, Civitates, fed in Leges Naturae feu Jura*

Gentium, in quibus Religionis Naturalis praecepta à Jurifconfultis Caefareis recenfentur. „ C'eft des Loix Naturelles, entant qu'elles „ établiffent le Domaine de DIEU, que vient „ l'obligation où font les Hommes d'obéïr „ aux Préceptes révelez dans l'Evangile. Par „ conféquent c'eft d'elles que dépend auffi „ originairement la force du Pouvoir Eccléfiaftique, qui fe déduit immédiatement des „ Préceptes & des Exemples qu'on trouve „ dans les Livres du Nouveau Teftament. Il „ ne faut pas pofer pour fondement primitif „ de ce Pouvoir, l'Autorité de chaque Gouvernement Civil, puis qu'on eft également „ obli-

but que les Loix Naturelles: & ils les muniſſent de certains ſignes, ou de certains témoignages, d'où il paroît que c'eſt par leur autorité que ces Loix ont été véritablement publiées.

CHAPITRE VIII.

Des VERTUS MORALES en particulier.

I. *Que l'obligation où l'on eſt de pratiquer les* VERTUS MORALES *vient toute immédiatement de ce que les Actions en quoi elles conſiſtent, ſont ordonnées par la Loi Naturelle.* II. *Régle générale, déduite de la Loi qui preſcrit, en vuë du Bien Commun, une diſtinction des Domaines, établie par un partage: c'eſt, Qu'il faut, d'un côté, accorder aux autres, & de l'autre, ſe réſerver à ſoi-même, les choſes néceſſaires ou les plus utiles, par rapport à cette fin.* III. *Que l'on doit toûjours ici avoir égard au Bien Commun du Syſtéme des Etres Raiſonnables. Que la nature de la Médiocrité conſiſte en ce qu'aucune Partie n'ait ni plus ni moins, que ne le demande l'avantage du Tout.* IV. *Conſéquences tirées de la prémiére partie de la Régle générale. Des Donations, en matiére deſque** 's 't Libéralité ſe déploie; & de la Conversation, dans laquelle ont lieu le 's. ertus Homilétiques.* V. *Définition de la Libéralité, & de deux autres Vei   qui ſervent à pratiquer celle-là. Vices, qui leur ſont oppoſez.* VI. *Définition des Vertus Homilétiques en général, & en particulier de la Gravité, de la Douceur, de la Taciturnité, de la Véracité, de l'Urbanité; & des Vices contraires à ces Vertus.* VII. *Conſéquences de la ſeconde partie de la Régle générale propoſée ci-deſſus. Que l'on eſt obligé de reſtreindre dans certaines bornes l'Amour de ſoi-même.* VIII. *Définition de la Tempérance. Ses parties, concernant le ſoin de nôtre conſervation;* IX. *Et celles qui ſe rapportent à la propagation de l'eſpéce. Du ſoin de l'Education des Enfans.* X. *De la recherche des Richeſſes, & des Honneurs. Définition de la Modeſtie, de l'Humilité, & de la Magnanimité.* XI. XII. XIII. *Méthode pour découvrir les maximes de la Loi Naturelle, qui dirigent toutes nos actions à la pratique de toute ſorte de Vertus.* XIV. XV. XVI. *Que le Bien Commun, comme le plus grand de tous, eſt une meſure naturellement déter-*

„ obligé de le reconnoître dans tous les Etats, „ auxquels les Loix de l'Evangile ſont ſuffi- „ ſamment publiée: mais on doit le rappor- „ ter aux Loix Naturelles, ou au *Droit des* „ *Gens,* qui, ſelon les Juriſconſultes *Romains,* „ renferment les Précoptes de la Religion Na- „ turelle". Cette Addition a été depuis raïée ſur l'exemplaire de l'Auteur, mais ſeulement de la main de Mr. le Docteur BENTLEY. Ainſi j'ai cru ne devoir pas la ſupprimer. Mais il n'auroit pas été poſſible d'inſérer tout cela dans le Texte, à l'endroit marqué, ſans interrompre beaucoup la ſuite du diſcours. J'ai donc pris le parti d'en faire une Note, com-

me l'Auteur peut-être auroit fait lui-même. Il a ici en vuë HOBBES, qui, dans ſon Traité *de Cive,* & dans le *Léviathan,* rend les Princes arbitres ſouverains de la Religion. Pour ce qui eſt des Juriſconſultes Romains, dont il allégue l'autorité, c'eſt dans la II. Loi du I. Titre du DIGESTE, *De Juſtitia & Jure,* laquelle eſt de POMPONIUS, qu'on met au nombre des choſes qui appartiennent au *Droit des Gens,* dont la définition, ſelon ULPIEN, ſe trouve à la fin de la Loi précédente: *Jus Gentium eſt, quo gentes humanae utuntur .... Veluti erga Deum* RELIGIO: *ut parentibus & patriae pareamus &c.*

terminée, & divifée en parties, à l'aide de laquelle on peut naturellement faire
une jufte eftimation de tous les Biens & de tous les Maux; & par-là fixer les
bornes de toutes les Paffions, dont ils font l'objet.

Toutes les *Vertus Morales* découlent de la *Juftice Univerfelle*, que la Loi Naturelle preferit.

§ I. JE viens d'expliquer l'origine du *Domaine*; & d'en indiquer en peu de
mots les progrés, dans toute Société Sacrée & Civile, comme auffi
dans celle qu'il y a entre les divers Etats Civils, & entre les Membres de chaque famille. Il faut maintenant décrire en particulier les VER-
TUS MORALES, qui n'ont pas une fi grande étenduë. J'ai bien dit ci-deffus
quelque chofe, pour montrer qu'elles font renfermées, comme autant de parties, dans la *Bienveillance Univerfelle*, que la Loi Naturelle preferit. Mais,
comme les actes propres de ces Vertus ne s'exercent que fur des chofes qui
font de droit en nôtre pouvoir, & que d'ailleurs à cet égard on diftingue entre ce qui eft *dû à la rigueur*, & ce qui eft un *effet de pure libéralité*, de plus
entre les *Supérieurs* & les *Inférieurs*, entre les divers *Etats Civils*, & les *Membres d'un même Etat*, entre les Membres d'une *Eglife* ou d'une *Famille*; il a fallu néceffairement commencer par traiter en général de l'établiffement du *Domaine* fur les Chofes & fur les Perfonnes, qui eft la fource d'où viennent toutes ces différences; & cela en bâtiffant fur des principes qui ne fuppofaffent
pas ce fur quoi eft fondée immédiatement l'obligation aux actes particuliers
des différentes Vertus.

Je remarque ici d'abord, que comme la *Juftice Univerfelle* eft une perfection
morale, à l'aquifition de laquelle nous fommes tenus de travailler, parce que
la Loi générale qui ordonne d'établir & de conferver certains droits particuliers à chacun, preferit auffi cette volonté, ou cette difpofition de l'Ame, qui
confifte à rendre à chacun le fien: de même nous devons aquérir toutes les
Vertus particulières, & nous fommes obligez à les pratiquer, parce qu'elles
font preferites en particulier, par quelque Loi Naturelle, qui eft renfermée
dans la Loi générale dont j'ai parlé. Elles font à la vérité *bonnes* de leur nature, & elles le feroient, quand même il n'y auroit point de Loi, parce qu'elles
contribuent par elles-mêmes au Bien de l'Univers. Mais l'*Obligation Morale*,
& le *Devoir* qui en réfulte, ne fauroient être conçûs fans un rapport à quelque
Loi, du moins Naturelle. Le nom même d'*Honnête*, ou d'*Honnêteté*, par lequel on défigne les Actions bonnes de leur nature, & qui eft dérivé de celui
d'*Honneur*; femble (1) venir uniquement de ce que la Loi du Souverain Maître
de l'Univers, qui nous eft naturellement connuë, les juge dignes de louange,
&

§ I. (1) C'eft bien-là le fondement réel
de la louange & des récompenfes que méritent, au jugement des Sages, les actes de
toute véritable Vertu. Mais il s'agit ici de
l'ufage des Langues, qui, comme on fait, dépend du Vulgaire, beaucoup plus que des
perfonnes éclairées. Ainfi on peut dire, au
contraire, qu'à confidérer l'origine des mots
d'*Honnête* & de *Deshonnête*, & leur application, dans le langage commun, aux différentes Actions Humaines, tout eft fondé fur les
idées, vraies ou fauffes, que les Hommes,
ou le plus grand nombre, dans chaque Nation
& dans chaque Société, ont de la moralité de
telles ou telles Actions, en conféquence de
quoi ils les approuvent ou les défapprouvent,
les louent ou les blâment, les jugent dignes de
récompenfe ou de peine. D'où vient qu'une
même chofe eft réputée honnête dans un païs,
& deshonnête dans un autre. Voïez la *Préface* de CORNE'LIUS NE'POS; & GAS-
SENDI, *Epicuri Philofoph.* Tom. pag. III. 136.
LOC·

& les accompagne honorablement de très-grandes récompenſes, au nombre deſquelles il faut mettre l'approbation (2) unanime des Gens-de-bien.   On a raiſon néanmoins de les qualifier *naturellement honnêtes*, parce que la Loi, qui les rend telles, ne dépend point de la volonté des Puiſſances Civiles, mais ſuit néceſſairement de la nature même des choſes, ainſi que je l'ai expliqué ci-deſ-ſus, & par conſéquent eſt entiérement immuable, tant que la nature des cho-ſes demeure la même.

§ II.   VOICI maintenant, comment les Loix Particuliéres de chaque Ver-tu Morale peuvent être déduites de celle de la *Juſtice Univerſelle* (1).   Poſé une Loi, qui établit & qui maintient les droits de chacun, uniquement en vuë du Bien Commun de tous, à l'avancement duquel chacun eſt tenu de contribuer, il y a deux Devoirs généraux, que chacun doit obſerver par rapport à cette Fin.   L'un eſt, *De faire part aux autres des choſes dont on peut diſpoſer, mais de telle maniére que cette portion qu'on leur communique, n'abſorbe pas celle qui nous eſt néceſſaire à nous-mêmes pour la même Fin.*   L'autre, *De ſe reſerver l'uſage de ce qui nous appartient, autant qu'il le faut pour ſe rendre en même tems le plus utile qu'on peut aux autres, ou du moins en ſorte qu'il n'y ait rien d'incompatible avec leur avantage commun.*

Pour expliquer ces deux Régles, qui ſont autant de Loix, il faut remarquer d'abord, que *les autres*, & *nous-mêmes*, ſont deux termes, qui, dans l'eſprit de chacun, partagent tout le Syſtême des Etres Raiſonnables; & qui ſe rap-portent à DIEU, auſſi bien qu'aux *Hommes.* Ainſi, d'un côté, les Hommes, en penſant au Bien Commun, doivent y faire entrer la conſidération de la Gloire de DIEU; & de l'autre, DIEU peut être conçû, par une analogie très-aiſée à comprendre, comme agiſſant envers les autres Etres Raiſonnables ſelon les régles des Vertus Morales.

La prémiére des deux Loix dont il s'agit, ordonne la *Libéralité*, & les Ver-tus qu'on appelle *Homilétiques* dans un ſens propre & particulier: car, à par-ler généralement, toute partie de la *Juſtice Univerſelle* contribuë quelque cho-ſe à la maniére dont on doit *converſer* avec les autres, & ainſi peut à cet égard être appellée *Homilétique.*   La ſeconde Loi preſcrit la *Tempérance*, & la *Mo-deſtie*, en matiére des choſes que chacun doit ſe reſerver pour être en état de travailler de toutes ſes forces au Bien Public, c'eſt-à-dire, à la Gloire de DIEU, à l'utilité du Genre Humain, & en même tems à l'avantage particu-lier de nôtre Patrie & de nôtre Famille.

Dans

LOCKE, *de l'Entendement Humain*, Liv. II. Chap. XXVIII. § 10, 11.

(2) *Bonorum laus conſentiens.* Nôtre Auteur emploie ici les termes dont CICE'RON ſe ſert pour définir la *Gloire* vraie & ſolide, *Tuſcul. Diſput.* Lib. III. Cap. 2. Le Paſſage a été ci-té ſur le *Chap.* II. § 22. *Not.* 3.

§ II. (1) Nôtre Auteur ſuit, & explique, ſelon ſes principes, la penſée des anciens Philoſophes, qui regardoient la *Juſtice* com-me renfermant toutes les autres Vertus.

Cela avoit même paſſé en proverbe, com-me ARISTOTE le prouve par un ancien vers:

Εν δε δικαιοσύνη συλλήβδην παϛ'αρετή 'ϛι.
Ethic. Nicomach. Lib. V. Cap. 3. (ou 1.)

Ce vers ſe trouve auſſi parmi les Sentences de THE'OGNIS, qui vivoit long tems avant lui, *verſ.* 147.

Dans l'une & dans l'autre Loi, chaque membre de la divifion, c'eft-à-dire, le Tout compofé des autres & de nous, entre en confidération, de maniére que chaque Vertu donne la préférence au Bien Public par deffus l'utilité particuliére de chacun, quoi que les unes envifagent plus immédiatement, que les autres, quelque Partie du Tout. Par cette raifon on pourroit d'abord s'imaginer que je confonds ces parties de la Juftice Univerfelle, & par conféquent toutes les Vertus particuliéres. Mais fi l'on examine bien la chofe, on verra qu'il n'y avoit guéres moien de les mieux diftinguer, vû leur liaifon naturelle, les fecours qu'elles fe prêtent les unes aux autres, en même tems qu'elles concourent toutes au Bonheur Commun. Ainfi prétendre qu'en exprimant, comme il faut, cette liaifon, on confond les Vertus mêmes, ce feroit être auffi mal fondé, que fi quelcun accufoit la Nature de confufion, fous prétexte que, par les mêmes mouvemens du Sang, par les mêmes Artéres & les mêmes Veines, elle pourvoit & à la fanté de tout le Corps, & au bon état d'un Membre en particulier. Par exemple, la filtration du Sang par les vaiffeaux du Foie, produit ces deux effets. Elle prépare un bon Sang pour l'ufage de toutes les autres parties, qui fans cela feroient faifies de la Jauniffe, & elle ne laiffe pas de nourrir le Foie. Elle nourrit le Foie, & en même tems elle ne néglige pas l'utilité des autres parties. Ainfi l'office du Foie pour le bien de tout le Corps, eft naturellement joint avec celui qui regarde une de fes parties, fans que néanmoins ces deux fonctions foient confonduës. On peut les confidérer chacune à part, & attribuer ainfi à chacune quelque chofe qui lui eft propre; ce qui fuffit pour pouvoir dire qu'il n'y a point là de confufion. Ces deux effets néanmoins font réellement inféparables, dans un état de Santé, c'eft-à-dire, tant qu'il ne furvient point de défordre dans la conftitution de la Nature. De même, les Vertus fubordonnées, dont il s'agit, ne fauroient être véritablement féparées l'une de l'autre, fans préjudice de la Juftice, ou du Bien Public: cependant il n'y a point de confufion entr'elles, puis que chacune peut être confidérée à part, felon le rapport qu'elle a aux Parties dont elle procure immédiatement l'avantage, quoi qu'elle tende auffi & aboutiffe enfin au Bonheur du Tout. La derniére fin & le dernier effet de l'une & de l'autre des deux Loix dont nous traitons, & par conféquent de toutes les Vertus particuliéres qu'elles prefcrivent, font précifément les mêmes: mais il n'y a pas moins de variété entre les fins prochaines qu'elles fe propofent, & les effets qui en réfultent, qu'il y en a entre les Parties du Syftême des Etres Raifonnables, au bien particulier defquelles on peut travailler en vûë du meilleur état du Tout.

§ III. PAR-LA' on peut découvrir la raifon pourquoi l'idée du Bien Commun ne fe préfente pas toûjours aux Hommes d'une maniére fort diftincte, lors même qu'ils agiffent conformément aux régles de la Vertu. C'eft qu'ils ont directement & immédiatement en vûë quelque partie de ce Bien, mais qu'ils favent affez d'ailleurs être parfaitement d'accord avec les autres parties, & néceffaire pour le total. Il y a dans chaque acte de Vertu, bien des chofes qui montrent, que le foin du Bien Commun n'en eft jamais féparé. Car on y fait toûjours attention à ce que chacun fe tienne dans les bornes de fes

pro·

propres droits, fans attenter à ceux d'autrui. Or on ne fauroit envifager cette limitation de droits, fans un rapport aux droits d'autrui, & par confé-quent au Bien de tous les autres, en vûë duquel les *Domaines* de chacun font reftreints. Tous les Etats, & leurs Fondateurs, par cela même qu'ils recon-noiffent quelques limites de leur Territoire, qu'ils établiffent un Culte Public de Religion, qu'ils font des Traitez & des Commerces avec les autres Etats; fuppofent & approuvent ouvertement la divifion générale des Domaines, par laquelle certaines chofes font appropriées à Dieu, comme facrées, & cha-que Nation a fon Territoire diftinct, renfermé dans certaines bornes. Les Particuliers en fe foûmettant aux Loix de l'Etat, dont ils font Membres, en fe tenant dans les bornes qu'elles prefcrivent, en s'attachant à pratiquer les Ver-tus, témoignent par-là manifeftement qu'ils conviennent avec leur Souverain, & avec ceux des autres Etats, fur le partage général des Domaines, comme étant néceffaire pour le Bien de l'Univers. Enfin, chaque Vertu en particu-lier renferme une difpofition de l'Ame à rendre ce qui appartient à Dieu & à tous les Hommes, c'eft-à-dire, & à ceux qui font dans d'autres Etats, & à nos Concitoiens, & à ceux de nôtre Famille; & cela toûjours dans un tel or-dre, que l'on mette au prémier rang les droits de Dieu; au fecond, ceux qui font communs à plufieurs Nations; au troifiéme, ceux de chaque Etat en particulier; enfuite ceux des petites Sociétéz, telles que font les Corps de Ville, les Communautez, les Colléges, les Familles. D'où il eft aifé de con-clure, que la principale fin de chaque Vertu eft le Bien Commun du Syftême de tous les Etres Raifonnables, puis qu'il ne différe point réellement du Bien de ces Parties, confiderées dans l'ordre & felon les liens de Société qu'il y a entr'elles.

C'eft par cette grande Fin, & fes différentes parties, envifagées de la ma-niére que je viens de dire, qu'il faut déterminer la mefure de toutes les Actions & de toutes les Paffions: car il y a de l'*excès* ou du *défaut*, toutes les fois qu'elles donnent plus ou moins à une Partie, que ne le permet le Bien du Tout, auquel elles doivent être rapportées. Ainfi l'on peut aifément trouver, par des régles certaines & connuës, c'eft-à dire, par des Loix qui détermi-nent les droits de Dieu, ceux des Nations, ceux de chaque Etat, & ceux des petites Sociétéz qui en font partie, dequoi diriger chaque Action en par-ticulier, car il eft certain, que toutes celles qui ne violent aucune de ces Loix, font dans le jufte milieu; & qu'elles s'en éloignent, dès qu'elles donnent at-teinte à quelcune de ces Loix. Je fuppofe, au refte, que ces Loix foient d'accord enfemble, en forte que les droits des Sociétéz inférieures n'aient rien d'incompatible avec ceux des fupérieures. Ainfi, dans les Familles, on ne peut rien prefcrire de contraire aux Loix de l'Etat, dont elles font partie. Dans chaque Etat Civil, on ne peut rien ordonner de contraire aux Loix qui obligent tous les Peuples, telles que font celles qui ordonnent un partage des Domaines, ou de ne prendre point le bien d'autrui, de tenir fa parole &c. Et ces Loix communes à toutes les Nations ne doivent renfermer rien de contraire au Domaine fuprême de Dieu fur fes Créatures. Car toute la for-ce d'obliger qu'ont les Loix inférieures, découle de celle des Loix fupérieu-res; ainfi, dès qu'il y a dans les prémiéres quelque chofe de contraire aux der-
nié-

368 .DES VERTUS MORALES

niéres, elles n'ont plus force de Loi. Aucune Puiffance Inférieure ne fauroit abroger les Loix d'une Puiffance Supérieure : elle peut feulement limiter en diverfes maniéres la liberté que ces Loix laiffent ; parce que le pouvoir de faire quelque réglement en matiére des chofes fur quoi la Puiffance Supérieure n'a rien déterminé, eft très-compatible avec la fubordination. Et c'eft même la principale raifon pourquoi les Puiffances fubordonnées font établies.

Vertus, qui naiffent de la *première partie de la Régle générale de la Juftice Univerfelle.*

§ IV. APRE'S avoir ainfi expliqué, en quoi confifte la jufte mefure de cette *Médiocrité*, (1) que l'on pofe communément pour condition réquife dans toutes les Vertus Morales ; il ne fera pas difficile de les décrire chacune en particulier, puis que ce qui en conftituë l'effence, c'eft une difpofition de la Volonté à obéïr aux Loix qui fe déduifent de la Loi générale de la *Juftice.* Confidérons donc les deux Loix fpéciales, que nous avons fait voir qui dérivent de celle qui établit un partage des Domaines en vuë du Bien Commun.

La prémiére ordonne pour cette fin, de faire part aux autres des chofes qui nous appartiennent, en forte néanmoins que nous nous refervions dequoi travailler à nous rendre heureux nous-mêmes. On voit affez, qu'une telle communication de quelque portion de ce qui nous appartient, doit être tenuë pour ordonnée, parce qu'elle eft manifeftement néceffaire pour le Bonheur Commun, fans lequel on ne fauroit raifonnablement efperer fon Bonheur particulier, comme je l'ai montré au long ci-deffus.

Cette Loi renferme deux préceptes : l'un, fur les *Donations*, dans lefquelles ou l'on ne s'attend à aucun retour, ou bien on laiffe entiérement à la volonté & à la commodité de celui qui reçoit le bienfait, de nous rendre la pareille ; l'autre, fur un moindre degré de bienveillance, mais très-utile, qui a lieu dans toute forte de *Conventions*, de *Contracts*, & de *Commerces*, & qui confifte à promettre aux autres, ou à faire actuellement quelque chofe en leur faveur, fous quelque condition qu'ils doivent effectuer. On peut faire part aux autres ou de fon bien, ou de fa peine, ou de l'un & de l'autre tout enfemble. La difpofition où l'on eft d'obéïr à cette Loi, fe découvre ou par des actes réels de Bénéficence, qui en font les effets propres, & par conféquent des fignes naturels ; ou par des actes, qui font des fignes arbitraires de cette difpofition. Il faut rapporter au prémier chef la *Libéralité* ; & au dernier, les *Vertus Homilétiques.*

De la *Libéralité*, & des autres Vertus qui fervent à la pratiquer, ou qui en font autant d'efpéces.

§ V. LA LIBE'RALITE' eft donc *une forte de Juftice, qui s'exerce en faifant*

§ IV. (1) Voïez ci-deffus, *Chap.* VI. § 7, 8. où nôtre Auteur montre la différence qu'il y a entre l'opinion des *Péripatéticiens* fuivie par le Commun des Moraliftes, & la maniére dont il explique cette *Médiocrité* effentiellement réquife, felon eux, dans toutes les Vertus Morales.

§ V. (1) Ces deux Vertus fubfidiaires, la *Prévoïance*, & l'*Epargne* honnête, auroient dû être déduites de la Seconde partie de la Régle générale, & non de la Prémiére, dont nôtre Auteur traite ici. Car il eft certain,

qu'elles fe rapportent prémiérement & directement au foin qu'on doit avoir de fes propres intérêts, & qui, dans l'ordre naturel précéde la vuë de l'utilité d'autrui, quoi que l'on doive toûjours, autant qu'il fe peut, accorder enfemble ces deux vuës. Au refte, je renvoïe à ce que j'ai dit fur GROTIUS, *Droit de la Guerre & de la Paix*, Difc. Prélimin. § 44. en confirmant la critique que ce grand homme fait de quelques divifions d'ARISTOTE, de qui nôtre Auteur emprunte fouvent quelques idées, expliquées à fa maniére,

fant part gratuitement aux autres de ce qui nous appartient. Je mets la *Justice* pour genre de cette définition, parce que je puis ainsi exprimer en un seul mot la volonté d'obéïr à la Loi Naturelle, & indiquer en même tems que la nécessité & la juste mesure de cette disposition doivent être tirées de la Loi. En effet, toute partie de la Justice doit être réglée par la Loi: & il faut même considérer ici toute Loi à laquelle l'Agent est soûmis, c'est-à-dire, non seulement les Loix de Dieu, tant Naturelles que Positives, mais encore les Loix des Nations, les Loix Civiles, les Loix Municipales, celles des plus petites Sociétez; avant que de pouvoir décider sûrement que l'Action est juste, ou conforme à la nature de la Vertu. Car, dans toutes ces Loix, on se propose la plus excellente Fin, & chacune de ses parties, savoir, la Gloire de Dieu, la paix & le commerce entre les divers Etats, l'ordre de chaque Etat en particulier, l'opulence & la sûreté des moindres Sociétez. Tout excès, & tout défaut, qui donne la moindre atteinte à quelcune de ces choses, est défendu dans les Donations, qui, quelque libres qu'elles soient, doivent être toûjours faites de telle manière, que ce que l'on donne de son bien ou de sa peine, serve à maintenir & avancer toutes les parties de la grande Fin, chacune selon son ordre.

Mais, comme il est impossible de fournir aux dépenses que demande l'exercice de la Libéralité, sans un attachement honnête à aquérir du bien, & à conserver celui que l'on a aquis; ce soin est aussi prescrit par des préceptes & des maximes qui se tirent de la considération de la même Fin, & de chacune de ses parties, selon leur rang. Ainsi la même Libéralité, qui désigne principalement une volonté de donner & dépenser comme il faut, renferme, du moins en (a) second chef, une volonté d'aquérir, & de conserver, en suivant certaines régles, déduites des mêmes principes. (1) La volonté d'aquérir, s'appelle (b) *Prévoiance*, ou soin de faire des provisions pour l'avenir: & elle est opposée, d'un côté, à la *Rapacité*; de l'autre, à une imprudente *Negligence de pourvoir à l'avenir*. La volonté de conserver, est ce que l'on nomme *Frugalité*, ou *Epargne*: & la disposition contraire est, d'un côté, une (2) *sordide Mesquinerie*; de l'autre la *Prodigalité*. Ainsi cette *Prévoiance* & cette *Frugalité*, peuvent être définies, la prémiére, *une sorte de Justice, qui consiste à aquérir*; l'autre, *une sorte de Justice, qui consiste à conserver*: & elles ont toutes deux de l'analogie avec celle qui consiste à dépenser, entant qu'elles servent à en faciliter la pratique.

La *Libéralité* a de plus divers noms, selon la diversité des objets envers lesquels

(a) *Secundario.*

(b) *Providentia.*

---

niére, comme on en a vu ci-dessus & l'on en verra plus bas des exemples.

(2) *Sordidae* Euclionum *parcitati*, dit nôtre Auteur. Il avoit écrit ici à la marge de son exemplaire: *In Terentio:* mais cela est ralé, de la main de Mr. Bentley, à ce qu'on juge. Ce Docteur l'a fait apparemment, parce que l'Auteur citoit ici Térence, au lieu de Plaute: car c'est dans celui-ci, & non dans l'autre Comique, qu'on trouve le personnage d'Euclion, Vieillard représenté là comme étant de la dernière & de la plus sordide mesquinerie. On peut voir les plaisants exemples qu'en allèguent deux Cuisiniers, dans la Piéce intitulée *Aulularia*, Act. II. Scen. IV. où l'un d'eux, après quelques traits que l'autre lui en contoit, dit, vers. 35.

Edepol mortalem parcè parcum *praedicas.*
C'est ce *parcè parcum*, expression énergique, qui étoit venu dans l'esprit à nôtre Auteur, mais en sorte que sa mémoire avoit confondu les deux Comiques Latins.

A a a

quels on doit l'exercer. Car, fi l'on fait de la dépenfe pour des chofes qui font d'une très-grande utilité au Public, cela s'appelle (3) *Magnificence:* à quoi eft oppofée, d'un côté, la *profufion* des *Ambitieux;* de l'autre, la *vilainie* des *Ames Baffes.* Si l'on eft libéral envers les *Malheureux,* c'eft *Compaffion;* & quand on affifte les *Pauvres* en particulier, c'eft *Aumône.* La Libéralité exercée envers les *Etrangers,* s'appelle *Hofpitalité,* fur-tout fi on les reçoit dans fa maifon. En tout cela la jufte mefure de la *Bénéficence* dépend de ce qui contribuë le plus aux diverfes parties de la grande Fin, favoir, à la Piété, qui renferme une efpéce de Société entre DIEU & les Hommes; aux fecours réciproques, à la fidélité & au commerce entre les divers Etats; à la concorde & aux autres Devoirs des Membres d'une même Société Civile; à l'état floriffant des moindres Sociétez, & des Familles, autant qu'on peut le procurer fans préjudice des Sociétez fupérieures. J'ai cru devoir ici expliquer diftinétement la manière de déterminer la *médiocrité,* ou le jufte milieu de cette prémiére Vertu particuliére, afin que je n'euffe plus befoin de rien ajoûter, en parlant des autres Vertus, pour enfeigner à en découvrir très-certainement la vraie mefure.

Des *Vertus Homilétiques,* ou qui regardent le commerce de la Vie.

§ VI. PASSONS maintenant aux VERTUS (1) HOMILÉTIQUES, par lefquelles on obéït à la même Loi dont nous développons les régles. Je définis ces Vertus en géneral, *certaines difpofitions à pratiquer une forte de Juftice, qui fait du bien à autrui par un ufage de fignes arbitraires, convenable à ce que demande le Bien Commun.*

Si je fais ici mention expreffe de la Fin, c'eft pour la clarté, & non que cela fût abfolument néceffaire; puis que l'idée de la *Juftice* renferme feule un rapport à cette Fin, où elle vife toûjours.

J'entends par *Signes arbitraires,* non feulement la *Parole,* qui eft le principal, mais encore les *Geftes du Corps,* la *Contenance,* & tous les mouvemens du *Vifage,* qui font des indices de quelque difpofition de l'Ame, dépendans de nôtre volonté.

(a) *Comitas.*

La *Gravité,* & la (a) *Douceur,* gardent en tout cela une jufte mefure. Mais pour ce qui eft de la *Parole* en particulier, l'ufage & les bornes convenibles en font réglées par la *Taciturnité;* par la *Véracité,* qui s'appelle *Fidélité* en matiére de Promeffes; & par l'*Urbanité.* Difons quelque chofe en détail de chacune de ces Vertus.

Je ne faurois mieux expliquer la nature de la *Gravité,* & de la *Douceur,* qu'en

<hr>

(3) L'Auteur dit *Generofitas.* Mais le mot de *Générofité,* en nôtre Langue, ne donne pas une idée précifément déterminée au caractére de la Vertu dont il s'agit. On peut être généreux, en matiére de chofes où il ne s'agit ni de donner, ni de dépenfer; & même en faifant des libéralitez peu confidérables & de peu d'éclat, mais qui eû égard aux circonftances & aux facultez de celui qui les fait, marquent qu'il a l'ame grande. Je me fuis donc fervi du terme de *Magnificence;* & j'ai pû d'autant mieux le fubftituer à celui

de *Générofité,* emploié par nôtre Auteur, qu'ici encore il fuit les traces d'ARISTOTE, qui diftingue deux Vertus, dont l'office concerne l'ufage des Biens ou des Richeffes: l'une, eft la fimple *Libéralité* ('Ελυθεριότης) l'autre, la *Magnificence* (Μιγαλιπρίπεια). La prémiére, felon ce fameux Philofophe, régle les petites dépenfes, ou l'ufage des biens médiocres. L'autre régle les dépenfes que l'on fait pour de grandes & belles chofes, comme font, les préfens offerts aux Dieux, la conftruction d'un Temple, ce que l'on don-

qu'en rappellant & appliquant un principe que j'ai établi ci-deſſus, c'eſt que toutes ſortes d'aétes de *Juſtice* envers autrui demandent une vraie Prudence, & une Bienveillance la plus étenduë qu'il ſoit poſſible. Lors que l'on converſe avec les autres de telle maniére que l'on donne tous les ſignes d'une vraie Prudence, c'eſt ce que j'appelle *Converſation grave.* Et quand tous les ſignes d'une grande Bienveillance y paroiſſent avec éclat, c'eſt une *Converſation douce.* Ainſi je définirois la *Gravité*, une *Vertu de Converſation, par laquelle on donne des ſignes convenables de Prudence:* Et (*b*) la *Douceur*, une *Vertu de même* (b) Comitas. *genre, par laquelle on donne des ſignes éclattans de Bonté.* Ces deux Vertus s'accordent auſſi bien l'une avec l'autre, qu'avec la *Prudence* & la vraie *Bonté*, dont elles ſont des ſignes. Il eſt aiſé de voir, quels Vices leur ſont oppoſez. La *Gravité* a pour contraire, d'un côté, une *Sévérité affeétée de mœurs & de maniéres*, par laquelle on donne plus de ſignes de Prudence que n'en demande la nature de la grande Fin qu'on doit ſe propoſer ; ou l'on en donne qui ne ſont pas propres à avancer véritablement la Gloire de Dieu, ou le Bonheur des Hommes, deux parties eſſentielles de cette Fin ; ou bien, en même tems qu'on affeéte un grand ſoin de donner de tels ſignes, on néglige les choſes mêmes. Ce qui eſt oppoſé, d'un autre côté, à cette Vertu, c'eſt la *Légéreté*, dont le Leéteur comprendra aiſément la nature par la deſcription que je viens de donner de la Vertu même, & de la prémiére des deux extrémitez contraires. De même, on doit mettre en oppoſition à la *Douceur*, & aux maniéres polies & obligeantes qui l'accompagnent ; d'un côté, la *Flatterie*, comme celle qui ſe voit dans les ſoupleſſes & les artifices d'un *Paraſite* ; de l'autre, la *Mauvaiſe Humeur*, ou les maniéres rebarbatives.

Mais la *Parole* étant le principal interpréte de ce qui ſe paſſe au dedans de nôtre Ame, & un ſigne dont l'uſage eſt particulier au Genre Humain ; la Loi Naturelle, qui nous preſcrit de donner à propos des marques d'une ſage Bienveillance envers les autres, régle auſſi d'une façon plus ſpéciale & plus diſtinéte la maniére dont nous devons uſer de ce ſigne ; & il y a diverſes Vertus, dont l'office conſiſte à en déterminer les juſtes bornes. Car, prémiérement, il faut quelquefois s'abſtenir de parler, c'eſt-à-dire, toutes les fois que le reſpeét dû à la Divinité, ou aux Hommes qui ſont nos Supérieurs, le demande ; ou quand il s'agit de ſecrets de l'Etat, ou de ceux qui regardent nos Amis, nôtre Famille, ou nous-mêmes, & qui ſont de telle nature, que, ſi on les découvroit, on cauſeroit du préjudice à quelcun ; ſans que d'ailleurs en en ca-

donne pour le ſervice de l'Etat, pcur les Feſtins Publics &c. Aristote oppoſe à cette Vertu, comme les deux extrémitez vicieuſes, une *Somtuoſité ridicule & mal entenduë*, & une *Sordide Meſquinerie.* Ethic. Nicomach. Lib. IV. Cap. 5, 6. Je ſuis fort trompé, ſi l'impropriété du terme dont nôtre Auteur ſe ſert ici, ne vient de ce que le Philoſophe parle immédiatemcnt après, de deux autres Vertus, à l'une deſquelles il donne le nom de *Génépeſité, Magnanimité,* (Μεγαλοψυχία) y oppoſant, d'un côté, une *Ambition déméſu-*

rée (Φιλοτιμία) de l'autre, une *Baſſeſſe d'ame* (Χανότης). Mais cette *Grandeur*, & cette *Baſſeſſe d'ame*, regardent, ſelon *Ariſtote*, la recherche ou le mépris des *Honneurs.* Nôtre Auteur a par mégarde confondu les termes de cette diſtinétion, avec ceux de la précédente.

§ VI. (1) Ce ſont celles qui regardent la Converſation, & le commerce de la Vie. Aristote dit, que ces ſortes de Vertus ont lieu ἐν ταῖς ὁμιλίαις καὶ τῷ συζῆν. Ethic. Nicomach. Lib. IV. Cap. 12. Voilà pourquoi nôtre Auteur les appelle *Homilétiques.*

cachant, on nuife au Bien Commun. Ce font les régles que fuit la *Taciturnité,* Vertu de converfation, qui confifte à *garder le filence*, *quand le Bien Commun le demande.* Le Vice oppofé dans l'excès, c'eft *une trop grande referve à parler,* ou un *filence hors de faifon;* qui eft très-préjudiciable à la communication qu'on doit faire de fes Connoiffances, & aux principaux fervices de la Société Humaine. De plus, la Loi Naturelle ordonne ici, de parler à propos quand le Bien Commun le demande. Mais il n'y a point de terme propre à exprimer pleinement en un feul mot cette Vertu particuliére. Peut-être pourroit-on l'appeller une (c) *prudente liberté de parler,* ou une *hardieffe à parler felon qu'il eft jufte & qu'on y eft obligé.* Elle confifte dans une prompte difpofition de l'Ame à notifier & exprimer en parlant d'une maniére convenable, tout ce que la Raifon nous dicte pouvoir être utile, de quelque maniére que ce foit, à la Communauté des Etres Raifonnables. Les paroles, dont cette Loi régle l'ufage, regardent ou le *paffé* & le *préfent,* ou l'*avenir.* A l'égard du *paffé,* & du *préfent,* elle nous ordonne de dire les chofes comme elles font, autant qu'on le fait, & que le Bien Commun le demande; en quoi confifte cette Vertu, qu'on appelle *Véracité.* A l'égard de l'*avenir,* la même Loi veut que nous nous engagions par des Promeffes à faire en faveur des autres certaines chofes qui tournent à l'Utilité Publique, & cela ou abfolument, ou fous condition, felon que l'exige la nature de la plus excellente Fin. Les Promeffes faites entre plufieurs par un confentement réciproque, forment ce que l'on appelle *Contract, Convention, Accord;* & c'eft la fource prefque de tout commerce entre les Etres Raifonnables. Je ne trouve point de nom particulier, pour défigner cette Vertu qui oblige & détermine les Etres Raifonnables à faire des Promeffes ou des Contracts les plus propres à avancer le Bien Public. Mais celle qui confifte à garder inviolablement ces Promeffes & ces Contracts, s'appelle communément *Fidélité.* C'eft néanmoins l'effet d'une même difpofition de l'ame, de vouloir ainfi s'engager, & de vouloir tenir fa parole; en forte qu'il n'eft pas même permis de garder une Convention qui fe trouve incompatible avec le Bien Commun, & par conféquent contraire aux Loix Naturelles, qui, en ce cas-là, rendent illicite l'engagement. La *Juftice* confifte proprement à obferver les Loix. Ainfi, bien loin que tous fes préceptes (2) puiffent être réduits à celui de tenir les Conventions; avant que de favoir fi telle ou telle Convention doit être accomplie, il faut être affuré qu'elle a été prefcrite, ou du moins permife par les Loix Naturelles. Enfin, on ne fauroit témoigner par fes difcours la plus grande Bienveillance envers autrui, fi l'on n'y mêle à propos quelque chofe d'agréable, felon que chacun eft capable de le faire; & c'eft à quoi difpofe l'*Urbanité.* Cette Vertu eft réglée, comme les autres, par toutes les parties de la grande & principale Fin. Car elle prefcrit de ne rien dire, pas même en badinant, qui donne la moindre atteinte à la Gloire de DIEU, ou au Bonheur du Genre Humain; comme font ceux qui, par des plaifanteries infolentes & impudentes, tournent en ridicule les Loix de la Religion, le Droit des Gens, les Loix Civiles, les droits des moindres Sociétez,

des

(c) Παβρνσία *prudens.*

(2) Comme faifoit Epicure, qui pofoit pour unique fondement de la *Juftice,* les Con-

des Familles, ou de chaque Perfonne en particulier. De tels Railleurs font taxez avec raifon de Bouffonnerie. Mais une perfonne, qui, dans la converfation, néglige abfolument, ou condamne dans les autres, une agréable & innocente *Plaifanterie*, tombe dans la *Rufticité*.

§ VII. En voilà affez fur la prémiére des deux parties de la Loi générale de la *Juftice*, fur fes diverfes branches, & fur les Vertus qui s'y rapportent. La feconde Loi particuliére, d'où naiffent d'autres Vertus Morales, fe déduit ainfi de la *Juftice Univerfelle*. ,, Pofé une Loi, comme eft celle de cette Juf- ,, tice, qui établit & maintient les droits de chacun, uniquement en vûë du ,, Bien Commun, à l'avancement duquel chacun doit travailler; chacun eft ,, tenu de penfer auffi à fon propre intérêt dans l'ufage de ce qui lui appartient, ,, de telle maniére qu'il rende en même tems le plus de fervice qu'il peut à tous ,, les autres, ou du moins qu'il ne nuife en rien à leur Bien Commun." Cette propofition doit être entenduë dans le même fens que j'ai (a) expliqué conjointement les deux Loix particuliéres, déduites de la Loi générale de la *Juftice*. Celle dont il s'agit maintenant demande un *Amour de nous-même* réduit à de juftes bornes, c'eft-à-dire, à celles qui font déterminées par la Loi de la *Juftice Univerfelle*, qui affigne à chacun fon droit, à Dieu prémiérement, & puis à tous les Hommes. L'*Amour Propre*, ainfi limité, étant prefcrit par cette Loi Naturelle, & cela en vûë de la plus noble Fin, ne peut qu'être jufte & honnête. Il étoit néceffaire de donner à chacun certains droits particuliers, pour le bien de tous, ainfi que je l'ai montré ci-deffus: il falloit donc auffi, par la même raifon, que la Loi ordonnât à chacun de faire conftamment ufage de fes biens pour fon propre Bonheur, comme fubordonné au Bonheur de toute la Communauté. Car le Bonheur du Tout dépend de celui de chacune de fes Parties: ainfi en commandant le prémier, on commande néceffairement le dernier; & perfonne ne fauroit procurer le Bonheur des autres, s'il fe néglige lui-même.

Or l'*Ame*, & le *Corps*, font deux parties, dont chacun eft effentiellement compofé. Le foin de l'une & de l'autre, doit donc être cenfé prefcrit par la Loi Naturelle, autant qu'il contribuë à l'avancement du Bien Public, & cela par l'ufage des moiens convenables à cette fin, lefquels font uniquement les droits qui nous appartiennent fur les Chofes & fur les Perfonnes. Il n'eft pas befoin de rien dire ici en particulier fur le foin de l'Ame. Toute la *Philofophie Morale*, & tout ce qui fert à l'expliquer, tend à former l'Efprit & le Cœur, en vûë de cette fin. Et pour ce qui regarde le foin du Corps, il eft prefcrit, dans la même vûë, par les Maximes ou les Loix de cette Science, dans l'obfervation defquelles confifte ce que l'on appelle *Tempérance*. Car il y a une différence confidérable entre les Régles de Morale fur l'ufage du Manger, & du Boire, du Sommeil, des Exercices du Corps, des plaifirs de l'Amour; & les Préceptes de Régime, que les Médecins donnent fur les mêmes chofes; c'eft que les Moraliftes dirigent tout cela à une Fin fupérieure, au lieu que les Médecins fe contentent de le propofer comme bon pour la fanté de chacun, qui eft la fin propre & immédiate de la Médecine. Pour moi, je n'attribuerai pas la *Tempérance*, comme une Vertu, à celui qui fans penfer en aucune maniére aux Loix

Margin notes:
Vertus, qui découlent de la feconde partie de la Régle générale de la *Juftice*.

(a) Au § 2. de ce Chap.

Conventions. Voïez ci-deffus, *Chap.* V. § 54. *Not.* 6.

Aaa 3

Loix concernant le Bien Commun, ni par conféquent à la Fin qu'elles fe propofent, obfervera avec la plus grande exactitude tout le régime de vivre
que les Médecins prefcrivent. Il fuffit néanmoins, pour être vertueux, que
l'Agent ait une difpofition générale à faire ce qui eft agréable à Dieu & utile
à tous les Hommes; difpofition, qui vient d'une intention habituelle de rechercher cette Fin, & par conféquent d'un confentement donné une fois pour toutes
à ces fortes de Propofitions Pratiques, ou de Loix Naturelles. Car toute la
force des Habitudes Pratiques vient d'un tel confentement de l'Entendement,
qui fubfifte & fe conferve conftamment dans la mémoire.

De la Tempé-
rance, entant
qu'elle fe rap-
porte au foin
de nôtre con-
fervation.

§ VIII. Voici donc, comment je définis la TEMPE'RANCE. C'eft *une
forte de Juftice envers nous-mêmes, qui a pour objet le foin de nôtre Corps, autant
que le demande ou le permet le Bien Commun.* Je dis, *autant que le demande ou le
permet le Bien Commun:* car, fi, en prenant foin de fon Corps, on néglige tellement le foin de fon Ame, que l'on détruife ou diminuë en quelque maniére
la force de fes Facultez fpirituelles, & que l'on fe rende moins propre aux
Devoirs de la Religion, ou aux affaires humaines, foit civiles, ou domeftiques; on fera intempérant, quoi que l'on puiffe quelquefois tomber dans cette
négligence fans nuire à fa fanté, & par conféquent fans pécher contre les régles que les Médecins prefcrivent pour le régime de vivre. Par exemple, fi
quelcun viole un Jeûne Religieux, qu'il peut obferver ou ne pas obferver fans
préjudice de fa fanté, ou s'il fe ruïne en faifant bonne chére, & par-là fe met
hors d'état de paier les tributs; encore qu'il foit d'une conftitution de Corps à
n'ètre pas incommodé des alimens & de la boiffon dont il fe donne au cœur
joie, il eft certainement coupable d'intempérance. Pour ceux qui, en fe livrant
aux plaifirs, ruïnent leur fanté, ils nuifent non feulement à eux-mêmes, mais
encore en quelque maniére à leurs amis, & à l'Etat dont ils font Membres, puis
que, faute de jouïr, comme ils auroient pû, d'une bonne fanté, ils font moins
propres à rendre fervice aux autres. C'eft de quoi on fera aifément l'eftimation,
par une certaine proportion qu'a la Santé avec la durée de la Vie. Les Loix Civiles, qui ne s'attachent guéres qu'à régler les chofes de grande importance,
défendent ordinairement l'*Homicide de foi-même,* comme un des plus grands
Crimes, par lequel on fait du tort, non feulement à foi-même, mais encore
à l'Etat que l'on prive d'un Citoien. Il y a quelque chofe qui approche de ce
Crime contraire au Bien Public, dans tout ce que l'on fait volontairement qui
eft capable de nuire à nôtre fanté, à proportion de ce que l'eftimation d'une
bonne Santé approche de l'eftimation de la Vie même, fur-tout par rapport
aux Emplois Publics, dont les fonctions font fi néceffaires, qu'on s'attend que
tous les Citoiens en rempliffent quelcune d'une maniére ou d'autre.

La chofe paroîtra plus clairement, fi l'on confidére en particulier ce que
ren-

---

§ IX. (1) Nôtre Auteur s'exprime ici en
difant : *Quid non Ebrietas defigna:* &c. mots
qu'il met en caractére Italique, & qui font le
commencement de quelques vers d'Horace, où le Poëte, en bon Epicurien, fait
l'éloge de l'Yvrognerie.

*Quid non ebrietas defignat? operta recludit;
Spes jubet effe ratas; ad proelia trudit inertem;
Sollicitis animis onus eximit; addocet artes.
Fecundi calices quem non fecére difertum?
Contracta quem non in paupertate folutum?*

„ Quels effets furprenans le Vin ne produit-
„ il

renferme le foin de nôtre Corps. Il confifte à modérer les défirs naturels, **qui** fe rapportent à la *confervation* ou *de l'Individu*, ou *de l'Efpéce*.

Ceux qui fe rapportent à la confervation de l'*Individu*, font 1. Le défir du *Manger*, dont l'*Abftinence* régle les bornes, en vuë du Bien Public, & de toutes fes parties: Vertu, à laquelle eft oppofée, d'un côté, une trop grande *Macération*; de l'autre, la *Gourmandife*. 2. Le défir du *Boire*, que la *Sobriété* régle. Le contraire de cette Vertu, eft l'*Yvrognerie*. 3. Le défir du *Sommeil*. Ce défir eft modéré par la *Vigilance*, à laquelle eft oppofé le *trop dormir*. 4. Le défir des *Divertiffemens* & des *Exercices*. La Vertu qui régle cette forte de défir, n'a point de nom affecté, que je fâche; non plus que les Vices qui lui font oppofez dans le défaut, ou dans l'excès. 5. Le défir des *ornemens* pour la bienféance extérieure, dans les *Meubles*, dans les *Habits*, & dans les *Bâtimens*. Ici le jufte milieu eft réglé par une *Propreté* & une *Elégance*, proportionnées à la condition de chacun. Le Vice oppofé dans l'excès, c'eft le *Luxe*; & dans le défaut, la *Malpropreté*.

§ IX. LE défir qui fe rapporte à la *propagation de l'Efpéce*, ou celui des *plai-* De la *Tempé-* *firs de la chair*, eft réglé par la *Chafteté*; à laquelle eft oppofée l'*Incontinence*. *rance, où é-* Il n'eft pas befoin de détailler les diverfes efpéces de ce Vice; elles ne font que *gard à ce qui* trop connuës. Quiconque s'y abandonne, fait du tort aux autres en différentes *propagation ie* manières. Car, en fe nuifant à foi-même, il bleffe un Membre & de la Fa- *l'efpéce, & le* mille & de l'Etat, & du Genre Humain; par où il prive toutes ces Sociétez *join des En-* d'un grand nombre d'avantages qu'il auroit pû leur procurer, s'il fe fût confer- *fans.* vé pur & fain. De plus, cela entraîne quelque négligence à s'aquitter des Devoirs de la Piété, & empêche qu'on ne s'attache à aucune étude férieufe, dont un Intempérant fe rend entièrement incapable. Ainfi il revient de là du préjudice à tout le Syftème des Etres Raifonnables, qui eft privé des avantages qu'il avoit droit d'efperer, des chofes auxquelles on auroit pû vaquer, fi l'on eût évité de tels excès. Je ne m'arrête pas à étaler d'autres inconvéniens qui naiffent de l'Intempérance en général, par exemple, qu'elle porte à prendre le bien d'autrui pour fatisfaire ces fortes de defirs déréglez; qu'elle fait renchérir les vivres, au grand dommage des Pauvres &c. Je ne dis rien non plus d'un grand nombre de mauvais effets (1) de l'Yvreffe; ni des maux que l'Incontinence caufe au Public. Les derniers font trop connus & d'ailleurs trop honteux, pour que la pudeur permette de les indiquer en détail. Il fuffit de remarquer, que, pour commettre des Crimes de cette nature, il faut néceffairement être deux. Ainfi le Vice ne fauroit ici être borné à corrompre le cœur d'une feule perfonne; & d'ailleurs les mauvais effets s'en répandent fur plufieurs autres. Par-là les droits des Familles, & ceux des Succeffions, font confondus; de

for-

,, Il pas? Il nous porte à découvrir nos pen- ,, lors fa mifére, & ne devient pas tout d'un
,, fées les plus fecrétes: il nous fait regarder ,, coup gai & fans fouci? *Epift.* Lib. I. Ep.
,, nos efpérances comme des réalitez: il en- V. *verf.* 16. & *feqq.* Il y a là, comme on
,, traîne aux combats l'homme le plus pol- voit, de bons & de mauvais effets pêle-mêle:
,, tron: il nous décharge du pefant fardeau mais tout bien compté, le mal l'emporte de
,, de nos chagrins: il enfeigne tous les Arts. beaucoup fur le bien que peut faire le Vin
,, Y a-t-il quelcun, que la bouteille ne ren- pris avec excès.
,, de éloquent? Quel Pauvre n'oublie pas a-

forte qu'il en revient du préjudice à tous ceux qui avoient droit d'attendre quelque chofe de la Famille lézée ou de l'Hérédité, enlevée à ceux qui y auroient eû de juftes prétenfions. Par conféquent, tout le Corps de l'Etat, & enfin tout le Genre Humain, en fouffrent.

Il n'eft pas moins clair, que (2) les Loix Civiles, connuës de chacun, tant celles qui regardent les perfonnes non-mariées, que celles qui concernent les perfonnes mariées, fe propofent non feulement les avantages que la Chafteté procure à l'Ame & au Corps, mais encore ceux qui reviennent à l'Etat de la formation de nouvelles Familles, & de la confervation des anciennes, & de ce que les Amitiez fe multiplient & s'étendent par les alliances qui font une fuite des Mariages. Car cela produit des liaifons & des Sociétez plus étroites entre les Membres d'un même Etat, comme auffi entre les Membres de divers Etats, & par conféquent entre les Membres de tout le Genre Humain.

C'eft, à mon avis, dans cette vuë, que la plûpart des Peuples, fuivant les lumiéres naturelles de la Raifon, ont jugé à propos, depuis que le Genre Humain fe fût multiplié en un grand nombre de Familles, & que l'on eût prefque perdu le fouvenir de la parenté originaire des Hommes, comme tous defcendus d'un prémier Homme & d'une prémiére Femme; ont jugé, dis-je, à propos de défendre les Mariages entre les perfonnes qui font unies par le fang dans les plus proches degrez; afin que cela donnât lieu à des amitiez & des liaifons plus étroites, contractées, par le moien des Mariages entre des Familles éloignées l'une de l'autre qui n'auroient enfemble aucune forte de parenté capable de les unir. Pour cette raifon, les (3) Mariages, par exemple, entre Fréres & Sœurs, font aujourdhui interdits en vuë du Bien Public; au lieu qu'ils ont été permis dans les prémiers Siécles du Monde, parce qu'ils étoient alors néceffaires pour la propagation du Genre Humain, & pour faire naître ce grand nombre de Familles, que la Raifon tâche aujourdhui de conferver, en défendant de tels Mariages, qui empêcheroient que les amitiez ne s'étendiffent auffi loin qu'il paroît que le demande la bonne union entre les Membres des différentes Familles. Ainfi la même Fin, comme tendant toûjours au plus grand bien, rend jufte & la liberté de ces fortes de Mariages accordée dans les commencemens, & la prohibition par laquelle cette liberté a été depuis ôtée, à caufe du changement de l'état des chofes humaines.

Στεργή.   Enfin, le défir naturel de conferver fa lignée, ou ce que l'on appelle (a) *Affection naturelle* des *Péres & Méres*, n'étant autre chofe qu'une continuation du défir qui porte les Animaux à s'unir enfemble pour la propagation de l'efpéce; il eft clair, que cette affection doit être auffi & entretenuë, & limitée en vuë de la même Fin du Bien Public, & de toutes fes parties. C'eft-à-dire, qu'il faut aimer fes Enfans, autant que cela contribuë à rendre à DIEU l'honneur
qui

(2) *Notas Civitatis leges* &c. Le Traducteur Anglois change ici tacitement *Civitatis* en *Caftitatis:* car il dit: *the Known Laws of Chaftity.* Mais il paroît par toute la fuite du difcours, que l'Auteur, après avoir parlé de la Chafteté, & des inconveniens du Vice oppo-

fé, vient maintenant à remarquer, que les Légiflateurs de diverfes Nations ont reconnu la néceffité de reftreindre l'ufage du Défir naturel de l'union des deux Séxes, dans des bornes même plus étroites que les Loix naturelles de la Chafteté ne le demandent; puis qu'ils

qui lui eſt dû ſur la Terre, & au Bonheur de toutes les Nations, de chaque État en particulier, & de chaque Famille. Le Bonheur de tout le Genre Humain, non ſeulement dans le tems que nous vivons, mais encore dans celui qui viendra après nous, dépend certainement du ſoin que l'on a de bien élever ſes Enfans. Et nos Enfans étant un compoſé de nous & d'autrui, le ſoin que l'on prend d'eux fournit un échantillon des Vertus qui ſe rapportent tant à autrui, qu'à nous-mêmes.

§ X. Mais il ne ſuffit pas, pour prendre ſoin de ſoi-même autant que le demande le Bien Commun, de conſidérer, comme nous venons de faire, ce que demande la perfection intrinſéque de l'Ame & du Corps: il faut encore faire attention aux moiens éloignez, qui peuvent contribuer quelque choſe à l'avantage de l'une & de l'autre de ces parties de nous-mêmes. Ces moiens ſont, ce que les Juriſconſultes appellent en général *nos Biens*, & les *droits* que nous avons ſur les *Choſes* & ſur les *Perſonnes*; Biens & Droits, dans l'abondance deſquels conſiſtent les *Richeſſes* & les *Honneurs*.

Des Vertus qui réglent la recherche des Richeſſes; & celle des Honneurs.

Ainſi la même Loi Naturelle qui régle nôtre Volonté, & par conſéquent toutes nos Paſſions, en vüë de la plus excellente Fin & de toutes ſes parties, met auſſi de juſtes bornes à chaque Paſſion en particulier qui a pour objet l'acquiſition & la conſervation des Richeſſes & des Honneurs. Car on ne recherche ces ſortes de choſes que comme autant de moiens pour ſe rendre heureux par leur poſſeſſion; & perſonne ne peut ſe promettre plus de Bonheur, que le Bien Commun de tous ne le demande, ou ne le permet; comme je l'ai montré ci-deſſus. J'ai dit encore quelque choſe, en paſſant, ſur la maniére de régler le ſoin d'aquérir & de conſerver les Richeſſes, comme un moien néceſſaire pour exercer la Libéralité; ce qui ſuffit pour déterminer auſſi les bornes de nos déſirs, par rapport à de telles choſes, conſidérées comme de moiens particuliers de nous rendre heureux.

Il ne me reſte donc qu'à remarquer en peu de mots, au ſujet des *Honneurs*, Que, ſelon la Loi dont il s'agit, perſonne ne doit les rechercher que dans une meſure, & par des moiens, qui s'accordent non ſeulement avec le bon état de ſon Ame & de ſon Corps, mais encore avec le ſoin de ſa Famille, en ſorte qu'on prenne garde de ne pas la ruïner par la recherche des Honneurs; avec la tranquillité de l'Etat, en ſorte qu'on ne cauſe point de ſédition pour s'élever aux Dignitez; avec la paix entre les divers Peuples, en ſorte qu'on ne viole pas le Droit des Gens pour augmenter ſes titres; enfin avec la Religion, en ſorte que l'on n'outrage point la Majeſté Divine, ou que l'on ne s'empare pas des Biens Eccléſiaſtiques & des Emplois Sacrez, pour augmenter ſa propre gloire. Le juſte milieu de la recherche des Honneurs, & du ſoin d'éviter l'infamie, dépend d'une diſpoſition à obſerver ces Loix: Vertu, qui s'ap-

---

qu'ils ont défendu, pour des raiſons de Politique, de ſe marier avec certaines perſonnes, quoi que de tels Mariages n'aient rien par eux-mêmes qui les rende abſolument illicites. Ainſi la faute qui s'eſt gliſſée ici, conſiſte en ce que le Copiſte ou les Imprimeurs ont mis *Civitatis* pour *Civitatum*: ou bien, l'Auteur aiant

peut-être écrit, *Civitatis* cujusque, on aura ſauté le dernier mot. Cela reviendroit au même, pour le ſens, que j'ai exprimé par *Loix Civiles*.

(3) Voiez Pufendorf, *Droit de la Nature & des Gens*, Liv. VI. Chap. I. § 34.

Bbb

s'appelle MODESTIE, & que l'on peut définir, *une forte de Justice envers nous-mêmes, qui consiste dans une recherche des Honneurs subordonnée au Bien Commun.* La même Modestie, entant qu'elle détourne nôtre Volonté d'aspirer à quelque chose de plus haut que ce qui est compatible avec cette grande Fin, s'appelle *Humilité*; & entant qu'elle éléve nos désirs à la recherche des plus grands honneurs, par lesquels on peut légitimement travailler à avancer cette Fin, c'est une vraie (1) *Magnanimité.* Je suppose ici, au reste, comme une chose connuë, que le soin de se garantir & de se délivrer de l'Infamie, appartient à la même Vertu, que le soin de rechercher & de conserver l'Honneur. Pour ce qui est des Vices opposez aux Vertus dont il s'agit, on voit aisément par la régle des contraires, en quoi consiste l'*Orgueil*, directement opposé à l'*Humilité*, & qui se découvre par l'*Ambition*, l'*Arrogance*, ou la *Vaine Gloire*; comme aussi, quelle est la nature de la *Pusillanimité*, contraire à la *Magnanimité.*

Méthode générale pour découvrir les maximes de la Loi Naturelle qui réglent la pratique de toute sorte de Vertus. § XI. DE ce que je viens de dire, en parcourant toutes les Vertus, il paroît que chacune d'elles renferme quelque rapport au Bien de tout le Systême des Etres Raisonnables, que l'on me permettra d'appeller la *Cité* ou le *Roïaume* de DIEU, dans le sens le plus étendu. Entre ces Vertus, les unes regardent immédiatement l'avantage d'autrui; les autres, nôtre propre avantage: mais toutes tendent toûjours au plus grand avantage de tous en général.

Quand on agit conformément aux régles de la Vertu, nôtre Ame recherche ce Bien Commun & dans l'*ordre* (1) *de Génération*, & dans un *ordre Analytique*. Chaque Particulier imite la prémiére méthode. Car, en commençant par avoir soin de ce qui le regarde lui seul, il prend garde de ne le faire qu'autant que le demande, ou le permet, l'établissement, la conservation, ou l'état florissant de sa Famille. Il ne pense à l'avantage de sa Famille (2), qu'autant qu'il est compatible avec l'intérêt, plus considerable, de l'Etat dont il est Membre. Il n'a égard au bien de l'Etat, que sans préjudice du Bonheur de toutes les autres Nations, ou du soin qu'il doit avoir de l'avancer. Il ne se propose enfin l'avantage du Genre Humain, que d'une maniére qui ne blesse en rien le respect dû à la Majesté Divine, ni les droits du Régne de DIEU, qui s'étendent à

tou-

---

§ X. (1) Le terme de *Magnanimité*, qui signifie *Grandeur d'ame*, & dans nôtre Langue, & dans d'autres, n'est pas borné à la Vertu dont il s'agit; & il peut s'appliquer à d'autres, où l'on n'a pas moins d'occasion de témoigner des sentimens nobles & élevez. Mais nôtre Auteur a emprunté cette dénomination d'ARISTOTE, qui appelle Μεγαλοψυχία, la Vertu qui consiste, selon lui, à se croire digne de grands Honneurs, & à les rechercher, lors qu'on les mérite effectivement, *Ethic. Nicomach. Lib. IV. Cap. 7.*

§ XI. (1) *Ordine tam genetico, quàm Analytico.* Le Traducteur Anglois explique le mot *Genetico* par *Synthétique*; & Mr. le Docteur BENTLEY a aussi corrigé sur l'exemplaire de l'Auteur, *Synthetico.* Mais, de la maniére que les Logiciens expliquent les deux Méthodes, *Analytique* & *Synthétique*, l'ordre que

nôtre Auteur suit dans l'application à son sujet, seroit tout contraire. Si l'on compare ceci avec ce qu'il a dit au *Chap. IV. § 4.* on verra qu'il n'attache pas les mêmes idées précisément à ces termes.

(2) Je ne sai pourquoi, au lieu de *familiae suae*, Mr. le Docteur *Bentley* avoit corrigé sur l'exemplaire de l'Auteur *personae suae.* Cela détruit manifestement la pensée de l'Auteur, en réduisant à un seul deux membres distincts de sa gradation.

(3) „Cette supposition d'un partage actuel, „fait par *Adam* & *Eve*, n'est point nécessai„re pour établir le Systême de nôtre Au„teur, & elle est en elle-même destituée de „fondement. L'usage de toutes les choses „n'avoit pas été accordé uniquement aux „prémiers Péres: le Monde entier étoit don„né en commun au Genre Humain, d'une

Com-

toutes les chofes divines & humaines. Il fuppofe d'ailleurs les droits de tous, déja établis & diftribuez pour l'ordinaire.

Mais ceux qui gouvernent les autres, & qui en cette qualité ont pouvoir de faire une telle diftribution de droits, commencent par envifager tout le Syftême, & par conféquent fuivent plûtôt la Méthode Analytique. Ils pofent d'abord pour principe, le bien de la *Cité de* Dieu, qui demande que l'on rende à cet Etre Souverain, comme Roi & Maître de l'Univers, les Devoirs d'un honneur fuprême; que l'on laiffe enfuite à tous les Peuples, comme étant fes Sujets, leurs droits particuliers, duëment limitez, fur les Chofes & fur les Perfonnes: puis, à l'égard des droits qui appartiennent en propre à chaque Nation, que l'on prenne foin de ceux des moindres Sociétez, fur-tout des Familles, & enfin de chacun des Individus, dont elles font compofées.

Il étoit très-facile & abfolument néceffaire de fuivre cette derniére méthode dans le prémier partage des droits fur les Chofes & fur les Perfonnes, ou dans le prémier établiffement de la Propriété, lors que les Prémiers Parens du Genre Humain, refervant à Dieu fes droits, (3) diftribuérent tout le refte entre leurs Enfans. Car, le Bonheur de tout le Syftême des Etres Raifonnables étant la grande & unique Fin, qui, de fa nature, eft la meilleure & la plus relevée, comme renfermant tous les Biens, & par conféquent meilleure & plus grande naturellement qu'aucune de fes parties; ceux qui la connoiffent bien, & qui jugent droitement, ne peuvent que la rechercher. Et la neceffité de cette recherche rend néceffaire un partage & une limitation du pouvoir fur les Chofes & fur les Perfonnes, c'eft-à-dire, qu'elle eft l'origine de toutes les Loix, & des droits particuliers de chacun, qui naiffent des Loix. Or il eft clair, qu'en defcendant de la confidération de ce que demande le Bien du Tout, au foin de chacune de fes Parties, on fuit la Méthode Analytique.

§ XII. Les Loix de la Société avec Dieu, de celle qu'il y a entre les divers Peuples, entre les Membres d'un même Etat, & entre ceux d'une même Famille, étant une fois pofées, on trouve là des régles fûres de Piété, & de toute forte de Vertus; de forte que perfonne ne peut plus être trompé par le nom d'avec les fauffes.

Régles fûres, qui naiffent de là, pour diftinguer les véritables Vertus

,, *Communauté négative*, en forte que chacun ,, pouvoit, fans le confentement des autres, ,, fe fervir de tout ce dont perfonne ne s'é- ,, toit encore emparé, comme nous jouïffons ,, maintenant des Eaux & de l'Air. Autre cho- ,, fe eft la *Communauté pofitive*, comme celle ,, d'un *Théatre*, ou d'un *Pâturage* apparte- ,, nant à une Ville: car perfonne ne peut ,, s'approprier ces fortes de chofes fans le ,, confentement des autres, auxquels elles ,, font communes, & aucun n'a droit de s'en ,, fervir fans le confentement des coproprié ,, taires." Maxwell.
Le Traducteur Anglois a grande raifon de traiter de chimérique ce partage qu'on fuppofe fait par *Adam* & *Eve*. On peut voir là-deffus, auffi bien que fur la diftinction entre *Communauté négative* & *Communauté pofitive*, le grand Ouvrage de Pufendorf, qui en traite au

long, *Droit de la Nature & des Gens*, Liv. IV. Chap. IV. Il n'a même été befoin d'aucune Convention générale, pour introduire la *Propriété des Biens*: le droit du *Prémier Occupant* fuffifoit pour cela, comme je l'ai fait voir dans mes Notes fur ce Chapitre. Mais, lors que la Propriété fut une fois établie de cette maniére, le Bien Commun, & par conféquent la Loi Naturelle demandoit qu'on la maintînt, tant que les chofes fubfifteroient dans le même état, comme elles ont fait jufqu'ici, & comme elles feront apparemment jufques à la fin du Monde. Voilà qui fuffit auffi pour les principes de nôtre Auteur, qui par-là ne perdent rien de leur force, & deviennent même d'autant plus folides, qu'on en écarte une pure hypothéfe, qui donneroit prife aux Adverfaires.

nom de quelque Vertu donné fauſſement à des actions qui renverſent les droits de la Religion, ceux des Nations, des Etats, ou des Familles. Car il eſt évident, que toutes les parties de la *Juſtice Univerſelle*, que j'ai détaillées en peu de mots, & toutes les actions propres à chaque Vertu, ſont preſcrites par ces Loix, uniquement en vûë du Bien Commun; & cela parce qu'une expérience perpétuelle nous apprend, que de tels actes ont une efficace naturelle pour procurer l'honneur que l'on rend à Dieu, ou pour avancer la paix & le bonheur des différentes Nations, ou pour combler de biens un Etat en particulier, ou une autre moindre Société, ou quelque Perſonne ſeule. Or toutes ces parties de Bonheur, conſiderées dans un tel ordre, forment l'idée complette du Bien Commun.

On peut auſſi expliquer par-là très-clairement, de quelle maniére la droite Raiſon d'un Homme Sage, détermine la juſte médiocrité dans les Actions Humaines. Car cela conſiſte dans certaines Propoſitions Pratiques, qui nous propoſent la plus excellente Fin, & les Moiens que nous avons en nôtre pouvoir, propres à nous y faire parvenir. Ces Moiens ſont les Actions Humaines, preſcrites, prémiérement par les Loix du Culte Divin, & par celles qui entretiennent le commerce entre les divers Peuples; puis par les Loix Civiles, par les Loix Domeſtiques, & enfin par les maximes que la Raiſon enſeigne à chaque Particulier, conformes à l'expérience, ſur l'efficace naturelle des Actions Humaines. Ainſi tout ſe réduit ici enfin à la vertu naturelle qu'ont les Actions Humaines, de procurer du bien ou de cauſer du mal aux Hommes, conſiderez ou chacun en particulier, ou joints enſemble, dans une ſeule Famille, dans un ſeul Peuple, ou dans l'aſſemblage de pluſieurs. Pour ſavoir, quelles ſont les Actions par leſquelles on peut rendre à Dieu l'honneur qui lui eſt dû, nous en jugeons par analogie, en conſidérant celles qui ſervent à honorer les Hommes. Et à l'égard de celles qui ſont utiles, ou nuiſibles à autrui en général, on les connoît par l'expérience, auſſi évidemment qu'elle nous montre quelles viandes ſont bonnes à la plûpart des gens pour leur nourriture & pour leur ſanté, & quelles au contraire engendrent des maladies, & avancent le tems de la mort.

§ XIII. Toutes les Loix Naturelles, & toutes les Vertus, ſe déduiſent de ces Propoſitions: *Il eſt néceſſaire pour le Bien Commun de faire un partage des Choſes, & des Services mutuels; & de maintenir ce partage, en agiſſant, tant envers autrui, qu'envers ſoi-même, ſelon que le demande la conſervation des Peuples, des Etats, & des Familles, dont on eſt Membre.* La vérité de tout cela s'apprend par l'expérience, auſſi aiſément que nous ſavons par la même voie, qu'il eſt néceſſaire pour la vie & la ſanté du Corps Animé, que la nourriture ſe diſtribuë dans toutes ſes parties, & que la diſtribution qui s'en fait naturellement, ſoit entretenuë par des fonctions de chaque Membre, & pour lui-même & pour les autres, exercées de telle maniére, que les parties principales, puis les moins importantes, & les moindres enfin, ſoient garanties de toute obſtruction, recouvrent

Propoſitions, d'où ſe déduiſent toutes les Vertus.

§ XIV. (1) Léonard Lessius (*Leys*) Jéſuite, dont on a un Livre intitulé: Hygiasticon, *ſive de tuenda valetudine, tam* animi, quam corporis: auquel eſt jointe une Traduction de ſa façon, d'un Traité Italien de Louis Cornaro ſur la même matiére.
Le

vrent ce qu'elles peuvent avoir perdu, & croiſſent ſelon la meſure & la vigueur preſcrites par la nature.

La vérité de ces deux ſortes de Propoſitions, eſt fondée ſur celles-ci, ou autres ſemblables: *Ce qui conſerve le Tout, conſerve auſſi toutes ſes Parties: La conſervation des Parties moins conſidérables, ou ſubordonnées, dépend de la conſervation des Parties principales.* Tout cela eſt évident par la définition même de ces ſortes de Cauſes: ainſi on peut dire avec raiſon, que la nature des Choſes nous l'apprend par l'expérience. Car les Définitions ſe découvrent par la conſidération de la nature des Choſes, telle que l'expérience nous la fait connoître.

§ XIV. DE PLUS, comme toute la certitude de la *Phyſique*, & de cette partie de la Médecine qui preſcrit un *Régime de vivre*, dépend de l'efficace immuable des Cauſes Corporelles pour la production de leurs effets: de même, c'eſt de l'influence immuable des Actions Humaines ſur la conſervation, ou ſur le dommage de chaque Homme en particulier, des Familles, des Etats, & de toutes les Nations en général, que provient toute la certitude des Propoſitions Pratiques, qui ſont autant de Loix Naturelles, dont l'aſſemblage forme la Philoſophie Morale, & par où la nature de toutes les Vertus eſt déterminée.

Certitude de ces Propoſitions, malgré la diverſité des circonſtances, qui demandent qu'on agiſſe de différentes maniéres.

Il eſt vrai que les Hommes doivent agir en différentes maniéres, ſelon la diverſité de leurs conditions, des Familles, des Etats, & des autres circonſtances. Mais cette variété n'eſt pas plus incompatible avec un ſoin conſtant & invariable de maintenir & d'avancer toutes les parties de la plus excellente Fin, dont j'ai ſi ſouvent fait l'énumération; qu'une diverſité de Régime, ſelon les païs, les âges, & les tempéramens différens des Hommes, n'eſt contraire au ſoin que chacun en tout païs doit avoir conſtamment de fournir de la nourriture à tous ſes membres, de ſatisfaire à ſes néceſſitez naturelles, d'appaiſer la faim & la ſoif, qu'il ſent, de dormir, de faire un uſage modéré des exercices, des plaiſirs de l'amour, & des Paſſions, ſelon que le demande ſa conſtitution particuliére. En tout cela, comme dans les choſes néceſſaires pour le Bien Public, on ne ſauroit parvenir à la Fin qu'on ſe propoſe, en agiſſant toûjours à ſa fantaiſie: mais la nature même de la Fin y met certaines bornes, quoi que nôtre Entendement ne ſoit pas capable de les déterminer avec une préciſion Mathématique. On peut ſe maintenir en aſſez bonne ſanté, ſans peſer les alimens, ſelon la méthode preſcrite par (1) LESSIUS. De même, on travaille aſſez & l'on contribuë véritablement à l'avancement du Bien Commun, encore qu'on ne puiſſe pas déterminer dans chaque cas, avec la derniére exactitude, ce qui eſt le meilleur; pourvû qu'autant qu'il dépend de nous, on tâche de le découvrir dans les circonſtances qui ſe préſentent.

Je crois devoir remarquer encore ici, que le Bien Commun de tous les Etres Raiſonnables, par cela même que c'eſt l'aſſemblage de tous les Biens Naturels, & par conſéquent le plus grand Bien, eſt une meſure déterminée par la Nature, & la plus propre à faire juger ſûrement, par la comparaiſon des autres Biens

---

Le tout imprimé chez *Plantin*, en 1613. & 1614. in octavo. Voiez la *Bibliothèque Belgique* de VALE'RE ANDRE' &c. pag. 816. de la derniére Edition.

Biens avec celui-là, s'ils font grands ou petits; & par conféquent, fi l'on doit les mettre au prémier rang, ou dans un rang inférieur, quand on en fait l'objet de fes défirs. Cette même mefure fournit la jufte eftimation de tous les Maux, & par-là nous montre, quels on doit plus ou moins fuïr, & à quels on doit être plus ou moins fenfible. De là auffi on apprend, quelles Paffions doivent l'emporter fur les autres, & quelles doivent céder; puis que la jufte mefure des Paffions, felon ce qui convient à la Nature Raifonnable & à la nature de l'Univers, eft certainement celle qui répond exactement à la vraie eftimation des Biens & des Maux, par la vuë desquels elles font excitées.

§ XV. Le foin de gouverner nos Paffions eft une chofe de très-grande importance, puis que c'eft la fource de toute Vertu, & de tout nôtre Bonheur, autant qu'il eft en nôtre pouvoir de nous le procurer. Ce foin dépendant entiérement de la vraie mefure des Biens & des Maux, felon laquelle on doit les tenir pour grands ou pour petits; il faut expliquer un peu plus au long ce que je viens de dire, Que l'idée du Bien Commun fournit une telle mefure, déterminée par la nature même des Chofes. Le Bien Commun de tous les Etres Raifonnables, eft la Fin qu'ils font tous naturellement tenus de rechercher; comme je l'ai montré ci-deffus. Or la Fin eft & plus connuë que les Moiens, & une mefure abfolument néceffaire, felon la conftitution de la Nature Raifonnable, pour faire l'eftimation des divers degrez de bonté qu'il y a dans les Moiens. Ainfi le Bien Commun étant pofé comme la principale Fin, le Bien de chaque Particulier eft un moien, pour avancer le Bien Commun de tout le Syftême des Etres Raifonnables: de même que le bon état de chaque Membre eft un moien pour entretenir la Santé de l'Animal.

Et il n'y a rien d'extraordinaire à fe fervir, pour découvrir les Quantitez des Chofes, d'une mefure qui furpaffe la quantité de ce qui eft mefuré; pourvû qu'on divife cette mefure en petites parties quelconques, dont chacune aît une proportion connuë avec le Tout. Par exemple, une Régle de deux ou de trois pieds fera divifée en Pieds, ou en Douziémes de Pieds, en Centiémes, en Milliémes, pour trouver ainfi la longueur d'une Ligne, qui foit plus courte que la dixiéme partie d'un Pied. De même, quoi que le Bien Commun aît une très-vafte étenduë; cependant, comme fes parties, tant les plus grandes, que les plus petites, font connuës, & que l'on comprend affez la proportion qu'elles ont chacune avec le Tout, on peut très-commodément déterminer par cette mefure la grandeur de chaque Bien, & quel de deux Biens eft plus ou moins grand.

§ XVI. Les *Parties*, dans lefquelles fe divife le *Bien Commun*, confidéré comme une Régle, font tous les Biens de tous, de l'affemblage defquels réfulte le plus heureux état du Syftême des Etres Raifonnables, & qui y font fubordonnez. Tels font ceux qui concernent le *Culte* de DIEU ou la *Religion*; ceux qui fe rapportent à la *Religion*; ceux qui fe rapportent à la *paix* & aux *fecours réciproques des Nations*; ceux qui regardent le plus heureux état de chaque *Société Civile*, de chaque *Famille*, ou de chaque *Perfonne*, autant qu'on peut le procurer par l'induftrie humaine, en fuivant l'ordre que ces différentes parties ont refpectivement, eû égard à la confervation du Tout. Comme donc, en divifant une Régle en Pieds, chaque Pié en Dixiémes, en Douziémes, ou
tout

Marginal notes:

L'idée du Bien Commun fournit la jufte eftimation des Biens & des Maux; & par conféquent la *régle* de toutes nos *Paffions*.

Parties, dans lefquelles fe divife le *Bien Commun*.

tout autant d'autres parties qu'on voudra, on connoîtra la proportion de la plus petite Partie avec le Tout : de même, après avoir connu l'ordre & la proportion de divers Biens entr'eux, & celle de tous avec le Bien Commun, il est aisé de découvrir la proportion de chaque Bien proposé avec ce Bien le plus grand & le plus excellent, qui se forme de l'assemblage de tous. Ainsi, en connoissant la proportion de quelque Proposition véritable avec la Science ; celle de la Science avec la tranquillité de l'Ame & avec le gouvernement des Passions ; celles de ces dispositions internes avec le bonheur d'une Personne ; celle d'une Personne avec sa Famille, celle de la Famille avec l'Etat dont elle est Membre ; celle de l'Etat avec toutes les Nations ; celle des Nations avec tout le Système des Etres Raisonnables : on vient enfin à se convaincre, combien la connoissance d'une seule Vérité contribue au Bien de l'Univers. Il en est ici de même dans l'estimation des Biens du Corps, comme du bon état du plus petit Membre ; de l'usage de quelque Habit, ou de quelque Viande que ce soit, pour la conservation du Corps. On peut aussi trouver selon cette méthode la proportion qu'a le Corps avec l'Homme entier, avec la Famille, avec l'Etat, & enfin avec l'Univers.

Les plus habiles Maîtres en l'art de mesurer, (j'entends les Géométres) se servent ordinairement, pour déterminer les proportions des QUANTITEZ, d'une méthode, qui peut être aisément appliquée à nôtre sujet ; c'est de comparer les *Quantitez* avec *la plus grande* à laquelle elles se rapportent de quelque manière que ce soit ; & voici pourquoi. Les plus petites Quantitez échappent & à la vuë, & à nôtre Entendement : il y en a une infinité, qui tiennent le milieu entre les plus grandes & les plus petites, & l'on ne voit aucune raison pourquoi l'une serviroit de mesure, plûtôt que l'autre ; bien plus, la même est appellée grande, par rapport à d'autres moindres, & petite, par rapport à d'autres plus grandes. Mais la plus grande de toutes est unique, & celle qui se présente plus qu'aucune autre à nôtre Esprit. Elle est donc *la plus propre à être prise pour mesure ;* puis que *toute Mesure doit être déterminée, & plus connuë qu'aucune autre chose dont on voudroit se servir.* C'est ainsi que les Mathématiciens cherchent la grandeur des *Lignes inscrites* dans un *Cercle,* en les comparant avec le *Diamètre,* qui est la plus grande de toutes ces Lignes. A cela se rapporte aussi la détermination des *Sinus,* faite dans la Table, en les comparant avec le Raion. Car les Sinus sont des moitiez des Inscrites soûtendantes du double de leurs arcs, & le Raion est la moitié du Diamètre. Or on sait qu'une Moitié a la même proportion avec l'autre Moitié, que le Tout avec un autre Tout. C'est ainsi encore que les Corps réguliers se mesurent par une comparaison avec la Sphère, c'est-à-dire, avec le Corps le plus grand, dans lequel tous les autres sont inscrits.

§ XVII. MAIS c'est assez s'arrêter à alléguer de tels exemples. Dans tout ce que j'ai dit de la mesure des Biens, je me suis uniquement proposé de faire voir, que l'on doit juger de la grandeur des Biens & des Maux, non selon qu'ils sont plus avantageux ou nuisibles à nous-mêmes en particulier, mais selon qu'ils ajoûtent au Bonheur Commun, ou qu'ils en diminuent, plus ou moins ; & qu'en comparant ensemble les divers Biens, il faut regarder comme plus grand, celui qui fait une plus grande partie du Bonheur Public ; & tenir pour

Conclusion de ce Chapitre.

pour moindre, celui qui ajoûte moins à ce Bonheur. Car j'ai trouvé, que de ce principe on peut tirer un préfervatif univerfel contre toutes les Paffions déréglées, qui viennent ordinairement d'un trop grand amour de nous-mêmes, & par lefquelles ou l'on fait du tort à autrui, ou l'on trouble fon propre repos. Celui qui tiendra pour maxime de ne rien regarder comme un grand Bien, que ce qui eft fort utile au Public, ne formera jamais de défir illégitime : il ne péchera jamais contre le Bien Public à un tel point, que fa Confcience lui reproche aucun Crime, dont la penfée l'inquiette. Que fi les affaires du Genre Humain fe trouvent en mauvais état, par un effet des Crimes d'autrui, ou de certaines Caufes au deffus des forces humaines, il n'en perdra pas la tranquillité de fon Ame; tant parce qu'il fait que tout cela ne dépend point de lui, que parce qu'il s'attend tous les jours à de pareils événemens, à caufe de l'inconftance & des révolutions auxquelles toutes les chofes Humaines font fujettes : mais fur-tout parce qu'il eft très-certain par l'expérience de tous les Siécles, que, malgré toutes ces viciffitudes, l'état de l'Univers eft devenu meilleur en général, plûtôt que pire; d'où il y a tout lieu de conclure, qu'il n'eft guére poffible que les chofes aillent plus mal dans les Siécles à venir pour nôtre Poftérité.

CHAPITRE IX.

Conféquences, qui naiffent des principes établis ci-deffus.

I—IV. *Confidération du* DE'CALOGUE, *entant que* DIEU, *qui en eft l'auteur, y a établi les fondemens du Gouvernement politique des* Juifs ; *& que ces fondemens, mis à part ce qui regardoit en particulier la* Nation Judaïque, *renferment, comme le demande néceffairement la conftitution de quel Gouvernement Civil que ce foit, toutes les Loix qui font naturellement impofées à tous les Hommes.* V. *Néceffité de l'établiffement & de la confervation du* GOUVERNEMENT CIVIL *pour le Bien Commun, déduite plus particuliérement des principes de cet Ouvrage.* VI. GOUVERNEMENT DOMESTIQUE, *prémiére origine & modéle de tout Gouvernement Humain. Autorité d'un* Mari *fur fa* Femme, *& d'un* Pére *fur fes* Enfans, *fondée fur ce que demande la grande Fin du Bien Commun; d'où font auffi déduites les juftes bornes d'une Autorité légitime.* VII. *Qu'il n'eft pas permis aux Sujets de punir leur Souverain.* VIII. IX. *Que, felon nos principes, les Souverains ont un Pouvoir très-étendu; au lieu que ceux d'*HOBBES *renverfent les fondemens de toute Souveraineté:* 1. *Parce qu'il repréfente les Princes comme plus féroces & plus cruels que les Bêtes fauvages:* X. *Et* 2. *parce qu'il dépouille tous les Hommes, par conféquent auffi les Princes, d'une droite Raifon, par laquelle ils puiffent juger quelles actions font naturellement bonnes ou mauvaifes à d'autres qu'à eux-mêmes.* XI. *Réfutation de ce qu'il dit, pour prouver que l'on doit fe foûmettre à la Raifon de l'Etat Civil, ou du Souverain.* XII. *Que, felon fon dogme du droit de tous à tout & fur tous, perfonne ne peut entrer dans une Société Civile.* XIII. *Qu'il autorife la Rébellion des Sujets.* XIV. XV. *Que*

fa

fa doctrine touchant les Conventions *eft dangereufe par rapport aux Princes:*
XVI. *Auffi bien que ce qu'il dit des Sermens.* XVII. *Que le tranfport des droits
de chacun à une feule & même Perfonne, d'où il tire uniquement l'origine des E-
tats Civils, n'emporte aucune obligation d'obéïr aux Princes, felon les principes de
cet Auteur.* XVIII. *Que, pour flatter les Princes, il fait femblant de leur donner plus de pouvoir que ne leur en donnent les autres Philofophes, mais qu'en même
tems il leur ôte tout; & qu'il les accufe même des plus grands Crimes, en prétendant qu'ils ne font foûmis à aucune Loi.* XIX. *Qu'il ne leur laiffe aucune gloire
de Sageffe & de Juftice.* XX. *Que les Princes, dans la plûpart des Etats, rejettent ouvertement & conftamment le pouvoir illimité qu'il leur accorde; & qu'il le
leur refufe lui-même ailleurs.* XXI. XXII. *Réfutation de ce qu'il tâche d'établir, Que les Souverains ne font point obligez par les Conventions qu'ils font, ni
avec leurs Sujets, ni avec les autres Etats.* XXIII. *Que ce qu'il enfeigne fur le
Crime de Léze Majefté, porte les Sujets à le commettre.*

§ I. APRE's avoir tiré des Sources mêmes de la Nature les Préceptes Les Deux Ta-
de Morale les plus généraux, & expliqué par-là les Vertus Mora-bles du Décalo-
les en particulier; je juge maintenant à propos de montrer, fans m'y étendre gue, renfer-
beaucoup, comment ces Préceptes nous ménent à d'autres plus limitez, & cept général
dont on fait communément plus d'ufage. Car il paroîtra par-là, que DIEU a de la Bien-
auffi imprimé dans l'efprit des Hommes, par des indices naturels, ces Précep-veillance Uni-
tes particuliers, & y a joint la même Sanction de Peines & de Récompenfes. verfelle.
C'eft ce que je vais prouver en faifant quelques réflexions fur le *Décalogue*, &
fur les *Loix Civiles.*

On divife ordinairement le *Décalogue* en deux *Tables*, dont la prémiére
prefcrit nos Devoirs envers DIEU; l'autre, envers les *Hommes*, & toutes
deux fe réduifent à l'*Amour* de DIEU, & des *Hommes.* Or il eft clair, que
l'une & l'autre eft renfermée dans le précepte de la *Bienveillance Univerfelle*,
que nous avons déduit de la confidération de la Nature, ou dans le foin du
Bien Commun, entant qu'il a DIEU pour objet, comme le Chef du Syftême
Intellectuel, & les *Hommes*, comme foûmis à fon Empire.

§ II. LA *Prémiére Table* du *Décalogue* fe rapporte particuliérement à cette Des Comman-
partie de la Loi de la *Juftice Univerfelle*, qui, comme nous l'avons fait voir, demens de la
nous enfeigne, Qu'il eft néceffaire pour le Bien Commun, & par conféquent Prémiére Ta-
pour le Bonheur de chacun de nous en particulier, de rendre à DIEU ce ble.
qui lui appartient, ou de faire, autant qu'il dépend de nous, tout ce qui eft
néceffaire pour mettre en évidence l'Honneur fuprême qui lui eft dû; c'eft-
à-dire, que l'on reconnoiffe, comme ce qui eft du plus grand intérêt de
tous, que DIEU eft le Souverain Maître de tous & de toutes chofes.
Nous venons à connoître, qu'il exerce actuellement un tel Empire, par cela
même que nous favons qu'il eft la Prémiére Caufe de tout, & une Caufe fouverainement libre & indépendante. Pour ce qui eft du droit, ou de la néceffité de lui attribuer un tel Empire, par rapport au Bien Commun; on le
déduit de ce que DIEU feul peut & veut obtenir cette Fin de la manière la plus parfaite; étant doué d'une Sageffe infinie, par laquelle il découvre
pleinement toutes les parties de cette grande Fin, & tous les Moiens les plus

pro-

propres pour y parvenir ; & aiant une Volonté, qui toûjours embraſſe la meilleure Fin, & choiſit les Moiens les plus convenables, parce qu'elle eſt eſſentiellement d'accord avec ſa Sageſſe; étant enfin revêtu d'une Puiſſance, qui ne manque jamais d'exécuter ce à quoi ſa Volonté ſouverainement ſage s'eſt déterminée.

Dès que l'on a découvert, par la conſidération de ces Perfections naturelles, & par conſéquent éternelles, de la Divinité, la néceſſité de l'Empire de cet Etre Souverain, par rapport au Bien Commun, qui eſt le plus grand de tous; on connoît auſſi la Loi Naturelle, qui lui donne un tel droit, de la maniére que je l'ai expliqué ci-deſſus. Car il eſt clair, d'un côté, que la Raiſon de D I E U, toûjours droite, qui eſt pour lui une eſpéce de Loi Naturelle, ne peut que s'attribuer, de toute éternité, cet Empire, en vuë de la grande Fin; de l'autre, que la Droite Raiſon de l'Homme, du moment qu'il exiſte, & qu'il fait attention à cette Vérité, y aquieſcera néceſſairement, puis que, tant que la Raiſon Humaine eſt droite, elle ne ſauroit avoir des idées différentes de celles de la Raiſon Divine. Or, poſé une Loi, qui ordonne de reconnoître cet Empire de D I E U, de là naiſſent auſſi tôt les Loix qui preſcrivent, envers lui, l'Amour, la Confiance, l'Eſpérance, la Reconnoiſſance, l'Humilité, la Crainte, l'Obéïſſance, & tous les autres ſentimens exprimez par l'*Invocation du nom de* D I E U, par les *Actions de Graces*, par l'attention à *écouter la Parole de* D I E U, par la *conſecration*, faite uniquement en ſon honneur, de certaines *Choſes*, de certains *Lieux*, de certains *Tems*, & de certaines *Perſonnes*.

Par-là on eſt ſuffiſamment averti, De ne rendre à aucun autre que ce ſoit, un Culte égal à celui que l'on rend à D I E U; ce qui eſt défendu dans le *Prémier Précepte* du *Décalogue:* De ne ſe repréſenter jamais D I E U comme ſemblable aux Hommes, moins encore à d'autres Animaux, ou comme aiant une forme corporelle, dans laquelle il ſoit renfermé; ce qui eſt défendu dans le *Second Précepte:* De ne s'attirer point le courroux & la vengeance de D I E U par quelque Parjure; ce qui fait la matiére du *Troiſiéme Précepte:* De deſtiner au Culte Divin une portion convenable de nôtre tems; ce que le *Quatriéme* & dernier Précepte de la *Prémiére Table* inſinuë, par l'exemple du *Sabbat*, dont il preſcrit l'obſervation.

De ceux de la Seconde Table. § III. L A *Seconde Table* peut être de même déduite de cette partie de la *Juſtice Univerſelle*, par laquelle nous avons dit que la Loi Naturelle ordonne, comme une choſe néceſſaire pour le Bien Commun, d'établir & de maintenir inviolablement, entre les *Hommes*, des *Domaines* diſtincts, certains droits de Propriété, ſur les *Choſes*, ſur les *Perſonnes*, & ſur les actions de celles-ci: c'eſt-à-dire, qu'il s'en faſſe une diſtribution, ſagement accommodée à la plus excellente Fin, & que l'on garde celle que l'on trouve ainſi établie, de ſorte que chacun aît en propre, du moins ce qui lui eſt néceſſaire pour ſe conſerver, & pour être utile aux autres; deux effets, qui l'un & l'autre contribuent au Bonheur Public. La raiſon pourquoi un tel partage des Choſes, & des Services, ou des Actions Humaines, eſt néceſſaire, c'eſt que perſonne ne peut vivre, moins encore être heureux, ſans l'uſage de pluſieurs Choſes, & l'aſſiſtance ou la permiſſion volontaire de pluſieurs Hommes: or la conſervation du Genre Humain, qui a une liaison plus évidente avec le Bien Commun, consiste dans la conservation de chaque Homme en particulier.

Si nous cherchons plus distinctement ce qu'il faut de toute nécessité regarder comme appartenant en propre à chacun, pour le bien de tous, nous trouverons que tout se réduit aux chefs suivans. 1. Le droit que chacun a de conserver sa Vie, & ses Membres en leur entier, pourvû qu'il ne commette rien de contraire à quelque utilité publique, qui soit plus considérable que la vie d'un seul Homme. C'est à un tel droit que le *Sixiéme Précepte du Décalogue* défend de donner aucune atteinte; & par-là il permet non seulement, mais encore il ordonne un Amour de soi-même restreint dans certaines bornes. Le droit que chacun a d'exiger la bonne *foi* & la fidélité dans les Conventions, qui n'ont rien de contraire au Bien Public. Entre ces Conventions, une des plus utiles au Genre Humain, c'est celle du Mariage, d'où dépend toute l'espérance de laisser des Successeurs de Famille, & d'avoir des aides dans la Vieillesse. C'est pourquoi le *Septiéme Précepte* ordonne à chacun, de respecter inviolablement la fidélité des engagemens de ce Contract; & en même tems il fraie le chemin à cette tendresse toute particuliére que chacun a pour ses Enfans, dont on est par-là plus assûré que le Mari de la Mére est le vrai Pére. 2. Chacun a besoin absolument de quelque portion des Choses extérieures, & du Service des autres Hommes, pour conserver sa Vie, & pour entretenir sa Famille; comme aussi pour être en état de se rendre utile aux autres. Ainsi le Bien Public demande, que, dans le prémier partage qu'on doit faire, on assigne à chacun de tels Biens, & que chacun conserve la Propriété de ceux qui lui sont échûs, en sorte que personne ne le trouble, dans la jouïssance de son droit. C'est ce que prescrit le *Huitiéme Précepte.* 3. Il est bon encore pour l'Utilité Publique, que chacun, à l'égard de tous les droits dont nous venons de parler comme lui étant acquis, soit à l'abri non seulement des attentats réels, mais encore des atteintes que les autres pourroient y donner par des paroles nuisibles, ou par des désirs illégitimes. Tout cela est défendu dans le *Neuviéme* & le *Dixiéme Précepte du Décalogue.* Au reste, de l'obéïssance renduë à tous ces *Préceptes Négatifs*, il résulte ce que l'on appelle *Innocence.*

§ IV. Il ne suffit pourtant pas de s'abstenir de faire du mal à qui que ce soit. Le Bien Commun demande encore manifestement, que l'on soit disposé par des sentimens d'affection à rendre service aux autres, & qu'on le fasse dans l'occasion, par des paroles, & par des actions, en tout ce que les Préceptes du Décalogue, indiquez ci-dessus, insinuent être nécessaires pour la Fin que l'on doit se proposer. Voilà qui donne l'idée de l'*Humanité* la plus étenduë. Et tout cela joint ensemble, fait qu'on travaille suffisamment au Bien Public, en éloignant, d'un côté, les obstacles qui s'y opposent, & prenant, d'autre côté, des sentimens de Bienveillance, qui se répandent sur toutes les parties du Systême des Etres Raisonnables, & procurent à chacun, autant qu'il dépend de nous, ce qui lui est nécessaire.

Que les Devoirs de l'Humanité & de la Reconnoissance, sont implicitement prescrits dans le Décalogue.

Mais comme, selon les principes de la Méchanique, le Systême Matériel se conserve à la vérité par le mouvement répandu dans toutes ses parties, mais il faut que ce mouvement se refléchisse sur lui-même, & se perpétuë ainsi:

de

de même la Bienveillance Univerfelle, quand on a une fois commencé à l'exercer, fe renouvelle tous les jours par un effet des retours de la Reconnoiffance, & elle aquiert fans ceffe de nouvelles forces par les fecours qu'elle en reçoit actuellement, ou même par la feule vuë & par l'efpérance de ceux qu'elle en peut retirer, de forte qu'elle va toûjours en croiffant. C'eft une chofe évidente par elle-même, qu'une Bienveillance particuliére bien réglée, envers ceux qui fe font déja montrez bienveillans envers nous (en quoi confifte, felon moi, la *Reconnoiffance*) contribuë beaucoup au maintien perpétuel du Bien Commun. Et elle eft bien réglée, quand on rend fervice à un Bienfaiteur de telle maniére qu'on ne donne par-là aucune atteinte aux droits d'aucune Perfonne, d'aucune Famille, d'aucun Etat, moins encore à tous les Peuples. A caufe de quoi je n'ai voulu en traiter, qu'après avoir montré, par d'autres maximes de la Loi Naturelle, qu'il n'eft jamais permis de bleffer les droits d'autrui. Cette Vertu eft prefcrite dans le *Cinquiéme Précepte* du *Décalogue*. Car, quoi qu'il n'y foit fait mention expreffe que de la Reconnoiffance envers nos Parens, qui font nos prémiers Bienfaiteurs après DIEU, le Pére Commun de tous; c'eft un exemple, d'où nous pouvons apprendre, à caufe de la parité de raifon, qu'il faut rendre la pareille à tous ceux qui nous ont fait du bien, de quelque maniére que ce foit.

Néceffité de l'établiffement & de la confervation des Gouvernemens Civils.

§ V. LE peu de Préceptes, dont je viens de parler, renferment, à mon avis, toutes les Loix Naturelles, à l'obfervation defquelles chacun en particulier eft tenu. Ces mêmes Loix, appliquées à la maniére dont les divers Peuples doivent agir les uns envers les autres, déterminent & réglent auffi tous les Droits des Nations.

Voilà donc un abrégé des Loix générales de la Nature; d'où il eft aifé de paffer à la confidération de ces Maximes de la Raifon naturelle qui enfeignent à tous, qu'on doit établir & conferver des Sociétez Civiles, dans lefquelles le droit de commander foit accompagné d'un Pouvoir Coactif. Car elles font néceffaires, afin que les Loix Naturelles foient mieux obfervées, en vuë de la Gloire de DIEU, & du Bonheur du Genre Humain, & en particulier pour le bien de ceux qui font Membres de chacune de ces Sociétez. Ainfi, pofé une Loi Naturelle qui ordonne la recherche d'une telle Fin, il y a auffi une Loi de même genre, qui prefcrit l'ufage d'un Moien fi néceffaire, c'eft-à-dire, l'*établiffement* & la *confervation* du GOUVERNEMENT CIVIL. L'expérience commune en montre aifément la néceffité. Car, foit qu'il s'agiffe du foin d'une Famille, ou de bâtir une Maifon, ou de tout autre effet dont la production demande le concours du travail ou des fervices différens de plufieurs Hommes, nous voions qu'il n'y a pas moien d'y réuffir, fi les chofes ne font réglées de telle maniére, que les uns commandent, & les autres obéïffent. Or il eft clair, que l'avancement du plus grand Bien dont tout le Corps des Etres Raifonnables eft fufceptible, eft un effet plus compofé & plus compliqué, qu'aucun de ceux dont j'ai fait mention; & qu'il dépend néceffairement des fecours de chacun réunis, qui confiftent en des fervices réciproques fort différens: de forte qu'il eft impoffible que cet effet, quoi que défiré & recherché par quelcun, foit produit certainement & conftamment, à moins qu'il n'y ait entre les Etres Raifonnables une fubordination, en vertu de la-

laquelle les uns foient tenus d'obéïr aux autres, & tous à DIEU, comme au prémier Etre Raifonnable, & feul fouverainement parfait, en obfervant les Loix Naturelles communes à tous les Peuples , que nous avons expliquées.

Tous ceux qui ne font pas aveuglez par quelque préjugé, feront, à mon avis, convaincus, par le raifonnement que je viens de faire, fondé fur une expérience qui fe préfente tous les jours en différentes maniéres, combien il eft néceffaire de fuppofer un tel ordre, établi entre les Etres Raifonnables. Mais comme les Adverfaires, contre qui nous difputons, fe retranchent d'ordinaire à nous demander importunément des Démonftrations, je vais tâcher d'apliquer ici quelques principes de Mathématique, par lefquels on démontre généralement la néceffité d'une fubordination connuë entre des Caufes Corporelles quelconques, qui coopérent à la production d'un effet propofé, certainement prévû; tel qu'eft le Bien Commun, dans l'efprit de tous ceux qui veulent obéïr à la Loi la plus univerfelle de la Nature : car je ne reconnois d'autre néceffité d'établir un ordre entre les Etres Raifonnables, que celle qui fuit de la néceffité de cette Fin.

On apprend, par le II. Livre de la *Géométrie* de DES CARTES, que les effets les plus fimples des Mouvemens compliquez, favoir, les defcriptions & les propriétez des Lignes Courbes, peuvent bien être connus exactement & produits infailliblement, fi les divers mouvemens, d'où ils naiffent, fe fuivent les uns les autres, de maniére que les poftérieurs foient réglez par les précedens, mais non pas fans une telle fubordination.   Et il eft hors de doute, que la détermination certaine de toute forte de Lignes & de Surfaces, qui peuvent être produites par-là, demande la même détermination de mouvemens: d'où naîtront auffi néceffairement toutes fortes de Figures, qui marquent les bornes des Corps.   De plus, la vraie *Phyfique*, qui tire fon origine des *Mathématiques*, nous enfeigne, que tous les Effets naturels proviennent de certains mouvemens compliquez, & de certaines Figures des Corps, déterminées par une telle fubordination.   Selon ce même principe, elle nous enfeignera auffi, que les Effets naturels, qui peuvent certainement avancer le Bien Public à la faveur de l'induftrie humaine, doivent être produits par une pareille fubordination des Mouvemens des Corps Humains.   Il eft clair , que les Hommes ne fauroient fe rendre fervice les uns aux autres, fans certains mouvemens de leurs Corps, fur-tout dans l'aquifition, l'ufage, ou l'aliénation, des droits de Propriété fur les Chofes & fur les Perfonnes; à quoi fe réduit toute la *Juftice*.   Ainfi il faut néceffairement qu'il y aît une fubordination entre ces fortes de mouvemens, & par conféquent entre les Hommes mêmes, afin qu'ils concourent à la production du même effet, ou de l'avancement du Bien Commun.

La déduction de preuves, que je viens de faire, eft un peu longue.   En la confidérant avec plus d'attention, je vois qu'on peut l'abréger beaucoup de cette maniére.   Si le plus petit effet des Mouvemens compliquez, tel qu'eft, par exemple, la defcription d'une Courbe Géométrique, ne peut être produit certainement fans une fubordination de Mouvemens; à plus forte raifon, un effet d'un grand nombre de caufes, auffi compliqué que celui du Bien Com-

mun,

mun, ne fauroit-il être certainement procuré fans une pareille fubordination. Je n'ai pourtant pas voulu omettre ma prémiére déduction, parce qu'il fera peut-être agréable à quelques Lecteurs, de voir qu'il y a quelque liaifon entre la *Phyfique*, & la *Politique*.

Cependant, quoi qu'il foit aifé de démontrer par de tels principes la néceffité d'établir un ordre, pour que plufieurs concourent avec fuccès, par la réunion de leurs forces, à produire quelque grand effet ; ce n'eft point par-là que les Hommes commencent à fe convaincre de cette néceffité, mais l'expérience commune de tous les jours la leur apprend, de la maniére que je l'ai montré ci-deffus.

Prémiére ori-gine du Gou-vernement Ci-vil, tirée du Gouvernement Domeftique. § VI. La néceffité du *Gouvernement* en général étant ainfi déduite de ce que demande la Fin pour laquelle il eft établi; on peut aifément en faire ap-plication au *Gouvernement Domeftique* de chaque Famille, & enfuite au *Gou-vernement Civil*, comme étant néceffaires pour procurer les diverfes parties de la plus excellente Fin, favoir, prémiérement le Bonheur des Familles, puis ce-lui des Etats Civils, & enfin celui de l'Univers.

J'ajoûterai feulement là-deffus, que, comme le prémier exemple de fubor-dination que la *Géométrie* nous fournit, eft celle qu'il y a entre deux Mouve-mens, dont l'un eft gouverné par l'autre, mais celle qui fe trouve entre un plus grand nombre de caufes eft plus claire & plus fenfible: de même quand il s'agit des Hommes, le prémier exemple de fubordination eft celle qui fe voit entre un (1) *Mari* & une *Femme*, fur laquelle le Mari a naturellement la fupériorité, parce que pour l'ordinaire il eft doué d'une plus grande force d'Efprit & de Corps, & par conféquent il contribuë davantage à l'effet qui eft le but de leur Société, c'eft-à-dire, au bien commun de l'un & de l'autre, en matiére de chofes & humaines, & facrées: cependant le *Pouvoir Paternel*, que le Mari aquiert fur les Enfans qui viennent à naître de la prémiére Société, don-

§ VI. (1) ,, Voici le vrai fondement ,, de l'Autorité que les Maris ont fur ,, leurs Femmes. Dans une Société compo-,, fée de deux Perfonnes, il faut néceffaire-,, ment que la voix délibérative de l'une ou ,, de l'autre l'emporte. Et comme pour l'or-,, dinaire les Hommes font plus capables, ,, que les Femmes, de bien gouverner les ,, affaires particuliéres, il eft de la bonne ,, Politique, d'établir pour régle générale ,, que la voix de l'Homme l'emporte quand ,, les Parties n'auront point fait enfemble ,, d'accord contraire. L'Evangile ne prefcrit ,, rien de plus. Mais fur le fujet dont il s'a-,, git, je ne vois pas pourquoi on ne pour-,, roit pas admettre cette ancienne maxime: ,, *Provifio Hominis tollit provifionem Legis*; ,, auffi bien qu'on l'autorife dans les *Douai-,, res*, dans le partage des Biens, & en plu-,, fieurs autres chofes, où les réglemens de ,, quelque Loi n'ont lieu, que quand les ,, Parties ne font pas autrement convenuës

,, fur ce que la Loi prefcrit. Ainfi une Fem-,, me, qui fait quelle eft la Régle générale ,, de la Loi, foit Divine ou Civile, & qui ,, néanmoins a contracté le Mariage pure-,, ment & fimplement, s'eft par-là foumife ,, tacitement à cette Régle. Mais fi quel-,, que Femme, perfuadée qu'elle a plus de ,, jugement & de conduite, ou voiant qu'el-,, le eft d'une fortune ou d'une condition ,, plus relevée, que celle de l'Homme qui la ,, recherche en mariage, ftipule le contraire ,, de ce que porte la Loi, en forte que l'E-,, poux y confente; elle aura, en vertu de ,, la Loi Naturelle, le même Pouvoir, qu's ,, maintenant le Mari felon la Coûtume du ,, Païs; & je ne vois pas que l'Evangile an-,, nulle un tel Contract. L'Homme n'a pas ,, toûjours plus de force de Corps, ou d'Ef-,, prit, que la Femme. Maxwell. Le Traducteur Anglois a raifon; & j'ai toûjours été dans les mêmes idées. Le cas d'une Reine, qui, étant Souveraine de fon chef,

donne l'idée d'une fubordination plus remarquable. C'eft auffi de celui-ci qu'il (2) faut prendre le modéle, & déduire la véritable origine du *Pouvoir*, tant *Civil*, qu'*Eccléfiaftique*. Car il falloit néceffairement que le Pére fût originairement revêtu de l'un & de l'autre Pouvoir, pour la Fin à laquelle l'affociation devoit être rapportée. Par conféquent la prémiére *Famille* a été la prémiére Société établie àvec ordre, c'eft-à-dire, le prémier Etat, & en même tems la prémiére Eglife. A mefure que les Familles vinrent à fe multiplier, le nombre des Etats, & des Eglifes, s'augmenta auffi. C'eft ce que la nature même des chofes, & la droite Raifon qui en découle, nous apprennent. En quoi elles font parfaitement d'accord avec l'Hiftoire la plus ancienne & la plus fidéle; j'entens celle de MOÏSE.

Il faut remarquer encore, que la Fin pour laquelle le Gouvernement, ou le Pouvoir Civil, eft établi, en détermine les bornes. Car tout Moien doit être exactement proportionné à fa Fin, en forte qu'il n'y aît rien qui péche ni par le défaut, ni par l'excès. Ainfi il eft clair, qu'on ne peut légitimement établir aucun Gouvernement, qui aît droit de prefcrire quelque chofe de contraire à la Gloire de DIEU, & au Bonheur de tous les Peuples; puis que tout Gouvernement doit être rapporté à ces deux Fins. Mais, comme ce qui eft abfolument néceffaire pour y parvenir, peut être réduit à peu de chefs, très-clairs en eux-mêmes, & d'ailleurs affez clairement marquez dans le *Décalogue*, ainfi que nous l'avons fait voir ci-deffus; il refte certainement un champ très-vafte au Pouvoir Civil. Tout ce qui eft défendu aux Puiffances Civiles, c'eft de ne donner aucune atteinte au partage néceffaire des *Domaines*, par lequel les droits qui appartiennent à DIEU prémiérement, & puis aux *Hommes*, font déterminez; & de ne point violer les autres Loix Naturelles, pour le maintien defquelles la Souveraineté eft établie, & de l'obfervation defquelles dépend uniquement la fûreté & le bonheur des Souverains. Ainfi leur Auto-

---

chef, époufe un de fes Sujets, fuffit pour montrer, que l'Autorité d'une femme fur fon Mari, en matiére même des chofes qui concernent le gouvernement de la Famille, n'a rien d'incompatible avec la nature du Mariage. On peut voir là-deffus une Differtation Académique d'un Profeffeur de *Gripfwald*, nommé JEAN PHILIPPE PALTHENIUS, *De Marito Reginae*; imprimée dans la même Ville en 1707. Rien n'empêche que la même chofe n'aît lieu, en vertu des Conventions du Contract de Mariage, entre des perfonnes d'une condition d'ailleurs égale; à moins que les Loix ou les Coûtumes ne défendent bien clairement toute exception au réglement général, quoi que fuite du libre confentement des Parties. Le Mariage eft de fa nature un Contract; & ainfi fur tout ce en quoi il n'y a rien de défendu par les Loix ou Naturelles, ou Civiles, les conventions particuliéres entre le Mari & la Femme en déterminent les droits réciproques.

(2) ,, Le Pouvoir des Péres & Méres a un ,, tout autre fondement, que le Pouvoir Ci-,, vil. Voiez le Traité de Mr. LOCKE *Du* ,, *Gouvernement Civil*. L'Hiftoire de MOÏSE ,, ne donne nulle part aux Péres & Méres, ,, moins encore aux Fréres Aînez, un Pou-,, voir qui puiffe être appellé *Pouvoir Civil*. MAXWELL.

Voiez PUFENDORF, *Droit de la Nature & des Gens*, Liv. VI. Chap. II. § 10. *Not.* 2. où j'ai donné le précis des raifons de Mr. LOCKE. Nôtre Auteur confond ici le Pouvoir d'un *Pére*, comme *Pére*, avec celui qu'il pouvoit avoir comme *Chef de Famille*. Le prémier feul eft naturel, mais il appartient en commun au Pére & à la Mére. L'autre n'a lieu qu'en vertu du confentement, ou exprès, ou tacite, des Enfans parvenus à l'âge de raifon; & fur ce pié-là il peut être regardé comme la prémiére ébauche du Pouvoir Civil, où tout dépend des Conventions.

Autorité n'eſt reſtreinte par l'Auteur de la Nature, qu'autant qu'il le faut pour qu'ils ne renverſent pas les fondemens de leur propre bonheur, auſſi bien que de leur pouvoir, & qu'ils ne ſe ruïnent pas eux-mêmes avec les autres, en s'oppoſant à ce qui eſt néceſſaire pour le Bien Commun. Du reſte, comme cette maxime de la Raiſon, qui preſcrit l'établiſſement & la conſervation du Gouvernement, eſt une Loi Naturelle, ainſi qu'il paroît par ce que nous avons dit ci-deſſus, il s'enſuit, que (3) le Gouvernement Civil tire ſon origine de Dieu, & que c'eſt lui ſeul qui en régle les bornes; ce qui eſt fort honorable pour la Souveraineté.

Que les Sujets n'ont pas droit de punir leur Souverain.

§ VII. Les Souverains ont encore ici un (1) privilége particulier, c'eſt que Dieu n'a établi au deſſous de lui, aucune Puiſſance, qui aît droit de les punir, lors qu'ils viennent à commettre contre leurs Sujets quelque choſe de contraire aux Loix Naturelles. Car, poſé qu'il y eût une telle Puiſſance, il faudroit par la même raiſon, en établir au deſſus d'elle une autre, pour la punir elle-même, quand elle auroit abuſé de ſon droit, en puniſſant injuſtement celle que nous ſuppoſons Souveraine; & ainſi de ſuite juſqu'à l'infini: ce qui ſeroit la plus grande des abſurditez. Il faut donc néceſſairement s'arrêter à une ſeule Puiſſance Souveraine, qui ne ſoit ſujette à aucune punition de la part des Membres de ſon propre Etat. Ceux qui prétendent que les Souverains peuvent être punis légitimement, détruiſent, entant qu'en eux eſt, l'eſſence du Gouvernement Civil, puis qu'ils réduiſent les Souverains à la même condition que les Sujets. Il n'eſt pas moins contraire à la nature du Gouvernement, que tous y ſoient Sujets, qu'il ne l'eſt que tous y ſoient Souverains. L'ordre, qui eſt eſſentiel au Gouvernement, demande néceſſairement qu'il y aît quelque choſe de prémier, au delà dequoi on ne trouve rien de ſupérieur; & par conſéquent il eſt ic. néceſſaire, qu'entre les Hommes qui ſont Membres d'un même Etat Civil il y aît quelcun qui ſoit le prémier ſujet du Pouvoir Coactif, & d'où tous les autres tirent celui qu'ils ont: or il eſt certain que ceux à qui ce Pouvoir a été communiqué par celui en qui il réſide originairement, n'ont reçû de lui aucun pouvoir de le punir lui-même. Cela n'empêche pas que Dieu ne puiſſe punir les Souverains, lors qu'ils viennent à violer les Loix Naturelles. Car ceux qui ont la Souveraineté dans la *Cité Humaine*, ou dans un Etat formé par les Hommes, ſont eux-mêmes Sujets dans la *Cité de* Dieu, ou dans l'Univers, dont il eſt le Roi & le Maître Suprême. Ainſi on ne ſauroit dire, qu'ils aient droit de faire telle ou telle choſe par cela ſeul qu'ils la font impunément parmi les Hommes. Le vrai *droit* eſt un pouvoir accordé par toute Loi à laquelle on eſt ſoûmis; & de là vient qu'aucun Légiſlateur ne peut punir juſtement ce que l'on a droit de faire. Mais Dieu, l'Auteur de la

---

(3) On peut conſulter ici Pufendorf, *Droit de la Nature & des Gens*, Liv. VII. Chap. III. § 2.

§ VII. (1) „Il n'y a rien ici de contraire au „ droit de *Réſiſtance* qu'ont les Sujets, qui ſe „ ſont réſervez certains Privilèges dans l'éta- „ bliſſement de la Souveraineté, ou qui voient „ que le Magiſtrat Suprême agit ouvertement „ contre toutes les fins du Gouvernement

„ Civil. Cette Réſiſtance ne ſuppoſe point „ que les Sujets ſoient au deſſus du Magiſtrat „ Suprême, ni qu'ils aient un droit propre „ de le punir; pas plus qu'une priſe d'armes „ contre un Etat indépendant qui nous atta- „ que, ne ſuppoſe qu'on eſt au deſſus de cet „ Etat, ou qu'on a droit, comme Supérieur, „ de le juger, ou le punir. Maxwell. Les liens de la ſujettion ſont rompus en
ce

la Nature, n'autorife perfonne à violer les Loix Naturelles: ainfi il peut juftement punir les Souverains même dont la Dignité eft la plus relevée, lors qu'ils viennent à commettre quelque Crime contre ces Loix, auxquelles ils font foûmis autant que le moindre de leurs Sujets.   Par cette diftinction que je fais, entre l'*impunité* accordée par les *Loix Civiles*, & le *droit plein & entier*, dont la mefure dépend des Loix Naturelles, & du but même des Loix Civiles, je crois *rendre à* Ce'sar *ce qui appartient à* Ce'sar, & laiffer à Dieu, tant *ce qui lui appartient*, que ce qui appartient à tous fes Sujets.

§ VIII. Le Pouvoir des Souverains, quoi que renfermé dans les bornes des Loix Naturelles, ne laiffe pas d'être fort grand, puis que, felon ce que j'ai déja dit, ces Loix s'étendent à toutes les Chofes Divines & Humaines, aux affaires des Etrangers & à celles des Sujets, à celles de la Guerre & à celles de la Paix.   Ainfi le Magiftrat Suprême, en conféquence du foin qu'il doit avoir d'avancer le Bien Commun d'une manière conforme aux Loix Naturelles, eft établi gardien des deux *Tables* du *Décalogue*, & a droit de faire la Guerre & la Paix avec les Etrangers, de juger, de punir, de conférer les Honneurs, les Emplois Publics, & de diftribuer toute autre forte d'avantages. Mais le Bonheur Public, tant du Genre Humain, que de chaque Société Civile, peut être, aufli loin que les lumiéres de la prudence humaine font capables d'atteindre, presque également procuré par des Etabliffemens, des Coûtumes, & des Loix fort différentes.   On peut, fans préjudice de l'intérêt de chaque Etat, diftribuer les Honneurs, & les autres avantages, en diverfes manières, tantôt aux uns, tantôt aux autres; quelquefois même faire grace aux uns, ou les punir plus rigoureufement, quoi qu'ils ne le méritent pas plus que les autres.   D'où il eft clair, qu'une infinité de chofes peuvent être & font ordinairement laiffées en la difpofition des Souverains, quoi qu'ils foient toûjours dans une obligation indifpenfable de fe propofer la Fin immuable du Bien Commun, & d'emploier pour cet effet grand nombre de moiens naturellement néceffaires.   Perfonne ne fauroit ignorer tout cela, ni y (1) trouver à redire ou ne pas s'en contenter, fans un préjudice confidérable de l'État dont il eft Membre, s'il obferve avec quelque attention les changemens que les Princes font tous les jours, & qu'il leur eft permis de faire à leur gré, par rapport aux biens & aux fortunes de leurs Sujets, ou s'il compare enfemble les conftitutions & les maximes des divers Roiaumes, ou autres Etats de l'*Europe*. Car il verra par-là, qu'il n'y en a aucun, où les perfonnes fages ne puiffent vivre affez heureufement; & que tous par les divers commerces qu'ils ont entr'eux en tems de Paix, & par les fecours mutuels qu'ils fe prêtent dans la Guerre, fe balancent les uns les autres, en forte que chacun contribuë beaucoup

(marginal note:) Combien eft grande l'étenduë du Pouvoir des Souverains, quoi qu'il ne foit pas illimité.

---

ce cas-là, par la faute du Souverain, qui agit en Ennemi contre fes Sujets, & les dégageant ainfi du ferment de fidélité, les remet dans l'état de la Liberté & de l'Egalité naturelle. Mais il n'eft pas befoin de s'arrêter à une queftion que tant d'Auteurs ont traitée, & laiffe dans une pleine évidence. J'ai dit en peu de mots ce que je penfe là-deffus, dans mes

Notes fur Grotius, *Droit de la Guerre & de la Paix*, Liv. I. Chap. IV. § 2. Not. 1.
§ VIII. (1) *Inque bis non totoſt non acquieſcere.* L'Auteur avoit ici ajouté, à la marge de fon exemplaire, ces mots, fans lefquels il manquoit quelque chofe à ce que demande fa penfée.

coup à l'état floriffant où fe trouve aujourdhui l'*Europe*. A la vérité, il y manque encore plufieurs avantages, & l'on y voit plufieurs chofes qu'on a grande raifon de trouver mauvaifes. Cependant il ne laiffe pas d'être fort heureux, fi l'on compte & l'on péfe avec foin tous les biens dont nous jouïffons & dans la Société Civile, & par celle que nous avons avec les Nations étrangéres; en comparant ces biens avec les miféres auxquelles on feroit expofé, fi tous, felon les maximes d'Hobbes, ne penfoient chacun qu'à leur propre intérêt, & fi chacun s'attribuant un droit fur toutes chofes, s'engageoit dans une Guerre contre tous. Car il faut ici mettre au rang des effets que produifent les principes de concorde, & les difpofitions à procurer le Bien Commun, tous les avantages dont on feroit privé, fi les Hommes ne fuivoient que des principes de difcorde, & d'amour propre fans bornes; tels que font ceux qu'*Hobbes* veut faire paffer pour des Maximes de la Droite Raifon dans l'Etat de Nature.

§ IX. APRE's ce que je viens de dire en général fur l'origine & la nature du Gouvernement Civil, il n'eft pas néceffaire pour mon but, de traiter en détail de tous les droits des Souverains; ni d'expliquer les diverfes formes de Gouvernement, & les caufes de la génération ou de la deftruction des Etats. Cela appartient à un Traité complet de Politique. Il fuffira de refte, pour mettre dans un plein jour l'utilité & la folidité de mes principes en matiére de Gouvernement Civil, de prouver en peu de mots, que la doctrine contraire d'*Hobbes* eft fi fort oppofée à la conftitution & à la fureté de tous les Etats, que, fur ce pié-là, il ne pourroit jamais fe former de Société Civile, ou elle viendroit auffi-tôt à fe diffoudre.

Confidérons d'abord le portrait affreux, que fait *Hobbes*, de tous les Hommes: car tout le mal qu'il en dit, tombe auffi fur les Souverains, quels qu'ils foient, par conféquent fur les Rois, & en particulier fur le nôtre. Les Rois, en prenant la pourpre, ne dépouillent pas la nature humaine. Leur naturel demeure le même qu'il feroit, s'il n'y avoit jamais eû d'Etat, ou de Roiaume, formé par des Conventions, felon les idées de ce Philofophe. Bien loin que les Princes en deviennent meilleurs, il enfeigne ouvertement qu'ils ne font point tenus d'obferver ces Conventions, (1) en forte qu'ils ne fauroient, felon lui, faire aucun tort à leurs Sujets, de quelque mauvais traitement qu'ils ufent envers eux. Ainfi ce qu'il donne ailleurs pour vrai naturellement & néceffairement des Hommes en général, & qu'il pofe pour fondement de fa Politique, favoir, (2) Qu'ils furpaffent en cruauté & en rapacité les Loups, les Ours,
&

---

§ IX. (1) Parce, dit-il, que le Monarque a reçû la Souveraineté du *Peuple*: Or le *Peuple*, du moment qu'il lui a transféré le Pouvoir Souverain, n'eft plus une feule *Perfonne*, mais une multitude de gens qui n'ont entr'eux aucune liaifon. Raifon auffi abfurde que la conféquence qu'en tire HOBBES. *Quod cum factum eft, populus non amplius eft perfona una, fed diffoluta multitudo.... Neque ergo Monarcha ullis fe pactis cuiquam ob receptum imperium obftringit. Recipit enim imperium à populo;*

fed populus, ftatim atque id factum eft, perfona effe definit; pereunte autem perfona, perit omnis ad perfonam obligatio.... Quoniam oftenfum eft .... eos qui fummum in civitate imperium adepti funt, nullis cuiquam pactis obligari; fequitur, eosdem nullam civibus poffe facere injuriam, De Cive, Cap. VII. § 11, 12, 14.

(2) *De Homine,* Cap. X. Le paffage a été rapporté ci-deffus, Chap. V. § 56. Not. 2.

(3) *Naturam homines diffociaffe, & ad mutuam cædem aptos produxiffe,.... perfpicuè illatum*

& les Serpens; Que (3) la Nature les a produits infociables, & promts à fe tuer les uns les autres; toutes ces injures, & autres femblables, qu'il lance contre le Genre Humain, portent auffi contre la Majefté des Rois. Qui eft-ce qui pourroit aimer un Souverain, dont il auroit une telle idée? Qui eft-ce qui lui confieroit fa vie, fes biens, & toutes fes efpérances? Chacun, au contraire, ne feroit-il pas néceffairement porté à craindre, qu'il ne les dévorât tous les uns après les autres? Ils auroient autant, ou même plus de raifon de le fuïr, & de le tenir pour ennemi, que tout autre Homme; puis que, felon *Hobbes*, le Prince auroit néceffairement une égale volonté de leur faire du mal, & d'ailleurs plus de pouvoir, par la réunion des forces de tous en fa perfonne.

§ X. Un autre principe, également injurieux à la Dignité des Monarques, & deftructif de tout Gouvernement, c'eft qu'il repréfente la Raifon Humaine comme abfolument incapable de fervir de régle pour les mœurs, puis que, felon lui, elle ne difcerne le *Bien* d'avec le *Mal*, qu'autant que nous défirons pour nous-mêmes le prémier, & que nous fuïons le dernier. *Nous jugeons tous*, dit-il, (1) *de ce qui eft Bon ou Mauvais, felon que nous trouvons nôtre propre plaifir dans une chofe, ou qu'elle nous caufe de la douleur.* Si ce qu'il avance là eft vrai, il n'y a perfonne, pas même un Roi, qui veuille ou qui puiffe confidérer ce qui eft avantageux ou nuifible aux autres. Il n'y aura donc non plus aucune raifon d'établir ou de conferver la Souveraineté d'un Roi, en vûë du Bien Commun, puis que, felon les idées de nôtre Philofophe, que j'ai (a) examinées ailleurs, la nature de l'Homme eft telle, qu'aucun, fans en excepter les Rois, ou les Confeils Souverains, ne conçoit le Bien & le Mal, que relativement à la perfonne même qui emploie ces termes. Ainfi, quand le Roi ordonne telle ou telle chofe comme *Bonne*, il faut toûjours entendre par-là (2) le *Bien du Roi*, ou de la perfonne qui repréfente l'Etat, & non pas le Bien de l'*Etat*, moins encore le Bien de l'Univers, qui, felon d'autres, demandent que l'on agiffe d'une manière à honorer Dieu, & à contribuer quelque chofe au Bonheur du Genre Humain. Par-là *Hobbes* repréfente le Gouvernement comme entiérement inutile pour la fin en vûë de laquelle on le recherche; & ainfi il infinuë très-clairement, qu'on doit abfolument le rejetter.

En vain tâche-t-il, après ce coup mortel, qui porte contre toute Souveraineté, de guérir la plaie par les adouciffemens de toutes les flatteries dont il ufe envers les Souverains. Le Bien ou le Mal, le Jufte ou l'Injufte, c'eft, felon lui, (3) tout ce qu'ils déclarent tel: tout devient Jufte, dès-là qu'ils l'ordon-

[marginal note:] Il les dépouille de la Droite Raifon, & les rend incapables de faire un jufte difcernement du Bien & du Mal.

(a) Chap. III. § 2. & fuiv.

tum eft ex natura Paffionum, & praeterea Experientiae confentaneum. Leviath. Cap. XIII. pag. 65.

§ X. (1) Bonum enim & Malum delectatione & moleftia noftra (vel ea quae nunc eft, vel quae expectatur) omnes aeftimamus. De Cive, Cap. XIV. § 17.

(2) Neque ulla Boni, Mali, & Vilis, communis regula, ab ipforum objectorum naturis derivata, fed à natura (ubi Civitas non eft)

perfonae legentis, vel (fi eft) perfonae Civitatem repraefentantis &c. Leviath. Cap. VI. pag. 26.

(3) Regulas boni & mali, jufti & injufti, honefti & inhonefti, effe leges civiles, ideoque quod legiflator praeceperit, id pro bono; quod vetuerit, id pro malo habendum effe.... Reges igitur legitimi, quae imperant, jufta faciunt imperando, quae vetant, injufta vetando. Ibid. Cap. XII. § 1.

donnent, & Injufte, dès-là qu'ils le défendent. D'où il s'enfuit, que les Souverains font infaillibles dans leurs jugemens & leurs décifions fur de telles chofes; qu'ils n'ont nul befoin de confulter les Jurifconfultes, ou de prendre confeil de perfonnes expertes, pour favoir ce qui fera avantageux ou nuifible à leur Etat. *Hobbes* définit le (4) *Péché*, ce que l'on fait ou que l'on néglige de faire, ce que l'on dit ou que l'on veut, qui fe trouve contraire à la Raifon de l'Etat, ou de celui qui repréfente l'Etat, ainfi qu'il s'explique ailleurs: & il veut (5) que les Sujets tiennent toûjours cette Raifon pour droite; quoi que, comme il l'avouë ailleurs, les Commandemens de l'Etat puiffent être (6) contraires à la Droite Raifon, en matiére de Religion, & aux Loix Naturelles, (7) en matiére de chofes humaines. De plus, il ne reconnoît aucune Régle tirée de la nature des Chofes, par où les Etats puiffent rendre droit ce qu'ils ordonnent; puis qu'il foûtient formellement, dans fon (8) *Léviathan*, Qu'il n'y a point de régle commune de ce qui eft *Bon*, *Mauvais*, *Vil* ou méprifable, fondée fur la nature même des objets. Il témoigne ailleurs affez ouvertement, qu'il ne croit pas que la Raifon de l'Etat foit véritablement une Raifon droite; puis qu'il dit, (9) que, pour terminer les différens, les Parties doivent volontairement établir pour droite Raifon la Raifon de ce Juge, & être obligées l'une & l'autre à s'y foûmettre; autrement, ajoûte-t-il, ou il n'y auroit aucun moien de terminer le différent, ou il faudroit le terminer par la voie des Armes, *parce qu'il n'y a point de Droite Raifon établie par la nature*. Il compare enfuite la Droite Raifon aux *Triomphes* du Jeu des *Cartes*, qui l'emportent fur les autres Cartes, en partie à caufe du confentement des Joueurs, & en partie par un effet du hazard.

§ XI. LE dernier paffage d'*Hobbes* renferme néanmoins quelque chofe, qui, bien entendu, eft très-folide; c'eft qu'en matiére de Différens qu'il eft néceffaire de terminer, le Bien Commun demande, que les deux Parties laiffent volontiers la décifion à la Raifon de l'Etat & s'y foûmettent abfolument. C'eft ce que confeille la Raifon commune, & la plus droite; parce qu'il eft certain qu'en ce cas-là, ou la décifion fera entiérement droite, ou l'on n'en fauroit avoir de plus droite fans préjudice du Bien Commun. La preuve de ce raifonnement eft affez evidente en elle-même, & on doit la préferer à celle de nôtre Philofophe, parce que je fuppofe qu'il y a quelque part entre les Hommes une Raifon pratique, qui eft droite; & qu'en prenant le parti dont il s'agit,

ou

Pourquoi on eft obligé de fe foûmettre, en matiére de Différens, au jugement du Souverain.

---

(4) *Sequitur, quid fit ratione culpandum, definiendum effe à civitate; ut culpa, hoc eft,* PECCATUM, *fit, quod quis fecerit, omiferit, dixerit, vel voluerit, contra rationem civitatis, id eft contra leges.* De Cive Cap. XIV. § 17.

(5) *Quia, quamquam in Civitate, ipfius Civitatis ratio (hoc eft, lex civilis) à fingulis civilbus pro recta habenda fit* &c. Ibid. Cap. II. § I. In *Annot.*

(6) *Quamquam enim hujusmodi imperat* [Civitatis circa cultum Dei] *poffunt effe interdum contra rectam rationem, ideoque peccata in iis qui imperant, non tamen funt contra rectam rationem, neque peccata in fubditis, quorum in rebus con-*

troverfis recta ratio eft ea quæ fubmittitur rationi Civitatis. Ibid. Cap. XV. § 18.

(7) Ibid. Cap. VI. § 13. paffage, qui fera cité plus bas, fur le § 20. *Not.* 1. & Cap. VII. § 14. où il eft dit: *Poteft tamen & Populus, & Curia Optimatum, & Monarcha, multis modis peccare contra cæteras Leges Naturales* &c.

(8) *Leviath.* Cap. 6. paffage, que je viens de citer, *Not.* 2. de ce paragraphe.

(9) *Quoties igitur in computatione five Ratiocinatione oritur controverfia, illi quibus controverfia eft, pro Recta Ratione, Arbitri alicujus vel Judicis rationem conftituere debent voluntarie; quâ uterque obligandus fit; alioquin*

ou l'on se conformera exactement à cette Raison droite, ou l'on s'en approchera le plus près qu'il est possible; ce qui suffit pour le Bonheur des Hommes, & pour l'accomplissement de nôtre Devoir. Au lieu qu'*Hobbes* suppose, qu'il n'y a point de Droite Raison, fondée sur la constitution de la Nature; & à cause de cela il veut que nous nous soûmettions à la Raison de l'Etat, comme droite. Rien n'est plus absurde, ni plus pernicieux. Car une des prémisses contredit la conséquence que l'auteur de cet argument veut en tirer; de sorte qu'on peut dire avec beaucoup plus de fondement, que, s'il n'y a point de Raison Droite établie par la Nature, il ne faut point se soûmettre à la Raison de l'Etat. Ce raisonnement d'*Hobbes* est d'autant plus dangereux, qu'il peut aisément arriver que ceux qui n'y prennent pas bien garde, s'appercevant de la fausseté d'une des prémisses, se défient de la vérité de la conclusion, qui en elle-même renferme quelque chose d'utile; ou que, convaincus de la vérité de la conclusion, ils trouvent véritable cette prémisse très-fausse d'où il la tire. Après tout, on ne sauroit rien avancer de plus injurieux aux Souverains, que de dire que leurs Loix ne sont point des maximes de la Droite Raison, & qu'elles doivent seulement être reputées telles, parce qu'ils se sont mis en possession de la Souveraineté par leur bonne fortune, & avec nôtre consentement: (1) mais que d'autres Loix, directement opposées à toutes celles qu'ils établissent, contribueroient également au Bien Commun; de sorte que, si un Prince insensé, devenu Souverain par un effet des hazards de la Guerre, ou par ses intrigues, érige en Loix des choses, qui favorisent la Cruauté, la Perfidie, l'Ingratitude, & le désir d'user du prétendu droit de tous sur tous & à toutes choses, ces Loix devront être aussi respectées, que les plus propres à procurer la Félicité Humaine. Rien n'est plus capable d'animer les Scélérats à tramer des Séditions, pour détrôner les Princes régnans, & se mettre à leur place; afin que par-là leurs fausses maximes, & les passions déréglées qui en naissent, viennent à mériter le titre honorable de *Droite Raison*, & d'*Actions Justes*.

§ XII. J'AI réfuté, dans le I. Chapitre de mon Ouvrage, ce dogme d'un droit de tous à tout & sur tous, dont je viens de faire mention. Posé que les Hommes soient une fois imbus d'un tel principe, si on les considére comme vivant encore dans l'Etat de Nature, ils ne pourront jamais s'unir en un corps de Société Civile: & ceux qui sont déja devenus Membres d'un Etat, seront portez à secouer le joug de toute obéïssance aux Loix Civiles, c'est-à-dire, comme

Que, selon les principes d'Hobbes, il ne peut jamais se former de véritable Société Civile.

---

quin controversia eorum aut non omnino, aut armis dijudicanda est, defectu rectae Rationis à natura constitutae. Quando enim homines arrogantes sapientiores se caeteris omnibus esse credunt, clamantesque pro Judice rectam Rationem postulant, nihil aliud quaerunt, quàm ut rea sua ipsorum Ratione judicetur; id quod in Societate humana intolerabile aequè est, ac si quis ludens cartis pro carta dominante uti vellet eâ, cujus haberet maximum numerum. Cap. V. pag. 21.

§ XI. (1) L'Auteur ajoûte ici à la marge de son exemplaire: ,, Il s'ensuit de là, que

,, les Sujets ne doivent pas plus respecter les ,, Loix de leur Souverain, que les décisions ,, d'un coup de Dez: & qu'ils agiroient aussi ,, raisonnablement, s'ils consentoient qu'on ,, décidât de leurs Vies par toute manière de ,, Sort aveugle, qu'en se soûmettant au Juge- ,, ment des Princes, dont la Raison ne peut ,, jamais être dirigée sûrement par la nature ,, des choses''. Cette addition a depuis été effacée: mais on n'a pû distinguer, si c'étoit par l'Auteur même, ou par Mr. le Docteur BENTLEY.

me *Hobbes* l'explique, au Crime de *Léze-Majesté.* Voici comment je prouve la prémiére partie de cette propofition.

(a) De Cive,
Cap.I.§ 7–10.

Hobbes prétend inferer démonſtrativement (a) ce droit de tous ſur tous & à toutes choſes, du droit de ſe conſerver & de ſe défendre, que la Droite Raiſon donne à chacun. Il dit ailleurs, que la ſeule maniére (1) de transférer à un autre quel droit que ce ſoit, c'eſt de déclarer par des ſignes convenables, qu'on ne veut plus avoir la permiſſion de réſiſter à tel ou tel, comme on le pouvoit légitimement, moiennant qu'il veuille bien accepter le droit qu'on lui transfére : Que cependant (2) on ne peut jamais être obligé par de telles Conventions à ne point réſiſter à quiconque menacera de nous tuer, de nous bleſſer, ou de nous cauſer quelque autre dommage dans nôtre Corps ; Que chacun (3) retient toûjours le droit de ſe défendre contre toute violence, & qu'en conſentant à l'union d'où ſe forme l'Etat, il ne renonce point à ce droit. De là il s'enſuit, à mon avis, que chacun retient auſſi le droit ſur tous & à toutes choſes, & par conſéquent à prendre les armes contre tous, & contre l'Etat même, puis que, ſelon *Hobbes*, ce droit ſuit du droit de ſe conſerver & de ſe défendre, que perſonne ne transfére ni ne peut transférer au Souverain.

Il ſeroit aiſé de faire voir, que, ſelon les principes d'*Hobbes*, chacun eſt Juge en ce cas-là, pour décider ſouverainement, ſi la Puiſſance Civile le menace, ou non, de la mort, ou de quelque autre dommage ; & par conſéquent ſi le droit de ſa propre défenſe rend la Rebellion néceſſaire : Que l'on doit regarder comme un moien néceſſaire pour la conſervation ou la défenſe de chacun, tout ce que lui-même, entant que Juge, déclare tel ; Que la Droite Raiſon même, qui, comme on le ſuppoſe, enſeignoit auparavant que tout eſt néceſſaire pour la conſervation de chacun, ne ſauroit enſuite nous dicter que moins de choſes ſuffiſent, parce qu'elle ſe contrediroit ainſi. Mais tout Lecteur, qui entend les principes d'*Hobbes*, lui fera aiſément ces objections ; & je ne vois pas qu'il puiſſe y rien répondre. Paſſons donc à la ſeconde partie de nôtre propofition. La preuve en ſera, je crois, deſagréable à celui que je combats.

Qu'il autorise
la Rebellion
des Sujets.

§ XIII. E L L E peut être tirée du même argument dont je me ſuis ſervi en montrant que, ſelon *Hobbes*, le droit de s'approprier tout par la Guerre eſt inaliénable. Car de là il s'enſuit, que chacun retient contre tous, & par conſéquent contre l'Etat même dont il eſt membre, le droit de faire la Guerre ; à moins qu'*Hobbes* ne diſe que l'Etat accorde lui-même à chacun un droit à toutes choſes ; ce qui certainement ne ſauroit être autoriſé dans aucune Société Civile. Mais écoutons *Hobbes* lui-même. Nôtre Philoſophe, fondé ſur ce principe d'un droit entiérement illimité de ſe conſerver & de ſe défendre, permet tout ouvertement aux Citoiens de ſe joindre pluſieurs enſemble à main armée pour leur défenſe. Voici comment il propoſe & il réſout la queſtion,

dans

---

§ XII. (1) Transfert autem [jus ſuum] in alterum, qui ſigno vel ſignis idoneis illi a'teri, id juris volenti ab eo accipere, declarat velle ſe, non licitum ſibi amplius fore ipſi reſiſtere certum aliquid agenti, præut ei reſiſtere jure antea poterat. De Cive, Cap. II. § 4.
(2) Mortem, vel vulnera, vel aliud damnum corporis inferenti nemo pactis ſuis quibuſcumque

obligatur. Ibid. Cap. II. § 18.
(3) Voluntatem hæc ſubinſſio omnium illorum, unius hominis voluntati, vel unius Concilii, tunc fit, quando unuſquiſque eorum ſe pacto obligat ad non reſiſtendum voluntati illius hominis, vel illius Concilii, cui ſe ſubmiſerit, id eſt, ne uſum opum & virium ſuarum (quoniam JUS SE IPSUM CONTRA VIM DE-

FEN-

dans fon (1) *Léviathan.* ,, Pofé, dit-il, que plufieurs à la fois aient commis
,, contre le Souverain un Crime capital, en punition duquel ils ont à crain-
,, dre la mort, s'ils ne fe défendent, auront-ils la liberté de fe défendre les
,, uns les autres en réuniffant leurs forces? Ils l'auront fans contredit. Car,
,, en ce cas-là, ils ne font que défendre leur propre vie, ce qui eft égale-
,, ment permis aux Innocens & aux Coupables. La prémiére chofe en quoi
,, ils ont manqué leur devoir, étoit à la vérité une injuftice; mais quand ils
,, viennent enfuite à prendre les armes pour fe défendre, ce n'eft pas un
,, nouveau crime." Dans l'Edition Angloife du *Léviathan*, où cela fe trouve auffi, il y a encore quelque chofe de plus hardi. Car, au lieu de la derniére période, on y lit ces deux: ,, La prife d'armes, qui fuit la prémiére vio-
,, lation du devoir, quand même ce feroit pour maintenir ce que l'on a fait,
,, n'eft pas une nouvelle action injufte: & fi l'on en vient là feulement pour
,, défendre fa perfonne, il n'y a abfolument aucune injuftice dans cette ac-
,, tion." On doit, à mon avis, louer *Hobbes* de ce qu'il a un peu corrigé une
fi mauvaife doctrine, dans l'Edition Latine de fon Livre: mais ces fecondes penfées ne laiffent pas de renfermer quelque chofe de très-pernicieux, & qui font
l'apologie de la rebellion. Car fuppofons que plufieurs aient formé enfemble
un complot pour tuer le Roi, & que le Roi en ait eû avis par le moien d'un
des complices, les Conjurez craignent alors fans doute la mort qu'ils ont méritée. Il leur eft donc permis, felon nôtre Cafuïfte, de prendre les armes
pour fe défendre les uns les autres, & en le faifant, ils ne commettent point de
nouveau crime. Mais moi je foutiens, que ces Conjurez, en prenant les armes contre leur Roi pour fe mettre à couvert de la peine qu'ils méritent, en-
treprennent une Guerre très-injufte, & fe rendent véritablement coupables
du crime de Rebellion, ou de Léze-Majefté; & qu'ainfi ils ajoûtent un nouveau
crime à celui de la Conjuration. Car, quoi que l'un & l'autre de ces crimes puiffe
être renfermé fous un même nom général, & qu'ils confiftent tous deux dans
une violation de la foi donnée; la prife d'armes ne laiffe pas d'être un nouveau
crime, par lequel, & par tout ce que font les Conjurez dans une telle Guerre, ils entaffent crime fur crime. Car prendre les armes contre le Souverain,
pour empêcher qu'il n'ufe du droit d'infliger aux Criminels la peine qu'ils ont
méritée, c'eft une chofe qui tend à la Sédition & à la Guerre Civile. Si cela
étoit permis, il devroit l'être auffi de tuer le Roi même, quand il mettroit la
main fur quelcun d'eux pour l'arrêter. Je laiffe à chacun à juger, combien
une telle maxime eft pernicieufe & détestable.

§ XIV. ENTRE les principes qu'*Hobbes* établit en expliquant les Loix Na- *Qu'il détruit, par fa doctrine fur les Conventions, l'obligation d'obéir aux Souverains.*
turelles, il y en a auffi quelques-uns, qui fappent les fondemens du Gouver-
nement Civil; fur-tout ce qu'il dit de l'obligation des *Conventions*, & des *Serments*.
Il enfeigne, que la formation & la confervation des Etats dépend uniquement

FENDENDI RETINERE *intelligitur*) contra alios quofcunque illi denegct. Vocaturque
UNIO. Ibid. Cap. V. § 7.
§ XIII. (1) *Quid autem fi multi fimul, contra Civitatis Poteftatem Summam crimen aliquod
commiferint capitale, propter quod, nifi fe defen-
dant, exfpectant mortem, quaeret aliquis iterum*

*libertatem illi conjunctis viribus fe mutuo defen-
dendi habeant? Habent certé. Nam vitas fuas
defendunt tantum; id quod & Innocenti & Nocen-
ti aequè licet. Injuftitia quidem erat officii violatio prima; fed quod arma poftea ad fe defendendas
fumpferint, crimen novum non eft. Cap. XXI.
pag. 109.*

ment des Conventions: & cependant il foûtient, qu'une Convention n'oblige que quand on fe fie à la parole du Promettant. Cela eft infinué dans la définition même qu'il donne de la *Convention ;* & voici comment il l'explique, & en montre l'ufage, en (1) parlant de l'Obligation des *Efclaves*. ,, Cet- ,, te Obligation, dit-il, ,ient d'une Convention: or une Convention eft nul- ,, le, à moins qu'on ne fe foit fié à celui qui s'engage, comme il paroît par la ,, nature même de la Convention, que j'ai défini: *une Promeffe de celui à qui* ,, *l'on fe fie.* Ainfi au bienfait que l'Efclave reçoit du Maître qui lui donne la vie, ,, eft jointe une confiance, en conféquence de laquelle le Maître laiffe l'Ef- ,, clave dans une liberté corporelle, de forte que, fans l'obligation & les liens ,, de la Convention, l'Efclave pourroit non feulement s'enfuïr, mais encore ,, priver de la vie le Maître qui lui a confervé la fienne." (2) Dans le même Chapitre, *Hobbes* expliquant les différentes maniéres dont les Efclaves font dé- livrez de fervitude, dit, en cinquiéme & dernier lieu: (3) ,, Un Efclave, ,, que l'on tient lié, ou privé de quelque autre maniére de la liberté corporel- ,, le eft par-là délivré des liens de l'autre obligation, fondée fur une Conven- ,, tion. Car il n'y a point de Convention, tant que l'une des Parties ne ,, fe fie point à l'autre, & on ne fauroit violer fa parole, quand celui à qui on ,, la donnoit n'y a point ajoûté foi." Dans un autre endroit du même Chapi- tre, (4) l'Auteur enfeigne encore plus clairement, que les Efclaves, qu'on tient liez, ou en prifon, s'ils tuent alors leur Maître, ne font rien de contrai- re aux Loix Naturelles. Il débite tout cela, en expliquant les droits d'une *Domination* (5) ou d'une *Souveraineté Naturelle,* qu'il prétend qu'on *aquiert* par la *puiffance* ou les forces naturelles, & qui eft, dit-il, établie, lors que les Prifonniers de Guerre, ou les Vaincus, ou ceux qui fe défient de leurs pro- pres forces, promettent au Vainqueur, ou à celui qui eft plus fort qu'eux, de le *fervir*, comme leur Maître, c'eft-à-dire, de faire tout ce qu'il leur com- mandera. Or on fait par le témoignage des Hiftoires les plus fidéles, que pref- que toutes les Souverainetez qu'il y a aujourdhui dans le monde, ont été ori- ginairement établies de cette maniére. Il eft donc très-dangereux pour toutes ces Souverainetez, de dire, comme cela fuit manifeftement des principes de nôtre Philofophe, qu'auffi-tôt qu'un Prince témoignera en quelque maniére que ce foit qu'il fe défie de quelques-uns de fes Sujets qui ont promis de lui obéïr, ils foient par-là quittes de leur fujettion, & ils puiffent tuer leur Roi, fans violer les Loix Naturelles. Si un Sujet eft mis en prifon, & qu'il puif- fe

§ XIV. (1) *Obligatio igitur Servi, adverfus Dominum, non nafcitur ex fimplici vitae condo- natione, fed ex eo quòd non vinctum eum, vel incarceratum teneat. Obligatio enim ex facto ori- tur, factum autem fine fide habita nullum eft, ut patet ex Cap. 2. articulo 9, ubi definitur: Pactum effe promiffum ejus cui creditur. Cum beneficio ergo vitae condonatae conjuncta eft fidu- cia, qua Dominus eum in libertate corporali re- linquit, ita ut nifi intervenliffent obligatio, & vincula pactitia, non modo aufugere, fed etiam Dominum confervatorem vitae ejus, vita fpolia-* re poffet. De Cive, Cap. VIII. § 3.

(2) Ici, comme en d'autres endroits, Hob- bes fait un mélange du vrai & du faux. Voïez Pufendorf, *Droit de la Nat. & des Gens,* Liv. VI. Chap. III. § 6. avec mes Notes ; & ce que j'ai dit fur Grotius, *Droit de la Guerre & de la Paix,* Liv. III. Chap. VII. § 1. Not. 2. & § 6. Not. 2.

(3) *Poftremo; Servus qui in vincula conjici- tur, vel quoquomodo libertate corporali privatur; altera illa obligatione pactitia liberatur. Non enim exiftit pactum, nifi ubi pacifcenti creditur; nec* vi-

ſe ſe ſauver, en rompant les portes, ou corrompant les gardes, *Hobbes* le dégage alors du ſerment de fidélité, & lui accorde le droit de ſe rebeller ſans crime. Tout cela eſt d'une conſéquence d'autant plus dangereuſe, que les indices par où l'on juge ſi les Princes ſe fient à nous, ou non, ſont ſort incertains, & que le ſoin de leur propre conſervation demande beaucoup de précautions; de ſorte que des gens ſoupçonneux concluront aiſément qu'on ne ſe
fie point à eux, & par-là ſe croiront dégagez de leur ſujettion. *Hobbes* ſuppoſe, ſans le prouver, que l'Empriſonnement, ou une privation de la liberté
corporelle, eſt ſeule un ſigne ſuffiſant de cette défiance. Mais ſouvent on ſe propoſe par-là uniquement d'examiner des gens accuſez de quelques Crimes, & de
crimes légers, dont peut-être ils ſont innocens. Et ce n'eſt jamais un ſigne,
que le Prince veuille tenir quitte ſon Sujet des engagemens où il étoit en vertu des Conventions.

§ XV. C'eſt auſſi renverſer les fondemens de toute Société Civile, que de
ſoûtenir, comme fait *Hobbes*, (1) Que, dans l'Etat de Nature, encore même
que les deux Contractans ſe fient l'un à l'autre, ſi néanmoins il n'y a rien d'exécuté pour le préſent de part ni d'autre, & qu'il ſurvienne d'une ou d'autre part quelque juſte ſujet de craindre que l'autre Contractant n'effectuë pas ce qu'il a promis, la Convention eſt nulle, & ainſi l'on n'eſt point obligé de la tenir. Il eſt certain, que les Conventions, par leſquelles les Etats ſe forment, ſelon *Hobbes*, ſe font
entre ceux qui vivent dans l'Etat de Nature, & que les deux Parties, tant celle qui
doit être chargée du Gouvernement, & qui par-là promet à l'autre ſa protection,
que celle qui promet à l'autre l'obéïſſance, ne peuvent pas exécuter dans le
moment ce à quoi elles s'engagent. Et il n'y a point de doute qu'elles ne viennent enſuite de tems en tems à craindre qu'on ne leur manque de parole, en ſorte que cette crainte leur paroïſſe juſte. Elle eſt même toûjours juſte, ſelon les principes d'*Hobbes*, parce qu'ils en ſont eux-mêmes les Juges ſouverains, & qu'il n'y
a perſonne qui puiſſe contraindre l'une & l'autre des Parties à tenir ſa parole.
Donc ces Conventions ſont invalides; & par conſéquent la Société Civile qui
ſembloit établie par de telles Conventions, tombe en ruïne, comme un Edifice bâti ſur de foibles fondemens. Mais en voilà aſſez ſur cet article. Car j'ai
traité au long ci-deſſus de l'Obligation des Loix Naturelles, ſur-tout de celle
qui concerne les Conventions.

§ XVI. Paſſons aux *Sermens*, ſur la nature deſquels *Hobbes* établit des
principes, par où il rend inutile cette ſûreté, qui eſt le plus ferme appui de la

margin: Que cette même doctrine renverſe les fondemens de toute Société Civile.

margin: Il rend inutile l'uſage du Serment dans la Société Civile.

---

violari poteſt fides, quae non eſt habita. De Cive, ubi ſupr. § 9.
(4) Servi itaque lujusmodi, qui carceribus, ergaſtulis, vinculisve cohibentur, non compre-
henduntur definitione Servorum ſupra tradita, quia ſerviunt bi, non pacto, ſed ne vapulent. Ideoque ſi aufugerint, vel Dominum interfece-
rint, nihil faciunt contra leges naturales. Etenim vinculis ligare, ſignum eſt, illum qui ligat ſup-
ponere, ligatum nulla alia obligatione teneri. Ibid. § 4.

(5) Secundus modus [quo jus Dominii, ſeu Civitas naturalis, potentia & viribus naturalibus acquiritur] eſt, ſi quis bello captus, vel victus, aut viribus diffidens (ut mortem decli-
net) victori vel fortiori promittit, ſe ei ſervitu-
rum, hoc eſt, omnia facturum, quae imperabit. Ibid. § 1.
§ XV. (1) Voicz ci-deſſus, Chap. V. § 51. Not. 5. où le paſſage a été cité: & conſérez ce que dit Pufendorf, Droit de la Nature & des Gens, Liv. III. Chap. VI. § 9.

Ece

la Société Civile, & il détruit ainſi réellement la Société. (1) Il dit en marge, dans un endroit de ſon Traité *Du Citoien*, (2) *Que le Serment n'ajoûte rien à l'Obligation qui naît de la Convention à laquelle on le joint.* Dans le Texte il s'exprime d'une maniére encore plus équivoque: *Une ſimple Convention*, (3) dit-il, *n'oblige pas moins, que celles, qu'on a juré d'obſerver.* Je conviens volontiers, qu'une Convention, avant même qu'on y aît joint le Serment, eſt obligatoire. J'ajoûte, que la raiſon pourquoi il eſt certain que DIEU punira, ſelon ce que porte la formule d'un Serment licite, la violation de la foi ainſi donnée, c'eſt que par-là celui qui a juré péche contre la Loi Naturelle, qui eſt établie de DIEU pour le Bien Commun. Cela eſt connu par la nature même des choſes, & il n'eſt pas beſoin ici de Révélation, ni d'une Perſonne qui repréſente DIEU, pour déclarer qu'il accepte cette eſpéce de Vœu, comme (4) il ſemble qu'*Hobbes* l'inſinue un peu plus haut. Mais il ne laiſſe

pas

§ XVI. (1) Il y a encore ici du vrai & du faux dans ce que dit HOBBES, ſur la nature & la force du Serment. Voiez PUFENDORF, *Droit de la Nature & des Gens*, Liv. IV. Chap. II. § 6. avec mes deux Notes ſur ce paragraphe.

(2) *Jusjurandum nihil ſuperaddit obligationi quae eſt ex pacto.* Cap. II. § 22.

(3) *Ex allata Jurisjurandi definitione intelligi poteſt, pactum nudum non minus obligare, quàm id in quod juravimus.* Ibid. Mais voici ce qu'il ajoûte: *Pactum enim eſt, quo aſtringimur; juramentum ad punitionem divinam attinet, quam provocare ineptum eſſet, ſi pacti violatio non eſſet per ſe illicita. Illicita autem non eſſet, niſi pactum eſſet obligatorium.*

(4) Nôtre Auteur indique ici les § 12, 13. de ce même Chapitre. Voici ce qu'on y lit: *Ex eo autem, quòd in omni donatione, & pactis omnibus, requiritur acceptatio juris quod transfertur, ſequitur pacifci neminem poſſe cum eo, qui acceptationem illam non ſignificat. Neque igitur .... pacta inire quisquam cum divina majeſtate poteſt, neque illi voto obligari, niſi quatenus viſum illi eſt per S.ripturas Sacras ſubſtituere ſibi aliquos homines, qui auctoritatem habeant, vota & pacta ejusmodi expendendi & acceptandi, tanquam illius vicem gerentes. Qui igitur in Statu Naturae conſtituti ſunt, ubi nulla tenentur Lege Civili, (niſi illis certiſſima revelatione voluntas Dei, votum vel pactum ſuum accipientis cognita ſit) fruſtra vovent. Siquid enim id quod vovent, contra Legem Naturae ſit, non tenentur voto; quia illicitum praeſtare tenetur nemo; ſi vero id quod vovent, Lege aliqua Naturae praeceptum ſit, non voto, ſed ipſa tenentur Lege; ſin liberum ante votum ſit, facere vel non facere, libertas manet; propterea quod, ut obligemur voto, requiritur voluntas obligantis aperté ſignificata, quae in caſu pro-*

poſito ſupponitur non haberi. Mais *Hobbes* ne parle point là des *Sermens* ajoûtez à une Convention : il traite des *Conventions* faites avec DIEU même, & des *Vœux*, par lesquels on s'engage auſſi directement envers lui à faire telle ou telle choſe. Il ne paroit pas d'ailleurs confondre les *Vœux* avec les *Sermens* : & ce qu'il en dit, peut être expliqué en un très-bon ſens; comme le fait PUFENDORF, *Droit de la Nat. & des Gens*, Liv. III. Chap. VI. § 15. Bien des gens ne diſtinguent pas aſſez les *Vœux* d'avec les *Sermens*, ou n'ont que des idées fort confuſes de la différence qu'il y a entre ces deux ſortes d'actes religieux. Qu'il me ſoit permis d'expoſer ici en peu de mots mes penſées là-deſſus. Tout *Serment*, proprement ainſi nommé, ſe rapporte principalement & directement à quelque Homme, auquel on le fait. C'eſt à l'Homme qu'on s'engage par-là : on prend ſeulement DIEU à témoin de ce à quoi l'on s'engage, & l'on ſe ſoûmet aux effets de ſa vengeance, ſi l'on vient à violer la promeſſe qu'on a faite; ſuppoſé que l'engagement par lui-même n'ait rien qui le rendit illicite, ou nul, s'il eût été contracté ſans l'interpoſition du Serment. Mais le *Vœu* eſt un engagement où l'on entre directement envers DIEU, & un engagement volontaire, par lequel on s'impoſe à ſoi-même de ſon pur mouvement la néceſſité de faire certaines choſes, auxquelles ſans cela on n'auroit pas été tenu, au moins préciſément & déterminément. Car, ſi l'on y étoit déja indiſpenſablement obligé, il n'eſt pas beſoin de s'y engager: le Vœu ne fait alors que rendre l'obligation plus forte, & la violation du devoir plus criminelle, comme le manque de foi, accompagné du Parjure, en devient plus odieux & plus digne de punition, même de la part des Hommes.

Le

pas de se former une nouvelle (5) Obligation après le Serment, parce qu'a-lors on doit obéïr à une autre Loi Divine, qui défend, sous une nouvelle & très-rigoureuse peine, d'invoquer le nom de DIEU témérairement, & de le faire servir à la confirmation d'une fausseté. En vain *Hobbes* prétend-il (6) que celui qui en jurant renonce à la miséricorde de DIEU, s'il vient à manquer de parole; ne s'oblige point par-là à subir la peine, parce qu'il est toujours permis de demander pardon à DIEU, quand on a en quelque maniére provo-qué sa vengeance, & de jouïr du pardon, si on l'obtient. Car ceux qui ju-rent, sont obligez & à prendre garde de ne pas encourir la peine, & à la souffrir patiemment, quand elle est infligée, quoi qu'il leur fût permis auparavant de chercher à fléchir la colére de DIEU, en implorant sa miséri-corde. Je prie les Lecteurs de bien peser tout cela, & de juger ensuite si, selon ce principe d'*Hobbes*, qui ne reconnoît aucune nouvelle Obligation ajoû-

tée

Le *Serment* étant un lien accessoire, qui sup-pose toûjours la validité de l'acte principal, ou de l'engagement auquel on l'ajoûte pour rendre les Hommes envers qui l'on s'engage plus certains de nôtre sincérité & de nôtre bonne soi; dès-là qu'il ne s'y trouve aucun vice qui rende cet engagement nul, ou illici-te, cela suffit pour être assûré que DIEU veut bien être pris à témoin, & se rendre garant de l'accomplissement de la promesse, parce qu'on sait certainement que l'obligation de tenir sa parole est fondée sur une des ma-ximes les plus évidentes de la Loi Naturel-le, dont il est l'Auteur. Mais, quand il s'a-git d'un *Vœu*, par lequel on s'engage directe-ment envers DIEU à certaines choses aux-quelles on n'étoit point obligé d'ailleurs, la na-ture de ces choses n'aiant rien par elle-même qui nous rende certains qu'il veut bien ac-cepter l'engagement, il faut ou qu'il nous donne à connoître sa volonté par quelque voie extraordinaire, ou que l'on ait là-dessus des présomtions raisonnables, fondées sur ce qui convient aux Perfections connuës de cet Etre Souverain, ou à ce que l'on sait d'ail-leurs lui être agréable. On ne peut s'imagi-ner, sans lui faire outrage, qu'il veuille se prêter à nos désirs, toutes les fois qu'il nous prendra envie de contracter avec lui, & de gêner par-là inutilement nôtre liberté. Ce se-roit supposer, qu'il retire quelque avantage de ces engagemens volontaires, ou qu'on peut en quelque maniére le contraindre à les accepter. Ainsi, pour avoir lieu de croire qu'il les accepte, il faut non seulement qu'il n'y ait rien d'illicite dans ce à quoi l'on veut s'engager, mais encore que le *Vœu* soit fait avec connoissance & mûre délibération; & que l'on se propose quelque bonne Fin, c'est-à-dire, que l'on croie pouvoir & que l'on

puisse effectivement, par la pratique des cho-ses dont on s'impose soi-même la nécessité, se mettre plus en état de pratiquer quelque De-voir indispensable.

(5) Cette nouvelle *Obligation* n'empêche pas que la validité du *Serment* n'ait une liai-son nécessaire avec la validité de l'engage-ment, pour la confirmation duquel on le prê-te. La prémière & principale raison, pour-quoi celui qui manque à la parole donnée a-vec serment, mérite d'être puni, c'est parce qu'il a violé ses engagemens: le Parjure le rend seulement plus coupable, & digne d'une plus rigoureuse punition. Quoi qu'il péche alors & contre cette Loi Naturelle qui or-donne de tenir ce que l'on a promis, & con-tre celle qui défend d'invoquer le nom de DIEU témérairement; cela ne change point la nature des Obligations qui naissent de là, entant que jointes ensemble de telle maniére, que la violation de celle qui se rapporte à DIEU, suppose ici nécessairement une in-fraction de l'autre qui regarde les Hommes, auxquels on s'engage en prenant DIEU à té-moin. On ne le prend à témoin, que pour confirmer l'engagement où l'on entre envers ceux à qui l'on jure: & si l'on a lieu de croi-re qu'il veut bien se rendre garant de l'enga-gement, & vengeur de son infraction, c'est uniquement parce que l'engagement n'a rien en lui-même qui le rende ou illicite, ou inva-lide.

(6) *Praeterea qui renunciat misericordiae di-vinae, non obligat se ad poenam: quia semper licitum est, poenam utcumque provocatam depre-cari, atque divina, si concedatur, frui indul-gentia.* Cette raison est sans doute destituée de solidité. Du reste, *Hobbes* reconnoît lui-même, que l'usage & l'effet du *Serment* con-siste en ce que les Hommes, enclins à man-

Eee 2
quer

tée par le Serment aux actes qu'il accompagne, il reste quelque fondement folide de la Société Civile. Les Rois fe trompent fort, de compter fur les Sermens: on a beau faire des Loix, pour exiger des Sujets le Serment de fidélité; cela eft fort inutile. C'eft en vain qu'on fait jurer les Confeillers privez du Prince, les gens de fa Maifon, ou fes Gardes-du-corps. Les Juges des Tribunaux, les Témoins qui dépofent en Juftice, ne font pas plus obligez, les uns ni les autres, par leurs Sermens. *Hobbes* les décharge tous de leur obligation par un foible raifonnement, & ainfi il détruit en même tems le Gouvernement Civil.

§ XVII. Il y a d'ailleurs, dans la maniére dont *Hobbes* explique l'origine de la *Souveraineté*, des principes entiérement contraires à ce que demande la fermeté de cet établiffement.

Voici comment il conçoit l'origine de l'*Etat Civil*, ou du *Gouvernement* (a) *d'inftitution*, comme il l'appelle. (1) Plufieurs Hommes s'uniffant enfemble par la crainte où ils font les uns des autres, transférent tous leurs droits à une Perfonne Civile, (c'eft-à-dire, ou à un Seul Homme, ou à une feule Affemblée) en faifant chacun avec tous les autres Concitoiens futurs une Convention comme celle-ci: (2) *Je transfére mon droit à cette Perfonne, à condition que toi auffi lui transféreras le tien.* Quand la Perfonne deftinée ainfi à avoir la Souveraineté, a accepté ce tranfport de droits; voilà l'*Etat Civil* tout formé. Pour ce qui eft des deux autres fortes de Gouvernement, dont *Hobbes* (3) parle, favoir, le *Defpotique*, c'eft-à-dire, celui qu'un Vainqueur aquiert fur les Vaincus, auxquels il a confervé la vie, & que l'on appelle *Efclaves*; & le *Gouvernement Paternel*, ou le Pouvoir qu'un (4) Pére a fur fes Enfans qu'il a élevez, & par-là garantis de la mort qu'il pouvoit leur donner; nôtre Philofophe infinuë, que l'un & l'autre de ces Gouvernemens eft établi par de femblables Conventions, non expreffes, mais tacites; fondées fur ce que la Raifon, felon lui, enfeigne, d'un côté, que c'eft uniquement fous cette condition que les Vainqueurs, & les Péres, laiffent la vie aux Vaincus & aux Enfans qui font en leur puiffance; de l'autre, que les Vaincus & les Enfans doivent fe foûmettre à une telle condition, en reconnoiffance de ce qu'ils ont la vie fauve.

---

quer de foi, font plus fortement detournez de violer leurs engagemens par la crainte de Dieu, à la connoiffance & à la puiffance duquel on ne peut fe dérober: *Nam Jusjurandum ideo introductum eft, ut major metus violandae fidei, quàm is quo homines (quot facta noftra latere poffint) timemus, divinae potentiae confiderationis atque religione incuteretur* ... *Effectus ergo Juramenti is folus eft, ut hominibus naturâ pronis ad violationem datae fidei major juratis caufâ fit metuendi.* Ubi fupr. § 20, 22. Ainfi ce qu'il y a de plus dangereux dans les idées d'*Hobbes*, vient des autres principes, par lefquels, comme nôtre Auteur le fait voir, il détruit ou affoiblit l'Obligation de tenir fa parole, & en général celle des Loix Naturelles. Qu'on mette à quar-

tier ces principes: ce que nôtre Auteur dit enfuite contre *Hobbes*, eft fort outré. Autre chofe eft, ne point reconnoître de nouvelle Obligation, de la maniére que je viens de l'expliquer, & autre chofe, nier toute Obligation, qui naiffe d'une Promeffe faite avec ferment. Le dernier ne fuit nullement du prémier; fur-tout quand on convient que le Serment ajoûté renforce l'Obligation de la Promeffe, & c: rend la violation plus criminelle.

§ XVII. (1) *Ex ante dictis fatis oftenfum eft, quo malo, & quibus gradibus multae perfonae naturales in unam perfonam civilem, quam Civitatem appellavimus, ftudio fefe conferundi, mutuo metu coaluere.* De Cive, Cap. V. § 12.

ve. Tout cela fe réduit, pour le dire (5) en peu de mots, à un tranſport de droit, fait par des Conventions. Et ce tranſport ſe fait, ſelon nòtre Phi-loſophe, quand quelcun (6) déclare qu'il ne veut plus avoir la permiſſion de réſiſter à un autre, en matiére de certaines choſes qu'il fera, comme il pou-voit avant cela lui réſiſter légitimement. Ainſi les Citoiens, dans les Conven-tions qu'ils font avec la Perſonne qui doit être revêtuë de la Souveraineté, ne lui promettent autre choſe, ſi ce n'eſt de ne pas lui réſiſter, en tout ce qu'elle fera ou qu'elle ordonnera, ſauf toûjours le ſoin de ſe conſerver eux-memes. De ce principe *Hobbes* infére (7) conſéquemment, Que l'obligation de rendre au Souverain *l'obéïſſance ſimple*, comme il l'appelle, ne vient pas immédiate-ment des Conventions par leſquelles nous avons transféré tout nôtre droit à l'Etat; c'eſt-à-dire, qu'elles obligent ſeulement à ne pas réſiſter au Souverain, & non pas à lui obéïr. Mais le Pouvoir Civil ſe réduit certainement à peu de choſe, ſi ces Conventions, auxquelles il doit uniquement ſon origine & ſa conſtitution, n'obligeoient perſonne à obéïr au Souverain, mais ſeulement à ne pas empêcher que le Roi, par exemple, ne faſſe ce qu'il peut à l'aide de ſes mains. *Hobbes* enſuite déduit *médiatement* des mêmes Conventions l'obliga-tion d'obéïr, *parce*, dit-il, *que, ſans l'obéïſſance, le droit de commander ſeroit inutile, & par conſéquent il n'y auroit point de Société Civile établie.* Pour moi, je ſoûtiens qu'il s'enſuit de là au contraire, que la Convention, par laquelle, ſelon lui, on fait un tranſport de droit, qui ne renferme autre choſe qu'une promeſſe de ne pas réſiſter, ne nous découvre pas la vraie & ſuffiſante cauſe de la génération des Etats, puis que le droit de commander, fondé là-deſſus, peut être conféré en vain, de ſorte que la Société Civile ne ſera pas pour ce-la encore établie, puis que perſonne ne ſera tenu d'obéïr au Souverain; com-me nôtre Philoſophe l'avouë. Et néanmoins, ſelon ſes principes, le trans-port de droits ne peut ſe faire autrement, parce qu'il ſuppoſe que celui au-quel on tranſfére quel droit que ce ſoit, l'avoit lui-même auparavant: car il avoit droit ſur tous & à toutes choſes, & s'il ne pouvoit en faire uſage, c'é-toit à cauſe du droit que les autres avoient de lui réſiſter; ainſi il falloit ſeule-ment lever cet obſtacle par des Conventions, afin que le prétendu (b) droit de

(b) *De Cive,* *Cap.* XV. § 15.

' (2) *Accedit obligatio erga habentem Imperium. Civis enim unuſquiſque cum unoquoque paciſcens, ſic dicit:* Ego jus meum transfero in hunc, ut tu tuum transferas in eundem. *Ibid.* Cap. VI. § 20. Voïez auſſi le *Léviathan*, Cap. XVII.

(3) Il les qualifie *naturels*, par oppoſition au *Gouvernement Politique*, ou *d'inſtitution: Hinc eſt quod duo ſint genera* Civitatum: *alterum naturale, quale eſt* Paternum, *&* Deſpoticum; *alterum* inſtitutivum, *quod &* Politicum *dici poteſt.* De Cive, Cap. V. § 12.

(4) C'eſt-à-dire, un Pére, au pouvoir du-quel la Mére s'eſt ſoûmiſe par le Contraċt du Mariage: car, ſans cela, Hobbes prétend que les Enfans appartiennent à la Mére. *Ibid.* Cap. IX. § 2, & ſqq. Voïez ce que j'ai dit

ſur le Chap. I. § 30. *Not.* 4. & 9.

(5) Nôtre Auteur renvoïe ici aux endroits ſuivans, comme renfermant ce qu'il en dé-duit ici, *De Cive*, Cap. I. § 14. Cap. VIII. § 1, & ſeqq. Cap. IX. § 2, & ſeqq.

(6) On a cité le paſſage ci-deſſus, § 12. *Not.* 1.

(7) *Naſcitur autem ad eam praeſtandam* [SIMPLICEM obedientiam] *non immediatè ex eo paċto, in quo jus noſtrum omne ad Civita-tem tranſtulimus; ſed mediatè, nempe ex eo quod ſine obedientia jus Imperii fruſtra eſſet, & per conſequens omnino conſtituta Civitas non fuiſſet. Aliud enim eſt, ſi dico,* Jus tibi do quidlibet imperandi *a'iud ſi dico,* Faciam quicquid impe-tabis. *Poteſtque tale eſſe mandatum, ut interfici malim, quàm facere.* De Cive, Cap. VI. § 13.

de dominer fur tous, que chacun a naturellement, pût fe déploier, & s'exercer en toute liberté.

Mais paffons cette difficulté, & accordons à *Hobbes*, que les Citoiens, felon fon Syftême, aient joint à la Convention fur le tranfport de leurs droits, quelque promeffe de rendre au Souverain une obéïffance affez grande pour que le droit de commander ne foit pas entiérement inutile. La Souveraineté demeure encore par-là refferrée dans des bornes fort étroites, puis que toute fa force confifte à n'être pas abfolument fans aucun effet. De plus, *Hobbes* ne détermine aucune mefure fixe de l'obéïffance que les Sujets doivent au Souverain: il l'exige d'eux feulement autant qu'il eft néceffaire pour que le droit de commander n'ait pas été accordé en vain; & cela même, ils ne peuvent le déduire qu'indirectement du tranfport qu'ils ont fait de leurs droits. Ainfi il les laiffe néceffairement Juges de cette queftion, *Jufqu'où ils doivent porter l'obéïffance, afin que le droit de commander, qu'ils ont transféré au Souverain, ne l'ait pas été inutilement?* Car perfonne ne peut mieux favoir, qu'eux, le but qu'ils fe font propofez dans une telle Convention; & il n'y a que celui qui connoît parfaitement le but d'un acte, qui puiffe favoir s'il fera vain, ou non. Or chacun voit, combien un tel principe eft dangereux dans un Gouvernement établi. Car, fur ce pié-là, les Sujets mettront telles bornes qu'il leur plaira à l'obéïffance qu'ils croiront devoir au Souverain. Mais, comme je l'ai fait voir ci-deffus, le Pouvoir des Souverains ne devoit être borné que par les Loix Divines, c'eft-à-dire, par les Loix Naturelles, qui ne peuvent être changées au gré des Hommes; & il falloit que les Sujets fuffent obligez par ces mêmes Loix à obéïr au Souverain en tout ce qu'aucune d'elles ne paroît défendre clairement.

Un Lecteur éclairé remarquera aifément, que, dans tout ce Syftême, *Hobbes* pofe pour prémiére & directe caufe de la Souveraineté dans chaque Etat, ce droit imaginaire fur tous & à toutes chofes, qu'il prétend que la Nature ait donné à tous, & par conféquent auffi à celui que l'on veut établir Souverain. Il veut enfuite, que les Conventions par lefquelles on transfére fon droit à cette Perfonne, ne faffent que le mettre à couvert de la réfiftance que les Citoiens auroient pû lui faire, dans l'exercice de ce droit, auffi ancien que la nature du Souverain. La crainte n'eft la caufe de l'établiffement des Sociétez Civiles, que parce qu'elle a porté à lever cet obftacle; & la confidération de la Nature Humaine, qu'*Hobbes* repréfente comme plus fauvage que celle des Bêtes féroces, n'eft néceffaire pour la formation d'un Etat Civil, qu'entant qu'elle eft caufe de cette crainte; c'eft-à-dire, comme caufe éloignée, qui fait qu'il eft néceffaire d'en venir à des Conventions, pour empêcher la réfiftance que chacun auroit pû faire au droit de commander qu'une feule Perfonne voudroit exercer fur tous les autres. C'eft ce qui eft affez claire-

---

(3) *Manifeftum ergo eft, jus puniendi quod habet Civitas (id eft, is qui perfonam gerit Civitatis) fundatum non effe in Conceffione five gratia Civium. Sed oftenfum etiam fupra eft, quod ante Civitatis conftitutionem unicuique quid-* *libet agendi quod ad confervationem fui videtur ipfi neceffarium, jus erat naturale. Atque hoc juris, quod habet Civitas, Civem puniendi, fundamentum verum eft ... Itaque jus illud illi non datum, fed relictum eft &c. Cap. XXVIII.*

pag.

rement enseigné dans un endroit du *Léviathan*, où l'Auteur traite de l'origine du droit de punir un Citoien. (8) „ *Ce droit*, dit-il, qu'a l'Etat, (c'eſt- „ à-dire, celui qui repréſente l'Etat) n'eſt pas fondé ſur une conceſſion des „ Citoiens. Mais, avant même que l'Etat fût formé, chacun avoit un droit „ naturel de faire tout ce qui lui paroiſſoit néceſſaire pour ſa propre conſer- „ vation. Et voilà le véritable fondement du droit qu'a l'Etat de punir un „ Citoien .... Ainſi ce droit n'a pas été donné, mais laiſſé au Souverain. " Il eſt clair, que ce droit, qu'*Hobbes* prétend avoir été ſeulement laiſſé au Sou- verain, renferme & le Pouvoir Légiſlatif, & celui de faire exécuter les Loix, & celui de faire la Guerre, & par conſéquent tout ce en quoi conſiſte la for- ce de la Souveraineté. N'eſt-ce donc pas dire, que les droits de tout Gouver- nement Civil peuvent être détruits par les mêmes raiſons, que le droit de tous à tout & ſur tous, qui ſe détruit lui-même par une infinité de contradictions qu'il renferme, & qui n'a aucun fondement raiſonnable, comme je l'ai fait voir dans le Chap. I. de cet Ouvrage? J'ajoûterai ſeulement ici, que, ſelon ces principes, tout Ennemi, & quiconque envahit ce qui appartient à autrui, a autant de droit de tuer les Rois légitimes, qu'*Hobbes* en donne aux Rois, de punir leurs Sujets rebelles: ainſi les Sujets ne ſe mettront pas beaucoup en peine de défendre leurs Rois contre les invaſions des Ennemis. Car un En- nemi a droit d'envahir le bien de ſon Ennemi, parce qu'il a droit à tout: & le Roi a droit de punir un Sujet rebelle, parce que, dans l'Etat de Nature, il avoit ce même droit à tout, lequel lui a été laiſſé, quand il eſt devenu Sou- verain: le droit eſt donc égal de part & d'autre. Bien plus: un Sujet rebelle devenant par-là Ennemi, ſelon *Hobbes*, & tout Ennemi aiant le droit primitif de punir à ſon gré, auſſi bien que le Roi l'a, il s'enſuit que la rebellion même donné au Sujet rebelle autant de droit de punir ſon Roi comme il voudra, que le Roi en a de punir ſon Sujet pour toute ſorte de Crimes.

§ XVIII. Hobbes, outre les droits de la Souveraineté reconnus de tous les Auteurs qui avant lui ont traité la Politique, en attribuë d'autres au Sou- verain, qui, étant mis en pratique, ne peut qu'affoiblir beaucoup & rendre peu durables les Sociétez Civiles: & cependant, en d'autres endroits, il refu- ſe aux Souverains ces mêmes droits: d'où l'on a tout lieu de ſoupçonner, que, quand il les leur a accordez, ce n'étoit que par flatterie. En voici deux ex- emples, des plus conſidérables. Le prémier eſt, qu'il autoriſe les Souverains à faire, par des Loix Civiles, tels réglemens qu'il leur plaît ſur ce qui eſt *nô- tre*, ou *qui appartient à autrui*; ſur ce qui eſt *honnête* ou *deshonnête*, *bon* ou *mauvais*. L'autre, qu'il dégage les Souverains de toute obligation de tenir leurs Conventions. Je vais alléguer des paſſages, où il établit le prémier point. (1) „ Tout ce, dit-il, que le Légiſlateur a ordonné, doit être tenu „ pour bon; & tout ce qu'il a défendu, réputé mauvais. Or le Légiſlateur

eſt

Flatteries in- jurieuſes & pernicieuſes aux Souve- rains même, par leſquelles il leur donne un Pouvoir ſans bornes, & les déchar- ge de toute Obligation.

---

pag. 146.
§ XVIII. (1) *Oſtenſum enim eſt*, Cap. 6. art. 9. *Regulas* boni & mali, juſti & injuſti, honeſti & inhoneſti, *eſſe Leges Civiles*, ideo- que quod *Legiſlator præceperit*, *id pro bono*;

quod vetuerit, id pro malo habendum .... Ante Imperia, juſtum & injuſtum non *exſtitere*; ut quorum natura ad mandatum ſit relativa; actio- que omnis ſuâ naturâ adiaphora eſt. De Cive, Cap. XII. § 1.

„ eſt toûjours celui qui eſt rêvetu de la Souveraineté dans un Etat .....̈
„ Avant qu'il y eût des Sociétez Civiles, le Juſte & l'Injuſte n'exiſtoient
„ point, parce que la nature de l'un & de l'autre eſt rélative au commande-
„ ment d'un Supérieur ; & que toute Action eſt indifférente de ſa natu-
„ re ..... (2) Ce n'eſt que dans la Vie Civile, qu'on trouve une régle com-
„ mune des Vertus & des Vices ; & cette régle ne peut être autre, que les
„ Loix de chaque Etat: car, la Société Civile étant une fois établie, les Loix
„ Naturelles deviennent une partie des Loix Civiles. “ Sur ce fondement,
Hobbes définit (3) le *Péché*, en diſant, que *c'eſt ce que l'on fait, que l'on omet,*
que l'on dit, ou que l'on veut, contre la Raiſon de l'Etat, c'eſt-à-dire, contre les
Loix Civiles. Il y a une infinité d'autres endroits, où il avance les mêmes
principes ; ſur-tout un, dans lequel il (4) ajoûte à la fin, que *les Loix Civiles*
ſont tous les ordres que donne le Souverain ſur ce que les Sujets doivent faire. Ainſi,
ſelon lui, tout ce que le Souverain ordonne, quoi qu'il y ſoit déterminé par
un mouvement ſubit de paſſion, & encore qu'il contrediſe les Loix écrites
qu'il a lui-même faites avec délibération, eſt néanmoins une Loi, & l'unique
caractére de l'*Honnêteté.* Car il ſoûtient ailleurs, (5) qu'il n'y a que ceux qui
tiennent de la bouche du Souverain même les Loix Civiles, qui puiſſent ſavoir
exactement & philoſophiquement, que celles qui ont été publiées viennent de
lui. Appliquer (6) à chaque cas qui ſe préſente, de telles Loix, c'eſt-à-dire,
des ordonnances purement arbitraires, c'eſt, ajoûte-t-il, juger ſelon les Loix ;
ſoit que cela ſe faſſe par le Souverain même, ou par quelque autre à qui il a
donné pouvoir de publier ou d'interpréter les Loix. Mais le grand privilége,
que nôtre Philoſophe tâche d'inférer de ces principes, s'il eſt permis d'appeller cela un privilége ; c'eſt que les Souverains, quoi qu'ils faſſent, ſont impec-
cables, & par conſéquent ne peuvent jamais être blâmez avec raiſon ; parce
qu'ils (7) ne ſont point ſoûmis aux Loix Civiles, perſonne ne pouvant être
obligé envers lui-même. Ainſi ils ne ſauroient jamais envahir le bien d'autrui,
puis que, leur volonté étant la Loi Civile, ils n'ont qu'à vouloir, pour que
tout ce qu'il leur plaira leur appartienne. Ils ne ſauroient rien commettre de
deshonnête ; car rien n'eſt deshonnête, que ce qu'ils veulent être tel, & qu'ils
défendent par conſéquent : or ils ne ſe défendent rien à eux-mêmes, & ils ne
peu-

---

(2) *Itaque niſi in vita Civili, Virtutum &*
Vitiorum communis menſura non invenitur ; quae
menſura ob eam cauſam, alia eſſe non poteſt prae-
ter uniuſcujuſque Civitatis Leges ; Nam Leges
Naturales, conſtituta Civitate, Legum Civilium
fiunt pars. De Homine, Cap. XIII. §. 9.

(3) *Ut culpa, hoc eſt,* Peccatum *fit,*
quod quis fecerit, omiſerit, dixerit, vel volue-
rit contra rationem Civitatis, id eſt contra Le-
ges. De Cive, Cap. XIV. § 17.

(4) *Et* Leges Civiles, *(ut eas definia-*
mus,) nihil aliud ſunt, quam ejus qui in Civitate
ſumma poteſtate praeditus eſt, de civium futu-
ris actionibus mandatum. Ibid. Cap. VI. § 9.

(5) *Primum autem quod Leges promulgatae*
procedant ab eo qui ſummum habet imperium,

conſtare, hoc eſt ſciri accuraté & philoſophicé lo-
quendo non poteſt, niſi ab iis qui ab ore ipſius
Imperantis eas accipiunt ; caeteri credunt &c.
Ibid. Cap. XIV. § 13.

(6) *Sententia vero Legum, ubi de ea dubita-*
tur, petenda eſt ab iis quibus à Summa Poteſtate
commiſſa eſt Cauſarum cognitio, ſive judicia.
Judicare enim nihil aliud eſt, quàm Leges ſin-
gulis caſibus interpretando applicare. Quibus
autem id munus commiſſum eſt, eodem modo co-
gnoſcitur, quo cognoſcimus qui ſint ii, quibus
commiſſa eſt auctoritas Leges promulgandi. Ibid.

(7) *Quarta, Societati Civili adverſa opinio*
eorum eſt, qui cenſent, Legibus Civilibus ſub-
jectos eſſe etiam eos qui habent ſummum im-
perium: Quam veram non eſſe, ſatis oſtenſum
eſt

peuvent être obligez à rien envers eux-mêmes. Ce principe, Que les Souverains ne font point tenus d'obferver les Loix Civiles, a d'abord quelque chofe de fpécieux, dont *Hobbes* fe fert adroitement pour éblouïr les Lecteurs : car il eft certain, que plufieurs Loix Civiles ne font faites que pour les Sujets, & par conféquent les obligent feuls. Mais nôtre Philofophe veut ici infinuer un plus grand myftére, c'eft que les Souverains ne font foûmis ni aux Loix Naturelles, ni à aucune Loi que Dieu établiffe par une Révélation furnaturelle. Car il foûtient tout ouvertement, (8) que les *Loix Naturelles* ne font pas proprement des *Loix*, & qu'ainfi elles n'*obligent*, à proprement parler, qu'entant qu'elles font partie de la Loi Civile, comme je l'ai montré ci-deffus; & qu'il eft impoffible que la Loi (9) Civile leur foit contraire. De plus, voici un Syllogifme, dont il établit les deux prémiffes, laiffant aux Lecteurs à tirer la conclufion: ,, Le Souverain n'eft point lié par les Loix Civiles: Les ,, Préceptes de la *Seconde Table* du *Décalogue* (10) font des Loix Civiles ; ,, donc ces Préceptes, quoi qu'ils foient véritablement des Loix Naturelles, ,, n'obligent en aucune maniére le Souverain. " *Hobbes* foûtient (11) ailleurs, que l'*Ecriture Sainte* toute entiére n'eft une Loi, qu'entant que le Souverain en fait une partie des Loix Civiles, c'eft-à-dire, de Loix, qu'il peut changer toutes les fois qu'il lui plaît: ainfi il n'eft nullement tenu à l'obfervation des Préceptes, que l'Ecriture Sainte renferme. Voilà comment nôtre Philofophe, par le grand refpect qu'il a pour tous les Souverains, les met à l'abri de tout blâme, quelque fcélerats que d'autres les jugent; & les rend même très-juftes & très-faints, puis que leurs actions font tôûjours conformes à leur volonté, & par conféquent à la régle unique des mœurs. Mais, à mon avis, on ne fauroit rien avancer de plus honteux aux Princes; rien qui les rende plus odieux à tous, tant Sujets qu'Etrangers; rien par conféquent qui les prive plus certainement de la Bienveillance de tous, qui eft néanmoins le plus fort rempart des Souverains. Car, en faifant de cette maniére leur apologie, on convient nettement de ce que les plus grands Ennemis des Princes leur reprochent ordinairement; favoir, qu'ils ne fe conduifent par aucunes régles fixes, ou aucunes Loix tirées de la nature de la plus excellente Fin, & des Moiens naturellement propres à y parvenir, c'eft-à-dire, que toutes leurs

actions

---

eſt … ex eo quàd Civitas, neque fibi ipfi, neque Civi cuiquam obligari poteſt: non fibi, quia nemo obligatur nifi alii &c. De Cive, Cap. XII. § 4.

(8) Volez ci-deffus, *Chap*. I. § 11.

(9) Il excepte feulement les Loix qui feroient faites pour outrager Dieu: *Cum ergo obligatio ad Leges illas obfervandas antiquior fit quàm ipfarum Legum promulgatio, utpote contenta in ipfa Civitatis conſtitutione, virtute Legis Naturalis quae prohibet violari pacta, Lex Naturalis omnes Leges Civiles jubet obfervari. Nam ubi obligamur ad obedientiam antequam fciamus quid imperabitur, ibi univerfaliter & in omnibus obedire obligamur. Ex quo fequitur, Legem Civilem nullam, quae non lata fit in con-*

tumeliam Dei (cujus refpectu ipfas Civitates non funt fui juris, nec dicuntur Leges ferre) contra Legem Naturae effe poffe. Nam etfi Naturae Lex prohibet furtum, adulterium &c. fi tamen Lex Civilis jubeat invadere aliquid, non eft illicitum &c. De Cive, Cap. XIV. § 10. Volez Pufendorf, qui réfute tout cela, *Droit de la Nat. & des Gens*, Liv. VIII. Cap. I. § 2, 3.

(10) *Praecepta Decalogi, de Parentibus honorandis, de Homicidio, Adulterio, Furto, & falfo Teſtimonio, Leges Civiles effe.* C'eft le fommaire mis en marge: *De Cive*, Cap. XIV. § 9. Volez auffi *Cap*. VI. § 16. & *Cap*. XVII. § 10.

(11) C'eft ce qui fait la matiére de tout le *Chap.* XXXIII. du *Léviatban*.

F f f

actions font entiérement déréglées. Par-là *Hobbes* déclare ouvertement, qu'il ne voit point d'autre expédient pour défendre les Princes contre de tels reproches, que de chercher de quoi prouver, qu'il ne faut pas juger de leurs actions par la régle des Loix Naturelles, ou de l'Ecriture Sainte, dans le même fens que les autres font tenus de s'y conformer, mais que ces régles doivent être torduës & accommodées à la volonté des Princes, en forte qu'elles ne fignifien autre chofe que ce qu'ils voudront; fans quoi on ne fauroit les juftifier des Crimes, dont ils font pour l'ordinaire accufez fauffement par les Séditieux. Tous les bons Princes rejetteront certainement un tel moien de défenfe, comme auffi injurieux à leurs perfonnes, que manifeftement faux en lui-même. Entre les méchans Princes même il n'en eft point de fi dépravé à tous égards, qu'il ne confente & ne fouhaitte qu'on juge au moins de quelques-unes de fes actions par une autre régle que fa volonté feule, & qui ne rejette ainfi avec raifon une apologie comme celle qu'*Hobbes* veut lui fournir.

Qu'il ôte aux Princes toute gloire de Sageffe & de Juftice. § XIX. UNE autre chofe, en quoi *Hobbes* fait ici un fanglant outrage aux Princes, fous prétexte de les juftifier entiérement, c'eft qu'il leur ôte toute matiére de s'attirer des louanges par leur Sageffe & par leur Juftice. Car ces Vertus, & par conféquent toutes les autres qui en découlent, ne peuvent fe montrer que par des actions faites felon certaines régles tirées de la nature de leur objet. La *Sageffe Pratique* confifte dans l'art de fe propofer une fin, ou un effet, qui foit naturellement digne de nos foins; & de choifir & appliquer enfuite convenablement les moiens qui ont une efficace naturelle pour produire cet effet. La *Juftice* même qu'on appelle *Univerfelle*, ne fignifie autre chofe qu'une volonté conftante, parfaitement d'accord avec cette forte de Sageffe qui fe propofe le plus grand & le plus excellent de tous les effets, favoir, le Bien Commun, comme nous l'avons fait voir ci-deffus. Il ne refte donc aucune Vertu, par la pratique de laquelle les Princes puiffent fe faire eftimer, fi, fuivant la doctrine d'*Hobbes*, ils agiffent, & ordonnent aux autres d'agir fans avoir aucun égard à la Fin & des Moiens. Jamais Prince n'a paffé pour fage ou pour jufte, parce qu'il faifoit tout ce qui lui venoit dans l'efprit, ou tout ce qu'il vouloit, fans confidérer la nature de DIEU & des Hommes, & celle des chofes qui font propres à être emploiées pour le fervice de DIEU, & pour l'avantage du Genre Humain. Si toute action étoit fage, jufte & bonne, par cela feul que le Prince veut la faire, il n'y auroit plus de différence entre un *Néron*, déclaré ennemi du Genre Humain par le Sénat, & un *Titus*, que la voix publique appella *les délices du Genre Humain*. Un *Tibére*, & un *Caligula*, feroient auffi dignes de louange pour leur fageffe & pour leur juftice, que les *Antonins*, je veux dire, *le Débonnaire* & *le Philofophe*. Tous ces Princes ont agi chacun felon fa volonté, qui étoit également la Volonté du Souverain: ainfi toutes leurs actions auroient été également bonnes, juftes, & honnêtes, felon le principe d'*Hobbes*. Mais le Genre Humain ne peut jamais s'aveugler à un tel point, que de ne pas voir que le falut de chaque Etat, & par conféquent celui de toutes les Nations, eft un effet naturel, qui ne fauroit être produit par toute forte d'actions du Prince, ou des Sujets, mais qui demande néceffairement que, dans ce qui concerne les Loix, l'adminiftration de la Juftice, & tout l'ordre du Gouvernement Civil,

on

on cherche & l'on applique convenablement les caufes naturelles propres à conferver dans le meilleur état les Vies, les Biens, & les Ames des Hommes. Or ces caufes ne font autres, que des actions réglées felon ce que nous avons fait voir que les Loix Naturelles le prefcrivent; c'eft-à-dire, un partage volontaire des Chofes & des Services mutuels, par où l'on accorde à chacun, & on lui conferve inviolablement, autant du moins qu'il lui eft néceffaire pour la Vie, pour la Santé, & pour perfectionner les Facultez de fon Ame; l'exercice de toute forte de Vertus; l'établiffement de quelque Gouvernement Civil, dans les endroits où il n'y en a point encore, & le maintien de celui que l'on trouve tout établi. Si donc les Princes, en faifant des Loix, & dans toute l'adminiftration des affaires publiques, ne témoignent pas avoir en vuë cette Fin, & vouloir employer des Moiens conformes en quelque maniére à ceux qui font abfolument néceffaires pour y parvenir; le refpect qu'on a pour les Loix diminuera infailliblement. Car naturellement les Hommes, entant qu'Etres Raifonnables, & douez de quelque connoiffance du Vrai, n'eftiment beaucoup que ce qui eft manifeftement grand, & cela à proportion du degré de grandeur qu'ils y découvrent. Ainfi ils ne peuvent qu'eftimer fouverainement, & refpecter comme divine, l'adminiftration d'un fage Gouvernement, qu'ils voient tendre au Bien Public qui eft le plus grand de tous les effets de l'induftrie humaine. Mais, comme un juge indigne des perfonnes du commun d'agir, en matiére même de chofes peu confidérables, fans fe propofer quelque Fin, ou d'employer des Moiens qui ne font pas propres à l'avancement de celle qu'ils fe propofent; à plus forte raifon juge-t'on qu'un Prince fe deshonore, fi, dans des affaires d'une fi grande importance, & qui intéreffent tout le Corps de l'Etat, il agit uniquement par une impétuofité aveugle, fans penfer à procurer le Bien Public par des moiens naturellement propres à y contribuer. Ainfi les Hommes ne fauroient faire aucun cas des Loix d'un Prince, s'ils y appercoivent quelque chofe qui foit manifeftement incompatible avec les moiens néceffaires pour cette grande Fin, & qui font renfermez dans les Loix Naturelles, que nous avons expliquées ci-deffus. J'avouë, que, quand on peut parvenir à la même Fin par des Actions de diverfes fortes, ou *indifférentes*, comme on les appelle, il ne faut pas attendre qu'il paroiffe y avoir quelque raifon de grand poids, qui engage à prefcrire telle ou telle chofe indifférente, plûtôt qu'une autre. Il fuffit que celle qu'on prefcrit foit convenable, pour arriver au but que l'on fe propofe. Le Souverain agit alors véritablement d'une maniére raifonnable; & l'obéïffance, que les Sujets lui rendent, n'eft pas moins conforme à la Raifon, foit qu'il s'agiffe d'Affaires Civiles, ou d'Affaires Eccléfiaftiques. Je conviens encore qu'il n'eft pas néceffaire que l'on découvre à tous en détail les raifons de chaque Loi: c'eft affez qu'il n'y ait rien de contraire à la fuprême Fin, & aux Moiens néceffaires pour y parvenir, ou que la Loi y ferve en quelque maniére. Auffi voit-on que les Princes, dans la Préface de leurs Loix, expofent ordinairement en peu de mots les raifons qui les ont portez à les faire, tirées du Bien Public, & des régles connuës de l'Equité. Cela paroît par plufieurs Conftitutions des Empereurs Justinien & Léon, inférées dans le Corps du *Droit Civil*, & par la plûpart des Statuts de nôtre Roiaume. Mais enfeigner, comme cela fuit manifeftement des principes

d'*Hob-*

d'*Hobbes*, qu'il n'y a que le commandement de l'Etat, ou des Loix Civiles, qui rende une Action Bonne, & la contraire Mauvaise, de forte que les Actions les plus utiles, si elles ne font ainsi commandées, ne contribuent rien au Bien Public, & que les Législateurs ne sauroient prévoir les bons effets qui en peuvent résulter; c'est représenter les Princes, & les Sujets, comme autant d'Animaux dépourvûs de raison, dont les uns gouvernent, & les autres obéïssent aveuglément; ce qui est en même tems injurieux aux uns & aux autres, & ruïneux pour l'Etat. Car, si tout devient bon par cela seul que le Prince le commande, il n'est besoin d'aucun Conseil, où l'on délibére sur les moiens qui seront les plus propres à procurer le Salut de l'Etat. Tout moien fera bon, dès-là qu'il fera prescrit. Le même pouvoir qui est capable de rendre les Actions bonnes, pourra aussi leur donner quel degré de bonté que ce soit & par conséquent rendre toute sorte d'Actions les meilleures, ou les plus avantageuses à l'Etat. Or un Prince qui s'imaginera que sa Souveraineté a cette vertu, n'aura que faire de prendre conseil des experts. La maniére dont il gouverne, quelque imprudente & déraisonnable qu'elle soit, sera toûjours celle qu'il tiendra pour la meilleure. Mais il éprouvera aussi qu'une telle conduite est la plus pernicieuse & pour les autres, & pour lui-même. (1) L'expérience, tirée de la nature des effets que les Actions Humaines produisent nécessairement, enseigne à tous les Hommes, que le plus sûr est de délibérer avec des personnes instruites par une longue observation de ce qui arrive, parce qu'aiant remarqué les suites naturelles qu'ont eû telles ou telles Actions déja faites, ils prévoient d'ordinaire celles qu'auront de pareilles Actions à faire.

Le dogme d'*Hobbes*, que je combats, est d'autant plus dangereux, qu'en même tems qu'il porte les Princes à agir avec une témérité aveugle; il ôte toute espérance qu'ils pensent jamais à corriger leurs Loix, lors que, par un effet de l'infirmité humaine, il s'y trouve quelque chose de mal ordonné. Car, n'y aiant, selon nôtre Philosophe, d'autre régle du Bien, que la volonté des Souverains, il ne reste aucun moien de la redresser, quand elle s'est déterminée à quelque chose de mauvais. Cependant nous voions que tous les Etats & tous les Rois du monde, en faisant de nouvelles Loix, reconnoissent franchement, qu'ils ont remarqué dans les anciennes plusieurs choses qui n'avoient pas été assez bien réglées; & que l'expérience leur a appris, que diverses choses qu'ils jugeoient autrefois très-avantageuses à l'Etat, lui sont préjudiciables: par où ils déclarent ouvertement, qu'ils découvrent, en observant les effets naturels des Actions Humaines, quelles de ces Actions sont utiles au Public, c'est-à-dire, bonnes, & ils avouent qu'ils ne sauroient eux-mêmes rendre telles toutes celles qu'il leur plaira de prescrire. C'est ce que l'on suppo-

se

§ XIX. (1) Cette période, qui finit l'à linea, est une des Additions que l'Auteur avoit écrites à la marge de son exemplaire: & à suivre l'Original, elle devroit aussi finir le Paragraphe, ou la Section. Mais ici, comme en quelques autres endroits, j'ai jugé à propos de détacher ce qui suit du Paragraphe suivant jusqu'à l'endroit où ma Traduction le fait commencer.

§ XX. (1) *Si jubear ergo interficere me ipsum, non tentor .... Similiter si is qui summum habet imperium, se ipsum, Imperantem dico, interficere alicui imperet, non tenetur .... neque parentem, sive is innocens, sive nocens sit.... Multi alii casus sunt, in quibus, cùm mandata aliis quidem factu inhonesta sunt, aliis autem non sunt,*

obe-

fe aufli dans tous les cas, où, fuivant l'Equité & les régles connuës de la Loi Naturelle, on redreffe les Loix Civiles & les Jugemens conformes à leur teneur. Il n'y auroit aucun lieu à une telle correction, fi la Loi Civile, ou la volonté du Prince manifeftée par-là, étoit l'unique régle des mœurs.   Mais il eft certain, qu'aucun Etat ne pourroit fubfifter long tems, fi l'on y interdifoit abfolument cette maniére de redreffer les Loix Civiles.   Aufli n'en eft-il aucun de ceux que nous connoiffons, où l'on ne laiffe aux Juges, en matiére de bien des chofes, le pouvoir de décider, felon les régles de l'Equité, contre ce que porte le fens des Loix.   De forte que, par tout païs, les Princes eux-mêmes rejettent le privilége que nôtre Philofophe leur accorde.

§ XX. Hobbes même vient à fe contredire là-deffus, & il ôte aux Etats ce qu'il leur avoit libéralement donné.   Car, après avoir allégué quelques exemples de chofes injuftes, en quoi il foûtient qu'un Sujet n'eft point tenu d'obéïr au Souverain, comme de fe tuer foi-même, ou de tuer le Souverain, ou de tuer fon propre Pére: il ajoûte: (1) ,, Il y a bien d'autres cas, dans ,, lefquels ce qui eft commandé étant deshonnête pour les uns, & ne l'étant ,, pas pour les autres, ceux-ci doivent obéïr, mais les prémiers peuvent légi- ,, timement s'en difpenfer, & cela fauf le droit abfolu, qui a été donné au ,, Souverain. Car le Souverain n'eft jamais privé du droit de faire mourir ceux ,, qui refufent de lui obéïr. Du refte, fi en de tels cas les Souverains font mourir ,, le Sujet defobéïffant, quoi qu'ils le faffent en vertu du droit qu'on leur a don- ,, né, cependant, comme ils ufent de ce droit autrement que la Droite Rai- ,, fon ne le demande, ils péchent contre les Loix Naturelles, c'eft-à-dire, ,, contre Dieu." J'ai trois remarques à faire fur ces paroles. 1. L'Auteur y avouë, qu'il y a des chofes deshonnêtes pour quelques-uns, qui leur font quelquefois ordonnées par la volonté du Souverain, ou par la Loi Civile: d'où il s'enfuit, que la Loi Civile n'eft pas l'unique régle de l'Honnête & du Deshonnête; ce que néanmoins *Hobbes* a foûtenu ailleurs. 2. Il avouë encore ici, que les Souverains, en puniffant quelque Sujet qui leur defobéït, peuvent pécher contre la Droite Raifon, contre les Loix Naturelles, & contre Dieu. Et cependant il (a) enfeigne ailleurs, que les Commandemens du Souverain ne peuvent jamais être contraires à la Loi Naturelle, à caufe des Conventions par lefquelles les Sujets lui ont promis une obéïffance abfolue. 3. Il y a une manifefte contradiction dans ce qu'il dit, que les Souverains ufent de leur droit, lors qu'ils en ufent autrement que la Droite Raifon ne le demande. Car perfonne ne fauroit avoir droit d'agir contre la Droite Raifon, puis que, felon *Hobbes*, le *Droit* (2) eft la liberté que chacun a d'ufer de fes facultez naturelles conformément à la Droite Raifon.   Il reconnoît même ailleurs, (3) que les Souverains péchent en plu-

fieurs

Contradictions d'*Hobbes* fur ce fujet.

(a) *De Cive*, Cap. XIV. § 10. Voiez ci-deffus, § 18.

obedientia ab bis praeftari, ab illis negari jure poteft: atque id falvo jure, quod Imperanti conceffum eft abfolutum.   Nam illi in nullo cafu, eos qui obedientiam negabunt, interficiendi jus adimitur.   Caeterum qui fic interficiunt, & fi jure conceffo ab eo qui babet, tamen eo jure aliter atque recta ratio poftulat utentes, peccant contra Leges Naturales, id eft, contra Deum. De Ci-

ve, Cap. VI. § 13.
    (2) Voiez ci-deffus, *Chap.* I. § 28.
    (3) Ideoque ubi nulla pacta praecedunt, ibi nulla fequi poteft lujuria, Poteft tamen & Populus, & Curia Optimatum, & Monarcha, inultis modis peccare contra caeteras Leges Naturales, ut crudelitate, iniquitate, contumelia, aliisque vitiis, quae fub bac ftricta & accurata inju-

fieurs maniéres contre les autres Loix Naturelles, comme par des Cruautez, des Iniquitez, des Outrages & autres effets de Vices qui ne font pas renfermez dans le fens propre & étroit, felon lui, du mot d'*Injure*, c'eft-à-dire, où il n'y a rien par où l'on viole les Conventions.

Je parlerai plus bas du dernier article. Il faut remarquer feulement ici, qu'*Hobbes* tombant d'accord avec nous que la volonté de ceux qui ont le Pouvoir Légiflatif peut être corrompuë par plufieurs Vices; cela fuppofe manifeftement, qu'il preferit lui-même au Souverain une certaine maniére d'agir, & par conféquent qu'il ne leur permet pas de faire tout ce qu'ils veulent. De là on peut auffi inferer, que les Sujets ne font pas moins obligez de fe conformer aux Loix Naturelles, & par conféquent que toutes leurs actions ne font pas foûmifes à la volonté arbitraire du Souverain; autrement ce feroit dire qu'il leur eft permis de pécher contre DIEU, pour obéïr aux Hommes. *Hobbes* avouë tout cela, en traitant des Devoirs auxquels on eft tenu envers les Hommes. Il fait un pareil aveu, en matiére des chofes que la Raifon Naturelle preferit touchant le culte & le refpect que l'on doit à DIEU. (4) Car, après avoir dit, qu'on eft tenu d'obéïr à l'Etat, lors qu'il ordonne d'adorer DIEU fous quelque Image (c'eft-à-dire, lors qu'il preferit tout ouvertement un acte d'Idolatrie) ou de faire autres chofes femblables très-abfurdes; il convient que de tels Commandemens peuvent être contraires à la Droite Raifon, & par conféquent que ceux qui les commandent, commettent en cela quelque Péché. Il avouë (5) auffi, que les Etats, confidérez par rapport à DIEU, n'étant point indépendans, on ne fauroit dire que, par rapport à lui, ils faffent des Loix, véritablement telles, & par conféquent qu'ils n'en peuvent faire aucune qui ordonne de l'outrager. De là je conclus, que la Raifon de l'Etat n'eft pas toûjours droite, ni par conféquent une régle conftante du Bien, de l'Honnéte, & du Jufte; mais feulement quand elle eft conforme à la nature des chofes, ou des actions, dont le Souverain juge; & qu'ainfi *Hobbes* fe contredit en ce qu'ailleurs il définit le (6) *Péché*, comme n'étant autre chofe que ce que l'on fait de contraire à la Raifon de l'Etat.

§ XXI. RESTE à confidérer un fecond exemple du pouvoir énorme qu'*Hobbes* donne à l'Etat, ou au Souverain. Cet exemple a moins d'étenduë, que le (1) prémier, & il peut y être compris: mais, comme l'Auteur en traite féparément, j'ai jugé à propos de l'examiner auffi à part: outre qu'il renferme des abfurditez toutes particuliéres. C'eft ce qui regarde les Conventions, dont *Hobbes* prétend qu'aucune n'oblige les Souverains. Je dois donc

Il difpenfe les Souverains de tenir les Conventions faites avec leurs Sujets.

---

juriae fignificatione non veniunt. De Cive, Cap. VII. § 14.

(4) Deinde, fi quaeratur, an obediendum Civitati fit, fi imperet aliquid dici, vel fieri, quod non eft directe in Dei contumeliam, fed ex quo per ratiocinationem confequentiae contumeliofae poffunt derivari; veluti fi imperetur Deum colere fub imagine, coram iis qui id fieri honorificum effe putant? Certe faciendum eft..... Quamquam enim hujusmodi imperata poffunt effe interdum contra rectam rationem, ideoque peccata in

iis qui imperant; non funt tamen contra rectam rationem, neque peccata in Subditis, quorum in rebus controverfis recta ratio eft ea quae fubmittitur rationi Civitatis. De Cive, Cap. XV. § 18.

(5) Le paffage a été rapporté ci-deffus, § 18. Not. 9.

(6) Voïez le même paragraphe, Not. 3.

§ XXI. (1) Dont nôtre Auteur a traité, depuis le paragraphe 18.

(2) Quoniam oftenfum eft fupra, articulis

7,

donc faire voir, que ce qu'il accorde là aux Souverains, comme un vrai *droit*, affoiblit, ou plûtôt détruit abfolument leur Pouvoir; & qu'ici encore il fe contredit lui-même.

Dans fon Traité *Du Citoïen*, il pofe en (2) général, Que ceux qui ont a-quis la Souveraineté dans un Etat, ne font tenus d'obferver envers qui que ce foit aucune Convention qu'ils aient faite; & il déduit cela de ce qu'il avoit dit plus haut, où il traite feulement des Conventions que les Souverains font avec leurs Sujets; d'où il conclut, que les Souverains ne peuvent faire à leurs Sujets aucune *injure*, ou aucun tort.   Voilà un dogme entiérement inouï, & qui eft purement de l'invention d'*Hobbes*.   Car EPICURE, dont il a emprunté la plûpart de fes autres principes, avoit bien ébranlé beaucoup les fonde-mens des autres parties de la Juftice, en ne leur donnant d'autre force que celle qu'elles tirent des Conventions : mais il établiffoit, comme inviolable, la fidélité à garder les Conventions (3) dans toute forte d'état où l'on fe trouve. Voïons fur quoi *Hobbes* fonde un fi étrange paradoxe. Tout fe réduit à ce principe, Que le (4) Peuple, dans une *Démocratie*, ne s'oblige à rien envers aucun des Citoïens.   Car les autres fortes de Gouvernement, favoir, l'*Ariflo-cratique*, & le *Monarchique*, felon la doctrine d'*Hobbes* (qui (5) par cela feul eft moins favorable aux Rois, que l'opinion de ceux qui tirent de DIEU, & du Pouvoir Paternel, l'origine des droits de la Monarchie) les autres fortes, dis-je, de Gouvernement Civil, reçoivent du Peuple tous les droits de la Souveraineté, & font ainfi libres de la même maniére, & par la même raifon, de toute obligation de tenir leurs Conventions.   Voici comment HOBBES s'exprime là-deffus: (6) ,, Quand l'Etat eft une fois formé, fi quelque Citoïen ,, traite avec le Peuple , il le fait en vain ; parce que la volonté du Peu-,, ple renferme celle de ce Citoïen, envers qui l'on fuppofe qu'il s'oblige, & ,, ainfi le Peuple peut fe dégager quand il lui plaira; par conféquent il eft ,, déja actuellement libre. " Ce raifonnement eft fondé fur ce que chaque Citoïen peut, en renonçant à fon droit, décharger tout autre de l'engage-ment des Conventions qu'il avoit faites avec lui: or chaque Citoïen a transféré fon droit au Peuple ; donc le Peuple peut fe dégager lui-même de fes Conven-tions ; & ce qu'il peut faire, il le veut.   Je réponds 1. Qu'on ne fauroit prouver en aucune maniére, que, dans l'établiffement d'une Société Civile, les futurs Citoïens aient confenti d'accorder au Peuple le pouvoir de rompre les engagemens de toute Convention qu'il feroit avec eux. Car cela n'eft nullement néceffaire pour la conftitution du Gouvernement Civil, & renferme

mé-

7, 9, 12. *eos qui* Summum *in Civitate* Impe-rium *adepti funt, nullis cuiquam pactis obliga-ri; fequitur, eosiem nullam Civibus poffe facere* Injuriam. *Cap.* VII. § 14.

(3) Voïez ce que j'ai dit fur cette opinion d'EPICURE, Chap. V. § 54. *Not.* 6.

(4) *In* Democratia *finguli cum fingulis obe-dituros fe Populo pacifcuntur ; Populus ipfe ne-mini obligatur.* C'eft le fommaire qu'il met à la marge du § 7. Cap. VII. *De Cive.*

(5) Cette parenthéfe eft une des Addi-tions, que l'Auteur avoit écrites à la marge de fon exemplaire.

(6) *Poftquam autem Civitas conftituta eft, fi Civis cum* Populo *pacifcitur, fruftra eft; quia Populus voluntate fuâ voluntatem Civis illius (cui fupponitur obligari) complectitur, ideoque liberare fe poteft arbitrio fuo; & per confequens jam actu liber eft.* Ibid, Cap. VII. § 7.

même quelque chofe de contraire à la fin pour laquelle le Gouvernement eft établi, c'eft-à-dire, au Bien Public. Il faut, je l'avoüe, que les Citoiens renoncent à tout droit de contraindre ceux qui font revêtus de la Souveraineté. Mais le Peuple demeure toûjours foûmis à l'obligation de tenir ce qu'il promet aux Citoiens; obligation impofée par la Loi Naturelle, & qui tire par conféquent fa force de l'Autorité de Dieu & de fes Loix. Les Citoiens peuvent fûrement fe referver le droit qu'ils aquiérent par une telle obligation, & on doit préfumer qu'ils le veulent, parce que cela eft néceffaire pour le but qu'ils fe propofent tous. Je crois même qu'il n'eft permis ni aux Citoiens d'accorder aux Souverains la liberté de violer la foi donnée, ni aux Souverains d'accepter ce privilége, parce que, la Loi Naturelle étant immuable & d'une obligation indifpenfable, les uns & les autres font tenus, en vertu de l'Autorité de Dieu, de faire, autant qu'en eux eft, que la bonne foi dans les Conventions, qui eft néceffaire pour le Bien Commun, foit inviolable. Je réponds 2. Que la conféquence d'où *Hobbes* déduit immédiatement fa conclufion, eft très-fauffe. Le Peuple, dit-il, peut fe dégager, quand il lui plaira, de l'Obligation de tenir les Conventions qu'il a faites: Donc il en eft quitte actuellement. Mais on peut auffi conféquemment former une propofition contradictoire à cette conclufion, en raifonnant ainfi: Le Peuple peut ne pas fe dégager à fon gré de l'Obligation de tenir fes Conventions: Donc il n'en eft pas actuellement quitte. Dans l'un & dans l'autre cas, quand il s'agit d'Agens Libres, de ce que l'on peut faire une chofe il ne s'enfuit pas qu'on le veuille. L'unique raifon pourquoi felon les principes d'*Hobbes*, la prémiére conféquence feroit mieux fondée que l'autre, c'eft qu'il fuppofe que tous les Hommes, & par conféquent les Princes, veulent toûjours néceffairement ce qui eft mauvais pour les autres, lors qu'en le voulant ils efpérent d'aquérir tant foit peu plus de puiffance. Mais je prie le Lecteur de confidérer, combien cela rend les Souverains odieux à leurs Sujets, & diminuë ainfi réellement leur puiffance. On pourroit, en raifonnant de la maniére que fait nôtre Philofophe, dire auffi conféquemment: Le Peuple peut négliger le foin de la fûreté néceffaire aux Sujets: donc il veut toûjours n'en tenir aucun compte. Cependant la Société Civile feroit par-là entiérement diffoûte, felon les principes d'*Hobbes* même, puis qu'il foûtient que (7) perfonne n'eft cenfé fe foûmettre au Gouvernement Civil, ou être forti de l'Etat de Guerre contre tous, fi l'on n'a pas fuffifamment pourvû à fa fûreté par l'établiffement de Peines affez grandes, pour qu'il y ait manifeftement plus à craindre de s'attirer du mal en nuifant à un Citoien, qu'en s'abftenant de lui nuire. Lors que les Loix Pénales font établies, l'Etat ne laiffe pas de pouvoir quelquefois fans injuftice faire grace aux Coupables. Mais ne feroit-il pas d'une très-dangereufe conféquen-

(7) *Securitas enim finis eft , propter quem homines fe fubjiciunt aliis : quae fi non habeantur, nemo intelligitur fe aliis fubjeciffe , aut jus fe arbitrio fuo defendendi amififfe. Neque ante intelligendus eft quifquam fe obftrinxiffe ad quicquam, vel jus fuum in omnia reliquiffe, quàm fecuritati ejus fit profpectum ..... Securitati ita-* *que , non pactis , fed poenis providendum eft. Tunc autem fatis provifum eft , cum poenae tantae in fingulas injurias conftituuntur , ut aperté majus malum fit feciffe, quàm non feciffe.* Ibid. *Cap* VI. § 3, 4.

(8) Voïez ci-deffus, § 16. de ce Chapitre.

quence d'inferer de là, que l'Etat n'eſt jamais obligé de punir les Méchans?

Il eſt clair, à mon avis, par ce que je viens de dire, qu'*Hobbes* n'a allégué aucune preuve aſſez forte pour établir ce dogme étrange, qui diſpenſe les Souverains de tenir les Conventions faites avec leurs Sujets. J'ai montré en même tems combien cela eſt pernicieux aux Etats. Ajoûtons encore quelque choſe là-deſſus. Les Souverainetez ne peuvent être ni établies, ni conſervées, par des Hommes qui font uſage de leur Raiſon, qu'en vuë d'une Fin commune à tous, c'eſt-à-dire, de maniére qu'il paroiſſe clairement que le Gouvernement ſera un moien de procurer le Bien Public, ſur-tout de ceux qui l'ont établi, & qui le maintiennent. Or, comme c'eſt-là une choſe avenir, & qui dépend de la volonté des Souverains, on ne ſauroit en être aſſûré que par les Promeſſes ou les Conventions des Souverains, accompagnées du Serment, & par le ſoin qu'ils prennent de les obſerver exactement. En détruiſant donc la force de ces engagemens, *Hobbes* ne laiſſe aux Sujets aucune raiſon d'eſperer que les Souverains les tiendront; ni aux Souverains, de ſe mettre en peine de garder leur parole. Ainſi il détruit tout ce qui peut porter à établir ou à conſerver les Souverainetez, qui par-là ſont néceſſairement ruïnées de fond en comble. De plus, pour ôter aux Sujets toute confiance qu'ils pourroient avoir en la parole des Souverains, il ſoûtient, que le (8) Serment n'ajoûte rien à l'Obligation des Conventions. D'où il s'enſuit, que, quand les Conventions n'obligent point, comme cela a lieu, ſelon *Hobbes*, dans celles que font les Princes, les Sermens qu'ils y joignent dans la cérémonie de leur Couronnement, & dans quelques Traitez avec d'autres Puiſſances, ne ſont pas non plus obligatoires. Voilà qui rend miſérable la condition des Sujets, & en même tems celle des Princes, puis que, ſi ce que l'on ſuppoſe étoit vrai, les Sujets ne devroient jamais ſe fier à la parole de leur Souverain, & le Souverain n'auroit aucun moien de donner à ceux qui le ſerviroient bien, quelque aſſûrance de recevoir les récompenſes qu'il leur auroit promiſes. Or c'eſt réduire à rien les forces des Princes, & couper tous les nerfs du Gouvernement Civil, puis qu'il ne reſte rien aux Souverains par-où ils puiſſent porter leurs Sujets à agir avec fidélité, ou à montrer du courage, ſoit dans la Guerre ou dans la Paix.

§ XXII. Voions maintenant ce que penſe nôtre Philoſophie au ſujet des Conventions d'un Etat avec un autre Etat. On le peut aiſément comprendre par ce qui a été dit (a) ci-deſſus de l'opinion où il eſt, que, dans l'Etat de Nature, les Loix Naturelles n'obligent point à des actions extérieures. Tenir ſa parole, ou exécuter les Conventions, eſt un précepte de la Loi Naturelle, & il faut ici quelque action extérieure. Or *Hobbes* dit formellement, dans ſon Traité *Du Citoïen*, (1) qu'au milieu des Armes, ou dans l'Etat de Guerre de tous contre tous, *les Loix ſe taiſent*, c'eſt-à-dire, *les Loix Naturelles*, eû

Il ne laiſſe pas plus de force aux Conventions d'un Etat avec un autre Etat.

(a) Chap. V. § 50.

égard

§ XXII. (1) *Tritum eſt, inter arma ſilere leges; & verum eſt, non modo de Legibus Civilibus, ſed etiam de Lege Naturali, ſi non ad animum, ſed ad actiones referatur, per Cap. III. art. 27. & bellum tale intelligatur, ut fit omnium contra omnes. Qualis eſt Status naturae* merae, *quamquam in bello Nationis contra Nationem modum quidam cuſtodiri ſolebat .... Quod tamen non eſt ita accipiendum, tanquam ad id adſtringerentur Lege Naturae, ſed quòd gloriae ſuae conſulerent, & ne nimia credulitate, metûs arguerentur.* De Cive, Cap. V. § 2.

égard aux actions extérieures. Et il ajoûte, que, si l'on garde ordinairement quelques bornes dans une Guerre de Nation contre Nation, *cela ne doit point être entendu comme si l'on y étoit obligé par la Loi Naturelle.* Mais il s'explique ailleurs encore plus ouvertement sur cette question. (2) ,, Les Sociétez Civi-
,, les sont, dit-il, les unes par rapport aux autres dans l'Etat de Nature,
,, c'est-à-dire, dans un état de Guerre. Et lors qu'elles discontinuent les ac-
,, tes d'hostilité, cela ne doit point être appellé *Paix*, mais une simple suspen-
,, sion d'armes, pour reprendre un peu haleine ; pendant quoi un Ennemi
,, observant les mouvemens & la contenance de l'autre, juge de sa propre
,, sûreté, non par des Conventions ou des Traitez, mais par les forces &
,, par les desseins de son Adversaire: ce qui est fondé sur le Droit Naturel,
,, selon lequel les Conventions sont nulles, dans l'Etat de Nature, toutes les
,, fois qu'on a un juste sujet de craindre. '' Et celui des deux *Contractans*, qui craint que l'autre ne tienne pas ce qu'il a promis, est lui-même *Juge*, s'il y a un juste sujet de craindre. Ainsi, selon *Hobbes*, tout nouveau sujet de crainte suffit pour rendre nulle une Convention où chacune des Parties se fie à l'autre, tels que sont tous les Traitez Publics; (3) parce qu'il n'y a point de Puissance supérieure à l'un & l'autre des Etats contractans, qui puisse contraindre l'un à ne pas tromper l'autre. Voilà sur quels fondemens *Hobbes* donne aux Princes, & à tous les Souverains, qui, comme il le dit dans son (4) *Léviathan*, sont toûjours ennemis les uns des autres, un plein droit de manquer de parole les uns aux autres, toutes les fois qu'il leur plaira. En quoi il semble les flatter, sous une apparence de liberté sans bornes, mais au fond il diminuë beaucoup leurs forces, & leur ôte presque toute sûreté. Car il n'y a point d'Etat, qui ait suffisamment par lui-même tout ce qu'il lui faut, ni qui puisse se soûtenir contre les insultes de tous ses Voisins, sans avoir avec d'autres quelque Alliance pour le Commerce, ou pour un secours réciproque. C'est ce que sentent bien les Princes même qui sont le plus sujets à manquer de bonne foi dans leurs Traitez, & à les violer fréquemment & sans sujet. Car, aussi tôt qu'ils ont rompu l'Alliance avec un Peuple ou un autre Monarque, ils jugent nécessaire de se fortifier par de nouvelles Alliances avec d'autres Etats, pour n'être pas obligez de tenir seuls tête à tous. Ainsi ils ne rejettent pas toutes les Alliances, comme inutiles; ils ne font que changer d'Alliez: & par cela même qu'ils ont recours à la bonne foi d'autrui, ils condamnent leur propre perfidie. De plus, on sait par une expérience constante, que tous les Etats font usage des Alliances pour mettre des bornes à la puissance des autres;

(2) L'Original de ces Passages a été rapporté ci-dessus, Chap. V. § 54. Not. 3, 5.
(3) Pactum illud [ad diem certum futurum] in mera conditione Naturae, id est in Bello, si quaecunque interveniat suspicio de praestando, invalidum est. In Civitate non item. Nam qui prior praestat, in casu priore incertus est, an praestiturus sit alter; in Civitate certus est, quia est qui cogat. Itaque si Potentia communis aliqua sit coercita, is qui prior praestat, se ipsum solli prodit, tractat Jus Naturale se & sua defendi. Leviath. Cap. XIV. pag. 69.
(4) Reges tamen & Personae summam habentes potestatem, omni tempore hostes inter se sunt &c. Cap. XIII. pag. 65.
(5. Nôtre Auteur écrivoit ceci sous le régne de CHARLES II. & ce qu'il en dit suffiroit pour savoir de quel Roi d'Angleterre il s'agit.
(6) Ce Traité *De Cive* parut pour la prémière fois à *Paris*, en 1642. Il fut rimprimé avec des additions, en 1647. à *Amsterdam,*

tres; & qu'une grande partie de la Prudence Politique confiste à connoître les diverses maniéres de balancer, par des Ligues, les forces des Ennemis. Or il n'y auroit aucun lieu à tout cela, si les Conventions entre les Etats étoient invalides, comme nous venons de voir qu'*Hobbes* l'enseigne. Posé que ce principe fût vrai, nôtre (5) Roi, dans le tems de la Rébellion, qui le contraignit à s'exiler de ses Roïaumes, auroit pû légitimement (j'ai horreur de le dire) être tué par les *François*, par les *Espagnols*, par les *Hollandois*, chez qui il s'étoit réfugié, & cela quoi qu'ils eussent fait avec lui des Traitez d'Amitié. Mais DIEU inspira à ces Peuples de meilleurs sentimens, par les Loix Naturelles gravées dans leur esprit. Ils ne se laissèrent point séduire aux principes d'*Hobbes*, qui, dans ce même tems, répandoit en *France* & en *Hollande*, son Traité du (6) *Citoien*, & en (7) *Angleterre* celui du *Léviathan*; deux Ouvrages pernicieux, où il donne des leçons de persidie, & cela comme fondées sur des raisonnemens démonstratifs. Enfin, si les Sociétez Civiles étoient nécessairement les unes par rapport aux autres, dans un état d'Hostilité & de Guerre, où la Force & la Ruse sont les *Vertus Cardinales*, comme le dit *Hobbes* dans son (8) *Léviathan*, il n'y auroit point de Commerce entre les Peuples, & ils seroient ainsi privez d'un grand nombre d'avantages dont ils jouïssent. Les Rois n'auroient pas occasion d'augmenter leurs revenus par des Impôts sur les marchandises, qui entrent dans le païs ou qui en sortent; & ainsi ils perdroient une bonne partie des richesses qui leur sont aujourdhui d'un grand secours. Il n'y auroit point de sûreté pour les Ambassadeurs, & ils seroient même absolument inutiles : car, à quoi bon faire des Traitez par leur ministére, si le moindre soupçon d'un manque de parole d'une ou d'autre part les rend nuls? Voilà les beaux priviléges qu'*Hobbes* offre libéralement aux Princes; voilà les (9) présens qu'il leur fait, mais qui ne sont rien moins que des présens. Il rend lui-même fort suspect l'attachement qu'il témoigne à faire sa cour aux Princes, en ce qu'il soûtient tout ouvertement dans le même Ouvrage, que (10) *flatter* quelcun, c'est *l'honorer*; parce, ajoûte-t-il, que c'est une marque que l'on a besoin de sa protection, ou de son secours. Or on sait, que c'est le caractére essentiel de la Flatterie, de dire à la louange de quelcun des choses fausses, & que l'on ne croit pas soi-même, mais qui paroissent avoir quelque chose de grand. Les Princes ont donc juste sujet de soupçonner, que, quand *Hobbes* leur attribuë de si grands priviléges, ce n'est pas qu'il les croie bien fondez, puis qu'il se contredit lui-même si souvent; mais parce qu'il y a quelque apparence de grandeur dans
ces

dam, par les soins de SORBIE'RE, qui le traduisit lui-même en François, & le publia ainsi, dans la même Ville, en 1649.

(7) Le *Léviathan* fut d'abord composé en Anglois, & publié à *Londres* en 1651. HOBBES le traduisit ensuite en Latin, avec des changemens, des additions, & un *Appendix*, en 1668. L'Ouvrage fut ainsi imprimé à *Amsterdam*, en 1668. où l'on rassembla aussi en deux Volumes *in quarto* les autres Ouvrages Philosophiques de l'Auteur, écrits en

Latin.

(8) *Vis & Dolus in Bello Virtutes Cardinales sunt.* Cap. XIII. pag. 65.

(9) Δῶρα ἄδωρα, dit nôtre Auteur. Il applique ici un ancien Proverbe, au sujet des présens d'un Ennemi: Ἐχθρῶν ἄδωρα δῶρα. Voïez les *Adages* d'ERASME.

(10) *Etiam adulari, Honorare est; quia signum est quod protectione vel auxilio indigemus.* Leviath. Cap. X. pag. 45. *Edit. Latin.*

ces prétenduës prérogatives, & que nôtre Philofophe a cru honorer les Princes en les flattant de cette maniére.

*Que fa doctri-
ne fur le Cri-
me de Léze-
Majeflé porte
les Sujets à le
commettre.*

§ XXIII. Sɪ l'on confidére maintenant ce qu'il avance au fujet du Crime
de *Léze-Majeflé*, conjointement avec celles de fes autres opinions particuliéres qui font les principales de fon Syflême; on trouvera qu'il encourage les
Sujets à commettre un tel Crime; ce qui tend manifeflement à renverfer le
Gouvernement Civil. Car il dit (1) expreflément, que le Crime de Léze-
Majeflé eft bien une violation de la Loi Naturelle, mais non pas de la Loi
Civile: & qu'ainfi, quand on punit ceux qui s'en font rendus coupables, ce
n'eft point en vertu du droit de Souveraineté, mais par droit de Guerre; non
comme mauvais Citoiens, mais comme Ennemis de l'Etat. Or il eft aifé d'inférer de là, qu'un Citoien peut, par fa rébellion, fe tirer lui-même de l'état
de Sujet, & fe remettre dans l'état d'Ennemi, qui, felon *Hobbes*, eft l'Etat
de Nature. De cette conféquence il en naîtra auffi tôt une autre, c'eft que
ce Citoien a ainfi recouvré le droit naturel de tuer fon Roi contre qui il s'eft
revolté, de même que le Roi a droit de faire mourir le Rebelle. Car dans
l'Etat de Guerre, tel qu'*Hobbes* conçoit l'Etat de Nature, les droits font égaux
de part & d'autre. Il s'enfuivra encore, qu'un Sujet coupable du Crime de
Léze-Majeflé ne mérite d'autre peine, que celle à quoi s'expofent, felon nôtre Philofophe, ceux qui vivent dans l'Etat de Nature, lors qu'ils veulent
maintenir le droit qu'ils ont aux chofes néceflaires pour la confervation de
leur vie: car alors ils peuvent être traitez en ennemis par tout autre qui s'at-
tribuera, & qui peut, auffi bien qu'eux, s'attribuer un droit à toutes chofes.
Hobbes enfeigne (2) même formellement, que le mal qu'on fait fouffrir à des
Ennemis, encore même qu'ils aient été auparavant Citoiens, n'eft point compris fous le nom de *Peine*. Ainfi les Rébelles ne feront fujets à aucune Peine,
mais feulement expofez de nouveau aux miféres, qui, felon nôtre Philofophe, font inféparables de l'Etat de Nature. Cependant il y a, dans la plûpart des Etats Civils, fur-tout dans le nôtre, un grand nombre de Loix Civiles, qui décernent de très-rigoureufes peines contre les Criminels de Léze-Majeflé. Peut-on dire rien de plus contraire aux Loix, que de foûtenir que ces
Criminels n'encourent point la peine, ou que leur Crime n'eft pas une trans-
gres-

---

§ XXIII. (1) Le paffage a été rapporté ci-
deffus, *Chap. V. § 53. Not. 3.*

(2) Volez, au même endroit, *Not. 5.*

(3) *Cum enim obligatio ad obedientiam civilem,
cujus vi Leges Civiles validae funt, omni Lege
Civili prior fit, fitque crimen laefae majeflatis
naturaliter nihil aliud, quàm obligationis illius
violatio; fequitur, crimine laefae majeflatis violari legem quae praeceffit legem civilem: nempe
naturalem, qua prohibemur violare pacta & fi-
dem antam. Quod fi quis Princeps fummus Legem Civilem in bene formulam conciperet, non
rebellabis; nihil officiet. Nam nifi prius obli-
gentur Cives ad obedientiam, hoc eft, ad non re-
bellandum, omnis Lex invalida eft: obligatio*

*autem, quae obligat ad id, ad quod ante obligati
erant, fuperflua eft.* De Cive, *Cap. XIV.
§ 21.*

(4) *Dictamina haec Rationis nomen quidem
obtinuerunt Legum; fed impropriè dictarum.
Sunt enim de iis rebus quae ad Confervationem
hominum conducunt tantùm Theoremata.* Leviath. *Cap. XV. pag. 79.*

(5) *Non funt illae propriè loquendo leges,
quatenus à natura procedunt. Quatenus tamen
eaedem à Deo in Scripturis Sacris latae funt ....
Legum nomine propriiffimè appellantur.* De Cive, *Cap. III. § 33.*

(6) *Quaeflio oritur de Legibus per totum Or-
bem Chriflianum, tum naturalibus tum civilibus,
qua-*

greſſion de la Loi Civile, qui les en menace? C'eſt une échappatoire des plus ridicules, que (3) celle à laquelle *Hobbes* a recours, en diſant, Qu'il eſt ſuperſlu d'impoſer quelque Obligation, en matiére de choſes à quoi on étoit déja obligé par la Loi Naturelle.   Pluſieurs liens ont certainement plus de force qu'un ſeul, & l'Obligation en devient plus forte.   D'ailleurs, *Hobbes* a tâché d'affoiblir ou de détruire entiérement en diverſes maniéres l'Obligation des Loix Naturelles : ainſi il falloit néceſſairement que les Loix Civiles vinſſent à leur ſecours, afin que ceux qui auroient perdu tout reſpect pour elles, comme on le fera en ſuivant ſes leçons, puſſent être contenus en quelque maniére dans leur devoir par la crainte du Pouvoir Civil.   Car il eſt clair, que tout ce qui détruit ou affoiblit l'Obligation des Loix Naturelles, & principalement de celle qui preſcrit la fidélité à tenir les Conventions, exténuë à proportion, ou réduit à rien, le Crime de Léze-Majeſté, & par-là eſt capable de porter les Hommes à commettre ce déteſtable forfait.   Ainſi *Hobbes*, bon-gré malgré qu'il en ait, fait ce qu'il faut pour y encourager les Hommes, toutes les fois qu'il ſoûtient que les Maximes de la Raiſon, en quoi conſiſtent les Loix Naturelles, ne peuvent être appellées *Loix* qu'improprement, (4) & que ce ſont ſeulement *des Théorêmes ſur les choſes qui ſervent à la conſervation des Hommes*.   Elles (5) ne méritent, ſelon lui, le nom de *Loix*, qu'entant que D i e u les propoſe dans l'*Ecriture Sainte*.   Mais ſi on lui demande, en vertu de quoi l'Ecriture Sainte a l'autorité d'une Loi, il répond, (6) que ceux à qui D i e u n'a pas révélé ſurnaturellement que l'Ecriture Sainte vient de lui, ne peuvent être obligez à la recevoir, que par l'autorité du Souverain de l'Etat, qui ſeul eſt Légiſlateur.   De là il s'enſuit, que la Loi Naturelle, entant même que les Préceptes en ſont renfermez dans l'Ecriture Sainte, n'eſt proprement une Loi, qu'en vertu de l'Autorité Civile.   *Hobbes* à la vérité reconnoît, que la Loi Naturelle eſt une Loi de D i e u, & qu'elle a une autorité manifeſte.   Mais cette autorité n'eſt autre, ſelon lui, que la même qu'a toute Doctrine Morale, ſi elle eſt vraie : par où il veut inſinuer, qu'elle n'eſt pas ſuffiſante pour rendre les Loix Naturelles des Loix proprement dites, à moins qu'elles ne ſoient ſoûtenuës de (7) l'Autorité Civile.   D'où il s'enſuit, que le Crime de Léze-Majeſté n'eſt défendu par aucune Loi, proprement ainſi nommée, & qu'ainſi ce
n'eſt

---

quanam *Authoritate Leges factae ſint* .... *Cum autem oſtenſum fit ſupra, illos, qui Summam habent in Civitate ſua poteſtatem, ſolos Legiſlatores eſſe; ſequitur, Libros illos ſolos Canonicos, id eſt Leges eſſe in uniquaque Civitate, quae Summi Imperantis Authoritate latae ſunt* ... *Id* [quando & quid loquutus fit Deus] *ab iis, quibus nulla data eſt Revelatio ſupernaturalis, ſciri non poteſt, niſi per Rationem illam naturalem, qua, Pacis & Juſtitiae obtinendae cauſâ, Authoritati Summarum Poteſtatum ſeſe ſubmiſerunt.* Leviath. Cap. XXXIII. init. *pag.* 176.

(7) A la fin du Chapitre, qu'on vient de citer, H o b b e s établit le Souverain pour interpréte, & ſeul Interpréte de l'*Ecriture*

Sainte. ,, Celui, dit-il, qui a un pouvoir ,, légitime de faire qu'une Ecriture ſoit tenuë ,, pour Loi, a auſſi le pouvoir d'approuver ,, ou de deſapprouver l'Interprétation de la ,, même Ecriture. ,, *Quicumque enim poteſtatem habet legitimam faciendi, ut Scriptura aliqua pro Lege habeatur, poteſtatem etiam habet, ejuſdem Scripturae interpretationem approbandi & improbandi.* Leviath. Cap. XXXIII. *pag.* 182.   Je m'étonne que nôtre Auteur ait oublié cela, qui achève de montrer, qu'*Hobbes* fait dépendre toute l'Autorité de l'Ecriture Sainte, & par conſéquent de la Loi Naturelle, du jugement & de la volonté arbitraire des Souverains.

Ggg 3

CONSÉQUENCES, QUI NAISSENT DES

n'eſt pas proprement un Crime; puis que la Loi Naturelle, qui le défend, n'eſt pas une Loi proprement dite, ſelon *Hobbes*; & que ce Crime, ſelon lui, n'eſt pas une transgreſſion de quelque Loi établie par l'Autorité Civile.

Il juſtifie auſſi un ſi horrible attentat dans tous les paſſages où il enſeigne, que les Loix Naturelles, (du nombre deſquelles eſt celle de tenir les Conventions, par laquelle il convient que le Crime de Léze-Majeſté eſt défendu) n'obligent point à l'égard des *Actions extérieures*, telle qu'eſt ce que l'on fait en tuant un Roi; à moins que chacun n'aît (a) une ſûreté ſuffiſante d'être à couvert des injures qu'il a à craindre de la part des autres, par le moien du Pouvoir Civil, qui a en main dequoi contraindre l'une & l'autre Partie à obéïr aux Loix Naturelles. Car il poſe auſſi pour principe, que le Gouvernement Civil ne peut être ni établi, ni mis à l'abri du Crime de Léze-Majeſté, qu'en vertu de l'Obligation de la Loi Naturelle. Or, ſi cette Obligation ne s'étend pas juſqu'aux actes extérieurs, comme le prétend nôtre Philoſophe, elle laiſſe les Rois expoſez aux attentats de tout Sujet à qui il prendra envie de ſe rebeller contr'eux. Ainſi *Hobbes* doit néceſſairement avouer, que la Souveraineté, & l'obligation à une obéïſſance civile, dont la violation totale forme le Crime de Léze-Majeſté, ſont appuiées ſur un fondement qu'il a lui-même déclaré n'avoir aucune ſolidité, à moins qu'il ne ſoit ſoûtenu par les forces de l'effet qu'on ſuppoſe qu'il produira. Or il eſt impoſſible qu'un Effet, qui n'exiſte pas encore, prête quelque force à ſa Cauſe, qui eſt ce qui doit prémiérement le produire, & puis le conſerver. Tout ce donc qui affoiblit le fondement de l'Obligation à l'obéïſſance civile exténue auſſi le Crime de Léze-Majeſté, par lequel on ſecouë tout d'un coup le joug de cette obéïſſance, ou plûtôt cela tend à montrer que la Rébellion n'eſt point un vrai Crime.

Enfin, il y a dans les principes d'*Hobbes* une autre choſe qui ne peut qu'encourager les Hommes au Crime de Léze-Majeſté, c'eſt qu'il accorde à ceux qui ſont montez ſur le Trône par quelque Sédition, ou par un abominable Régicide, tous les droits de la Souveraineté, autant qu'aux Rois qui ont acquis leur autorité à titre le plus légitime. Car il ſoûtient tout ouvertement, (b) Qu'en vertu du droit naturel de tous à toutes choſes, chacun a un droit, auſſi ancien que la Nature, de régner ſur tous. Or quiconque peut de quelque manière que ce ſoit, ſe ſouſtraire à toute Puiſſance ſupérieure, ôte par-là l'unique obſtacle qui l'empêchoit d'uſer de ſon droit. Ainſi, dès-lors que quelcun s'eſt emparé du Trône, de quelque maniére que ce ſoit, il n'eſt point Tyran, ſelon les principes de nôtre Philoſophe, mais il régne de plein droit. *Hobbes* raiſonne auſſi aſſez conſéquemment, quand il dit, que dans un tems de Sé-

(a) De Cive, Cap. V. § 4, 2, &c.

(b) De Cive, Cap. 15. § 5.

(8) *Tunc* [tempore ſeditionis & belli] *duo fuerit Summa Imperia ex uno.* De Cive, Cap. VI. § 13.

(9) Après avoir dit là, qu'il éléve auſſi haut qu'il peut la *Puiſſance Civile*, Il ajoûte, *Neque de Jure hominum, ſed de Jure ſimpliciter diſputo; quemadmodum Anſeres quondam Capitolini ad ſcandentium ſtrepitum, tantum clango.* Chacun ſait, que ce fut quand les *Gaulois* eurent pris *Rome*, & qu'ils vouloient de nuit

grimper ſur le *Capitole*, que *Manlius* fut éveillé par le cri des Oies, qui ſauvérent ainſi cette Citadelle. TITE LIVE, Lib. V. Cap. 47.

(10) Ceci, juſqu'aux mots, *car les Oies du Capitole &c.* eſt une addition, que l'Auteur avoit écrite à la marge de ſon Exemplaire. Le Docteur BENTLEY l'avoit raïée: mais il m'a paru qu'elle ne convenoit pas mal ici, & qu'elle ſervoit même à mettre dans un plus grand jour la penſée de l'Auteur.

Sédition & de Guerre Civile, (8) il fe forme par-là deux Etats d'un feul. Car alors l'Auteur de la Guerre Civile a aquis, par fa rebellion, la Souveraineté fur fes complices, & il peut légitimement fe défendre, lui & ceux de fon parti, contre le Roi dont ils fe font révoltez, comme on a vû ci-deſſus (c) qu'il le dit expreſſément dans fon *Léviathan.* Il déclare, dans l'*Epître* (9) *Dédicatoire* du même Ouvrage, qu'il défend les Souverains de la même manière qu'on raconte qu'autrefois les Oies du *Capitole* défendirent par leurs cris les *Romains*, qui y étoient affiégez. La comparaifon eſt très-juſte; & nôtre (10) Philofophe mérite fans doute d'être nourri aux dépens du Public, comme on dit que les *Romains*, depuis le fervice que leur avoient rendu les Oies du *Capitole*, y en (11) firent toûjours nourrir quelques-unes, par un effet outré de reconnoiſſance envers ces animaux : car les Oies du *Capitole* ne s'intéreſſoient pas plus pour les *Romains*, que pour leurs Ennemis : elles auroient tout auſſi bien défendu les *Gauloïs*, s'ils euſſent été en poſſeſſion du *Capitole.* Les Lecteurs peuvent, s'ils le jugent à propos, comparer l'Epitre Dédicatoire de l'Edition Angloiſe du *Léviathan*, avec la Verſion Latine que l'Auteur en donna dans l'Edition publiée depuis en cette Langue. Ils verront, que, dans la prémiére, qui parut pendant que la Rébellion triomphoit dans la *Grande Bretagne*, & que le Roi légitime étoit en exil, *Hobbes* expliquoit fa penfée aſſez ouvertement; mais qu'il jugea à propos de parler, dans l'autre, en termes plus couverts, parce que le Roi étoit alors rentré en poſſeſſion de fes droits.

§ XXIV. Il paroît aſſez, à mon avis, par les remarques que j'ai faites fur divers principes d'*Hobbes*, qu'en même tems, que, d'une main, il leur offre des préfens, il tient de l'autre une Epée prête à leur percer le fein. (1) Ajoûtons néanmoins deux autres conféquences qui naiſſent de ces principes, également pernicieuſes au Gouvernement Civil, fur-tout à la Souveraineté des Princes, ou des Monarques.

Je dis donc prémiérement, que les Princes ne pourroient jamais être en fûreté contre les entreprifes de leurs Succeſſeurs préfomtifs. On fait toûjours quels ils font, & felon les principes d'*Hobbes*, & felon ceux des autres Politiques. Or, en fuivant la doctrine de nôtre Philofophe, il n'y a aucune Loi, proprement ainfi nommée, qui oblige ces Succeſſeurs à s'abſtenir de tuer les Rois auxquels ils doivent fucceder. Car il détruit l'Obligation des *Loix Naturelles*, & il ne fonde l'autorité de l'*Ecriture Sainte* que fur la Loi Civile : Or cette Loi ne fauroit avoir aucune force par rapport à celui qui, après avoir perfidement affaſſiné le Roi régnant, s'eſt emparé du même pouvoir qu'avoit le Défunt; & qui dès-lors n'eſt fujet à aucune peine, à moins qu'il ne fe puniſſe lui-

---

(11) TITE LIVE ne dit rien de cela : mais on peut voir PLINE, *Hiſt. Natur.* Lib. X. Cap. 22. num. 26. *Harduin.* CICE'RON, *Orat. pro S. Rofc.* Cap. 20. PLUTARQUE, *Quaeſt. Roman.* pag. 284. Tom. II. Opp. *Ed. Wechel.*

§ XXIV. (1) Tout ce paragraphe, hormis la prémière période, par où finit le dernier de l'Original, eſt une Addition de l'Auteur. Il l'avoit écrite à la fin de fon exem-

plaire, en deux pages & demi, fans marquer l'endroit où elle devoit être placée. Mais on ne fauroit douter que ce ne fût ici qu'il lui deſtina fa place. Il n'y a point d'autre endroit qui lui convienne : & il le donne lui-même à entendre, en commençant ainfi cette Addition : *Iis quæ in perniciem Regiminis Civilis, Principum feu Monrchrum praſertim, ab Hobbio fcripta funt, addantur hæc duo &c.*

lui-même; ce que perſonne ne s'aviſera de craindre. Voilà qui eſt d'une conſéquence bien pernicieuſe, non ſeulement pour nôtre Roi, que D I E U veuille préſerver de pareils attentats, mais pour tous les autres Monarques de la Terre, & pour tous ceux qui leur ſuccéderont, ſoit légitimement, ou par le crime auquel *Hobbes* encourage quiconque voudra ſe mettre à la place du Roi régnant. Ces Succeſſeurs ſcélérats ſeront expoſez au même danger de la part des leurs, auxquels les principes d'*Hobbes* permettent également de commettre toute ſorte de Crimes. Mais les vraies Maximes de la Droite Raiſon défendent tout cela, comme également contraire & à la Majeſté de D I E U, dont les Rois ſont ici-bas les Lieutenans, & au ſalut de tous les Peuples, & à l'intérêt même de ceux qui commettent de tels forfaits, par où ils attirent ſur leur tête de très-grands maux, du nombre deſquels eſt celui dont je viens de parler, qui eſt renfermé dans une partie de la Sanction de la Loi Naturelle, c'eſt-à-dire, dans celle qui eſt jointe à la défenſe de l'Homicide, & ſur-tout du meurtre des Rois. *Hobbes* s'objecte lui-même, dans ſon Edition Angloiſe du (a) *Léviathan*, la conſéquence, dont je traite, tirée du danger auquel il expoſe les Rois, d'être tuez par leur Succeſſeurs. Mais tout ce (2) qu'il répond, c'eſt qu'une action comme celle-là eſt contraire à la Raiſon, 1. parce que l'on ne ſauroit raiſonnablement eſpérer que par-là le Succeſſeur ſe rende auſſi tôt maître du Roiaume; & 2. parce qu'il enſeigneroit aux autres, par ſon exemple, à entreprendre contre lui la même choſe. Mais voici ce que je réplique là-deſſus. Il eſt clair, qu'un tel Crime peut très-ſouvent être commis avec ſuccès; ſur tout ſi le Succeſſeur a trouvé moien de mettre dans ſon parti beaucoup de gens, qui imbus des principes d'*Hobbes*, & les croiant fondez ſur des démonſtrations, ſoient perſuadez, qu'il n'y a point d'autre Loi proprement dite, que la Loi Civile, & que, dans le cas dont il s'agit, il n'y a rien à craindre d'elle. Pour ce qui eſt de la ſeconde réponſe de nôtre Philoſophe, je dis, que, quand la Raiſon fait enviſager au Succeſſeur le danger tout pareil auquel il ſera lui-même expoſé de la part de celui qui doit enſuite lui ſuccéder, ou elle dicte cela comme une Loi qu'elle preſcrit, accompagnée d'une Sanction qui oblige par rapport aux Actions extérieures, indépendamment de la crainte des Loix Civiles, ou elle ne le dicte point ſur ce pié-là. Si *Hobbes* l'entend dans le prémier ſens, il détruit ſes propres principes, & il reconnoît une Loi ſuffiſamment munie d'une Sanction naturelle. Que s'il choiſit le dernier ſens, il raiſonne à la vérité conſéquemment, mais alors il livre au poignard d'un Succeſſeur la vie de ſon Roi & celle de tous les autres Monarques, puis qu'il ne leur laiſſe aucune ſûreté fondée ſur quelque Loi, proprement dite, qui les mette à couvert des attentats de leurs Succeſſeurs. Ces principes d'*Hobbes* doivent donc être en horreur à tous les Princes.

Je remarque, en ſecond lieu, que ces mêmes principes ſont deſtructifs de la ſûreté de tous les Souverains, hors un ſeul. Et quel ſera-t-il, ce Souverain unique? On n'en ſait rien: à moins qu'on ne conjecture, que ce ſera l'Empire

(a) *Cap.* XV.

(2) Voici comment il s'exprime dans l'Edition Latine: *Praeterea, Suppoſito quod Regnum acquiſitum ſit per Rebellionem [ab Herede Regni, Proditore] etiam ſic contra rectam Rationem acqu....um erit; tum quia ſucceſſus tales ab initio incerti ſunt, tum quia exemplo ſuo docentur aliis tantumdem audere contra ipſos.* Cap. XV. pag. 74.

(3) C'eſt dans ſon *Hiſtoire de l'Empire* O T T O M A N, où il dit, en commençant de par-

que ce fera l'Empire du Turc. Car les raifons de nôtre Politique tendent à établir, Qu'il ne fauroit y avoir de Juftice fur la Terre, dont les Loix foient communes à tous les Hommes, qu'en fuppofant que tous les Roiaumes & tous les Etats fe foûmettent à un feul & même Souverain. Ou les raifons d'*Hobbes* prouvent cela, ou elles ne prouvent rien. Je fuis perfuadé, qu'elles font très-fauffes, & qu'ainfi on n'en peut tirer aucune conclufion bien fondée. Mais ceux qui les croient vraies, doivent en même tems tenir pour jufte la conclufion que je viens d'indiquer. De forte que tous les Princes ne peuvent que condamner & rejetter les principes d'*Hobbes*; à moins qu'ils ne veuillent ou être perpétuellement en guerre avec tous les autres, ou fe foûmettre à un feul le plus puiffant, c'eft-à-dire au *Turc*, qui eft celui qu'*Hobbes* pourroit avoir eû en vuë, comme tel. Nous devons donc croire de deux chofes l'une, ou que ce Philofophe n'a écrit en faveur d'aucun Prince ni d'aucun Etat, mais débité témérairement fes chiméres, pour corrompre les mœurs de tous; ce qui eft très-vraifemblable: ou qu'il a voulu fraier le chemin à la domination univerfelle du *Turc*, pour la deftruction non feulement du *Chriftianifme*, mais encore de tout droit de Propriété que les Sujets aient fur leurs biens. Il n'y a certainement que les principes des *Mufulmans*; avec quoi s'accordent les opinions d'*Hobbes*, tant fur la Néceffité fatale de toutes les Actions Humaines, que fur le Pouvoir abfolu des Souverains. Et fes leçons d'Athéïfme ont beaucoup de rapport avec les idées de cette Secte Politique des *Turcs*, qui, fi je m'en fouviens bien, eft appellée par (3) Ricaut, Auteur Moderne, la Secte des *Muferim*.

Remarquons encore, que tout ce qu'*Hobbes* a écrit fur les Devoirs des Souverains, dans un (*b*) Chapitre de fon 'Traité *Du Citoïen*, ou eft faux, ou ne s'accorde point avec fes principes. Car, fi les Loix Naturelles n'obligent point les Princes par rapport aux actes extérieurs, comme il l'enfeigne, les Princes ne font tenus de rien faire pour le falut du Peuple, puis que, felon lui, ni eux, ni leurs Sujets, n'étoient obligez par les Loix Naturelles à aucun acte extérieur, qui y foit conforme, avant les Conventions faites pour l'établiffement des Sociétez Civiles; & les Princes eux-mêmes ne font nullement obligez par ces Conventions, ni par conféquent depuis qu'elles ont été faites. Que fi *Hobbes* donne pour vraies & obligatoires les maximes qu'il preferit aux Princes, il s'enfuit, que les Loix Naturelles, d'où découlent ces Préceptes, obligent au moins les Princes par rapport aux actes extérieurs, auffi bien qu'à l'égard des intérieurs, ou de la Confcience, indépendamment de la force des Conventions qui conftituent l'Etat. Or cela pofé, tous les fondemens de la Politique d'*Hobbes*, & tous les principes particuliers qu'il bâtit là-deffus, tombent néceffairement.

(*b*) *Cap.* XIV.

---

ter des gens de cette Secte: ,, Ceux donc qui ,, font profeffion de l'Athéïfme, s'appellent ,, entr'eux *Muferins*, c'eft-à-dire, *nous avons* ,, *le véritable fecret*; & ce fecret n'eft autre ,, chofe, que de nier abfolument la Divinité &c. *Liv.* II. pag. 318. *& fuiv.* de la Traduction Françoife, imprimée à *Amfterdam* en 1671.

F I N.

F A U-

FAUTES

A CORRIGER.

P. 10. 6. Not. Col. 2. lig. 3. à fin. *de sa propre main:* Lis. *de la propre main de l'Auteur.*

P. 11. Not. Col. 2. l. 2. à fin. *quum fit lex:* Lis. *quum sit lex.*

P. 22. § XX. l. 11. *des Etats:* Lis. *des Effets.* Ibid. l. 25. *Passions. Une &c.* Lis. *Passions; une &c.*

P. 62. l. 3. *la nôtre:* Lis. *le nôtre.*

P. 80. l. 6. à fin. *la Défense mutuelle:* Lis. *la Paix & la Défense &c.*

P. 116. l. 20. *faites par voie:* Lis. *faite par voie.*

P. 151. l. 8. *Il dit:* Lis. *Il die, que &c.*

P. 184. l. 26. *considerés précisément:* Lis. *considérées précisément &c.*

P. 214. Not. Col. 2. l. 6. Lis. ἄλλ' ἢ τὸ.

P. 218. l. 9. *il fait du mal:* Lis. *il cause du dommage à celui à qui il fait du mal.*

P. 257. l. 13. *& d'assez grand poids:* Lis. *est d'assez &c.*

P. 260. l. 6. à fin. *aucun homme:* Lis. *on ne sauroit concevoir qu'il y ait aucun homme.*

P. 285. l. 11. à fin. *de ses Biens:* Lis. *de ces Biens.*

P. 288. l. 10. à fin. *les autres Etres:* Lis. *les Etres.*

P. 301. l. 17. à fin. *de ses Causes:* Lis. *de ces Causes.*

P. 323. l. 10. à fin. *sur la disette:* Lis. *par la disette.*

P. 339. l. 8. à fin. *& la Force d'ame:* Lis. *est la Force &c.*

P. 367. l. 16. à fin. *par des Loix:* Lis. *par les Loix.*

P. 377. l. 14. à fin. *comme de moiens:* Lis. *comme des moiens.*

P. 407. l. 11. à fin. *ne peut qu'affoiblir:* Lis. *ne peuvent qu'affoiblir.*

T A

TABLE

DES

MATIERES.

Le Chiffre Romain indique le Chapitre, & le Chiffre Arabe, le Paragraphe. Les Notes sont désignées par une n.

IIhh 2

Li-

Rai-

FIN DE LA TABLE DES MATIERES.